MANUAL PRÁTICO DE DIREITO ELEITORAL

WALBER DE MOURA AGRA

MANUAL PRÁTICO DE DIREITO ELEITORAL

5ª edição

Belo Horizonte

FORUM
CONHECIMENTO JURÍDICO

2024

FÓRUM
CONHECIMENTO JURÍDICO

Luís Cláudio Rodrigues Ferreira
Presidente e Editor

Coordenação editorial: Leonardo Eustáquio Siqueira Araújo / Aline Sobreira de Oliveira
Revisão: Bárbara Ferreira
Capa e projeto gráfico: Walter Santos
Diagramação: Formato Editoração

Rua Paulo Ribeiro Bastos, 211 – Jardim Atlântico – CEP 31710-430
Belo Horizonte – Minas Gerais – Tel.: (31) 99412.0131
www.editoraforum.com.br – editoraforum@editoraforum.com.br

Técnica. Empenho. Zelo. Esses foram alguns dos cuidados aplicados na edição desta obra. No entanto, podem ocorrer erros de impressão, digitação ou mesmo restar alguma dúvida conceitual. Caso se constate algo assim, solicitamos a gentileza de nos comunicar através do *e-mail* editorial@editoraforum.com.br para que possamos esclarecer, no que couber. A sua contribuição é muito importante para mantermos a excelência editorial. A Editora Fórum agradece a sua contribuição.

Dados Internacionais de Catalogação na Publicação (CIP) de acordo com ISBD

A277m Agra, Walber de Moura
Manual prático de direito eleitoral -- 5. ed. -- / Walber de Moura Agra. Belo Horizonte: Fórum, 2024.
503p. 14,5x21,5cm

ISBN impresso 978-65-5518-766-3
ISBN digital 978-65-5518-764-9

1. Direito público. 2. Direito constitucional. 3. Direito eleitoral. I. Título.

CDD: 344.046
CDU: 349.6

Ficha catalográfica elaborada por Lissandra Ruas Lima – CRB/6 – 2851

Informação bibliográfica deste livro, conforme a NBR 6023:2018 da Associação Brasileira de Normas Técnicas (ABNT):

AGRA, Walber de Moura. *Manual prático de direito eleitoral*. 5. ed. Belo Horizonte: Fórum, 2024. 503p. ISBN 978-65-5518-766-3.

Para Kamilla Agra, o melhor presente que a vida me deu.

SUMÁRIO

CAPÍTULO 1

JUSTIÇA ELEITORAL 13

1.1 Órgãos da Justiça Eleitoral 13

1.2 Competências dos órgãos da Justiça Eleitoral 18

1.2.1 Competência do Tribunal Superior Eleitoral 18

1.2.2 Competência do Tribunal Regional Eleitoral 21

1.2.3 Competência dos Juízes Eleitorais 24

1.3 Funções da Justiça Eleitoral 26

1.4 Divisão territorial 32

1.5 Funcionamento da Justiça Eleitoral nas eleições municipais 34

1.5.1 Poder de polícia 35

1.5.2 Julgamento das ações e recursos 37

1.6 Ministério Público Eleitoral 40

1.7 Procurador-Geral Eleitoral, Procuradores Regionais Eleitorais e Promotor Eleitoral 42

1.7.1 Procurador-Geral Eleitoral 43

1.7.2 Procuradores Regionais Eleitorais 45

1.7.3 Promotor Eleitoral 46

CAPÍTULO 2

ELEGIBILIDADE 49

2.1 Condições de elegibilidade 51

2.1.1 Nacionalidade brasileira 51

2.1.2 O pleno exercício dos direitos políticos 52

2.1.2.1 Cancelamento da naturalização por sentença transitada em julgado 53

2.1.2.2 Incapacidade civil absoluta 54

2.1.2.3 Condenação criminal transitada em julgado, enquanto durarem seus efeitos 56

2.1.2.4 Recusa de cumprir obrigação a todos imposta ou prestação alternativa 58

2.1.2.5 Improbidade administrativa, nos termos do art. 37, §4º 58

2.1.3 Alistamento eleitoral ... 66
2.1.4 Domicílio eleitoral na circunscrição ... 67
2.1.5 Filiação partidária ... 69
2.1.6 Idade mínima, dependendo do cargo a ser postulado ... 72
2.2 Causas de inelegibilidade ... 73
2.2.1 Inelegibilidades constitucionais ... 78
2.2.2 Inelegibilidades absolutas infraconstitucionais ... 85
2.2.3 Inelegibilidades relativas infraconstitucionais ... 92
2.2.4 Forma de contagem do prazo das inelegibilidades ... 97
2.2.5 Inelegibilidade superveniente e delimitação temporal para sua incidência ... 99
2.3 Requisitos de registrabilidade ... 102

CAPÍTULO 3
PARTIDOS POLÍTICOS ... 111
3.1 Conceito de partido político ... 111
3.2 Criação de partidos políticos ... 112
3.3 Funcionamento dos partidos políticos ... 116
3.4 Regras específicas acerca da prestação de contas ... 118
3.5 Princípios partidários ... 122
3.6 Da disciplina partidária ... 125
3.7 Fidelidade partidária ... 128
3.8 Das hipóteses de justa causa para desfiliação sem a perda do mandato eletivo ... 131
3.8.1 Do não alcance da cláusula de barreira prevista (art. 17, §5º, da CF/88) ... 131
3.8.2 Utilização de carta de anuência nos termos do art. 17, §6º, da CF/88 ... 132
3.8.3 Das hipóteses de justa causa previstas no art. 22-A, parágrafo único, da Lei nº 9.096/1995 ... 136
3.9 Aspectos processuais da ação de perda de cargo eletivo por infidelidade partidária e da ação de justificação de desfiliação . 142

CAPÍTULO 4
FEDERAÇÕES DE PARTIDOS POLÍTICOS ... 147

CAPÍTULO 5
CONVENÇÕES PARTIDÁRIAS ... 153

CAPÍTULO 6
COLIGAÇÃO PARTIDÁRIA 163

CAPÍTULO 7
REGISTRO E AIRC (AÇÃO DE IMPUGNAÇÃO AO REGISTRO DE CANDIDATO) 169
7.1 Pedido de registro de candidatura 169
7.2 Unicidade de registro de candidatos 173
7.3 A situação jurídica das candidaturas coletivas 174
7.4 Procedimento do pedido de registro 179
7.5 Ação de impugnação de Demonstrativo de Regularidade de Atos Partidários (DRAP) 193
7.6 Impugnação a pedido de registro de candidatura 197

CAPÍTULO 8
PROPAGANDA POLÍTICA 215
8.1 Espécies de propaganda política 216
8.1.1 Propaganda partidária 216
8.1.2 Propaganda intrapartidária 219
8.1.3 Propaganda institucional 224
8.1.4 Propaganda eleitoral 228
8.1.4.1 Propaganda eleitoral antecipada 232
8.1.4.2 Propaganda eleitoral irregular 248
8.2 Propaganda eleitoral no período legal 252
8.2.1 No rádio e na televisão 258
8.2.2 Na imprensa escrita 259
8.2.3 No horário eleitoral gratuito 260
8.2.4 Na internet (regras gerais) 261
8.2.5 *Fake news*, desinformação e discurso de ódio 267
8.2.6 Desinformação e o uso de inteligência artificial 276
8.3 Horário da propaganda gratuita 280
8.4 Debates 282
8.5 Fiscalização da propaganda (Representação) 286
8.6 Direito de resposta 294

CAPÍTULO 9
PESQUISAS ELEITORAIS 307
9.1 Registro das pesquisas eleitorais 312
9.2 Divulgação dos resultados da pesquisa 314

9.3 Impugnações ... 316
9.4 Penalidades ... 317

CAPÍTULO 10
FINANCIAMENTO E GASTOS DE CAMPANHA ELEITORAL ... 323
10.1 Financiamento de campanha eleitoral ... 323
10.1.1 Financiamento público ... 324
10.1.2 Financiamento privado ... 328
10.2 Gastos eleitorais ... 331
10.3 Prestação de contas ... 336
10.4 Da medida cautelar preparatória para cessar a realização de gastos antes da apresentação das contas à Justiça Eleitoral ... 341
10.5 Requerimento de regularização de omissão de prestação de contas eleitorais ... 344

CAPÍTULO 11
IMPEDIMENTOS LEGAIS: ABUSO DE PODER, CONDUTAS VEDADAS E IMPROBIDADE ADMINISTRATIVA ... 345
11.1 Abuso de poder ... 345
11.1.1 Abuso de poder econômico ... 347
11.1.2 Abuso de poder político ... 353
11.1.3 Abuso de poder por uso indevido dos veículos e dos meios de comunicação ... 356
11.1.4 Fraude à cota de gênero de candidaturas femininas (art. 10, §3º, da Lei nº 9.504/1997) ... 361
11.1.5 Captação ilícita de sufrágio ... 368
11.1.6 Ilicitude de gastos e arrecadação de recursos ... 371
11.1.7 Corrupção e caixa dois ... 375
11.1.8 Condutas vedadas aos agentes públicos em campanhas eleitorais ... 379
11.1.8.1 Tipos de condutas vedadas ... 383
11.1.8.2 Proibição de contratação ou demissão ... 388
11.1.8.3 Tipos de condutas vedadas em período eleitoral ... 392
11.1.8.4 Sanções legais ... 397
11.2 Improbidade administrativa ... 399

CAPÍTULO 12
AÇÕES ELEITORAIS ... 407
12.1 Ação de investigação judicial eleitoral (AIJE) ... 411
12.1.1 Causas ... 415

12.1.2 Procedimento 421
12.1.3 Rito prático da AIJE 424
12.2 Ação de impugnação de mandato eletivo 425
12.2.1 Procedimento 430
12.2.2 Rito prático da AIME 432
12.3 Mandado de segurança, habeas data e mandado de injunção 433
12.4 *Habeas corpus* 438
12.5 Tutelas provisórias no processo eleitoral 442
12.6 Ação rescisória 445
12.7 *Querela Nullitatis* 448
12.8 Reclamação administrativa eleitoral 451

CAPÍTULO 13
RECURSOS 453
13.1 Recurso eleitoral inominado 459
13.1.1 Procedimento 462
13.2 Recurso ordinário 464
13.3 Recurso contra expedição de diploma (RCED) 470
13.3.1 Cabimento 473
13.3.2 Rito 475
13.4 Recurso especial 477
13.5 Recurso extraordinário 481
13.6 Agravo de instrumento 483
13.7 Agravo (da decisão que denega subida de recurso especial ou recurso extraordinário) 484
13.8 Agravo interno 486
13.9 Embargos de declaração 487

REFERÊNCIAS 493

JUSTIÇA ELEITORAL

1.1 Órgãos da Justiça Eleitoral

A compreensão adequada da estrutura da Justiça Eleitoral torna-se indispensável para definir as atribuições dos órgãos e a competência destes para o processamento e julgamento dos feitos na seara do Direito Eleitoral. Ademais, é imperioso ressaltar que uma correta compreensão acerca do assunto é de total importância para que haja melhor tramitação desses feitos produzidos, que, por sua vez, desencadearão na competência da Justiça Eleitoral.

Os órgãos da Justiça Eleitoral são aqueles elencados nos incisos I a IV do art. 118 da Constituição Federal (CF/1988), quais sejam: o Tribunal Superior Eleitoral (TSE), os Tribunais Regionais Eleitorais (TREs) de cada estado e do Distrito Federal, os Juízes Eleitorais e as juntas eleitorais.

O TSE é composto por sete Ministros, sendo três integrantes do Supremo Tribunal Federal (STF), dois do Superior Tribunal de Justiça (STJ) e dois advogados nomeados pelo Presidente da República, dentre seis juristas de notável saber jurídico e idoneidade moral, indicados pelo STF (art. 119 da CF). Além desses integrantes, são designados sete Ministros substitutos, seguindo a mesma estrutura de indicação dos magistrados titulares. Vale frisar que esse Tribunal não poderá ser composto por pessoas que tenham parentesco entre si até o quarto grau, mesmo que seja apenas por afinidade.[1]

---

1 LUCON, Paulo Henrique dos Santos; VIGLIAR, José Marcelo Menezes. *Código eleitoral interpretado*: normas eleitorais complementares (Constituição). 2. ed. São Paulo: Atlas, 2011, p. 26.

Desses Ministros, segundo o que determina o art. 119 da Constituição Federal de 1988, três são escolhidos mediante eleição entre os membros do Supremo Tribunal Federal, dois serão eleitos entre os membros que compõem o Superior Tribunal de Justiça, e deverão ser nomeados, através do Presidente da República, dois advogados, que são escolhidos pelo Supremo Tribunal Federal entre seis juristas renomados e com considerável sabedoria e reputação ilibada. A duração do mandato de cada Ministro é de dois anos, sendo expressamente vedada a recondução a um novo mandato após dois biênios imediatos. A rotatividade dos juízes no âmbito da Justiça Eleitoral visa manter o caráter apolítico dos tribunais eleitorais, de modo a garantir a isonomia nos processos eleitorais.

Para a escolha dos dois advogados deverá ser formulada uma lista de seis nomes indicados pelo STF, que organizará a lista tríplice seguindo as suas regras regimentais e posteriormente apresentará essa lista para que o Presidente da República possa nomear os dois advogados. Outrossim, desta lista não poderão constar nomes de magistrados aposentados, de membros do Ministério Público ou que estejam exercendo mandato de caráter político federal, estadual ou municipal.

O §3º do art. 14 do CE traz situações em que a pessoa se acha impedida de exercer funções como membro da Justiça Eleitoral, seja como integrante de Tribunal Eleitoral, seja como Juiz Eleitoral. Antes das alterações produzidas pela Lei nº 13.165/2015, o referido dispositivo prelecionava que "da homologação da respectiva convenção partidária até a apuração final da eleição, não poderão servir como juízes dos Tribunais Regionais, ou como Juiz Eleitoral, parente consanguíneo legítimo ou ilegítimo, ou afim, até o segundo grau, de candidato a cargo eletivo registrado na circunscrição". Hodiernamente, o impedimento vai desde a data da convenção, como já fora exposto, até a diplomação, estendendo-se o impedimento aos feitos decorrentes do processo eleitoral.

Vale salientar que os advogados que compuserem os TREs e o TSE não ficam impedidos de exercer a advocacia, exceção àquelas matérias que apresentem conteúdo eleitoralista. Da mesma maneira que os demais Ministros, os membros oriundos da classe dos advogados possuem as mesmas prerrogativas da magistratura, excluindo-se a vitaliciedade.

Os sete membros titulares do TSE elegem, dentre seus integrantes que pertencem ao STF, o Presidente e o Vice-Presidente, e, dentre aqueles que pertencem ao STJ, o corregedor-geral. Destarte, os juízes do Tribunal Superior Eleitoral são os únicos membros dos tribunais superiores que não precisam de aprovação pelo Senado Federal. Isso porque, em sua composição, cinco dos seus sete membros já foram previamente aprovados pelo Senado Federal quando de sua indicação para o Supremo Tribunal Federal e o Superior Tribunal de Justiça.

Os órgãos colegiados da Justiça Eleitoral deliberam através da maioria de votos, com a presença da maioria de seus membros. Quando houver impedimento, e não havendo *quorum*, será o membro do Tribunal substituído por outro da mesma categoria. Os Ministros substitutos são escolhidos na mesma ocasião e pelo mesmo processo, em número igual para cada categoria (CF/1988, art. 121, §2º). Ou seja, para os sete Ministros do TSE serão escolhidos sete substitutos. Diante disso, cumpre salientar que, enquanto os juízes efetivos tomam posse perante o Tribunal, os substitutos tomam posse perante o então Presidente do TSE.

O Tribunal Regional Eleitoral terá sede na capital de cada estado-membro e no Distrito Federal, estendendo sua jurisdição a todo o território do estado, representando a segunda instância da Justiça Eleitoral. Como prescreve os arts. 29 e 30 do CE, compete a esses Tribunais processar e julgar as decisões dos órgãos de primeira instância da Justiça Eleitoral; julgar a ação de impugnação de mandato eletivo, quando o mandato for estadual ou federal; decidir questões que se refiram a abuso do poder econômico, corrupção ou fraude; além de analisar os temas e questões eleitorais da área de sua jurisdição. Compete-lhe ainda, particularmente, elaborar, estruturar e organizar sua própria administração e orçamento.

Serão compostos, mediante eleição, pelo voto secreto, por dois desembargadores do Tribunal de Justiça, dois juízes de direito, um desembargador federal e dois advogados, que deverão ser indicados pelo Tribunal de Justiça e nomeados através do Presidente da República. O Presidente e o Vice deverão provir da classe dos desembargadores e caberá ao regimento interno de cada TRE a liberdade para dispor sobre a escolha do Corregedor Regional Eleitoral (art. 120, §1º, da CR).

As inovações introduzidas pela Lei nº 13.165/2015 impuseram que as decisões dos Tribunais Regionais sobre quaisquer ações que importem cassação do registro, anulação geral de eleições ou perda de diplomas somente poderão ser tomadas com a presença de todos os membros. Impedido um juiz/desembargador, convoca-se o suplente da mesma classe, conforme §§4º e 5º do art. 28 do CE.

Os juízes que compõem esse Tribunal podem exercer suas funções de maneira cumulativa ao exercício de atribuições como magistrados estaduais ou federais, haja vista que exercem suas funções eleitorais de forma concorrente. Já os advogados são escolhidos pelo Presidente da República, diante de uma lista tríplice elaborada pelo Tribunal de Justiça do Estado.[2] Como fora mencionado em relação aos TSE, nos TREs os magistrados provindos da classe dos advogados podem advogar em outras searas, afora a eleitoralista.

Segundo entendimento do TSE, a proibição existente no art. 95, parágrafo único, V, da Constituição Federal, de que a vedação ao exercício da advocacia no juízo ou tribunal do qual o ex-magistrado, antes de decorridos três anos do afastamento do cargo por aposentadoria ou exoneração, não se aplica aos ex-membros de Tribunais Eleitorais oriundos da classe dos juristas.[3] Consonante esse posicionamento, não há impedimento legal para um membro do TSE ou dos TREs deixe o seu cargo e possa imediatamente defender seus clientes na seara eleitoralista.

Os Juízes Eleitorais são juízes estaduais que exercem a função eleitoral por dois anos, não excedendo mais de dois biênios consecutivos, sendo também escolhidos os suplentes no mesmo processo e ocasião e em número idêntico ao dos efetivos. Exceção ao exercício por período superior a quatro anos ocorre nas comarcas de primeira instância, em que não há outros magistrados. Nesse caso, o magistrado pode exercer as funções eleitorais por mais de dois biênios consecutivos, a não ser que o TRE ao qual ele esteja vinculado indique um substituto. Trata-se de juízes de carreira, que gozam das prerrogativas constitucionais, tendo suas funções eleitorais designadas pelo Tribunal Regional Eleitoral devido, como expressa José Jairo Gomes.[4] Os Juízes Eleitorais exercem as suas funções eleitorais de forma cumulativa. A competência em matéria eleitoral é exercida concomitantemente às demais competências originárias dos membros do Poder Judiciário.

Já as juntas eleitorais são órgãos temporários, constituídos para cada período eleitoral. A constituição das juntas deverá ser feita nos 60

---

2 "Ação de decretação de perda de cargo eletivo em razão de desfiliação partidária sem justa causa. QUESTÃO DE ORDEM. MAGISTRADO ELEITORAL. CLASSE JURISTA. ART. 95, PARÁGRAFO ÚNICO, V, DA CONSTITUIÇÃO. INAPLICABILIDADE. A restrição prevista no art. 95, parágrafo único, V, da Constituição não se aplica aos ex-membros de Tribunais Eleitorais, oriundos da classe dos juristas. 2. Questão de ordem resolvida" (TSE – QO-Pet nº 3.020/DF. Relator: Min. Aldir Guimarães Passarinho Junior. Julg.: 08.06.2010. *DJe*: 04.08.2010).

3 QO-PET nº 3.020/DF, Rel. Min. Aldir Passarinho Junior.

4 GOMES, José Jairo. *Direito Eleitoral*. 6. ed. rev. atual. e ampl. São Paulo: Atlas, 2011, p. 68.

dias antes do pleito, detendo competência para questões como a apuração das eleições nas zonas eleitorais sob sua jurisdição no prazo de dez dias, obviamente, quando houver impedimento de se realizar votação eletrônica, resolver problemas decorrentes dos trabalhos de contagem e apuração, remeter os boletins da apuração de cada seção e expedir diploma para os eleitos a cargos municipais.

Entende Djalma Pinto que a quantidade de juntas existentes estará relacionada ao número de juízes de direito que gozem das prerrogativas destinadas aos magistrados.[5]

Além de serem presididas por juízes de direito, as juntas eleitorais são compostas por mais dois ou quatro membros. O Juiz Eleitoral tem a competência de indicar ao TRE nomes para a composição de cada junta, cabendo a este sua aprovação. O TRE deverá publicar edital contendo os nomes indicados para a composição das juntas e, posteriormente, deverá o juiz-Presidente nomear seus integrantes. Essa publicação tem a finalidade de permitir que o Ministério Público ou os partidos políticos possam impugnar a indicação dos nomes que farão parte da composição da junta. O prazo para a referida impugnação é de três dias a partir da data de publicação.

O atual modelo de aferição de resultados das eleições, através da utilização das urnas eletrônicas, trouxe um esvaziamento das juntas eleitorais. Isso ocorreu porque a informatização proporcionou facilidade e agilidade aos trabalhos de contagem de votos e sua totalização. Após o término das votações, a própria urna realiza a somatória dos votos. Encerrada a votação, é necessário que os boletins de urna sejam impressos em cinco vias obrigatórias e em cinco vias opcionais (art. 121 da Resolução nº 23.611/2019).

No entanto, excepcionalmente, pode ocorrer o caso de, por defeito da urna, os boletins não serem impressos. Sendo assim, na hipótese de não ser emitido o boletim de urna por qualquer motivo, ou ser imprecisa ou ilegível a impressão, o Presidente da mesa receptora de votos tomará, à vista dos fiscais dos partidos políticos e coligações presentes, as providências necessárias, entre elas encaminhar a urna para a junta eleitoral, acompanhada dos fiscais dos partidos políticos e das coligações que o desejarem para a adoção de medidas que possibilitem a

5 PINTO, Djalma. *Direito Eleitoral*: improbidade administrativa e responsabilidade fiscal: noções gerais. 5. ed. São Paulo: Atlas, 2010, p. 45.

impressão dos boletins de urna (art. 122, *caput* e inciso VI, da Resolução nº 23.611/2019).

Compete ao Presidente da junta eleitoral, ou a quem for por ele designado, tomar as providências necessárias para o recebimento das mídias com os arquivos e dos documentos da votação (art. 123 da Resolução nº 23.611/2019).

Esses resultados devem ser arquivados e entregues no local de apuração para que, junto aos demais, chegue-se à totalização dos votos da respectiva eleição. Só será utilizada a contagem manual quando, por um acaso, as urnas não vierem a funcionar corretamente e não puderem ser substituídas. Diante disso, Sérgia Miranda leciona que o advento das urnas eletrônicas não revogou o sistema das juntas eleitorais, as quais devem se reunir logo depois do encerramento da recepção dos votos e decidir sobre todas as questões trazidas a juízo pelos candidatos, partidos, coligações e Ministério Público Eleitoral, no período pós-eleitoral.[6]

A Lei nº 13.165/15, em alteração ao art. 34 da Lei nº 9.096/95, acentua a importância da Justiça Eleitoral, inclusive, na fiscalização da prestação de contas do partido e das despesas de campanha, estando incumbida de atestar se as prestações refletem a real movimentação financeira, os dispêndios e recursos aplicados nas campanhas eleitorais, tendo o escopo de identificar a origem das receitas e a destinação das despesas com as atividades partidárias e eleitorais mediante o exame formal dos documentos fiscais apresentados pelos partidos políticos e candidatos, estando vedada a análise das atividades político-partidárias ou qualquer interferência em sua autonomia, conforme *caput* e §1º do dispositivo referido. Afinal, tal qual se aduz do §6º do art. 37 da Lei nº 9.096/95, o exame da prestação de contas dos órgãos partidários tem caráter jurisdicional.

1.2 Competências dos órgãos da Justiça Eleitoral

1.2.1 Competência do Tribunal Superior Eleitoral

Sendo o principal órgão da Justiça Eleitoral, o Tribunal Superior Eleitoral estende sua jurisdição por todo o território nacional. Suas

---

6 MIRANDA, Sérgia. *Princípios constitucionais do processo eleitoral*. Fortaleza: ABC, 2008, p. 50-51.

competências estão dispostas nos arts. 22 e 23 do Código Eleitoral. Compete a esse Tribunal Superior julgar:

a) o registro e a cassação de registro de partidos políticos, de seus diretórios nacionais e de candidatos à presidência e Vice-presidência da República;
b) os conflitos de jurisdição entre Tribunais Regionais e Juízes Eleitorais de estados diferentes;
c) a suspeição ou impedimento aos seus membros, ao Procurador-Geral e aos funcionários da sua secretaria;
d) os crimes eleitorais e os comuns que lhes forem conexos cometidos pelos seus próprios juízes e pelos juízes dos Tribunais Regionais;
e) as reclamações relativas a obrigações impostas por lei aos partidos políticos, quanto à sua contabilidade e à apuração da origem dos seus recursos;
f) as impugnações à apuração do resultado geral, proclamação dos eleitos e expedição de diploma na eleição de Presidente e Vice-Presidente da República;
g) os pedidos de desaforamento dos feitos não decididos nos Tribunais Regionais dentro de 30 dias da conclusão ao relator, formulados por partido, candidato, Ministério Público ou parte legitimamente interessada;
h) as reclamações contra os seus próprios juízes que, no prazo de 30 dias a contar da conclusão, não houverem julgado os feitos a eles distribuídos;
i) a ação rescisória, nos casos de inelegibilidade, desde que intentada dentro do prazo de 120 dias da decisão irrecorrível, possibilitando-se o exercício do mandato eletivo até o trânsito em julgado. Entretanto, o STF considerou inconstitucional a parte da norma que trata da autorização de permanência no mandato.

Cabe ainda ao TSE julgar os recursos interpostos em face das decisões dos Tribunais Regionais. Será cabível o recurso especial quando as decisões regionais forem proferidas contrariando disposições legais e quando houver divergências na interpretação de lei entre Tribunais Eleitorais. Já o recurso ordinário será interposto contra decisão proferida por Juiz Eleitoral ou Tribunal Regional Eleitoral que resulte em cassação de registro, afastamento do titular ou perda de mandato eletivo, sendo recebido pelo Tribunal competente com efeito suspensivo. A grande novidade é que sua impetração provoca efeito suspensivo no recurso, o que não é usual no Direito Eleitoral.

Cite-se que recentemente o Supremo Tribunal Federal, por ocasião do julgamento do Inq. nº 4435, de relatoria do Ministro Luís Roberto Barroso, reafirmou que a competência criminal da Justiça Eleitoral estende-se os crimes conexos aos crimes eleitorais, podendo estender-se aos crimes de responsabilidade de prefeitos previstos no Decreto-Lei nº 201/1967.

Como dispõe o art. 23 do Código Eleitoral, ainda será de competência do TSE:

> I – Elaborar o seu regimento interno;
> II – Organizar sua Secretaria e a Corregedoria-Geral, propondo ao Congresso Nacional a criação ou extinção dos cargos administrativos e a fixação dos respectivos vencimentos, provendo-os na forma de lei;
> III – Conceder a seus membros licença e férias, assim como afastamento do exercício dos cargos efetivos;
> IV – Aprovar o afastamento do exercício dos cargos efetivos dos juízes dos Tribunais Regionais Eleitorais;
> V – Propor a criação de Tribunal Regional na sede de qualquer dos Territórios;
> VI – Propor ao Poder Legislativo o aumento do número dos juízes de qualquer Tribunal Eleitoral, indicando a forma desse aumento;
> VII – Fixar as datas para as eleições de Presidente e Vice-Presidente da República, Senadores e deputados federais, quando não o tiverem sido por lei:
> VIII – Aprovar a divisão dos estados em zonas eleitorais ou a criação de novas Zonas;
> IX – Expedir as instruções que julgar convenientes à execução desse Código;
> X – Fixar a diária do corregedor-geral, dos corregedores regionais e auxiliares em diligência fora da sede;
> XI – Enviar ao Presidente da República a lista tríplice organizada pelos Tribunais de Justiça nos termos do art. 25;
> XII – Responder, sobre matéria eleitoral, às consultas que lhe forem feitas em tese por autoridade com jurisdição federal ou órgão nacional de partido político;
> XIII – Autorizar a contagem dos votos pelas mesas receptoras nos estados em que essa providência for solicitada pelo Tribunal Regional respectivo;
> XIV – Requisitar a força federal necessária ao cumprimento da lei, de suas próprias decisões ou das decisões dos Tribunais Regionais que o solicitarem, e para garantir a votação e a apuração;

XV – Organizar e divulgar a Súmula de sua jurisprudência;
XVI – Requisitar funcionários da União e do Distrito Federal quando o exigir o acúmulo ocasional do serviço de sua Secretaria;
XVII – Publicar um boletim eleitoral;
XVIII – Tomar quaisquer outras providências que julgar convenientes à execução da legislação eleitoral.

1.2.2 Competência do Tribunal Regional Eleitoral

O Tribunal Regional Eleitoral está presente, como já comentamos, em cada estado-membro. Esses Tribunais representam a instância intermediária da Justiça Eleitoral entre os juízes de primeiro grau e o Tribunal Superior Eleitoral. Suas competências, dispostas nos arts. 29 e 30 do CE, são divididas em jurisdicionais e administrativas. Será atribuição dos TREs:

> Art. 29. Compete aos Tribunais Regionais:
> I – Processar e julgar originariamente:
> a) o registro e o cancelamento do registro dos diretórios estaduais e municipais de partidos políticos, bem como de candidatos a Governador, Vice-Governadores, e membro do Congresso Nacional e das Assembleias Legislativas;
> b) os conflitos de jurisdição entre Juízes Eleitorais do respectivo estado;
> c) a suspeição ou impedimentos aos seus membros ao Procurador Regional e aos funcionários da sua Secretaria assim como aos juízes e escrivães eleitorais;
> d) os crimes eleitorais cometidos pelos Juízes Eleitorais;
> e) o habeas corpus ou mandado de segurança, em matéria eleitoral, contra ato de autoridades que respondam perante os Tribunais de Justiça por crime de responsabilidade e, em grau de recurso, os denegados ou concedidos pelos Juízes Eleitorais; ou, ainda, o habeas corpus quando houver perigo de se consumar a violência antes que o juiz competente possa prover sobre a impetração;
> f) as reclamações relativas a obrigações impostas por lei aos partidos políticos, quanto a sua contabilidade e à apuração da origem dos seus recursos;
> g) os pedidos de desaforamento dos feitos não decididos pelos Juízes Eleitorais em trinta dias da sua conclusão para julgamento, formulados por partido candidato Ministério Público ou parte legitimamente interessada sem prejuízo das sanções decorrentes do excesso de prazo. (Alterada pela L. 4.961/1966)
> II – Julgar os recursos interpostos:

a) dos atos e das decisões proferidas pelos juízes e juntas eleitorais.
b) das decisões dos Juízes Eleitorais que concederem ou denegarem habeas corpus ou mandado de segurança.
Parágrafo único. As decisões dos Tribunais Regionais são irrecorríveis, salvo nos casos do Art. 276.
Art. 30. Compete, ainda, privativamente, aos Tribunais Regionais:
I – Elaborar o seu regimento interno;
II – Organizar a sua Secretaria e a Corregedoria Regional provendo-lhes os cargos na forma da lei, e propor ao Congresso Nacional, por intermédio do Tribunal Superior a criação ou supressão de cargos e a fixação dos respectivos vencimentos;
III – Conceder aos seus membros e aos Juízes Eleitorais licença e férias, assim como afastamento do exercício dos cargos efetivos submetendo, quanto aqueles, a decisão à aprovação do Tribunal Superior Eleitoral;
IV – Fixar a data das eleições de Governador e Vice-Governador, deputados estaduais, Prefeitos, Vice-Prefeitos, Vereadores e juízes de paz, quando não determinada por disposição constitucional ou legal;
V – Constituir as juntas eleitorais e designar a respectiva sede e jurisdição;
VI – Indicar ao tribunal Superior as zonas eleitorais ou seções em que a contagem dos votos deva ser feita pela mesa receptora;
VII – Apurar com os resultados parciais enviados pelas juntas eleitorais, os resultados finais das eleições de Governador e Vice-Governador de membros do Congresso Nacional e expedir os respectivos diplomas, remetendo dentro do prazo de 10 (dez) dias após a diplomação, ao Tribunal Superior, cópia das atas de seus trabalhos;
VIII – Responder, sobre matéria eleitoral, às consultas que lhe forem feitas, em tese, por autoridade pública ou partido político;
IX – Dividir a respectiva circunscrição em zonas eleitorais, submetendo essa divisão, assim como a criação de novas zonas, à aprovação do Tribunal Superior;
X – Aprovar a designação do Ofício de Justiça que deva responder pela escrivania eleitoral durante o biênio;
XII – Requisitar a força necessária ao cumprimento de suas decisões solicitar ao Tribunal Superior a requisição de força federal;
XIII – Autorizar, no Distrito Federal e nas capitais dos estados, ao seu Presidente e, no interior, aos Juízes Eleitorais, a requisição de funcionários federais, estaduais ou municipais para auxiliarem os escrivães eleitorais, quando o exigir o acúmulo ocasional do serviço;
XIV – Requisitar funcionários da União e, ainda, no Distrito Federal e em cada estado ou Território, funcionários dos respectivos quadros administrativos, no caso de acúmulo ocasional de serviço de suas Secretarias;
XV – Aplicar as penas disciplinares de advertência e de suspensão até 30 (trinta) dias aos Juízes Eleitorais;

XVI – Cumprir e fazer cumprir as decisões e instruções do Tribunal Superior;
XVII – Determinar, em caso de urgência, providências para a execução da lei na respectiva circunscrição;
XVIII – Organizar o fichário dos eleitores do estado.
XIX – Suprimir os mapas parciais de apuração mandando utilizar apenas os boletins e os mapas totalizadores, desde que o menor número de candidatos às eleições proporcionais justifique a supressão, observadas as seguintes normas; (Acrescentado pela L. 4.961/1966)
a) qualquer candidato ou partido poderá requerer ao Tribunal Regional que suprima a exigência dos mapas parciais de apuração;
b) da decisão do Tribunal Regional qualquer candidato ou partido poderá, no prazo de três dias, recorrer para o Tribunal Superior, que decidirá em cinco dias;
c) a supressão dos mapas parciais de apuração só será admitida até seis meses antes da data da eleição;
d) os boletins e mapas de apuração serão impressos pelos Tribunais Regionais, depois de aprovados pelo Tribunal Superior;
e) o Tribunal Regional ouvira os partidos na elaboração dos modelos dos boletins e mapas de apuração a fim de que estes atendam às peculiaridade locais, encaminhando os modelos que aprovar, encaminhando os modelos que aprovar, acompanhados das sugestões ou impugnações formuladas pelos partidos, à decisão do Tribunal Superior.

Dessa forma, cabe ao TRE registrar órgãos diretivos e o cancelamento dos registros de partidos políticos. Deve processar e julgar as ações de impugnação ao pedido de registro e aos procedimentos de análise das solicitações de registro nas eleições estaduais.

Quanto aos crimes eleitorais, caberá ao TRE julgar todos os cometidos por pessoas com direito a foro por prerrogativa de função, como no caso dos Prefeitos, o que não abrange os Vereadores, haja vista que a Constituição Federal não estabelece foro privilegiado para Vereadores, como o faz para os Prefeitos, conforme art. 29, X, razão pela qual não é aplicável o princípio do paralelismo constitucional para se concluir pela competência originária da Corte Regional para o julgamento de crimes eleitorais supostamente praticados contra detentores do cargo de Vereador.[7]

Os Tribunais Regionais possuem competência para julgar as irregularidades das propagandas eleitorais e as contas anuais dos órgãos

---

7 Agravo Regimental no Recurso Especial Eleitoral nº 41-42/RJ Relator: Ministro Henrique Neves da Silva.

diretivos regionais dos partidos políticos em relação a sua contabilidade e à apuração da origem de seus recursos.

Como afirma o parágrafo único do art. 29 do CE, em regra, as decisões dos TREs são irrecorríveis. Essa disposição não será levada em conta quando forem proferidas contra expressa disposição de lei ou quando houver desarmonias na interpretação de lei entre dois ou mais tribunais regionais, conforme art. 276, I, alíneas "a" e "b", do CE.

Consoante o citado artigo do Código Eleitoral, o §4º, e seus respectivos incisos, do art. 28 da CF, preceitua que as decisões dos Tribunais Regionais Eleitorais só poderão ser recorridas quando:

> I – Forem proferidas contra disposição expressa desta Constituição ou de lei;
> II – Ocorrer divergência na interpretação de lei entre dois ou mais tribunais eleitorais;
> III – Versarem sobre inelegibilidade ou expedição de diplomas nas eleições federais ou estaduais;
> IV – Anularem diplomas ou decretarem a perda de mandatos eletivos federais ou estaduais;
> V – Denegarem *habeas corpus*, mandado de segurança, *habeas data* ou mandado de injunção.

Deverá ainda projetar a delimitação das circunscrições das zonas eleitorais, submetendo-a à aprovação do TSE, organizar a lista de eleitores que gozam de plenos direitos políticos e apurar eleições no âmbito federal e estadual. Há também incumbências administrativas relacionadas à constituição de seu regimento interno e sua organização.

1.2.3 Competência dos Juízes Eleitorais

Como já comentado, o Juiz Eleitoral exerce suas funções cumulativamente ao exercício de suas competências como juiz de direito dos estados. Caber-lhe-ão as atribuições de caráter jurisdicional, como a interposição de impugnações judiciais e administrativas e o registro de candidatos para as eleições municipais. Será ainda da competência dos Juízes Eleitorais o dever de processar e decidir as questões relacionadas aos atos de abuso de poder econômico e político ou atos advindos da utilização imprópria dos meios de comunicação.

As competências atribuídas aos Juízes Eleitorais, como preceitua a Código Eleitoral no seu art. 35 e seus respectivos incisos, são:

I – Cumprir e fazer cumprir as decisões e determinações do Tribunal Superior e do Regional;
II – Processar e julgar os crimes eleitorais e os comuns que lhe forem conexos, ressalvada a competência originária do Tribunal Superior e dos Tribunais Regionais;
III – Decidir *habeas corpus* e mandado de segurança, em matéria eleitoral, desde que essa competência não esteja atribuída privativamente à instância superior;
IV – Fazer as diligências que julgar necessárias à ordem e presteza do serviço eleitoral;
V – Tomar conhecimento das reclamações que lhe forem feitas verbalmente ou por escrito, reduzindo-as a termo, e determinando as providências que cada caso exigir;
VI – Indicar, para aprovação do Tribunal Regional, a serventia de justiça que deve ter o anexo da escrivania eleitoral;
VII – (Revogado pela Lei nº 8.868, de 14.04.1994);
VIII – Dirigir os processos eleitorais e determinar a inscrição e a exclusão de eleitores;
IX – Expedir títulos eleitorais e conceder transferência de eleitor;
X – Dividir a zona em seções eleitorais;
XI – Mandar organizar, em ordem alfabética, relação dos eleitores de cada seção, para remessa à mesa receptora, juntamente com a pasta das folhas individuais de votação;
XII – Ordenar o registro e cassação do registro dos candidatos aos cargos eletivos municipais e comunicá-los ao Tribunal Regional;
XIII – Designar, até 60 (sessenta) dias antes das eleições, os locais das seções;
XIV – Nomear, 60 (sessenta) dias antes da eleição, em audiência pública anunciada com pelo menos 5 (cinco) dias de antecedência, os membros das mesas receptoras;
XV – Instruir os membros das mesas receptoras sobre as suas funções;
XVI – Providenciar para a solução das ocorrências que se verificarem nas mesas receptoras;
XVII – Tomar todas as providências ao seu alcance para evitar os atos viciosos das eleições;
XVIII – Fornecer aos que não votaram por motivo justificado e aos não alistados, por dispensados do alistamento, um certificado que os isente das sanções legais;
XIX – Comunicar, até às 12 (doze) horas do dia seguinte à realização da eleição, ao Tribunal Regional e aos delegados de partidos credenciados, o número de eleitores que votaram em cada uma das seções da Zona sob sua jurisdição, bem como o total de votantes da Zona.

Com o surgimento das urnas eletrônicas eleitorais, os Juízes Eleitorais adquiriram novas incumbências. Conforme preceitua a Resolução TSE nº 21.538, de 14 de outubro de 2003, será de incumbência dos respectivos juízes presidirem a solenidade de lacre das urnas eletrônicas, apreciar os procedimentos administrativos de coincidência e duplicidade eleitoral, autorizar a movimentação do cadastro geral de eleitores, entre outros.[8]

Como se frisou antes, houve alteração substancial no art. 14, §3º, do Código Eleitoral, que trouxe a ampliação da duração do impedimento imposto para juízes dos Tribunais Eleitorais e Juízes Eleitorais, de modo que, da homologação da respectiva convenção partidária até a diplomação e nos feitos decorrentes do processo eleitoral, não poderão servir como juízes nos Tribunais Eleitorais, ou como Juiz Eleitoral, o cônjuge ou o parente consanguíneo ou afim, até o segundo grau, de candidato a cargo eletivo registrado na circunscrição.

1.3 Funções da Justiça Eleitoral

Os Direitos Políticos, por estarem elencados no rol dos direitos fundamentais e inerentes ao ser humano, necessitam ser garantidos e efetivados plenamente para que não haja usurpação ou uma mitigação destes. Sendo assim, cabe à Justiça Eleitoral a nobre missão de resguardar a democracia e o Estado Democrático, efetivando a soberania popular, a cidadania e o pluralismo político.

A Constituição Federal optou por não definir, de maneira aprofundada, o que seja matéria eleitoral, remetendo à lei complementar essa tarefa (CF, art. 121, *caput*). Dessa forma, a legislação complementar poderá ampliar ou diminuir essa competência, respeitando o fato de não poder atribuir à Justiça Eleitoral demanda que não possua vinculação com atividades eleitorais.

As funções desempenhadas pela Justiça Eleitoral são caracterizadas como: administrativas, jurisdicionais, normativas e consultivas. Por sua vez, não cabe à Justiça Eleitoral apenas dirimir conflitos, como também é de sua competência administrar o processo eleitoral. Dentre as prerrogativas da função administrativa, destaca-se o poder de polícia.

---

8 BRASIL. Resolução TSE nº 21.538, de 14 de outubro de 2003.

No que tange às suas funções administrativas, a Justiça Eleitoral deve organizar e administrar todo o processo eleitoral, agindo sempre que necessário para assegurar o pleno exercício da cidadania em suas diversas manifestações. Assim, como prescreve Edson de Resende Castro, havendo necessidade, pode a Justiça Eleitoral intervir.[9] Tal função faz com que ela não se mantenha inerte frente aos acontecimentos, atuando independentemente de provocação ou de conflitos a serem resolvidos. Por sua vez, exerce prestações que contribuem para a celeridade e a organização do processo eleitoral, como, por exemplo, na expedição de títulos eleitorais, na transferência de domicílio eleitoral, na designação de locais de votação, entre outras.

Configura-se de sua competência, na seara das funções administrativas, promover o alistamento eleitoral e preparar eleições e apurações. Ainda é de sua atribuição instruir a execução da Lei Eleitoral, explanar a propósito de consultas que lhes forem feitas por partidos políticos ou autoridades, julgar os crimes eleitorais, declarar inelegibilidade, entre outras.

Por fim, compete à Justiça Eleitoral, seguindo o preceituado no art. 28 da CF, a organização do primeiro turno das eleições no âmbito estadual e municipal, que devem ser realizadas no primeiro domingo de outubro e no último domingo de outubro, em segundo turno, se houver.

Sua função jurisdicional está relacionada à utilização do Direito para resolução dos conflitos. A palavra jurisdição origina-se da expressão latina *dicere ius*, ou seja, o poder de dizer o direito, que, nos ditames da atualidade, é atividade exclusiva do Estado. Aqui o processo é entendido como instrumento pelo qual o Judiciário declara o direito aplicável ao caso concreto. Pontes de Miranda entende que a especificidade da função de julgar, atribuída ao Estado, teve o escopo de impedir a desordem, os excessos da justiça de mão própria e assegurar a plena realização das regras jurídicas.[10] Cintra, Grinover e Dinamarco definem a jurisdição como "uma das funções do Estado, mediante a qual este se substitui aos titulares dos interesses em conflito, para, imparcialmente buscar a pacificação do conflito que os envolve, com

---

9 CASTRO, Edson de Resende. *Teoria e prática do Direito Eleitoral*. 5. ed. rev. e atual. Belo Horizonte: Del Rey, 2010, p. 23.

10 MIRANDA, Pontes de. *Comentários ao Código de Processo Civil*. 5. ed. Rio de Janeiro: Forense, 1997. Tomo I, arts. 1º ao 45, p. 81-82.

justiça".[11] Sendo assim, o Juiz Eleitoral exerce jurisdição no momento em que é provocado a dirimir esses conflitos, pois diferentemente da função administrativa, a função jurisdicional, por sua vez, só irá ser exercida quando provocada. Ou seja, nessa situação, tem-se o direito de ativação da jurisdição eleitoral visando à manifestação sobre determinado fato concreto que foi levado à apreciação da Justiça Eleitoral.

Podemos exemplificar o exercício de função jurisdicional pela Justiça Eleitoral com as decisões que imponham multa graças à propaganda eleitoral ilícita, fundamentada na legislação eleitoral, arts. 36, §3º, e 37, §1º.

A função normativa da Justiça Eleitoral faz com que ela se diferencie dos demais ramos do Direito. A base para a função normativa da Justiça Eleitoral se encontra no Código Eleitoral, em seu art. 23, IX, que comina que compete privativamente ao Tribunal Superior expedir instruções necessárias à realização das eleições, de acordo com a legislação eleitoral vigente. O art. 105 da Lei Eleitoral dispõe que o Tribunal Superior Eleitoral pode utilizar sua prerrogativa regulamentar até o dia 5 de março do ano da eleição, sem restringir direitos ou estabelecer sanções distintas das previstas legalmente. Para a sua elaboração, têm de ser ouvidos, previamente, em audiência pública, os representantes dos partidos políticos participantes do pleito eleitoral vindouro. Limitados pelos dispositivos jurídicos, não podem, de forma alguma, ostentar conteúdo *contra legem*, haja vista que sua função é possibilitar a fiel execução da legislação vigente.

As resoluções devem ser consideradas ilegais, sendo invalidadas, quando suas regulamentações forem contrárias à lei (*contra legem*) ou não tiverem nenhum amparo legal. Assim ocorrendo, tem de haver um controle pelos partidos políticos e pelo Ministério Público quando se detectar uma extensão na regulamentação de determinada matéria ou um ato regulamentador que vá de encontro às leis eleitorais vigentes. Ao expedir resoluções e instruções fora dos limites legais e fora dos princípios basilares do Estado Democrático de Direito, estará o Tribunal Superior Eleitoral sendo contrário ao princípio constitucional da legalidade, explicitado no art. 5º, II, da *Lex Mater*. Outrossim, as resoluções, em razão de seu caráter, não podem restringir direitos ou estabelecer sanções distintas das previstas em lei.

---

11 CINTRA, Antônio Carlos de Araújo; GRINOVER, Ada Pellegrini; DINAMARCO, Cândido Rangel. *Teoria geral do processo*. 19. ed. São Paulo: Malheiros, 2003, p. 131.

Importante frisar que se houver ausência de regulamentação pelo órgão responsável, acarretando falta de norma regulamentadora sobre alguma matéria da seara eleitoral, cabe mandado de injunção, como também é cabível a possibilidade de impetração de mandado de segurança se determinada resolução chegar a produzir algum efeito concreto.

Salienta-se, ainda, que o Colendo Tribunal Superior Eleitoral expede resoluções temporárias que regularizam determinada eleição, como também expede resoluções permanentes, com maior durabilidade temporal, pois não são alteradas em função do calendário eleitoral das eleições. Estas não possuem prazo certo para serem expedidas porque se regem pelas normas previstas no art. 23, XVIII, do Código Eleitoral e art. 61 da Lei nº 9.096/1995, já aquelas têm curta duração e específica aplicabilidade, podendo também servir futuramente auxiliando no procedimento eleitoral.

As resoluções possuem força de lei, eficácia, mas não terão a mesma natureza de uma norma. Essas resoluções facilitam o trabalho dos operadores do Direito Eleitoral, pois nelas estão vinculadas não só a legislação eleitoral em vigor, como também as jurisprudências e consultas mais recentes feitas ao TSE. No mesmo sentido, há concordância de que as resoluções do Tribunal Superior Eleitoral servem como elemento catalisador de profundas mudanças, reformas e inovações operacionalizadas no âmbito da Justiça Eleitoral. Apesar de as resoluções trazerem mais segurança aos operadores do Direito Eleitoral, as leis sempre estarão em um patamar hierarquicamente superior.

A elaboração de resoluções pelo Colendo TSE é de extrema importância para o processo eleitoral, pois é inegável a mora do legislador na produção de leis, gerando vários vazios normativos, e, consequentemente, insegurança jurídica. Diante desse impasse, a atuação normativa do Tribunal Superior Eleitoral tem o escopo de melhor conduzir os postulados fundamentais que servem de rumo seguro ao processo eleitoral. As resoluções eleitorais ocupam uma função de especificação da legislação, fazendo com que sua execução ocorra da forma mais simplificada possível. Entretanto, ela não pode se tornar fonte normativa preponderante do Direito Eleitoral, sob pena de estorvar irremediavelmente o Estado Democrático de Direito.

Cite-se, no ponto, que a Lei nº 14.211/2021 incluiu o art. 23-A no Código Eleitoral para acentuar que a competência regulamentar do TSE se restringe a matérias especificamente autorizadas em lei, sendo vedado ao Tribunal tratar de matéria relativa à organização dos partidos políticos.

A função consultiva da Justiça Eleitoral está relacionada ao seu pronunciamento quanto a situações hipotéticas apresentadas, como dispõe o art. 23, XII. Por meio do exercício dessa função, é possível saber o posicionamento a respeito de determinada situação, evitando práticas contrárias ao entendimento, de modo a prestigiar o princípio da segurança jurídica nas matérias atinentes ao Direito Eleitoral. As respostas a determinadas consultas devem estar devidamente fundamentadas e, mesmo que não detenham caráter vinculante, norteiam os demais órgãos da Justiça Eleitoral.

Não obstante isso, o Tribunal Superior Eleitoral soergueu entendimento no sentido de que as consultas respondidas pela Corte possuem caráter vinculante, nos termos do *caput* do art. 30 da LINDB,[12] segundo o qual "as autoridades públicas devem atuar para aumentar a segurança jurídica na aplicação das normas, inclusive por meio de regulamentos, súmulas administrativas e respostas a consultas"; e do parágrafo único do referido dispositivo legal, que tem a seguinte dicção: "os instrumentos previstos no *caput* deste artigo terão caráter vinculante em relação ao órgão ou entidade a que se destinam, até ulterior revisão".

A consulta, entretanto, não poderá tratar sobre caso concreto, sob pena de o Tribunal precipitar resolução de conflito já estabelecido, e tampouco poderá ser conhecida quando os questionamentos veiculados já foram apreciados pelo TSE.[13] É do TSE o entendimento no sentido de que "descabe ao Poder Judiciário, no exercício da função consultiva, manifestar-se sobre o cerne de demandas particularizáveis e que já se encontram em estado de gestação".[14]

Com efeito, as indagações devem apresentar pertinência temática (veiculação de matéria-eleitoral em sentido estrito)[15] e não incidir em nenhum dos entendimentos proibitivos sedimentados pelo TSE, como, por exemplo, a questão não estar pendente de exame pelo Supremo

---

12 Agravo Regimental no Recurso Especial Eleitoral 060029218/RJ, Relator(a) Min. Luis Felipe Salomão, Acórdão de 07.12.2020, Publicado no Publicado em Sessão, data 07.12.2020.

13 Consulta 060037285/DF, Relator(a) Min. Benedito Gonçalves, Acórdão de 08.09.2023, Publicado no Diário de Justiça Eletrônico-187, data 22.09.2023.

14 CTA 0600597-47/DF, Rel. Min. Edson Fachin, DJE de 6.5.2020.

15 Consulta nº 060117488, Acórdão, Relator(a) Min. Edson Fachin, Publicação: DJE – Diário de Justiça Eletrônico, Tomo 191, Data 24.09.2020.

Tribunal Federal[16] e os questionamentos formulados não ostentarem contornos de caso concreto (inequívoca abstração).[17] Para além disso, os questionamentos formulados deverão ser simples e objetivos, sem que haja a possibilidade de se dar múltiplas respostas ou estabelecer ressalvas.[18]

Ademais, para que essas consultas sejam devidamente respondidas pelo Colendo Tribunal Superior Eleitoral, tem de ser formuladas por autoridade com jurisdição federal (Senador; Deputado Federal) ou órgão nacional de partido político (art. 23, XII, do Código Eleitoral). Ainda convém explicitar que Ministro de Estado possui legitimidade para formular consulta perante o TSE,[19] assim como os Tribunais Regionais Eleitorais, sobre matéria eleitoral de sua competência, segundo o art. 30, VIII, do CE.[20] No entanto, de acordo com a jurisprudência do TSE, iniciado o período eleitoral a partir da realização das convenções partidárias, não se conhece, como regra, de consulta, pois o seu objeto poderá ser apreciado pela Justiça Eleitoral a partir de casos concretos, no que se evita a antecipação de julgamentos.[21]

Cabe ressaltar a importante atribuição atípica designada à Justiça Eleitoral que se apresenta por um legítimo poder de polícia. Por meio desse poder, a Justiça Eleitoral possui legitimidade para limitar o exercício das liberdades individuais, garantindo o bem da sociedade em geral. Com isso, concede-se à Justiça Eleitoral a oportunidade de controlar a propaganda eleitoral e partidária. A propósito, dispõe Joel José Cândido que a Justiça Eleitoral atua como "Justiça-Administração-Pública", através do exercício do poder de polícia, contendo e regulando os excessos existentes nas propagandas.[22]

Esse poder deve ser exercido, sempre, pelos Juízes Eleitorais mesmo que as eleições não sejam municipais. Cabe a eles estarem sempre atentos para agir com firmeza, cuidando para que não ocorram desequilíbrios nas forças da campanha. Vale salientar que não é necessário que

---

[16] Ac. de 1.8.2016 no Cta nº 11993, rel. Min. Gilmar Mendes.

[17] Ac. de 15.3.2016 no Cta nº 7914, rel. Min. Maria Thereza Rocha de Assis Moura.

[18] Ac. de 20.5.2014 no Cta nº 96433, rel. Min. Laurita Hilário Vaz.

[19] Res. nº 21.908, de 31.08.2004, Rel. Min. Peçanha Martins.

[20] Res. nº 22.314, de 01.08.2006, Rel. Min. Cezar Peluso.

[21] Consulta 060084253/DF, Relator(a) Min. Benedito Gonçalves, Acórdão de 13.10.2022, Publicado no Diário de Justiça Eletrônico-214, data 25.10.2022.

[22] CÂNDIDO, Joel José. *Direito Eleitoral brasileiro.* 6. ed. Bauru: Edipro, 1996, p. 149.

haja provocação por parte de parte interessada, devendo a Justiça agir sempre que notar que algo não está seguindo da maneira que deveria.

Compete, ainda, à Justiça Eleitoral, o julgamento de ações e recursos no âmbito criminal e cível. Quanto à manifestação na esfera penal, podemos atrelar essa atuação à prática de crimes eleitorais, tipificados no Código Eleitoral ou em leis esparsas. Deverá essa ser provocada para solucionar esses litígios por meio da ação penal pública, como preceitua o art. 355 do CE. No entanto, admite-se ainda, excepcionalmente, proposição de ação penal privada (art. 5º, LIX, da Constituição Federal), do *habeas corpus* (arts. 22, I, 29, I, e 35, III, do CE) e da revisão criminal através da aplicação por analogia do art. 621, I a III, do Código de Processo Penal. Questões comuns ao período que antecede e durante o curso da eleição, como ofensas contra a honra, deverão ser da alçada da Justiça Eleitoral contanto que os fatos ocorram durante o período definido para propaganda.

1.4 Divisão territorial

As competências dentro dos estados são delimitadas por zonas eleitorais, que são espaços geograficamente demarcados, sendo sua atividade administrativa exercida por um Cartório Eleitoral que centraliza e coordena os eleitores domiciliados na localidade. Conforme afirma Djalma Pinto, é a área sob a jurisdição de um Juiz Eleitoral designado pelo Tribunal de Justiça.[23] O território abrangido por uma zona eleitoral pode comportar mais de um município, ou apenas parte dele, como também um município pode abranger várias zonas eleitorais.

Vale frisar a diferença existente entre as zonas eleitorais e a circunscrição eleitoral. Compreende zona eleitoral o espaço territorial onde é exercida a jurisdição pelo Juiz Eleitoral. Já a circunscrição determina o corpo eleitoral dividido pelos cargos em disputa, ou seja, define os indivíduos que devem exercer o voto em determinada eleição, dentro de determinado espaço territorial, como define Edson Resende Castro.[24]

Compreende circunscrição eleitoral o espaço territorial onde ocorre determinada eleição, podendo esse espaço ser um município,

---

[23] PINTO, Djalma. *Direito Eleitoral*: improbidade administrativa e responsabilidade fiscal: noções gerais. 5. ed. São Paulo: Atlas, 2010, p. 44.

[24] CASTRO, Edson de Resende. *Teoria e prática do Direito Eleitoral*. 5. ed. rev. e atual. Belo Horizonte: Del Rey, 2010, p. 3.

no caso de eleições municipais (Prefeito e Vereadores), um estado, no caso de eleições estaduais (Governador, Vice-Governador, deputados estaduais e federais, e Senadores), todo o país, no caso de eleições federais (Presidente e Vice-Presidente da República), e ainda um distrito, quando realizada eleição pelo sistema distrital. Em países federalistas, como o Brasil, as circunscrições eleitorais estão divididas no âmbito nacional, estadual e municipal. O âmbito nacional diz respeito à eleição para Presidente da República. A circunscrição estadual elege Governadores, Senadores, deputados federais e deputados estaduais. Por fim, a circunscrição eleitoral municipal elege Prefeitos e Vereadores.

Uma zona eleitoral é composta por um conjunto de seções eleitorais. Os critérios para essa subdivisão estão relacionados à quantidade de eleitores, de acordo com determinações já estabelecidas para participar das eleições numa região. Representam, dessa forma, a movimentação demográfica dos cidadãos. Essa subdivisão é estabelecida com finalidade de facilitar a votação e a totalização dos votos, além de designar o local onde será exercida a votação de cada eleitor. As Zonas e Seções Eleitorais são criadas (ou extintas) anteriormente à eleição pelos respectivos Tribunais Regionais Eleitorais, nos termos dos artigos 3º e seguintes da Resolução TSE nº 23.422/2014.

A Resolução TSE nº 23.422/2014 determina aos TREs que façam o rezoneamento de eleitores vinculados a zonas com menos de 10 mil cidadãos aptos a votar. *A priori*, tinha-se que haveria extinção ou remanejamento das zonas. O TSE, por meio da decisão nº 714/2014, Protocolo/TSE nº 33.205/2014 Brasília-DF, cujo interessado era o município de Verdejante/PE, consignou que a respectiva resolução tem por objeto a racionalização e otimização dos serviços eleitorais, adequando-os à atual realidade demográfica do país, com possível redução de custos. Portanto, teria o condão de revisar a distribuição das zonas eleitorais, com a melhoria do gerenciamento dos recursos humanos e materiais existentes. Nesta oportunidade, o TSE verberou que tal medida só será viabilizada após estudos técnicos detalhados pelos tribunais regionais e submetidos à homologação dos respectivos órgãos colegiados, não havendo, portanto, a extinção ou o remanejamento das zonas eleitorais sem o devido estudo de viabilidade técnica.

1.5 Funcionamento da Justiça Eleitoral nas eleições municipais

Como já fora apontado nos tópicos anteriores, as eleições no Brasil, nos três níveis da Federação, municípios, estados e União, são controladas pela Justiça Eleitoral, cuja função é realizar o alistamento eleitoral, as eleições, a apuração dos votos, a diplomação dos eleitos, entre outras. Em suma, organizará todo o procedimento eleitoral para que este seja conduzido da maneira mais correta possível e que respeite os princípios basilares do Estado Democrático.

Na organização do pleito, em se tratando das eleições municipais, cabe à Justiça Eleitoral expedir os títulos de eleitor; designar, até 60 dias antes das eleições, os locais das seções; comunicar ao respectivo TRE, em até 30 dias antes de cada eleição, o número de eleitores alistados; divulgar nos meios de comunicação os nomes dos candidatos registrados, com a indicação do partido a que pertençam, bem como do número sob que foram inscritos, no caso dos candidatos a deputado e Vereador; dividir as circunscrições eleitorais em zonas eleitorais, submetendo essa divisão, assim como a criação de novas zonas eleitorais por desmembramento, à aprovação final pelo TSE; constituir e nomear as juntas eleitorais e designar as respectivas sedes e jurisdições. Sendo assim, cumpre explicitar cada uma dessas etapas, que são de importante valor para a condução de um procedimento eleitoral digno.

Entende-se que a circunscrição eleitoral é o espaço geográfico em que se trava determinada eleição. Sendo assim, a Justiça Eleitoral divide esse espaço em zonas eleitorais para facilitar a condução das eleições nesse determinado lugar. Diante disso, os arts. 23, VIII, e 30, IX, do Código Eleitoral preceituam que a divisão de zonas eleitorais pelo TRE deverá ser aprovada pelo Tribunal Superior Eleitoral. As zonas eleitorais são consideradas como uma circunscrição territorial, cuja divisão é fomentada por critérios legais, tendo ampla jurisdição nos limites que foram predeterminados pela Justiça Eleitoral. Sendo assim, para cada zona eleitoral, haverá a necessidade de investidura de um Juiz Eleitoral. Por sua vez, a sua competência ficará circunscrita ao local onde ocorreu o fato. Cumpre salientar que o juiz de direito, para ser titular da zona eleitoral, deve encontrar-se em pleno exercício de suas atividades.

O Juiz Eleitoral indica ao TRE os membros de cada junta, competindo ao TRE a aprovação dos nomes; em seguida, o Juiz-Presidente deve nomear os integrantes de cada junta, porém, antes da nomeação, o TRE deverá publicar edital contendo os nomes daqueles que lhe tenham sido indicados pelo Juiz Eleitoral para a composição da junta.

As juntas eleitorais são constituídas 60 dias antes da eleição. Dez dias antes da nomeação, os nomes das pessoas indicadas são publicados no *Diário Oficial*, para fins de impugnação por partido, no prazo de três dias. Inexistindo impugnação ou sendo esta julgada improcedente, os nomes são submetidos à aprovação do Presidente do TRE (art. 36, §§1º e 2º do Código Eleitoral). Por sua vez, após a constituição da junta, o seu Presidente, em até 30 dias antes da eleição, deve comunicar ao Tribunal e divulgar a composição das mesas receptoras.

1.5.1 Poder de polícia

O vocábulo polícia originou-se do grego *politeia*, sendo utilizado para designar todas as atividades da *polis*, onde a vigilância pública fora tão necessária como o é nos dias atuais. Hely Lopes Meirelles preleciona que "no âmbito municipal o poder de polícia incide sobre todos os assuntos de interesse local, especialmente sobre as atividades urbanas que afetem a vida da cidade e o bem-estar de seus habitantes".[25] Nessa mesma linha, Maria Sylvia Zanella Di Pietro entende que o poder de polícia é a atividade do Estado consistente em limitar o exercício dos direitos individuais em benefício da coletividade.[26]

Na seara do Direito Eleitoral e, principalmente, em se tratando da atuação da Justiça Eleitoral nas eleições de âmbito municipal, torna-se evidente, portanto, a importância dessa atuação na condução dos procedimentos eleitorais, pois a razão do poder de polícia é a necessidade do interesse social, que resguarda não só valores materiais, como também morais e espirituais do povo. Compete, pois, à Justiça Eleitoral o exercício do poder de polícia, adotando providências necessárias para assegurar a manutenção da ordem pública e o cumprimento da legislação pertinente durante o período eleitoral e em relação a fatos diretamente envolvidos a ele. Sendo assim, desde que a conduta do indivíduo ou da empresa tenha repercussões prejudiciais à comunidade ou ao

---

25 MEIRELLES, Hely Lopes. *Direito Municipal brasileiro*. 14. ed. São Paulo: Malheiros, 2006, p. 469.

26 DI PIETRO, Maria Sylvia Zanella. *Direito Administrativo*. 24. ed. São Paulo: Atlas, 2011, p. 118.

Estado, sujeita-se ao poder de polícia preventivo ou repressivo, pois ninguém adquire direito contra o interesse público.

Nas eleições municipais, os Juízes Eleitorais possuem a competência e detêm esse poder de polícia para garantir, assim, a seguridade do procedimento eleitoral, conforme preceitua o art. 41, §1º, da LE.[27] Ademais, o poder de polícia, que não depende de aprovação, deve ser exercido quando o Juiz Eleitoral considerar haver irregularidade, perigo de dano ao bem público ou ao bom andamento do tráfego.[28] Diante do que foi exposto, cabe salientar que o poder de polícia exercido pelo Juiz Eleitoral é coercitivo e delineado pela lei, não tendo natureza discricionária, pois a atividade é manifestamente explícita, devendo o magistrado atuar de ofício no poder-dever de vincular sua vontade aos interesses públicos de assegurar o respeito à legislação eleitoral, fiscalizando a sua observância e impedindo-lhe a transgressão.

Desse modo, cumpre explicitar algumas situações em que a Justiça Eleitoral, no exercício do seu poder de polícia, irá agir para garantir a seguridade e a lisura das eleições. Visando à transparência e à idoneidade do procedimento eleitoral, pode a Justiça Eleitoral, por meio dos seus Juízes Eleitorais, cessar alguma irregularidade relativa à propaganda eleitoral, nos termos do art. 6º da Resolução TSE nº 23.610/2019.

No entanto, anote-se que, de acordo com a Súmula nº 18 do TSE, o juiz eleitoral, conquanto investido de poder de polícia, não tem legitimidade para instaurar, de ofício, procedimento com a finalidade de impor multa pela veiculação de propaganda irregular.[29] De acordo com a jurisprudência firmada pelo TSE, o poder de polícia eleitoral está umbilicalmente relacionado à propaganda eleitoral e ostenta o escopo de prevenir ou inibir irregularidades, no que não pode ser utilizado para

---

[27] "§1º O poder de polícia sobre a propaganda eleitoral será exercido pelos Juízes Eleitorais e pelos juízes designados pelos Tribunais Eleitorais" (Lei nº 9.504/97, art. 41, §1º).

[28] Ac. nº 242, de 17.10.2002, Rel. Min. Fernando Neves.

[29] RECURSO EM MANDADO DE SEGURANÇA. PROPAGANDA ELEITORAL. EXERCÍCIO DE PODER DE POLÍCIA. APLICAÇÃO DE MULTA DE OFÍCIO E SEM PRÉVIO AJUIZAMENTO DE REPRESENTAÇÃO. INVIABILIDADE. ORDEM CONCEDIDA. 1. Nos termos da Súmula 18 do TSE, é vedado ao juiz eleitoral, no exercício do poder de polícia, de ofício, instaurar procedimento com a finalidade de impor multa pela veiculação de propaganda eleitoral em desacordo com a Lei nº 9.504/97. 2. Recurso provido e segurança concedida (Recurso em Mandado de Segurança nº 48696, Acórdão, Min. Nancy Andrighi, Publicação: DJE – Diário de Justiça Eletrônico, 23.10.2012).

aplicar sanções ou possibilitar a realização direta de medida de busca e apreensão domiciliar fora de um processo de natureza jurisdicional.[30]

1.5.2 Julgamento das ações e recursos

Por ação entende-se que seja o direito público subjetivo de pedir a tutela jurisdicional. Para Nelson Nery Junior e Rosa Maria de Andrade Nery, na proposição da ação, o autor deve afirmar-se titular do direito material a ser discutido em juízo e demonstrar ter necessidade de pleitear a tutela jurisdicional.[31]

No entanto, em se tratando das eleições municipais, a competência para julgar os feitos produzidos no decorrer do curso do procedimento eleitoral é do Juiz Eleitoral, que fora previamente designado pelo respectivo TRE. Como já fora explicitado anteriormente, no que urge às principais funções da Justiça Eleitoral, tem-se em vista que a sua atuação cerrada serve para mitigar possíveis máculas ao processo eleitoral. Então, como consequência disso, é da competência dos Juízes Eleitorais o julgamento de ações referentes ao uso indevido, desvio ou abuso de poder econômico, à captação ilícita do sufrágio, à ação de reclamação em face da propaganda política eleitoral irregular, à ação de impugnação ao mandato eletivo, à ação de impugnação ao pedido de registro de candidatura etc.

Cumpre salientar que no julgamento dessas ações, a Justiça Eleitoral deverá adotar o princípio basilar do Direito Eleitoral, que é o da celeridade. A competência para o julgamento das ações supracitadas, quando são candidatos aos mandatos eletivos de Prefeito, Vice-Prefeito ou Vereador, será do Juiz Eleitoral. Vale salientar que o Juiz Eleitoral ainda é competente para decidir *habeas corpus* e mandado de segurança,

---

30 "(...) O poder de polícia eleitoral, previsto no art. 41, §§1º e 2º, da Lei nº 9.504/1997, está relacionado à propaganda eleitoral e compreende a prática de atos preventivos ou inibitórios de irregularidades. As medidas que busquem aplicar sanções ou se distanciem da finalidade preventiva devem ter caráter jurisdicional e obedecer ao devido processo legal. Dessa maneira, o poder de polícia não possibilita a realização direta de medida de busca e apreensão domiciliar pelo magistrado fora das hipóteses constitucionais. 13. A postura ativa do juiz que determina, por iniciativa própria, e realiza pessoalmente medida de tamanha dimensão não se conforma ao modelo constitucional de delimitação das atividades investigativas e jurisdicionais. Pelo contrário, assemelhar-se-ia à figura inquisitória do juiz investigador, que não apenas produz as provas, como as controla, valora e julga". (Agravo de Instrumento 47738/RJ, Relator(a) Min. Edson Fachin, Acórdão de 14.11.2019, Publicado no Diário de Justiça Eletrônico-170, data 26.08.2020, p. 96/136).

31 NERY JUNIOR, Nelson; NERY, Rosa Maria de Andrade. *Código de Processo Civil Comentado.* 9. ed. São Paulo: Revista dos Tribunais, 2006, p. 143.

em matéria eleitoral, desde que essa competência não esteja atribuída privativamente a instância superior.

Já os recursos são os meios hábeis a propiciar o reexame de decisões no âmbito da Justiça Eleitoral, desde o alistamento do eleitor até a diplomação de candidato eleito; desde a denúncia por crime eleitoral até a sentença que a julgar procedente ou não. Para Pinto Ferreira, todas as decisões comportam recursos, sejam elas para o próprio julgador, sejam para um órgão superior.[32] No entanto, para o eleitoralista pernambucano, os juízes podem falhar nos julgamentos, sobretudo em face da explosão legislativa e tumultuante, especialmente no direito político.

Os recursos eleitorais, tratados nos arts. 257 e 282 do Código Eleitoral, são interpostos para o TRE competente, perante a junta ou Juiz Eleitoral cuja decisão se pretende reformar. A jurisprudência do colendo TSE é uníssona no que urge aos efeitos dos recursos eleitorais interpostos. Para o TSE e conforme o art. 257 do Código Eleitoral, os recursos eleitorais não têm efeitos suspensivos.[33] Com a minirreforma eleitoral (Lei nº 13.165/2015), apenas o recurso ordinário interposto contra decisão proferida por Juiz Eleitoral ou por Tribunal Regional Eleitoral que resulte em cassação de registro, afastamento do titular ou perda de mandato eletivo será recebido pelo Tribunal competente com efeito suspensivo, conforme está insculpido no art. 257, §2º, do Código Eleitoral.[34]

---

32 FERREIRA, Pinto. *Código Eleitoral comentado*. Rio de Janeiro: Rio, 1976, p. 303 (Série Legislação Comentada).

33 TSE, REsp nº 21.403/CE, Rel. Min. Barros Monteiro, j. 20.02.2004; TSE, EDclMC nº 1.357/PR, Rel. Min. Carlos Velloso, j. 24.09.2004.

34 ELEIÇÃO 2020. AGRAVO REGIMENTAL NO RECURSO ESPECIAL ELEITORAL. REGISTRO DE CANDIDATURA. VEREADOR. CAUSA DE INELEGIBILIDADE. ART. 1º, I, j, DA LC Nº 64/1990. CONDENAÇÃO EXCLUSIVAMENTE À INELEGIBILIDADE POR OITO ANOS. RECURSO ORDINÁRIO SEM EFEITO SUSPENSIVO AUTOMÁTICO. FIXAÇÃO DE TESE PELO TRIBUNAL SUPERIOR ELEITORAL PARA O PLEITO DE 2020. AGRAVO DESPROVIDO. 1. No julgamento do RO nº 0608809-63/RJ, Rel. Min. Mauro Campbell Marques, o Tribunal Superior Eleitoral fixou orientação plenária no sentido de que o efeito suspensivo automático referido no art. 257, §2º do Código Eleitoral limita-se à cassação de registro, afastamento do titular ou perda de mandato eletivo, não alcançando, portanto, a inelegibilidade (julgado em 10.11.2020, acórdão pendente de publicação). 2. Na espécie, o agravante foi condenado em ação de investigação judicial eleitoral à inelegibilidade pelo período de oito anos, em virtude da prática do ilícito disposto no art. 30-A da Lei nº 9.504/1997, nas eleições de 2018. 3. O recurso ordinário foi interposto perante o TSE, o qual não possui efeito suspensivo *ope legis*, conforme orientação firmada por este Tribunal. 4. Os argumentos expostos pelo agravante não são suficientes para afastar a conclusão da decisão agravada, revelando tão somente o inconformismo da parte com o resultado do julgamento. 5. Agravo regimental a que se nega provimento. (Agravo Regimental em Recurso

No âmbito municipal, em se tratando das juntas e juízos eleitorais, os recursos perante estes estão disciplinados no Código Eleitoral, nos arts. 265-267. Sendo assim, cabem recursos dos atos, resoluções ou despachos dos juízes e juntas eleitorais para os respectivos TREs. É imperioso ressaltar que o prazo para a interposição de recurso, sempre que a lei não fixar, será de três dias, contados da publicação do ato, resolução ou despacho (Código Eleitoral, art. 258). O curto período de tempo para a interposição recursal é consequência do princípio da celeridade do Direito Eleitoral.

Tanto as decisões das juntas eleitorais como dos juízes (Código Eleitoral, art. 267, §7º) podem ser reformadas pelos mesmos. Se o juiz reformar a decisão, o recorrido poderá, dentro do prazo de três dias, requerer que o recurso suba. No entanto, se a decisão não for reformada, o Juiz Eleitoral enviará o processo para exame no respectivo TRE.

O recurso contra decisão das juntas será interposto no ato, verbalmente ou por escrito, devendo ser fundamentado em 48 horas, sem o que não terá seguimento (Código Eleitoral, art. 169, §2º). O recurso contra a apuração só será admitido se precedido de impugnação perante a junta (Código Eleitoral, art. 171).[35]

Já o recurso contra a decisão de Juiz Eleitoral deverá ser interposto por petição fundamentada e acompanhada de toda a documentação necessária. Se o recorrido juntar novos documentos, abrir-se-á vista ao recorrente dos autos, por 48 horas, para falar sobre os mesmos, findo o qual o Juiz Eleitoral fará subir os autos ao respectivo TRE com a sua resposta e os documentos em que se fundar, sujeito a uma multa determinada por lei para cada dia de retardamento.

No respectivo TRE, ao qual será interposto o recurso, nenhuma alegação escrita ou nenhum documento será oferecido fora da fundamentação interposta na inicial, em regra. Porém, se o recorrente se reportar a coação, fraude, interferência de poder econômico, desvio ou abuso de autoridade ou poder ou, ainda, a processo de propaganda ou captação ilícita de sufrágio, dependentes de prova a ser determinada pelo Tribunal, basta-lhe, nesse caso, indicar os meios para a obtenção dessas provas (Código Eleitoral, arts. 266 e 268).

Especial Eleitoral nº 060021506, Acórdão, Min. Edson Fachin, Publicação: PSESS – Publicado em Sessão, 14.12.2020).

35 Não será admitido recurso contra a apuração se não tiver havido impugnação perante a junta, no ato apuração, contra as nulidades arguidas.

Quando o assunto tratar de arguição de inelegibilidade, o procedimento recursal seguirá os padrões estabelecidos na Lei Complementar nº 64/1990 (Lei das Inelegibilidades). Já no tocante aos crimes eleitorais e aos comuns que lhe forem conexos, o CE fixou em dez dias o prazo para recurso contra decisões finais, condenatórias ou absolutórias, e determinou que nos recursos em geral se aplique o CPP como lei subsidiária e supletiva (Código Eleitoral, arts. 362 e 364).

1.6 Ministério Público Eleitoral

O Ministério Público Eleitoral é um órgão essencial para a preservação da ordem jurídica.[36] Com a Constituição de 1988, o *Parquet* atinge o apogeu da sua relevância. Posicionado no capítulo atinente às funções essenciais à Justiça, foi dotado de uma gama de prerrogativas que o tornam autônomo e com condições de realizar as funções dispostas nos dispositivos constitucionais. O eminente Ministro do Supremo Tribunal Federal, Celso de Mello, entende que o Ministério Público tornou-se, por destinação constitucional, o defensor do povo.[37] Já no âmbito do Direito Eleitoral, o Ministério Público atua nas eleições para que a vontade popular não seja maculada, fiscalizando a lisura do procedimento eleitoral.[38] Ao primeiro sinal da procura pela ilicitude para alcançar o mandato eletivo, possui o Ministério Público o dever de reagir. É de sua competência impedir posturas ilícitas, garantindo a democracia e desestimulando esse tipo de prática. Sua postura deve conter os abusos de poder, por meio de ações dispostas pela ordem pública, já que as práticas viciadas no nosso país são cada vez mais

---

[36] PINTO, Djalma. *Direito Eleitoral*: improbidade administrativa e responsabilidade fiscal – noções gerais, 5. ed. São Paulo: Atlas, 2010, p. 337.

[37] "Foi a Constituição Federal de 1988, inegavelmente, o instrumento de consolidação jurídico-constitucional do Ministério Público. Ao dispensar-lhe singular tratamento normativo, a Carta Política redesenhou-lhe o perfil constitucional, ampliou-lhe a destinação político-institucional, ampliou-lhe as funções jurídicas e deferiu de maneira muito expressiva, garantias inéditas à própria Instituição e aos membros que a integram. Foram, assim, plenas de significação as conquistas institucionais obtidas pelo Ministério Público ao longo do processo constituinte de que resultou a promulgação da nova Constituição do Brasil. Com a reconstrução da ordem constitucional, emergiu o Ministério Público sob o signo da legitimidade democrática. Ampliaram-se-lhe as atribuições; dilatou-selhe a competência; reformulou-se-lhe a fisionomia institucional; conferiram-se-lhes os meios necessários à consecução de sua destinação constitucional; atendeu-se, finalmente, a antiga reivindicação da própria sociedade civil" (Voto proferido no MS 21.239/DF, *RTJ* 147/161).

[38] AGRA, Walber de Moura. *Curso de Direito Constitucional*. 9. ed. Belo Horizonte: Fórum, 2018, p. 720.

frequentes. É atribuição do Ministério Público zelar pelo interesse coletivo em relações públicas, privadas, cíveis ou criminais, etc. Dentre as ações do Ministério Público no procedimento eleitoral, podemos destacar a investigação judicial e a ação de impugnação de mandato.

Conforme afirma Joel J. Cândido, o Ministério Público Eleitoral possui legitimidade para a mesma atuação e participação garantida aos partidos e candidatos na esfera eleitoral, já que esses possuem interesses unilaterais no processo e o Ministério Público, interesse de defensor da ordem.[39] Sendo assim, Hugo Nigro Mazzilli preceitua que, considerando a destinação institucional do Ministério Público, de defesa da ordem jurídica e do regime democrático, sustenta-se o imediato cabimento de sua atuação fiscalizadora em todo o procedimento eleitoral.[40] Esse fiscal da lei é composto pelo Ministério Público da União e os Ministérios Públicos dos estados. O Ministério Público da União tem como chefe o Procurador-Geral da República. Esse deve ser integrante da carreira, maior de 35 anos, aprovado por quórum de maioria absoluta dos membros do Senado Federal, nomeado pelo Presidente da República para exercer mandato de dois anos, sendo permitida a sua recondução.

O chefe no Ministério Público Eleitoral nos locais onde houver Tribunal Regional Federal será o Procurador regional eleitoral. O respectivo Procurador será nomeado pelo Procurador-Geral Eleitoral, dentre os Procuradores regionais da República, possuindo mandato de dois anos, não podendo exercer suas funções nesse cargo por mais de dois biênios consecutivos. Ainda assim, é imperioso ressaltar que o Ministério Público deve se distanciar de partidos e candidatos envolvidos na disputa pelo poder. Entre as proibições impostas pela Constituição aos integrantes do *Parquet*, destaca-se a de exercer atividade político-partidária.

Nos locais que não sejam sede do Tribunal Regional Federal, o Ministério Público Eleitoral será presidido por um Procurador da República. Nomeado igualmente pelo Procurador-Geral Eleitoral, este deve atuar como Procurador regional eleitoral para o mandato de dois anos, sendo permitida apenas uma recondução ao cargo.[41]

---

39 CÂNDIDO, Joel J. *Direito Eleitoral brasileiro*. 10. ed. rev., atual. e ampl. Bauru: Edipro, 2002, p. 65.

40 NIGRO MAZZILLI, Hugo. *Introdução ao Ministério Público*. São Paulo: Saraiva, 1997, p. 126.

41 ALMEIDA, Roberto Moreira de. *Direito Eleitoral*. 2. ed. rev., atual. e ampl. Salvador: Juspodivm, 2009, p. 164.

Vale salientar que, como dispõe o art. 128, da Constituição Federal, o Ministério Público da União é integrado pelo Ministério Público Federal, Ministério Público do Trabalho, Ministério Público Militar e pelo Ministério Público do Distrito Federal e Territórios.

1.7 Procurador-Geral Eleitoral, Procuradores Regionais Eleitorais e Promotor Eleitoral

Os estados e territórios possuem como chefe o Procurador-Geral da Justiça, também integrante da carreira, investido nesse papel pelo Chefe do Poder Executivo para mandato de dois anos, com direito a apenas uma recondução.

O Ministério Público Eleitoral possui um determinado Procurador-Geral Eleitoral, que será o próprio Procurador-Geral da República, conforme determina o art. 73 da Lei Complementar nº 75/1093, que deve agir em conjunto com o Tribunal Superior Eleitoral. Suas incumbências estão devidamente listadas no art. 75 da referida lei complementar, entre as quais podemos citar: coordenar as atividades do Ministério Público Eleitoral em todo o território nacional, designar o Procurador Regional Eleitoral em cada estado e no Distrito Federal, acompanhar os procedimentos do Corregedor-Geral Eleitoral, entre outras.

Conforme preceitua Roberto Moreira de Almeida, o Procurador-Geral Eleitoral deverá ainda representar o Tribunal Superior Eleitoral, observando e analisando o aproveitamento das leis eleitorais no país, primordialmente quanto à uniformidade de sua aplicação.[42]

No entanto, no âmbito estadual, quem atua é o Procurador da República em integração ao Tribunal Regional Eleitoral. Sua atuação deve ter uma duração de dois anos, sendo permitida a sua recondução, conforme a Lei Complementar nº 75/1993, em seu parágrafo único do art. 76.

O Procurador Regional Eleitoral possui a gerência do Ministério Público Eleitoral. Como o MP é caracterizado por ser um verdadeiro fiscal da lei, com finalidade de preservar sua atuação, é transmitida ao Procurador Regional Eleitoral a prerrogativa de rejeitar essa incumbência por motivo legítimo.

---

[42] *Idem*, p. 165.

Algumas de suas atribuições estão relacionadas a sua manifestação frente aos assuntos designados à deliberação do TRE, à requisição, aos esclarecimentos relevantes para o desempenho de suas funções, ao acompanhamento do Corregedor Regional nas suas atividades quando solicitado, entre outras.

Há, ainda, os Promotores Estaduais que atuam no âmbito eleitoral por designação que lhe foi atribuída. As indicações para atuação ante a Justiça Eleitoral são estabelecidas pelo Procurador-Geral de Justiça, conforme o art. 79 da Lei Complementar nº 75/1993, atuando os promotores junto aos Juízes Eleitorais, e suas atribuições perante o respectivo juízo eleitoral serão as mesmas do Procurador Regional Eleitoral, guardadas, claro, as devidas proporções.

Deve o Promotor Eleitoral ter postura ativa, combatendo o abuso de poder e a propaganda eleitoral, atuando antes mesmo que as desarmonias aconteçam. Incumbe a ele acompanhar os alistamentos dos eleitores e os pedidos de transferência de título, instaurar e acompanhar todos os processos de aplicação de multas eleitorais, promovendo as respectivas execuções, acompanhar a fiscalização da Justiça Eleitoral de primeira instância na prestação de contas dos partidos e das campanhas eleitorais, velar pela aplicação correta da Lei Eleitoral, entre outras.

No período preparatório para as eleições, além dessas atividades, deve o promotor desempenhar funções fiscalizando o exercício das propagandas, acompanhando o processo de nomeação dos mesários/auxiliares e a nomeação dos membros das juntas para garantir que o pleito venha a ocorrer de maneira legítima.

Quando a eleição estiver sendo realizada, será dever do Promotor colocar-se à disposição para tratar de matérias eleitorais. É de sua incumbência fiscalizar a atuação dos mesários, fiscalizar a entrega das urnas, opinar em casos surgidos nesses dias relativos à sua atribuição, entre outras. Durante a apuração, deverá acompanhar a totalização dos votos, fiscalizar a acomodação das juntas, ou seja, agir coibindo possíveis ilegalidades.

1.7.1 Procurador-Geral Eleitoral

Como já se teve oportunidade de explanar alhures, o Ministério Público, como defensor do regime democrático, tem legitimidade para intervir no processo eleitoral, atuando em todas as suas fases. A intervenção do Ministério Público também ocorre em todas as instâncias do

Judiciário, em qualquer época (havendo ou não eleição), e pode ser como parte (propondo ações) ou fiscal da lei. No TSE, atua o Procurador-Geral Eleitoral, que conforme os arts. 73 e 74 da Lei Complementar nº 75/1993, será o Procurador-Geral da República.

O Procurador-Geral Eleitoral escolherá entre os Subprocuradores-Gerais da República, o Vice-Procurador-Geral Eleitoral, que o substituirá nos casos de impedimentos e exercerá o cargo no caso de vacância, até o provimento do novo Procurador-Geral da República (art. 74, parágrafo único, da Lei Complementar nº 75/1993). Diante disso, depreende-se que a chefia do Ministério Público na esfera eleitoral é de incumbência do Procurador-Geral Eleitoral, que conta em seu auxílio com o Vice-Procurador-Geral Eleitoral, membro escolhido para um biênio na forma legal, tendo assento nas seções do TSE e atuando por parecer nos recursos eleitorais; além disso pode participar ativamente propondo ação de impugnação ao mandato eletivo em face de candidatos a Presidente e Vice-Presidente da República.

O Procurador-Geral Eleitoral deverá participar de toda e qualquer sessão do TSE e tomar parte nas discussões, apresentando seu posicionamento. O modo como ele participará dessas discussões é disciplinado pelas regras internas de funcionamento do TSE.[43]

As atribuições do Procurador-Geral Eleitoral estão insertas no art. 24 do Código Eleitoral, que assim dispõe:

> Art. 24. Compete ao Procurador-Geral, como Chefe do Ministério Público Eleitoral:
> I – Assistir às seções do Tribunal Superior e tomar parte nas discussões;
> II – Exercer a ação pública e promovê-la até o final, em todos os efeitos de competência originária do Tribunal;
> III – Oficiar em todos os recursos encaminhados ao Tribunal;
> IV – Manifestar-se, por escrito ou oralmente, em todos os assuntos submetidos à deliberação do Tribunal, quando solicitada sua audiência por qualquer dos juízes, ou por iniciativa sua, se entender necessário;
> V – Defender a jurisdição do Tribunal;
> VI – Representar o Tribunal sobre a fiel observância das leis eleitorais, especialmente quanto à sua aplicação uniforme em todo o País;
> VII – Requisitar diligências, certidões e esclarecimentos necessários ao desempenho de suas atribuições;
> VIII – Expedir instruções aos órgãos do Ministério Público junto aos Tribunais Regionais;

---

[43] Acórdão TSE nº 11.658, de 09.10.1990.

IX – Acompanhar, quando solicitado, o Corregedor-Geral, pessoalmente ou por intermédio de Procurador que designe, nas diligências a serem realizadas.

Ainda assim, o art. 75 da Lei Complementar nº 75/1993 incumbe ao Procurador-Geral Eleitoral outras atribuições. Entre elas: a) designar o Procurador-Geral Eleitoral em cada estado e no Distrito Federal;[44] b) acompanhar os procedimentos do corregedor-geral eleitoral; c) dirimir conflitos de atribuições; d) requisitar servidores da União e de suas autarquias, quando o exigir a necessidade do serviço, sem prejuízo dos direitos e vantagens inerentes ao exercício de seus cargos ou empregos.

1.7.2 Procuradores Regionais Eleitorais

Junto ao TRE, atua o Procurador Regional Eleitoral, que será um dos Procuradores da República no estado, nomeado pelo Procurador-Geral Eleitoral. A ele cabe a coordenação das atividades do Ministério Público Eleitoral do respectivo estado (arts. 75, I, 76 e 77 da Lei Complementar nº 75/1993).

Especificamente, no tocante à Procuradoria Regional Eleitoral, trata-se de órgão do Ministério Público Federal, atuando em todas as fases do processo eleitoral, quer seja na condição de parte ou de fiscal da lei, perante o Tribunal Regional Eleitoral e, em todas as épocas, havendo ou não eleição. Além de oficiar perante o Tribunal Regional Eleitoral, incumbe ainda ao Procurador Regional Eleitoral atuar de modo a favorecer a integração entre os membros do Ministério Público Eleitoral no estado, com vistas ao melhor exercício das funções institucionais pertinentes ao *Parquet* Eleitoral.

Voltando as suas atividades do setor eleitoral, entre outras tarefas, incumbe aos Procuradores Regionais Eleitorais nos estados disciplinar, por exemplo, a fiscalização do registro de candidatos, propaganda política eleitoral e prestação de contas. O Procurador Regional Eleitoral, juntamente com seu substituto, é designado pelo Procurador-Geral da

---

44 "Processo administrativo. Procurador auxiliar. Designação. LC nº 75/1993. Forma de pagamento. Cabe ao Procurador-Geral Eleitoral, em cumprimento à Lei Complementar nº 75/1993, designar Procurador da República para atuar perante o TRE em auxílio ao Procurador regional eleitoral, podendo o segundo daqueles ter assento na Corte Regional e receber, nos termos da lei e da jurisprudência deste Tribunal, a gratificação de presença" (Res. nº 21.560, de 11.11.2003, Rel. Min. Peçanha Martins).

República, dentre os Procuradores Regionais da República no estado, para um mandato de dois anos, permitida uma recondução.

Os Procuradores Regionais Eleitorais exercem, perante os Tribunais Regionais, as mesmas atribuições do Procurador-Geral Eleitoral, dentro da sua esfera de competência. Roberto Moreira de Almeida entende que, por analogia, podem-se elencar as atribuições dos Procuradores-gerais eleitorais da seguinte forma: a) assistir às sessões do TRE e tomar parte das discussões; b) exercer a ação pública e promovê-la até o final, em todos os feitos de competência originária do TRE; c) oficiar em todos os recursos encaminhados ao TRE; d) manifestar-se, por escrito ou oralmente, em todos os assuntos submetidos à deliberação do TRE, quando solicitada sua audiência por qualquer dos Juízes, ou por iniciativa sua, se entender necessário; e) defender a jurisdição do TRE; f) representar ao TRE sobre a fiel observância das leis eleitorais, especialmente quanto à sua aplicação uniforme em todo o estado da Federação onde exerce o múnus público; g) requisitar diligências, certidões e esclarecimentos necessários ao desempenho de suas atribuições; h) expedir instruções aos órgãos do Ministério Público junto aos Juízes e juntas eleitorais; i) acompanhar, quando solicitado, o Corregedor Regional, pessoalmente ou por intermédio do Promotor Eleitoral, que designe, nas diligências a serem realizadas.[45]

1.7.3 Promotor Eleitoral

Conforme o art. 79 da Lei Complementar nº 75/1993, "O Promotor Eleitoral será o membro do Ministério Público local que oficie juto ao Juízo incumbido do serviço eleitoral de cada Zona". As atribuições dos Promotores Eleitorais são as mesmas do Procurador Regional Eleitoral. Os Promotores Eleitorais têm por missão acompanhar todo o procedimento eleitoral, desde a criação de partidos políticos até a diplomação dos candidatos eleitos ao cargo pleiteado. Essas atribuições advêm da função que é destinada ao Ministério Público, a de defender o regime democrático.

Na inexistência de Promotor que oficie perante a zona eleitoral, ou havendo impedimento ou recusa justificada, o Chefe do Ministério Público indicará ao Procurador Regional Eleitoral o substituto a ser

---

[45] ALMEIDA, Roberto Moreira de. *Direito Eleitoral*. 2. ed. Salvador: Juspodivm, 2009, p. 164.

designado (art. 79, parágrafo único, da Lei Complementar nº 75/1993). Ademais, cabe ao Procurador Regional Eleitoral a designação de Promotor para exercer a função eleitoral, devendo o Procurador-Geral de Justiça apenas indicá-lo.[46] A prévia indicação do Procurador-Geral de Justiça é proveniente do princípio da hierarquia previsto na Lei Excelsa em seu art. 127, §2º.

Destarte, a filiação a partido político impede o exercício de funções eleitorais por membro do Ministério Público até dois anos do seu cancelamento (art. 80 da Lei Complementar nº 75/1993). Também conforme o art. 13 da Resolução TSE nº 22.156, de 13.03.2006, os membros do Ministério Público devem filiar-se a partido político e afastar-se definitivamente de suas funções até seis meses antes das eleições. Antes não era necessário o afastamento do cargo público, mas após a reforma do Judiciário (EC nº 45/2004), passou-se a vedar integrantes do Ministério Público a concorrem a cargos eletivos sem o devido afastamento da função. A exceção fica a cargo daqueles que entraram na instituição antes da promulgação da Constituição, que podem exercer atividade político-partidária, de acordo com o que dispõe o art. 29, §3º, do ADCT "Poderá optar pelo regime anterior, no que respeita às garantias e vantagens, o membro do Ministério Público admitido antes da promulgação da Constituição, observando-se, quanto às vedações, a situação jurídica na data desta".[47]

---

[46] Ac. nº 19.657, de 15.06.2004, Rel. Min. Humberto Gomes de Barros.

[47] *Leading case* – TSE, RO nº 1.070, Ministro Carlos Augusto Ayres de Freitas Britto, *DJe* 22.08.2007.

CAPÍTULO 2

ELEGIBILIDADE

Define o art. 1º, parágrafo único, da Lei Excelsa que "todo o poder emana do povo, que o exerce por meio de representantes eleitos ou diretamente". Tem-se em vista que o Estado brasileiro expressa-se por meio de uma democracia representativa, em que, teoricamente, há um pacto entre representante e representado para que o mandato seja um instrumento de atender aos anseios populares. A essência do regime representativo advém das dificuldades de implantação de uma democracia direta em razão de vários fatores, principalmente a extensão territorial e a complexidade dos problemas políticos a serem enfrentados.

É bem verdade que o Republicanismo surge como uma vitória frente aos ditames da Monarquia, pois seus ideais são frontalmente contrários a qualquer tipo de tirania, ou seja, apresenta-se como forma de governo que garante ao cidadão plena liberdade.[48]

Dessa maneira, para garantir a legitimidade da *res publica*, faz-se necessário o estabelecimento de normas que venham a disciplinar as condições necessárias a que devam atender os cidadãos que pretendem se candidatar a certos cargos na Administração Pública. Essas circunstâncias necessárias a que os indivíduos devem atender no momento de candidatar-se são as denominadas condições de elegibilidade.

A regra geral é que qualquer pessoa, a princípio, possa escolher seus representantes, seja nas casas legislativas, seja para a administração da coisa pública, assim como se candidatar a algum cargo eletivo. Isso advém do princípio de que a todos os residentes no território de uma circunscrição eleitoral (seja o município, a unidade da Federação ou a União), por certo, interessam-se pela gestão da coisa pública, pois

---

48 AGRA, Walber de Moura. *Republicanismo*. Porto Alegre: Livraria do Advogado, 2005, p. 19.

tal gestão é que, futuramente, influenciará diretamente no modo de vida da comunidade.

Diante disso, cumpre salientar que a simples condição de residente em determinada circunscrição onde haverá eleições e a motivação do seu possível interesse acerca dos negócios públicos não bastam à configuração do direito de votar e ser votado. Para que isso se configure ativamente é necessário que haja um conjunto de normas que regulamentem esses direitos, notadamente no que tange à candidatura a cargos eletivos, pois o que está em jogo é o interesse público e, portanto, é necessário que haja um filtro a fim de que os pretendentes reúnam as condições mínimas, para que somente pessoas idôneas e com um mínimo de qualificação possam ocupar cargos tão relevantes para o interesse da coletividade. Elegibilidade é uma situação jurídica, positiva e negativa, que diz respeito à possibilidade de o cidadão concorrer a mandato eletivo, desde que atenda ao que foi preceituado por lei. Elegível é o cidadão que atende a todas essas condições. Essa possibilidade de pleitear determinados cargos políticos é denominada capacidade passiva (*ius honorum*), ou seja, a capacidade de ser candidato e, consequentemente, receber votos.[49] Na mesma linha de pensamento, Edson Resende defende que são requisitos a serem aferidos pelos cidadãos para que possam exercer a cidadania passiva.[50]

Ao analisar a retroatividade legal das modificações trazidas pela Lei Complementar nº 135/10, o TSE firmou que a elegibilidade consubstancia a adequação do indivíduo ao regime jurídico, constitucional e legal complementar, do processo eleitoral. Assim, considerou-se retroativa a aplicação do aumento de prazo das causas restritivas ao *ius honorum*, prevista no art. 1º, I, "d", da Lei Complementar nº 64/90, indo de três para oito anos, não se capitulando a vedação à retroatividade do art. 5º, XXXVI, da CR, e, em consequência, não fulminando a coisa julgada, agindo sob o pálio da cláusula *rebus sic stantibus*.[51]

A elegibilidade, para sua concretização, necessita de atos jurídicos positivos, preenchimento das condições de elegibilidade e dos requisitos de registrabilidade, e de atos jurídicos negativos, não se inserir em nenhum tipo de inelegibilidade. A elegibilidade é um ato complexo,

---

[49] CÂNDIDO, Joel J. *Direito Eleitoral brasileiro*. 10. ed. São Paulo: Edipro, 2002, p. 114-115.

[50] CASTRO, Edson de Resende. *Teoria e prática do Direito Eleitoral*. 5. ed. Belo Horizonte: Del Rey, 2010, p. 114-115.

[51] Recurso Ordinário nº 528-12/RJ. Redator para o acórdão: Ministro Luiz Fux.

que começa com o atendimento das condições mínimas estipuladas na Constituição para a participação no processo político, não ser inserido o cidadão em qualquer causa de inelegibilidade e preencher os requisitos de registrabilidade, que são documentos considerados essenciais para que a Justiça Eleitoral possa efetuar o registro.

2.1 Condições de elegibilidade

Condições de elegibilidade são pressupostos e requisitos (pressupostos são fatos que fazem a translação do mundo fático para o mundo jurídico, enquanto os requisitos já são fatos jurídicos), dotados de supremacia e supralegalidade, que expõem um mínimo denominador comum para que o cidadão possa participar do partido político. As condições de elegibilidade se configuram como a primeira fase para a aquisição da elegibilidade, necessitando posteriormente da ausência de inelegibilidade e do preenchimento dos requisitos de registrabilidade.

2.1.1 Nacionalidade brasileira

A primeira exigência a ser atendida para que um indivíduo possa candidatar-se é ter nacionalidade brasileira. Não importa se essa foi adquirida por meio do nascimento ou da naturalização. Nacionalidade é o vínculo que une os cidadãos ao Estado. Os critérios para se adquirir a nacionalidade são o *jus soli* e o *jus sanguinis*. No *jus soli* o que prevalece é o local do nascimento, o território no qual a pessoa nasceu. Já no *jus sanguinis*, o vínculo que prevalece é o vínculo de sangue, que une uma geração a outra, não importando o local no qual a pessoa veio ao mundo. Diante disso, cumpre explicitar que o Brasil optou pelo *jus soli*. As questões relacionadas à nacionalidade encontram-se reguladas nos arts. 12 a 14 da Constituição Federal. Ademais, a Constituição estabelece uma distinção entre os brasileiros natos e os naturalizados, impedindo os últimos à investidura em determinados cargos públicos.[52]

---

[52] "Art. 12: [...]
§3º São privativos de brasileiro nato os cargos:
I – de Presidente e Vice-Presidente da República;
II – de Presidente da Câmara dos Deputados;
III – de Presidente do Senado Federal;
IV – de Ministro do Supremo Tribunal Federal;
V – da carreira diplomática;

Além dessa exigência é necessário que os indivíduos, brasileiros natos e naturalizados, estejam usufruindo plenamente de seus direitos políticos. É importante salientar que, como condição constitucional de elegibilidade, a perda da nacionalidade e o cancelamento da naturalização tem como consequência a ausência de uma condição de elegibilidade, impossibilitando o indivíduo de se candidatar a determinado pleito.

Uma exceção à imposição da nacionalidade brasileira para inscrição eleitoral diz respeito aos portugueses. Os portugueses que mantiverem residência no Brasil por cinco anos e obtiverem reconhecimento de igualdade de direitos, como os brasileiros, poderão se alistar. Entretanto, com base na Convenção sobre Igualdade de Direitos e Deveres entre *brasileiros* e portugueses, colocada em vigor graças ao Decreto Legislativo nº 82 de 24 de novembro de 1969, deverá esse reconhecimento advir do Ministério da Justiça. Faticamente, é bastante difícil a concretização da mencionada equiparação, haja vista que a competência de reconhecer direito aos brasileiros não mais pertence a Portugal, e sim à Comunidade Europeia, que vem restringindo, sistematicamente, o direito dos estrangeiros.

2.1.2 O pleno exercício dos direitos políticos

Direitos políticos são prerrogativas ligadas à cidadania. Para Kelsen, esses direitos devem ser entendidos como a possibilidade de o cidadão participar do governo.[53] Porém, se o candidato não estiver em pleno gozo do exercício dos seus direitos políticos, inexoravelmente faltará uma das condições de elegibilidade.[54] José Jairo Gomes preleciona

---

VI – de oficial das Forças Armadas.
VII – de Ministro de Estado da Defesa" (Redação da EC nº 23, de 02.09.99).

53 KELSEN, Hans. *Teoria geral do direito e do estado*. 3. ed. Trad. Luís Carlos Borges. São Paulo: Martins Fontes, 1998, p. 125.

54 "O Tribunal Regional Eleitoral de Santa Catarina deu parcial provimento aos recursos contra expedição de diploma interpostos em desfavor do agravado, por entender ausente a condição de elegibilidade referente ao pleno exercício dos direitos políticos. [...] A orientação do acórdão regional está em consonância com a jurisprudência desta Corte, segundo a qual 'para a incidência do art. 15, III, da CF, é irrelevante a espécie de crime, a natureza da pena, bem como a suspensão condicional do processo, conforme iterativa jurisprudência desta Corte Superior. O aludido dispositivo constitucional é autoaplicável, sendo efeito automático do trânsito em julgado do decreto condenatório criminal' (REspe 0601088-93, rel. Min. Tarcísio Vieira de Carvalho Neto, PSESS em 13.11.2018)" (Agravo em Recurso Especial Eleitoral nº 060040270, Acórdão, Rel. Min. Sergio Silveira Banhos. *DJe*, t. 172, 20 set. 2021).

que perder é deixar de ter, possuir, ficar privado ou gozar de algo.[55] Nesse caso, esses direitos não mais poderão ser readquiridos.[56] Já na suspensão, esses direitos poderão ser readquiridos mediante a extinção de alguma cláusula suspensiva que os tenha tolhidos. As causas de perda e suspensão dos direitos políticos estão elencadas no rol do art. 15 da Lei Maior. Dessa maneira, os direitos políticos dos indivíduos poderão ser perdidos caso haja cancelamento da naturalização por sentença transitada em julgado e recusa de cumprir obrigação a todos imposta ou prestação alternativa, ou suspensos por incapacidade civil absoluta, por condenação criminal transitada em julgado (enquanto durarem seus efeitos) e por improbidade administrativa.

Evidentemente, a eventual limitação aos direitos políticos, seja em sua dimensão ativa ou passiva, implica grande repercussão em sede eleitoral. Por tal razão, seguindo as garantias constitucionais, foi declarada a inconstitucionalidade do art. 337 do Código Eleitoral,[57] que descreve como crime a participação em atividades político-partidárias, inclusive comícios e atos de propaganda, daquele que estiver com os direitos políticos suspensos. A fundamentação dessa inconstitucionalidade guarda sintonia com os arts. 5º, IV, VI e VIII, e 220 da Carta da República, que materializam as garantias ao indivíduo à livre expressão do pensamento e a liberdade de consciência, "ainda que o exercício de tais garantias sofra limitações em razão de outras, também resguardadas pela Constituição Federal".[58]

Diante disso, cumpre explicitar cada uma das causas de perda e suspensão dos direitos políticos.

2.1.2.1 Cancelamento da naturalização por sentença transitada em julgado

Como a primeira exigência constitucional de condição de elegibilidade é a necessidade de ser brasileiro nato ou naturalizado e a segunda o pleno gozo dos direitos políticos, a perda da nacionalidade ou o cancelamento da naturalização por sentença transitada em julgado

---

55 GOMES, José Jairo. *Direito Eleitoral*. 6. ed. São Paulo: Atlas, 2011, p. 8.

56 AGRA, Walber de Moura; VELLOSO, Carlos Mário da Silva. *Elementos de Direito Eleitoral*. 6. ed. São Paulo: Saraiva, 2018, p. 66.

57 Ac.-TSE, de 14.10.2014, no REspe nº 36173: não recepção do art. 337 deste código pela Constituição Federal de 1988.

58 Recurso Especial Eleitoral nº 7.735.688-67/GO. Relator: Ministro Dias Toffoli.

tem como consequência a desobediência dessas duas condições, em virtude de que sem a nacionalidade brasileira não se pode exercer os direitos políticos respectivos. A perda da nacionalidade brasileira, nos casos dos brasileiros naturalizados, poderá ocorrer por sentença judicial transitada em julgado pela prática de atividades nocivas aos interesses nacionais e se houver aquisição de outra nacionalidade, no que atinge os natos e os naturalizados.

2.1.2.2 Incapacidade civil absoluta

Com o advento da Lei nº 13.146/2015, que instituiu o Estatuto da Pessoa com Deficiência, em seu art. 114, determinou-se a nova redação do art. 3º do Código Civil, afirmando que são absolutamente incapazes de exercer pessoalmente os atos da vida civil os menores de 16 anos. Logo, qualquer pessoa a partir de 16 anos se tornou, em tese, capaz para o Direito Civil,[59] inclusive os portadores de deficiência grave. Para estes, tem-se a curatela, como "medida protetiva extraordinária, proporcional às necessidades e às circunstâncias de cada caso, e durará o menor tempo possível" (art. 84, §3ºdo Estatuto da Pessoa com Deficiência).

Assim, a pessoa com deficiência grave mantém o controle sobre os aspectos existenciais da própria vida, sem restrições indevidas.[60] Também, a curatela não interfere no direito ao voto, consoante reza o art. 76, §1º, inciso IV do Estatuto – ainda que precise da ajuda de outrem no momento da votação, conforme dispõe o art. 76, §1º, IV, da Lei nº 13.146/2015.[61]

---

59 O revogado art. 3º do Código Civil preceituava que eram absolutamente incapazes: os menores de 16 anos, os que por enfermidade ou deficiência mental não tivessem o necessário discernimento para a prática desses atos e os que não tivessem capacidade de exprimir seu desejo, ainda que transitoriamente.

60 Importa registrar que em paralelo ao instituto da curatela, inseriu-se um modelo alternativo, chamado de tomada de decisão apoiada que – segundo dispõe o art. 1.783-A do Código Civil, introduzido pelo EPD – é "o processo pelo qual a pessoa com deficiência elege pelo menos duas pessoas idôneas, com as quais mantenha vínculos e que gozem de sua confiança, para prestar-lhe apoio na tomada de decisão sobre atos da vida civil, fornecendo-lhes os elementos e informações necessários para que possa exercer sua capacidade". Desta forma, diante da incapacidade relativa, a pessoa com deficiência que possua alguma dificuldade prática na administração de sua vida civil, ela poderá escolher pela curatela ou pelo procedimento de tomada de decisão apoiada.

61 Toma-se, como exemplo, a interessante situação vivenciada por Cristian Emanoel, que possui paralisia cerebral e cegueira, mas, mesmo com tais limitações, graduou-se em Direito em uma Universidade de Natal/RN e conseguiu ser aprovado nos exames da OAB. Tem-se, com isso, a prova cabal de que uma pessoa portadora de deficiência grave, que atendesse às

Em outras palavras, uma pessoa submetida ao regime de curatela, em face de uma deficiência mental de natureza grave, pode se candidatar para concorrer a um mandato eletivo ou votar.

Importa registrar que "não estará sujeita às sanções legais decorrentes da ausência de alistamento e do não exercício do voto a pessoa com deficiência para quem seja impossível ou demasiadamente oneroso o cumprimento daquelas obrigações eleitorais". Nesses casos, "a pessoa com deficiência poderá requerer a expedição de, certidão de quitação eleitoral, com prazo de validade indeterminado", nos termos do art. 15 da Resolução TSE nº 23.659/2021.[62]

A orientação do TSE é no sentido de que se faz necessário rever as inscrições eleitorais em que houve suspensão dos direitos políticos, por incapacidade civil absoluta pela redação anterior do Código Civil.[63]

---

condições de elegibilidade, não incidisse em nenhuma causa de inelegibilidade e cumprisse dos requisitos de registrabilidade poderia se candidatar nas próximas eleições.

62 "Art. 15. Não estará sujeita às sanções legais decorrentes da ausência de alistamento e do não exercício do voto a pessoa com deficiência para quem seja impossível ou demasiadamente oneroso o cumprimento daquelas obrigações eleitorais. §1º A pessoa nas condições do caput deste artigo poderá, pessoalmente ou por meio de curador /curadora, apoiador/ apoiadora ou procurador/procuradora devidamente constituído(a) por instrumento público ou particular, requerer: a) a expedição da certidão prevista no inciso VII do art. 3º desta Resolução, com prazo de validade indeterminado, se ainda não houver se alistado eleitora; ou b) caso já possua inscrição eleitoral, o lançamento da informação no Cadastro Eleitoral, mediante comando próprio que a isentará da sanção por ausência às urnas ou aos trabalhos eleitorais".

63 PROCESSO ADMINISTRATIVO. QUESTIONAMENTOS. APLICABILIDADE. VIGÊNCIA. LEI Nº 13.146, de 2015. ALTERAÇÃO. ART. 3º. CÓDIGO CIVIL. INCAPACIDADE CIVIL ABSOLUTA. SUSPENSÃO. DIREITOS POLÍTICOS. ART. 15, II, DA CONSTITUIÇÃO. ANOTAÇÃO. CADASTRO ELEITORAL. ANTERIORIDADE. 1. O Estatuto da Pessoa com Deficiência – Lei nº 13.146, de 2015 – modificou o art. 3º do Código Civil, com a alteração do rol daqueles considerados absolutamente incapazes, circunstância que trouxe impactos no âmbito desta Justiça especializada, particularmente no funcionamento do cadastro eleitoral, cujos gerenciamento, fiscalização e regulamentação estão confiados à Corregedoria-Geral. 2. Alcançado o período de vigência do mencionado diploma legal, a incapacidade absoluta se restringiu unicamente aos menores de 16 (dezesseis) anos, os quais não detêm legitimidade para se alistar eleitores – exceção feita àqueles que completem a idade mínima no ano em que se realizarem eleições até a data do pleito (Res.-TSE nº 21.538, de 2003, art. 14). 3. Esta Justiça especializada, na via administrativa, deve se abster de promover anotações de suspensão de direitos políticos por incapacidade civil absoluta, ainda que decretada anteriormente à entrada em vigor da norma legal em referência, nos históricos dos respectivos eleitores no cadastro, de forma a se adequar aos novos parâmetros fixados. 4. Para regularização das inscrições em que o registro de suspensão de direitos políticos por incapacidade civil absoluta tenha sido feito antes da entrada em vigor da Lei de Inclusão da Pessoa com Deficiência, o eleitor deverá cumprir as formalidades previstas nos arts. 52 e 53, II, "a", da Res.-TSE nº 21.538, de 2003. 5. Expedição das orientações necessárias às corregedorias regionais eleitorais, objetivando idêntica comunicação às Corregedorias-Gerais de Justiça dos Estados e do Distrito Federal e aos juízos eleitorais de todo o País. (TSE – PA: 00001147120166000000, SALVADOR – BA, Relator: Min. Maria Thereza Rocha

Por fim, é válido ressaltar a possibilidade de o indivíduo com idade inferior aos dezesseis anos alistar-se. No caso citado, o voto ficaria sob condição suspensiva, devendo o menor completar a idade mínima até a data determinada para o primeiro turno das eleições.[64]

2.1.2.3 Condenação criminal transitada em julgado, enquanto durarem seus efeitos

Já os indivíduos que tiverem a intenção de concorrer a cargo eletivo não poderão fazê-lo enquanto perdurarem os efeitos de sentença criminal transitada em julgado. Inclusive, sequer poderão se filiar a partido político no período em que os direitos políticos se encontram suspensos em decorrência de condenação criminal transitada em julgado. Essa proibição existe graças à suspensão dos direitos políticos pelo tempo que perdurarem os efeitos da sentença. O ajuizamento de revisão criminal, sem que haja a obtenção de liminar afastando os efeitos da condenação transitada em julgado, não é suficiente para reaver o pleno exercício dos direitos políticos.[65] Se a liminar obtida em sede de revisão criminal ocorrer após o registro de candidatura, não será capaz de socorrer o candidato que, à época do registro, estava com os direitos políticos suspensos por condenação criminal transitada em julgado.[66]

Sublinhe-se que de acordo com o entendimento do Tribunal Superior Eleitoral, a suspensão dos direitos políticos é consequência automática da condenação criminal transitada em julgado, ainda que

---

de Assis Moura, j. 07.04.2016, Data de Publicação: *DJE – Diário de justiça eletrônico*, Volume, Tomo 80, Data 27.04.2016, p. 99/100).

64 RAMAYANA, Marcos. *Direito Eleitoral*. 4. ed. Rio de Janeiro: Impetus, 2005, p. 129.

65 AgR-REspe nº 104-21/SP, rel. Min. Henrique Neves da Silva, *DJe* de 25.4.2013.

66 AGRAVO INTERNO. RECURSO ESPECIAL. ELEIÇÕES 2020. VEREADOR. REGISTRO DE CANDIDATURA. CONDIÇÃO DE ELEGIBILIDADE. SUSPENSÃO DOS DIREITOS POLÍTICOS. CONDENAÇÃO CRIMINAL. TRÂNSITO EM JULGADO. FATO SUPERVENIENTE APÓS A DIPLOMAÇÃO. INADMISSIBILIDADE. NEGATIVA DE PROVIMENTO. "Consoante jurisprudência desta Corte Superior, reafirmada para as Eleições 2020, os fatos supervenientes que repercutam na elegibilidade podem ser apreciados inclusive em sede extraordinária, desde que ocorridos antes da diplomação, momento a partir do qual se estabilizam as relações jurídico-eleitorais referentes aos feitos de registro de candidatura. [...] Todavia, a referida decisão não é apta a interferir retroativamente no processo de registro de candidatura, porquanto foi proferida após a data da diplomação. Entendimento contrário 'significaria eternizar o processo eleitoral, em notória afronta aos princípios da celeridade e da soberania popular, e, ainda, ao Estado Democrático de Direito' (REspe 70-12/PE, redatora para acórdão Min. Rosa Weber, DJE de 22.2.2018)" (Recurso Especial Eleitoral nº 060010760, Acórdão, Relator(a) Min. Luis Felipe Salomão, Publicação: *DJE – Diário da justiça eletrônica*, Tomo 171, Data 16.09.2021).

a pena privativa de liberdade tenha sido substituída por restritiva de direitos.[67] Portanto, para a suspensão dos direitos políticos, é irrelevante perquirir a espécie do crime, a natureza da pena, bem como se houve suspensão condicional do processo, já que o art. 15, inciso III, da Constituição Federal de 1988 é autoaplicável.[68]

No ato do registro dos candidatos, caberá a eles apresentar certidões criminais negativas, atestando que não possuem pendências criminais. Anotações referentes à existência de inquéritos policiais em certidão criminal apresentada pelo candidato não são suficientes para atrair a incidência do art. 15, inciso III, da Constituição Federal.[69] Vale salientar que, mesmo que o indivíduo já tenha obtido o benefício do livramento condicional, como a sentença ainda está por produzir efeitos, seus direitos políticos ainda se encontrarão suspensos. Enquanto o comando judicial não transitar em julgado, diante do prolongamento do estado de litispendência, com a interposição de recursos, o candidato pode ter o registro deferido e, como consequência, exercer todos os atos inerentes à disputa eleitoral.

Registre-se que em sessão realizada no dia 7 de novembro de 2019, por ocasião do julgamento conjunto das Ações Declaratórias de Constitucionalidade (ADC) nº 43, 44 e 54, o Supremo Tribunal Federal, por maioria, julgou procedente as referidas ações para assentar a constitucionalidade do art. 283 do Código de Processo Penal, na redação dada pela Lei nº 12.043/2011, com a consequente proibição da execução

---

[67] ELEIÇÕES 2020. RECURSO ESPECIAL. RECURSO CONTRA EXPEDIÇÃO DE DIPLOMA. VEREADOR. SUSPENSÃO DE DIREITOS POLÍTICOS. CONDENAÇÃO CRIMINAL TRANSITADA EM JULGADO. DESPROVIMENTO. SÍNTESE DO CASO. (Agravo em Recurso Especial Eleitoral nº 060040270, Acórdão, Relator(a) Min. Sergio Silveira Banhos, Publicação: *DJE – Diário da justiça eletrônica*, Tomo 172, Data 20.09.2021).

[68] Recurso Especial Eleitoral nº 060108893, Acórdão, Relator(a) Min. Tarcisio Vieira de Carvalho Neto, Publicação: PSESS – Publicado em Sessão, Data 13.11.2018.

[69] REGISTRO DE CANDIDATURA. ELEIÇÕES 2018. DEPUTADO FEDERAL. IMPUGNAÇÃO POR AUSÊNCIA DE CERTIDÕES ESTADUAIS E FEDERAIS DE 1º E 2º GRAUS, PARA FINS ELEITORAIS. APRESENTADAS. CONDENAÇÃO CRIMINAL DECORRENTE DE CRIME CONTRA A HONRA. PENA CUMPRIDA. RESTABELECIMENTO DOS DIREITOS POLÍTICOS E DA QUITAÇÃO ELEITORAL. INQUÉRITOS POLICIAIS, SEM QUALIFICAÇÃO. AUSÊNCIA DE CERTIDÕES DE OBJETO E PÉ E/OU DECLARAÇÃO DE HOMONÍMIA. FALHA RELEVADA. INSTAURAÇÃO DE INQUÉRITO POLICIAL NÃO IMPLICA O RECONHECIMENTO DE INELEGIBILIDADE. IMPUGNAÇÃO JULGADA PREJUDICADA. REGISTRO DEFERIDO (Registro de Candidatura nº 060241630, Acórdão, Relator(a) Des. Marcus Elidius Michelli de Almeida, Publicação: PSESS – Publicado em Sessão, Data 14.09.2018).

da pena antes do trânsito em julgado da sentença penal condenatória.[70] Sustentou-se, na esteira do voto do Relator, o Ministro Marco Aurélio, que o art. 5º, inciso LVII, da Constituição Federal de 1988, não abre campo a controvérsias semânticas, de modo que a harmonia com a Constituição, do artigo 283 do Código de Processo Penal, é completa, considerando o alcance do princípio da não culpabilidade.[71] Para o Ministro Celso de Mello, a tese da execução provisória de condenações penais ainda recorríveis transgride, de modo frontal, o princípio constitucional da presunção de inocência, que só deixa de subsistir ante o trânsito em julgado da decisão condenatória. Antes desse momento, o Estado não pode tratar ou os indiciados ou os réus como se culpado fossem.

2.1.2.4 Recusa de cumprir obrigação a todos imposta ou prestação alternativa

Outra causa de perda dos direitos políticos é quando determinado dever for imposto a todos por lei e a recusa não estiver amparada no instituto da escusa de consciência. Assim, mesmo sendo caso de escusa, mas não havendo a realização de prestação alternativa, também legalmente autorizada e imposta por lei, os direitos políticos igualmente são perdidos. Um bom exemplo a ser comentado é o serviço militar obrigatório imposto a todos os homens. Se o cidadão resolver cumprir a prestação alternativa, deixa de ser caso de perda e se torna suspensão.

2.1.2.5 Improbidade administrativa, nos termos do art. 37, §4º

Por fim, os condenados por improbidade administrativa terão seus direitos políticos suspensos como sanção. Tem-se em vista que improbidade administrativa é o ato contrário aos princípios basilares da Administração, cometido principalmente por agente público, durante o exercício de sua função. A improbidade, como ato ilícito, vem sendo prevista e repreendida no nosso direito positivo há muito tempo em se tratando de agentes políticos, enquadrando-se como crime

---

[70] Art. 283. Ninguém poderá ser preso senão em flagrante delito ou por ordem escrita e fundamentada da autoridade judiciária competente, em decorrência de prisão cautelar ou em virtude de condenação criminal transitada em julgado.

[71] LVII – ninguém será considerado culpado até o trânsito em julgado de sentença penal condenatória.

de responsabilidade. Na dicção do §4º do art. 37 da Lei Excelsa, "os atos de improbidade administrativa importarão a suspensão dos direitos políticos, a perda da função pública, a indisponibilidade dos bens e o ressarcimento ao erário, na forma e gradação previstas em lei, sem prejuízo da ação penal cabível". Deste dispositivo podem ser auferidas as características dos atos de improbidade administrativa: são atos de natureza civil e de prévia tipificação em lei federal.

A Constituição de 1988 inovou ao introduzir o conceito de improbidade administrativa. Nas Constituições anteriores havia apenas menção a sanções contra atos que importassem prejuízo para a Fazenda Pública e locupletamento ilícito para o indiciado. A inovação da Constituição Cidadã iniciou-se com a acolhida do princípio da moralidade como um dos princípios norteadores da Administração Pública.

Teorizado primordialmente por Maurice Hauriou, o princípio da moralidade administrativa adveio da jurisprudência sedimentada pelo Conselho de Estado Francês, segundo a qual a legalidade dos atos jurídicos administrativos é fiscalizada com base no princípio da legalidade. Outrossim, a conformidade desses atos aos princípios basilares da boa administração, determinante necessária de qualquer decisão administrativa, é fiscalizada para evitar qualquer desvio de poder, cuja zona de policiamento é a zona da moralidade administrativa.[72]

Salvaguardar a probidade administrativa é proteger os princípios democráticos, republicanos e da isonomia. O significado republicano das instituições democráticas é o valor necessário à construção da igualdade. Para que se alcance esta finalidade, de uma verdadeira isonomia, de uma igualdade substancial, faz-se necessária a imposição de vedações a condutas de agentes públicos, para que estes não utilizem indevidamente da *res* pública em proveito próprio ou de terceiros.[73]

Os atos de improbidade administrativa estão tipificados nos artigos 9º, 10 e 11 da Lei nº 8.429/1992. O art. 9º da Lei nº 8.429/1992 tipificou o ato ímprobo de enriquecimento ilícito. Mediante uma tipificação exemplificativa, mas que precisa necessariamente de enquadramento legal, trata-se de ação que, mediante dolo, implica auferimento de vantagem patrimonial indevida através do exercício de cargo, mandato, função, emprego ou de atividade na Administração direta, indireta ou

---

[72] HAURIOU, Maurice. *Précis de droit administratif et de droit public general:* à l'usage des étudiants en licence et en doctorat ès-sciences politiques. 4. ed. Paris: Larousse, 1900. p. 349.

[73] AGRA, Walber de Moura. *Curso de direito constitucional*. 9. ed. Belo Horizonte: Fórum, 2018. p. 447.

fundacional, de qualquer dos Poderes dos entes federativos, bem como nas entidades que possuam patrimônio público.

O *caput* do art. 10 da Lei nº 8.429/1992, com redação conferida pela Lei nº 14.230/2021, delimita o conceito de ato ímprobo que cause prejuízo ao erário. Seguido de rol exemplificativo de atos lesivos ao patrimônio público, resta tipificada a ação ou omissão que, dolosamente, enseje a perda patrimonial, o desvio, a apropriação, o malbaratamento ou a dilapidação dos bens e haveres públicos, condutas cumuladas com, ao menos, uma das hipóteses previstas no rol de incisos que elenca. Já o art. 11 da Lei nº 8.429/1992 exige, à constituição de ato de improbidade administrativa em espécie, a concomitância de ação ou omissão dolosa que viole os deveres de honestidade, imparcialidade, legalidade e lealdade às instituições, enquadrando-se em ao menos uma das hipóteses dos seus incisos.

Em relação à configuração das espécies descritas no art. 9º e no art. 10 da Lei nº 8.429/1992, impende ressaltar a existência de autonomia entre essas duas modalidades de ato de improbidade administrativa, na medida em que os atos que importam enriquecimento ilícito não precisam, inexoravelmente, acarretar lesão ao erário, por exemplo. Essa exigência é necessária para fins de caracterização dos atos descritos no art. 10 da LIA. A doutrina já sinalizava que a existência de três categorias de atos de improbidade, subordinada a três grupos distintos, impede a submissão de uma mesma conduta a mais de um dispositivo.[74]

Esse entendimento foi encampado pela Lei nº 14.230/2021, que reforçou a autonomia das modalidades de ato de improbidade administrativa ao estabelecer que para cada ato ímprobo, deverá necessariamente ser indicado apenas um tipo dentre aqueles previstos nos arts. 9º, 10 e 11 da LIA (art. 17, §10-D, da Lei nº 8.429/1992). Nessa esteira, sublinhe-se que o Tribunal Superior Eleitoral já se manifestou a respeito da autonomia das espécies de ato de improbidade administrativa ao acentuar que a análise sistêmica da LIA revela que a condenação por violação de princípios não aporta à conclusão de que houve dano ao erário ou enriquecimento ilícito.[75] Também colhe-se da jurisprudência

[74] JUSTEN FILHO, Marçal. *Curso de Direito Administrativo*. 11. ed. São Paulo: RT, 2015. p. 1146.

[75] ELEIÇÕES 2014. CANDIDATO A DEPUTADO FEDERAL. RECURSO ESPECIAL ELEITORAL RECEBIDO COMO ORDINÁRIO. REGISTRO DE CANDIDATURA INDEFERIDO NO TRE. INCIDÊNCIA NA INELEGIBILIDADE REFERIDA NO ART. 1º, INCISO I, ALÍNEA l, DA LEI COMPLEMENTAR Nº 64/1990. REQUISITOS AUSENTES. PROVIMENTO DO RECURSO. REGISTRO DEFERIDO. 1. Cabe recurso ordinário de decisão do Tribunal

do TSE, à guisa de exemplo, que condenação por dano ao erário em razão de dispensa indevida de licitação (art. 10, inciso VIII, da LIA), atestada a efetiva prestação de serviços e ausente notícia de superfaturamento, não acarreta *per se* enriquecimento ilícito.[76]

Alerte-se, no ponto, que existência de um fato punível reclama a exegese restrita quanto aos lindes das hipóteses permissivas, até mesmo como forma de promover efetivo prestígio ao princípio da tipicidade, uma das garantias contra o arbítrio punitivo, e afastar eventuais inconstitucionalidades, através da comprovação efetiva e clara acerca do caráter doloso e voltado para fim ilícito da conduta dos agentes.

O art. 20 da Lei nº 8.492/1992 determina que a perda da função pública e a suspensão dos direitos políticos só se efetivam com o trânsito em julgado da sentença condenatória. Deste modo, o agente público que esteja sendo processado por improbidade administrativa não poderá perder seu cargo, ou ter seus direitos políticos suspensos por decisão de autoridade administrativa.

No que importa especificamente ao Direito Eleitoral, a denominada Lei da Ficha Limpa (LC nº 135/2010), ao inserir no art. 1º, inciso I,

---

Regional Eleitoral que versa sobre inelegibilidade em eleição geral, nos termos do art. 121, §4º, inciso III, da CF/1988. 2. A incidência na causa de inelegibilidade do art. 1º, inciso I, alínea "l", da LC nº 64/1990 exige o preenchimento cumulativo dos seguintes requisitos: i) decisão transitada ou proferida por órgão colegiado do Poder Judiciário; ii) condenação por improbidade administrativa na modalidade dolosa; iii) conduta ímproba que acarrete dano ao erário e enriquecimento ilícito; iv) suspensão dos direitos políticos; v) prazo de inelegibilidade não exaurido. 3. Com base na compreensão da reserva legal proporcional, as causas de inelegibilidade devem ser interpretadas restritivamente, evitando-se a criação de restrição de direitos políticos sob fundamentos frágeis e inseguros, como a possibilidade de dispensar determinado requisito da causa de inelegibilidade, ofensiva à dogmática de proteção dos direitos fundamentais. 4. A incidência na causa de inelegibilidade do art. 1º, inciso I, alínea "l", da LC nº 64/1990 pressupõe análise vinculada da condenação colegiada imposta em ação de improbidade administrativa, não competindo à Justiça Eleitoral, em processo de registro de candidatura, chegar à conclusão não reconhecida pela Justiça Comum competente. 5. Condenação colegiada por improbidade administrativa decorrente de violação de princípios (art. 11 da Lei nº 8.429/1992). A análise sistemática da Lei de Improbidade revela que a condenação por violação de princípios não autoriza a necessária conclusão de que houve dano ao erário, tampouco enriquecimento ilícito. São condutas tipificadas em artigos distintos e podem ocorrer isoladamente. 6. Não houve enriquecimento ilícito do candidato nem condenação colegiada por dano ao erário, mas por violação de princípios, tampouco há referência expressa aos ilícitos. 7. Não compete à Justiça Eleitoral proceder a novo julgamento da ação de improbidade administrativa, para, de forma presumida, concluir por dano ao erário e enriquecimento ilícito, usurpando a competência do Tribunal próprio para julgar eventual recurso. 8. Recurso provido para deferir o registro. (Recurso Ordinário nº 44853, Acórdão, Relator(a) Min. Gilmar Mendes, Publicação: PSESS – Publicado em Sessão, Data 27.11.2014).

[76] Recurso Especial Eleitoral nº 3304, Acórdão, Relator(a) Min. Rosa Weber, Publicação: DJE – Diário da justiça eletrônica, Data 30.06.2017.

da Lei Complementar nº 64/1990 a alínea "l", dispôs que são inelegíveis os que forem condenados à suspensão dos direitos políticos, em decisão transitada em julgado ou proferida por órgão judicial colegiado, por ato doloso de improbidade administrativa que importe lesão ao patrimônio público e enriquecimento ilícito.

Para o TSE, a configuração da inelegibilidade prevista no art. 1º, I, "l", da LC nº 64/90 exige a presença simultânea dos seguintes requisitos: a) condenação à suspensão dos direitos políticos; b) decisão transitada em julgado ou proferida por órgão judicial colegiado; e c) ato doloso de improbidade administrativa que tenha causado, concomitantemente, lesão ao patrimônio público e enriquecimento ilícito.[77] Sublinhe-se que o reconhecimento do dolo na conduta do agente é requisito necessário à incidência da inelegibilidade por ato de improbidade administrativa, no que se exige concomitantemente, para além disso, lesão ao erário e enriquecimento ilícito.[78] Entende o TSE que o ato doloso de improbidade administrativa pode implicar o enriquecimento ilícito tanto do próprio agente, mediante proveito pessoal, quanto de terceiros por ele beneficiados.[79]

Recentemente, por ocasião do julgamento do REspEl 0600181-98/AL, sob a relatoria do Ministro Tarcisio Vieira de Carvalho Neto, o TSE foi instado a se manifestar a respeito da dispensabilidade de cumulação do requisito de enriquecimento ilícito com o dano ao Erário, para efeito da caracterização da inelegibilidade da alínea "l". Na oportunidade, o Ministro Relator rememorou as teses firmadas pela Corte (RO nº 0600582-90/ES e REspe nº 49-32/SP) para ressaltar a inviabilidade da leitura da causa de inelegibilidade sem a presença concomitante dos requisitos delineados e manter o entendimento consolidado, no sentido da aplicação cumulativa dos requisitos do dano ao Erário e do

---

77 Recurso Especial Eleitoral nº 2838, Acórdão, Relator(a) Min. Tarcisio Vieira de Carvalho Neto, Publicação: *DJE – Diário de justiça eletrônico*, Tomo 032, Data 14.02.2019, p. 70-71.

78 Recurso Ordinário nº 060221198, Acórdão, Relator(a) Min. Luís Roberto Barroso, Publicação: PSESS – Publicado em Sessão, Data 23.10.2018.

79 "Embora não conste menção à condenação no art. 9º da Lei nº 8.429/1992 (Lei de Improbidade Administrativa) no dispositivo do acórdão condenatório do TJ/SP, o TRE/SP, autorizado pela jurisprudência deste Tribunal, reconheceu a existência de enriquecimento ilícito de terceiros na contratação de prestação de serviços advocatícios em que reconhecida a desnecessidade da avença e o superfaturamento do preço acordado" (Recurso Especial Eleitoral nº 060013513, Acórdão, Relator(a) Min. Mauro Campbell Marques, Publicação: *DJE – Diário da justiça eletrônica*, Tomo 145, Data 06.08.2021).

enriquecimento ilícito para a incidência da causa de inelegibilidade descrita no art. 1º, inciso I, "l", da LC nº 64/90.[80]

Como se vê, a inelegibilidade prevista na art. 1º, I, "l", da LC nº 64/90 exige uma prévia condenação por ato de improbidade administrativa. À Justiça Eleitoral compete somente verificar se estão presentes as condições de elegibilidade e se incide alguma cláusula de inelegibilidade.

Questão tormentosa que perpassa pela incidência da causa de inelegibilidade em comento diz respeito à forma de aferição dos seus requisitos pela Justiça Eleitoral, apesar da Súmula 41 do TSE acentuar que "não cabe à Justiça Eleitoral decidir sobre o acerto ou desacerto das decisões proferidas por outros órgãos do Judiciário ou dos tribunais de contas que configurem causa de inelegibilidade". Todavia, a jurisprudência da Corte soergueu dois *standards* jurisprudenciais que permitem a proliferação de voluntarismos judiciais arrefecedores dos princípios da segurança jurídica e do devido processo legal, a saber: a possibilidade da Justiça Eleitoral aferir, a partir da fundamentação do acórdão proferido pela Justiça Comum, a existência – ou não – dos requisitos exigidos para a caracterização da causa de inelegibilidade da alínea "l";[81] e a permissão para que a Justiça Eleitoral possa perscrutar a configuração dos aludidos requisitos, ainda que tal reconhecimento não tenha constado expressamente no dispositivo do pronunciamento judicial oriundo da Justiça Comum.[82]

Essa diretriz hermenêutica firmada pelo TSE alavancou o efeito das famigeradas "loterias jurisprudenciais", com a materialização de toda sorte de entendimentos lastreados em critérios éticos, morais e metajurídicos. Exemplifica-se situação na qual o candidato foi condenado pela Justiça Comum apenas no art. 11 da Lei nº 8.429/1992, mas o

---

[80] "Nos termos da jurisprudência desta Corte Superior reafirmada para as Eleições 2020, para incidir a referida causa de inelegibilidade exige-se a presença cumulativa dos requisitos de lesão ao erário e enriquecimento ilícito próprio ou de terceiro (REspEl 0600181-98/AL, Rel. Min. Tarcisio Vieira de Carvalho Neto, publicado em sessão em 1º.12.2020). 5. Ademais, "[é] lícito à Justiça Eleitoral aferir, a partir da fundamentação do acórdão proferido pela Justiça Comum, a existência – ou não – dos requisitos exigidos para a caracterização da causa de inelegibilidade preconizada no art. 1º, I, l, da LC nº 64/1990" (AgR-AI 411-02/MG, Rel. Min. Edson Fachin, DJE de 7.2.2020). (Tutela Cautelar Antecedente nº 060002586, Acórdão, Relator(a) Min. Benedito Gonçalves, Publicação: DJE – Diário da justiça eletrônica, Tomo 70, Data 22.04.2022)".

[81] AgR-AI 411-02/MG, Rel. Min. Edson Fachin, DJE de 7.2.2020.

[82] Recurso Especial Eleitoral nº 060054360, Acórdão, Relator(a) Min. Mauro Campbell Marques, Publicação: PSESS – Publicado em Sessão, Data 14.12.2020.

TSE reconheceu a presença do dano ao Erário e do enriquecimento ilícito a partir dos fundamentos da decisão condenatória.[83] O fato assume contornos extremados na medida em que a jurisprudência do TSE também é pacífica no sentido de que a condenação por ato de improbidade administrativa fundada apenas no art. 11 da Lei nº 8.429/1992 não atrai a inelegibilidade prevista no art. 1º, I, "l", da LC nº 64/1990.[84]

Noutro quadrante, em outro caso posto sob análise da Corte, no qual o candidato havia sido condenado à suspensão dos direitos políticos por violação ao art. 11 da LIA, em razão da inobservância de ordem classificatória em concurso público, o TSE adentrou nos meandros da fundamentação do acórdão condenatório para buscar a existência de dano ao Erário e enriquecimento ilícito, mas concluiu pela não caracterização da causa de inelegibilidade.[85] Ou seja, passa-se ao largo do respeito aos princípios da legalidade e da segurança jurídica para praticar manejos interpretativos *praeter legem,* de modo a transformar a Justiça Eleitoral em instância revisora das condenações por cometimento de ato de improbidade administrativa.

Com isso, a caracterização da causa de inelegibilidade da alínea "l" dependerá muito mais de critérios interpretativos do que da análise já realizada pelo órgão judicial competente para tanto, pois, nesse momento de aferição, a Justiça Eleitoral, por inúmeras vezes, irá proceder a um novo enquadramento dos fatos e das provas coligidas na ação de improbidade administrativa. Discorda-se veementemente desse atuar, haja vista que, em razão da incidência dos princípios da legalidade e da tipicidade no âmbito do Direito Administrativo Sancionador (art. 1º, §4º, da LIA),[86] a análise referente à violação dos tipos

---

83 Recurso Ordinário nº 060212355, Acórdão, Relator(a) Min. Og Fernandes, Publicação: PSESS – Publicado em Sessão, Data 27.11.2018.

84 RECURSO ESPECIAL ELEITORAL nº 060053993, Acórdão, Relator(a) Min. Mauro Campbell Marques, Publicação: PSESS – Publicado em Sessão, Data 11.12.2020.

85 RECURSO ESPECIAL ELEITORAL nº 060037514, Acórdão, Relator(a) Min. Edson Fachin, Publicação: DJE – Diário da justiça eletrônica, Tomo 150, Data 16.08.2021.

86 Conforme o escólio de Celso Antônio Bandeira de Mello, "a configuração das infrações administrativas, para ser válida, há de ser feita de maneira suficientemente clara, para não deixar dúvida alguma sobre a identidade do comportamento reprovável, a fim de que, de um lado, o administrado possa estar perfeitamente ciente da conduta que terá de evitar ou terá que praticar para livrar-se da incursão em penalizações e, de outro, para que dita incursão, quando ocorrente, seja obviamente reconhecível (...) Assim, pressuposto inafastável das sanções implicadas nas infrações administrativas é o de que exista a possibilidade de os sujeitos saberem previamente qual a conduta que não devem adotar para se porem seguramente a salvo da incursão da figura infracional; ou seja, cumpre que tenham ciência perfeita de como evitar o risco da sanção e, ao menos por força disto (se por outra razão

de atos de improbidade deve se ater ao que consta no dispositivo do *decisum*.[87]

Outrossim, ao revisitar a decisão tomada pela Justiça Comum, a Justiça Eleitoral ultrapassa sua competência constitucional para condenar novamente determinado indivíduo com base nos mesmos fatos, o que revela iniludível acinte aos princípios da legalidade, do devido processo legal e do juiz natural. Para além disso, o TSE ainda adentra nas veredas dos acórdãos proferidos pela Justiça Comum para tentar extrair a verificação do elemento subjetivo do agente ímprobo, muitas vezes de modo a reconhecer o dolo quando sequer há atestação explícita no *decisum* ou, por vezes, quando o TJ ou TRF evidencia a ocorrência de culpa.

Acontece que, diante do novo arranjo normativo da Lei nº 14.230/2021, os atos de improbidade administrativa perfectibilizam-se apenas com a demonstração do dolo específico, não bastando a voluntariedade do agente (art. 1º, §2º, da LIA). Tanto é assim que o TSE, ao seguir as diretrizes da Nova Lei de Improbidade Administrativa, perfilhou entendimento no sentido de que a presença do elemento subjetivo da conduta (dolo específico) é indispensável à caracterização de inelegibilidade.[88] Caso tenha ocorrido condenação em ação de improbidade administrativa em que a Justiça Comum concluiu pela incidência da culpa ou a ausência de dolo, não há que se falar na configuração da inelegibilidade do art. 1º, inciso I, "l", da LC nº 64/90, tendo em vista o posicionamento do STF (Tema 1199) fixado no sentido de que a comprovação da responsabilidade subjetiva (dolo) para a tipificação dos atos de improbidade administrativa previstos na LIA aplica-se aos atos de culposos praticados na vigência do texto anterior à Lei nº 14.230/2021, porém sem condenação transitada em julgado.[89]

---

não for), abster-se de incidir nos comportamentos profligados pelo Direito". MELLO, Celso Antônio Bandeira de. *Curso de direito administrativo*. 22. ed. rev. e atual. São Paulo: Malheiros, 2007. p. 818.

[87] AGRA, Walber de Moura; LUCENA, Alisson Emmanuel de Oliveira. Os influxos da nova lei de improbidade administrativa no arquétipo das inelegibilidades. *In*: MACHADO, Raquel Cavalcanti Ramos; XEREZ, André Garcia (org.). *A lei da ficha limpa*: passada a limpo. 1. ed. Fortaleza: Editora Mucuripe, 2022, p. 116.

[88] Recurso Ordinário Eleitoral nº 060104626, Acórdão, Min. Carlos Horbach, Publicação: PSESS – Publicado em Sessão, 10.11.2022.

[89] Recurso Ordinário Eleitoral nº 060057121, Acórdão, Min. Raul Araujo Filho, Publicação: PSESS – Publicado em Sessão, 19.12.2022.

Deve-se vivificar, no ponto, o arremate proferido pelo Ministro Luiz Fux, quando asseverou que a *cognitio* realizada pela Justiça Eleitoral não pode promover uma nova incursão no mérito do título (judicial, administrativo ou normativo) que embasa a pretensão deduzida ou desautorizar as conclusões constantes, como assentar dolo quando o aresto da Justiça Comum expressamente consignar culpa.[90]

Defluência mínima do princípio da legalidade, o enriquecimento ilícito ou o dano ao erário não podem ser presumidos, isto é, não se pode atestá-los através de meros indícios ou presunções jurisprudenciais.[91] Apesar das ressalvas em relação a este entendimento, defende-se que a Justiça Eleitoral não pode adentrar nos meandros da condenação para tentar extrair a verificação do elemento subjetivo do dolo do agente ímprobo na fundamentação do *decisum* da ação de improbidade administrativa.

A duração dessa sanção, após a promulgação da Lei Complementar nº 135, a Lei da Ficha Limpa, em regra, é de oito anos. Contudo, saliente-se que a suspensão dos direitos políticos apenas acontece se essa sanção estiver prevista no dispositivo da sentença e depois do trânsito em julgado, sem que ele opere feitos apenas com a decisão de segunda instância.

2.1.3 Alistamento eleitoral

Para se candidatar a um mandato, não basta apenas que seja detentor da nacionalidade brasileira e estar em pleno gozo de seus direitos políticos. É necessário, também, que o candidato esteja devidamente alistado, seguindo os ditames da Justiça Eleitoral. O alistamento eleitoral é a capacitação para o exercício do voto e se torna obrigatório para os maiores de 18 anos, porém é facultativo aos analfabetos, aos maiores de 70 anos e aos maiores de 16 e menores de 18 anos. Para alistar-se, o indivíduo deverá comparecer ao Cartório Eleitoral com os documentos pessoais, como carteira de identidade, certificado de quitação de serviço militar (se for do sexo masculino) documento que certifique sua idade e os demais elementos que atestem sua qualificação. Deverá,

---

[90] Recurso Especial Eleitoral nº 31655, Acórdão, Relator(a) Min. Luiz Fux, Publicação: PSESS – Publicado em Sessão, Data 14.12.2016.

[91] AGRA, Walber de Moura. *Comentários sobre a Lei de Improbidade Administrativa*. 2. ed. Belo Horizonte: Fórum, 2019. p. 35.

então, preencher um formulário (RAE – requerimento de alistamento eleitoral) já predeterminado pelo TSE, que será assinado por um servidor asseverando que foi feito em sua presença. Em se tratando de indivíduo analfabeto, será feita a impressão digital do polegar direito. Após essa etapa, caberá ao Juiz Eleitoral, sob fiscalização do Ministério Público Eleitoral e dos partidos políticos, analisar todos os documentos e o próprio requerimento, deferindo ou não o alistamento. Do despacho que indeferir o requerimento, caberá recurso pelo alistando no prazo de cinco dias, contados da publicação da listagem do pedido indeferido. Já se o despacho for no sentido de deferimento, caberá ao delegado de partido recorrer no prazo de dez dias da decisão, consoante dispõe o §1º do art. 17 da Resolução TSE nº 21.538/2003.

Os pedidos de alistamento, transferência e revisão ficarão suspensos pela Justiça Eleitoral nos 150 dias que antecedem as eleições (art. 91 da LE), correspondente ao prazo de 4 de maio para o pleito de 2022. É possível, ainda, requerer a 2ª via do título de eleitor até dez dias antes das eleições (art. 52 do CE).

2.1.4 Domicílio eleitoral na circunscrição

Domicílio eleitoral é o lugar em que a pessoa se estabelece, mantém vínculos e constitui o seu alistamento. No direito eleitoral, ele é importante, pois determina o município em que o eleitor irá votar e a sua respectiva circunscrição. Para o Código Eleitoral, domicílio é o lugar em que a pessoa mantém vínculos políticos, sociais e afetivos, considerando, assim, como domicílio do cidadão qualquer residência ou moradia.

De acordo com o entendimento do TSE, o conceito de domicílio pode ser demonstrado não só pela residência local com ânimo definitivo, mas também pela constituição de vínculos políticos, econômicos, sociais ou familiares.[92] É importante salientar que o TSE já pacificou o entendimento de que o domicílio eleitoral não se confunde com o domicílio civil.[93] Nesse norte, o art. 23 da Resolução TSE nº 23.659/2021 estabelece que, para fins de fixação do domicílio eleitoral no alistamento e

---

92 Recurso Ordinário nº 060238825, Acórdão, Relator(a) Min. Luís Roberto Barroso, Publicação: PSESS – Publicado em Sessão, Data 04.10.2018.

93 "Domicílio eleitoral. O domicílio eleitoral não se confunde, necessariamente, com o domicílio civil. A circunstância de o eleitor residir em determinado município não constitui obstáculo a que se candidate em outra localidade onde é inscrito e com a qual mantém

na transferência, deverá ser comprovada a existência de vínculo residencial, afetivo, familiar, profissional, comunitário ou de outra natureza que justifique a escolha do município.

Havendo mais de uma (parágrafo único do art. 42 do CE),[94] não exige maiores vínculos com o município, a não ser o interesse em contribuir com sua vida política. Pedro Roberto Decomain entende que o parágrafo único do art. 42 do CE está sofrendo alterações em sua interpretação. Afirma o referido autor que a jurisprudência vem admitindo que haja a inscrição eleitoral do indivíduo em município diverso ao que ele mantém residência.[95] Porém, para que isso ocorra é necessário que seja feita uma comprovação da existência de algum vínculo do cidadão com aquele determinado local para que ele possa alistar-se.

Para se candidatar a cargo eletivo é preciso que o cidadão tenha domicílio eleitoral no local correspondente por um determinado período de tempo a ser estabelecido por lei. De acordo com o art. 9º da Lei nº 9.504/1997, alterado pela Lei nº 13.488, de 2017, o candidato deverá possuir domicílio eleitoral na respectiva circunscrição pelo prazo mínimo de seis meses antes do pleito, iniciando a contagem a partir do requerimento, e estar com a filiação deferida pelo partido por igual período, em razão das alterações introduzidas pela Lei nº 13.165/15 ao referido artigo.[96]

Para o TSE, o reconhecimento dos laços com o município tem como termo inicial o dia em que o eleitor requereu a transferência de domicílio, mesmo que o deferimento ocorra posteriormente.[97] Importante mencionar que, de acordo com o art. 23, §1º da Resolução TSE nº 23.659/2021,

---

vínculos (negócios, propriedades, atividades políticas)" (Ac. nº 18.124, de 16.11.2000, Rel. Min. Garcia Vieira, red. designado Min. Fernando Neves).

94 Art. 42. [...] Parágrafo único. Para o efeito da inscrição, é domicílio eleitoral o lugar de residência ou moradia do requerente, e, verificado ter o alistando mais de uma, considerar-se-á domicílio qualquer delas.

95 Recurso Especial Eleitoral nº 5166, Acórdão, Relator(a) Min. Admar Gonzaga, Publicação: *DJE – Diário da justiça eletrônica*, Tomo 64, Data 03.04.2019, Página 38/39.

96 Ac.-TSE nºs 16.397.2000 e 18.124.2000: o conceito de domicílio eleitoral não se confunde, necessariamente, com o de domicílio civil; aquele, mais flexível e elástico, identifica-se com a residência e o lugar onde o interessado tem vínculos (políticos, sociais, patrimoniais, negócios). DL nº 201/67, art. 7º, II: cassação do mandato de Vereador quando fixar residência fora do município.

97 Ac. de 11.10.2016 no AgR-REspe nº 26340, rel. Min. Henrique Neves da Silva. Também nesse sentido: "Registro. Domicílio eleitoral. – O prazo conta-se do requerimento da transferência, mesmo que o deferimento ocorra posteriormente. Agravo regimental a que se nega provimento" (Recurso Especial Eleitoral nº 34800, Acórdão, Relator(a) Min. Arnaldo Versiani, Publicação: PSESS – Publicado em Sessão, Data 27.11.2008).

a fixação do domicílio, inclusive para fins de candidatura, retroagirá à data em que requerida a operação de alistamento ou transferência que tenha sido devidamente concluída, independentemente da data em que seja processado o lote do RAE ou venham a ser consideradas satisfeitas eventuais diligências.

2.1.5 Filiação partidária

Os partidos políticos ocupam um papel de extrema importância na democracia brasileira, pois além de se configurarem como uma condição inafastável de elegibilidade, estes se configuram como um elo entre a vontade do povo e a condução do Estado. Devido a essa importância, no Brasil não se permite candidatura avulsa, conforme dispõe o §14º do art. 11 da Lei Eleitoral (introduzido pela Lei nº 13.488, de 2017),[98] pois, nesse caso, o voto estaria completamente desconectado de partido político e de sua plataforma de governo.[99]

Embora o STF venha a decidir sobre a possibilidade de candidatura avulsa, em ação impetrada pelo advogado Rodrigo Mezzomo (RE nº 1.054.490), que tentou disputar a prefeitura do RJ em 2016 desta forma, cuja relatoria é do Min. Luís Roberto Barroso, não se acredita que ela venha a liberar a possibilidade de candidatos disputarem eleições sem sua filiação a partidos políticos, não apenas por uma questão meritória, mas igualmente em razão da expressa imposição constitucional de se exigir esse fato jurídico para a realização da condição de elegibilidade.

---

98 Art. 11 [...] §14. É vedado o registro de candidatura avulsa, ainda que o requerente tenha filiação partidária.

99 Interessante tecer algumas considerações em relação ao julgamento, em 05 de outubro de 2017, do ARE 1.054.490, no qual o Plenário do Supremo Tribunal Federal reconheceu a aplicação de repercussão geral na discussão acerca da possibilidade de registro de candidatura de candidatos sem filiação partidária. A votação foi bastante acirrada em virtude de a minoria dos Ministros, compreenderem que o referido recurso estava prejudicado em razão de o pleito eleitoral, que ocasionou a ação em debate, já tinha acontecido. Na votação, prevaleceu-se o entendimento do Ministro Relator Roberto Barroso de que a mencionada prejudicialidade deveria ser superada, pois o tema é de relevância constitucional e, portanto, se sobressai ao aspecto formal, pois no judiciário brasileiro é impossível tal recurso chegar em tempo hábil para votação na Suprema Corte devido ao período entre o registro da candidatura e o dia da eleição ser muito curto. O Relator propôs que, em decorrência da complexidade temática, neste momento processual apenas seria votada a questão da repercussão geral do assunto da candidatura avulsa e assim houve a votação. Desta forma, a questão de mérito do recurso ainda será analisada, mas ainda sem previsão de data. No momento, a questão de mérito do recurso aguarda julgamento.

A filiação deve ser requerida aos próprios partidos políticos, que através de seus estatutos, estabelecem os requisitos necessários para o seu deferimento. Na segunda semana dos meses de abril e outubro de cada ano, como preceitua o art. 19, parágrafo primeiro, da Lei dos Partidos Políticos, deverá cada agremiação apresentar a lista de seus filiados ao Juiz Eleitoral.[100] No entanto, no caso de essa lista não ser apresentada, será considerada a do ano anterior.

Ademais, para que o registro de candidatura seja considerado válido, exigia-se do cidadão que possuísse, no mínimo, um ano de filiação a um partido político. Mas a Lei nº 13.165/15 alterou o artigo 9º da Lei nº 9.504/97, trazendo a seguinte redação: "[...] e estar com a filiação deferida pelo partido no mínimo seis meses antes da data da eleição". Assim, para o preenchimento das condições de elegibilidade, o candidato deve estar filiado à legenda pela qual pretende concorrer há pelo menos seis meses antes do pleito eleitoral.

Quanto à temática da filiação partidária, é de inteira importância expor a questão da duplicidade de filiação. A duplicidade de filiação está exaustivamente disciplinada pelo art. 22 da Lei nº 9.096/1995 e configura-se quando determinado cidadão encontra-se juridicamente filiado a dois partidos políticos diversos. Por muito tempo a jurisprudência do Tribunal Superior Eleitoral se inclinava no sentido de anular ambas as filiações. Contudo, com o advento da Lei nº 12.891/2013, modificando o art. 22 do referido diploma legal, houve um permissivo legal que preconiza que, havendo coexistência de filiações partidárias, prevalecerá a mais recente, devendo a Justiça Eleitoral determinar o cancelamento da anterior.

Por conseguinte, por força da redação conferida ao art. 22, parágrafo único, da LPP pela Lei nº 12.891/2013, é dever do novo filiado, e não do partido, comunicar à Justiça Eleitoral a nova filiação. Por outro

---

[100] Oportuno observar: Súmula TSE nº 20.2016: A prova de filiação partidária daquele cujo nome não constou da lista de filiados de que trata o art. 19 da Lei nº 9.096/1995, pode ser realizada por outros elementos de convicção, salvo quando se tratar de documentos produzidos unilateralmente, destituídos de fé pública; Ac.-TSE, de 3.11.2016, no REspe nº 25163: atas partidárias não submetidas a controle ou verificação externa não comprovam a filiação partidária; as essenciais aos registros públicos da vida e da organização do partido político a comprovam apenas quando forem apresentadas aos órgãos competentes antes do prazo mínimo de filiação partidária; Ac.-TSE, de 21.8.2008, no REspe nº 28988: "A ficha de filiação partidária não substitui a relação de filiados encaminhada pelo partido político ao juízo eleitoral"; Ac.-TSE, de 22.9.2016, no REspe nº 5650 e, de 8.9.2016, na Pet nº 40304: possibilidade de alteração estatutária, no ano da eleição, para reduzir o prazo mínimo de filiação até o limite fixado no art. 20 da LPP.

lado, importante dizer que caso não ocorra essa comunicação, prevalecerá a mais recente, devendo a Justiça Eleitoral determinar o cancelamento das demais, não sendo mais consideradas nulas ambas as filiações.

Em razão dos termos consolidados ante a vigência da Lei nº 12.891/2013, o partido político não mais precisa ser notificado previamente, sendo suficiente notificar o Juiz Eleitoral acerca da desfiliação. No entanto, ainda que não haja a notificação do magistrado da zona eleitoral, a filiação partidária posterior anula a anterior, adotando-se o critério cronológico.[101] Trata-se de verdadeira medida desburocratizante acerca da desfiliação partidária e a entrada em outra agremiação, evitando o cerceamento das condições de elegibilidade por desconhecimento jurídico.

Presente esta moldura, saliente-se que a jurisprudência do TSE é firme no sentido do aproveitamento da filiação partidária sempre que possível, devendo ser observado o critério cronológico e independentemente de ter ocorrido comunicação de desfiliação nos termos do art. 21 da Lei dos Partidos Políticos. Se porventura acontecer de existir filiações partidárias com a mesma data, deve-se determinar a notificação do filiado e das agremiações envolvidas para fins de apurar qual filiação deve ser mantida sem que haja o cancelamento de todos os vínculos partidários.[102]

Ademais, ainda haverá o cancelamento da filiação partidária nos casos de: a) morte; b) perda dos direitos políticos; c) expulsão; d) outras formas previstas no estatuto, assegurada a ampla defesa, com comunicação obrigatória ao atingido no prazo de 48 horas da decisão; e) filiação a outro partido, desde que a pessoa comunique o fato ao juiz da respectiva zona eleitoral (art. 22 da LPP).

---

101 "(...) O quadro, portanto, é de coexistência de filiações partidárias, situação especificamente prevista em lei eleitoral e que tem, portanto, solução própria, com a prevalência da relação partidária mais recente, por força do art. 22 da Lei nº 9.096/1995, sendo despicienda a comunicação de desfiliação prevista no art. 21 da Lei nº 9.096/1995. Precedente". (Recurso Especial Eleitoral nº 060095730, Acórdão, Min. Raul Araujo Filho, Publicação: PSESS – Publicado em Sessão, 15.12.2022).

102 Recurso Especial Eleitoral 060000503/GO, Relator(a) Min. Sergio Silveira Banhos, Acórdão de 13.10.2020, Publicado no Diário de Justiça Eletrônico 225, data 05.11.2020.

2.1.6 Idade mínima, dependendo do cargo a ser postulado

A Constituição Federal de 1988, ao elencar idades mínimas para que os cidadãos possam se candidatar a determinados cargos, partiu do princípio de que o passar dos anos assegura às pessoas uma maturidade maior para que possam tratar com maior sapiência problemas pululantes que afligem a sociedade. Essas idades estão previstas no inciso VI do §3º do art. 14 da CF/1988 e são as seguintes: 35 anos para Presidente da República, Vice-Presidente e Senador; 30 anos para Governador, Vice-Governador, Governador do Distrito Federal e Vice-Governador do Distrito Federal; 21 anos para Deputado Federal, Deputado Estadual ou deputado distrital, Prefeito, Vice-Prefeito, juiz de paz e Ministro de Estado; e 18 anos para Vereador.[103]

É imperioso ressaltar que todos os requisitos essenciais à condição de elegibilidade devem ser aferidos quando do registro da candidatura. Ademais, conforme o art. 11, §2º, da Lei nº 9.504/1997, a idade mínima apenas precisa ser aferida na data da posse, por ser o marco inicial em que o cidadão começa a exercer a função pública, com exceção do cargo de Vereador, que, após a mudança fomentada pela Lei nº 13.165/2015,[104] deve ser aferida na data limite para o pedido de registro de candidatura. Portanto, resta ultrapassado o antigo entendimento do TSE que verberava em consulta a ele submetida a reafirmação de que a idade mínima para concorrer a cargo de Vereador, que é 18 anos, deve ser atingida até a data da posse, não se aplicando mais após a minirreforma eleitoral.[105]

---

103 "[...] Registro de candidato. Deputado estadual. Condição de elegibilidade. Art. 14, §3º, VI, da Constituição Federal. Idade mínima. Ausência. [...] 4. Indefere-se pedido de registro de candidato que não possui, na data da posse, a idade mínima para o cargo que pretende disputar, por ausência da condição de elegibilidade prevista no art. 14, §3º, VI, da Constituição Federal. [...]" (Ac. de 29.08.2006 no ARO nº 911, Rel. Min. Marcelo Ribeiro).

104 "Art. 11. Os partidos e coligações solicitarão à Justiça Eleitoral o registro de seus candidatos até as dezenove horas do dia 15 de agosto do ano em que se realizarem as eleições. §2º A idade mínima constitucionalmente estabelecida como condição de elegibilidade é verificada tendo por referência a data da posse, salvo quando fixada em dezoito anos, hipótese em que será aferida na data-limite para o pedido de registro".

105 "EMENTA RECURSO ELEITORAL. REGISTRO DE CANDIDATURA. ELEIÇÕES 2020. VEREADOR. SENTENÇA DE INDEFERIMENTO. PRELIMINARES. CERCEAMENTO DEFESA. PERDA SUPERVENIENTE DO INTERESSE RECURSAL. AFASTADAS. MÉRITO. AUSÊNCIA DE CONDIÇÃO DE ELEGIBILIDADE. IDADE MÍNIMA NÃO ATINGIDA NA DATA-LIMITE PARA O PEDIDO DE REGISTRO DE CANDIDATURA. ART. 14, §3º, VI, 'D', DA CF, E ART. 11, §2º, DA LEI Nº 9.504/97. RECURSO ELEITORAL DESPROVIDO"

2.2 Causas de inelegibilidade

Para que possa concorrer a algum mandato eletivo, o cidadão deve encaixar-se em todas as condições de elegibilidade, em todos os requisitos de registrabilidade e não incidir em qualquer causa de inelegibilidade. Contudo, antes de se adentrar no cerne das causas de inelegibilidade, torna-se extremamente importante a distinção prática entre condições de elegibilidade e causas de inelegibilidade para o operador do Direito Eleitoral, uma vez que os respectivos institutos apresentam distinções ontológicas.

Por analogia, os dois institutos apresentam a mesma consequência, que é retirar do cidadão sua possibilidade de disputar eleições, aquelas em razão da presença, estas ante a ausência.[106]

Quanto às diferenças, são substanciais. As inelegibilidades só podem aparecer quando forem concretizadas as condições de elegibilidade. Sem que elas tenham sido cumpridas, não há que falar em inelegibilidade. Estas atuam diretamente naquelas, cerceando o direito subjetivo de disputar eleições. As primeiras são direitos subjetivos da coletividade, considerados como cláusulas pétreas e esculpidas no art. 14, §3º, da Constituição Federal para que o cidadão participe do certame eleitoral almejando determinado cargo eletivo, configurando condições insofismáveis para o nascimento do fato jurídico, verdadeiro evento jurídico positivo que possibilita o cidadão disputar batalhas políticas. Inversamente, as segundas são situações jurídicas de cunho negativo que surgem, frisa-se, após a verificação das condições de elegibilidade, impedindo a prerrogativa de ser votados no processo eleitoral. Por fim, as condições de elegibilidade são pressupostos e requisitos imprescindíveis à formação de um direito, enquanto as inelegibilidades são situações jurídicas advindas da realidade fático-jurídica, que se amoldam em tipologias normativas que estabelecem um risco de macular a lisura e a isonomia das eleições.

Por sua vez, os requisitos de registrabilidade são situações necessárias para o preenchimento do suporte fático autorizador para o deferimento do pedido de registro de candidatura. Feitas essas distinções básicas, passa-se a tecer considerações sobre as causas de inelegibilidade.

(Recurso Eleitoral nº 060022995, Acórdão, Relator(a) Des. Manuel Pacheco Dias Marcelino, Publicação: PSESS – Publicado em Sessão, Data 17.12.2020).

106 AGRA, Walber de Moura. A taxinomia das inelegibilidades. *Estudos Eleitorais/Tribunal Superior Eleitoral*, v. 1, n. 2, p. 29-52, 2011.

Havendo a ausência de um dos fatos jurídicos em comento, a Justiça Eleitoral não poderá conceder o registro da candidatura, impedindo o surgimento da elegibilidade, da condição de o cidadão ser elegível.

Nesse diapasão, conceitua-se inelegibilidade como sendo a impossibilidade de o cidadão ser eleito para um cargo público em razão de não poder ser votado, impedindo-o, assim, de exercer a sua cidadania passiva. Em decorrência dessa situação, fica vedado até mesmo o registro de sua candidatura. Não obstante, sua cidadania ativa, ou seja, o seu direito de votar, continua intocável. Ensinam Djalma Pinto e Elke Braid Petersen que a inelegibilidade se configura como um instrumento de enorme utilidade para a proteção da sociedade, porque impede que pessoas, notoriamente ameaçadoras da probidade na Administração Pública, possam chegar ao comando do poder político estatal.[107]

Consoante os ensinamentos de José Jairo Gomes, a inelegibilidade se trata de um empecilho ao exercício da cidadania passiva, o que denota a impossibilidade de o cidadão ser escolhido para ocupar cargo político eletivo.[108] A inelegibilidade não suprime a cidadania de maneira integral, pois permanece o *ius suffragii* normalmente nos pleitos. Pedro Henrique Távora Niess sustenta que a inelegibilidade consiste em um entrave posto pela Constituição Federal ou por lei complementar ao exercício da cidadania passiva, em razão de sua condição ou em face de certas circunstâncias.[109]

O motivo dessa vedação reside em determinadas situações que impedem que o cidadão exerça um mandato público, representando a coletividade. Essa vedação advém da proteção que é dada à coletividade, evitando possíveis máculas no tocante à condução da coisa pública. São situações jurídicas que fazem com que o *jus honorum* que ostenta o cidadão faça presumir que sua atuação não será a desejada no trato do erário.

As causas de inelegibilidade estão elencadas na Constituição Federal e na Lei Complementar nº 64/1990, portanto, mediante essa divisão, as causas de inelegibilidade podem ser classificadas como constitucionais e infraconstitucionais. Os dois casos diferem entre si principalmente por causa da força normativa e da imutabilidade relativa,

---

[107] PINTO, Djalma; PETERSEN, Elke Braid. *Comentários à Lei da Ficha Limpa*. São Paulo: Atlas, 2014, p. 9.

[108] GOMES, José Jairo. *Direito Eleitoral*. 9. ed. São Paulo: Atlas, 2010, p. 141.

[109] NIESS, Pedro Henrique Távora. *Direitos políticos, condições de elegibilidade e inelegibilidade*. São Paulo: Saraiva, 1994, p. 5.

que assegura maior concretização e menor número de alterações das primeiras em relação às segundas. Além disso, as inelegibilidades constitucionais não acarretam preclusão, podendo ser arguidas a qualquer momento. Já as inelegibilidades previstas na Lei Complementar nº 64/1990 devem ser alegadas na impugnação ao pedido de registro de candidatura, sob pena de preclusão. Nesse caso, o cidadão que a princípio seria inelegível torna-se elegível em razão da preclusão do prazo para se intentar com a ação. Tanto as inelegibilidades constitucionais quanto as infraconstitucionais podem ser supervenientes, ou seja, o motivo que as ensejou pode aparecer após o deferimento do registro, como, por exemplo, quando a perda da cidadania brasileira, em razão de sentença transitada em julgado, ocorrer um mês antes das eleições.[110] Infere destacar que o recurso contra expedição de diploma caberá somente nos casos de inelegibilidade superveniente ou de natureza constitucional e de falta de condição de elegibilidade, conforme o art. 262 do CE.[111]

A Constituição Federal prevê, explicitamente em seu art. 14, §9º, que poderá lei complementar versar sobre outros casos de inelegibilidade afora os contidos na Lei Excelsa. Ademais, ainda conforme a dicção do artigo supracitado, o escopo das causas de inelegibilidade é o de proteger a probidade administrativa, a moralidade para o exercício do mandato, considerada a vida pregressa do candidato, a normalidade e legitimidade das eleições contra influência do poder econômico ou abuso do exercício de função, cargo ou emprego na administração direta ou indireta. No entanto, o fato de que as inelegibilidades possam ser promulgadas por leis complementares vem à tona para assegurar eficácia concretiva às normas constitucionais, fazendo com que seus preceitos possam ser aplicados em sua totalidade.

As inelegibilidades podem ser absolutas ou relativas. As absolutas compreendem um impedimento eleitoral para todo e qualquer exercício de cargo eletivo, independentemente de que seja algum cargo pleiteado em eleições em nível nacional, estadual ou municipal, portanto

---

110 "A inelegibilidade superveniente deve ser entendida como sendo aquela que surge após o registro e que, portanto, não poderia ter sido naquele momento alegada, mas que deve ocorrer até a eleição" (RCED nº 653/SP, Rel. Min. Fernando Neves, AgR-REsp nº 35.997/BA, Rel. Min. Arnaldo Versiani).

111 Ac.-TSE, de 24.8.2021, no RCED nº 060200947: "[...] para fins de Recurso Contra Expedição de Diploma (RCED), considera-se como data de surgimento da inelegibilidade aquela em que proferida a decisão geradora do óbice à candidatura pelo órgão competente [...]".

atingem todos os cargos eletivos enquanto perdurarem determinados impedimentos. Devido à intensidade de seu teor, a desincompatibilização não se configura como meio idôneo para suprimir esse impedimento. Já as relativas são obstáculos ao exercício de certos cargos em decorrência de algumas condições especiais dos cidadãos, tornando-os, assim, incapacitados de exercerem sua cidadania passiva.

Ainda quanto à classificação das inelegibilidades, estas também podem ser apreciadas como inatas e cominadas, no entanto ambas são consideradas como situações jurídicas, pois incidem na posição de determinados cidadãos em ligação a objetos a que o ordenamento jurídico outorgou relevância, amoldando-se às descrições abstratas contidas nos mandamentos jurídicos. Inatas são aquelas decorrentes da relação com cargo ou função, vínculo de parentesco ou qualquer situação jurídica que possa macular a isonomia eleitoral, afetando seriamente o *jus honorum* do cidadão. Já as cominadas podem ser consideradas como uma sanção decorrente da prática de um comportamento ilícito que foi previamente descrito pelas normatizações eleitorais. Nesses casos, configuram-se uma ou mais condutas, em regra tipificadas como dolosas, que acarretam uma consequência que é uma punição. Porém, é importante destacar que essa sanção não incide em uma taxionomia penal.

As inelegibilidades cominadas podem ser classificadas como simples ou potencializadas. Nas primeiras, a sanção se dá somente em relação à eleição na qual o ilícito tenha sido cometido. Já nas segundas a punição se estende por um maior lapso temporal, incidindo em mais de uma eleição. Exemplo da potencializada é o disposto no art. 1º, I, alínea "e", da Lei Complementar nº 64/1990, ou seja, naqueles ilícitos penais explicitados pela Lei das Inelegibilidades, o cidadão que cometer uma dessas condutas será considerado inelegível pelo prazo de oito anos após o cumprimento da pena, impedindo-o de disputar mais de uma eleição.

Cite-se que a causa de inelegibilidade do art. 1º, I, alínea "e", da LC nº 64/90 foi objeto de debate no Supremo Tribunal Federal (ADI nº 6.630/DF, sob a relatoria do Ministro Nunes Marques). Tratava-se de ação direta de inconstitucionalidade ajuizada pelo PDT, que busca suspender a expressão "após o cumprimento da pena" contida na parte final do dispositivo legal mencionado, com a redação dada pelo art. 2º da LC nº 135/2010, a fim de afastar leitura no sentido de o prazo de inelegibilidade poder ultrapassar oito anos contados da decisão transitada em julgado ou proferida por órgão colegiado, determinando-se a detração, quando necessária, do período de inelegibilidade transcorrido entre o julgamento e a preclusão maior, bem como do período de inelegibilidade cumprido em conjunto com a suspensão dos direitos políticos.

Em 19.12.2020, o Ministro Nunes Marques implementou medida acauteladora para suspender a expressão "após o cumprimento da pena", em relação aos processos de registro de candidatura das eleições de 2020, ainda pendentes de apreciação no âmbito do TSE e do STF. Iniciado o julgamento de mérito, o Ministro Nunes Marques votou no sentido de julgar procedente o pedido deduzido na ADI, para atribuir interpretação conforme a Constituição ao art. 1º, inc. I, alíneas "a" e "l", da LC nº 64/90 nos seguintes moldes: a) admitir que, do prazo de inelegibilidade de oito anos "posteriores ao cumprimento da pena", seja deduzido o período de inelegibilidade decorrido entre a condenação por órgão colegiado, ou transitada em julgado, e o fim do cumprimento da pena criminal, de tal modo que a correspondente inelegibilidade não supere os 8 (oito) anos desde o início da sua eficácia; b) declarar que, em caso de a detração acima referida implicar o fim da inelegibilidade em data anterior ao término do cumprimento da pena criminal, o condenado não fica isento da aplicação da norma suspensiva dos direitos políticos a que alude o art. 15, III, da Constituição Federal (condição de elegibilidade); propunha a modulação dos efeitos da decisão, de tal maneira que ela seja aplicável apenas aos pedidos de registro de candidatura posteriores ao deferimento da medida liminar na presente ação (19.12.2020) e aos processos de registro de candidatura das eleições de 2020 ainda pendentes de apreciação na data do deferimento da liminar (19.12.2020), em qualquer grau de jurisdição, inclusive no âmbito do TSE e do STF.

Posteriormente, o Supremo Tribunal Federal, por maioria, não conheceu da Ação Direta de Inconstitucionalidade nº 6.630, nos termos do voto proferido pelo Ministro Alexandre de Moraes. Ainda de bom alvitre ressaltar que tanto a inelegibilidade inata como a cominada acarretam a exclusão do cidadão da prerrogativa de participar do processo eleitoral como candidatos, ou seja, impedindo-os de exercer devidamente o seu *jus honorum*. Conforme reverenciado, as inelegibilidades são situações jurídicas de cunho negativo, a serem discutidas após a verificação das condições de elegibilidade, que impedem a prerrogativa do cidadão de ser votado no processo eleitoral. Em decorrência, fica vedado até mesmo o registro de sua candidatura.

2.2.1 Inelegibilidades constitucionais

Como já fora demonstrado, as causas de inelegibilidade que estão elencadas na Constituição Federal são denominadas de constitucionais e estão previstas em seu art. 14, §§4º a 7º. Esse tipo de inelegibilidade pode ser absoluta – inalistáveis, analfabetos e inabilitação para o exercício de funções públicas – e relativa – reeleição e inelegibilidade reflexa. São elas:

a) Inalistáveis

A Lei Excelsa, em seu art. 14, §4º, dispõe que são inelegíveis os cidadãos considerados inalistáveis.[112] Conforme a dicção do art. 42 do Código Eleitoral, os inalistáveis são aqueles que não podem se alistar como eleitores. A própria Constituição versa, em seu art. 14, §2º, sobre quem são os considerados inalistáveis. Estes são os estrangeiros, os menores de 16 anos os quais são absolutamente incapazes e, durante o período militar obrigatório, os conscritos. O motivo de os estrangeiros serem proibidos de se alistarem é o de não possuírem interesse comum ao da coletividade que está ligada ao país e também de não possuírem, sequer, uma relação de obrigações e prerrogativas com o Brasil, pois não têm nacionalidade e, consequentemente, não atendem uma das condições de elegibilidade. Já no caso dos conscritos,[113] que são os recrutas durante o serviço militar obrigatório, sua finalidade é impedir a politização das Forças Armadas. Ainda assim, o impedimento é apenas enquanto perdurar o serviço obrigatório, podendo o cidadão ser alistável antes ou depois do cumprimento de sua obrigação militar.

Por fim, importa consignar que, mesmo não estando explícito na Carta Magna, verifica-se que os apátridas também não podem se alistar.

b) Analfabetos

O escopo da inelegibilidade dos analfabetos é o de não permitir que cidadãos que não possuam capacidade intelectual plena, ou

---

[112] Ac.-TSE, de 27.9.2016, no REspe nº 8941: o exame da causa de inelegibilidade referida neste parágrafo deve ocorrer em conjunto com os valores constitucionais da cidadania, da dignidade da pessoa humana e da isonomia, levando a concluir que analfabetismo de natureza educacional não pode, nem deve significar analfabetismo na vida política.

[113] Res.-TSE nº 15850/1989: a palavra "conscritos" constante deste dispositivo alcança também aqueles matriculados nos órgãos de formação de reserva, bem como médicos, dentistas, farmacêuticos e veterinários que prestam serviço militar inicial obrigatório.

seja, que não sabem ler e escrever, possam conduzir a coisa pública.[114] Parte-se da premissa de que aquele cidadão que não sabe ler nem escrever não teria as condições necessárias para gerir a coisa pública com a eficiência exigida.

Não havendo registro escolar e precisando, a Justiça Eleitoral pode aferir a alfabetização daqueles cujas candidaturas têm seu registro pleiteado pelos partidos políticos, fazendo com que eles realizem uma declaração de próprio punho.[115] Tal situação adquire maior relevo nas eleições municipais. O que tem que se observar é se esse teste não está maculando o princípio da dignidade humana, gerando, assim, um grave constrangimento ao possível candidato que chega a fazê-lo. Não se pretende que apenas cidadãos capazes e letrados é que possam se candidatar a mandato público, mas, sim, que candidatos que tenham ao menos um conhecimento básico da língua portuguesa também possam exercer com altivez a sua cidadania passiva e, se for votado, o mandato público. Portanto, a fim de solucionar essa problemática é que a Justiça Eleitoral tem exigido que o pedido de registro de candidatura seja acompanhado de um registro de escolaridade. Ainda assim, na ausência de comprovante de escolaridade, é facultado ao candidato firmar declaração de próprio punho na presença do Juiz Eleitoral ou de servidor do Cartório Eleitoral.[116]

c) Inelegibilidade por laços sanguíneos

O art. 14, §7º, da Constituição Federal preceitua: "são inelegíveis, no território de jurisdição do titular, o cônjuge e os parentes consanguíneos ou afins, até segundo grau ou por adoção, do Presidente da República, de Governador de estado ou Território, do Distrito Federal, de Prefeito ou de quem os haja substituído dentro dos seis meses anteriores ao pleito, salvo se já titular de mandato eletivo e candidato à

---

[114] Importa consignar a disposição da Súmula nº 15.2016 a qual diz que: "exercício de mandato eletivo não é circunstância capaz, por si só, de comprovar a condição de alfabetizado do candidato".

[115] *Vide* Súmula nº 55.2016: "A Carteira Nacional de Habilitação gera a presunção da escolaridade necessária ao deferimento do registro de candidatura".

[116] "Consoante jurisprudência desta Corte Superior, 'é imprescindível que o candidato firme a declaração de próprio punho na presença do juiz ou de serventuário da justiça para que esse ato tenha o condão de comprovar sua condição de alfabetizado' (AgR-REspE 81-53/PE, Rel. Min. Dias Toffoli, publicado em sessão de 23.10.2012)" (Recurso Especial Eleitoral nº 060051298, Acórdão, Relator(a) Min. Luis Felipe Salomão, Publicação: *DJE – Diário da justiça eletrônica*, Tomo 41, Data 08.03.2021).

reeleição". Esta causa de inelegibilidade tem o escopo de evitar que o uso da coisa pública possa ajudar candidatos que possuam ligação com algum representante eleito no exercício de seu mandato, no que tenta evitar o abuso do poder político.

Para além disso, cite-se que o *télos* subjacente à causa inelegibilidade em apreço é o de extirpar a ideia de perpetuação do poder por um mesmo grupo familiar. Sublinhe-se que o desenrolar das relações sociais ampliou o conceito de núcleo familiar para além do modelo tradicionalista. Vale dizer, a conjuntura fática se sobrepõe à realidade biológica, no que se erigiu a afetividade como amálgama inexorável para a constituição de uma família.

Ela atinge o titular do mandato do chefe do Executivo (Presidente, Governador e Prefeito) e também aqueles que os substituírem dentro de seis meses anteriores ao pleito. Essa inelegibilidade é comumente chamada, na doutrina e na jurisprudência, de inelegibilidade reflexa. Convém salientar que essa causa não atinge os suplentes,[117] já que esses não exercem mandato popular, tendo apenas a expectativa de um dia exercê-lo. Também não há inelegibilidade para cônjuge e parentes do Vice, a menos que este assuma o mandato seis meses antes das eleições.[118] Havendo substituição na chefia do Executivo, os sucessores e os substitutos também devem se desincompatibilizar em até seis meses antes do pleito para que os parentes mencionados no dispositivo citado não sejam considerados inelegíveis.[119] A inelegibilidade ocorre apenas no território da jurisdição do titular, daí pode-se afirmar que não haverá qualquer impedimento à candidatura ao governo de Pernambuco, se o postulante for filho do Governador do Rio Grande do Norte, por exemplo.[120]

---

117 Recurso Especial Eleitoral nº 060044191, Acórdão, Relator(a) Min. Sergio Silveira Banhos, Relator(a) designado(a) Min. Alexandre de Moraes, Publicação: *DJE – Diário da justiça eletrônica*, Tomo 191, Data 18.10.2021.

118 "Eleições 2012. Registro de candidatura. Agravo regimental em recurso especial eleitoral. Parente de vice-prefeito que não substituiu o titular nos seis meses anteriores ao pleito. Candidatura. Possibilidade. Desprovido. 1. A inelegibilidade do §7º do art. 14 da CF não alcança parente de vice-prefeito que não tenha substituído o titular nos últimos seis meses do curso do mandato. 2. Agravo regimental desprovido" (Ac. de 13.12.2012 no AgR-REspe nº 3161, Rel. Min. Dias Toffoli).

119 Res. nº 21.704, de 01.04.2004, Rel. Min. Carlos Velloso.

120 AGRAVO REGIMENTAL. RECURSO ESPECIAL. ELEIÇÕES 2016. VEREADOR. REGISTRO DE CANDIDATURA. INELEGIBILIDADE POR PARENTESCO. ART. 14, §7º, CF/88. NATUREZA DO CARGO EM DISPUTA. INDIFERENÇA. DESPROVIMENTO. 1. Autos recebidos no gabinete em 23.3.2017. 2. A teor do art. 14, §7º, da CF/88, "são inelegíveis, no território de jurisdição do titular, o cônjuge e os parentes consanguíneos ou afins, até o

Ressalta-se que o Tribunal Superior Eleitoral foi instado a se manifestar acerca de controvérsia consubstanciada em saber se a inelegibilidade reflexa por parentesco proíbe que cônjuge ou parentes consanguíneos ou afins do chefe do Poder Executivo possam se candidatar não apenas no território de jurisdição do titular, mas também em municípios vizinhos. Conforme o entendimento perfilhado pelo TSE, o cônjuge e os parentes de prefeito reeleito não são inelegíveis para o mesmo cargo em outra circunscrição eleitoral, ainda que em município vizinho, desde que este não resulte de desmembramento, incorporação ou fusão realizada na legislatura imediatamente anterior ao pleito, no que a vedação prevista no art. 14, §7º, da CF/88, limita-se ao território de jurisdição do titular.[121]

Em se tratando das eleições municipais, são inelegíveis aos cargos de Prefeito e Vereador todos aqueles que tiverem algum tipo de parentesco com o Governador do estado. Isso acontece porque o estado é seu território de jurisdição. Por outro lado, a inelegibilidade não se configura caso o cônjuge ou parentes até segundo grau do Prefeito venham a pleitear mandatos de deputado, Senador ou Governador, ainda que pelo mesmo estado em que o município localizado seja chefiado pelo parente. Nesse caso, o estado não coincide com o município, supera-o em termos de circunscrição.

Após o julgamento do RE nº 843.455/DF, sob a relatoria do Ministro Teori Zavascki, restou consignado que as hipóteses de inelegibilidade previstas no art. 14, §7º, inclusive quanto ao prazo de seis meses, também são aplicáveis às eleições suplementares.

Além das hipóteses supracitadas, convém explicitar que de forma unânime, o TSE entende que a união estável, para fins eleitorais, configura-se como causa de inelegibilidade para os parentes consanguíneos ou afins, até segundo grau, ou por adoção do Presidente da República,

---

segundo grau ou por adoção, do Presidente da República, de Governador de estado ou território, do Distrito Federal, de Prefeito ou de quem os haja substituído dentro dos seis meses anteriores ao pleito, salvo se já titular de mandato eletivo e candidato à reeleição". 3. *Independentemente do cargo em disputa, a norma constitucional proíbe candidatura de familiares de chefe do Poder Executivo que visem ocupar qualquer outro mandato na mesma circunscrição do titular. Precedentes.* 4. Na espécie, malgrado o agravante pretenda disputar cargo de Vereador de Santana de Parnaíba/SP, o parentesco consanguíneo em primeiro grau (irmão) com o Prefeito, candidato a reeleger-se no mesmo escrutínio, atrai a inelegibilidade de ordem constitucional. 5. Agravo regimental desprovido (Agravo Regimental no Recurso Especial Eleitoral nº 302-47/SP, Relator Ministro Herman Benjamin, *DJE* de 17.5.2017).

121 Ac. de 13.6.2019 no REspe nº 19257, rel. Min. Luís Roberto Barroso.

dos Governadores, dos Prefeitos e de seus sucessores e substitutos.[122] Destarte, a união estável pode ser tanto de casais homossexuais ou heterossexuais, isso porque a própria Constituição Federal, em seu art. 226, §3º, amplia o conceito de entidade familiar.[123] Veja-se que o TSE já verberou no sentido de que, se em algum momento do mandato ocorreu a união estável, casamento ou mesmo o parentesco, o possível candidato estará inelegível mesmo após a dissolução da relação. Com esse espeque que se editou a Súmula Vinculante nº 18 "A dissolução da sociedade ou do vínculo conjugal, no curso do mandato, não afasta a inelegibilidade prevista no §7º do artigo 14 da Constituição Federal", Informativo nº 729, do STF.

Mas, a ressalva fica a cargo do falecimento, isto é, não atinge o cônjuge sobrevivente.[124] Destaque-se que o Supremo Tribunal Federal, no julgamento do RE nº 758.461 submetido à sistemática da repercussão geral, assentou a impossibilidade de comparação da dissolução da sociedade ou do vínculo conjugal por ato de vontade dos cônjuges com a situação decorrente do evento morte. Dessa forma, estabeleceu que a morte do cônjuge no curso do seu mandato eletivo rompe o vínculo familiar para fins do art. 14, §7º, da Constituição da República.

---

[122] "Consoante a jurisprudência desta Corte Superior, '[a] união estável atrai a incidência da inelegibilidade prevista no art. 14, §7º, da CF/1988' (AgR-REspe 201-43/PE, Rel. Min. Rosa Weber, publicado em sessão de 10.11.2016)" (Recurso Especial Eleitoral nº 060071941, Acórdão, Relator(a) Min. Luis Felipe Salomão, Publicação: *DJE – Diário da justiça eletrônica*, Tomo 43, Data 10.03.2021).

[123] "Reconhecimento da união homoafetiva como família. Procedência das ações. Ante a possibilidade de interpretação em sentido preconceituoso ou discriminatório do art. 1.723 do Código Civil, não resolúvel à luz dele próprio, faz-se necessária a utilização da técnica de 'interpretação conforme à Constituição'. Isso para excluir do dispositivo em causa qualquer significado que impeça o reconhecimento da união contínua, pública e duradoura entre pessoas do mesmo sexo como família. Reconhecimento que é de ser feito segundo as mesmas regras e com as mesmas consequências da união estável heteroafetiva" (ADI nº 4.277, Rel. Min. Ayres Britto, Tribunal Pleno, j. 05.05.2011, *DJe*-198 divulg. 13.10.2011, Public. 14.10.2011, Ement. Vol.-02607-03, p. 341).

[124] "O Supremo Tribunal Federal, no julgamento do Recurso Extraordinário 758461, rel. Min. Teori Zavascki, DJE 30.10.2014, firmado em sede de repercussão geral e, portanto, de observância obrigatória, assentou que a morte de titular do poder executivo extingue o parentesco para fins de incidência da causa de inelegibilidade reflexa, descrita no art. 14, §7º, da Constituição Federal, afastando, nesse caso, o entendimento da Súmula Vinculante 18 do STF. A compreensão da Suprema Corte – no sentido de que deve ser considerado os efeitos decorrentes do falecimento do anterior ocupante da chefia municipal para fins de afastar a inelegibilidade reflexa do cônjuge supérstite que pretende disputar a sua sucessão – alberga os demais familiares indicados no §7º do art. 14 da Constituição Federal, uma vez que a assunção do vice no cargo de chefia municipal pelo tempo restante do mandato independe do tipo de parentesco" (Recurso Especial Eleitoral nº 060040351, Acórdão, Relator(a) Min. Sergio Silveira Banhos, Publicação: *DJE – Diário da justiça eletrônica*, Tomo 13, Data 03.02.2022).

Logo, "se o falecimento ocorrer no primeiro mandato, com a sucessão do Vice-Prefeito e o cônjuge supérstite construir um novo núcleo familiar não se aplica a inelegibilidade reflexa".[125] Por fim, ressalte-se que em situações de concubinato, em razão de sua similitude com o casamento, a união estável e, sobretudo, a sociedade conjugal de fato por ele engendrada, atrai a incidência de causa de inelegibilidade reflexa.[126]

d) Reeleição

Com a Emenda Constitucional nº 16, os membros do Poder Executivo passaram a concorrer a mais de um mandato para o mesmo cargo sem necessitar se ausentar do exercício de suas funções seis meses antes. O que se configurava como uma causa de inelegibilidade, transformou-se em uma expressa autorização para a candidatura. Porém, mesmo com essa autorização, a reeleição somente é admitida apenas para um mandato sucessivo. Ou seja, dessa forma, nenhum cidadão poderá estar constitucionalmente autorizado a ser mais de duas vezes Presidente da República, Governador de estado, ou Prefeito. Já no caso de Prefeito, convém salientar que este não pode ser reeleito para o mesmo cargo, mesmo se for em município diverso. Nesse caso, estaria clara a manipulação da máquina pública em microrregiões, como também a alteração do domicílio eleitoral com a finalidade de burlar a previsão constitucional no que urge à matéria da reeleição. Esse entendimento adveio da nova interpretação do art. 14, §5º, da Constituição Federal pelo Supremo Tribunal Federal, que foi necessária para impedir a perpetuação de uma mesma pessoa no poder, no que se criou a figura do "prefeito itinerante".[127]

---

125 STF. Plenário. RE nº 758.461/PB, Rel. Teori Zavascki, julgado em 22.05.2014 (repercussão geral).

126 A convivência marital, seja união estável ou concubinato, gera inelegibilidade reflexa em função de parentesco por afinidade (Precedentes: Recurso Ordinário nº 1.101, Rel. Min. Carlos Ayres Britto, *DJ* de 2.5.2007; Recurso Especial Eleitoral nº 23.487, Rel. Min. Caputo Bastos, sessão de 21.10.2004; Recurso Especial Eleitoral nº 24.417, Rel. Min. Gilmar Mendes, *DJ* de 13.10.2004; Consulta nº 845, Rel. Min. Luiz Carlos Madeira, *DJ* de 8.5.2003).

127 "O STF, sob o regime da repercussão geral, firmou o entendimento de que o art. 14, §5º, da Constituição deve ser interpretado no sentido de que a proibição da segunda reeleição torna inelegível para o cargo de chefe do Poder Executivo o cidadão que já exerceu dois mandatos consecutivos em cargo da mesma natureza, ainda que em ente da federação diverso (RE nº 637485, Rel. Min. Gilmar Mendes, j. em 01.08.2012). Conforme o entendimento da Corte, tal interpretação seria necessária, à luz do princípio republicano, para impedir a perpetuação de uma mesma pessoa no poder, criando a figura do 'prefeito itinerante'" (Recurso Especial Eleitoral nº 19257, Acórdão, Relator(a) Min. Luís Roberto Barroso, Publicação: *DJE – Diário da justiça eletrônica*, Data 12.08.2019).

Em relação ao vice-prefeito, o Tribunal Superior Eleitoral pacificou entendimento segundo o qual o vice, que substitui ou não o titular nos seis meses anteriores à eleição, pode se candidatar ao cargo de titular, mas se eleito, não pode disputar a reeleição no pleito imediatamente subsequente.[128]

Ainda é oportuno informar que se o Presidente da República quiser disputar o mandato de Deputado Estadual, por exemplo, deverá renunciar seis meses antes. No Brasil, apesar de não haver a necessidade de desincompatibilização do cargo, não pode haver sucessivas reeleições, como é no caso dos países da Finlândia, França, Nicarágua, Paraguai, Filipinas e República Dominicana. No Brasil, o número máximo de mandatos é de dois seguidos; seguem também esse entendimento a Bulgária, Namíbia, Portugal, Romênia e Estados Unidos.[129] Alexis de Tocqueville difundiu seu pensamento contrário ao instituto da reeleição asseverando que a possibilidade de reeleição amplificaria os males dos governos eletivos, ao ponto de comprometerem "a própria existência do país" e conclui que a intriga e a corrupção são inerentes a esse instituto, pois os candidatos já ocupantes de cargos eletivos possuem o governo à sua disposição, e as atividades essenciais de governo serviriam de instrumento na campanha eleitoral,[130] o que corrobora com o desequilíbrio nas eleições e gera a quebra da isonomia.

e) Inabilitação para o exercício de função pública

Nos casos de crime de responsabilidade praticados pelo Presidente e pelo Vice-Presidente da República, por Ministro de Estado, por Ministros do Supremo Tribunal Federal, pelo Procurador-Geral da República e por Advogado-Geral da União, em decisão proferida pelo

---

128 "De outra parte, nos termos do art. 1º, IV, §2º, da LC 64/90, '[o] Vice-Presidente, o Vice-Governador e o Vice-Prefeito poderão candidatar-se a outros cargos, preservando os seus mandatos respectivos, desde que, nos últimos 6 (seis) meses anteriores ao pleito, não tenham sucedido ou substituído o titular'. Conforme consignou esta Corte Superior ao apreciar a Consulta 689/DF, é viável ao vice se candidatar ao cargo do titular, mesmo quando o substitui nos seis meses anteriores ao pleito, por se tratar de hipótese de reeleição, e não de disputa para mandato diverso (Rel. Min. Fernando Neves, DJ de 14.12.2001). [...] Entendimento que decorre diretamente do que decidiu o Supremo Tribunal Federal na ADI 1.805/DF sobre a possibilidade de os Chefes dos Poderes Executivos se reelegerem para o mesmo cargo para um período subsequente sem se desincompatibilizarem, por força do disposto no art. 14, §5º, da CF/88" (Recurso Especial Eleitoral nº 060022490, Acórdão, Relator(a) Min. Luis Felipe Salomão, Publicação: PSESS – Publicado em Sessão, Data 14.12.2020).

129 Brasília, Câmara dos Deputados. Reeleição: aprimorando o sistema presidencialista brasileiro. 1998, p. 30.

130 *Idem*, p. 14.

Senado Federal, haverá perda dos respectivos cargos e consequente inabilitação para o exercício de função pública por oito anos.

Crime de responsabilidade são aquelas condutas que atentam contra a Constituição Federal, cuja normatização foi realizada pelo art. 85 da *Lex Mater* e pela Lei nº 1.079/50. De acordo com o Ministro Paulo Brossard, os crimes de responsabilidade, enquanto relacionados a ilícitos políticos, deveriam ter a denominação de infrações políticas para não serem confundidos com os crimes comuns.[131] Eles têm uma tipificação aberta, polissêmica, possuindo vários significados, necessitando para sua tipificação das condicionantes do momento sociopolítico. Para seu enquadramento, é imprescindível vontade política.

Assim, no período mencionado, oito anos, esses detentores de cargos públicos tornam-se inelegíveis, devendo a decisão do Senado ser proferida com o *quorum* de dois terços de votos. Depois de proferida essa decisão, havendo a regular obediência ao devido processo legal, impede-se a possibilidade de reapreciação do posicionamento adotado pelo Poder Judiciário, que não tem a prerrogativa de desfazer um pronunciamento de caráter eminentemente político.

2.2.2 Inelegibilidades absolutas infraconstitucionais

A inelegibilidade absoluta é assim denominada porque atinge todos os cargos eletivos enquanto perdurarem os impedimentos, vinculando-se a qualidade pessoal do cidadão. Devido à intensidade de seu teor, a desincompatibilização não se configura como meio idôneo para suprimir esse impedimento. Elas foram previstas a partir do art. 14, §9º, da Constituição Federal, que tem o escopo de garantir a probidade administrativa, a moralidade para o exercício do mandato, a normalidade e a legitimidade das eleições, contra a influência do poder econômico ou abuso no exercício de função, cargo ou candidatura.

São denominadas infraconstitucionais pois, como já tivemos oportunidade de dizer alhures, são previstas por lei complementar, no caso, a Lei Complementar nº 64/1990 (Lei das Inelegibilidades). Portanto, para uma melhor compreensão acerca do tema supracitado, preferiu-se elencá-las em hipóteses específicas, contidas no art. 1º, I, da Lei

[131] BROSSARD, Paulo. *O impeachment*. 3. ed. São Paulo: Saraiva, 1992, p. 126.

Complementar nº 64/1990, com redação dada pela Lei Complementar nº 135/2010, incidindo sobre:[132]

> I – os membros do Congresso Nacional, das Assembleias Legislativas, da Câmara Legislativa e das Câmaras Municipais, que hajam perdido os respectivos mandatos por infringência do disposto nos incisos I e II do art. 55 da Constituição Federal, dos dispositivos equivalentes sobre perda de mandato das constituições estaduais e leis orgânicas dos municípios e do Distrito Federal, para as eleições que se realizarem durante o período remanescente do mandato para o qual foram eleitos e nos oito anos subsequentes ao término da legislatura;
> II – o Governador e o Vice-Governador de estado e do Distrito Federal e o Prefeito e o Vice-Prefeito que perderem seus cargos eletivos por infringência a dispositivo da Constituição Estadual, da lei orgânica do Distrito Federal ou da lei orgânica do município, para as eleições que se realizarem durante o período remanescente e nos oito anos subsequentes ao término do mandato para o qual tenham sido eleitos;
> III – os que tenham contra sua pessoa representação julgada procedente pela Justiça Eleitoral, em decisão transitada em julgado ou proferida por órgão colegiado, em processo de apuração de abuso do poder econômico ou político,[133] para a eleição na qual concorrem ou tenham sido diplomados, bem como para as que se realizarem nos oito anos seguintes;
> IV – os que forem condenados, em decisão transitada em julgado ou proferida por órgão judicial colegiado, desde a condenação até o transcurso do prazo de oito anos após o cumprimento da pena, pelos crimes:[134]

---

[132] O STF, no julgamento das ADCs nºs 29 e 30 e da ADI nº 4.578, entendeu que as hipóteses de inelegibilidade descritas na LC nº 64/1990, com as alterações da LC nº 135.2010, não violam a Constituição e reconheceu a possibilidade de sua incidência a fatos pretéritos.

[133] Ac.-TSE, de 7.12.2020, no REsp. El. nº 060013361: condenações por prática de conduta vedada que não resultam na cassação do mandato não caracterizam a inelegibilidade prevista nesta alínea.
Ac.-TSE, de 22.5.2018, no REspe nº 14589: as inelegibilidades previstas nesta alínea e na "h" incidem sobre aqueles que não tenham concorrido ou tenham sido diplomados na eleição em que ocorra o abuso.
Ac.-TSE, de 19.12.2016, no REspe nº 28341: as causas de inelegibilidade dispostas nesta alínea e na "h" não se aplicam somente a quem praticou o abuso de poder na eleição à qual concorreu, mas também a quem cometeu o ilícito na eleição na qual não se lançou candidato, no afã de favorecer a candidatura de terceiro.

[134] Ac.-TSE, de 13.11.2018, no AgR-RO nº 060031968 e, de 19.12.2016, no REspe nº 7586: a conversão da pena privativa de liberdade em restritiva de direitos não afasta a incidência da inelegibilidade prevista nesta alínea.
Ac.-TSE, de 30.10.2018, no AgR-RO nº 060132806: não incide a inelegibilidade de que trata esta alínea se pendentes de julgamento embargos infringentes e de nulidade, dada sua natureza recursal dotada de eficácia suspensiva.

1. contra a economia popular, a fé pública, a Administração Pública e o patrimônio público;
2. contra o patrimônio privado, o sistema financeiro, o mercado de capitais e os previstos na lei que regula a falência;
3. contra o meio ambiente e a saúde pública;
4. eleitorais, para os quais a lei comine pena privativa de liberdade;
5. de abuso de autoridade, nos casos em que houver condenação à perda do cargo ou à inabilitação para o exercício de função pública;
6. de lavagem ou ocultação de bens, direitos e valores;
7. de tráfico de entorpecentes e drogas afins, racismo, tortura, terrorismo e hediondos;
8. de redução à condição análoga à de escravo;
9. contra a vida e a dignidade sexual; e
10. praticados por organização criminosa, quadrilha ou bando; incluído pela Lei Complementar nº 135, de 2010.[135]

V – os que forem declarados indignos do oficialato, ou com ele incompatíveis, pelo prazo de oito anos;

VI – os que tiverem suas contas relativas ao exercício de cargos ou funções públicas rejeitadas por irregularidade insanável que configure ato doloso de improbidade administrativa, e por decisão irrecorrível do órgão competente, salvo se esta houver sido suspensa ou anulada pelo Poder Judiciário, para as eleições que se realizarem nos oito anos seguintes, contados a partir da data da decisão, aplicando-se o disposto no inciso II do art. 71 da Constituição Federal, a todos os ordenadores de despesa, sem exclusão de mandatários que houverem agido nessa condição;[136]

VII – os detentores de cargo na Administração Pública direta, indireta ou fundacional, que beneficiarem a si ou a terceiros, pelo abuso do poder econômico ou político, que forem condenados em decisão transitada em julgado ou proferida por órgão judicial colegiado, para a eleição na qual concorrem ou tenham sido diplomados, bem como para as que se realizarem nos oito anos seguintes;

VIII – os que, em estabelecimentos de crédito, financiamento ou seguro, tenham sido ou estejam sendo objeto de processo de liquidação judicial ou extrajudicial, hajam exercido, nos doze meses anteriores à respectiva

---

[135] "Condenação pela prática de crime previsto na Lei de Ação Civil Pública e inaplicabilidade do art. 1º, inciso I, alínea "e", item 1, da Lei Complementar nº 64/1990. O Plenário do Tribunal Superior Eleitoral, por maioria, entendeu que o crime tipificado no art. 10 da Lei nº 7.347/1985 não enseja a inelegibilidade prevista no art. 1º, inciso I, alínea "e", item 1, da Lei Complementar nº 64/1990. (Recurso Especial Eleitoral nº 207-35, Criciúma/SC, rel. Min. Luciana Lóssio, julgado em 9.2.2017)". (*Informativo TSE*, ano XIX, n. 1, p. 2).

[136] Recurso Especial Eleitoral nº 060034387, Acórdão, Relator(a) Min. Edson Fachin, Relator(a) designado(a) Min. Luis Felipe Salomão, Publicação: *DJE – Diário da justiça eletrônica*, Tomo 199, Data 27.10.2021.

decretação, cargo ou função de direção, administração ou representação, enquanto não forem exonerados de qualquer responsabilidade;
IX – os que forem condenados, em decisão transitada em julgado ou proferida por órgão colegiado da Justiça Eleitoral, por corrupção eleitoral, por captação ilícita de sufrágio, por doação, captação ou gastos ilícitos de recursos de campanha ou por conduta vedada aos agentes públicos em campanhas eleitorais que impliquem cassação do registro ou do diploma, pelo prazo de oito anos a contar da eleição;
X – o Presidente da República, o Governador de estado e do Distrito Federal, o Prefeito, os membros do Congresso Nacional, das Assembleias Legislativas, da Câmara Legislativa, das Câmaras Municipais, que renunciarem a seus mandatos desde o oferecimento de representação ou petição capaz de autorizar a abertura de processo por infringência a dispositivo da Constituição Federal, da Constituição Estadual, da Lei Orgânica do Distrito Federal ou da Lei Orgânica do município, para as eleições que se realizarem durante o período remanescente do mandato para o qual foram eleitos e nos oito anos subsequentes ao término da legislatura;
XI – os que forem condenados à suspensão dos direitos políticos, em decisão transitada em julgado ou proferida por órgão judicial colegiado, por ato doloso de improbidade administrativa que importe lesão ao patrimônio público e enriquecimento ilícito, desde a condenação ou o trânsito em julgado até o transcurso do prazo de oito anos após o cumprimento da pena;[137]
XII – os que forem excluídos do exercício da profissão, por decisão sancionatória do órgão profissional competente, em decorrência de infração ético-profissional, pelo prazo de oito anos, salvo se o ato houver sido anulado ou suspenso pelo Poder Judiciário;
XIII – os que forem condenados, em decisão transitada em julgado ou proferida por órgão judicial colegiado, em razão de terem desfeito ou simulado desfazer vínculo conjugal ou de união estável para evitar caracterização de inelegibilidade, pelo prazo de oito anos após a decisão que reconhecer a fraude;
XIV – os que forem demitidos do serviço público em decorrência de processo administrativo ou judicial, pelo prazo de oito anos, contado

[137] "A nova redação da Lei de Inelegibilidade, introduzida pela LC nº 135.2010, à luz da compreensão jurisprudencial desta Corte, exige a presença de ato de improbidade administrativa praticado na modalidade dolosa e que demonstre, minimamente, a intenção de dilapidar a coisa pública – o que difere de mera má gestão ou de imperícia contábil (ED-REspe nº 92-29/PE, rel. Min. Gilmar Mendes, julgados em 18.12.2017, DJe de 20.2.2018)" (Recurso Especial Eleitoral nº 060019044, Acórdão, Relator(a) Min. Sergio Silveira Banhos, Relator(a) designado(a) Min. Mauro Campbell Marques, Publicação: *DJE – Diário da justiça eletrônica*, Tomo 20, Data 11.02.2022).

> da decisão, salvo se o ato houver sido suspenso ou anulado pelo Poder Judiciário;
> XV – a pessoa física responsável por doações eleitorais tidas por ilegais por decisão transitada em julgado ou proferida por órgão colegiado da Justiça Eleitoral,[138] pelo prazo de oito anos após a decisão, observando-se o procedimento previsto no art. 22;[139]
> XVI – os magistrados e os membros do Ministério Público que forem aposentados compulsoriamente por decisão sancionatória, que tenham perdido o cargo por sentença ou que tenham pedido exoneração ou aposentadoria voluntária na pendência de processo administrativo disciplinar, pelo prazo de oito anos.

Dito isto, importa consignar que a rejeição de contas prevista na alínea "g" do art. 1º, I, da Lei das Inelegibilidades produz efeitos relativos à inelegibilidade absoluta. Nesse diapasão, são necessários os seguintes pressupostos para a configuração da inelegibilidade referida: a) existência de prestação de contas relativas ao exercício de cargos ou funções públicas; b) que os gestores tenham agido enquanto ordenadores de despesa; c) irregularidade insanável; d) que haja decisão irrecorrível, de órgão competente, rejeitando as contas prestadas; e) tipificação de ato doloso de improbidade administrativa; f) que o parecer do Tribunal de Contas não tenha sido afastado pelo voto de dois terços da Câmara de Vereadores respectiva; g) inexistência de provimento suspensivo provindo de instância competente do Poder Judiciário.

---

[138] Com o a procedência parcial da ADI nº 4650, sob a relatoria do Ministro Luiz Fux, bem como com a revogação do art. 81 pela Lei nº 13.165/15, o financiamento privado está restrito às pessoas físicas. A fim de garantir a isonomia no processo eleitoral, a Lei nº 9.504/1997 impõe limites para o financiamento privado da campanha eleitoral, tendo sido restrita a contribuição da pessoa física à monta de até 10% dos rendimentos auferidos no ano anterior ao da eleição, conforme art. 23, §1º, da Lei nº 9.504/1997, com a redação conferida pela Lei nº 13.165/15. Tal limite percentual será apurado pelo Tribunal Superior Eleitoral anualmente, conforme art. 24-C, não sendo aplicável tal limite nas hipóteses de doação estimável em dinheiro relativas à utilização de bens móveis e imóveis do doador, que não ultrapassem o valor estimado de R$80.000,00, conforme §7º do art. 23 do citado diploma.

[139] "Todavia, ao contrário do aduzido, consta do acórdão, de modo expresso e fundamentado, que esta Corte Superior reafirmou, para as Eleições 2020, o entendimento de que a condenação por doação acima do limite legal atrairá a inelegibilidade da alínea "p" quando se demonstrar que o valor doado em excesso teve potencial de comprometer o equilíbrio e a disputa do pleito (REspEl 0600087-82/RJ, redator designado Min. Alexandre de Moraes, publicado na sessão de 3.12.2020). [...] Nesse contexto, o expressivo valor absoluto e percentual do excesso na doação possui efetivamente o condão de interferir na normalidade e na legitimidade do pleito, bens jurídicos tutelados no art. 14, §9º, da CF/88, o que acarreta a incidência da inelegibilidade em comento" (Recurso Especial Eleitoral nº 060012479, Acórdão, Relator(a) Min. Luis Felipe Salomão, Publicação: *DJE – Diário da justiça eletrônica*, Tomo 92, Data 21.05.2021).

Sublinhe-se que a Lei Complementar nº 184/2021 alterou a LC nº 64/90, para excluir da incidência da inelegibilidade prevista na alínea "g" do inc. I do *caput* do art. 1º da referida lei os responsáveis que tenham tido suas contas julgadas irregulares sem imputação de débito e com condenação exclusiva ao pagamento de multa (§4º-A do art. 1º da LC nº 64/90).

O Tribunal Superior Eleitoral possuía o entendimento de que a inelegibilidade baseada no dispositivo em referência era concretizada apenas com a decisão do tribunal que rejeita as contas do Prefeito como ordenador de despesas, sem precisar da análise da Câmara de Vereadores.[140]

Atualmente, o STF entende que a referida inelegibilidade apenas se concretiza se a Câmara de Vereadores não rejeite o parecer do Tribunal de Contas, com o quórum de dois terços de votos. Isto foi extraído dos verbetes dos julgamentos dos RE nºs 848.826 e 729.744. O primeiro: "Para fins do artigo 1º, inciso I, alínea 'g', da Lei Complementar nº 64/1990, alterado pela Lei Complementar nº 135/2010, a apreciação de contas dos Prefeitos, tanto as de governo quanto as de gestão, será exercida pelas câmaras legislativas com auxílio dos tribunais de contas, cujo parecer só deixará de prevalecer por decisão de dois terços dos Vereadores". O segundo verbete: "Parecer técnico elaborado pelo tribunal de contas tem natureza meramente opinativa, competindo exclusivamente à câmara de Vereadores o julgamento das contas anuais do chefe do poder executivo local, sendo incabível o julgamento ficto das contas por decurso de prazo".

A Lei Complementar nº 64/1990 prelecionou que a perda da capacidade eleitoral passiva não advém somente da rejeição de contas pelo órgão competente, sendo também necessária que esteja decorrente de irregularidade insanável. Há um dissenso em relação ao conceito de irregularidade insanável, pois aqui se trata de um conceito indeterminado; principalmente por causa de sua estrutura semântica aberta, cabendo aos tribunais e aos doutrinadores limitarem seu significado. O TSE, órgão máximo para dirimir eventuais conflitos, tem entendido que os atos dolosos de improbidade administrativa são os

140 Agravo Regimental no Recurso Ordinário nº 2.604-09/RJ. Relator: Ministro Henrique Neves da Silva; Agravo Regimental no Recurso Ordinário nº 2.604-09/RJ. Relator: Ministro Henrique Neves da Silva; AgREspe nº 482-80/AC, em 17 de dezembro de 2012: "a competência para o julgamento das contas de Prefeitos atinentes a convênios é do Tribunal de Contas, hipótese em que lhe compete decidir e não somente opinar".

primeiros a fazerem parte do conceito de irregularidade insanável.[141] Assim sendo, a Egrégia Corte Eleitoral já decidiu que a prática de ato doloso de improbidade administrativa constitui irregularidade insanável, quando houver dano ao erário e enriquecimento ilícito concomitantemente, evidenciando que a simples prática de tal conduta consistiria no vício mencionado.[142]

O Egrégio Tribunal Superior Eleitoral já verberou algumas hipóteses que se consagram como irregularidades insanáveis, entre elas destacam-se: a) o descumprimento da Lei de Licitações (AgR-Respe nº 127092/RO – 15.09.2010); b) o recolhimento de contribuições previdenciárias sem o indispensável repasse à Previdência Social (TSE Respe nº 25986/SP, 11.10.2012); c) o descumprimento da Lei de Responsabilidade Fiscal (AgR-RO nº 0600769-92, Rel. Min. Edson Fachin, PSESS em 19.12.2018); d) o não cumprimento pelo gestor público do dever de prestar contas, o que acarreta a sua rejeição (TSE – Respe nº 2437/AM, 29.11.2012); e) insuficiência de aplicação do percentual de 25% da receita resultante dos impostos na manutenção ou desenvolvimento do ensino (TSE – REspe nº 24659/SP, 27.11.2012; REspe nº 32574/MG, 18.12.2012); f) a concessão de aumento automático aos vereadores, a burla ao concurso público e o dano ao erário por despesas que não atendem ao interesse público (REspe nº 0600146-68, Rel. Min. Luís Felipe Salomão, *DJE* de 3.5.2021); e g) o pagamento indevido de diárias (AgR-REspe nº 140-75, Rel. Min. Henrique Neves, *DJE* de 27.3.2017). No mesmo sentido: AgR-REspEl nº 63-30, Rel. Min. Sérgio Banhos, *DJE* de 2.8.2019).

Por outro lado, o déficit orçamentário resolvido no ano seguinte não caracteriza irregularidade insanável, ainda que ocorrido em mandato posterior.[143] A apreciação das contas é da competência do órgão do Tribunal de Contas da União, quando se trata de verba federal; dos estados, quando se trata de verba estadual e pelo Tribunal de Contas

---

141 "Para fins de análise do requisito 'irregularidade insanável que configure ato doloso de improbidade administrativa' contido no referido dispositivo, compete à Justiça Eleitoral aferir elementos mínimos que revelem má-fé, desvio de recursos públicos em benefício próprio ou de terceiros, dano ao erário, improbidade ou grave afronta aos princípios que regem a Administração Pública. Precedentes" (Recurso Especial Eleitoral nº 060008225, Acórdão, Relator(a) Min. Luis Felipe Salomão, Publicação: *DJE – Diário da justiça eletrônica*, Tomo 171, Data 16.09.2021).

142 Recurso Especial Eleitoral nº 060031962, Acórdão, Relator(a) Min. Mauro Campbell Marques, Publicação: *DJE – Diário da justiça eletrônica*, Tomo 145, Data 06.08.2021.

143 Recurso Especial Eleitoral nº 060014571, Acórdão, Relator(a) Min. Edson Fachin, Relator(a) designado(a) Min. Alexandre de Moraes, Publicação: *DJE – Diário da justiça eletrônica*, Tomo 155, Data 23.08.2021.

dos municípios, quando houver, em se tratando de verbas municipais.[144] Todavia, na lição de Joel José Cândido, "para definir qual seja o órgão competente, referido na alínea "g", a jurisprudência tem feito a diferença na atividade do órgão de contas enquanto julgador ou parecerista. No primeiro caso, independe sua decisão de apreciação da Casa Legislativa; no segundo, só se fala em decisão irrecorrível, aquela proveniente do Poder Legislativo, que, em regra, prevalece sobre o parecer. Este último ocorre quando são examinadas as contas anuais dos cargos executivos (Presidente da República, Governador do estado, do Distrito Federal e Prefeito municipal)".[145]

2.2.3 Inelegibilidades relativas infraconstitucionais

Entende-se que a inelegibilidade relativa acontece quando sua causa não está diretamente relacionada à característica pessoal, inerente ao pré-candidato, ou daquele que o anseia ser, mas, sim, constituem impedimentos à candidatura do cidadão, especificamente, para determinado pleito eleitoral e a determinado mandato. São relativas porque os impedimentos podem ser suprimidos e, caso não sejam, barram apenas o acesso a alguns mandatos eletivos, não inviabilizando os demais sobre os quais não paira nenhuma inelegibilidade. Diz-se que é relativa porque não abrange a generalidade dos cargos públicos, restringindo-se a alguns, podendo ser afastadas.

Sendo assim, diferentemente das causas de inelegibilidade absoluta, a forma de se superar a inelegibilidade é através da desincompatibilização, ou seja, o cidadão tem que sair do cargo ou função de servidor público que causava a específica incompatibilidade, sendo o afastamento de fato das atividades laborais, além do procedimento formal, imprescindível para caracterizar a desincompatibilização.[146] Caso

---

[144] "Repasse de verbas federais a municípios e inelegibilidade por condenação pelo TCU. O Plenário do Tribunal Superior Eleitoral, por unanimidade, assentou que o Tribunal de Contas da União (TCU) é competente para julgar as contas do chefe do Executivo Municipal relativas a repasse de verbas federais, de forma que eventual condenação proferida nesse julgamento pode ensejar a inelegibilidade prevista na alínea 'g' do inciso I do art. 1º da Lei Complementar nº 64/1990 (Recurso Especial Eleitoral nº 1600-24, Salvador/BA, rel. Min. Napoleão Nunes Maia Filho, julgado em 22.6.2017)". (*Informativo TSE*, ano XIX, n. 8, p. 2).

[145] CÂNDIDO, Joel José. *Inelegibilidades no Direito brasileiro*. São Paulo: Edipro, 2002, p. 191.

[146] "A desincompatibilização tem o fim precípuo de impedir que o servidor ou agente público possa utilizar-se de prerrogativas, informações e atribuições ligadas à função pública que exerce para angariar vantagem sobre seus concorrentes durante a campanha, em prejuízo à igualdade na disputa eleitoral. O postulante a mandato eletivo, servidor público, deve

ele não realize a desincompatibilização, a inelegibilidade permanece, e, por se tratar de inelegibilidade infraconstitucional preexistente, a jurisprudência pátria tem sido construída no sentido de que deve ser arguida na fase de impugnação do registro, sob pena de preclusão.[147]

Ademais, o afastamento de determinado cargo ou função pública, dar-se-á sempre no interesse da coletividade, que tem o direito à lisura do pleito, não em benefício da campanha do servidor-candidato, porque a Lei Complementar nº 64/1990 trata de inelegibilidades com o escopo de preservar a normalidade das eleições contra o abuso do exercício de cargo, função ou emprego na Administração Pública.[148]

Em regra, o prazo de desincompatibilização é de seis meses, existindo também prazo de desincompatibilização de três e quatro meses, contados de forma sequencial, sem interrupção.

Passa-se a elencar os devidos casos de inelegibilidade relativa que estão contidos na Lei Complementar nº 64/1990 (Lei das Inelegibilidades). Porém, ainda é imperioso ressaltar que em todas essas hipóteses, o objetivo almejado é impedir que o cargo ou função da máquina pública seja utilizado em favor de interesses individuais, haja vista que tais atos se configuram em prática pouco republicana, pois tais ideais são frontalmente contrários a qualquer tipo de tirania em que haja a sujeição de um cidadão à vontade arbitrária de outro.[149]

Exemplifique-se:

Para Presidente "e" *para Vice-Presidente da República*:

a) no prazo de seis meses, os Ministros de Estado; chefes dos órgãos de assessoramento direto, civil e militar, da presidência da República; o chefe do órgão de assessoramento de informações da presidência da República; o chefe do Estado-Maior das Forças Armadas; o Advogado-Geral

---

apresentar prova de que o pedido de afastamento fora regularmente protocolizado na repartição de origem dentro do prazo legal (TSE, Recurso Especial Eleitoral nº 19275, Rel. Min. Luciana Christina Guimarães Lóssio, Publicado em Sessão, Data 13.10.2016; TSE, Recurso Ordinário nº 36250, Rel. Min. Gilmar Ferreira Mendes, Publicado em Sessão, Data 30.09.2014)".

147 "As inelegibilidades descritas na LC nº 64/90, quando preexistentes à formalização do pedido de registro de candidatura, deverão ser arguidas na fase de sua impugnação, sob pena de preclusão. Precedentes" (Recurso Especial Eleitoral nº 060026170, Acórdão, Relator(a) Min. Alexandre de Moraes, Publicação: *DJE – Diário da justiça eletrônica*, Tomo 193, Data 20.10.2021).

148 Ac. nº 14.036, Rel. Min. José Eduardo Rangel de Alckmin, 01.10.1996.

149 AGRA, Walber de Moura. *Republicanismo*. Porto Alegre: Livraria do Advogado, 2005, p. 19.

da União e o consultor-geral da República; os chefes do Estado-Maior da Marinha, do Exército e da Aeronáutica; os comandantes do Exército, da Marinha e da Aeronáutica; os magistrados; os Presidentes, diretores e superintendentes de autarquias, empresas públicas, sociedades de economia mista e fundações públicas e as mantidas pelo Poder Público. os Governadores de estado, do Distrito Federal; os interventores federais; os Secretários de Estado; os Prefeitos municipais; os membros do Tribunal de Contas da União, dos Estados e do Distrito Federal; o diretor-geral do Departamento de Polícia Federal; os Secretários-gerais; os secretários-executivos, os secretários nacionais, os secretários federais dos ministérios e as pessoas que ocupem cargos equivalentes;

b) no prazo de seis meses, os detentores de cargos ou funções, nomeados pelo Presidente da República após prévia aprovação do Senado Federal;
c) no prazo de seis meses, aqueles que tenham interesse direto, indireto ou eventual, no lançamento, na arrecadação ou na fiscalização de impostos, taxas e contribuições de melhorias de caráter obrigatório, inclusive parafiscais, ou para aplicar multas relacionadas com essas atividades;
d) os que, detendo o controle de empresas ou grupo de empresas que atuem no Brasil, nas condições monopolísticas previstas no parágrafo único do art. 5º da Lei nº 4.137/62,[150] não apresentarem à Justiça Eleitoral, até seis meses antes do pleito, a prova de que fizeram cessar o abuso apurado, do poder econômico, ou de que transferiram, por força regular, o controle de referidas empresas ou grupo de empresas;
e) no prazo de seis meses, os que tenham exercido cargo de Presidente, diretor ou superintendente de sociedades com objetivos exclusivos de operações financeiras e façam publicamente apelo à poupança e ao crédito, inclusive por meio de cooperativas e da empresa ou estabelecimentos que gozem, sob qualquer forma, de vantagens asseguradas pelo Poder Público, salvo se decorrentes de contratos que obedeçam a cláusulas uniformes;

---

[150] A lei citada foi revogada pelo art. 92 da Lei nº 8.884/1994, que foi revogado pelo art. 127 da Lei nº 12.529.2011.

f) no prazo de seis meses, os que hajam exercido cargo ou função de direção, administração ou representação de pessoa jurídica que mantenha contrato de execução de obras, prestação de serviços ou de fornecimento de bens com órgão do Poder Público ou sob seu controle, salvo se o contrato obedecer a cláusulas uniformes;

g) no prazo de quatro meses, os que, antes das eleições, tenham ocupado cargo ou função de direção, administração ou representação em entidades representativas de classe, mantidas, total ou parcialmente, por contribuições impostas pelo poder Público ou com recursos arrecadados e repassados pela Previdência Social;

h) os servidores públicos, estatutários ou não, dos órgãos ou entidades da Administração direta ou indireta da União, dos estados, do Distrito Federal, dos municípios e dos Territórios, inclusive das fundações mantidas pelo Poder Público, que não se afastarem até três meses anteriores ao pleito, serão inelegíveis, garantido o direito à percepção dos seus vencimentos integrais.

i) no prazo de até seis meses, os que tenham exercido cargo ou função de direção, administração ou representação de empresas que exerçam atividades em cunho monopolístico que possam influir na economia nacional (arts. 3º e 5º da Lei nº 4.137/62).[151]

j) no prazo de até seis meses antes do pleito, membros do Ministério Público, que desejam concorrer, devem se afastar de suas funções no prazo legal.

Para Governador "e" para Vice-Governador:

a) os inelegíveis para os cargos de Presidente e Vice-Presidente da República especificados na alínea "a" do inciso II do art. 1º e, no tocante às demais alíneas, quando se tratar de repartição pública, associação ou empresas que operem no território do estado ou do Distrito Federal, observados os mesmos prazos;

[151] A lei citada foi revogada pelo art. 92 da Lei nº 8.884/1994, que foi revogado pelo art. 127 da Lei nº 12.529.2011.

b) Até seis meses depois de afastados de seus cargos ou funções: os chefes dos Gabinetes Civil e Militar do Governador do estado ou do Distrito Federal, os comandantes do Distrito Naval, Região Militar ou Zona Aérea, os diretores de órgãos estaduais ou sociedades de assistência aos municípios, os secretários da administração municipal ou membros de órgãos congêneres, desde que não tenham se desincompatibilizado seis meses antes do pleito.

Para Senadores e Deputados:

a) os inelegíveis para os cargos de Presidente e Vice-Presidente da República especificados na alínea "a" do inciso II do art. 1º e, no tocante às demais alíneas, quando se tratar de repartição pública, associação ou empresa que opere no território do estado, observados os mesmos prazos;
b) em cada estado e no Distrito Federal, os inelegíveis para os cargos de Governador e Vice-Governador, nas mesmas condições estabelecidas, observados os mesmos prazos;
c) para a Câmara dos Deputados, Assembleia Legislativa e Câmara Legislativa, no que lhes for aplicável, por identidade de situações, os inelegíveis para o Senado Federal, nas mesmas condições estabelecidas, observados os mesmos prazos.

Para Prefeito e Vice-Prefeito:

a) no que lhes for aplicável, por identidade de situações, os inelegíveis para os cargos de Presidente e Vice-Presidente da República, Governador e Vice-Governador de estado e do Distrito Federal, observado o prazo de quatro meses para a desincompatibilização;
b) os membros do Ministério Público e Defensoria Pública em exercício na Comarca, nos quatro meses anteriores ao pleito, sem prejuízo dos vencimentos integrais;
c) as autoridades policiais, civis ou militares, com exercício no município, nos quatro meses anteriores ao pleito.

Para a Câmara Municipal:

a) o que lhes for aplicável, por identidade de situações, os inelegíveis para o Senado Federal e para a Câmara dos Deputados, observado o prazo de seis meses para a desincompatibilização;

b) em cada município, os inelegíveis para os cargos de Prefeito e Vice-Prefeito, observado o prazo de seis meses para a desincompatibilização.

2.2.4 Forma de contagem do prazo das inelegibilidades

A forma de contagem do prazo das inelegibilidades não pode ser tida como algo lírico ou desprovido de qualquer valor substancial, uma vez que, dependendo da forma que for contada, ela pode representar um cerceamento indevido da cidadania passiva do cidadão, inclusive além daquele lapso temporal previsto pela legislação complementar.

Inicialmente, ressalte-se que o Tribunal Superior Eleitoral, sobre a contagem do prazo da inelegibilidade contida na alínea "j", ostentava o entendimento de modo a abranger, por inteiro, o período de oito anos.[152] Ou seja, nesse tipo de contagem, a imposição da sanção não levaria em conta o calendário civil, mas o ano inteiro, no que sempre desfavoreceria o réu que iria cumprir uma pena maior que os oito anos.

Contudo, advirta-se que o Tribunal Superior Eleitoral, no final do ano de 2013, no julgamento do Recurso Especial Eleitoral nº 7.427, de Relatoria da Ministra Laurita Hilário Vaz, e do Recurso Especial Eleitoral nº 9.308, de Relatoria do Ministro Marco Aurélio, mudou radicalmente o entendimento mencionado, consagrando o precedente de que a alínea "j" da Lei Complementar nº 64/90, com redação dada pela Lei Complementar nº 135/2010, estipula o prazo inicial da contagem da

---

[152] "RECURSOS ESPECIAIS ELEITORAIS. ELEIÇÕES 2012. PREFEITO. REGISTRO DE CANDIDATURA. INELEGIBILIDADE. ART. 1º, I, J, DA LC 64/90. INAUGURAÇÃO DE OBRA PÚBLICA. COMPARECIMENTO. CONDUTA VEDADA AOS AGENTES PÚBLICOS. ART. 77 DA LEI 9.504/97. CONTAGEM DO PRAZO. OITO ANOS A PARTIR DA ELEIÇÃO. TÉRMINO FINAL. ANO DA ELEIÇÃO. DESPROVIMENTO. 1. As hipóteses de inelegibilidade instituídas ou alteradas pela LC 135/2010 tiveram a constitucionalidade reconhecida pelo STF em ações de controle concentrado de constitucionalidade (ADCs 29 e 30 e ADI 4.578, de relatoria do Min. Luiz Fux, DJe de 29.06.2012). 2. O comparecimento de candidato que ocupa o cargo de Deputado Federal a inauguração de obra pública (art. 77 da Lei 9.504/97) constitui conduta vedada aos agentes públicos apta a atrair a inelegibilidade do art. 1º, I, j, da LC 64/90. 3. *Na linha do que decidiu este Tribunal no julgamento do REspe 50-88/PE, de minha relatoria, o prazo de inelegibilidade de 8 anos previsto no art. 1º, I, j, da LC 64/90 deve ser contado de modo a abranger, por inteiro, o período de 8 anos seguintes, independentemente da data em que se realizou a primeira eleição e da data da eleição que se realizar 8 anos depois. 4. Recursos especiais a que se nega provimento*" (TSE – REspe nº 11.661 RS, Relator: Min. Arnaldo Versiani Leite Soares, Data de Julgamento: 21.11.2012, Data de Publicação: PSESS – Publicado em Sessão, Data 21.11.2012).

inelegibilidade em apreço, qual seja, a partir da data das eleições em que os fatos foram praticados.

De mais a mais, a Súmula nº 19 do TSE estabelece que "o prazo decorrente da condenação por abuso do poder econômico ou político tem início no dia da eleição em que este se verificou e finda no dia de igual número no oitavo ano seguinte". Também é do TSE o entendimento no sentido de que o prazo da inelegibilidade do art. 1º, inciso I, "g", da LC nº 64/90 tem início com a publicação da decisão, sendo o trânsito em julgado da decisão condenatória apenas condição para o início de sua contagem.[153]

Posteriormente, fora pacificado que a contagem do lapso temporal da inelegibilidade da alínea "j" dever ser realizada através do calendário civil, e não do ano por inteiro. Logo, se durante a formalização do pedido de registro de candidatura, o cidadão ainda não tiver cumprido o prazo de oito anos da inelegibilidade, este poderá disputar *sub judice* a respectiva eleição, sendo, posteriormente, considerado elegível se antes da data da realização das eleições a mencionada inelegibilidade já estiver sido exaurida.

Essa forma de contagem da inelegibilidade contida na alínea em referência deve ser estendida a outras causas de inelegibilidade, uniformizando-se esse modo de contagem e impedindo que o cidadão tenha a sua cidadania passiva limitada por um prazo maior do que o de oito anos, como acontece nos casos em que a contagem do prazo é considerada pelo ano inteiro, e não o ano fracionado.

Outrossim, afirmou categoricamente o Plenário do Tribunal Superior Eleitoral, por unanimidade, que o reconhecimento ou não de determinada hipótese de inelegibilidade para uma eleição não consiste em coisa julgada para as próximas eleições. Na oportunidade também fora afirmado que, para efeito da aferição do término da inelegibilidade prevista, o cumprimento da pena deve ser compreendido não apenas a partir do exaurimento da suspensão dos direitos políticos e do ressarcimento ao erário, mas a partir do instante em que todas as cominações impostas tenham sido cumpridas, inclusive no concernente a multa civil ou a suspensão do direito de contratar com o Poder Publico.[154]

---

153 Ac. de 18.12.2020 no REspEl nº 060018794, rel. Min. Mauro Campbell Marques.

154 Consulta nº 336-73, Brasília/DF, Rel. Min. Luciana Lóssio, em 3.11.2015. Recurso Especial Eleitoral nº 23184, Acórdão, Relator(a) Min. Luiz Fux, Publicação: *DJE – Diário da justiça eletrônica*, Tomo 49, Data 12.03.2018, Página 109-111.

2.2.5 Inelegibilidade superveniente e delimitação temporal para sua incidência

De sabença geral que as condições de elegibilidade, os requisitos de registrabilidade e as causas de inelegibilidade necessitam ser aferidas no momento em que o candidato postula perante a Justiça Eleitoral o registro de candidatura, ou seja, no momento em que formaliza a pretensão de se tornar candidato para determinado cargo eletivo. A esse respeito, dispõe o §10 do art. 11 da Lei nº 9.504/1997 (acrescentado pela Lei nº 12.034/2009): "as condições de elegibilidade e as causas de inelegibilidade devem ser aferidas no momento da formalização do pedido de registro de candidatura, ressalvadas as alterações, fática ou jurídica, supervenientes ao registro que afastem a inelegibilidade".[155]

O registro de candidatura é o fato jurídico do qual reflete a ausência de máculas a elegibilidade do aspirante ao cargo público eletivo. Assim sendo, do atual contexto do art. 11, §10, da Lei nº 9.504/97,[156] pode-se concluir que a ausência de condição de elegibilidade e dos requisitos de registrabilidade, bem como a incidência de causa de inelegibilidade enseja o indeferimento do pedido de registro de candidatura pelo órgão judicial competente.[157] Todavia, essa regra é excepcionada pela doutrina em dois casos nos quais poderá haver arguição posterior ao pedido de registro de causa de inelegibilidade, a saber: a) tratando-se de condição de elegibilidade ou inelegibilidade agasalhada no texto constitucional não apreciada na fase de registro de candidatura; b) tratando-se de inelegibilidade infraconstitucional superveniente ou causa supressiva de inelegibilidade.[158]

---

155 Súmula 70/TSE: O encerramento do prazo de inelegibilidade antes do dia da eleição constitui fato superveniente que afasta a inelegibilidade, nos termos do art. 11, §10, da Lei nº 9.504/1997.

156 Por conseguinte, deve ser alertado que a Reforma Eleitoral de 2009 apenas acompanhou a evolução da jurisprudência, que antes de sua implementação já possuía entendimento jurisprudencial consagrado, no sentido de que as condições de elegibilidade e as causas de inelegibilidade deveriam ser aferidas no momento da formalização do pedido de registro de candidatura.

157 "Consoante jurisprudência desta Corte Superior, reafirmada para as Eleições 2020, os fatos supervenientes que repercutam na elegibilidade podem ser apreciados inclusive em sede extraordinária, desde que ocorridos antes da diplomação, momento a partir do qual se estabilizam as relações jurídico-eleitorais referentes aos feitos de registro de candidatura" (Recurso Especial Eleitoral nº 060010760, Acórdão, Relator(a) Min. Luis Felipe Salomão, Publicação: *DJE – Diário da justiça eletrônica*, Tomo 171, Data 16.09.2021).

158 Súmula nº 47 do TSE: "A inelegibilidade superveniente que autoriza a interposição de recurso contra expedição de diploma, fundado no art. 262 do Código Eleitoral, é aquela de

No que tange ao primeiro caso, trata-se da regra concernente às condições de elegibilidade ou inelegibilidade diretamente criadas pelo Legislador Constituinte e topografada no Texto Constitucional, ou seja, de matéria diretamente constitucional, na qual inexiste espaço para preclusão, conforme normatizado pelo art. 259 do Código Eleitoral. A matéria constitucional não é passível de preclusão em razão de sua densidade normativa, cuja supralegalidade impede que efeitos temporais possam macular a execução de atos jurídicos.

No que se refere à segunda hipótese, ventilam a doutrina e a jurisprudência que se trataria da denominada elegibilidade ou inelegibilidade superveniente, figura que fora criada pela jurisprudência do Tribunal Superior Eleitoral, materializando-se como uma causa que incide contra o direito subjetivo da cidadania ou contra o *jus honorum*, surgindo em razão de motivação fática ou jurídica após o registro de candidatura.

Não é equivocado afirmar que fatos supervenientes ao registro de candidatura possibilitam a modificação da situação jurídica das causas de elegibilidades e das condições de inelegibilidades, as quais podem ser suprimidas ou caracterizadas. A diferença se direciona em suas consequências, que nas inelegibilidades e nas condições de elegibilidade podem suprimi-las ou caracterizá-las.

O entendimento sedimentado pelo Tribunal Superior Eleitoral é no sentido de que a inelegibilidade superveniente e a causa supressiva de inelegibilidade devem ser compreendidas como aquelas que surgem após o registro e que, portanto, não poderiam ter sido naquele momento trazidas, devendo ser arguidas até a diplomação, com surgimento da inelegibilidade até a data da eleição.[159] Não se pode, inclusive, utilizar o RCED para debater a incidência de causa de inelegibilidade que já foi afastada no julgamento de registro de candidatura e que já operou a preclusão, posto que nesses casos não há que se falar em inelegibilidade superveniente, mas preexistente.[160]

Em relação à sua definição, inexiste contestação ou tergiversação ao que fora dito. No entanto, o que a minirreforma eleitoral agasalhou, contudo, não foi a *fattispecie* da inelegibilidade superveniente que fora

---

índole constitucional ou, se infraconstitucional, superveniente ao registro de candidatura, e que surge até a data do pleito".

159 Recurso contra Expedição de Diploma nº 10461, Acórdão, Relator(a) Min. Maria Thereza de Assis Moura, Publicação: *DJE – Diário de justiça eletrônico*, Tomo 116, Data 17.06.2016, Página 56-57.

160 AgR-REspe 24-98, rel. Min. Tarcisio Vieira de Carvalho Neto, DJE de 14.2.2019.

descrita normativamente, muito pelo contrário, impediu a sua concretização fática, já que as alterações fáticas e jurídicas não mais podem ser arguidas depois do pedido de registro. Após anos de intensificação de debates sobre a temática versada, tanto na senda doutrinária quanto na jurisprudencial, o legislador extirpou a figura da inelegibilidade superveniente do ordenamento jurídico, com a edição da Lei nº 13.877/2019, que dentre tantas outras alterações, incluiu alguns parágrafos no artigo 262 do Código Eleitoral, que trata do Recurso Contra a Expedição de Diploma (RCED).

De acordo com a dicção do §2º, do art. 262 do Código Eleitoral, incluído pela Lei nº 13.877/2019, a inelegibilidade superveniente apta a viabilizar o recurso contra a expedição de diploma, decorrente de alterações fáticas ou jurídicas, deverá ocorrer até a data fixada para que os partidos políticos e as coligações apresentem seus requerimentos de registros de candidatos.

Rememore-se, conforme fora delineado alhures, que é no momento de registro de candidatura que são aferidas as condições de elegibilidade, os requisitos de registrabilidade e a não incidência em alguma das causas de inelegibilidade. As causas de inelegibilidade aferidas no momento do pedido de registro são as de natureza infraconstitucional, passíveis de sofrer preclusão temporal se não forem arguidas em momento oportuno. Tanto é assim que o TSE sedimentou entendimento no sentido de que as inelegibilidades infraconstitucionais constituídas antes do pedido de registro não podem ser suscitadas posteriormente, no âmbito de RCED, em razão da preclusão.[161]

O conteúdo semântico de "superveniente" anuncia ser algo que sobrevém, que acontece ou surge depois. Ou seja, a situação jurídica

[161] ELEIÇÕES 2016. AGRAVO REGIMENTAL. AGRAVO. RECURSO CONTRA EXPEDIÇÃO DE DIPLOMA. DESCABIMENTO. PRECLUSÃO. 1. O agravante limitou-se a reprisar os argumentos deduzidos no apelo especial, o que atrai a incidência do disposto no enunciado do verbete sumular 26 deste Tribunal Superior. 2. "As inelegibilidades infraconstitucionais constituídas antes do pedido de registro não podem ser suscitadas em RCED, porquanto a sede própria é a Ação de Impugnação de Registro de Candidatura (AIRC), sob pena de preclusão" (AI 30-37, rel. Min. Luiz Fux, DJe de 6.4.2017). 3. Consoante assentou a Corte de origem, o acórdão que julgou procedente representação por doação acima do limite legal foi publicado em 1º.8.2016, ou seja, antes do prazo para os registros das candidaturas referentes ao pleito de 2016. Desse modo, não tendo o ora agravante ajuizado ação de impugnação ao registro de candidatura para suscitar a inelegibilidade infraconstitucional (art. 1º, I, p, da LC 64/90) a matéria não pode ser alegada em sede de recurso contra expedição de diploma, diante da ocorrência de preclusão. Agravo regimental a que se nega provimento (Agravo de Instrumento nº 6193, Acórdão, Relator(a) Min. Admar Gonzaga, Publicação: *DJE – Diário de justiça eletrônico*, Tomo 59, Data 26.03.2018, Página 6/7).

aparelhada para fins de obstar o exercício da cidadania passiva deve surgir após o momento de formulação do pedido de registro de candidatura. Ao limitar o marco temporal para a análise de eventual ocorrência de inelegibilidade superveniente à data fixada para que os partidos políticos e coligações apresentem os seus requerimentos de registro de candidatos, o legislador acabou por extingui-la.

A atecnia legislativa é solar. Note-se que conquanto o legislador tenha negado a possibilidade de existência da inelegibilidade superveniente, ainda continuou a veiculá-la no preceptivo legal do art. 262 do Código Eleitoral, ainda que destituída de capacidade de incidência normativa. É dizer, a própria técnica redacional legislativa anula o conceito de inelegibilidade superveniente.

A teleologia do dispositivo legal em comento não foi outra senão a de evitar grandes desassossegos no pleito, máxime os que decorrem da cassação de mandatos pela Justiça Eleitoral. Vê-se, no ponto, que a alteração legislativa em apreço buscou conferir efetivo prestígio ao princípio da autenticidade eleitoral e à estabilidade dos mandatos. No entanto, ao passo que tentou dissipar inseguranças, trouxe um amplo espectro de incertezas, no que embaralhou toda teorética soerguida pela doutrina e pela jurisprudência do Tribunal Superior Eleitoral. Na prática, a alteração promovida pela Lei nº 13.877/2019 irá imunizar candidatos inelegíveis de todos os fatos supervenientes que porventura possam obstaculizar o exercício da cidadania passiva, o que fatalmente abrirá caminhos para o vilipêndio deliberado dos cânones do §9º do art. 14 da Constituição Federal.

2.3 Requisitos de registrabilidade

Os requisitos de registrabilidade são essenciais para o exercício dos direitos políticos, principalmente no tocante ao exercício de cidadania passiva, posto que trata do processo de habilitação à candidatura.

Por vezes, a teorética eleitoral trata os requisitos de registrabilidade de maneira superficial, conceituando-os como meros requisitos instrumentais com o fim de implementar os procedimentos burocráticos à efetivação do registro de candidatura. Todavia, os requisitos de registrabilidade são imprescindíveis para o registro de candidatura, que é o fato jurídico o qual reflete a elegibilidade do aspirante ao cargo público eletivo.

Neste contexto, percebe-se que o momento propício para se atestar a existência dos requisitos de registrabilidade é no registro e as suas hipóteses estão esculpidas, principalmente, na Lei nº 9.054, em seu artigo 11, §1º e incisos:

a) Cópia da ata a que se refere o art. 8º

Verifica-se, inicialmente, que o inciso I do artigo 11, §1º, exige a cópia da ata a que se refere o art. 8º, também da Lei nº 9.054/97. Tal ata prevê que "a escolha dos candidatos pelos partidos e a deliberação sobre as coligações deverão ser feitas no período de 20 de julho a 5 de agosto". Segundo o mesmo dispositivo, a ata deve ser lavrada "em livro aberto, rubricado pela Justiça Eleitoral, publicada em vinte e quatro horas em qualquer meio de comunicação".[162]

Ademais, conforme disposto no art. 6º, §4º, da Resolução nº 23.609/2019 sobre registro de candidatos, vigente para as Eleições de 2024, a ata da convenção e a lista dos presentes serão digitadas no Módulo Externo do Sistema de Candidaturas (CANDex), desenvolvido pelo TSE, devendo a mídia ser entregue no Tribunal Eleitoral ou transmitida via internet pelo próprio CANDex até o dia seguinte ao da realização da convenção, para integrar os autos de registro de candidatura e publicar na página de internet do Tribunal Eleitoral.[163] Ressalta-se que não será recebida, em qualquer hipótese, ata em nome isolado de partido político que integre federação, conforme inclusão da Resolução nº 23.675/2021, que altera a Resolução nº 23.609/2019 (art. 6º, §5º-A).

b) Autorização do candidato, por escrito

Já o inciso IV do art. 24 da Resolução TSE nº 23.609 revela ser imprescindível a autorização do candidato por escrito – uma espécie

---

[162] Art. 8º A escolha dos candidatos pelos partidos e a deliberação sobre coligações deverão ser feitas no período de 20 de julho a 5 de agosto do ano em que se realizarem as eleições, lavrando-se a respectiva ata em livro aberto, rubricado pela Justiça Eleitoral, publicada em vinte e quatro horas em qualquer meio de comunicação. (Redação dada pela Lei nº 13.165, de 2015).

[163] Resolução sobre Registro de Candidato vigente para as Eleições de 2022. Art. 6º. §4º A ata da convenção e a lista dos presentes serão digitadas no Módulo Externo do Sistema de Candidaturas (CANDex), para: I – serem publicadas no sítio do Tribunal Superior Eleitoral, na página de Divulgação de Candidaturas e de Prestação de Contas Eleitorais (DivulgaCandContas) (Lei nº 9.504/1997, art. 8º); e II – integrar os autos de registro de candidatura. §5º Até o dia seguinte ao da realização da convenção, o arquivo da ata gerado pelo CANDex deverá ser transmitido via internet ou, na impossibilidade, ser gravado em mídia a ser entregue na Justiça Eleitoral (Lei nº 9.504/1997, art. 8º).

de confirmação individual ao conteúdo coletivo da ata, para que o candidato não alegue desconhecimento da própria candidatura.[164]

Pode ser confirmação por meio de formulário (o RCC – Requerimento de Registro de Candidatura ou RRCI – Requerimento de Registro de Candidatura Individual, segundo art. 20 da Resolução TSE nº 23.609/2019, vigente para as Eleições 2024) ou qualquer ferramenta idônea, mas tem que ser explícita.

c) Prova de filiação partidária

A prova de filiação partidária, prevista no inciso III do art. 8º da Lei das Eleições, alerta para a necessidade de comprovar a determinação da Constituição Federal, em seu art. 14, §3º, V, cujo conteúdo aponta para a filiação partidária como condição para um candidato se tornar elegível. Entretanto, se o nome do candidato não constar da relação de filiação partidária, é possível que ele prove, por outro meio idôneo, dotado de fé pública, que de fato é filiado ao partido pelo tempo mínimo previsto em lei, requerendo que seu respectivo nome seja incluso no rol de filiados.[165]

Ademais, para que o registro de candidatura seja considerado válido, o candidato precisa ter a filiação deferida pelo partido pelo prazo de seis meses antes da data da eleição. Assim, para o preenchimento dos requisitos de registrabilidade, o candidato deve estar filiado à legenda pela qual pretende concorrer há pelo menos seis meses antes do pleito eleitoral.

d) Declaração de bens, assinada pelo candidato

A declaração de bens, exigida tanto no inciso IV do §1º do art. 11 quanto no art. 27, I, da Resolução sobre Registro de Candidato para as Eleições 2024, tem por finalidade a comprovação atualizada do patrimônio do candidato até a data do registro de candidatura, devendo ser assinada para o seu deferimento, mesmo que inexistam bens a declarar. Ainda, diante da redação conferida pela Resolução nº 23.675/2021, a declaração de bens deve conter a indicação do bem e seu valor declarado à Receita Federal, estando dispensada a inclusão de endereços de imóveis, placas de veículos ou qualquer outro dado pormenorizado.

---

[164] Art. 11. §1º. II – autorização do candidato, por escrito;

[165] Súmula nº 20 do TSE.

Registra-se que a inserção de informações que não condizem com a realidade fática ou a omissão dolosa podem ser imputadas como crime eleitoral de falsidade ideológica, consoante dispõe o artigo 350, do Código Eleitoral. Outrossim, nota-se que o art. 27, §1º, da Resolução TSE nº 23.609/2019 permite que a declaração de bens possa ser subscrita por Procurador constituído por instrumento particular, com poder específico para o ato.[166]

e) Cópia do título eleitoral ou certidão, fornecida pelo cartório eleitoral, de que o candidato é eleitor na circunscrição ou requereu sua inscrição ou transferência de domicílio no prazo previsto no art. 9º

A imposição descrita no inciso V do §1º do artigo 11 da Lei das Eleições possibilita o fornecimento de informações básicas e essenciais do candidato diretamente do banco de dados da Justiça Eleitoral, haja vista que foi entregue a cópia do título eleitoral ou certidão, fornecida pelo cartório eleitoral, de que o candidato é eleitor na circunscrição ou requereu sua inscrição ou transferência de domicílio no prazo de seis meses antes do pleito eleitoral.

f) Certidão de quitação eleitoral

A certidão de quitação eleitoral exigida pelo inciso VI do artigo em testilha tem como conceito, segundo solidificado entendimento jurisprudencial do TSE e disposto no §2º, do art. 28 da Resolução TSE nº 23.609/2019, a reunião concomitante, pelo candidato, do gozo de todos os seus direitos políticos, da regularidade do exercício do voto – salvo quando facultativo -, do atendimento a eventuais convocações da Justiça Eleitoral, da inexistência de multas aplicadas pela Justiça Eleitoral e da regular prestação de contas de sua campanha eleitoral.[167] Tal certidão pode ser obtida no sítio do Tribunal Superior Eleitoral. Se houver problema ao emiti-la, o candidato deve comparecer ao Cartório Eleitoral.[168]

---

166 Acórdão do REsp nº 2765-24.2014.6.26.0000.

167 Lei nº 9.504/97. Art. 11. §7º A certidão de quitação eleitoral abrangerá exclusivamente a plenitude do gozo dos direitos políticos, o regular exercício do voto, o atendimento a convocações da Justiça Eleitoral para auxiliar os trabalhos relativos ao pleito, a inexistência de multas aplicadas, em caráter definitivo, pela Justiça Eleitoral e não remitidas, e a apresentação de contas de campanha eleitoral.

168 Petição Cível nº 060017292, Acórdão, Relator(a) Des. Mauricio Cesar Breda Filho, Publicação: *DJE*, Tomo 234, Data 14.12.2021.

g) Certidões criminais fornecidas pelos órgãos de distribuição da Justiça Eleitoral, Federal e Estadual

Segundo a Constituição Federal, o postulante a mandato eletivo deve estar em gozo pleno de seus direitos políticos. Assim, o candidato deve fornecer à Justiça Eleitoral as certidões criminais emitidas ela própria Justiça Eleitoral, bem como da Justiça Federal e Estadual (art. 11, §1º, VII da Lei nº 9.504/97 c/c art. 27, III, alíneas "a", "b" e "c" da Resolução TSE nº 23.609/2019, vigente para as Eleições de 2022).

Caso haja alguma condenação criminal nas certidões apresentadas, o candidato pode requerer certidão de pé e objeto dos processos em que foi condenado, no intuito de comprovar o cumprimento ou extinção da pena, independentemente de reparação ou efetiva reparação de eventuais danos, para que seu registro não seja indeferido.[169] Observa-se que o §11 do art. 27 da Resolução TSE nº 23.609/2019 possibilita a realização, pelos Tribunais Eleitorais, de convênios para o fornecimento de certidões criminais.

h) Fotografia do candidato, nas dimensões estabelecidas em instrução da Justiça Eleitoral, para efeito do disposto no §1º do art. 59

No que tange à questão disposta no inciso VIII do §1º do art. 11 em tela c/c art. 27, II, da Resolução TSE nº 23.609/2019, nota-se que o postulante deve apresentar fotografia nos parâmetros solicitados pela legislação eleitoral para que seja permitida a identificação do candidato pelo eleitor no momento da votação.

Para tanto, foram estabelecidas as seguintes exigências: (i) dimensões: 161 x 225 pixels (L x A), sem moldura; (ii) profundidade de cor: 24bpp; (iii) cor de fundo uniforme, colorida; (iv) características: frontal (busto), trajes adequados para fotografia oficial, assegurada a utilização de indumentária e pintura corporal étnicas ou religiosas, bem como de assessórios necessários à pessoa com deficiência; vedada a utilização de elementos cênicos e de outros adornos, especialmente os que tenham conotação de propaganda eleitoral ou que induzam ou dificultem o reconhecimento do candidato pelo eleitor. Ressalta-se a alteração trazida pela Resolução nº 23.675/2021, restando removida a faculdade ou preferência da escolha da cor da fotografia do candidato, ao que antes

---

[169] Súmula nº 9 do TSE: A suspensão de direitos políticos decorrente de condenação criminal transitada em julgado cessa com o cumprimento ou a extinção da pena, independendo de reabilitação ou de prova de reparação dos danos.

era disposto que a fotografia devia ser "preferencialmente colorida", passando a ser obrigatória a utilização deste padrão.

Havendo indícios de que, por seu grau de desconformidade com as exigências delineadas acima, a fotografia foi obtida por partido ou coligação a partir de imagem disponível na internet, sua divulgação ficará suspensa, devendo a questão ser submetida de imediato ao juiz ou relator, o qual poderá intimar o partido ou a coligação para que, no prazo de três dias, apresente o formulário do registro de candidatura assinado pelo candidato e, ainda, declaração deste de que autorizou o partido ou a coligação a utilizar a foto (art. 27, §9º, da Resolução TSE nº 23.609/2019).

i) Propostas defendidas pelo candidato a Prefeito, a Governador de Estado e a Presidente da República

A apresentação das propostas defendidas pelo candidato a Prefeito, Governador de Estado e a Presidente da República também é, como dito anteriormente, condição de registrabilidade (art. 27, VII, da Resolução TSE nº 23.609/2019). Tal requisito tem o intuito de demonstrar aos cidadãos, ainda que de forma superficial, os projetos incutidos na mente do postulante e permite o acompanhamento por parte do eleitor, caso a candidato seja eleito, do cumprimento das promessas eleitorais do mandatário eleito. Existe, todavia, inviabilidade de controle efetivo da realização das propostas, posto que o documento em tela não possui forma normativa de vinculação entre o candidato e o *paper* e, também, pelo fato de a própria população brasileira, em sua maioria, não possuir formação política necessária para se posicionar acerca das grandes questões nacionais. Essa realidade foi agravada recentemente com a difusão das *fake news* nas redes sociais, que formam uma espécie de "bolha de informações", que alienam ainda mais setores consideráveis da população.

j) Prova de alfabetização (art. 27, inciso IV, da Resolução TSE nº 23.609/2019)

A prova de alfabetização está intimamente relacionada à inelegibilidade. O escopo da inelegibilidade dos analfabetos é o de não permitir que cidadãos que não possuam o mínimo de capacidade intelectual possam conduzir a coisa pública, posto que aquele cidadão que não apresenta conhecimentos mínimos de escrita e leitura não teria as condições necessárias para gerir a coisa pública com a eficiência exigida.

Não se pretende que apenas cidadãos capazes e letrados é que possam se candidatar a mandato público, mas, sim, que candidatos que tenham ao menos um mínimo de capacidade intelectiva possam exercer com altivez sua cidadania passiva.

Erros de grafia *per si* não são hábeis a concluir se uma pessoa é ou não analfabeta. Indignações estéticas, sem relevância funcional, revestem-se nitidamente de cariz preconceituoso, no que não se pode deixar o campo de incidência do conceito de "analfabetismo" ao talante da discricionariedade do intérprete, vez que as restrições que geram as inelegibilidades são de legalidade estrita, sendo vedada a interpretação extensiva.[170]

Não há premência de satisfação de outros requisitos acessórios, tal como o indivíduo ter cursado determinado grau escolar. A exigência fulcral é saber ler e escrever, ainda que precariamente. Pode-se, no máximo, reconhecer ser ele semianalfabeto, o que lhe assegura a condição de elegibilidade.[171]

Tolher sumariamente o direito de um cidadão ser votado, com esteio em uma hermenêutica restritiva, somente retirará a opção constitucional pelo Estado Democrático da seara fática para a lírica, de modo a incorrer em riscos fatais de se sofisticar as exigências em relação ao

---

170 "As causas de inelegibilidade, dentre as quais se inclui o analfabetismo previsto no art. 14, §4º, da CF/1988, devem ser interpretadas restritivamente. [...] A interpretação do art. 14, §4º, da CF/1988 não pode ignorar a realidade social brasileira, de precariedade do ensino e de elevada taxa de analfabetismo, que alcança, ainda, cerca de 7% da população brasileira. Interpretação rigorosa desse dispositivo, além de violar o direito fundamental à elegibilidade e os princípios democrático e da igualdade, dificultaria a ascensão política de minorias e excluiria importantes lideranças do acesso a cargos eletivos. [...] A aferição da alfabetização deve ser feita com o menor rigor possível. Sempre que o candidato possuir capacidade mínima de escrita e leitura, ainda que de forma rudimentar, não poderá ser considerado analfabeto para fins de incidência da inelegibilidade em questão [...]. Além disso, deve-se admitir a comprovação dessa capacidade por qualquer meio hábil. O teste de alfabetização, contudo, somente pode ser aplicado: (i) sem qualquer constrangimento; e (ii) de forma a beneficiar o candidato, suprindo a falta de documento comprobatório, vedada a sua utilização para desconstituir as provas de alfabetização apresentadas" (Recurso Ordinário nº 060247518, Acórdão, Relator(a) Min. Luís Roberto Barroso, Publicação: PSESS – Publicado em Sessão, Data 18.09.2018).

171 "Entende-se que é semi-alfabetizado quem tem tímidas noções de escrita e/ou da leitura, quem lê, embora com dificuldade, mas quem consegue apreender o sentido de um texto simples, quem escreve mal, com muitos erros de grafia, conseguindo, entretanto, expressar um sentimento lógico (Pedro Henrique Távora NIess. Direitos Políticos – elegibilidade, inelegibilidade e ações eleitorais. Edipro, 2000, p.110)" (Registro de Candidatura nº 7233, Acórdão nº 346.2016 de 23.09.2016, Relator(a) Jorge Luís Almeida Fraga, Publicação: PSESS – Sessão Plenária, Volume 09:16, Data 23.09.2016).

grau de alfabetização e de se criar um modelo eleitoral aristocrático e de elevado grau de discriminação.[172]

A prova de alfabetização pode ser satisfeita com a juntada de um registro de escolaridade ou, na ausência, declaração de próprio punho preenchida pelo interessado, em ambiente individual e reservado, na presença de servidor da Justiça Eleitoral (art. 27, §5º, da Resolução TSE nº 23.609/2019).

k) Prova de desincompatibilização (art. 27, inciso V, da Resolução TSE nº 23.609/2019)

No que tange à desincompatibilização, menciona-se que esta se faz necessária para que não exista causa de inelegibilidade. Desse modo, o cidadão tem que sair do cargo ou função de servidor público que causava a específica incompatibilidade, sendo o afastamento de fato das atividades laborais,[173] além do procedimento formal, imprescindível para caracterizar a desincompatibilização.[174] Caso ele não realize a desincompatibilização, a inelegibilidade permanece, e, por se tratar de inelegibilidade infraconstitucional preexistente, a jurisprudência

---

172 "[...] As causas de inelegibilidade, dentre as quais se inclui o analfabetismo previsto no art. 14, §4º, da CF/1988, devem ser interpretadas restritivamente. Precedentes. 5. A interpretação do art. 14, §4º, da CF/1988 não pode ignorar a realidade social brasileira, de precariedade do ensino e de elevada taxa de analfabetismo, que alcança, ainda, cerca de 7% da população brasileira. Interpretação rigorosa desse dispositivo, além de violar o direito fundamental à elegibilidade e os princípios democrático e da igualdade, dificultaria a ascensão política de minorias e excluiria importantes lideranças do acesso a cargos eletivos. 6. A aferição da alfabetização deve ser feita com o menor rigor possível. Sempre que o candidato possuir capacidade mínima de escrita e leitura, ainda que de forma rudimentar, não poderá ser considerado analfabeto para fins de incidência da inelegibilidade em questão. Precedentes" (Recurso Ordinário nº 060247518, Acórdão, Relator(a) Min. Luís Roberto Barroso, Publicação: PSESS – Publicado em Sessão, Data 18.09.2018).

173 "O fenômeno da desincompatibilização de fato tem como premissa o efetivo afastamento do candidato de suas funções regulares, para além do desligamento operado exclusivamente no plano formal" (Recurso Especial Eleitoral nº 060038135, Acórdão, Relator(a) Min. Edson Fachin, Publicação: *DJE – Diário da justiça eletrônica*, Tomo 183, Data 05.10.2021).

174 Súmula nº 54 do TSE. "A desincompatibilização prevista no art. 1º, III, b, item 4, da LC nº 64/1990 '[...] exige do candidato, além do afastamento formal, o afastamento de fato das funções de Secretários da Administração Municipal ou membros de órgãos congêneres' (AgR-REspe nº 59-46/PR, rel. Min. Luiz Fux, julgado em 25.5.2017, DJe de 8.8.2017). 6. A decisão combatida está alicerçada em fundamentos idôneos e não foram apresentados argumentos hábeis a modificá-la. 7. Negado provimento ao agravo interno" (Recurso Especial Eleitoral nº 060030652, Acórdão, Relator(a) Min. Mauro Campbell Marques, Publicação: *DJE – Diário da justiça eletrônica*, Tomo 170, Data 15.09.2021).

pátria tem sido construída no sentido de que deve ser arguida na fase de impugnação do registro, sob pena de preclusão.[175]

Outrossim, na linha da jurisprudência sedimentada pelo TSE, é ônus do impugnante, nos casos em que há ajuizamento de ação de impugnação de registro de candidatura (AIRC), comprovar a inexistência de tempestiva desincompatibilização no plano fático.[176] Importa realçar que, para o TSE, a nomenclatura do cargo é irrelevante para aferir a tempestividade da desincompatibilização, devendo ser levada em consideração a sua natureza.[177]

Ademais, o afastamento de determinado cargo ou função pública dar-se-á sempre no interesse da coletividade, que tem o direito à lisura do pleito, não em benefício da campanha do servidor-candidato, porque a Lei Complementar nº 64/1990 trata de inelegibilidades com o escopo de preservar a normalidade das eleições contra o abuso do exercício de cargo, função ou emprego na Administração Pública.[178]

Em regra, o prazo de desincompatibilização é de seis meses, existindo também prazo de desincompatibilização de três e quatro meses, contados de forma sequencial, sem interrupção. Por fim, verifica-se que os documentos descritos nos incisos do §1º do art. 11 da Lei Eleitoral são definidos como requisitos do registro e, caso não sejam apresentados, o seu pedido deve ser indeferido, após ser concedido prazo para suprimir a omissão, com exceção dos documentos produzidos a partir de informações detidas pela Justiça Eleitoral, entre eles a prova de filiação partidária, a cópia do título eleitoral ou certidão e a certidão de quitação eleitoral, que não precisam ser apresentados (art. 11, §13, da Lei nº 9.504/97).

Se houver atestação de que determinado candidato continuou exercendo as funções durante o período eleitoral, sem promover a devida desincompatibilização, o fato configura inelegibilidade superveniente apurável em sede de recurso contra expedição de diploma.[179]

---

[175] Recurso Especial Eleitoral nº 060029211, Acórdão, Relator(a) Min. Edson Fachin, Publicação: *DJE – Diário da justiça eletrônica*, Tomo 113, Data 21.06.2021, Página 0.

[176] Recurso Ordinário nº 060020213, Acórdão, Relator(a) Min. Tarcisio Vieira de Carvalho Neto, Publicação: PSESS – Publicado em Sessão, Data 13.11.2018.

[177] Recurso Especial Eleitoral nº 060029187, Acórdão, Relator(a) Min. Edson Fachin, Publicação: PSESS – Publicado em Sessão, Data 12.11.2020.

[178] Ac. nº 14.036, Rel. Min. José Eduardo Rangel de Alckmin, 1º.10.1996.

[179] Agravo de Instrumento nº 1976, Acórdão, Relator(a) Min. Edson Fachin, Publicação: *DJE – Diário da justiça eletrônica*, Tomo 32, Data 14.02.2020, Página 26/27.

PARTIDOS POLÍTICOS

3.1 Conceito de partido político

Os partidos políticos ocupam um relevante papel na democracia brasileira, pois se configuram como condição inafastável de elegibilidade. Eles são um dos instrumentos que propiciam à população brasileira a condição de se expressar nos acontecimentos políticos, um dos canais que possibilitam à sociedade uma participação mais efetiva nas decisões governamentais (artigo 17 da Constituição Federal de 1988).

Com precisão, elucida o Professor Palhares Moreira Reis que o partido político pode ser definido como uma associação de pessoas, organizadas de modo permanente, com o escopo de participar do funcionamento das instituições e buscar o acesso ao poder ou ao menos influenciar em seu exercício para fazer prevalecer suas ideias e seus interesses.[180]

Gregório Bandeni assevera que os partidos políticos cumprem uma série de funções, tais como: detectar os problemas que apresentam na sociedade e no Estado, propondo remédios para solucioná-los; educar politicamente os cidadãos; atuar como intermediários entre a cidadania e os grupos de opiniões, por uma parte, e o governo, por outra, transmitindo os anseios sociais; obter controle de decisões do governo, dentro de sua concepção de mundo; formar dirigentes políticos; e propor candidatos para ocupar cargos eleitorais.[181]

---

180 MOREIRA REIS, Palhares. *Cinco estudos sobre partidos políticos*. Recife: UFPE, 1999, p. 19.

181 BANDENI, Gregório. *Tratado de derecho constitucional*. Buenos Aires: La Ley. T. I. p. 757.

Os partidos têm a proeminência no que diz respeito à representação política, na medida em que proporcionam a participação do povo no processo de formação de decisões que darão rumos ao andamento da coisa pública. Mais ainda: servem de canal para o questionamento da sociedade a respeito de determinado assunto em voga no país, já que por emanarem o sentimento de pertença advindo de uma ideologia preestabelecida no momento de formação, conclamam para si a responsabilidade de questionar e de buscar melhorias frente ao que se apresenta no cenário político.

Não se confundem com facções políticas ou grupos de pressão. As primeiras carecem de organização e programas abrangentes, atendendo a interesses tópicos limitados no tempo. Já os grupos de pressão têm como aspiração obter decisões dos entes governamentais a seus interesses setoriais, sem almejar conquistar o poder.

Salienta Augusto Aras que uma das importâncias dos partidos políticos também é funcionar como mecanismo apto a institucionalizar o poder político mediante a sua despersonalização, evitando-se a mitificação de pessoas públicas.[182] Evita-se, com isso, que cidadãos não usurpem as bandeiras de luta, servindo como baluarte de determinada pauta, sobrepondo-se ao colegiado inerente à democracia e aos órgãos partidários, razão pela qual os mandatos, no sistema proporcional, pertencem aos partidos políticos.

3.2 Criação de partidos políticos

Os partidos políticos são pessoas jurídicas de direito privado, que se destinam a assegurar, no interesse do regime democrático, a autenticidade do sistema representativo e a defender os direitos fundamentais definidos na Constituição Federal, conforme o art. 1º da Lei 9.096/1995, tendo sido inserido em capítulo autônomo no texto constitucional, sob o título "Dos direitos e garantias fundamentais".

A Lei dos Partidos Políticos permite sua livre criação, bem como sua fusão e extinção. Isso advém da decorrência natural do regime democrático e do pluripartidarismo.[183] O requerimento do registro dos partidos, na forma da lei civil, deverá ser feito no cartório de Registro

---

182 ARAS, Augusto. *Fidelidade e ditadura intrapartidárias*. Bauru: EDIPRO, 2011. p. 14.

183 AGRA, Walber de Moura; VELLOSO, Carlos Mário da Silva. *Elementos de Direito Eleitoral*. 6. ed. São Paulo: Saraiva, 2018, p. 105.

Civil das Pessoas Jurídicas do local da sua sede, e o pedido deverá ter sido subscrito por seus fundadores, com um número não inferior a cento e um, com domicílio eleitoral em, no mínimo, um terço dos Estados-membros (art. 8º da Lei nº 9.096/95, com redação dada pela Lei nº 13.877/19).[184] Os documentos que deverão ser apresentados no ato em tela são: cópia autêntica da ata da reunião de fundação do partido; exemplares do Diário Oficial que publicou, no seu inteiro teor, o programa e o estatuto; relação de todos os fundadores com o nome completo, naturalidade, número do título eleitoral com a Zona, Seção, Município e Estado, profissão e endereço da residência (art. 8º, *caput* e incisos I, II e III, da Lei nº 9.096/95).

Será admitido o registro do estatuto de partido político que tenha caráter nacional, considerando-se como tal aquele que comprove, no período de dois anos, o apoiamento de eleitores não filiados a partido político, correspondente a, pelo menos, 0,5% (cinco décimos por cento) dos votos dados na última eleição geral para a Câmara dos Deputados, não computados os votos em branco e os nulos, distribuídos por um terço, ou mais, dos estados, com um mínimo de 0,1% (um décimo por cento) do eleitorado que haja votado em cada um deles (art. 7º, §1º, da Lei nº 9.096/1995).

Após terem adquirido a personalidade jurídica de direito privado na forma da lei civil, os partidos políticos devem registrar seu estatuto no Tribunal Superior Eleitoral, conforme preceitua o art. 7º da Lei nº 9.096/1995 (Lei dos Partidos Políticos).

Cumpridos os requisitos supracitados, os dirigentes nacionais promoverão o registro do partido junto ao TSE, por meio de requerimento acompanhado dos seguintes documentos: a) exemplar autenticado do inteiro teor do programa e do estatuto partidários, inscritos no Registro Civil; b) certidão do Registro Civil da Pessoa Jurídica, a que se refere o §2º do artigo 8º; c) certidões dos cartórios eleitorais que comprovem ter o partido obtido o apoiamento mínimo de eleitores a que se refere o §1º do art. 7º (art. 9º da Lei nº 9.096/95). A Lei nº 9.096/95 não mais prevê o registro provisório do partido. Na nova disciplina, o registro junto ao Tribunal Superior Eleitoral pressupõe a organização

---

[184] "A qualificação jurídica que se lhe adiciona com o registro fá-lo transpor do estágio temporário, para tornar-se permanente, institucionalizando-se na ordem política e, mais precisamente, no sistema partidário inerente ao regime democrático" (RIBEIRO, Fávila. *Pressupostos constitucionais do direito eleitoral*: no caminho da sociedade participativa. Porto Alegre: Sérgio Antônio Fabris Editor, 1990, p. 59).

do partido político e o seu registro junto aos tribunais regionais eleitorais. A prova do apoio do mínimo de eleitores exigido será por meio de suas assinaturas, com a indicação do número do título de eleitor. As assinaturas serão organizadas em listas de acordo com a zona eleitoral e, juntamente com os números dos títulos, serão verificadas pelo escrivão eleitoral, que no prazo de 15 dias lavrará o atestado (art. 9º, §§1º e 2º, da Lei nº 9.096/1995).[185]

No julgamento da Consulta nº 0601966-13, formulada pelo Deputado Federal Jerônimo Pizzolotto Goergen, o TSE entendeu ser possível aceitar a utilização de assinatura eletrônica legalmente válida dos eleitores que apoiem a criação de partidos políticos nas listas ou fichas expedidas pela Justiça Eleitoral, desde que haja prévia regulamentação pelo Tribunal e desenvolvimento de ferramenta tecnológica para aferir a autenticidade das assinaturas. Conquanto o TSE tenha respondido a consulta afirmativamente, não deliberou pela regulamentação da matéria, nem tampouco determinou o desenvolvimento de tecnologia hábil a cumprir a finalidade de aferir a autenticidade das assinaturas.

O processo será distribuído a um relator, que ouvirá a Procuradoria-Geral e, em caso de falhas no processo, encaminhará diligências a fim de saná-las. Se não houver diligências, ou as falhas já houverem sido supridas, o TSE registrará o estatuto no prazo de 30 dias (art. 9º, §§3º e 4º, da Lei nº 9.096/1995).

Registrando seu estatuto no Tribunal Superior Eleitoral, o partido poderá participar das eleições, dispor do Fundo Partidário e do Fundo Especial para o Financiamento de Campanha, ter uso exclusivo de sua sigla e obter acesso gratuito no rádio e na televisão, de acordo com a determinação legal (art. 17, §3º, da Constituição Federal). Somente com isso é assegurada a exclusividade da sua denominação, sigla e símbolos, vedada a utilização, por outros partidos, de variações que venham a induzir a erro ou confusão (§3º do art. 7º da Lei nº 9.096/95).

---

185 O Plenário do TSE, por maioria, negou registro partidário à Rede Sustentabilidade, destacando que o art. 17, inciso I, da CF preconiza que os partidos políticos deverão ter caráter nacional, o que, nos termos do §1º do art. 7º da Lei nº 9.096/1995, consubstancia-se com o apoiamento de eleitores correspondente a, pelo menos, meio por cento dos votos dados na última eleição geral para a Câmara dos Deputados, distribuídos por pelo menos um terço dos estados, com um mínimo de um décimo por cento do eleitorado que haja votado em cada um deles. Nesse mesmo julgamento, restou decidido que há previsão da realização de diligência para esclarecimento de dúvidas sobre a autenticidade das assinaturas colhidas (Registro de Partido Político nº 594-54, Brasília/DF, Rel. Min. Laurita Vaz, em 3.10.2013).

Uma vez criado e registrado o partido, passa-se às devidas anotações dos órgãos partidários nos respectivos Tribunais Regionais Eleitorais. Em disciplina à criação, organização, fusão, incorporação e extinção de partidos políticos, o Tribunal Superior Eleitoral expediu a Resolução nº 23.571/18, instruindo que o órgão de direção nacional ou regional deve comunicar ao respectivo tribunal eleitoral, no prazo de trinta dias contados da deliberação, por meio de sistema específico da Justiça Eleitoral, a constituição de seus órgãos de direção partidária regional e municipais, seu início e fim de vigência, os nomes, números de inscrição no Cadastro de Pessoas Físicas (CPF) e do título de eleitor dos respectivos integrantes, bem como as alterações que forem promovidas, para anotação.

Por fim, cumpre destacar que, para evitar o número excessivo de siglas, quando muitas delas têm a finalidade exclusiva de defender interesses pessoais, a solução seria a formulação de requisitos mais rígidos para sua criação, funcionando tais requisitos como cláusulas de barreira. Um partido político apenas deveria ser criado quando tivesse amplo apoio na sociedade e representasse determinada corrente política. Infelizmente, a cláusula de barreira estabelecida no art. 13 da Lei nº 9.096/95 foi declarada inconstitucional pelo Supremo Tribunal Federal,[186] alegando que a exigência de um piso de 5% de votos a serem obtidos por cada partido feriria o princípio do pluripartidarismo.[187] Com a minirreforma de 2017, todavia, o assunto em testilha foi reavivado, pois se criou nova cláusula de desempenho eleitoral para os partidos a partir dos resultados das eleições de 2018. Contudo, observa-se, a sua implementação será de modo gradual, apenas se consolidando em 2030.

A cláusula de desempenho em questão foi implementada no ordenamento jurídico brasileiro por meio da Emenda Constitucional nº 97, a qual incluiu o §3º do art. 17 da Carta Magna. Agora, somente terão direito a recursos do fundo partidário e acesso gratuito ao rádio e à televisão, na forma da lei, os partidos políticos que alternativamente:

---

[186] Em 07.12.2006, no julgamento das ADINs nº 1.351-3 e nº 1.354-8, ajuizadas, respectivamente, pelo PC do B e pelo PSC, a Corte Suprema, por unanimidade, declarou a inconstitucionalidade do art. 13 da Lei dos Partidos Políticos.

[187] "Art. 13. Tem direito a funcionamento parlamentar, em todas as Casas Legislativas para as quais tenha elegido representante, o partido que, em cada eleição para a Câmara dos Deputados obtenha o apoio de, no mínimo, cinco por cento dos votos apurados, não computados os brancos e os nulos, distribuídos em, pelo menos, um terço dos Estados, com um mínimo de dois por cento do total de cada um deles". Seu conteúdo fora deixado sem eficácia devido as ADIns nºs 1.351-3 e 1.354-8.

(i) obtiverem, nas eleições para a Câmara dos Deputados, no mínimo, 3% (três por cento) dos votos válidos, distribuídos em pelo menos um terço das unidades da Federação, com um mínimo de 2% (dois por cento) dos votos válidos em cada uma delas; (ii) tiverem elegido pelo menos 15 Deputados Federais distribuídos em pelo menos um terço das unidades da Federação.

Dessa forma, de acordo com o art. 3º da EC nº 97/2017, os partidos necessitam dos seguintes requisitos para ultrapassarem a cláusula de barreira: I – na legislatura seguinte às eleições de 2018: a) obtiverem, nas eleições para a Câmara dos Deputados, no mínimo, 1,5% (um e meio por cento) dos votos válidos, distribuídos em pelo menos um terço das unidades da Federação, com um mínimo de 1% (um por cento) dos votos válidos em cada uma delas; ou b) tiverem elegido pelo menos nove Deputados Federais distribuídos em pelo menos um terço das unidades da Federação; II – na legislatura seguinte às eleições de 2022: a) obtiverem, nas eleições para a Câmara dos Deputados, no mínimo, 2% (dois por cento) dos votos válidos, distribuídos em pelo menos um terço das unidades da Federação, com um mínimo de 1% (um por cento) dos votos válidos em cada uma delas; ou b) tiverem elegido pelo menos onze Deputados Federais distribuídos em pelo menos um terço das unidades da Federação; III – na legislatura seguinte às eleições de 2026: a) obtiverem, nas eleições para a Câmara dos Deputados, no mínimo, 2,5% (dois e meio por cento) dos votos válidos, distribuídos em pelo menos um terço das unidades da Federação, com um mínimo de 1,5% (um e meio por cento) dos votos válidos em cada uma delas; ou b) tiverem elegido pelo menos treze Deputados Federais distribuídos em pelo menos um terço das unidades da Federação.

3.3 Funcionamento dos partidos políticos

De acordo com o art. 17, IV, §1º, da Constituição Federal, é assegurado aos partidos políticos o direito de definir sua estrutura interna, a organização e funcionamento e adotar os critérios de escolha e o regime de suas coligações eleitorais, sem obrigatoriedade de vinculação entre as candidaturas em âmbito nacional, estadual, distrital ou municipal, devendo seus estatutos estabelecer normas de disciplina e fidelidade partidária. Sendo assim, o texto constitucional transmite a ideia de que os partidos hão de se organizar e funcionar em harmonia com o regime democrático e que a sua estrutura interna também fica sujeita ao mesmo princípio. A autonomia é conferida na suposição de que cada partido busque, de acordo com as suas concepções, realizar sua própria estrutura interna da melhor forma possível a realizar seus objetivos, sendo assegurada aos candidatos, partidos políticos e coligações a possibilidade de definir o cronograma das atividades eleitorais de campanha e executá-lo em qualquer dia e horário, desde que observados os limites estabelecidos em lei (art. 3º da Lei nº 9.096/95).

Diante disso, o art. 12 da Lei dos Partidos Políticos estabelece que o partido político funciona, nas Casas Legislativas, por intermédio de uma bancada, que deve constituir suas lideranças de acordo com o estatuto do partido, as disposições regimentais das respectivas Casas e as normas dessa lei. No que urge ao funcionamento dos partidos políticos, cumpre ressaltar a existência e importância de seus diretórios. O diretório é um órgão de administração cujos membros da diretoria são escolhidos entre as pessoas filiadas à respectiva agremiação. Todas as despesas realizadas com os recursos do Fundo Partidário devem ser consolidadas e apresentadas pelo diretório nacional dos partidos políticos, no que necessitam dos dados financeiros precisos por parte dos diretórios regionais e diretórios municipais, daí que se tira a importância que os diretórios apresentam no funcionamento dessas agremiações. A mesma comprovação contábil é necessária com relação aos recursos provenientes do Fundo Especial para o Financiamento da Democracia.

O bom funcionamento do partido tem um impacto direto na efetividade do resto do sistema político, consubstanciando uma consequência da eficiência de sua organização e de uma boa estrutura de financiamentos que conceda estrutura à agremiação e garanta uma posição isonômica perante os outros partidos. Para tanto, faz-se premente o respeito às normas dirigidas à arrecadação, aos gastos de recursos e às prestações de contas, atendendo-se ao devido processo instituído pelas Leis nºs 4.737/65, 9.096/95 e 9.504/97 e às instruções da Resolução nº 23.607/2019.

No que tange às doações dirigidas ao financiamento do partido político, de acordo com o art. 39 da Lei nº 9.096/95, a agremiação pode receber doações de pessoas físicas e jurídicas para constituição de seus fundos. Ocorre que com a procedência parcial da ADI nº 4.650, sob relatoria do Min. Luiz Fux, apesar de dirigir-se tão somente às campanhas eleitorais, inegável a impossibilidade de o partido político ser financiado por pessoa jurídica, pelo mesmo fundamento que fez parcialmente procedente a ação direta de controle referida: a normalidade e legitimidade das eleições contra influência do poder econômico.[188] As doações de pessoas físicas podem ser feitas diretamente aos órgãos de direção nacional, estadual e municipal, que remeterão à Justiça Eleitoral e aos órgãos hierarquicamente superiores do partido o demonstrativo de seu recebimento e a respectiva destinação, juntamente com o balanço contábil. Outras doações, quaisquer que sejam, devem ser lançadas na contabilidade do partido, definidos seus valores em moeda corrente. As doações de recursos financeiros deverão ser efetuadas na conta do partido político por meio de cheques cruzados e nominais ou transferência eletrônica de depósitos; depósitos em espécie devidamente identificados; ou mecanismo disponível em sítio do partido na internet que permita, inclusive, o uso de cartão de crédito ou de débito, identificando-se o doador e emitindo-se recibo eleitoral para cada doação perpetrada, conforme regulamentam os §§1º ao 3º do art. 39 da Lei nº 9.096/95.

3.4 Regras específicas acerca da prestação de contas

Como é de sabença notória, o processo eleitoral custa muito caro, demandando uma gama considerável de recursos financeiros. Então, para que não haja desigualdades extremas, e que, por sua vez, não fira a isonomia no que urge às eleições, o ordenamento jurídico, através da Lei das Eleições, como também por dispositivos do Código Eleitoral, da Lei nº 9.096 e de atos infralegais, zela para que esses recursos sejam devidamente fiscalizados a fim de que não haja abuso de poder econômico e que haja sempre igualdade de condições para a disputa a determinado pleito.

Houve a extinção da figura do comitê financeiro eleitoral. O controle dos recursos e gastos nas eleições ficará na incumbência dos candidatos, seja diretamente ou intermediado por terceiro designado, após repasse de recursos a ser realizado pelo partido, conforme atualização do art. 20 da Lei nº 9.504/97, e não mais pelo comitê. Por força do art. 21 da Lei nº 9.504/97, a responsabilidade pela veracidade das

188 "O Tribunal, por maioria e nos termos do voto do Ministro Relator, julgou procedente em parte o pedido formulado na ação direta para declarar a inconstitucionalidade dos dispositivos legais que autorizavam as contribuições de pessoas jurídicas às campanhas eleitorais, [...]" Presidiu o julgamento o Ministro Ricardo Lewandowski. Plenário, 17.09.2015.

informações financeiras e contábeis da campanha é solidária entre o candidato e a pessoa designada à administração financeira.

Os candidatos estão obrigados a realizar a inscrição no Cadastro Nacional da Pessoa Jurídica (CNPJ), por força do art. 22-A da Lei nº 9.504/97, de modo que, após o recebimento do pedido de registro, a Justiça Eleitoral, em três dias úteis, deve fornecer o número do registro, o que, somado ao procedimento bancário a ser realizado, resta autorizada a arrecadação de recursos financeiros e a realização de despesas necessárias.

Revogado o art. 17-A da Lei das Eleições, que previa que os limites de gastos seriam dispostos por meio de lei federal até o dia 10 de junho do ano eleitoral, hodiernamente, esse limite é determinado por lei, cabendo ao TSE a divulgação e fiscalização dos gastos eleitorais, conforme o *caput* do art. 18 do referido diploma. Serão contabilizadas nos limites de gastos de cada campanha as despesas efetuadas pelos candidatos e as efetuadas pelos partidos que puderem ser individualizadas. O descumprimento dos limites de gastos fixados para cada campanha acarretará o pagamento de multa em valor equivalente a 100% (cem por cento) da quantia que ultrapassar o limite estabelecido, sem prejuízo da apuração da ocorrência de abuso do poder econômico, conforme arts. 18-A e 18-B da Lei nº 9.504/97.

Não é exigido para a abertura da conta específica o depósito mínimo e a cobrança de taxas ou de outras despesas de manutenção, sendo imperioso que os bancos, em geral, abram as respectivas contas, em até três dias, de qualquer candidato escolhido em convenção partidária, conforme inciso I do art. 22 da Lei nº 9.504/97. Outrossim, nos casos dos candidatos aos cargos de Prefeito e Vereador em municípios onde não haja agência bancária ou posto de atendimento bancário, não se faz necessária a abertura de conta específica, conforme se aduz do art. 22, §2º, da Lei nº 9.504/97.

Ainda houve alteração no art. 37 da Lei dos Partidos (nº 9.096/95). Antes, quando ocorria a desaprovação das contas do partido, tinha-se como punição a suspensão de novas cotas do Fundo Partidário e os responsáveis eram penalizados de acordo com a lei. A mudança de juízo trouxe a alteração do art. 37 da Lei nº 9.096/95, de modo que a desaprovação das contas implica tão somente na devolução do valor considerado irregular com um acréscimo de multa de até 20% (vinte por cento),[189] enquanto a falta de prestação de contas implicará a suspensão de novas cotas do Fundo Partidário enquanto perdurar a inadimplência e sujeitará os responsáveis às penas da lei (art. 37-A, LPP).

Em caso de desaprovação, a sanção deverá ser proporcional e razoável, aplicada por um período de um a doze meses, realizando-se o pagamento por meio de desconto nos futuros repasses de cotas do Fundo Partidário a, no máximo, 50% (cinquenta por cento) do valor mensal, desde que a prestação de contas seja julgada, pelo juízo ou tribunal competente, em até cinco anos de sua apresentação, vedada a acumulação de sanções (art. 37, §3º, da Lei nº 9.096/95, com redação dada pela Lei nº 13.877/19). O cumprimento da sanção aplicada a órgão estadual, distrital ou municipal somente será efetivado a partir da data de juntada aos autos do processo de prestação de contas do aviso de recebimento da citação ou intimação, encaminhada, por via postal, pelo Tribunal Regional Eleitoral ou Juízo Eleitoral ao órgão partidário hierarquicamente superior (art. 37, §3º-A, da Lei nº 9.096/95, incluído pela Lei nº 13.877/19).

Limitada à esfera partidária responsável pela irregularidade, a sanção pela desaprovação de contas não suspende o registro ou a anotação de seus órgãos de direção partidária nem torna os respectivos responsáveis partidários devedores ou inadimplentes (art. 37, §2º, da Lei nº 9.096/95).

É de bom alvitre registrar que se afastou, após o julgamento da ADI nº 6032, sob a relatoria do Ministro Gilmar Mendes, qualquer interpretação que permita que a sanção de suspensão do registrou ou anotação do órgão partidário regional ou municipal seja aplicada de forma automática, como consequência da decisão que julga as contas não prestadas. A referida sanção somente pode ser aplicada após decisão transitada em julgado, decorrente de procedimento específico de suspensão de registro, conforme o artigo 28 da Lei dos Partidos Políticos.

De acordo com a alteração proposta pela Lei nº 13.831/19, as decisões da Justiça Eleitoral nos processos de prestação de contas não ensejam, ainda que desaprovadas as contas, a inscrição dos dirigentes partidários no Cadastro Informativo dos Créditos não Quitados do Setor Público Federal (art. 32, §8º, da Lei nº 9.096/95).

---

[189] "O Plenário do TSE, por unanimidade, assentou que a penalidade a ser cominada em razão da desaprovação de contas é a prevista na legislação vigente à época da prestação de contas, em atenção ao princípio do *tempus regit actum*" (Prestação de contas nº 901-76, Brasília/DF, rel. Min. Luciana Lóssio, *DJ* 26.04.2016).

A decisão que desaprovar total ou parcialmente a prestação de contas dos órgãos partidários é suscetível a recurso a ser dirigido para o Tribunal Regional Eleitoral ou para o Tribunal Superior Eleitoral, conforme o caso, sendo recebido com efeito suspensivo, tal qual se aduz dos §§2º, 3º, 4º e 5º do dispositivo 37 da LPP.

A responsabilização pessoal civil e criminal dos dirigentes partidários decorrente da desaprovação das contas partidárias e de atos ilícitos atribuídos ao partido político, por sua vez, somente ocorrerá se verificada irregularidade grave e insanável, resultante de conduta dolosa que importe enriquecimento ilícito e lesão ao patrimônio do partido, conforme §13 do art. 37 da Lei nº 9.504/97. Ressalte-se que as responsabilidades civil e criminal são subjetivas e, assim como eventuais dívidas já apuradas, devem recair somente sobre o dirigente partidário responsável pelo órgão partidário à época do fato e não impedem que respectivo órgão receba recurso do fundo partidário (art. 37, §15, da Lei nº 9.096/95, incluído pela Lei nº 13.381/19).

O legislador também optou por deixar consignado de forma expressa que os gastos com passagens aéreas serão comprovados mediante apresentação de fatura ou duplicata emitida por agência de viagem, quando for o caso, e os beneficiários deverão atender ao interesse da respectiva agremiação e, nos casos de congressos, reuniões, convenções, palestras, poderão ser emitidas independentemente de filiação partidária segundo critérios *interna corporis*, vedada a exigência de apresentação de qualquer outro documento para esse fim.

Atenção que, apesar do §11 do art. 37 da Lei nº 9.096/1995 permitir aos órgãos partidários a apresentação de documentos hábeis para esclarecer questionamentos da Justiça Eleitoral ou para sanear irregularidades a qualquer tempo, enquanto não transitada em julgado a decisão que julgar a prestação de contas, a jurisprudência do TSE firmou-se no sentido de que, em processos desta natureza, não se admite a juntada extemporânea de documentos quando a parte foi intimada para suprir as falhas identificadas e deixou de se manifestar oportunamente, haja vista a incidência dos efeitos da preclusão e a necessidade de se conferir segurança às relações jurídicas.[190] Por fim, tem-se que a falta de prestação de contas, por sua vez, implica a suspensão de novas cotas

---

[190] Agravo em Recurso Especial Eleitoral 060009113/PA, Relator (a) Min. Raul Araújo Filho, Acórdão de 07.12.2023, Publicado no Diário de Justiça Eletrônico-247, data 15.12.2023.

do Fundo Partidário, conforme art. 37-A da Lei nº 9.096/95, incluído pela Lei nº 13.165/15.

3.5 Princípios partidários

Os partidos políticos têm autonomia para determinar sua estrutura interna, sua organização e seu funcionamento por intermédio de seu estatuto da sigla, que é a lei que rege a engrenagem dos entes partidários.[191] O funcionamento dos partidos se realiza de acordo com essas disposições internas. Cada partido tem um estatuto com o qual regula o funcionamento dos órgãos internos, estipula o modo de prolação das decisões, as obrigações dos filiados etc. A restrição às disposições dos partidos são os preceitos constitucionais.

Ao ensejo de consolidar o princípio democrático, a Constituição Federal de 1988 repeliu a ingerência estatal no âmbito interno dos partidos políticos, de modo a inserir dois vetores inspiradores do seu disciplinamento, a saber: a autonomia e a liberdade de criação. A preocupação do Constituinte objetivou afastar da vida nacional a experiência amarga do período ditatorial, no qual o Estado controlava todos os passos das agremiações partidárias.[192] Nesse diapasão, José Afonso da Silva aduz que o princípio da autonomia partidária é uma conquista sem precedente, de tal sorte que a lei tem muito pouco a fazer em matéria de estrutura interna, organização e funcionamento dos partidos. Estes podem estabelecer as regras que quiserem sobre sua organização e funcionamento.[193]

José Joaquim Gomes Canotilho aponta que aos partidos políticos devem ser asseguradas as liberdades externa e interna. A liberdade externa conduz fundamentalmente à liberdade de fundação dos partidos e à liberdade de atuação partidária, ao passo que a liberdade

---

[191] Dentre as limitações geradas pela Constituição Federal e pela Lei dos Partidos Políticos, esses são livres para fixar: "a) no programa, os seus objetivos políticos. Neste ponto, as restrições são as de respeito aos princípios maiores norteadores da vida partidária: soberania nacional, regime democrático, pluripartidarismo e direitos fundamentais da pessoa humana; b) no estatuto, a estrutura interna, organização e funcionamento, que deverá se refletir, entre outras, nas normas exigidas pela lei" (MOREIRA REIS, Palhares. O partido político e a Lei de 1995. *In*: *Direito eleitoral*. Belo Horizonte: Del Rey, 1996, p. 180).

[192] PINTO, Djalma. *Direito Eleitoral*: improbidade administrativa e responsabilidade fiscal. 5. ed. São Paulo: Atlas, 2010. p. 115.

[193] DA SILVA, José Afonso. *Curso de direito constitucional positivo*. 36. ed. São Paulo: Malheiros, 2013. p. 408.

interna se consubstancia na não ingerência estatal quanto ao controle ideológico-programático das agremiações.[194] Konrad Hesse assevera, nessa esteira de intelecção, que a liberdade dos partidos políticos compreende a liberdade externa, de sorte a protegê-los das intervenções e influências estatais; e a liberdade interna, no que determina que a ordem interna dos partidos políticos deve somente respeito à linha traçada pelos princípios democráticos.[195]

Com a queda da verticalização, que contraria o caráter nacional dos partidos, os estatutos ostentam maior relevo, já que eles são os órgãos que adotam os critérios de escolha e o regime de suas coligações eleitorais, sem obrigatoriedade de vinculação entre as candidaturas em níveis nacional, estadual, distrital ou municipal, deixando que as regras internas estabeleçam normas de disciplina.

Dentro do pluralismo político e da liberdade de expressão de pensamento, que são características do Estado Democrático de Direito, os partidos têm liberdade ideológica. Contudo, alguns princípios constitucionais precisam ser obedecidos, devendo, obrigatoriamente, constar dos programas partidários o respeito irrestrito à soberania nacional, ao regime democrático, ao pluralismo político e aos direitos fundamentais da pessoa humana.[196]

É expressamente vedado aos partidos políticos (art. 17, I a IV, da CF):

a) a criação de agremiações regionais, que defendam interesses locais: elas têm que apresentar caráter nacional, devendo estar representados na maioria dos Estados da Federação, e suas propostas têm de englobar o interesse de toda a nação. O surgimento de partidos regionais seria uma afronta à Federação, que é formada pela união indissolúvel dos

---

[194] CANOTILHO, José Joaquim Gomes. *Direito constitucional e teoria da constituição*. 4. ed. Coimbra: Almedina, 2000. p. 309.

[195] HESSE, Konrad. *Elementos de direito constitucional da República Federativa da Alemanha*. Porto Alegre: Fabris, 1998. p. 147.

[196] O vocábulo *ideologia* vem da raiz grega eidos (ideia) com logos (conhecimento). W. Elliot credita a David Hume a primazia de tê-lo empregado em fins do século XVIII, em seu Tratado do conhecimento. A maioria dos autores se inclina por ver sua gênese na criação de Destutt de Tracy, no ano de 1976, em seu livro *Mémoire sur la faculté de penser e em seu Projet d'éléments d'ideologie*, significando a ciência que tem por objeto o estudo das ideias, dos seus caracteres, sinais, representações e origens (CAVALCANTI, Themístocles. Reflexões sobre o problema ideológico. *Revista de Direito Público e Ciência Política*, Rio de Janeiro, n. 3, v. VIII, p. 84, set./dez. 1965).

Estados, dos Municípios e do Distrito Federal, e representaria um estímulo para a secessão, o que é terminantemente proibido pela nossa Constituição (art. 17, I, da CF);

b) a utilização dos partidos políticos como estruturas paramilitares: um dos fundamentos da democracia é a convivência pacífica dos vários grupos políticos existentes, e os partidos estruturados com caráter paramilitar estimulariam a violência e impediriam o livre debate de ideias. Essa maneira de estruturação dos partidos políticos é o pórtico das ditaduras — foi assim que Hitler e Mussolini tomaram o poder (art. 17, IV e §4º, da CF);

c) a omissão de prestação de contas à Justiça Eleitoral, com o fim de se evitar o abuso do poder econômico. O processo eleitoral brasileiro é comandado pelo Poder Judiciário, que tem a função de fiscalizar a lisura das eleições, de forma que seja evitada a preponderância do poder econômico, que representa as elites, em detrimento de uma representação calcada no interesse popular, que não dispõe de recursos para financiar uma eleição (art. 17, III, da CF);

d) recebimento de recursos financeiros de entidades ou governos estrangeiros ou subordinação a interesses alienígenas: o primeiro dos fundamentos da República Federativa do Brasil é a soberania, que restaria maculada se fosse permitido que os partidos políticos se submetessem a interesses estrangeiros ou recebessem recursos financeiros do exterior (art. 17, II, da CF). É vedado ao partido receber, direta ou indiretamente, sob qualquer forma ou pretexto, contribuição ou auxílio pecuniário ou estimável em dinheiro, inclusive através de publicidade de qualquer espécie, procedente de entes públicos e pessoas jurídicas de qualquer natureza, ressalvadas as dotações referidas no art. 38 da Lei dos Partidos Políticos, Fundo Partidário, e as proveniente do Fundo Especial de Financiamento de Campanha, bem como pessoas físicas que exerçam função ou cargo público de livre nomeação e exoneração, ou cargo ou emprego público temporário, ressalvados os filiados ao partido político (art. 31, incisos II e V).

3.6 Da disciplina partidária

Infere-se, da leitura da parte final do §1º, do art. 17, da Carta Magna, que o texto constitucional impõe aos partidos políticos o dever de estabelecer normas de disciplina e fidelidade partidária. No plano infraconstitucional, a Lei nº 9.096/95 (Lei dos Partidos Políticos) estabelece as normas de disciplina e fidelidade partidária nos arts. 23 a 26. O art. 23 da Lei dos Partidos Políticos reafirma o princípio da autonomia partidária, ao dispor que a responsabilidade por violação dos deveres partidários deve ser apurada e punida pelo órgão competente, na conformidade do que disponha o estatuto de cada partido político. Nesse palmilhar, nenhum filiado pode sofrer medida disciplinar ou punição por conduta que não esteja previamente tipificada no estatuto do partido.

É por meio do instituto da disciplina partidária que se impõe aos filiados o respeito aos princípios, ao programa partidário e aos desígnios maiores do partido político. Por sua vez, é mediante o ato de filiação partidária que recai sobre o filiado uma série de direitos e obrigações. Ensina Fávila Ribeiro que o filiado passa a se submeter a um regime disciplinar tanto mais envolvente quanto maior for a responsabilidade contraída no partido, no que tem como dever primal o de respeitar os seus princípios programáticos.[197] Define-se a disciplina partidária como caso particular da disciplina que deve prevalecer em todo e qualquer organismo associativo.[198]

Diferentemente da ideia de coesão, a disciplina partidária está relacionada ao comportamento dos indivíduos como resultante de um jogo estratégico, em que as ações adotadas podem refletir em penalizações ou em benefícios de sua postura.[199] A coesão partidária, por sua vez, refere-se à diferença de posições políticas dentro de um partido antes que se proceda à discussão e à votação no âmbito *interna corporis*. A ideia de coesão remete à própria existência do partido político como instituição. Isso porque um partido será tanto mais coeso quanto maior o consenso entre seus membros no que tange ao alcance de sua importância estratégica.[200]

---

[197] RIBEIRO, Fávila. *Direito eleitoral*. 4. ed. Rio de Janeiro: Forense, 1996. p. 332.

[198] MEZZAROBA, Orides. *Introdução ao direito partidário brasileiro*. 2. ed. Rio de Janeiro: Lumen Juris, 2004. p. 279.

[199] GIANNETTI, D.; LAVER, M. Party cohesion, party factions and legislative party discipline in Italy. *European Consortium for Political Research*, 2005. p. 2.

[200] MELO, Carlos Ranulfo Félix de. Partidos e migração partidária na Câmara dos Deputados. *Dados*, Rio de Janeiro, v. 43, n. 3, p. 207, 2000.

Clarifica o Professor José Afonso da Silva que a disciplina partidária não há de entender-se como obediência cega aos ditames dos órgãos partidários, mas respeito e acatamento aos objetivos do partido, às regras do estatuto, de modo a cumprir os deveres no exercício do mandato e das funções partidárias.[201] O regramento da disciplina partidária verte do art. 24 da Lei dos Partidos Políticos, que tem a seguinte dição: "na Casa Legislativa, o integrante da bancada de partido deve subordinar sua ação parlamentar aos princípios doutrinários e programáticos e às diretrizes estabelecidas pelos órgãos de direção partidários, na forma do estatuto".

É o que a práxis partidária denomina "fechamento de questão" ou princípio da unidade de ação. Ou seja, são hipóteses nas quais os partidos põem em evidência a predileção a respeito do direcionamento de determinada votação que porventura veicule algum tema sensível às bandeiras partidárias, especificamente para que os posicionamentos sejam entoados de forma uníssona, em estrito respeito às disposições emanadas pelos órgãos partidários. Trata-se da materialização do fenômeno denominado de discricionariedade partidária, compreendido como um mecanismo hábil a garantir a preservação do núcleo essencial do princípio da autonomia partidária.[202]

O chamamento ao princípio da unidade de ação intensifica a uniformidade que deve imperar nos posicionamentos partidários, bem como também garante consistência ideológica e continuidade na composição da grei, já que se busca, com isso, o aperfeiçoamento do conjunto da bancada, evitando-se o império de personalizações. Recentemente, o Tribunal Superior Eleitoral estimulou os partidos políticos a adotarem o fechamento de questão para que imponham mais consistência nas orientações ideológicas, de modo a afastar a incidência de justa causa para desfiliação de parlamentar que não seguiu a orientação partidária e sofreu sanção em razão da adoção de posição dissidente.[203]

---

201 SILVA, José Afonso da. *Comentário contextual à Constituição*. São Paulo: Malheiros, 2005. p. 240.

202 BARROS, Ezikelly. *Autonomia partidária:* uma teoria geral. São Paulo: Almedina, 2021. p. 220.

203 "O fechamento de questão é um procedimento legítimo de concretização da disciplina partidária, por meio da qual se firma posição oficial do partido em determinada matéria legislativa, em situações nas quais a agremiação considera imprescindível uma atuação uníssona de todos os seus parlamentares. Conforme julgados deste Tribunal, não configura grave discriminação a punição a parlamentares que descumprirem a orientação de bancada, salvo se comprovada a prévia pactuação de garantia de autonomia política ao filiado e

Em caso de dissidência em relação aos preceitos estatutários, o partido poderá aplicar penalidade com base no critério da equidade. Ou seja, a obrigação de cumprimento às diretrizes partidárias aumenta em razão direta das manifestações de confiança atribuídas ao filiado ou ao mandatário pelo partido político. O partido poderá aplicar a pena de advertência, suspensão, destituição de funções em órgão partidário ou expulsão. O estatuto do partido poderá estabelecer, além das medidas disciplinares básicas de caráter partidário, normas sobre penalidades, inclusive com desligamento temporário da bancada, suspensão do direito de voto nas reuniões internas ou perda de todas as prerrogativas, cargos e funções que exerça em decorrência da representação e da proporção partidária, na respectiva Casa Legislativa, ao parlamentar que se opuser, pela atitude ou pelo voto, às diretrizes legitimamente estabelecidas pelos órgãos partidários (art. 25 da Lei dos Partidos Políticos). A aplicação das medidas disciplinares deverá observar o princípio do devido processo legal com todos os seus apanágios.

É justamente em respeito ao princípio constitucional da autonomia partidária que se afasta da Justiça Eleitoral a competência para apreciar a sindicação das decisões *interna corporis* dos partidos políticos tomadas em razão das condutas de seus filiados quando adequadas com as normas do estatuto partidário.[204] Tenha-se, nesse sentido, que a relação de proporcionalidade entre a sanção imposta e a consequência se encontra afastada, em princípio, da incidência competencial da Justiça Especializada. No entanto, os excessos punitivos e os acintes a direitos sacrossantos perpetrados no âmbito do processo administrativo disciplinar podem ser objeto de apreciação pela Justiça Comum,

restrição ao poder disciplinar da agremiação" (Petição nº 0600639-96.2019.6.00.0000 – Porto Alegre, Rel. Min. Luís Roberto Barroso).

204 "AGRAVO REGIMENTAL NO AGRAVO DE INSTRUMENTO. AÇÃO CAUTELAR. PARTIDO POLÍTICO. ÓRGÃO DE DIREÇÃO REGIONAL. MATÉRIA INTERNA CORPORIS. INCOMPETÊNCIA DESTA JUSTIÇA ESPECIALIZADA. AUSÊNCIA DE IMPUGNAÇÃO ESPECÍFICA AOS FUNDAMENTOS DA DECISÃO AGRAVADA. INCIDÊNCIA DA SÚMULA Nº 182 DO STJ. DECISÃO MANTIDA POR SEUS PRÓPRIOS FUNDAMENTOS. AGRAVO REGIMENTAL DESPROVIDO. 1. A Justiça Eleitoral não detém competência para apreciar feitos em matérias respeitantes a conflitos envolvendo partidos políticos e seus filiados, quando estas não tenham reflexo no prélio eleitoral. 2. A simples reiteração de argumentos já analisados na decisão agravada e o reforço de alguns pontos, sem que haja no agravo regimental qualquer elemento novo apto a infirmá-la, atraem a incidência do Enunciado da Súmula nº 182 do STJ. 3. Decisão mantida por seus próprios fundamentos. 4. Agravo regimental desprovido" (AgR-AI nº 70-98/ES, Rel. Min. Luiz Fux, j. 12.5.2015, *DJe*, 23 jun. 2015).

em face do princípio da inafastabilidade da jurisdição (art. 5º, inc. XXXV, da CF/88).[205]

3.7 Fidelidade partidária

A temática da fidelidade partidária vem sendo muito discutida e originando vários debates acerca de sua problemática no cenário político. Sobre o tema fidelidade partidária, o plenário do Egrégio Tribunal Superior Eleitoral, por maioria de seis votos a um, editou a Resolução TSE nº 22.610, de 25.10.2007, alterada pela Resolução TSE nº 22.733, de 11.03.2008, que disciplina o processo de perda de cargo eletivo e de justificação de desfiliação partidária. A resolução supracitada adveio da Consulta (CTA) nº 1.398 do Partido da Frente Liberal, hoje conhecido como DEM. De acordo com a resolução, o partido político, o Ministério Público ou o suplente interessado podem pedir na Justiça Eleitoral a decretação da perda de cargo eletivo em decorrência de desfiliação partidária sem justa causa. Dessa forma, os parlamentares infiéis estão sujeitos à perda do mandato eletivo após 27 de março de 2007, data em que a Consulta TSE nº 1.398 foi amplamente divulgada. Nessa decisão, firmou-se o posicionamento de que, nas eleições proporcionais, o mandatário eleito que se desfiliar ou transferir-se de partido perde sua vaga para a agremiação pela qual se elegeu. A decisão da referente consulta seguiu o entendimento de que o mandato é do partido político e não do representante eleito, e, consequentemente, a troca de legenda caracteriza ato de infidelidade partidária, que sujeita o infrator à perda do mandato eletivo. Nesse diapasão, o TSE afastou a possibilidade de que o mandato eletivo configura-se como um direito subjetivo do representante, independentemente de se ele foi eleito em

[205] "(...) No caso, não foi comprovada injusta perseguição ao autor no âmbito do PDT, especialmente porque não havia, em relação a ele, ajuste político que indicasse a possibilidade de que não se sujeitasse à orientação de bancada. Nesse contexto, as medidas punitivas tomadas pela agremiação não se mostram suficientes para caracterizar a justa causa, ficando a discussão relativa a eventuais irregularidades do procedimento e desproporcionalidade da sanção sujeitas à competência da justiça comum. 6. Pedido julgado improcedente". (Petição nº 060063996, Acórdão, Min. Luís Roberto Barroso, Publicação: DJE – Diário de Justiça Eletrônico, 23.06.2022). Também nesse sentido: "(...) A JUSTIÇA ELEITORAL é incompetente para o exame das penalidades administrativas impostas a seus filiados, salvo quando destas emergir algum efeito no processo eleitoral. Nesse contexto, o pedido de revisão ou suspensão da sanção disciplinar não constitui objeto apreciável nesta ação". (Petição 060064336/SC, Relator(a) Min. Alexandre de Moraes, Acórdão de 13.04.2021, Publicado no Diário de Justiça Eletrônico-153, data 19.08.2021).

razão dos votos de legenda ou do aproveitamento das sobras partidárias.[206] É de bom alvitre salientar que o TSE não considera perda de cargo eletivo por desfiliação partidária se o partido expulsa o mandatário da legenda, conforme se verifica na Consulta nº 27.785, pois a questão alusiva à infidelidade partidária envolve o desligamento voluntário da agremiação.

Os argumentos sustentados na decisão da Corte Eleitoral da Consulta nº 1.398 sistematizam os arts. 14, §3º, V, e 17, §1º, da Constituição. Relembram que a filiação partidária é uma condição de elegibilidade constitucional e que os partidos podem estabelecer normas de fidelidade partidária, além de regras de disciplina. O Min. Néri da Silveira, em um de seus votos proferidos no TSE, entende que a autonomia dos partidos políticos quanto a sua estrutura interna, organização e funcionamento flui diretamente da Constituição Federal para os estatutos, como se estes fossem uma lei complementar.[207]

Esse entendimento foi confirmado pelo Supremo Tribunal Federal por ocasião do julgamento dos Mandados de Segurança nºs 26.602 (Rel. Min. Eros Grau), 26.603 (Rel. Min. Celso de Melo) e 26.604 (Rel. Min. Cármen Lúcia). Para o Ministro Celso de Mello, "o mandato representativo não constitui projeção de um direito pessoal titularizado pelo parlamentar eleito, mas representa, ao contrário, expressão que deriva da indispensável vinculação do candidato ao partido político, cuja titularidade sobre as vagas conquistadas no processo eleitoral resulta de fundamento constitucional autônomo, identificável tanto no art. 14, §3º, inciso V (que define a filiação partidária como condição de elegibilidade) quanto no art. 45, *caput* (que consagra o sistema proporcional), da Constituição da República".[208]

Diante disso e acerca do cerne da problemática que desencadeou na resolução do TSE sobre a infidelidade partidária e a perda do mandato eletivo, depreende-se que o mandato eletivo não pertence ao candidato eleito porque ele não é detentor de parcela da soberania popular, não podendo transformá-la em propriedade sua, pois, conforme o parágrafo único do art. 1º da nossa *Lex Mater*, "Todo o poder

---

[206] AGRA, Walber de Moura; VELLOSO, Carlos Mário da Silva. *Elementos de Direito Eleitoral*. 6. ed. São Paulo: Saraiva, 2018, p. 109.

[207] Ac. nº 15.384, de 04.09.1998, Rel. Min. Néri da Silveira.

[208] STF – MS: 26603 DF, Relator: Min. CELSO DE MELLO, Data de Julgamento: 04.10.2007, Tribunal Pleno, Data de Publicação: DJe-241 DIVULG 18.12.2008 PUBLIC 19.12.2008 EMENT VOL-02346-02 PP-00318.

emana do povo, que o exerce por meio de representantes eleitos ou diretamente, nos termos desta Constituição".

Ademais, essa decisão concretizou mais ainda a importância dos partidos políticos, que, para os candidatos, não servem apenas como meio para atingir o seu fim, que é a eleição; mas, principalmente, servem para conceder segurança à população de que o candidato cumprirá as diretrizes programáticas do partido. Cumpre salientar, ainda, que o candidato eleito, descumprindo as diretrizes do partido e indo em caminho contrário à vontade do povo, estaria quebrando o pacto de fé estabelecido entre governante e governado. Na linha do que preceitua o TSE, a compreensão da fidelidade partidária deve ser examinada sob uma dupla perspectiva, a saber: a) a fidelidade à grei pela qual foi eleito e; b) a fidelidade aos cidadãos que elegeram determinado candidato.[209] Para o Ministro Luiz Edson Fachin, relator do recurso em referência, "o representante eleito não se afigura como titular absoluto do mandato eletivo, no mínimo, por três diferentes motivos: primeiro, porque o espírito constitucional repele a ideia do voto exclusivamente centrado no carisma pessoal; segundo, porque nas eleições regidas pelo sistema proporcional a distribuição de assentos parlamentares resulta de um conjunto de esforços, na esteira do qual o partido político surge como veículo principal; terceiro, porque na quadra da Constituição vigente os partidos políticos detêm o monopólio das candidaturas".

Sem a fidelidade dos parlamentares aos ideários de interesse coletivo, os partidos se reduzem a serviço de egoísmos disfarçados e os políticos se desmoralizam.[210] Nesse passo, o Ministro Alexandre de Moraes teve a oportunidade de asseverar que a infidelidade partidária é indesejável constitucionalmente, pois enfraquece o sistema democrático que se pretende bem estruturado, com a existência de partidos políticos com bases ideológicas densas e firmes.[211] Indubitável, portanto, que a tonificação da fidelidade partidária é um dos instrumentos mais profícuos para o fortalecimento dos partidos políticos, no que propicia que essas sejam um coletivo de ideias, de modo a ultrapassar

---

[209] Recurso Especial Eleitoral nº 060013127, Acórdão, Min. Edson Fachin, Publicação: DJE – Diário de Justiça Eletrônico, 01.10.2020.

[210] TELLES JÚNIOR, Goffredo. A democracia participativa. *Revista da Faculdade de Direito*, Universidade de São Paulo, v. 100, p. 117, 2005.

[211] Consulta nº 060016120, Acórdão, Relator(a) Min. Alexandre de Moraes, Publicação: DJE – Diário da justiça eletrônica, Tomo 34, Data 04.03.2022.

a visão deturpada de um coletivo de personalidades, que busca apenas o sucesso político e midiático de forma individual.

As únicas possibilidades do mandatário se desfiliar ou trocar de legenda e não perder o mandato é se houver a atestação das hipóteses de justa causa previstas no art. 22-A, parágrafo único, da Lei nº 9.096/1995, se o partido pelo qual é filiado não tiver atingido a cláusula de barreira (art. 17, §5º, da CF/88), ou se a grei conceder carta de anuência (art. 17, §6º, da CF/88).

3.8 Das hipóteses de justa causa para desfiliação sem a perda do mandato eletivo

3.8.1 Do não alcance da cláusula de barreira prevista (art. 17, §5º, da CF/88)

O art. 17, §5º, da Constituição Federal de 1988 estabelece que ao eleito por partido que não preencher os requisitos necessários para ter direito aos recursos do Fundo Partidário e acesso gratuito ao rádio e à televisão, é assegurado o mandato e facultada a filiação, sem a perda do mandato, a outro partido que os tenha atingido, não sendo essa filiação considerada para fins de redistribuição dos recursos do fundo partidário e de acesso gratuito ao tempo de rádio e TV. Recentemente, o TSE entendeu que, quando a Constituição se utiliza da expressão "que não preencher", indica a necessidade de aferição das condições partidárias ensejadoras da migração a todo momento, a cada pedido manifestado pelos eventuais interessados.[212]

Para a desfiliação fundada no art. 17, §5º, da CF/88, exige-se apenas a proclamação formal, através da Justiça Eleitoral, do resultado do pleito, não havendo exigência legal expressa para que o ato seja efetivado a partir de 1º de fevereiro do ano subsequente ao das eleições.[213] Uma vez superado o óbice ao partido político, seja por reagrupamento partidário, formação de federação ou qualquer outro fato superveniente,

---

[212] Ação de Justificação de Desfiliação Partidária/perda de Cargo Eletivo 060011815/SP, Relator(a) Min. André Ramos Tavares, Acórdão de 07.11.2023, Publicado no Diário de Justiça Eletrônico 9, data 02.02.2024.

[213] Agravo Regimental nos Embargos de Declaração na Ação de Justificação Desfiliação Partidária/perda de Cargo Eletivo 060011560/PR, Relator(a) Min. Raul Araujo Filho, Acórdão de 01.06.2023, Publicado no Diário de Justiça Eletrônico 120, data 13.06.2023.

não se poderá mais aplicar o permissivo do §5º do art. 17 da Constituição Federal de 1988.

3.8.2 Utilização de carta de anuência nos termos do art. 17, §6º, da CF/88

Ao longo dos anos a jurisprudência do TSE sedimentou-se no sentido de aceitar carta de anuência subscrita por partido político autorizando a saída do detentor do cargo eletivo.[214] Quanto a essa hipótese em específico, o TSE promoveu uma virada na jurisprudência para afastar a configuração de justa causa em relação à carta de anuência oferecida pelos partidos aos representantes individuais, eleitos pela legenda.[215] Contudo, a Emenda Constitucional nº 111/2021 inseriu o §6º no art. 17 da CF/88, para fins de afastar a hipótese de perda de mandato dos mandatários que se desligarem da grei pela qual tenham sido eleitos nos casos de anuência do partido. Diante desse panorama normativo, o TSE entendeu que inexiste requisito específico para a validade da carta de anuência, como, por exemplo, a exposição de motivos pelos quais o partido demonstra aquiescência com a saída do parlamentar da legenda sem a perda do mandato.[216]

Deve-se ressaltar que o *télos* subjacente ao disposto no art. 17, §6º, da CF/88 certamente não foi o de liberar a utilização da carta de anuência como salvo-conduto para que o detentor de mandato eletivo, em conluio com alguns dirigentes partidários, confeccionem um documento sem a anuência do órgão máximo do partido e subverta, por vias transversas, toda construção alicerçada na salvaguarda da soberania popular e do princípio da representatividade democrática.

Não se está a questionar, por óbvio, os desígnios do Poder Constituinte Reformador, tampouco a utilização de cartas de anuência, mas o documento, para além de satisfazer requisitos mínimos de legitimidade partidária, deve ser lavrado pelo órgão que detém

---

214 Recurso Especial Eleitoral nº 060014426, Acórdão, Relator(a) Min. Luis Felipe Salomão, Publicação: *DJE – Diário da justiça eletrônica*, Data 22.09.2020.

215 Petição nº 060048226, Acórdão, Relator(a) Min. Edson Fachin, Publicação: *DJE – Diário da justiça eletrônica*, Tomo 235, Data 17.12.2021.

216 Referendo Na Tutela Cautelar Antecedente 060051052/RS, Relator(a) Min. Raul Araujo Filho, Acórdão de 16.10.2023, Publicado no Diário de Justiça Eletrônico 211, data 25.10.2023. E ainda: Agravo Regimental no Recurso Especial Eleitoral 060005129/RN, Relator(a) Min. Sergio Silveira Banhos, Acórdão de 20.10.2022, Publicado no Diário de Justiça Eletrônico 222, data 04.11.2022.

competência estatutária para tanto. Essa é a melhor diretriz hermenêutica para a utilização das cartas de anuência. Cabe, nesse norte, tecer algumas linhas acerca da hermenêutica constitucional aplicada ao caso concreto. Explica-se.

Como princípios norteadores da interpretação constitucional, aponta-se, com um maior relevo, o da unidade, o do efeito integrador, da máxima efetividade e da concordância prática. A Constituição também deve ser visualizada como um todo sistêmico, especificamente para que se impeça o surgimento de antinomias que possam arrefecer a sua eficácia normativa. Daí a razão pela qual o Ministro Eros Grau alerta que "não se interpreta o direito em tiras, aos pedaços".[217] Uma das características que se ressalta da conceituação sistêmica é a ideia de unidade. Essa ideia provém do fato de que as normas constitucionais são geradas pelo mesmo procedimento e têm a mesma fonte de legitimação, a saber, o Poder Constituinte.

O princípio da unidade impõe ao intérprete uma compreensão sistêmica do sentido de cada um dos sintagmas constitucionalizados. Para que a Carta Magna possa ter eficácia concretiva integral, impedindo que as normas constitucionais se choquem, provocando antinomias normativas, é necessário interpretá-las de maneira sistêmica, compatibilizando os princípios com os valores sociais que vão sendo sedimentados paulatinamente no inconsciente da população, as "invariáveis axiológicas". Nesse sentido, ressalta o Min. Gilmar Mendes que aplicar o princípio da unidade significa pressupor a racionalidade do legislador constituinte.[218]

O benefício da abertura sistêmica, inclusive do sistema jurídico, é que a simetria com os fatos sociais oferece melhores condições de eficácia, pois um sistema não pode ser visualizado de forma estanque.[219]

---

217 GRAU, Eros Roberto. *Por que tenho medo de juízes:* (a interpretação/aplicação do direito e os seus princípios). 7. ed. São Paulo: Malheiros, 2016. P.86.

218 "Convém ao intérprete, a esse propósito, pressupor a racionalidade do constituinte, ao menos como ponto de partida metodológico da tarefa hermenêutica. Essa racionalidade – tomada como uma diretiva, mais do que como uma hipótese empírica- leva o aplicador a supor um ordenamento constitucional ótimo, ideal, que não entra em contradição consigo mesmo" (MENDES, Gilmar; BRANCO, Paulo. *Curso de direito constitucional.* 14. ed. São Paulo: SaraivaJur, 2019, p. 138).

219 Wilhelm Canaris conceitua a abertura sistêmica como tendo as seguintes características: "a incompletude, a capacidade de evolução e a sua constante modificabilidade. Os sistemas são incompletos porque necessitam de constante criação normativa; são sistemas que dispõem de capacidade de evolução porque se adequam ao progresso social; possuem modificabilidade por sofrerem reformas de acordo com a mutação dos fatos sociais. Assim, o sistema jurídico pode ser caracterizado como um sistema aberto". CANARIS, Claus Wilhelm. *Pensamento*

Portanto, todas as vezes que a normatividade se distancia da normalidade, provoca-se um *gap* normativo, cuja consequência mais palpável é a perda de eficiência normativa.

Disso resulta a necessidade de promover a concretização das normas constitucionais no plano do dever ser, com a plenificação dos efeitos irradiadores das regras e princípios constitucionais.[220] Conforme assevera Loewestein, essa concretização da Constituição no plano fático significa a densificação de sua normatividade, elidindo as possibilidades dessas normas serem classificadas como semânticas.[221] Quis-se asseverar, com isso, que não basta apenas invocar o disposto no art. 17, §6º, da CF/88, de forma descontextualizada do todo sistêmico da Carta Magna, pois, à maneira do que disse Ruy Barbosa, "o direito não dá com a mão direita para tirar com a esquerda". Ou seja, a Constituição Federal de 1988 não consagrou o espírito da fidelidade partidária com toda sua pujança principiológica para permitir que o próprio texto constitucional crie mecanismos que revelem acintes diretos à soberania popular.

Desse modo, entende-se que a interpretação do art. 17, §6º, da CF/88 também deve sofrer fortes influxos do princípio da autonomia partidária, especificamente porque essa nova hipótese de justa causa para desfiliação partidária não pode dar azo a atropelos e desobediências aos estatutos e às normas partidárias. Com efeito, os partidos devem editar normas autônomas ou incluírem regras específicas em seus estatutos com vistas a dispor sobre as formas e o rito de confecção das cartas anuências, atentando para a hierarquia partidária, de modo a evitar que instâncias inferiores, como, por exemplo, os diretórios municipais, concedam o documento sem autorização das demais instâncias partidárias.

Cite-se que o TSE, ao analisar o pedido de registro das alterações estatutárias do partido Avante, sinalizou entendimento no sentido de que a expedição da carta de anuência poderá ser concedida pelo órgão nacional em relação a qualquer mandato eletivo, assegurada aos

---

sistemático e conceito de sistema na ciência do direito. Tradução de A. Menezes Cordeiro. 2. ed. Lisboa: Fundação Calouste Gulbenkian, 1996. p. 104.

220 TAVARES, André Ramos. *Fronteiras da hermenêutica constitucional*. São Paulo: Método, 2006. p. 59.

221 LOEWENSTEIN, Karl. *Teoría de la Constitución*. Barcelona: Ariel, 1964. p. 218-219.

diretórios regionais a expedição quando se referir a mandato eletivo estadual, distrital e municipal.[222]

Questão tormentosa e ainda carente de pacificação diz respeito à competência para análise dos requisitos de validade das cartas de anuência. Alguns Tribunais Regionais Eleitorais entendem que essa análise estaria circunscrita aos assuntos *interna corporis*, sendo a Justiça Comum competente para aferir a higidez e a validade da carta de anuência. Discorda-se desse posicionamento. Não faz sentido algum ter de ajuizar ação de decretação de perda de mandato eletivo por ato de infidelidade partidária perante a Justiça Eleitoral e ação ordinária para declarar a invalidade/nulidade do documento. Como se sabe, o rito da Resolução TSE nº 22.610/2007 é marcado pela celeridade, ao passo que as ações que tramitam no rito ordinário são lentas, sobretudo diante dos prazos dilargados e em dias úteis.

Haverá uma incongruência temporal patente, pois a ação que tramita sob o rito da Resolução TSE nº 22.610/2007 inevitavelmente será julgada primeiro, de modo que quando a ação ordinária alcançar o julgamento de mérito, o seu resultado em nada influirá na outra. A Justiça Eleitoral não pode ser utilizada apenas para atestar a satisfação do requisito de existência desse documento, de modo a fechar os olhos para perscrutar a perfectibilização dos requisitos de validade e eficácia.

Em assim sendo, estar-se-ia a arrefecer a magnitude de todo o bloco argumentativo e principiológico soerguido para assentar que os mandatos eletivos obtidos a partir de eleições proporcionais pertencem aos partidos políticos, já que a Justiça Eleitoral seria acionada apenas para carimbar o passaporte de saída do parlamentar em detrimento do coletivo partidário, sem se ater às hipóteses em que cartas de anuência são concedidas em franca violação aos estatutos e diretrizes partidárias.

Recentemente, em voto proferido pelo Ministro Raul Araújo nos autos do Recurso Especial Eleitoral nº 0600122-48.2022.6.05.0000, o TSE assentou a competência da "Justiça Eleitoral [para] apreciar a validade formal e os efeitos substanciais da carta de anuência concedida para justificar a desfiliação partidária em ações de perda de mandato, ante a relação lógico-processual indissociável entre a validade da justa causa apresentada e o resultado da ação".

[222] Registro de Partido Político 9508/DF, Relator(a) Min. Raul Araujo Filho, Acórdão de 09.11.2023, Publicado no Diário de Justiça Eletrônico 239, data 04.12.2023.

Em igual sentido, o Ministro Floriano de Azevedo Marques acentuou que, nesses casos, não se trata de ingerência indevida da Justiça Eleitoral em assuntos *interna corporis*, pois, "se o partido, no exercício da sua autonomia, definiu nos seus Estatutos – aos quais todos os filiados e candidatos pela grei se vinculam – que tal anuência é reserva de competência do órgão de direção nacional, só pode a Justiça Eleitoral concluir que a missiva do órgão municipal não é hígida, nem suficiente, para incidir a hipótese elisiva da perda de mandato prevista no §6º do art. 17".[223] Cite-se, por fim, que, em situações semelhantes, outras Cortes Regionais também procederam à análise da validade das anuências com o fito de atestar se a concessão do documento guarda consonância com as diretrizes partidárias.[224]

3.8.3 Das hipóteses de justa causa previstas no art. 22-A, parágrafo único, da Lei nº 9.096/1995

A Lei nº 13.165/2015 trouxe uma inovação em relação à desfiliação ou mudança do partido. Antes, regulado pela Resolução nº 22.610/2007, previa o instituto motivações que ensejavam a justa causa para a desfiliação partidária sem a perda do mandato, tratando-se, portanto, de matéria albergada por instrução do TSE e, principalmente, na jurisprudência. Mediante a inclusão do art. 22-A na Lei nº 9.096/95, a recente reforma eleitoral trouxe à matéria a natureza, força e eficiência de lei, sendo consideradas como justa causa, reiterando-se, a mudança substancial ou desvio reiterado do programa partidário; a grave discriminação política pessoal; a mudança de partido efetuada durante o período de 30 dias que antecede o prazo de filiação exigido em lei para concorrer à eleição, proporcional ao término do mandato vigente. O legislador claramente optou por trazer um rol restrito e taxativo.

Em paralelo às disposições normativas atinentes à matéria, o TSE estruturou algumas outras hipóteses de justa causa, como a permissividade do uso de carta-compromisso firmada entre partidos políticos e movimentos cívicos apartidários. Para o TSE, se o partido

---

223 Ação de Justificação de Desfiliação Partidária/perda de Cargo Eletivo 060011815/SP, Relator(a) Min. André Ramos Tavares, Acórdão de 07.11.2023, Publicado no Diário de Justiça Eletrônico 9, data 02.02.2024.

224 TRE-RS – PET: 060009958 ERECHIM – RS, Relator: Oyama Assis Brasil de Moraes, Data de Julgamento: 22.09.2022, Data de Publicação: DJE – Diário de Justiça Eletrônico, Data 26.09.2022. E ainda: Processo nº 0600569-66.2023.6.16.0000, Relator: Carlos Gil Rodrigues Filho (TRE-PE).

firmar compromisso com determinado movimento cívico apartidário, cria-se, sob a ótica da boa-fé objetiva, justa expectativa para que os filiados arregimentados dentro do movimento possam atuar ao largo dos princípios e diretrizes da grei. Então, uma vez declarada a eficácia da carta-compromisso, não pode a agremiação exigir que os filiados atuem em observância às diretrizes partidárias que colidam com a pauta do movimento.[225]

Se houver, por exemplo, punição por parte do partido político, ainda que com esteio nas normas estatutárias, em face do mandatário que promoveu o enlace mediante o uso de carta-compromisso, restará caracterizada a justa causa para desfiliação sem a perda do mandato. Caberá, nesse vértice, à Justiça Eleitoral considerar os direitos e deveres previamente pactuados.

Discorda-se veementemente da aceitação da carta-compromisso, que arrefece sobremodo o princípio constitucional da autonomia partidária e representa um *capitis diminutio* no que tange à importância dos partidos políticos. Nesse sentido, os partidos devem atentar para a forma de estruturação dessas cartas, principalmente em relação às cláusulas, para que se possa ao menos resguardar uma reserva de densidade mínima do princípio da autonomia partidária, de modo a não permitir que tais instrumentos possam cada vez mais entronizar indivíduos singulares em detrimento do coletivo partidário.[226]

O requisito da mudança substancial ou desvio reiterado do programa partidário se consubstancia na possiblidade de o filiado migrar de partido quando há inobservância por parte das direções partidárias do respeito aos princípios, diretrizes, objetivos e razão de ser da agremiação. Ou seja, quando há mudança na ideologia e, consequentemente, no estatuto do partido, a ponto de os filiados não mais se identificarem com a legenda.[227] Para sua caracterização, é necessário

---

[225] Processo nº 0600641-66.2019.6.00.0000, Rel. Min. Luís Roberto Barroso; e Processo nº 0600637-29.2019.6.00.0000, Rel. Min. Sérgio Banhos.

[226] AGRA, Walber de Moura; LUCENA, Alisson. Sobre o dano moral e material a partido político por infidelidade partidária. *Conjur*, 21 jan. 2022. Disponível em: https://www.conjur.com.br.2022-jan-21/opiniao-dano-partido-politico-infidelidade-partidaria. Acesso em: 9 fev. 2022.

[227] ELEIÇÕES 2018. AÇÃO DECLARATÓRIA DE JUSTA CAUSA PARA DESFILIAÇÃO PARTIDÁRIA. MUDANÇA SUBSTANCIAL DO PROGRAMA PARTIDÁRIO. GRAVE DISCRIMINAÇÃO POLÍTICA PESSOAL. CONFIGURAÇÃO. PROCEDÊNCIA. 1. A mudança substancial do programa partidário para fins de configuração da justa causa para desfiliação deve ser tal que subverta de forma relevante o programa e a própria ideologia do partido. Ademais, a hipótese de discriminação pessoal que caracteriza justa causa para

demonstrar de forma inexorável o desvio substancial da postura que o partido historicamente tenha adotado sobre temas sensíveis e relevantes na sociedade. No entanto, a alegada mudança substancial de programa partidário apenas justifica a desfiliação por justa causa pelo mandatário quando ocorre dentro de prazo razoável.[228]

É de bom alvitre realçar que a mudança substancial ou desvio reiterado do programa partidário deve ter caráter nacional, no que eventuais discordâncias locais sobre alinhamento político com outros partidos não têm magnitude para atrair essa hipótese de justa causa.[229] De igual modo, a alteração de posicionamento do partido em relação a matéria polêmica *interna corporis* também não evidencia mudança substancial do programa partidário.[230] Outrossim, cite-se que acusações de atos de corrupção eventualmente praticados por dirigentes do partido não são suficientes para configurar a hipótese de desvio reiterado do programa partidário.[231] De igual modo, escândalos de corrupção que

---

a desfiliação exige a demonstração de fatos certos e determinados que tenham o condão de afastar o mandatário do convívio da agremiação ou revelem situações claras de desprestígio ou perseguição. Precedentes. 2. No caso específico dos autos, houve a demonstração da ocorrência de guinada na orientação da agremiação, aliada à efetiva intenção de afastar o requerido do convívio partidário mediante promessa de expulsão em decorrência de seu posicionamento em relação ao PL nº 399.2015, que até então não fora formalmente rejeitado em manifestação da grei. 3. Pedido julgado procedente. (Ação de Justificação de Desfiliação Partidária/Perda de Cargo Eletivo nº 060024958, Acórdão, Relator(a) Min. Carlos Horbach, Publicação: *DJE – Diário da justiça eletrônica,* Tomo 191, Data 18.10.2021).

228 EMBARGOS DE DECLARAÇÃO. CONVERSÃO EM AGRAVO REGIMENTAL. RECURSO ESPECIAL. AÇÃO DE PERDA DE CARGO ELETIVO POR DESFILIAÇÃO PARTIDÁRIA. MUDANÇA DE ESTATUTO. TRANSCURSO DE DOIS ANOS E QUATRO MESES ENTRE JUSTA CAUSA E SAÍDA DA LEGENDA. IRRAZOABILIDADE DO PRAZO. SÚMULA 24/TSE. DESPROVIMENTO. No caso, a inércia do agravante, durante dois anos e quatro meses, denota sua concordância com novo posicionamento da legenda, além de consolidar efeitos jurídicos pelo transcurso do tempo, inexistindo justa causa (Recurso Especial Eleitoral nº 42525, Acórdão, Relator(a) Min. Herman Benjamin, Publicação: *DJE – Diário de justiça eletrônico,* Tomo 237, Data 15.12.2016, Página 22).

229 O mero rumor ou discussão sobre a possibilidade futura de alinhamento político com partido de oposição não constitui mudança substancial de diretriz partidária. 9. Eventuais discordâncias locais sobre o posicionamento da agremiação diante da administração de um único município não caracteriza desvirtuamento do programa ou da diretriz partidária, os quais, dada a natureza e circunscrição do cargo em questão, deveriam ter, no mínimo, caráter estadual. Recursos ordinários desprovidos. Ação cautelar improcedente, com revogação da liminar concedida, e respectivo agravo regimental julgado prejudicado (TSE – AC: 18578 PR, Relator: Min. HENRIQUE NEVES DA SILVA, Data de Julgamento: 13.03.2014, Data de Publicação: *DJE – Diário de justiça eletrônico,* Data 31.03.2014, Página 94-95).

230 Petição nº 3019, Acórdão, Relator(a) Min. Aldir Passarinho Junior, Publicação: *DJE – Diário de justiça eletrônico,* Data 13.09.2010, Página 62.

231 AÇÃO DE JUSTIFICAÇÃO DE DESFILIAÇÃO PARTIDÁRIA/PERDA DE CARGO ELETIVO. DEPUTADO FEDERAL. HIPÓTESE DE JUSTA CAUSA FUNDADA EM DESVIO REITERADO DE PROGRAMA PARTIDÁRIO. IMPROCEDÊNCIA. 1. Os fatos apresentados

envolvam a legenda no plano nacional, considerados de forma objetiva, não asseguram a imediata desfiliação do mandatário na hipótese aventada de mudança substancial do programa partidário.[232]

A grave discriminação política pessoal ocorre quando há tratamento injusto e desigual atribuído pela legenda e seus órgãos diretivos a um filiado. Tal hipótese apresenta uma possibilidade ampla e de subjetiva caracterização, diante da dificuldade de se estabelecer um critério que defina sua ocorrência, mormente em virtude da complexidade das relações constituídas dentro do contexto político-partidário. Por ser um conceito fluido e cambiante, deve ser atestado com base em um conjunto probatório robusto, que possa afastar as subjetividades do alegado. A própria locução já traz o adjetivo "grave", de modo a indicar que meros dissabores em solo partidário não são aptos a satisfazer o requisito.[233] Vê-se que estas duas primeiras hipóteses de justa causa para a desfiliação partidária demandam uma análise subjetiva da Justiça Eleitoral, no que devem ser demonstradas mediante identificação de fato específico, de forma tópica e fundamentada, para a correta subsunção.[234]

---

pelo requerente, consistentes em acusações de atos de corrupção praticados por dirigentes do partido, não são suficientes para configurar a hipótese de desvio reiterado do programa partidário, previsto no art. 22, I, da Lei nº 9.096/1995.2. Pedido indeferido e prejudicados os embargos de declaração opostos à decisão liminar. (Ação de Justificação de Desfiliação Partidária/Perda de Cargo Eletivo nº 060183737, Acórdão, Relator(a) Min. Mauro Campbell Marques, Publicação: *DJE – Diário da justiça eletrônica*, Tomo 165, Data 08.09.2021).

[232] Agravo de Instrumento nº 060353212, Acórdão, Relator(a) Min. Sergio Silveira Banhos, Publicação: *DJE – Diário da justiça eletrônica*, Tomo 155, Data 05.08.2020.

[233] Discussões sobre o alinhamento político do Partido, disputas internas que não interfiram no programa e nos ideais partidários nem gerem grave discriminação pessoal não são aptas a configurar a justa causa para a desfiliação. 8. Agravo Interno desprovido (Petição nº 060008904, Acórdão, Relator(a) Min. Alexandre de Moraes, Publicação: *DJE – Diário da justiça eletrônica*, Tomo 89, Data 18.05.2021, Página 0).

[234] ELEIÇÕES 2014. AGRAVO REGIMENTAL. RECURSO ORDINÁRIO. AÇÃO DE DECRETAÇÃO DE PERDA DE CARGO ELETIVO POR DESFILIAÇÃO PARTIDÁRIA SEM JUSTA CAUSA. DEPUTADO ESTADUAL. IMPROCEDÊNCIA. JUSTA CAUSA EVIDENCIADA. GRAVE DISCRIMINAÇÃO PESSOAL. DESPRESTÍGIO REPENTINO. DESTITUIÇÃO IMOTIVADA DA PRESIDÊNCIA DO PARTIDO. DIVULGAÇÃO ANTECIPADA NA MÍDIA. AUSÊNCIA DE CONVITE PARA REUNIÃO. MANUTENÇÃO DO MANDATO ELETIVO. DESPROVIMENTO. 1. A hipótese de discriminação pessoal que caracteriza justa causa para a desfiliação exige a demonstração de fatos certos e determinados que tenham o condão de afastar o mandatário do convívio da agremiação ou revelem situações claras de desprestígio ou perseguição. 2. No caso dos autos está presente a hipótese de justa causa de grave discriminação invocada pelo agravado ao demonstrar que experimentara um quadro de súbito desprestígio na legenda, o qual ultrapassa as alegações contrárias de eventual resistência de sua parte em verem frustradas as expectativas de se lançar a cargo majoritário no próximo pleito ou de divergência interna e disputas próprias do âmbito partidário. 3. Agravo regimental desprovido (Recurso Ordinário nº

Importa mencionar que, para o TSE, não há atestação de grave discriminação nos seguintes casos: mera instauração de procedimento administrativo para averiguar eventual descumprimento de normas partidárias; e[235] ausência de reunião do órgão partidário municipal, inativação de Comissão Provisória Municipal e a não inclusão do mandatário como membro da Comissão.[236]

Já a hipótese de mudança de partido efetuada durante o período de 30 dias que antecede o prazo de filiação para concorrer à eleição, proporcional ao término do mandato, consubstancia a denominada "janela de transferências" ou "janela da infidelidade", que traz a possibilidade de os detentores de mandatos já eleitos se recandidatarem em agremiação diversa da que se elegeu sem comprometer o fim do mandato que conquistaram na eleição anterior. A interpretação que tem sido dada a essa mudança é que essa janela se aplica apenas àqueles representantes em final de mandato.

O partido Rede Sustentabilidade, valendo-se das prerrogativas constitucionais insculpidas no art. 103, inciso VIII, da Constituição Federal, ajuizou ação declaratória de inconstitucionalidade, a ADI nº 5.398, requerendo a declaração da inconstitucionalidade parcial, sem redução de texto, da norma veiculada no referido art. 22-A da Lei nº 9.096/95, que com seu rol taxativo passa a proibir a desfiliação em razão da criação de um novo partido. Em sede liminar, o Min. Luís Roberto Barroso restabeleceu o prazo integral de 30 dias para que detentores de mandatos eletivos se filiem aos novos partidos registrados no Tribunal Superior Eleitoral imediatamente antes da entrada em vigor da Lei nº 13.165/2015. A liminar foi submetida a referendo do Plenário.[237]

14826, Acórdão, Relator(a) Min. Tarcisio Vieira de Carvalho Neto, Publicação: *DJE – Diário de justiça eletrônico*, Data 20.11.2017).

[235] Pet. nº 3019, Rel. Min. Aldir Passarinho Jr., j. em 25.08.2010.

[236] Meras desavenças políticas entre filiados são insuficientes para configurar a grave discriminação política pessoal, tampouco constitui motivo legítimo para desfiliação a insatisfação do agravante em relação à ausência de reunião do órgão partidário municipal, à inativação da Comissão Provisória Municipal do partido e à sua não inclusão como membro nessa Comissão, visto que essas circunstâncias constituem acontecimentos afetos à vida política partidária. Hipótese de grave discriminação política pessoal não configurada. 12. Agravo regimental desprovido (Agravo de Instrumento nº 060057160, Acórdão, Relator(a) Min. Edson Fachin, Publicação: *DJE – Diário da justiça eletrônica*, Tomo 156, Data 06.08.2020).

[237] Direito eleitoral. Ação Direta de Inconstitucionalidade. Lei nº 13.165.2015. Exclusão da criação de partido novo como hipótese de justa causa para desfiliação partidária. Plausibilidade jurídica da alegação de violação à legítima expectativa de partidos criados até a data da entrada em vigor da lei. Periculum in mora configurado. Medida cautelar Referendada pelo Plenário. 1. O artigo 22-A da Lei nº 9.096/1995, introduzido pela Lei nº 13.165, de 29

Quanto à incorporação, fusão ou simples criação de partido, não é mais considerada como justa causa para o pedido de desfiliação sem a perda do direito do mandato eletivo, "a" *priori*, a exceção é se o mandatário conseguir provar que houve a concretização de uma justa causa.

Sublinhe-se que, caso haja eventual resistência do partido à futura pretensão de filiado concorrer a determinado cargo eletivo, essa situação não caracteriza justa causa para desfiliação partidária, pois a disputa interna faz parte da vida partidária, constitui-se matéria *interna corporis*, escapando, pois, ao julgamento da Justiça Eleitoral.[238] A exceção é se houver provas robustas de que há perseguição partidária e não uma simples recusa de candidatura em virtude de cálculos eleitorais. Nesse mesmo diapasão, o Colendo TSE entende que a mudança de agremiação partidária de filiados que não exercem mandato eletivo também constitui matéria *interna corporis*, não ensejando possibilidade de cabimento de representação perante essa Corte.[239]

Ademais, a jurisprudência do TSE é uníssona no que tange à não caracterização da infidelidade partidária por desfiliação sem justa

de setembro de 2015 (minirreforma eleitoral de 2015), excluiu, *a contrario sensu*, a criação de nova legenda como hipótese de justa causa para a desfiliação, sem perda de mandato por infidelidade partidária. 2. Forte plausibilidade jurídica na alegação de inconstitucionalidade, por violação ao princípio da segurança jurídica, da incidência da norma sobre os partidos políticos registrados no TSE até a entrada em vigor da Lei nº 13.165.2015, cujo prazo de 30 dias para as filiações de detentores de mandato eletivo ainda estava transcorrendo. 3. Perigo na demora igualmente configurado, já que o dispositivo impugnado estabelece obstáculos ao desenvolvimento das novas agremiações. A norma inviabiliza a imediata migração de parlamentares eleitos aos partidos recém-fundados e, assim, impede que estes obtenham representatividade, acesso proporcional ao fundo partidário e ao tempo de TV e rádio (cf. julgamento das ADIs 4.430 e 4.795). 4. Medida cautelar referendada pelo Plenário para determinar a devolução do prazo integral de 30 (trinta) dias para detentores de mandatos eletivos filiarem-se aos novos partidos registrados no TSE até a data da entrada em vigor da Lei nº 13.165.2015, restando prejudicado o agravo interposto pela Mesa do Senado Federal (STF – MC-Ref ADI: 5398 DF – DISTRITO FEDERAL 0007389-25.2015.1.00.0000, Relator: Min. ROBERTO BARROSO, Data de Julgamento: 09.05.2018, Tribunal Pleno, Data de Publicação: *DJe*-245 20.11.2018).

238 A grave discriminação política pessoal que legitima a justa causa para a desfiliação partidária exige a demonstração concreta de fatos que tenham o condão de afastar o mandatário do convívio do partido ou que revelem situações claras de desprestígio ou perseguição, não sendo motivo suficiente a eventual dificuldade ou resistência da grei em lançar o ocupante do cargo como candidato em eleições futuras, pois a disputa e a divergência internas fazem parte da vida partidária. Precedentes (Agravo de Instrumento nº 060018408, Acórdão, Relator(a) Min. Og Fernandes, Publicação: *DJE – Diário da justiça eletrônica*, Tomo 113, Data 09.06.2020).

239 Agravo Regimental em Representação nº 1.399, Acórdão de 19.02.2009, Rel. Min. Felix Fischer, *DJe* 18.03.2009, p. 69.

causa se o mandatário dito infiel for aceito de volta na agremiação.[240] Igualmente, não cabe ação de desfiliação partidária para cargos majoritários, ou seja, para cargos do Executivo e do Senado.

Havendo a concretização de fatos que justifiquem a desfiliação partidária, não há razão para não declarar a existência de justa causa.[241] O reconhecimento da justa causa para a transferência de partido político afasta a perda do mandato eletivo por infidelidade partidária, todavia, não impede que se abra processo para declarar a expulsão do mandatário do partido por conduta indigna ao seu estatuto, mesmo que tal declaração não acarrete efeitos ao seu mandato. O que a justa causa possibilita é a continuidade do exercício do mandato pelo filiado, sem qualquer transferência dos consectários da representatividade, ou seja, o direito à vacância, o direito de antena ou o acesso ao Fundo Partidário.[242]

Por fim, insta ressaltar que não é teratológica a decisão que determina o afastamento do ocupante de cargo eletivo em razão de infidelidade partidária, tendo em vista o disposto no art. 10 da Resolução TSE nº 22.610/2007.[243] A mencionada resolução fora criada para fortalecer os partidos políticos brasileiros, partindo do pressuposto de que sem agremiações fortes não existe democracia. Todavia, tal desiderato foi enfraquecido pelo Supremo Tribunal Federal, que decidiu que, havendo vacância nos parlamentos, a vaga seria do suplente da coligação, e não do partido a que pertencia o mandatário detentor da vaga.[244]

3.9 Aspectos processuais da ação de perda de cargo eletivo por infidelidade partidária e da ação de justificação de desfiliação

A legitimidade para pedir a decretação de cargo eletivo em decorrência de desfiliação sem justa causa pertence ao partido político

---

240 Agravo Regimental em Petição nº 2.778, Acórdão de 23.04.2009, Rel. Min. Marcelo Henriques Ribeiro de Oliveira, *DJe* 21.05.2009, p. 16/17.

241 Res. nº 22.705, de 21.02.2008, Rel. Min. Gerardo Grossi.

242 Precedentes do STF (ADIs nºs 4.430/DF e 4.795/DF, ambas da relatoria do Ministro DIAS TOFFOLI, DJe de 19.9.2013) e desta CORTE ELEITORAL (AgR-PET 572-25, rel. Min. NAPOLEÃO NUNES MAIA FILHO, DJe de 10.8.2018) (Petição nº 060064336, Acórdão, Relator(a) Min. Alexandre de Moraes, Publicação: *DJE – Diário da justiça eletrônica,* Tomo 218, Data 25.11.2021).

243 AgRg no MS nº 3.829/MG, Rel. Min. Marcelo Ribeiro, *DJ* 06.08.2008.

244 MS nº 30.260/DF. Rel. Min. Cármen Lúcia. Pleno. Julg.: 27.04.2011. DJe 30.08.2011; MS nº 30.272/MG. Rel. Min. Cármen Lúcia. Pleno. Julg.: 27.04.2011. DJe 30.08.2011.

prejudicado (*caput* do art. 1º da Resolução nº 22.610/2007). A desfiliação pode ter sido para filiar-se a um novo partido político ou permanecer, provisoriamente, sem agremiação, não existindo diferenciação de motivo.

Ao longo dos anos, o TSE densificou entendimento sobre as hipóteses nas quais não cabe a propositura de ação de decretação de perda de mandato eletivo por infidelidade partidária, a saber: quando o mandatário é expulso dos quadros da legenda;[245] quando não houver suplentes em condições de assumir o cargo deixado pelo parlamentar migrante;[246] e reintegração do detentor de cargo eletivo ao partido político.[247]

A competência para o processamento e julgamento da perda do cargo relativo a mandato federal, como cargos de deputado federal ou senador, é do Tribunal Superior Eleitoral. Nos demais cargos, como vereador ou deputado estadual, a competência é do Tribunal Regional Eleitoral (art. 2º da Resolução nº 22.610/2007).

O prazo para que o partido político possa formular o pedido é de trinta dias da notificação da desfiliação. Se não o fizer nesse prazo, nos próximos trinta dias pode fazê-lo quem tenha interesse jurídico, como o suplente que possa ocupar a vaga, ou o Ministério Público Eleitoral (art. 1º, §2º, da Resolução nº 22.610/2007).

Ressalte-se, no ponto, que o segundo suplente do partido político titulariza interesse em promover ação para o reconhecimento de desfiliação partidária do primeiro suplente, mas igual situação não se reflete sobre o terceiro suplente. Outrossim, tem-se que o suplente da coligação – que não seja do partido do trânsfuga – não tem legitimidade para o ajuizamento de ação de perda de cargo eletivo por desfiliação partidária sem justa causa.[248]

Conforme jurisprudência pacífica do TSE, a data a ser considerada como termo inicial do prazo para a propositura de ação de perda

---

[245] "É incabível a propositura de ação de decretação de perda de mandato eletivo por ato de infidelidade partidária (Res.-TSE 22.610.2007 e Lei 9096/95) na hipótese em que o mandatário é expulso dos quadros da legenda" (AgR-REspe nº 0600467-53, Rel. Min. Jorge Mussi, *DJE* de 27.8.2019).

[246] QO-Pet nº 518-59/DF, Rel. Min. Luciana Lóssio, *DJE* de 21.9.2016; Pet nº 757-34/RN, Rel. Min. João Otávio de Noronha, *DJE* de 23.9.2014 e AgR-AC 456-24/RS, Rel. Min. Henrique Neves, *DJE* de 21.8.2012.

[247] Ac.-TSE, de 23.4.2009, no AgR-Pet nº 2778.

[248] Petição nº 56618, Acórdão, Relator(a) Min. Luciana Lóssio, Publicação: *DJE – Diário da justiça eletrônica*, Tomo 182, Data 21.09.2016, Página 32/33.

de cargo eletivo em decorrência de desfiliação partidária sem justa causa é a da primeira comunicação feita pelo detentor do mandato eletivo ao partido político.[249] Também entende o TSE que, no caso de ausência de comunicação da desfiliação ao partido diretamente pelo trânsfuga, o termo inicial para a contagem do prazo da ação é a data do cancelamento da filiação pela Justiça Eleitoral.[250]

Não se vislumbra óbice ao protocolo da demanda antes de iniciar o prazo, a teor do que prevê o art. 218, §4º, do Código de Processo Civil e da compreensão de que a cessação do prazo decadencial disposto no art. 1º, §2º, da Resolução TSE nº 22.610/20017 ocorre por meio de ato de natureza processual.[251]

Rememora-se que o STF perfilhou entendimento no sentido de que a perda de mandato por infidelidade partidária só é possível para cargos eletivos proporcionais. Dessa forma, os titulares de cargos do sistema majoritário, que no Brasil são prefeito, governador, senador e presidente, não perderão o cargo caso, sem justa causa, decidam sair do partido político no qual foram eleitos.[252]

Assim, o STF julgou parcialmente inconstitucional a Resolução nº 22.610/2007 do TSE nos trechos em que ela regulamentou os cargos majoritários. Esse é o entendimento materializado na Súmula nº 67 do TSE, que tem a seguinte dicção: "a perda do mandato em razão da desfiliação partidária não se aplica aos candidatos eleitos pelo sistema majoritário".

Antes de se desfiliar, para evitar a perda do mandato, ou após sua realização, o representante pode pedir à Justiça Eleitoral a declaração da existência de justa causa, com a devida citação do partido político respectivo.

---

249 TSE – AI: 06001934020186140000 Santarém – PA, Relator: Min. Alexandre de Moraes, Data de Julgamento: 20.08.2020, Data de Publicação: *DJE – Diário de justiça eletrônico*, Tomo 186, Data 17.09.2020, Página 0.

250 "O substrato da exegese conferida por esta Corte Superior ao dispositivo é, portanto, a ciência do partido acerca da desfiliação. Justamente por isso, entende-se que, no caso de ausência de comunicação da desfiliação ao partido diretamente pelo trânsfuga, configurando-se a hipótese do art. 22, V, da Lei nº 9.096/1995, o termo inicial para contagem do prazo da ação é a data do cancelamento da filiação pela Justiça Eleitoral, pois constitui o momento em que a agremiação partidária toma conhecimento oficial da desfiliação do trânsfuga dos seus quadros, ressalvada a situação em que as circunstâncias do caso concreto evidenciarem a ciência em ocasião anterior" (Agravo de Instrumento nº 060057160, Acórdão, Relator(a) Min. Edson Fachin, Publicação: *DJE – Diário da justiça eletrônica*, Tomo 156, Data 06.08.2020).

251 Petição nº 060048226, Acórdão, Relator(a) Min. Edson Fachin, Publicação: *DJE – Diário da justiça eletrônica*, Tomo 235, Data 17.12.2021.

252 STF no julgamento da ADI nº 5.081/DF, Rel. Min. Roberto Barroso, 27.5.2015.

Na inicial do pedido para a decretação da perda do mandato, o partido político, Ministério Público Eleitoral ou eventual interessado deve juntar prova documental da desfiliação, podendo arrolar testemunhas, até o máximo de três, requerendo de forma justificada a produção de outras provas, inclusive a requisição de documentos em poder de terceiros ou de repartições públicas (art. 3º da Resolução nº 22.610/2007).

Acerca da possibilidade de concessão de tutela antecipada nas ações que observam o procedimento previsto na Resolução nº 22.610/2007, o TSE já se posicionou no sentido de ser inviável, especificamente no tocante às ações de perda de mandato. Ou seja, busca-se evitar o afastamento provisório do eleito, com a convocação do suplente para ocupar o cargo sem que haja decisão definitiva de mérito.[253] Nesses casos, a reversibilidade, requisito ínsito para o deferimento das medidas processuais de urgência, não se mostra presente.

Diversa é a situação em que a ação é ajuizada pelo mandatário eleito, para ver reconhecida a justa causa para desfiliação. Nessa hipótese, conforme alinhavou o Ministro Luís Roberto Barroso, a concessão da tutela antecipada apenas permite que o eleito possa exercer o mandato, caso se desfilie durante o trâmite da ação, no que, ainda assim, a antecipação da tutela continuará a ser medida excepcional.[254]

O mandatário que se desfiliou e o eventual partido em que esteja inscrito são citados para responder no prazo de cinco dias, contados do ato de citação (art. 4º da Resolução nº 22.610/2007). Do referido mandado consta advertência expressa de que, em caso de revelia, os fatos afirmados na inicial se presumirão como verdadeiros (parágrafo único do art. 4º da Resolução nº 22.610/2007).

Na resposta, o representante requerido pode juntar prova documental, arrolar prova testemunhal, até o máximo de três, requerer outras provas de forma justificada, inclusive requisição de documentos em poder de terceiros ou de repartição pública (art. 5º da Resolução nº 22.610/2007).

Decorrido o prazo da resposta, o tribunal ouve em quarenta e oito horas o Ministério Público Eleitoral, desde que não tenha sido requerente. Em seguida, não havendo necessidade de dilação probatória, há o julgamento do pedido (art. 6º da Resolução nº 22.610/2007).

---

[253] MS nº 3.671, Rel. Min. Ayres Britto, julgado em 27.11.2007.

[254] Ação de Justificação de Desfiliação Partidária nº 0600766-63.2021.6.00.0000, Rel. Min. Alexandre de Moraes. Decisão proferida no plantão judiciário pelo Ministro Presidente, Luís Roberto Barroso.

Se na instrução probatória houver a necessidade de novas provas, o relator poderá deferi-las, designando o quinto dia útil subsequente para tomar depoimentos pessoais e inquirir testemunhas, trazidas pela parte que as arrolou (art. 7º da Resolução nº 22.610/2007).

Encerrada a instrução, o relator intimará as partes e o representante do Ministério Público Eleitoral para apresentarem alegações finais por escrito no prazo comum de quarenta e oito horas (parágrafo único do art. 7º da Resolução nº 22.610/2007). Incumbe às partes a comprovação de alegações extintivas, impeditivas e modificativas do pedido (art. 8º da Resolução nº 22.610/2007).

O relator pode julgar a questão de forma antecipada ou não. Ele prepara o voto e pede a inclusão do processo na pauta da sessão seguinte, observando a antecedência mínima de quarenta e oito horas. Faculta-se sustentação oral por quinze minutos (art. 9º da Resolução nº 22.610/2007).

Julgando procedente o pedido, o Tribunal Superior Eleitoral ou o Tribunal Regional Eleitoral decreta a perda do cargo, comunicando a decisão ao presidente do órgão legislativo competente para que emposse, conforme o caso, o suplente ou o vice no prazo de dez dias (art. 10 da Resolução nº 22.610/2007).

As decisões interlocutórias do relator apenas podem ser revistas no julgamento final. Com o intento de evitar procrastinações recursais, do acórdão cabe apenas pedido de reconsideração, no prazo de 48 horas, sem efeito suspensivo (art. 11 da Resolução nº 22.610/2007).

Não obstante o processo de tramitação de perda de mandato ser demasiadamente longo para os padrões da Justiça Eleitoral, esses tipos de processos devem ter preferência na Justiça Eleitoral, com prazo de encerramento previsto para sessenta dias. Infelizmente esse prazo é indicativo, inexistindo sanções para o seu não cumprimento (art. 12 da Resolução nº 22.610/2007).

CAPÍTULO 4

FEDERAÇÕES DE PARTIDOS POLÍTICOS

A Lei nº 14.208/2021 alterou a Lei nº 9.096/1995 para criar as federações partidárias. De acordo com o *caput* do art. 11-A da LPP, dois ou mais partidos políticos poderão reunir-se em federação, que, após constituição e respectivo registro perante o Tribunal Superior Eleitoral, atuará como se fosse uma agremiação partidária. Dessa leitura, intui-se que a federação se constitui como um ente autônomo, dotado de personalidade jurídica.

Apesar de atuar como se fosse um partido político, assegura-se a preservação da identidade e da autonomia dos partidos integrantes da federação (art. 11-A, §2º, da Lei nº 9.096/95). Não obstante isso, sublinhe-se que, de acordo com a jurisprudência firmada pelo TSE, partido político que se encontra formalmente unido em federação partidária não pode atuar de forma isolada em ação judicial eleitoral.[255]

[255] "Não se admite a atuação isolada em ação judicial eleitoral de partido político que se acha formalmente reunido em federação partidária. A partir do deferimento do seu respectivo registro pelo Tribunal Superior Eleitoral (TSE), a federação partidária passa a atuar de forma unificada em nome de todas as agremiações que a compõem, como se novo partido fosse". (Representação nº 060074116, Acórdão, Min. Maria Claudia Bucchianeri, Publicação: PSESS – Publicado em Sessão, 30.09.2022). Em igual sentido: ELEIÇÕES 2022. RECURSO ORDINÁRIO. RRC. CANDIDATO AO CARGO DE DEPUTADO ESTADUAL. IMPUGNAÇÃO AO REGISTRO. PARTIDO INTEGRANTE DE FEDERAÇÃO. ILEGITIMIDADE ATIVA. NEGADO PROVIMENTO. 1. O TRE/SP, acolhendo a preliminar de ilegitimidade ativa do partido integrante de federação para isoladamente propor a impugnação ao requerimento de registro de candidatura, julgou extinto o feito sem resolução do mérito, nos termos do art. 485, VI, do CPC, e deferiu o pedido de candidatura. 2. Conforme se extrai do art. 11-A, caput, da Lei nº 9.096/1995, c/c o art. 4º da Res.-TSE nº 23.670/2021, a federação, após o regular registro perante o TSE, atuará como se fosse uma unidade partidária, bem como sua atuação abrangerá – obrigatoriamente em todas as circunscrições – tanto o sistema majoritário quanto o proporcional. 3. Esta Corte Superior, no julgamento da Rp nº 0600550-68/DF, rel. Min. Maria Claudia Bucchianeri, PSESS de 30.9.2022, ratificou a compreensão de que "não se admite a atuação isolada em ação judicial eleitoral de partido político que se acha

Atualmente, existem três federações partidárias registradas no Tribunal Superior Eleitoral. São elas: Federação Brasil da Esperança (Fé Brasil), composta pelo Partido dos Trabalhadores (PT), pelo Partido Comunista do Brasil (PC do B) e pelo Partido Verde (PV); Federação PSDB Cidadania; e a Federação PSOL REDE.[256]

Os partidos conservarão nome, sigla e números próprios, inexistindo atribuição de número à federação; seu quadro de filiados; o direito ao recebimento direto dos repasses do Fundo Partidário e do Fundo Especial de Financiamento de Campanhas e o direito de acesso gratuito ao rádio e à televisão para veiculação de propaganda partidária; o dever de prestar contas; e a responsabilidade pelos recolhimentos e sanções que lhes sejam imputados por decisão judicial (art. 5º, da Resolução TSE nº 23.6170/2021).

A federação deverá ser previamente constituída sob a forma de associação, devidamente registrada no cartório competente do Registro Civil das Pessoas Jurídicas do local da sua sede (art. 1º, §1º, da Resolução TSE nº 23.670/2021). Adquirida a personalidade jurídica, a federação deverá apresentar pedido de registro ao TSE, instruído com a respectiva certidão do Registro Civil de Pessoas Jurídicas; o número de inscrição no Cadastro Nacional de Pessoas Jurídicas (CNPJ); cópia da resolução tomada pela maioria absoluta dos votos dos órgãos de deliberação nacional de cada um dos partidos integrantes da federação; exemplar autenticado do inteiro teor do programa e do estatuto comuns da federação constituída, inscritos no cartório competente do Registro Civil das Pessoas Jurídicas; ata de eleição do órgão de direção nacional da federação; e endereço de sua sede e de seus dirigentes

---

formalmente reunido em federação partidária. A partir do deferimento do seu respectivo registro pelo Tribunal Superior Eleitoral (TSE), a federação partidária passa a atuar de forma unificada em nome de todas as agremiações que a compõem, como se novo partido fosse". 4. O disposto no §5º do art. 4º da Res.-TSE nº 23.609.2019 – que deve ser interpretado à luz do *caput* do artigo a que se refere, o qual trata da celebração de coligações para o pleito majoritário – apenas legitimou a federação coligada para apresentar, de forma isolada, impugnação a pedido de registro de candidatura relativa à eleição proporcional, não sendo possível extrair que o partido que a integra possui legitimidade para, isoladamente, ajuizar ação de impugnação de registro de candidatura. 5. Diante da ilegitimidade do recorrente, fica inviabilizado o conhecimento da matéria relativa à incidência ou não da causa de inelegibilidade prevista no art. 1º, I, g, da LC nº 64/1990.6. Recurso ordinário desprovido. (Recurso Ordinário Eleitoral nº 060095751, Acórdão, Min. Raul Araujo Filho, Publicação: PSESS – Publicado em Sessão, 22.11.2022).

[256] Disponível em: https://www.tse.jus.br/partidos/federacoes-registradas-no-tse/federacoes-partidarias-registradas-no-tse. Acesso em: 10 jan. 2024.

nacionais, bem como endereço eletrônico para recebimento de comunicações (art. 2º da Resolução TSE nº 23.670/2021).

Importante mencionar que o estatuto comum da federação deverá conter regras para a composição de lista para as eleições proporcionais, que vinculará a escolha de candidatos da federação em todos os níveis (art. 11-A, §7º, da Lei nº 9.096/1995). A Resolução TSE nº 23.670/2021 prevê que somente participarão das eleições as federações que tenham registro deferido até seis meses antes do pleito. A regra advém do entendimento perfilhado pelo Ministro Luís Roberto Barroso, relator da ADI nº 7.021, que conferiu interpretação conforme a Constituição ao *caput* do art. 11-A da LPP, de modo a exigir que "para participar das eleições, as federações estejam constituídas como pessoa jurídica e obtenham o registro de seu estatuto perante o TSE no mesmo prazo aplicável aos partidos políticos".

Em julgamento realizado no dia 9 (nove) de fevereiro de 2022, o Supremo Tribunal Federal, por maioria, referendou a cautelar deferida parcialmente pelo Ministro Luís Roberto Barroso, apenas para adequar o prazo para constituição e registro das federações partidárias, que deverá ser de até 6 (seis) meses antes do pleito, ressalvadas as federações constituídas para as eleições de 2022, as quais deveriam ter preenchido tais condições até 31 de maio de 2022.

Ressalta-se que o julgamento de mérito da ADI nº 7.021 ainda não ocorreu, de modo que ainda vigora a tese firmada no referendo da medida cautelar, qual seja: "É constitucional a Lei nº 14.208/2021, que institui as federações partidárias, salvo quanto ao prazo para seu registro, que deverá ser o mesmo aplicável aos partidos políticos".[257]

A federação somente poderá ser integrada por partidos políticos com registro definitivo no TSE (art. 11-A, §3º, inciso I, da LPP), no que os partidos reunidos na ambiência da federação deverão permanecer a ela filiados por, no mínimo, 4 (quatro) anos, contados da data do seu ingresso (art. 6º, da Resolução TSE nº 23.670/2021). No entanto, o partido que se desligar da federação antes dos 4 (quatro) anos ficará sujeito à vedação de ingressar em federação, de celebrar coligação nas 2 (duas) eleições seguintes e, até completar o prazo mínimo remanescente, de utilizar o Fundo Partidário (art. 7º da Resolução TSE nº 23.670/2021). Nos estados, no Distrito Federal e nos municípios, o funcionamento da federação não dependerá de constituição de órgãos próprios, bastando

[257] Constatou-se, a partir de consulta realizada no sítio eletrônico do STF no dia 10 (dez) de janeiro de 2024, que os autos da ADI nº 7.021 estão conclusos ao Ministro Relator desde o dia 27.11.2023.

que exista, na localidade, órgão partidário de algum dos partidos que a compõem (art. 9º da Resolução TSE nº 23.670/2021).

Para fins de aferição da cláusula de desempenho prevista no art. 17, §3º, da Constituição Federal de 1988 e no art. 3º da EC nº 97/2017, será considerada a soma da votação e da representação dos partidos que integram a federação (art. 4º, §2º, da Resolução TSE nº 23.670/2021). Porém, esse efeito incidirá somente a partir do início da legislatura seguinte ao deferimento do registro da federação, compreendida aquela conforme o parágrafo único do art. 44 da CF/88 (art. art. 4º, §3º, da Resolução TSE nº 23.670/2021).

O partido político que se desligar da federação até 6 (seis) meses antes da eleição poderá dela participar de forma isolada, sem prejuízo das sanções descritas em linhas anteriores (art. 7º, §2º, da Resolução TSE nº 23.670/2021). As referidas sanções também não serão aplicadas aos partidos em caso de a extinção da federação ser motivada pela fusão ou incorporação entre eles (art. 7º, §3º, da Resolução TSE nº 23.670/2021). Impende ressaltar que, na hipótese de desligamento de 1 (um) ou mais partidos, a federação continuará em funcionamento, desde que nela permaneçam 2 (dois) ou mais partidos (art. 11-A, §5º, da LPP).

Inegável, no ponto, que as federações partidárias foram estruturadas para que os partidos fugissem dos efeitos da cláusula de desempenho, especificamente os menores. Tanto é assim que o §2º do art. 4º, da Resolução TSE nº 23.670/2021, determina que, para fins de aferição da cláusula de desempenho previsto no §3º do art. 17 da Constituição Federal de 1988, será considerada a soma da votação e da representação dos partidos que integram a federação. Vislumbra-se como benfazeja a instituição da federação de partidos, pois a tendência é que haja adensamento das greis que comunguem dos mesmos ideários políticos, o que pode garantir uniformidade de posicionamento, consistência ideológica e mínima autenticidade na representação popular; sobretudo porque a federação vigorará pelo elastério temporal de quatro anos.

A federação vem à lume para amainar o efeito da proliferação de partidos, que estabilizou uma atmosfera de descrença na população e de ausência de consistência ideológica. Outrossim, pode-se entrever uma homogeneidade de posicionamento entre os partidos integrantes da federação, sobretudo porque ela atuará em todo território nacional (art. 11-A, §3º, II e IV), de modo a evitar, como ocorria no cerne das coligações proporcionais, alianças casuísticas e muitas vezes fugidias aos desígnios das agremiações partidárias coligadas. Com a federação, permite-se que haja um direcionamento partidário voltado à unidade de ação, sem que cada partido perca sua essência estruturante e seja tolhido de receber os influxos do princípio da autonomia partidária.

Esse prenúncio de conjugação de desígnios partidários, além de evitar conflitos ideológicos, como ocorria no caso das coligações proporcionais, pode servir de esteio para que os partidos futuramente possam gerar uma nova grei, a partir da fusão (art. 17, *caput*, da CF/88). Deveras, discorda-se do posicionamento no sentido de que as federações ostentam natureza jurídica de coligações partidárias. É que as coligações, além de serem marcadas pela transitoriedade, no que eram estritamente voltadas para fins eleitorais, não tinham o escopo de firmar alinhamento programático entre os partidos coligados; e não funcionavam no período posterior às eleições. Conforme acentuou o Ministro Luís Roberto Barroso, a federação partidária guarda certo grau de similitude com as coligações, na medida em que permite que partidos políticos se agrupem e sejam tratados como um partido único para fins de cômputo de votos e de cálculo do quociente partidário.[258] Contudo, esclarece o Min. Barroso que as previsões delineadas para o funcionamento das federações tornam improvável a sua utilização apenas para fins eleitorais, "ou seja, apenas para viabilizar a transferência de votos, sem qualquer identidade ideológica entre partidos".

A manutenção e o funcionamento da federação serão custeados pelos partidos que a compõem, cabendo ao estatuto dispor a respeito, também sendo lícito aos partidos realizar gastos em prol da federação com recursos oriundos do Fundo Partidário na manutenção e no funcionamento da federação, desde que não integrem parcela cuja aplicação seja vinculada por lei (art. 10, *caput*, e §1º, da Resolução TSE nº 23.670/2021). Nesse passo, a prestação de contas da federação corresponderá àquela apresentada à Justiça Eleitoral pelos partidos que a integram e em todos os níveis de direção partidária. Para tanto, a regularidade dos gastos em benefício da federação será verificada na respectiva prestação de contas do partido político que realizou o gasto (art. 10, §§2º e 3º, da Resolução TSE nº 23.670/2021).

Dispõe o art. 12 da Resolução TSE nº 23.670/2021, que se aplicam à federação as instruções do TSE que regem as atividades dos partidos políticos no que diz respeito às eleições, inclusive no que se refere à escolha e registro de candidatos para as eleições majoritárias

---

[258] ADI nº 7021- MC/DF.

e proporcionais, à arrecadação e aplicação de recursos em campanhas eleitorais, à propaganda eleitoral, à contagem de votos, à obtenção de cadeiras, à prestação de contas e à convocação de suplementes.

Pontue-se que a Resolução TSE nº 23.670/2021 se preocupou em deixar assente, no tocante às federações de partidos políticos, a necessidade de atendimento à cota de gênero nas candidaturas proporcionais, que deve ser respeitada tanto pela lista da federação, globalmente, quando por cada partido, evitando-se que as candidaturas femininas sejam concentradas nos partidos que recebem menos recursos (art. 12, parágrafo único, inc. I). Esse entendimento foi reafirmado pelo TSE, por ocasião do julgamento da Consulta nº 0600251-91, sob a relatoria do Ministro Mauro Campbell Marques.[259]

Outrossim, o referido ato normativo também estabelece que, em havendo transferência de recursos oriundos do FEFC ou do Fundo Partidário entre os partidos que integram a federação, a desaprovação das contas do partido beneficiado, quando decorrente de irregularidades na aplicação daqueles recursos na campanha, acarretará a desaprovação das contas do doador (art. 12, parágrafo único, inc. II).

Ressalte-se que perderá o mandato o detentor do cargo eletivo que se desfiliar, sem justa causa, de partido que integra federação (art. 11-A, §9º, da Lei nº 9.096/95). Isso porque, de acordo com o §1º, do art. 11-A da LPP, aplicam-se à federação de partidos todas as normas que regem o funcionamento parlamentar e a fidelidade partidária.

Por fim, é imperioso destacar ser da competência da justiça comum a análise das controvérsias entre os partidos políticos relativas ao funcionamento da federação, pois ostentam natureza *interna corporis*. No entanto, a competência recairá sobre a Justiça Eleitoral para dirimir questões relativas ao registro da federação e das alterações previstas nos arts. 6º e 7º da Resolução TSE nº 23.670/2021 ou que impactem diretamente no processo eleitoral (art. 11).

---

[259] Cite-se o seguinte excerto colhido do voto proferido pelo Ministro Relator: "(...) Os consulentes indagam, ainda, se o atendimento do percentual mínimo de candidaturas por gênero, previsto no inciso I do parágrafo único do art. 12 da Res.-TSE nº 23.670.2021, poderia ser considerado somente na lista da federação de partidos. Conforme exposto no parecer exarado pela PGE (ID 157665204), a resposta está expressa no próprio dispositivo invocado, na medida em que estabelece que, 'na eleição proporcional, o percentual mínimo de candidaturas por gênero deverá ser atendido tanto globalmente, na lista da federação, quanto por cada partido, nas indicações que fizer para compor a lista'. A partir da leitura da mencionada regra, cada partido integrante da federação deverá apresentar, para a composição da lista global, candidaturas por gênero correspondentes ao mínimo de 30%".

CAPÍTULO 5

CONVENÇÕES PARTIDÁRIAS

Convenção, do latim *conventio*, significa assembleia ou reunião em que se discute ou delibera sobre determinado assunto. A convenção partidária é momento de reunião dos partidos políticos que objetiva a escolha democrática dos pré-candidatos ao pleito eleitoral, bem como acordar sobre a possibilidade de integrar uma eventual coligação partidária. Ela representa um momento ímpar para a organização partidária, pois nessas ocasiões é que são tomadas decisões políticas importantes.[260] É o procedimento livremente estipulado pelas agremiações para que seus filiados possam escolher os postulantes que irão disputar as eleições pelo partido ou coligação.[261] Obedecendo aos critérios previstos na Lei das Eleições, as convenções partidárias se realizam de acordo com as normas estatutárias de cada partido, uma vez que a Constituição Federal e a Lei nº 9.096/1995 asseguram aos partidos políticos a devida autonomia para que os mesmos possam definir sua estrutura interna, organização e funcionamento, de modo que, inclusive, a escolha do candidato em convenção é requisito exigido para o deferimento do pedido de registro de candidatura e marco ao direito de resposta, conforme art. 58 da Lei nº 9.504/97.[262]

A escolha dos candidatos pelos partidos e a deliberação sobre coligações deverão ser feitas no período de 20 de julho a 5 de agosto do ano da eleição, obedecidas as normas estabelecidas no estatuto

[260] AGRA, Walber de Moura; VELLOSO, Carlos Mário da Silva. *Elementos de Direito Eleitoral*. 6. ed. São Paulo: Saraiva, 2018, p. 161.

[261] "Para o registro de qualquer candidatura é absolutamente necessário que o candidato tenha sido escolhido em convenção ou indicado pela Comissão Executiva do Partido pelo qual pretende concorrer" (RCPR-112/PR, Rel. Min. Fernando Neves da Silva).

[262] Ac. de 15.09.2010 no AgR-REspe nº 484.336, Rel. Min. Arnaldo Versiani.

partidário, lavrando-se a respectiva ata e a lista de presença em livro aberto, rubricado pela Justiça Eleitoral, devendo a ata ser digitada e assinada, sendo encaminhada ao juízo eleitoral até o dia seguinte ao da realização da convenção, conforme *caput* do art. 8º da Lei nº 9.504/97 c/c o art. 6º, *caput*, §§3º e 5º, da Resolução nº 23.609/2019. A ata da convenção e a lista dos presentes, sempre em forma digital, devem ser entregues no Tribunal Eleitoral ou transmitida via internet pelo próprio CANDex, no prazo devido, deve ser publicada página de internet do Tribunal Eleitoral correspondente, bem como integrar os autos de registro de candidatura, conforme §4º, incisos I e II, do art. 6º da Resolução nº 23.609/2019.

Suscite-se que o §1º do art. 8º da Lei nº 9.504/97 restringia a liberdade do poder deliberativo das convenções, assegurando aos detentores de mandato de Deputado Federal, estadual ou distrital, ou de Vereador, e aos que tenham exercido esses cargos em qualquer período da legislatura que estiver em curso, o registro de candidatura para o mesmo cargo pelo partido a que estejam filiados, o que configuraria a candidatura nata. Ademais, interposta a ADI nº 2.530 – MC, alegada ofensa aos arts. 5º, *caput*, e 17 da CF, fora deferido pedido de medida cautelar de suspensão da norma impugnada, situação que perdura até hoje sem decisão final do processo. Em sessão realizada em 18.08.2021, o STF declarou a inconstitucionalidade do §1º do art. 8º da Lei nº 9.504/1997, modulando os efeitos da declaração de inconstitucionalidade, de forma que o dispositivo fosse considerado inconstitucional apenas a partir de 24 de abril de 2002.

Acaso o partido não possua em seu estatuto normas de escolha e substituição dos candidatos, caberá ao órgão de direção nacional do partido estabelecê-las, devendo publicá-las até 180 dias antes das eleições, no *Diário Oficial da União* (DOU), e encaminhando-as ao TSE antes da realização das convenções, conforme §1º do art. 7º da Lei nº 9.504/97 c/c Lei nº 9.096/1995, art. 10.

A escolha da data da convenção, dentro de prazo legal, é livre, podendo cada agremiação realizar suas escolhas de acordo com seu *timing* político. Convenção após o determinado período apenas é possível se houver força maior ou caso fortuito, devidamente reconhecidos pela Justiça Eleitoral.

Já se consolidou o entendimento de que é de competência da Justiça Eleitoral a análise sobre irregularidades na convenção partidária cujos efeitos possam repercutir no processo eleitoral como um todo.

Com efeito, o TSE entende que esse controle jurisdicional justifica-se apenas quando se verificar ilegalidade, principalmente ofensas a normas estatutárias, que concretizem comandos constitucionais.[263] Pode-se citar, à guisa de exemplo, casos em que há inativação de órgãos partidários sem respeito às garantias do contraditório e da ampla defesa no período eleitoral. Contudo, deve ser ressaltado que a autonomia partidária não pode ser estiolada por essa intervenção judicial, devendo ser preservada, principalmente em razão de estar garantida e disciplinada no art. 17, §1º, da Constituição Federal.

Como já é sabido, no Brasil, as eleições estão divididas em três espécies: eleições municipais, estaduais e nacional. Então, a partir dessa premissa, basicamente existem três tipos de convenções partidárias: a) convenções municipais: para a escolha dos candidatos do partido aos cargos de Prefeito, Vice-Prefeito e Vereadores; b) convenções regionais: para a escolha dos candidatos a Governador, Vice-Governador, Senadores, deputados federais e deputados estaduais; e c) convenções nacionais: para a escolha de candidatos a Presidente e Vice-Presidente da República.

Como fora tratado anteriormente, os partidos políticos possuem autonomia para deliberarem acerca das matérias de seu estatuto. Fruto dessa autonomia, as agremiações podem escolher o local das convenções partidárias, podendo ser nas respectivas sedes do partido, ou, por motivo relevante e por deliberação da comissão executiva do diretório, escolher outro lugar para se reunir e deliberar. A convenção de federação partidária deverá ocorrer de forma unificada, dela devendo participar todos os partidos políticos que tenham órgão de direção partidária na circunscrição (art. 6º, §2º-A, da Resolução TSE nº 23.609/2019, com redação dada pela Resolução nº 23.675/2021).

Se, na deliberação sobre coligações, a convenção de nível inferior se opuser às diretrizes legitimamente estabelecidas pelo órgão de direção nacional do partido político ou da federação, nos termos do respectivo estatuto ou das diretrizes publicadas até 180 (cento e oitenta) dias antes do pleito, poderá esse órgão anular a deliberação e os atos dela decorrentes (art. 8º da Resolução TSE nº 23.609/2019, com

---

[263] Agravo Regimental no Recurso Especial Eleitoral 060007684/MG, Relator(a) Min. Benedito Gonçalves, Acórdão de 17.11.2023, Publicado no Diário de Justiça Eletrônico 240, data 05.12.2023.

redação dada pela Resolução nº 23.675/2021).[264] Essa diretriz reforça o caráter nacional dos partidos políticos ao dispor que apenas órgão de direção nacional tem poder de anular as deliberações de órgãos estaduais ou municipais.

Para tanto, essas anulações deverão ser comunicadas à Justiça Eleitoral até 30 (trinta) dias após a data-limite para o registro de candidatas e de candidatos (art. 8º, §1º, da Resolução TSE nº 23.609/2019, com redação dada pela Resolução nº 23.675/2021). Se da anulação decorrer a necessidade de escolha de novos candidatos, o pedido de registro de candidatura deve ser apresentado à Justiça Eleitoral nos 10 (dez) dias subsequentes à anulação (art. 7º, §4º, da LE). Importa ressaltar, nesse ponto, que a colidência de interesses das deliberações de nível nacional em relação às estabelecidas pelos órgãos partidários inferiores tem inegável reflexo no pleito, o que atrai a ingerência da Justiça Eleitoral.[265]

Na realização das convenções, os partidos políticos e as federações partidárias poderão usar gratuitamente prédios públicos, responsabilizando-se pelos danos causados com a realização do evento (art. 8º, §2º, da Lei nº 9.504/1997). Para que isso aconteça devidamente, os respectivos partidos políticos e federações devem comunicar por escrito ao responsável pelo local, com antecedência mínima de uma semana, a intenção de ali realizar o evento. No entanto, na hipótese de coincidência de datas, prevalecerá a comunicação protocolada primeiro (art. 6º, §§1º e 2º, da Resolução TSE nº 23.609/2019).

Dois documentos são essenciais à legitimidade das escolhas realizadas pelas convenções: a ata de convenção e a lista de presença dos convencionais. A ata de convenção é o seu histórico, devendo conter matérias submetidas aos convencionais para votação e qualquer matéria polêmica surgida ao longo das discussões. Já a lista de presença dos convencionais é imprescindível para a verificação do quórum, por isso

---

[264] "A destituição de Convenção Partidária de nível inferior (i.e., estaduais e municipais) somente se afigura possível nas estritas hipóteses de inobservância das diretrizes legitimamente estabelecidas pelo órgão de direção nacional, que é o único órgão revestido de competência legal para proceder à anulação da deliberação e dos atos dela decorrentes, *ex vi* do art. 7º, §2º, da Lei das Eleições" (Recurso Especial Eleitoral nº 10380, Acórdão, Relator(a) Min. Luiz Fux, Publicação: *DJE – Diário da justiça eletrônica*, Tomo 232, Data 30.11.2017, Páginas 22/25).

[265] "Havendo colidência de interesses entre diretório regional e diretório municipal de um mesmo partido político, com reflexos na eleição, notadamente o registro de coligação e seu respectivo candidato a prefeito, não está a justiça eleitoral impedida de analisar eventuais ilegalidades e nulidades" (Recurso Especial Eleitoral nº 31913, Acórdão, Relator(a) Min. Fernando Gonçalves, Publicação: PSESS – Publicado em Sessão, Data 12.11.2008).

que não é possível que se faça lista de presença em separado do livro de atas, pois é pela lista de presença que se verifica o quórum necessário para deliberação. A ata e a respectiva lista de presença deverão ser lavradas em livro aberto e rubricado pela Justiça Eleitoral, que poderá ser requerido para conferência da veracidade das informações apresentadas (art. 6º, §3º, da Resolução TSE nº 23.609/2019).

Questão prática que pode exsurgir nessa fase do processo eleitoral é referente à possibilidade de se formalizar, no ato da convenção partidária, deliberação para fins de que a escolha do nome do candidato ao cargo de vice entre os partidos integrantes da coligação possa ocorrer até o momento do pedido de registro de candidatura.

Demonstrada a intenção dos partidos políticos em se coligarem, mediante a análise e interpretação das atas de convenção, observa-se que na esteira da efetivação do princípio da autonomia partidária, os partidos poderão, na oportunidade, firmar posicionamento quanto aos assuntos remanescentes. A necessidade de fazer constar em ata todas as deliberações avençadas quando do momento do ato da convenção partidária ostenta o escopo de conferir uma aura de segurança jurídica aos termos delineados, com a formalização de um ato jurídico perfeito. Desse modo, os órgãos e dirigentes partidários não podem dispor de forma diversa ao que foi deliberado em convenção.

A ata da convenção do partido político ou da federação deverá conter local; data e hora; identificação e qualificação de quem presidiu; deliberação para quais cargos concorrerá; no caso de coligação, seu nome, se já definido, e o nome dos partidos e das federações que a compõem; do representante da federação, a qual atuará em seu nome nos feitos relativos à eleição proporcional e, em caso de concorrer isoladamente, à eleição majoritária; relação dos candidatos escolhidos em convenção, com a indicação do cargo para qual concorrem, o nome completo, o nome para urna, a inscrição eleitoral, o CPF e o gênero (art. 7º, incs. I a VII, da Resolução nº 23.609/2019).

Faz-se necessário alinhar anteriormente – tudo em consonância com os partidos políticos integrantes – eventuais incompletudes na deliberação convencional, especificamente para que em momento posterior não se alegue fraude à convenção ou contrariedade ao que fora acordado, com a impugnação e/ou contestação dos atos dos partidários. Com efeito, não se vislumbra empecilho em proceder à indicação posterior do nome do candidato a vice filiado a um dos partidos políticos integrantes da coligação formada para o pleito majoritário, desde que as deliberações neste sentido tenham sido devidamente postas em ata, após a votação e assinatura de todos os convencionais e dirigentes partidários. Para além disso, urge respeitar o calendário eleitoral, notadamente para que eventuais complementações não sejam intempestivas ou ultrapassem o elastério estabelecido para cada fase do processo eleitoral.[266]

Cite-se que o TSE adota entendimento no sentido de também ser possível a delegação de poderes para deliberar sobre a escolha de candidatos e a efetiva formação das coligações, desde que seja respeitado o prazo para registro de candidatos e que a deliberação seja registrada em ata.[267]

Rememora-se que, diante das recomendações de distanciamento social durante a pandemia do novo coronavírus, o Tribunal Superior Eleitoral permitiu a realização das convenções partidárias por meio

---

266 RECURSO ELEITORAL. ELEIÇÕES 2016. REGISTRO DE CANDIDATURA. INDEFERIMENTO. DRAP. IRREGULARIDADE. CONVENÇÃO PARTIDÁRIA. AUSÊNCIA DO NOME DE ALGUNS DOS PARTIDOS. INDICAÇÃO. NOME. VICE-PREFEITO. INTEMPESTIVIDADE. IRREGULARIDADE SANÁVEL. POSSIBILIDADE. COMPLEMENTAÇÃO. ÓRGÃO PARTIDÁRIO. PROVIMENTO. 1. A ausência dos nomes de alguns dos partidos que compõe a coligação, nas atas das convenções de outros, no caso concreto, configurou mera irregularidade formal, tendo em vista que, do conjunto das circunstâncias, depreender-se que era intenção de todas as agremiações coligar ao pleito majoritário; 2. A ausência do nome do Candidato a Vice-Prefeito na ata de convenção do partido ao qual filiado consiste em mero erro formal, cuja omissão pode ser suprida pelo órgão de direção partidária (desde que não contrarie o que deliberado em convenção), tratando-se de mera complementação, não havendo que se falar em intempestividade na escolha do candidato. 3. Recurso conhecido e provido para deferir o registro da Coligação ao pleito majoritário (TRE-PA – RE: 9393 Novo Repartimento – PA, Relator: Carlos Jehá Kayath, Data de Julgamento: 23.09.2016, Data de Publicação: PSESS – Publicado em Sessão, Data 23.09.2016).

267 DIREITO ELEITORAL. ELEIÇÕES 2018. AGRAVO INTERNO EM REGISTRO DE CANDIDATURA. SENADOR E SUPLENTES. VALIDADE DE CONVENÇÃO PARTIDÁRIA. SUBSTITUIÇÃO DO 1º SUPLENTE FEITA ANTES DO PRAZO FINAL PARA REGISTRO DE CANDIDATOS. DESPROVIMENTO. 1. Agravo interno em face de decisão monocrática que negou seguimento a recurso especial eleitoral, de modo a manter o acórdão do Tribunal Regional Eleitoral do Ceará que deferiu o registro de candidatura do agravado ao cargo de Senador, nas Eleições 2018. 2. A matéria relativa à validade de convenção partidária deve ser discutida nos autos do DRAP e não nos dos registros individuais de candidatura. Precedentes. 3. O acórdão do Tribunal Regional está alinhado à jurisprudência do Tribunal Superior Eleitoral no sentido de ser possível a delegação de poderes à comissão executiva estadual ou a outro órgão partidário para deliberar sobre a escolha de candidatos e a formação de coligações até o prazo final para registro de candidatos. Precedentes. 4. Agravo interno a que se nega provimento. Decisão: O Tribunal, por unanimidade, negou provimento ao agravo regimental, nos termos do voto do Relator. Votaram com o Relator os Ministros Luiz Edson Fachin, Jorge Mussi, Admar Gonzaga, Tarcisio Vieira de Carvalho Neto e Rosa Weber (Presidente). Ausente, sem substituto, o Ministro Og Fernandes (TSE – REspe: 06007376020186200000 Natal/RN, Relator: Min. Luís Roberto Barroso, Data de Julgamento: 04.10.2018, Data de Publicação: PSESS – Mural eletrônico – 04.10.2018).

virtual para a escolha de candidatos nas eleições de 2020 (Resolução nº 23.623/2020), ainda que as regras não estivessem previstas nos estatutos partidários e nas diretrizes publicadas pelo Diretório Nacional até 7 de abril de 2020. Nesse sentido, foi assegurada aos partidos políticos a autonomia para a utilização das ferramentas tecnológicas que entenderem mais adequadas para a realização das convenções por meio virtual.

Deveras, a realização de convenção ainda pode ocorrer por meio virtual ou híbrido e independe de previsão no estatuto ou nas diretrizes publicadas pelo partido ou federação até 180 (cento e oitenta) dias antes do dia da eleição, ficando assegurada a partidos políticos e federações a autonomia para utilização das ferramentas tecnológicas que entenderem mais adequadas à prática do ato (art. 6º, §2º-B, da Resolução TSE nº 23.609/2019, incluído pela Resolução TSE nº 23.675/2021).

Independentemente da modalidade da convenção, o livro-ata físico poderá ser substituído pelo Módulo Externo do Sistema de Candidaturas (CANDex), registrando-se diretamente no sistema as informações relativas à ata e à lista de pessoas presentes (art. 6º, 3º-A, da Resolução TSE nº 23.609/2019, incluído pela Resolução TSE nº 23.675/2021). Saliente-se que a cadeia de verificações de segurança do Sistema CAND, que o torna capaz de reconhecer a autenticidade de quaisquer dados digitados no seu módulo externo e o usuário que os transmitiu, supre a rubrica do livro-ata pela Justiça Eleitoral (art. 6º, §3º-B, da Resolução nº 23.609/2019).

Para tanto, a lista de presença de quem participa poderá ser registrada da seguinte forma: a) assinatura eletrônica, nas modalidades simples, avançada ou qualificada, na forma da Lei nº 14.063/2020; b) registro de áudio e vídeo, a partir de ferramenta tecnológica gratuita, adquirida, adaptada ou desenvolvida pelo partido ou pela federação, que permita comprovar a ciência dos convencionais e das convencionais acerca das deliberações; c) qualquer outro mecanismo ou aplicação que permita de forma inequívoca a efetiva identificação das pessoas presentes e sua anuência com o conteúdo da ata; d) coleta presencial de assinaturas, por representante designado pelo partido ou pela federação (art. 6º, §3º-C, da Resolução TSE nº 23.609/2019). Faz-se necessário realçar que o registro de presença formalizado por meio de ferramenta tecnológica de registro de áudio e vídeo supre a assinatura dos presentes na convenção partidária (art. 6º, §3º-D, da Resolução TSE nº 23.609/2019).

No âmbito jurisdicional, a lista de presença será o documento por meio do qual a Justiça Eleitoral, ao analisar o pedido de registro dos candidatos escolhidos na convenção, verificará se o quórum de deliberação foi atingido. Ademais, torna-se imperioso explicitar que as questões que envolvem a validade das convenções partidárias, que deliberam sobre a indicação dos candidatos e coligações, devem ser examinadas com anterioridade aos processos de registro, em homenagem ao princípio da celeridade que preside o processo eleitoral.[268]

A instalação da convenção pode dar-se com qualquer quórum. Inexiste um número padronizado para que as agremiações possam deliberar suas escolhas. Tal prerrogativa fica a cargo do estatuto. No entanto, se o quórum estipulado não for alcançado, a convenção não terá nenhuma validade. Normalmente, adota-se o *quantum* de maioria simples de votos.

Em relação à convocação e condução dos trabalhos convencionais, o TSE alterou a jurisprudência outrora firmada no julgamento do AgR-REspe nº 12.710, de 19.12.2016, para fixar entendimento no sentido de que a inabilitação de dirigente que preside a convenção, por estar com os direitos políticos suspensos, não invalida a assembleia realizada (REspEl nº 060028489, de 15.12.2020). Ponderou o Ministro Luiz Edson Fachin ser "inviável extrair de uma condição restritiva de cunho pessoal o impedimento, por contaminação, de uma manifestação reta e inequívoca, proveniente de um corpo habilitado de cidadãos em pleno gozo das prerrogativas políticas".[269] Esse novel entendimento perfi-

---

[268] Ac. nº 21.710, de 17.08.2004, Rel. Min. Luiz Carlos Madeira.

[269] ELEIÇÕES 2020. RECURSO ESPECIAL. INDEFERIMENTO DO DRAP DA COLIGAÇÃO NA ORIGEM. ALEGAÇÃO DE NULIDADE DA CONVENÇÃO PARTIDÁRIA. PRESIDENTE DO PARTIDO COM DIREITOS POLÍTICOS SUSPENSOS. AUSÊNCIA DE VÍCIO APTO A COMPROMETER A GLOBALIDADE DO ATO CONVENCIONAL. PROVIMENTODAS PRELIMINARES. 1. Na espécie, questão fulcral reside em saber se a irregularidade do ato praticado por pessoa com direitos políticos suspensos, na presidência de uma convenção partidária, seria suficiente para tornar nulo o evento, e, ainda, em sendo o caso, se tal nulidade assumiria um caráter insanável. 9. Como consequência de seu caráter assemblear, a escolha de candidatos e a deliberação sobre a formação de coligações, no bojo de uma convenção, vêm a lume como resultado de um processo deliberativo coletivo, na esteira do qual o presidente da legenda, sob o prisma formal, cumpre um papel ordinatório e protocolar, notadamente relacionado com o mero endereçamento de questões cuja solução, ao fim e ao cabo, independe de sua preferência individual. 10. Infere-se daí que a atuação de um único filiado, ainda que presidente do partido, não assume, no plano das convenções, repercussão suficientemente relevante, em ordem a comprometer a validade das decisões delas surgidas: a uma, porque, no plano convencional, o reflexo de atuações isoladas resulta atomizado em face da primazia do julgamento coletivo; a duas, porque a função cerimonial exercida pelo presidente não afeta, em nenhum nível, a liberdade de escolha dos correligionários habilitados; a três, porque ao processo convencional é de ser aplicado o princípio do máximo aproveito do voto, na trilha do qual a Justiça Eleitoral deve se abster de anular o sufrágio coletivo em função de falhas concentradas e pontuais.

lhado pelo TSE foi incluído na Resolução nº 23.609/2019 pela Resolução TSE nº 23.675/2021 para acentuar que a convocação ou presidência da convenção por pessoa com direitos políticos suspensos, por si só, não torna inválida a ata ou os atos nela registrados (art. 7º, parágrafo único).

A jurisprudência do Colendo TSE decidiu acerca das consequências da atestação da falsidade da ata. Sendo esta essencial para atestar a escolha do candidato em convenção, o registro do candidato não será deferido, pois a falsidade contamina de nulidade o respectivo ato.[270] Também tem sido consignado que outros partidos políticos ou coligações não terão legitimidade para impugnar a validade da convenção partidária.[271]

Saliente-se que, do número de vagas aduzido para registro de candidatos, cada partido ou coligação preencherá o mínimo de 30% (trinta por cento) e o máximo de 70% (setenta por cento) para candidaturas de cada gênero, desprezando-se a fração, se inferior a meio, e igualando a um, se igual ou superior, conforme preconizado pelos §§3º e 4º do art. 10 da Lei nº 9.504/97.[272] No caso de as convenções para escolha de candidatos não indicarem o número máximo de candidatos, que é, via de regra, correspondente a 150% (cento e cinquenta por cento) do número de lugares a preencher, os órgãos de direção dos partidos respectivos poderão preencher as vagas remanescentes até trinta dias antes do pleito, tal qual se aduz do *caput* e §5º do art. 10 da Lei nº 9.504/97.

As convenções partidárias para escolha dos candidatos sortearão, por sua vez, em cada estado e município, os números que devam corresponder a cada candidato, conforme o art. 100, §2º, do Código Eleitoral.

Encerrado o prazo para a realização das convenções, é vedado às emissoras de rádio e televisão, em sua programação regular e noticiário,

---

11. A suspensão de direitos políticos acarreta óbice à filiação partidária, ao desempenho de cargos e à realização de atos no cotidiano das agremiações políticas, bem ainda à candidatura própria e à diplomação. 12. Não obstante, é inviável extrair de uma condição restritiva de cunho pessoal o impedimento, por contaminação, de uma manifestação reta e inequívoca, proveniente de um corpo habilitado de cidadãos em pleno gozo das prerrogativas políticas. DA CONCLUSÃO. 13. Recursos especiais providos (Recurso Especial Eleitoral nº 060028489, Acórdão, Relator(a) Min. Sérgio Banhos, Relator(a) designado(a) Min. Edson Fachin, Publicação: PSESS – Publicado em Sessão, Data 15.12.2020).

[270] "Não cumpre as exigências da legislação eleitoral, coligação que apresenta documento falso na oportunidade do requerimento do registro de candidatura" (AgR-REsp nº 13.154-10/BA, de 02.08.2010, Rel. Min. Marcelo Ribeiro).

[271] Ac. de 23.10.2012 no AgR-REspe nº 5.685, Rel. Min. Arnaldo Versiani.

[272] Instrui o TSE que qualquer fração resultante será igualada a um no cálculo do percentual mínimo estabelecido para um dos sexos e desprezada no cálculo das vagas restantes para o outro sexo, conforme preconizado no §3º do art. 17 da Resolução nº 23.609.2019.

transmitir, ainda que sob a forma de entrevista jornalística, imagens de realização de pesquisa ou qualquer outro tipo de consulta popular de natureza eleitoral em que seja possível identificar o entrevistado ou em que haja manipulação de dados; usar trucagem, montagem ou outro recurso de áudio ou vídeo que, de qualquer forma, degradem ou ridicularizem candidato, partido ou coligação, ou produzir ou veicular programa com esse efeito; veicular propaganda política ou difundir opinião favorável ou contrária a candidato, partido, coligação, a seus órgãos ou representantes; dar tratamento privilegiado a candidato, partido ou coligação; veicular ou divulgar filmes, novelas, minisséries ou qualquer outro programa com alusão ou crítica a candidato ou partido político, mesmo que dissimuladamente, exceto programas jornalísticos ou debates políticos; divulgar nome de programa que se refira a candidato escolhido em convenção, ainda quando preexistente, inclusive se coincidente com o nome do candidato ou com a variação nominal por ele adotada. Sendo o nome do programa o mesmo que o do candidato, fica proibida a sua divulgação, sob pena de cancelamento do respectivo registro, conforme *caput* e incisos do art. 45 da Lei nº 9.504/97.

No mesmo sentido, a partir do dia 30 de junho do ano do pleito, também é vedado às emissoras transmitir programa apresentado ou comentado por pré-candidato, sob pena, no caso de sua escolha na convenção partidária, de imposição da multa e de cancelamento do registro da candidatura do beneficiário, conforme §1º do art. 45 da Lei nº 9.504/97.

CAPÍTULO 6

COLIGAÇÃO PARTIDÁRIA

As coligações partidárias são fruto da união de dois ou mais partidos políticos para concorrer a determinado pleito eleitoral. Nesse caso, há uma relação estabelecida por um grupo de pessoas que visam aos mesmos interesses e vantagens políticas, objetivando uma integração ideológica e partidária a fim de densificar metas políticas comuns. Em suma, alguns partidos, ao perceberem certa proximidade ideológica entre si, veem que, ao se unirem, podem angariar mais forças diante de uma mesma meta.

Importante frisar que a coligação é apenas referente ao período eleitoral, ou seja, tem caráter temporário (perdurando até o momento da diplomação).[273] Após as eleições, ela pode ou não ser mantida para efeitos de atuação administrativa, parlamentar e judicial.

Em suma, pode-se afirmar que a coligação partidária é uma pessoa jurídica formal, de direito privado, nascida da união de partidos, com o objetivo de participar das eleições, de caráter temporário, devendo funcionar como um partido único perante a Justiça Eleitoral no trato dos interesses interpartidários.[274]

---

273 "[...] A formação de coligação constitui faculdade atribuída aos partidos políticos para a disputa do pleito, conforme prevê o art. 6º, *caput*, da Lei nº 9.504/97, tendo a sua existência caráter temporário e restrita ao processo eleitoral [...]" (Res. nº 22.580, de 30.08.2007, Rel. Min. Caputo Bastos); "[...] Constituem-se as coligações partidárias por interesse comum para finalidade determinada – disputar eleição específica. [...] Sendo a coligação partidária pessoa jurídica *pro tempore* (Lei nº 9.504/1997, art. 6º e seu §1º), não se confunde com as pessoas individuais dos partidos políticos que a integram, ainda que todos" (Ac. nº 24.531, de 25.11.2004, Rel. Min. Luiz Carlos Madeira). No mesmo sentido, Res. nº 22.580, de 30.08.2007, Rel. Min. Caputo Bastos.

274 Embora não possuam personalidade jurídica civil como os partidos políticos, as coligações formam um ente jurídico e funcionam como autênticos "partidos temporários" (TSE, Cons.

Marcos Ramayana preleciona que a coligação pode ser denominada como uma superlegenda e retrata uma aliança de partidos para concorrer a determinado pleito eleitoral.[275] Ademais, deve ser formulada em uma mesma circunscrição eleitoral, podendo se formar para concorrer a eleições majoritárias, proporcionais ou ambas, simultaneamente.

É importante frisar que as coligações partidárias nascem por deliberações das convenções regionais ou estaduais em relação aos deputados federais, estaduais e distritais; quando se referir às eleições de Vereadores, a deliberação será da convenção municipal; e, em eleições presidenciais, elas nascem por deliberações das convenções nacionais. Não obstante, de acordo com reiteradas decisões do Colendo TSE, a coligação passa a existir a partir do acordo de vontade dos partidos políticos, e não da homologação pela Justiça Eleitoral.[276]

Oportuno registrar que, com o advento da Emenda Constitucional nº 97/2017,[277] foram vedadas as coligações para as eleições proporcionais a partir das eleições de 2020. Sendo assim, no retro referido ano eleitoral, os partidos políticos não poderão formar chapas para as eleições referentes à Câmara dos Vereadores, bem como, em 2022, para as assembleias legislativas, Câmara Distrital e dos Deputados.

Desta forma, a antiga redação do art. 6º da Lei nº 9.504/97 conduzia à sua não recepção pela emenda em questão no que se refere às eleições proporcionais. Contudo, a Lei nº 14.211/2021 alterou a redação do art. 6º da LE para deixar assente que é facultado aos partidos políticos, dentro da mesma circunscrição, celebrar coligações apenas para eleições majoritárias. Como consequência, para alcançar o quociente eleitoral, haverá um maior número de candidatos a prefeitos, com o objetivo de puxar votos para os seus proporcionais. Aqueles partidos que não tenham candidatos majoritários competitivos serão prejudicados na formação de suas respectivas bancadas de proporcionais.

Questão que merece apreciação é a de esclarecer devidamente o conceito de circunscrição, que limita a extensão da coligação, constante do art. 86 do Código Eleitoral. Como preceitua o referido artigo, nas eleições presidenciais, a circunscrição é o território nacional; nas

---

nº 14.069-DF, sessão de 16.12.1993); "funcionar como se fosse um único partido" (Ac. nº 25.033, de 10.03.2005, Rel. Min. Humberto Gomes de Barros).

275 RAMAYANA, Marcos. *Direito Eleitoral*. 10. ed. Rio de Janeiro: Impetus, 2010, p. 228.

276 Acórdãos nºs 345/1998, 15.529/1998, 22.107.2004, 5.052.2005 e 25.015.2005.

277 O §1º do art. 17 da CF/88 foi alterado pela EC nº 97.2017 e passou a prever que é vedada a celebração de coligações nas eleições proporcionais.

eleições federais e estaduais, o estado; e nas municipais, o respectivo município. Principalmente para as eleições municipais é necessária atenção a essa premissa, para que não se confundam as noções de município e zona eleitoral, que são conceitos diferentes. Portanto, faculta-se às coligações sua realização nos três níveis federativos, dentro de uma mesma circunscrição, podendo ela ocorrer para eleições majoritárias, mas não para as proporcionais.

Como a coligação partidária representa as agremiações que a compõem, atuando como um único partido, ela deve ter denominação própria, que poderá ser a junção de todas as siglas dos partidos que a integram, ou qualquer outra denominação que represente a sua ideologia (art. 6º, §1º, da Lei nº 9.504/1997). Contudo, a Lei nº 12.034/2009 inovou ao acrescentar que a denominação da coligação não poderá coincidir, incluir ou fazer referência a nome ou número de candidato, nem conter pedido de voto para partido político (art. 6º, §1º-A, da Lei nº 9.504/1997),[278] competindo à justiça eleitoral decidir acerca das denominações idênticas de coligações, conforme instrui o §3º do art. 4º da Resolução nº 23.609/2019, observando-se as regras relativas à homonímia de candidatos, previstas no art.12, §1º, incisos I a V da Lei nº 9.504/1997.

Esse dispositivo evita que o nome atribuído à coligação possa fazer referência a um candidato específico, ocorrendo, assim, uma promoção pessoal, o que está fora do escopo das coligações. Aqui se tem explicitamente o princípio da impessoalidade e da igualdade entre partidos para que nenhum dos coligados possa ter vantagem em relação a outro.

No mesmo sentido, posiciona-se o art. 242 do Código Eleitoral, *caput*, planteando que a propaganda, inexoravelmente, deverá mencionar a legenda partidária. Se não houver essa menção, em razão de a Lei Eleitoral não dispor sobre a sanção a ser aplicada, poderá o julgador advertir o autor da conduta ilícita, sob pena de crime de desobediência.

No que tange à propaganda política da coligação, o §2º do art. 6º da Lei nº 9.504/1997 explicita que, para eleição majoritária, a coligação é obrigada a utilizar a denominação das legendas de todos os partidos que a integram; na propaganda para eleição proporcional, cada partido usará apenas sua legenda sob o nome da coligação.

---

278 "[...] a denominação da coligação não poderá coincidir, incluir ou fazer referência a nome ou número de candidato, nem conter pedido de voto para partido político" (Res. nº 21.697, de 30.03.2004, Rel. Min. Fernando Neves).

O tempo da propaganda eleitoral gratuita da coligação parte da ideia de que há um único partido, um único tempo para propaganda, devendo ser repartido de modo equivalente entre todos os candidatos que dela fazem parte. No pleito eleitoral de 2012, o tempo a ser dividido entre os candidatos na coligação correspondia ao resultado da soma do número de representantes na Câmara dos Deputados de todos os partidos que a integrassem, conforme abstraído da antiga redação do §2º do art. 47 da Lei nº 9.504/97. Hodiernamente, os horários da propaganda eleitoral gratuita são distribuídos a todos os partidos e coligações que tenham candidato, observando-se os critérios: a) 90% (noventa por cento) distribuídos proporcionalmente ao número de representantes na Câmara dos Deputados, considerados, no caso da coligação para eleições majoritárias, o resultado da soma do número de representantes dos seis maiores partidos que a integrem e, nos casos de coligações para eleições proporcionais, o resultado da soma do número de representantes de todos os partidos que a integrem; b) 10% (dez por cento), distribuídos igualitariamente. A aplicação destes critérios deve desconsiderar as mudanças de filiação partidária (art. 47, §2º, I e II, §7º, da LE).

Já no que concerne à legitimidade da coligação para propositura das ações eleitorais típicas, ela perde a capacidade individual de fazê-la.[279] Esse impedimento advém da sua própria natureza, que é a da junção de forças para ganhar as eleições, garantindo, assim, que as coligações preservem o motivo que as originou.[280] Ademais, a Lei nº 12.034/2009 inovou ao garantir que o partido político coligado somente possui legitimidade para atuar de forma isolada no processo eleitoral quando questionar a validade da própria coligação, durante o período

---

279 "Recurso especial. Representação. Partido político coligado que atua isoladamente. Ilegitimidade *ad causam*. Art. 6º da Lei nº 9.504/1997" (Ac. nº 15.529, de 29.09.1998, Rel. Min. Eduardo Alckmin; no mesmo sentido, o Ac. nº 5.052, de 10.02.2005, Rel. Min. Luiz Carlos Madeira).

280 "Recurso especial. Eleição 2000. Representação. Partido político coligado. Ilegitimidade para agir isoladamente. Dissídio. Não caracterização. Conhecido, mas desprovido. I – O partido político integrante de coligação não tem legitimidade ativa para, isoladamente, ajuizar representação com vistas a apurar possível infração [...]" *NE*: "[...] a coligação, no momento de sua constituição, assume, em relação ao pleito do qual participa, todas as obrigações e direitos inerentes a uma agremiação partidária, como dispõe o art. 6º, §1º, da Lei nº 9.504/97. [...] Como destacado pelo parecer ministerial, 'essa situação perdura durante o processo eleitoral, da fase das convenções até a realização das eleições', só se podendo falar em legitimidade concorrente após a proclamação dos resultados do pleito. [...] Demais disso, o acolhimento da tese do recorrente, de que haveria legitimidade concorrente entre os partidos e a coligação da qual fazem parte, implicaria esvaziamento do próprio conceito de coligação, qual seja, funcionar como se fosse um único partido. [...]" (Ac. nº 21.346, de 09.09.2003, Rel. Min. Peçanha Martins).

compreendido entre a data da convenção e o termo final do prazo para a impugnação do registro de candidatos (art. 6º, §4º, da Lei nº 9.504/1997).

Atento à trilha traçada por várias decisões judiciais, o legislador editou a Lei nº 12.891/2013, que incluiu o §5º no art. 6º da Lei nº 9.504/97, em determinação de que é solidária a responsabilidade pelo pagamento de multas decorrentes de propaganda eleitoral entre os candidatos e os respectivos partidos, não abrangendo as outras agremiações, ainda quando integrantes da mesma coligação. Nesses termos, a coligação foi excluída da responsabilidade solidária para o pagamento de multas decorrentes da propaganda eleitoral, fazendo com que o vínculo obrigacional seja esposado apenas pelos candidatos e respectivos partidos.[281] Saliente-se que as agremiações respectivas dos Vices e dos suplentes de Senadores também não assumem o ônus, a menos que tenham participação na propaganda eleitoral.

Por último, a questão do número de candidatos de cada partido ou coligação a ser registrado pela Justiça Eleitoral está prevista na Lei nº 9.504/1997, art. 10 e seus respectivos parágrafos. A referida lei fixou os seguintes limites: a) nas unidades da Federação em que o número de lugares a preencher para a Câmara dos Deputados não exceder a

[281] "Recurso Eleitoral. Eleições (2004). Agravo de Instrumento. Execução Fiscal. Exceção de Pré-Executividade. Dívida ativa da União. Cobrança de débito inscrito. Multa fixada em razão de propaganda eleitoral irregular. Responsabilidade solidária dos Partidos Políticos. Representante legal de Coligação. Inocorrência de condenação. Ilegitimidade passiva do Agravante. Multa eleitoral. Aplicação da Lei Civil. Prescrição quinquenal. Inocorrência. Honorários advocatícios. Processo eleitoral. Impossibilidade. Lide cível. Cabimento. 1. A cobrança de débito inscrito na dívida ativa da União, decorrente de multa fixada em razão de propaganda eleitoral irregular, em sentença que condenou a Coligação ao pagamento de multa pecuniária, inexistindo condenação pessoal do Representante da Coligação, impossibilita responsabilidade pessoal do Representante quanto à condenação imposta à Coligação; 2. A formação de Coligação durante o período eleitoral, dissolvida posteriormente ao pleito, acarretará aos partidos políticos que a compunha responsabilidade solidária pelo pagamento de multa imposta àquele ente pela divulgação de propaganda eleitoral irregular. A responsabilidade solidária das agremiações não alcança o Representante legal da Coligação; 3. A multa eleitoral constitui dívida ativa não tributária, para efeito de cobrança judicial, regendo-se pela legislação civil, inaplicando-se as normas referentes à cobrança dos créditos fiscais, inocorrendo a prescrição do débito, conforme entendimento do TSE e desta Corte; 4. Ilegitimidade do Agravante que se reconhece para figurar no polo passivo da Execução Fiscal, que tramita na Zona Eleitoral da lide em questão, extinguindo-se sem resolução de mérito a demanda executiva (Art. 267, VI, do CPC); 5. A condenação em honorários advocatícios no âmbito dos processos eleitorais é incabível, conforme entendimento do TSE. Tratando-se a lide de natureza não eleitoral, processo de natureza cível, aplicam-se as regras próprias do procedimento de cobrança judicial da Dívida Ativa da Fazenda Pública, possibilitando a fixação de honorários advocatícios contra a Fazenda Pública" (TRE-PE – RE nº 11.036 PE, Relator: Ademar Rigueira Neto, Data de Julgamento: 25.10.2011, Data de Publicação: *DJe* – Diário de Justiça Eletrônico, Tomo 206, Data 7.11.2011, Página 07.08).

doze, nas quais cada partido ou coligação poderá registrar candidatos a Deputado Federal e a Deputado Estadual ou Distrital no total de até 200% (duzentos por cento) das respectivas vagas; b) nos municípios de até cem mil eleitores, nos quais cada coligação poderá registrar candidatos no total de até 200% (duzentos por cento) do número de lugares a preencher.

Ademais, do número de vagas resultante das regras previstas neste artigo, cada partido ou coligação preencherá o mínimo de 30% (trinta por cento) e o máximo de 70% (setenta por cento) para candidaturas de cada sexo. E, por fim, em todos os cálculos, será sempre desprezada a fração, se inferior a meio, e igualada a um, se igual ou superior.

Com relação aos à utilização do nome social nas eleições, o plenário do TSE, respondendo a Consulta nº 060293392 a qual foi formulada pela Senadora Fátima Bezerra do PT-RN, decidiu que candidatos transgêneros poderão usar o nome social na urna a partir das Eleições de 2018. O debate foi em torno da expressão "cada sexo" do §3º do art. 10. Ao final, ficou decidido que a mencionada expressão se refere ao gênero e não ao sexo biológico. Sendo assim, tanto os homens quanto as mulheres transexuais e travestis podem ser inseridos nas respectivas cotas de candidatura masculina e feminina. O Ministro Tarcísio Vieira destacou, em seu voto, que: "é imperioso avançar e adotar medidas que denotem respeito à diversidade, ao pluralismo, à subjetividade e à individualidade como expressões do postulado supremo da dignidade da pessoa humana". E, ainda, mencionou que: "um dos objetivos fundamentais da República Federativa do Brasil consiste em promover o bem de todos sem preconceito de origem, raça, sexo, cor idade ou quaisquer outras formas de descriminação", conforme o artigo 3º, inciso IV da Constituição Federal. Verifica-se, portanto, nos limites de gênero, o critério é a identificação pessoa de gênero, independente do sexo natural da pessoal.

CAPÍTULO 7

REGISTRO E AIRC (AÇÃO DE IMPUGNAÇÃO AO REGISTRO DE CANDIDATO)

7.1 Pedido de registro de candidatura

Uma das questões mais infaustas do Direito Eleitoral refere-se à delimitação do lapso inaugural e do lapso final do processo eleitoral. Alguns doutrinadores entendem que o período eleitoral emerge imediatamente após a postulação do registro de candidatura. Inversamente, outros autores sinalizam que o momento do pedido do registro de candidatura não traduz o início do certame eleitoral, uma vez que este começa em tempos pretéritos, como no começo do ano eleitoral.

Tal embate doutrinário não é um jogo meramente retórico ou lírico, de sorte que a delimitação do lapso inaugural do certame eleitoral consubstancia em premissas processuais relevantes para o manejo de ações eleitorais e constitucionais específicas. Como, por exemplo, qual o momento apropriado para o manejo da ação de investigação judicial eleitoral? O do pedido do registro ou outro marco temporal?

Ensina Djalma Pinto que o processo eleitoral deve ser entendido como o lapso em que os candidatos, partidos, coligações e eleitores desenvolvem suas atividades, sendo devidamente monitorados pela Justiça Eleitoral, objetivando tutelar a isonomia e a paridade de armas na disputa pelo poder.[282]

[282] PINTO, Djalma. *Direito Eleitoral*: improbidade administrativa e responsabilidade fiscal – noções gerais. 5. ed. São Paulo: Atlas, 2007, p. 208.

Não obstante, já fora assinalado que a missão do Direito Eleitoral não pode ser resumida às eleições. O Direito Eleitoral, em um Estado Democrático Social de Direito, também ostenta o escopo de solidificar o alicerce da cidadania, na medida em que estabelece instrumentos eficazes para que o cidadão contribua para o desenvolvimento da coisa pública, intensificando o grau da democracia participativa, através de um controle social mais eficaz das políticas públicas.[283]

Cite-se que, recentemente, por ocasião do julgamento da ADI nº 7.178, o Ministro Luiz Edson Fachin acentuou que o termo "processo eleitoral" é composto por atos da fase pré-eleitoral que o integram "e não se resume às convenções partidárias e à escolha formal de candidatos". Para o Ministro, "tal compreensão é constitucionalmente adequada e visa dar máxima efetividade aos direitos fundamentais públicos, ao princípio democrático e ao postulado do Estado Democrático de Direito", devendo o termo ser concebido de forma ampla, em conformidade com os ideais democráticos albergados pela Constituição Federal de 1988.

Pode-se assentar que o pedido de registro de candidatura se configura como um dos referenciais iniciais mais importantes do processo eleitoral, através do qual a Justiça Eleitoral irá aferir se os postulantes ao registro estão aptos para disputarem o certame eleitoral. Configura-se no momento em que a Justiça Eleitoral afere se cada postulante a candidato preencheu as condições de elegibilidade, se inexiste incidência de causas de inelegibilidade previstas na Constituição e na legislação complementar e se preenche os requisitos de registrabilidade. Ou seja, requisitos necessários previstos na Lei Eleitoral para obtenção do registro de candidatura.

Indubitavelmente, a situação jurídica de "candidato" somente é adquirida pelo cidadão após a formalização do pedido de registro de candidatura.[284] A escolha do candidato em convenção é requisito inexorável para o deferimento do pedido de registro. A inexistência de indicação do candidato em convenção partidária enseja o respectivo indeferimento do pedido de registro, consoante entendimento consolidado pela Colenda Corte Eleitoral.[285]

---

[283] AGRA, Walber de Moura. A taxionomia das inelegibilidades. *Revista de Estudos Eleitorais*, v. 6, p. 30, maio/ago. 2011.

[284] "[...] 1. A condição de candidato somente é obtida a partir da solicitação do registro de candidatura. [...]" (Ac. nº 5.134, de 11.11.2004, Rel. Min. Caputo Bastos; no mesmo sentido o Acórdão nº 22.059, de 09.09.2004, Rel. Min. Carlos Velloso).

[285] Ac. de 15.09.2010 no AgR-REsp nº 442.566, Rel. Min Arnaldo Versiani.

O pedido de registro de candidatura poderá ser feito pelo partido político ou coligação, por meio de seu Presidente ou mesmo delegado habilitado, conforme se verifica no art. 94 do Código Eleitoral.[286]

O TSE já decidiu que a Justiça Eleitoral é incompetente para apreciar os critérios utilizados pelo partido no escrutínio de seus candidatos internamente, haja vista se tratar de matéria *interna corporis*, desde que tenha ocorrido em consonância com o devido processo legal eleitoral.[287] Por meio de uma interpretação lógica e extensiva, podemos estender tal entendimento ao fenômeno das prévias, que não é, infelizmente, prática corriqueira no Brasil.

Cumpre explicitar que depois das convenções partidárias já se pode falar em candidatura, de sorte que a agremiação política já definiu seus respectivos candidatos. No entanto, a situação jurídica de candidato somente é adquirida após o deferimento do pedido de registro de candidatura, configurando a convenção um dos requisitos para o deferimento.[288]

Nesse caso, a Justiça Eleitoral, no exercício de sua função de jurisdição voluntária, examina se o cidadão preenche todos os requisitos estampados na Constituição e na legislação eleitoral, tornando-o apto ou inapto ao exercício de sua cidadania passiva, isto é, sua capacidade para angariar votos e disputar determinado certame eleitoral. Ademais, sem a realização do registro, impede-se de forma peremptória a disputa eleitoral (art. 87 do CE). A fim de conferir centralização e eficiência na divulgação de dados, até 20 (vinte) dias antes da data das eleições, os Tribunais Regionais Eleitorais devem enviar ao Tribunal Superior Eleitoral a relação dos candidatos às eleições majoritárias e proporcionais, fazendo constar a referência de gênero e o cargo a que concorrem, conforme *caput* do art. 16 da Lei nº 9.504/97.

Como é sabido, a competência para apreciar, deferindo ou indeferindo os pedidos de registro, foi incumbida à Justiça Eleitoral, cabendo ao Tribunal Superior Eleitoral analisar os pedidos de registro de eleições nacionais (candidatos a Presidente e Vice-Presidente da República); os Tribunais Regionais Eleitorais, as eleições regionais (Governador,

---

[286] O registro pode ser promovido por delegado de partido, autorizado em documento autêntico, inclusive telegrama de quem responda pela direção partidária e sempre com assinatura reconhecida por tabelião.

[287] Ac. de 15.09.2010 no AgR-REsp nº 484.336, Rel. Min. Arnaldo Versiani.

[288] Ac. de 15.09.2010 no AgR-REspe nº 484.336, Rel. Min. Arnaldo Versiani.

Vice-Governador, Senadores e deputados estaduais e federais) e os Juízes Eleitorais, as eleições municipais (Prefeito, Vice-Prefeito e Vereadores).

Nos processos de registro de candidatura não se discute o mérito de procedimentos ou decisões proferidas em outros feitos. A análise se restringe a aferir se o pré-candidato reúne as condições de elegibilidade necessárias, bem como não se enquadra em eventual causa de inelegibilidade ou se preenche os requisitos de registrabilidade.[289]

O prazo de entrada em cartório ou na secretaria do tribunal de requerimento de registro de candidato a cargo eletivo terminará, a depender do caso, improrrogavelmente, às 19 horas do dia 15 de agosto do ano em que se realizará o pleito eleitoral, nos termos do art. 93 do Código Eleitoral. Consoante rezam o art. 16, §1º, da Lei nº 9.504/1997 e o art. 93, §1º, da Lei nº 4.737/65, até 20 dias antes das eleições, todos os pedidos de registro de candidatura, inclusive aqueles que foram impugnados e seus respectivos recursos, devem estar julgados pelas instâncias ordinárias e publicadas as decisões a eles relativas. Como instâncias ordinárias, até para colocar um prazo factível, deve se entender o Juiz Eleitoral e o Tribunal Regional Eleitoral respectivo.

Ademais, o art. 94 da Lei nº 9.504/1997 estabelece que os feitos eleitorais, no período entre o registro das candidaturas até cinco dias após a realização do segundo turno das eleições, terão prioridade para todos os Juízes Eleitorais e membros do Ministério Público, em todas as instâncias, salvo os processos de *habeas corpus* e mandado de segurança. Caso esta prioridade não seja observada, é perfeitamente possível a condenação dos respectivos agentes públicos por crime de responsabilidade ou anotação funcional para efeito de promoção de carreira (art. 94, §2º, da Lei nº 9.504/1997 e art. 345 do Código Eleitoral).

Uma das razões da introdução do novel dispositivo reside na dificuldade de julgamento célere dos pedidos de registro de candidatura. Assim, em razão do princípio da celeridade processual, um dos cânones do processo eleitoral, buscou o legislador estabelecer uma espécie de prioridade eleitoral especial ao processo de registro de candidatura, incluindo nesse prazo o julgamento de todos os recursos em todas as instâncias, bem como a publicação de todas as decisões relativas aos mesmos processos. No que se refere às publicações nos

[289] Súmula 51/TSE: "o processo de registro de candidatura não é o meio adequado para se afastarem os eventuais vícios apurados no processo de prestação de contas de campanha ou partidárias".

Tribunais Eleitorais, viabilizou aos advogados dos candidatos ou dos partidos e coligações a intimação para os feitos que não versem sobre a cassação do registro ou do diploma de que trata esta lei, por meio da publicação de edital eletrônico realizada na página do respectivo tribunal na internet, iniciando-se a contagem do prazo no dia seguinte ao da divulgação.

A Lei nº 9.504/1997 ainda estabeleceu mecanismos para os casos de descumprimento do mencionado prazo. Repita-se: tudo em razão do princípio da celeridade. Dessa forma, no que concerne aos Juízes Eleitorais, aplicar-se-á o exposto no art. 97, *caput*, da Lei nº 9.504/1997, isto é, caberá representação por parte do candidato, partido ou coligação diretamente ao respectivo Tribunal Regional Eleitoral contra o magistrado que descumpriu o prazo. No caso do descumprimento do respectivo prazo por parte do Tribunal Regional Eleitoral, conforme o §2º do art. 97, a representação poderá ser direcionada ao Tribunal Superior Eleitoral, que ordenará a observância do procedimento que explicitar. Se o descumprimento do mencionado prazo provier do Tribunal Superior Eleitoral, caberá representação ao Conselho Nacional de Justiça.[290]

7.2 Unicidade de registro de candidatos

Após a escolha dos candidatos nas convenções partidárias, é necessário que se proceda o registro de candidatura perante a Justiça Eleitoral. De início, é imperioso explicitar que o *caput* do art. 88 do Código Eleitoral veda completamente o registro de um mesmo candidato para mais de um cargo eletivo. Significa dizer, por exemplo, que nenhum eleitor pode ser candidato, ao mesmo tempo, aos cargos de Governador e Deputado Estadual. Por outro lado, nas eleições para o Executivo e para o Senado Federal, o registro deve ser feito, inexoravelmente, para todos os cargos, ou seja, para os Vices respectivos e para os suplentes no caso do Senado.

No caso de ser requerido pelo mesmo partido político ou mesma federação mais de um pedido de registro de candidatura para o mesmo cargo que tenha apenas uma única vaga, caracterizando dissidência partidária ou federativa, o relator ou juiz decidirá a qual candidato

[290] CERQUEIRA, Thales Tácito; CERQUEIRA, Camila Albuquerque. *Reformas eleitorais comentadas*: Lei nº 12.034.2009. São Paulo: Saraiva, 2010, p. 137.

será distribuído o horário eleitoral gratuito, conforme §1º do art. 30 da Resolução nº 23.609/2019, com redação dada pela Resolução nº 23.675/2021.

Nesse caso de dissidência partidária, a Justiça Eleitoral procederá a inclusão de todos os pedidos no Sistema de Candidaturas (CAND), certificando a ocorrência em cada um dos pedidos. Posteriormente, serão inseridos na urna eletrônica apenas os dados do candidato que tenha sido julgado regular, atestado no Demonstrativo de Regularidade de Atos Partidários (DRAP). Não havendo decisão até o fechamento do Sistema de Candidaturas e na hipótese de haver coincidência de números de candidatos, competirá à Justiça Eleitoral decidir, imediatamente, qual dos candidatos com o mesmo número terá seus dados inseridos na urna. Os pedidos de registro serão distribuídos ao mesmo relator para processamento e julgamento em conjunto, conforme instrui o art. 30, §2º, inciso I, da Resolução nº 23.609/2019.

Ainda das alterações trazidas pela Resolução nº 23.675/2021 para o pleito de 2022, deve-se destacar que a tentativa de utilização de DRAP em nome de partido político que seja integrante de federação será rejeitada de plano, o que não caracterizará dissidência partidária, fato que é sujeito a exame judicial. Dessa forma, são os adequados elementos da Lei nº 14.208/2021 que alteram a Lei dos Partidos Políticos, de forma que a Resolução nº 23.609/2019 vigora com as modificações concernentes à integração do instituto da federação partidária.

7.3 A situação jurídica das candidaturas coletivas

É indubitável que se vivencia uma série de adversidades nas democracias representativas, seja pelo baixo grau de legitimidade popular em relação à classe política, seja pelo desprestígio da população no que tange à vontade de participar dos debates para a formação das decisões da *polis*. O desenrolar da efervescência dos acontecimentos trouxe à baila inovações no desenvolvimento da política, com uma nova forma de exercício de mandato em que o representante se compromete a dividir o espaço de poder com outros cidadãos, notadamente para fins de densificar pautas de luta e propiciar um florescimento mais consensual no exercício dos mandatos.

Enquanto um representante político tradicional exerce o seu *múnus* público de acordo com sua consciência e predileções políticas muitas vezes egoicas, nos mandatos coletivos e compartilhados há o temperamento de ideias e pautas, que devem ser formuladas de forma plural, assomando a colaboração do maior número possível de pessoas. Nesse passo, no atual cenário de inovação política para o enfrentamento da crise de representatividade, os mandatos coletivos emergem como uma alternativa para evitar o distanciamento com a vontade dos eleitores que representam o mandatário.

O compromisso básico do representante é o compartilhamento do poder decisório. Ou seja, ao invés de apenas consulta, debate, ou enquete com os cidadãos, o mandato vincula-se à vontade do grupo, seja ela auferida via agregação de preferências ou construção de consensos. No Brasil, de acordo com estudo realizado pelo PVBLICA (Instituto de Políticas Públicas), entre as eleições dos anos de 1998 e 2018, ao todo 94 candidaturas coletivas e compartilhadas concorreram em 110 campanhas aos cargos de vereador, deputado estadual, deputado federal e senador, dispersos em 50 cidades, 17 estados e representando 22 partidos políticos distintos, atingindo a marca de 1.233.234 votos válidos.[291]

As candidaturas coletivas se configuram como um descortino inovador na realidade política, especificamente porque vêm à lume para facilitar o acesso aos cargos em disputa. Devido às suas consequências altaneiras, sua existência fática não deveria ser relegada apenas pela ausência de regulamentação normativa, até mesmo porque elas se constituem em uma ficção jurídica. Diz-se ficção jurídica, pois se tratam, na verdade, de uma única candidatura que é registrada, com uma denominação própria e com a permissão de que o exercício do mandato parlamentar seja compartilhado entre os seus componentes, de acordo com critérios previamente escolhidos. Trata-se de uma forma de regulamentação do que já existe no plano da facticidade.

Ensina Perelman que ficção jurídica pode ser definida como uma qualificação de fatos ou uma motivação contrária à realidade jurídica.[292] Ou seja, consubstancia-se na regulamentação de um fato, através de criação judicial, regulamentando uma situação em que não havia previsão anterior para evitar a existência de uma lacuna legal. Ela é uma presunção utilizada para possibilitar determinada decisão ou para criar as condições necessárias para a aplicação de uma lei. A prática

[291] SECCHI, Leonardo (org.). *Mandatos coletivos e compartilhados*: inovação na representação legislativa no Brasil e no mundo. São Paulo: RASP, 2019. Disponível em: https://www.raps.org.br.2020/wp-content/uploads.2019/11/mandatos_v5.pdf. Acesso em: 19 fev. 2020. p. 25.

[292] PERELMAN, Chaim. *Considerações sobre uma lógica jurídica*. Disponível em: http://www.scarpinellabueno.com/images/traducoes/trad-2.pdf. Acesso em: 19 fev. 2022.

de criação de ficções jurídicas é bastante utilizada em sistemas jurídicos que adotam o *common law*. Como as candidaturas coletivas ainda não foram regulamentadas no ordenamento jurídico brasileiro, utilizando-se dessa ficção jurídica, pode haver o registro de um cidadão, representando a coletividade, sem nenhum óbice legal que impeça o uso da denominação que tornou a candidatura conhecida durante o processo eleitoral.

O fenômeno veio à baila justamente para agregar a pluralidade de grupos minoritários que não encontravam meios aptos para fazer ecoar as suas vozes nos espaços democráticos, habitados por uma maioria descompromissada com a efetivação dos direitos e garantias fundamentais. A moldura que enquadra o instituto das candidaturas coletivas está alicerçada em uma finalidade maior, que dialoga e busca consonância com o sumo do princípio democrático, a saber: conclamar a participação de setores sociais mais pulverizados para soerguer uma candidatura que tenha mais chances de representação, mormente as que levantam pautas que não são consentâneas com a vontade de grupos dominantes.

Esse novo modelo de postulação reforça a experiência de coletividade, que deve ser o alicerce estrutural de todo partido político, notadamente, para que se impeça o enraizamento de entidades familiares ou estruturas feudais em solo partidário, tornando o ambiente das agremiações um ambiente acolhedor, diversificado socialmente, e unido nos alicerces ideológicos agasalhados. O viés agregativo permite, por sua vez, que setores da sociedade carentes de voz política ou partidária possam, através do adensamento de sinergias, erguer uma candidatura com potencial para representar determinada pauta na arena política.

Tal como ocorreu em outros pleitos, as candidaturas coletivas irromperam nas Eleições 2020 de forma avassaladora, mas, apesar do intento benfazejo aos desígnios democráticos, alguns Tribunais Regionais Eleitorais sedimentaram posicionamento no sentido de inviabilizá-las, em uma negativa deliberada de amparo decisional, sustentada em uma hermenêutica restritiva de direitos fundamentais. Cite-se, à guisa de exemplo, a Orientação Normativa nº 2, emanada pelo Tribunal Regional Eleitoral de Pernambuco, que tem a seguinte dicção, a saber: "o nome para constar na urna eletrônica não poderá conter qualquer expressão que, ainda que aliada ao prenome, sobrenome, cognome, nome abreviado, apelido ou nome pelo qual é mais conhecido o candidato, sugira ao eleitor que o mandato será exercido coletivamente".

Estruturou-se esse posicionamento com esteio no subterfúgio argumentativo no sentido de que a escolha de variação nominal que dê ideia da existência de uma candidatura coletiva compromete a lisura do pleito, na medida em que ludibria o eleitor, pois não se esclarece, de forma precisa, sobre quem é o candidato ou candidata formalmente registrado, de modo a suscitar dúvidas.

Rememora-se que na aplicação da exegese restritiva deve-se apenas declarar o sentido verdadeiro, o alcance exato da norma, evitando a dilatação sem suprimir coisa alguma. Para o Ministro Barroso, a utilização da interpretação restritiva perpassa pelas normas que criam regras gerais, concedem benefícios, estabelecem punições, bem como as de natureza fiscal.[293] Somado a isso, entende-se que as normas que porventura ostentem o escopo de limitar direitos políticos, no caso, candidaturas soerguidas pelas minorias sociais, não podem ser cerceadas por uma interpretação restritiva.[294]

Como se vê, agasalhou-se uma interpretação que, além de limitar os direitos políticos dos cidadãos, promove, de igual modo, um cerceamento à liberdade de autoafirmação e de identidade, uma vez que limita a utilização do espectro de escolha do nome dos candidatos, razão pela qual o Tribunal Superior Eleitoral perfilhou entendimento no sentido de que a regra contida no art. 12 da Lei das Eleições "deve

---

[293] BARROSO, Luís Roberto. *Interpretação e aplicação da Constituição:* fundamentos de uma dogmática constitucional transformadora. 7. ed. São Paulo: Saraiva, 2009. p. 125.

[294] "Em um Estado Democrático de Direito, como regra, deve-se assegurar a plena capacidade dos cidadãos de votarem (capacidade eleitoral ativa ou alistabilidade) e de serem votados (capacidade eleitoral passiva ou elegibilidade em sentido amplo). Os direitos políticos são, afinal, direitos fundamentais. Disso decorre que o intérprete, diante de normas sobre direitos políticos, deverá, sempre que for juridicamente possível, privilegiar a linha interpretativa que amplie o gozo de tais direitos, interpretando-se quaisquer restrições de forma estrita. Apenas em caráter excepcional deve-se subtrair do povo o poder de decidir em quem votar. Desse modo, respeitadas as balizas constitucionais e legais, o campo de alternativas políticas deve ser mantido aberto, de modo que o eleitorado seja livre para manifestar suas opções nas urnas. 8. Justamente com o objetivo de privilegiar o direito fundamental à elegibilidade, a jurisprudência do TSE consolidou-se no sentido de que as causas de inelegibilidades, requisitos de caráter negativo previstos na Constituição e na Lei Complementar nº 64/1990 (alterada pela Lei da Ficha Limpa), devem ser interpretadas restritivamente. (TSE – RO: 06020569520186260000 São Paulo/SP, Relator: Min. Luís Roberto Barroso, Data de Julgamento: 17.09.2018, Data de Publicação: PSESS – Mural eletrônico – 17.09.2018)'. As restrições a direitos fundamentais devem ser interpretadas restritivamente, consoante lição basilar da dogmática de restrição a direitos fundamentais, axioma que deve ser trasladado à seara eleitoral, de forma a impor que, sempre que se deparar com uma situação de potencial restrição ao *ius honorum*, como sói ocorrer nas impugnações de registro de candidatura, o magistrado deve prestigiar a interpretação que potencialize a liberdade fundamental política de ser votado, e não o inverso. [...]" (REspe nº 213-21, Rel. Min. Luiz Fux, j. em 06.04.2017).

ser interpretada de forma restrita, pois limita o direito que assiste aos candidatos de serem identificados pelos nomes de sua escolha, observados os demais requisitos legais".[295]

Em verdade, o que se propugnou, por meio de maneios jurisprudenciais, não foi uma discussão sobre a possibilidade de registro de candidaturas coletivas, haja vista a total imprevisão legal dessa modalidade de candidatura. O cerne da questão cinge-se à possibilidade de o cidadão utilizar a denominação pela qual era ou está sendo conhecido perante a coletividade. Considerando a hipótese de se impedir a possibilidade de candidaturas coletivas, cria-se, através de manejos exegéticos, campos normativos sem amparo em estrutura legal, ainda que remota, pois a fundamentação se configura em uma hipótese fática sem possibilidade de subsunção.

Apesar de o TSE não ter regulamentado em pormenores o arquétipo das candidaturas coletivas, dispôs sobre a escolha da variação nominal a respeito desse tipo de candidatura para as Eleições 2022, por meio da Resolução TSE nº 23.675/2021, que incluiu dispositivos na Resolução TSE nº 23.609/2019. Para tanto, a candidata ou o candidato poderá, na composição de seu nome para a urna, apor ao nome pelo qual se identifica individualmente a designação do grupo ou coletivo que apoia sua candidatura, respeitado o limite máximo de caracteres, sendo vedado o registro de nome de urna contendo apenas a designação do respectivo grupo ou coletivo social (art. 25, §§2º e 3º, da Resolução TSE nº 23.609/2019). Outrossim, deixou-se assente que não constitui dúvida quanto à identidade da candidata ou do candidato a menção feita, em seu nome para urna, a projeto coletivo de que faça parte (art. 25, §4º, da Resolução TSE nº 23.609/2019).

Saliente-se que o texto aprovado pela Câmara dos Deputados do novo Código Eleitoral (Projeto de Lei Complementar nº 112/21) autoriza a prática de candidaturas coletivas para os cargos de deputado e vereador (art. 186). Caberá ao partido autorizar e regulamentar as candidaturas coletivas respectivas em seu estatuto ou por resolução emanada

---

295 TSE – REspe: 06012259620186170000 Recife/PE, Relator: Min. Admar Gonzaga Neto, Data de Julgamento: 24.09.2018, Data de Publicação: PSESS – Mural eletrônico – 24.09.2018. Ainda nesse sentido, cite-se: "De fato, não se pode ampliar as hipóteses de restrição à livre escolha da variação nominal, principalmente por se tratar de normas limitadoras de direito, cuja interpretação deve ser feita de forma restritiva e não ampliativa como se pretende" (TSE – REspe: 6044220146080000 Vitória/ES 214202014, Relator: Min. Luciana Christina Guimarães Lóssio, Data de Julgamento: 28.08.2014, Data de Publicação: PSESS – Publicado em Sessão – 03.09.2014).

do diretório nacional, o que constitui matéria *interna corporis*. Ainda, estabelece o Projeto de Lei Complementar nº 112/21, que, na hipótese de vacância do mandato do representante da candidatura coletiva, em caráter provisório ou definitivo, dar-se-á posse ao suplente do respectivo partido político.

7.4 Procedimento do pedido de registro

O pedido de registro pode ser feito pelo partido ou coligação da data da convenção até as 19 horas do dia 15 de agosto do ano da eleição (art. 11, *caput*, da Lei nº 9.504/1997) ou, na hipótese de o partido, federação ou coligação não requerer o registro de seus candidatos escolhidos em convenção, estes poderão fazê-lo perante a Justiça Eleitoral, observado o prazo máximo de 2 dias seguintes à publicação da lista dos candidatos pela Justiça Eleitoral (art. 29 da Resolução nº 23.609/2019, com redação dada pela Resolução nº 23.675/2021; art. 11, §4º, da Lei nº 9.504/1997). Não havendo o pedido de registro até essa data, ele é considerado intempestivo, inexistindo remédio jurídico cabível para suprir tal vício.

O RRC, instruído com as informações e os documentos necessários, deverá ser elaborado no Sistema CANDex e, até as 19h (dezenove horas) do último dia do prazo mencionado, deverá ser transmitido via internet ou, na impossibilidade de transmissão, entregue na Justiça Eleitoral (art. 29, §1º, da Resolução TSE nº 23.609/2019).

Cada partido político ou coligação poderá requerer registro de um candidato a Presidente, com seu respectivo Vice, mantendo-se o mesmo raciocínio para Governador e Prefeito (arts. 91, *caput*, do Código Eleitoral), sendo facultado às agremiações celebrar coligações no registro de candidatos às eleições majoritárias (art. 91, §3º, do Código Eleitoral), ou seja, nas eleições para os cargos de presidente da República, governador de estado e do Distrito Federal, senador e prefeito.

No mesmo sentido, nas eleições majoritárias, cada partido, federação ou coligação pode apresentar o número exato de candidatos para cada vaga a ser preenchida. Assim, somente pode requerer o registro de 1 (um) candidato a Presidente da República, Governador de estado e Distrito Federal, Prefeito nos municípios, bem como seus respectivos Vices. No que se refere ao Senado Federal, se a renovação for de 1/3, cada partido ou coligação indica 1 (um) candidato ao Senado; mas se a renovação for de 2/3, cada partido ou coligação indica 2 (dois) candidatos ao Senado.

Para as eleições proporcionais, há limitação do número de candidatos a cargos eletivos. Como regra geral, não podem os partidos registrar candidatos em números que extrapolem o percentual de 100% do número de vagas a preencher mais 1 (um) (art. 10 da LE; art. 17 da Resolução nº 23.609/2019, com redação dada pela Resolução nº 23.675/2021).

Do número total de vagas, cada partido político ou federação deverá preencher o mínimo de 30% (trinta por cento) e o máximo de 70% (setenta por cento) para as candidaturas de cada gênero, nos termos do art. 10, §3º, da Lei nº 9.504/1997. Alerte-se que, qualquer fração resultante no cálculo do percentual estabelecido no art. 10, §3º, da LE, será igualada a 1 (um) e desprezada no cálculo das vagas restantes para o outro (art. 17, §3º, da Resolução TSE nº 23.609/2019).

Nesse passo, o partido ou a federação que disputar eleição proporcional deverá apresentar lista com ao menos uma candidatura feminina e uma masculina para fins de cumprimento do percentual mínimo de candidatura por gênero. No caso de federação, essa diretriz aplica-se à lista de candidaturas globalmente consideradas e às indicações feitas por partido para compor a lista (art. 17, §§4 e 5º, da Resolução TSE nº 23.609/2019).

Para fins de cômputo do percentual em tela, será considerado o gênero declarado no registro de candidatura, ainda que dissonante do Cadastro Eleitoral. Caso seja constatada alguma dissonância em relação a essas informações, será expedida notificação à candidata ou ao candidato, para que confirme a informação sobre gênero prestada no Requerimento de Registro de Candidatura ou no Requerimento de Registro de Candidatura Individual (art. 17, §§5º e 5º-A, da Resolução TSE nº 23.609/2019).

Anote-se que a extrapolação do número de candidaturas ou a inobservância dos limites máximo e mínimo de candidaturas por gênero ensejará o indeferimento do registro do partido político ou da federação (DRAP), se, devidamente intimado, não atender às diligências da Justiça Eleitoral (art. 17, §6º, da Resolução TSE nº 23.609/2019).

Convém salientar que nos processos de registro de candidatura, o Juiz Eleitoral pode conhecer de ofício as matérias de ordem pública que acarretam o seu indeferimento, sejam elas decorrentes da ausência de condições de elegibilidade ou da existência de causa de inelegibilidade constitucional.[296]

O formulário do RRC, que também pode ser subscrito por procurador constituído por instrumento particular, com poder específico para o ato (art. 24, §1º, da Resolução TSE nº 23.609/2024), deve ser preenchido com as seguintes informações: a) dados pessoais: inscrição eleitoral, nome civil ou, se houver, nome social declarado no Cadastro Eleitoral, data de nascimento, unidade da Federação e Município de nascimento, nacionalidade, gênero, identidade de gênero, cor ou raça, etnia indígena ou pertencimento a comunidade quilombola, se pessoa com necessidade especial ou deficiência e qual o tipo, estado civil, ocupação, grau de instrução, indicação de ocupação de cargo em comissão ou função comissionada na Administração Pública, número da carteira de identidade com o órgão expedidor e a unidade da Federação, número de registro no Cadastro de Pessoa Física (CPF); b) dados para contato: telefone móvel que disponha de aplicativo de mensagens instantâneas, endereço eletrônico e endereço completo para recebimento de citações, intimações, notificações e comunicações da Justiça Eleitoral, telefone fixo, endereço do comitê central de campanha e endereço fiscal para atribuição de CNPJ; c) dados da pessoa candidata: partido político, cargo pleiteado, número da candidatura, nome para constar da urna eletrônica, informação se é candidata ou candidato à reeleição, qual cargo eletivo que ocupa e a quais eleições já concorreu; d) declaração de ciência da candidata ou do candidato de que deverá prestar contas à Justiça Eleitoral, ainda que haja renúncia, desistência, substituição, indeferimento, cassação ou cancelamento do registro; e) declaração de ciência de que os dados e os documentos relativos a seu registro serão divulgados no sítio do Tribunal Superior Eleitoral e dos tribunais regionais eleitorais, com observância às regras da Lei Geral de Proteção de Dados Pessoais (LGPD) ; f) autorização da candidata ou do candidato ao partido, à federação ou à coligação para concorrer; g) declaração de ciência da candidata ou do candidato de que lhe incumbe acessar o mural eletrônico e os meios de comunicação informados para verificar

---

[296] Ac. de 26.11.2008 no AgR-REsp nº 34.007, Rel. Min. Felix Fischer; no mesmo sentido o Ac. nº 805, de 17.08.2004, Rel. Min. Peçanha Martins. "[...] Registro de candidatura. Impugnação defeituosa. Consideração de fatos nela veiculados. Impropriedade. Fulminada a impugnação ante o fato de haver sido formalizada por parte ilegítima, descabe o aproveitamento dos dados dela constantes para, de ofício, indeferir-se o registro" (Ac. nº 23.578, de 21.10.2004, Rel. Min. Caputo Bastos, red. designado Min. Marco Aurélio).

o recebimento de citações, intimações, notificações e comunicações da Justiça Eleitoral, responsabilizando-se, ainda, por manter atualizadas as informações relativas àqueles meios; h) endereço eletrônico do sítio da candidata ou do candidato, ou de blogs, redes sociais, sítios de mensagens instantâneas e aplicações de internet assemelhadas, caso já existentes;[297] i) declaração de ciência da candidata ou do candidato de que as informações prestadas quanto a nome social, identidade de gênero, gênero, cor ou raça, etnia indígena, pertencimento a comunidade quilombola, deficiência, estado civil, ocupação e dados para contato serão utilizados para atualização dos seus dados no Cadastro Eleitoral.

Noutro vértice, tem-se que o pedido de registro deve ser instruído com os documentos: a) cópia da ata da convenção; b) autorização do candidato por escrito; c) prova da filiação partidária; d) declaração de bens assinada pelo candidato – esta deve ser atualizada; e) cópia do título eleitoral ou certidão fornecida pelo cartório eleitoral de que o candidato é eleitor na circunscrição ou requereu sua inscrição ou transferência de domicílio pelo menos 6 meses antes da eleição; f) certidão de quitação eleitoral; g) certidões criminais fornecidas pelos órgãos de distribuição da Justiça Eleitoral, Federal ou Estadual; h) fotografia do candidato para utilização no voto eletrônico; i) propostas defendidas pelo candidato a Prefeito, a Governador de Estado e a Presidente da República (art. 11, §1º, da LE), sendo dispensada a apresentação pelo partido, coligação ou candidato de documentos produzidos a partir de informações detidas pela Justiça Eleitoral o disposto nos incisos III, V, VI do §1º do art. 11 da LE (art. 11, §13º, da LE).

No caso das certidões criminais serem positivas, mas, em decorrência de homonímia, não se referirem ao candidato ou à candidata, o prejudicado pode instruir o processo com documentos que esclareçam

[297] "Nos termos do art. 57-B, incisos I e II e §1º da Lei nº 9.504/1997 e do art. 28, incisos I e II e §1º da Res.-TSE nº 23.610.2019, constitui obrigação do candidato, partido, federação ou coligação comunicar à Justiça Eleitoral o endereço eletrônico de blogs, redes sociais e aplicações de internet assemelhadas, '[...] hospedado, direta ou indiretamente, em provedor de serviço de internet estabelecido no País', nos quais se veicule propaganda eleitoral, salvo os endereços eletrônicos de iniciativa de pessoa natural. 2. A comunicação do endereço eletrônico do sítio do candidato à Justiça Eleitoral deverá ocorrer impreterivelmente no RRC ou no DRAP (§1º do art. 28 da Res.-TSE nº 23.610.2019), sob pena de multa prevista no §5º do art. 57-B da Lei das Eleições e no §5º do art. 28 da Res.-TSE nº 23.610.2019" (Agravo Regimental no Agravo em Recurso Especial Eleitoral nº 060028372, Acórdão, Min. Raul Araujo Filho, Publicação: DJE – Diário de Justiça Eletrônico, 15.12.2023).

a situação (art. 27, §8º, da Resolução TSE nº 23.609/2019) desde que o faça nas instâncias ordinárias.[298]

O dispositivo reverenciado consubstancia verdadeira medida para tornar a Justiça Eleitoral mais ágil, vez que não há sentido na exigência de documentação que possa ser facilmente obtida nos cartórios eleitorais.

A Justiça Eleitoral enviará aos partidos políticos, na respectiva circunscrição, até o dia 5 de junho do ano da eleição, a relação de todos os devedores de multa eleitoral, a qual embasará a expedição das certidões de quitação eleitoral (art. 11, §9º, da Lei nº 9.504/97). Atente-se que as multas eleitorais não têm taxionomia de débito tributário, sendo cobradas pela Justiça Eleitoral. Todavia, o parcelamento dos débitos eleitorais segue as mesmas regras previstas na legislação tributária federal (art. 11, §11, da Lei nº 9.504/97). Essa determinação possibilita segurança, tanto aos partidos políticos e coligações quanto aos próprios pré-candidatos, justamente porque visa dar ciência aos interessados a concorrerem ao pleito eleitoral sobre a existência de eventual débito eleitoral, para que possam quitá-lo antes do período das convenções partidárias, que tem início no dia 20 de julho do ano do pleito.

As condições de elegibilidade, os requisitos de registrabilidade e as causas de inelegibilidade devem ser aferidas no momento da formalização do pedido de registro da candidatura, ressalvadas as alterações, fáticas ou jurídicas, supervenientes ao registro que afastem a inelegibilidade [299] (art. 11, §10, da Lei nº 9.504/97) e ocorram até a data do primeiro turno da eleição (art. 52 da Resolução TSE nº 23.609/2019). As condições de elegibilidade – nacionalidade brasileira, pleno gozo dos direitos políticos, alistamento eleitoral, domicílio eleitoral na circunscrição e idade mínima para os cargos determinados (art. 14, §3º, I a V, da CF) –, os requisitos de registrabilidade que estão esculpidos nos incisos do §1º, art. 11 da Lei nº 9.054/97 e as causas de inelegibilidade, já são analisadas quando da formalização do pedido de registro

[298] "(...) Este Tribunal 'já assentou que ao interessado cabe a prova da homonímia' (AgR-REspEl nº 2136-50, Rel. Min. Gilmar Mendes, PSESS de 11.11.2014), devendo as declarações de homonímia relativas aos processos penais indicados nas certidões ser acostadas aos autos. Questão não suscitada na instância ordinária (Súmula nº 72/TSE) (Recurso Especial Eleitoral nº 060299361, Acórdão, Min. Carlos Horbach, Publicação: PSESS – Publicado em Sessão, 27.10.2022).

[299] "Súmula nº 43 do TSE: As alterações fáticas ou jurídicas supervenientes ao registro que beneficiem o candidato, nos termos da parte final do art. 11, §10, da Lei nº 9.504/1997, também devem ser admitidas para as condições de elegibilidade".

de candidatura, facilitando para que sejam indeferidos pedidos que padeçam de alguma mácula que impeça o cidadão de disputar o pleito eleitoral. De todo modo, sobrevindo estas causas depois da formalização do pedido de registro até a data das eleições, não há impedimento para sua análise. Exemplifique-se o caso de candidato que paga multa eleitoral ou comprova seu regular parcelamento após o pedido de registro, mas antes do julgamento nas instâncias ordinárias.[300]

O pedido de registro deve, ainda, vir acompanhado, em vias impressas e assinadas pelos requerentes, dos formulários Demonstrativos de Regularidade de Atos Partidários (DRAP), Requerimento de Registro de Candidatura (RRC) e Requerimento de Registro de Candidatura Individual (RRCI) (art. 20 Resolução nº 23.609/2019).

Se houver necessidade em razão de dúvida acerca dos documentos apresentados, o juiz pode abrir o prazo de setenta e duas horas para diligências, verificando se os requisitos exigidos foram ou não cumpridos (§3º do art. 11 da LE). No caso do registro não impugnado em que o candidato não esteja representado por advogado ou advogada, o atendimento às diligências e a manifestação em relação aos impedimentos constatados de ofício pelo juízo poderão ser feitos diretamente no PJe, por meio de aplicação disponibilizada no portal do TSE e explicitada nos §§3º a 7º do art. 36 da Resolução nº 23.609/2019, incluídos pela Resolução nº 23.675/2021.

Com a finalidade de evitar que gestores públicos que tiveram suas contas rejeitadas pelos Tribunais ou Conselhos de Contas possam disputar eleições, abrindo espaço para que suas candidaturas possam

---

300 ELEIÇÕES 2020. AGRAVO INTERNO EM RECURSO ESPECIAL ELEITORAL. VEREADOR. CONDIÇÃO DE ELEGIBILIDADE. AUSÊNCIA DE CERTIDÃO DE QUITAÇÃO ELEITORAL. NÃO COMPARECIMENTO ÀS URNAS. PAGAMENTO DA MULTA ANTES DE ENCERRADA A INSTÂNCIA ORDINÁRIA. INTERPRETAÇÃO DA SÚMULA 50 DESTE TSE EM CONJUNTO COM O ART. 11, §10, DA LEI Nº 9.504/97. INTELIGÊNCIA DA SÚMULA 43 DESTE TSE. PROVIMENTO AO AGRAVO INTERNO. DEFERIMENTO DO REGISTRO DE CANDIDATURA. 1. A interpretação da Súmula nº 50 deste Tribunal Superior Eleitoral – O pagamento da multa eleitoral pelo candidato ou a comprovação do cumprimento regular de seu parcelamento após o pedido de registro, mas antes do julgamento respectivo, afasta a ausência de quitação eleitoral. – é de que o pagamento pode ocorrer antes do julgamento nas instâncias ordinárias, evitando-se regime jurídico mais gravoso do que o previsto no art. 11, §10, da Lei nº 9.504/97. 2. O pagamento da multa eleitoral por ausência às urnas é fato jurídico apto a beneficiar o candidato e, portanto, deve ser analisado pelo prisma do art. 11, §10, da Lei nº 9.504/97, conforme determinação da Súmula 43 deste Tribunal Superior Eleitoral. 3. Agravo interno provido para deferir o requerimento de registro de candidatura de Eunice Moreira Costa. (Agravo Regimental no Recurso Especial Eleitoral nº 060010834, Acórdão, Min. Edson Fachin, Publicação: DJE – Diário de Justiça Eletrônico, 24.03.2021).

ser impugnadas, os mencionados órgãos de fiscalização devem tornar disponível à Justiça Eleitoral a relação de contas rejeitada por irregularidade insanável e por decisão irrecorrível, exceto nos casos em que a questão estiver sendo submetida à apreciação do Poder Judiciário com o deferimento de liminar favorável ou que haja sentença judicial favorável ao interessado (art. 11, §5º, da LE).[301]

A má redação desse dispositivo deixa amplo espaço discricionário para que os órgãos de contas possam determinar o que ensejaria irregularidade insanável. Grande parte dos doutrinadores afirma que a irregularidade insanável apenas aconteceria quando houvesse a prática de improbidade administrativa, não sendo ela tipificada no caso de irregularidades formais.[302] Na verdade, ela se configura uma irregularidade que não tem conteúdo apenas formal, revelando a gravidade da conduta ativa e omissiva, inexistindo possibilidade de saneamento do ato.[303] Esclarece Marcos Ramayana que a irregularidade insanável exige lesividade, dolo do agente e nexo de casualidade entre a conduta ativa ou omissiva e o resultado. Continua afirmando que cabe à Justiça verificar, diante do caso concreto, se a hipótese é ou não sanável, o que acarreta larga esfera de discricionariedade, mormente em razão dos artifícios contábeis.[304]

Decisão irrecorrível significa aqueles casos em que os efeitos da sentença da rejeição de contas ainda se mantêm. Mesmo sendo interposta ação cautelar contra essas consequências, enquanto ela não for decidida favoravelmente, o pronunciamento anterior permanece, impedindo o registro de candidatura.

---

[301] "O órgão competente para apreciar as contas decidiu por rejeitá-las, em razão das irregularidades detectadas. Este Tribunal apenas apreciou a natureza da falta. O descumprimento da lei de licitações importa irregularidade insanável, fazendo incidir o disposto na letra g do inciso I do art. 1º da LC n. 64/90" (AR-258/CE, Rel. Min. MARCELO HENRIQUES RIBEIRO DE OLIVEIRA). "Não compete à Justiça Eleitoral analisar o acerto ou o desacerto da decisão proferida pelo Tribunal de Contas da União, mas apenas verificar se estão presentes os requisitos ensejadores da causa de inelegibilidade da alínea 'g' do inciso I do art. 1º da Lei Complementar n. 64/90, quais sejam, contas rejeitadas por irregularidade insanável e por decisão irrecorrível do órgão competente" (RO-1235/DF, Rel. Min. CARLOS AUGUSTO AYRES DE FREITAS BRITTO).

[302] ROLLO, Alberto; BRAGA, Enir. *Comentários à Lei Eleitoral nº 9.504/1997*: atualizado à luz da recente jurisprudência. Estudo comparativo com as leis anteriores. São Paulo: Fiuza, 1998, p. 66.

[303] "O TSE não é competente para aferir a sanabilidade ou não das contas, mas, [...] a princípio, se as contas foram desaprovadas, é porque as irregularidades são de ordem insanável, do contrário teriam sido aprovadas com ressalva" (AR-251/MA, Rel. Min. JOSÉ AUGUSTO DELGADO).

[304] RAMAYANA, Marcos. *Direito Eleitoral*. 4. ed. Niterói: Impetus, 2005, p. 198.

Já decidiu o Tribunal Superior Eleitoral que irregularidades, como a falsificação da ata de assembleia da convenção, podem extrapolar a mera irregularidade formal, ensejando uma contaminação e nulidade do próprio escrutínio da convenção, configurando motivo hábil para o indeferimento do pedido de registro de candidatura.[305] Também já decidiu a Colenda Corte Eleitoral que a não indicação do candidato em convenção partidária enseja o indeferimento do pedido de registro.[306] A intempestividade do pedido de registro também acarreta seu indeferimento.[307] A candidatura avulsa, sem pertinência a partido político, também ocasiona o indeferimento do pedido de registro.[308] A falta de apresentação de documentos, exigidos dentro do prazo de 3 dias, previstos no art. 36 da Resolução nº 23.609/2019 igualmente enseja o indeferimento do registro de candidatura.

Por previsão instrutiva do TSE, também haverá indeferimento do pedido de registro quando o candidato for inelegível ou não atender a qualquer das condições de elegibilidade, assim como o indeferimento do Demonstrativo de Regularidade de Atos Partidários (DRAP), conforme se aduz dos arts. 48 e 52 da Resolução nº 23.609/2019.

O prazo de contagem do lapso temporal de oito anos é contado da data da decisão do referido Tribunal, conta-se o prazo de oito anos de forma ininterrupta, a não ser que haja concessão de liminar ou cautelar suspendendo seus efeitos. Já os prazos de inelegibilidade, cujo marco inicial seja a eleição, contam-se a partir do primeiro turno do

---

305 Disponível em: http://www.tse.jus.br/sadJudInteiroTeor/pesquisa/actionGetBinary.do?tribunal=TSE&processoNumero=23650&processoClasse=RESPE&decisaoData=20041011&decisaoNumero=23650.

306 Ac. de 15.09.2010 no AgR-REsp 442.566, rel. Min. Arnaldo Versiani.

307 Realizada a convenção, compete às greis ou coligações pedir à Justiça Eleitoral o registro de seus candidatos (art. 11, *caput*, da Lei nº 9.504/97). Somente se admite o requerimento individual na excepcional hipótese de o partido ou coligação não solicitar o registro daqueles que foram escolhidos em convenção (art. 11, §4º, da Lei nº 9.504/97). Por outro lado, consta de modo expresso no §14 do art. 11 da Lei nº 9.504/97 que "[é] vedado o registro de candidatura avulsa, ainda que o requerente tenha filiação partidária". 7. Na espécie, de acordo com a moldura fática do aresto regional, o candidato "não foi escolhido em ata de convenção do partido". É inequívoco, portanto, que o requerimento objeto destes autos se refere a candidatura avulsa, vedada no ordenamento jurídico pátrio. 8. Recurso especial a que se nega provimento. (Recurso Especial Eleitoral nº 060340844, Acórdão, Min. Benedito Gonçalves, Publicação: PSESS – Publicado em Sessão, 03.11.2022).

308 "[...]. Registro de candidatura indeferido. Indeferimento do Demonstrativo de Regularidade de Atos Partidários – DRAP do partido pelo qual pretendia concorrer a Agravante. Impossibilidade de candidatura avulsa. As condições de elegibilidade são aferidas no momento da formalização do pedido de registro de candidatura. [...]" (Ac. de 13.10.2010 no AgR-REsp 262.727, rel. Min. Cármen Lúcia). No mesmo sentido, Ac. de 4.12.2012 no AgR-REspe nº 41528, rel. Min. Laurita Vaz.

pleito respectivo, terminando no dia de igual número de início (art. 52, parágrafo único, da Resolução TSE nº 23.609/2019).

A idade mínima exigida pela Constituição Federal somente se configura como requisito inexorável na data da posse, não sendo necessária sua comprovação na data do registro, salvo quando fixada em dezoito anos, como é o caso da vereança, hipótese em que será aferida na data limite para o pedido de registro (art. 11, §2º, da LE).

O candidato às eleições proporcionais – Deputado Estadual, Deputado Federal, deputado distrital e Vereador – pode indicar no pedido de registro, além de seu nome completo, no máximo mais duas outras variações, em um total de três para sua denominação na ordem de preferência em que deseja registrar-se. Vedam-se de forma expressa denominações que estabeleçam dúvidas quanto à sua identidade, que atentem contra o pudor, sejam ridículas ou irreverentes (art. 12 da LE).

A determinação do que seja um nome lesivo ao pudor, seja ridículo ou irreverente, é bastante indeterminada, o que dá ensejo a uma ampla esfera de discricionariedade por parte do Juiz Eleitoral, levando-o a praticar liberalidades em demasia ou, ao contrário, impedir variações nominais que não deveriam ser proibidas. O vetor norteador dessas decisões são a jurisprudência e a moral dominantes na localidade. São esses referenciais que podem estabelecer um alicerce seguro para evitar abusos.[309]

Havendo registro de candidatos que tenham os mesmos nomes, hipótese de homonímia, a Justiça Eleitoral utiliza alguns critérios para equacionar o conflito.[310] Deve-se mencionar que a homonímia ocorrida

---

309 "O/a candidato/a a Prefeito poderá concorrer, além de seu número e seu nome completo, com o nome que constará da urna eletrônica, que poderá ser o prenome, sobrenome, cognome, nome abreviado, apelido ou nome pelo qual é mais conhecido/a, desde que não se estabeleça dúvida quanto à sua identidade, não atente contra o pudor, não seja ridículo ou irreverente, nem ponha em risco a legitimidade e a autenticidade do pleito" (CTA-941/DF, Rel. Min. LUIZ CARLOS LOPES MADEIRA).
No mesmo sentido: "Eleitoral. Candidatos. Registro. Nome. Prenome. Variações. Resolução n. 12.854/86, do TSE, art. 32. O candidato poderá ser registrado sem o prenome, com o nome parlamentar ou nome pelo qual é mais conhecido, desde que não se estabeleça dúvida quanto a sua identidade, não atente contra o pudor, não seja ridículo ou irreverente. Resolução n. 12.854/86-TSE, art. 32. Recurso provido, parcialmente" (RESPE-6359/GO, Rel. Min. Carlos Mário da Silva Velloso). "A utilização de nome que faça referência à profissão não ameaça a igualdade entre os candidatos" (Registro de Candidatura nº 060116963, Acórdão nº 060116963 de 26.09.2018, Relator Gabriel Cavalcanti Filho, Publicação: PSESS – Publicado em Sessão, Data 26.09.2018).

310 "os procedimentos definidos pela Lei nº 9.504/97, relativos aos casos de homonímia entre candidatos, são dirigidos à Justiça Eleitoral e sua aplicação não depende de impugnação" (RO-275/SP, Rel. Min. EDSON CARVALHO VIDIGAL).

entre candidatos de partidos diferentes e que concorram a cargos diferentes não é considerada relevante.[311]

Os critérios utilizados para dirimir conflitos entre candidatos que apresentem solicitação de registro com igual nome são: a) exigir do candidato prova de que é conhecido pelo nome indicado no pedido de registro; b) dar-se-á preferência ao candidato que esteja exercendo mandato eletivo ou o tenha exercido nos últimos quatro anos, ou que nesse prazo tenha se candidatado com um dos nomes que indicou;[312] c) privilegiar-se-á o candidato que, por sua vida política, social ou profissional, seja identificado por um dado nome que tenha indicado, desde que não seja utilizado por quem detenha mandato ou já o tenha utilizado antes em registro eleitoral; d) não podendo o conflito ser resolvido pelas regras aqui expostas, a Justiça Eleitoral deve notificar os respectivos candidatos para que cheguem a um acordo (art. 39 da Resolução nº 23.609/2019).

Não chegando a nenhum acordo, haverá o registro de cada candidato com o nome e o sobrenome constantes do pedido, observando-se a ordem requerida[313] (art. 12, §1º, da LE).

O Tribunal Superior Eleitoral já decidiu que, inexistindo possibilidade de acordo entre as partes, será aplicado o que consta em sua Súmula nº 4, que exprime que, inexistindo preferência entre candidatos que pretendam o registro da mesma variação nominal, defere-se ao que primeiro o tenha requerido.[314] Então, se não houver o estabelecimento de um consenso, a preferência será para o candidato que primeiro tenha requerido a utilização da denominação à Justiça Eleitoral. Com relação ao registro nominal dos candidatos, a Lei Eleitoral nº 9.504/97 deu prevalência aos candidatos às eleições majoritárias. Assim, a Justiça Eleitoral deve indeferir todo pedido de variação de nome coincidente com o nome de candidato a eleição majoritária, salvo para candidato

---

311 RESPE-20133/SP, Rel. Min. JOSÉ PAULO SEPÚLVEDA PERTENCE.

312 "Ao candidato que, na data máxima prevista para o registro, ou esteja exercendo mandato eletivo, ou o tenha exercido nos últimos quatro anos, ou que, nesse mesmo prazo, se tenha candidatado com um dos nomes que indicou, será deferido o seu uso no registro, ficando os outros candidatos impedidos de fazer propaganda com esse mesmo nome (art. 12, §1º, II, da Lei nº 9.504/97)" (RESPE-21889/SP, Rel. Min. FRANCISCO PEÇANHA MARTINS).

313 "O candidato que, depois de intimado, deixar de indicar o nome que deverá constar da urna eletrônica, concorrerá com o seu nome próprio que, na hipótese de homonímia ou de conter mais de trinta caracteres, será adaptado no momento do deferimento do pedido de registro" (INST-55/DF, Rel. Min. FERNANDO NEVES DA SILVA).

314 RESPE-20228/SP, Rel. Min. ELLEN GRACIE NORTHFLEET.

que esteja exercendo mandato eletivo ou o tenha exercido nos últimos quatro anos, ou que tenha concorrido em eleição com o nome coincidente nesse mesmo período (art. 12, §3º, da LE).

Saliente-se que as questões relativas à homonímia, assim como o pedido de registro do candidato, a impugnação e a notícia de inelegibilidade devem ser julgados em uma só decisão, tal qual regulamenta o art. 50 da Resolução nº 23.609/2019. Destaca-se que a análise dos requisitos individuais da candidatura de cada componente da chapa não influirá na decisão das demais candidaturas que a compõem (§2º do art. 50 da Resolução nº 23.605/2019, incluído pela Resolução nº 23.675/2021).

Em decorrência de motivos políticos ou pessoais, qualquer candidato, com firma reconhecida, pode solicitar o cancelamento do registro de sua candidatura, tratando-se de uma decisão personalíssima e irretratável (art. 101 do CE). Não há um momento fixado para que o candidato, de forma unilateral, possa renunciar, podendo ser até mesmo na véspera da eleição.

A Justiça Eleitoral possibilitará aos interessados acesso aos documentos apresentados para que os partidos e os candidatos possam verificar se houve o cumprimento das exigências imprescindíveis para a realização do registro eleitoral (art. 11, §6º, da Lei nº 9.504/97). A Lei Eleitoral nada mais fez do que explicitar uma obrigação inerente aos órgãos do Poder Público, com o fim de evitar que candidatos sejam prejudicados pela atuação insuficiente ou pela omissão estatal.

Com o objetivo de eliminar quaisquer dúvidas acerca do significado da certidão de "quitação eleitoral", a nova Lei das Eleições definiu quais os elementos exclusivamente por ela abrangidos: a) plenitude do gozo dos direitos políticos; b) o regular exercício do voto; c) o atendimento a convocações da Justiça Eleitoral para auxiliar os trabalhos relativos ao pleito; d) a inexistência de multas aplicadas, em caráter definitivo, pela Justiça Eleitoral e não remitidas; e) a apresentação de contas de campanha eleitoral (art. 11, §7º, da Lei nº 9.504/97). Ressalte-se que esses elementos componentes são de hipótese taxativa, sem que as instâncias judiciárias possam requerer outros documentos ausentes do rol acima destacado.

No ano de 2012, mediante a Resolução nº 23.376, o Tribunal Superior Eleitoral estabeleceu a exigência da aprovação de contas eleitorais como pressuposto à obtenção da certidão de quitação eleitoral, configurando inexorável afronta ao princípio da legalidade. No entanto, no mês de junho do mesmo ano, ao excluir o §2º do art. 52 da

Resolução nº 23.376/2012 mediante a Resolução nº 23.382/2012, o TSE decidiu, acertadamente, pela adoção da intepretação literal do já reverenciado art. 11, §7º, da Lei nº 9.504/97, no sentido de desnecessitar a aprovação das contas de campanha eleitoral, sendo suficiente a sua apresentação, entendimento até então adotado.[315]

Para fins de expedição da certidão de quitação eleitoral são considerados sem nenhuma obrigação para com a Justiça Eleitoral aqueles que: a) condenados ao pagamento de multa, tenham, até a data da formalização do seu pedido de registro de candidatura, comprovado o pagamento ou o parcelamento da dívida regularmente cumprido; b) pagarem a multa que lhes couber individualmente, excluindo-se qualquer modalidade de responsabilidade solidária, mesmo quando imposta concomitantemente com outros candidatos e em razão do mesmo fato (art. 11, §8º, I e II, da Lei nº 9.504/97).

Importa consignar que a minirreforma de 2017 trouxe inovação quanto à questão em tela. O parcelamento das multas eleitorais é direito dos cidadãos e das pessoas jurídicas e pode ser feito em até sessenta meses, exceto quando o valor da parcela ultrapassar 5% da renda

---

[315] ELEIÇÕES 2012. REGISTRO DE CANDIDATURA. AGRAVO REGIMENTAL EM RECURSO ESPECIAL ELEITORAL. DESAPROVAÇÃO DAS CONTAS DE CAMPANHA. QUITAÇÃO ELEITORAL. ENTENDIMENTO JURISPRUDENCIAL MANTIDO NA RESOLUÇÃO N. 23.376.2012. OBSERVÂNCIA DO PRINCÍPIO DA SEGURANÇA JURÍDICA. DEFERIMENTO DO PEDIDO DE REGISTRO. AGRAVO REGIMENTAL DESPROVIDO. 1. A apresentação das contas de campanha é suficiente para a obtenção da quitação eleitoral, nos termos do art. 11, §7º, da Lei nº 9.504/1997, alterado pela Lei nº 12.034.2009. 2. Entendimento jurisprudencial acolhido pela retificação da Resolução n. 23.376.2012 do TSE. 3. Agravo regimental desprovido (AR-REspe n. 232-11/RJ, Rel. Min. Dias Toffoli, TSE).
"[...]. Prestação de contas. Desaprovação. Quitação eleitoral. Art. 11, §7º, da Lei nº 9.504/97. Inconstitucionalidade. Violação ao princípio da segurança jurídica. Inocorrência. [...]. 1. Nos termos da jurisprudência do TSE, exige-se apenas a apresentação das contas de campanha para fins de obtenção da quitação eleitoral. 2. Essa orientação não viola os princípios da moralidade, probidade e da transparência. Com efeito, na hipótese de serem constatadas eventuais irregularidades quanto à arrecadação e gastos dos recursos de campanha, essas poderão fundamentar a representação de que cuida o art. 30-A da Lei nº 9.504/97, cuja condenação atrai a inelegibilidade prevista no art. 1º, I, 'j', da LC n. 64/90. Precedentes. 3. O TSE já decidiu inexistir afronta ao princípio da segurança jurídica decorrente do que assentado no pedido de reconsideração na Instrução n. 1.542-64. Isso porque as regras do jogo eleitoral não foram alteradas em prejuízo dos candidatos, tendo prevalecido, acerca do tema, o mesmo entendimento aplicado ao pleito de 2010. Precedente. [...]" (Ac. de 20.11.2012 no AgR-REspe n. 14314, Rel. Min. Dias Toffoli).
"Registro. Quitação eleitoral. Desaprovação das contas de campanha. 1. A jurisprudência do TSE tem assentado que, em face do disposto na parte final do §7º do art. 11 da Lei nº 9.504/97, acrescido pela Lei nº 12.034.2009, não constitui óbice à quitação eleitoral a desaprovação das contas de campanha do candidato, exigindo-se somente a apresentação delas. [...]" (Ac. de 23.8.2012 no AgR-REspe n. 10893, Rel. Min. Arnaldo Versiani; no mesmo sentido o Ac. de 30.8.2012 no AgR-REspe n. 11197, Rel. Min. Nancy Andrighi).

mensal, no caso de cidadão, ou 2% (dois por cento) do faturamento, no caso de pessoa jurídica, hipótese em que poderá estender-se por prazo superior, de modo que as parcelas não ultrapassem os referidos limites. Ademais, o parcelamento de multas eleitorais e de outras multas e débitos de natureza não eleitoral imputados pelo poder público é garantido também aos partidos políticos em até sessenta meses, salvo se o valor da parcela ultrapassar o limite de 2% (dois por cento) do repasse mensal do Fundo Partidário, hipótese em que poderá estender-se por prazo superior, de modo que as parcelas não ultrapassem o referido limite, consoante dispõe os incisos III e IV do §8º do art. 11, da LE.

Para os candidatos que forem considerados inelegíveis, que renunciaram, falecerem após o termo final do prazo de registro ou tiverem seus registros indeferidos ou cancelados, faculta-se ao partido ou à coligação sua substituição (art. 13, *caput*, da Lei nº 9.504/97, art. 17 da LC nº 64/90 e art. 101, §1º, do Código Eleitoral). A restrição é que o novo registro deve ser requerido até dez dias contados do fato ou da decisão judicial que deu origem à substituição. A restrição é que o novo registro deve ser requerido até dez dias contados do fato ou da notificação da decisão judicial que deu origem à substituição.

Com relação à disciplina da substituição do candidato, a escolha do substituto far-se-á na forma estabelecida no estatuto do partido a que pertencer o substituído, e o registro deverá ser requerido até dez dias contados do fato ou da notificação do partido da decisão judicial que deu origem à substituição (art. 13, §1º, da Lei nº 9.504/97).

Especificamente, há determinação no sentido de que o prazo de dez dias para a escolha do candidato só comece a correr quando da notificação da decisão judicial que originou a substituição. O prazo para a substituição deixou de correr simplesmente da decisão judicial, sem possibilitar a ciência formal da parte interessada, como constava da redação anterior deste §1º, em desprestígio do contraditório e do devido processo legal. Ressalte-se também que juntamente ao partido deve-se compreender também a coligação; bem como que, havendo omissão estatutária para a disciplina da substituição, o órgão da direção nacional é que deve determinar as diretrizes a ser observadas pelos diretórios regionais e estaduais, como referido acima. Tratando-se de eleições majoritárias, se o candidato for de coligação, a substituição necessita ser feita por decisão da maioria absoluta dos órgãos de direção das agremiações coligadas, podendo o substituto ser filiado a qualquer partido participante, desde que a agremiação ao qual pertencia o candidato renuncie a seu direito de preferência (§2º do art. 13 da LE).

Tanto nas eleições majoritárias como nas proporcionais, a substituição só se efetivará se o novo pedido for apresentado até vinte dias antes do pleito, excetuando o caso do falecimento do candidato, situação em que a substituição poderá ser efetivada após esse prazo (art. 13, §3º, da LE, com redação conferida pela Lei nº 12.891/2013). A reverenciada regra é bastante promissora, vez que impõe um marco peremptório para que os partidos e coligações possam trocar de candidatos. Anteriormente, era comum que vários candidatos, considerados inelegíveis, sustentassem suas postulações até perto das eleições. No entanto, para as eleições proporcionais existia o marco legal de sessenta dias, inexistindo a mesma regra para as majoritárias. Inclusive, o Tribunal Superior Eleitoral, mediante a Resolução nº 20.993/2002, admitia a substituição a qualquer tempo, desde que a população fosse avisada. Muitos doutrinadores questionavam se tal abertura configuraria abuso de poder. Para dirimir as contendas, fixou-se o prazo de vinte dias tanto para as eleições majoritárias, quanto para as proporcionais, exceto na hipótese de falecimento do candidato, situação em que a substituição poderá ser após o prazo estipulado.

Se a substituição de candidato a cargo majoritário ocorrer após a geração das tabelas para elaboração da lista de candidatos e preparação das urnas, o substituto concorrerá com o nome, o número e, na urna eletrônica, com a fotografia do substituído. No entanto, ao substituto serão computados os votos (art. 72, §5º, da Resolução nº 23.609/2019). Suscite-se que a divulgação em esclarecimento ao eleitorado cabe ao partido político, à federação ou à coligação do substituto.

O pedido de substituição de candidatos às eleições proporcionais deverá respeitar o mínimo de 30% e o máximo de 70% para candidaturas do mesmo gênero (art. 72, §7º, da Resolução nº 23.609/2019), regra que também vigora para o preenchimento de vagas remanescentes quando não forem respeitados os limites estabelecidos pela Resolução nº 609/2019, com redação dada pela Resolução nº 23.675/2021. Nas eleições proporcionais, o candidato substituto possui o mesmo número do candidato que teve seu registro cancelado.

Terão cancelado seu registro, por intermédio de solicitação do partido à Justiça Eleitoral, os candidatos que até a data da eleição forem expulsos da agremiação. Como esse ato não se configura um ato discricionário, sua validade requer a realização do devido processo legal, do contraditório e da ampla defesa. Se esses requisitos não forem observados, o processo de expulsão será nulo (art. 14 da LE).

Depreende-se, então, que o registro pode ser cancelado por decisão judicial ou por solicitação do partido quando o candidato for expulso da agremiação. Essa prerrogativa outorga aos partidos uma ferramenta para garantir sua unidade, impedindo que seus candidatos possam pedir votos para candidatos de outros partidos que não participem da mesma coligação.

Infelizmente, com a obrigatoriedade da observância do devido processo legal, do contraditório e da ampla defesa, podendo até mesmo recorrer-se a decisões judiciais – prerrogativas imprescindíveis do Estado Democrático Social de Direito –, quando houver a concretização da expulsão, a eleição já terminou, e o candidato, se venceu as eleições, estará no exercício de seu mandato e o conservará, mesmo tendo sido expulso do partido. Ou seja, o instrumento para garantir a disciplina partidária produz efeitos aquém dos desejados.

7.5 Ação de impugnação de Demonstrativo de Regularidade de Atos Partidários (DRAP)

O Demonstrativo de Regularidade de Atos Partidários (DRAP), também chamado de "processo mãe",[316] abarca os processos de registro de candidatura individuais a ele vinculados, no que ostenta o escopo de propiciar a análise, pela Justiça Eleitoral, da regularidade da agremiação partidária e dos atos praticados com vistas à disputa eleitoral, como, por exemplo, os documentos concernentes à realização da convenção, a situação do partido político na circunscrição, e ao quantitativo de candidaturas de gênero.[317] Evita-se que documentos referentes a determinado partido político sejam apreciados repetidas vezes em cada registro de candidatura individual, bem como que o partido tenha seus documentos tidos como válidos para um candidato e como inválidos para outro.[318]

---

316 Art. 32. Na autuação, serão adotados os seguintes procedimentos: §1º O DRAP e os documentos que o acompanham constituirão o processo principal dos pedidos de registro de candidatura (Resolução TSE nº 23.609.2019).

317 Recurso Especial Eleitoral nº 060073621, Acórdão, Relator(a) Min. Jorge Mussi, Publicação: PSESS – Publicado em Sessão, Data 13.11.2018.

318 GOMES, José Jairo. *Direito eleitoral*. 13. ed. São Paulo: Atlas, 2016. p. 339.

Em razão disso, o julgamento do DRAP deve preceder o dos registros dos candidatos, pois estes somente serão analisados se aquele for deferido (art. 47 da Resolução TSE nº 23.609/2019).[319] No entanto, enquanto não transitada em julgado a decisão atinente ao DRAP, o cartório e o juiz eleitoral devem dar continuidade à instrução dos processos de registro dos candidatos (art. 48, §1º, da Resolução TSE nº 23.609/2019).

Quando o indeferimento do DRAP for o único fundamento para o indeferimento da candidatura, eventual recurso contra a decisão proferida no DRAP refletirá nos processos dos candidatos a este vinculados, que permanecerão na instância originária, remetendo-se para a instância superior apenas o processo em que houver interposição de recurso (art. 48, §3º, da Resolução TSE nº 23.609/2019). O trânsito em julgado da decisão de indeferimento do DRAP implica o prejuízo dos pedidos de registro de candidatura a ele vinculados, inclusive aqueles já deferidos (art. 48, §4º, da Resolução TSE nº 23.609/2019).

A finalidade da ação de impugnação de DRAP não é outra senão a de impedir que a Justiça Eleitoral proceda à análise dos requerimentos de registro individuais a ele vinculados. São diversos os casos que podem dar ensejo aos legitimados ativos lançarem mão dessa via impugnativa. As situações mais corriqueiras cingem-se às questões relativas às irregularidades e eventuais nulidades que porventura tenham ocorrido no âmbito das convenções partidárias, como a falta de anotação válida dos órgãos diretivos do partido, na data da convenção, haja vista suas contas terem sido julgadas não prestadas.[320] É de bom alvitre registrar

---

[319] Registro de candidatura. DRAP. Prejudicialidade. 1. Na linha da jurisprudência deste Tribunal, recebem-se como agravo regimental os embargos de declaração opostos contra decisão individual. 2. O art. 36, §§1º e 3º, da Res.-TSE nº 23.373 estabelece a vinculação dos requerimentos de registro de candidatura ao respectivo Demonstrativo de Regularidade de Atos Partidários (DRAP), de forma que o caráter definitivo da decisão proferida no DRAP enseja a prejudicialidade dos pedidos de registro de candidatura. 3. A alegação de suposta não observância de regras estatutárias no que tange à adequação das cotas por gênero deveria ter sido discutida no DRAP, que foi deferido e transitou em julgado. 4. Dado o caráter imutável da decisão proferida no DRAP, não cabe, no processo individual em que só se examinam requisitos específicos do candidato, pretender reabrir a discussão alusiva à questão. Embargos de declaração recebidos como agravo regimental e não provido (Recurso Especial Eleitoral nº 25167, Acórdão, Relator(a) Min. Arnaldo Versiani, Publicação: PSESS – Publicado em Sessão, Data 06.11.2012).

[320] DIREITO ELEITORAL E PROCESSUAL CIVIL. RECURSO ESPECIAL ELEITORAL. REGISTRO DE CANDIDATURA. ELEIÇÕES 2018. INDEFERIMENTO DE DRAP. ÓRGÃO PARTIDÁRIO ESTADUAL. COLIGAÇÃO MAJORITÁRIA. CONTAS ANUAIS NÃO PRESTADAS. NEGATIVA DE SEGUIMENTO. Recurso especial interposto contra acórdão regional que indeferiu o pedido de registro do Demonstrativo de Regularidade de Atos Partidários – DRAP, apresentado pelo Partido da causa Operária – PCO, em razão da falta

que a constituição de comissão provisória de acordo com o estatuto do partido, a subscrição do pedido de registro por pessoa legitimada e a apresentação do número do CNPJ são procedimentos que, se não observados, inviabilizam o deferimento do pedido de registro do DRAP partidário.[321] Saliente-se que matéria relativa ao DRAP não pode ser suscitada nos autos do registro individual, assim como é inviável, ao se julgar o DRAP, analisar por via transversa o mérito de cada um dos registros individuais, o que implicaria restrição ao direito dos candidatos à ampla defesa e ao contraditório.[322]

Busca-se, na maioria das vezes, a exclusão de determinado partido vinculado àquele DRAP, principalmente nos casos de formação de coligação. Isso porque os embates inerentes ao ambiente *interna corporis*

---

de anotação válida do órgão regional do partido, na data da convenção, decorrente do fato de terem sido julgadas não prestadas suas contas partidárias dos exercícios financeiros de 2015 e 2016.2. Nos termos do art. 17, III, da CF/1988 e do art. 32 da Lei nº 9.096/1995, todos os partidos políticos têm a obrigação de prestar contas anualmente à Justiça Eleitoral. A legislação eleitoral prevê sanções ao partido que deixe de cumprir a obrigação, como o cancelamento do registro civil e do estatuto do partido e a suspensão do registro ou anotação dos seus órgãos de direção até a regularização da situação. 3. A sanção de suspensão do órgão partidário é bastante gravosa, uma vez que é capaz de impedir, inclusive, que o partido se habilite a participar do pleito e lance candidatos, a teor do art. 4º da Lei nº 9.504/1997. Tal medida, porém, justifica-se pelo fato de que a não prestação de contas partidárias produz grave violação aos princípios democrático e da transparência. 4. Ao estabelecer a suspensão do registro ou anotação dos seus órgãos de direção até a regularização da situação partidária, as resoluções editadas por esta Corte apenas densificam as sanções estabelecidas em normas de hierarquia superior. 5. Nos termos da jurisprudência desta Corte, na hipótese de omissão da agremiação no dever de prestar contas, são aplicáveis as sanções vigentes à época em que as contas deveriam ter sido prestadas. [...] Inaplicável ao caso a jurisprudência deste TSE que admite, excepcionalmente, a participação no pleito de partido com órgão de direção suspenso por não prestação de contas, desde que: (i) o partido tenha, prontamente, formulado pedido de regularização de contas para afastar a situação de inadimplência; (ii) seja demonstrada a boa-fé do partido; e (iii) a ausência de julgamento do pedido de regularização de contas pelo órgão competente da Justiça Eleitoral não tenha ocorrido por fato atribuível ao partido. 9. Na hipótese, não ficou demonstrada a boa-fé e presteza do órgão diretivo na formulação do pedido de regularização de contas, uma vez que (i) as decisões que implicaram a anotação da suspensão da eficácia do registro transitaram em julgado em 30.06.2017 e 03.07.2018; (ii) os pedidos de regularização das contas partidárias foram apresentados tardiamente (em 31.08.2018); e (iii) os pedidos de regularização das contas apresentados não foram instruídos com a documentação necessária à sua análise. 10. Recurso especial eleitoral a que se nega provimento (Recurso Especial Eleitoral nº 060375791, Acórdão, Relator(a) Min. Luís Roberto Barroso, Publicação: PSESS – Publicado em Sessão, Data 04.10.2018).

321 Recurso Especial Eleitoral nº 060140239, Acórdão, Relator(a) Min. Og Fernandes, Publicação: PSESS – Publicado em Sessão, Data 22.11.2018.

322 Recurso Especial Eleitoral nº 060055414, Acórdão, Relator(a) Min. Tarcisio Vieira de Carvalho Neto, Publicação: PSESS – Publicado em Sessão, Data 07.11.2018 (Recurso Especial Eleitoral nº 060073621, Acórdão, Relator(a) Min. Jorge Mussi, Publicação: PSESS – Publicado em Sessão, Data 13.11.2018).

nem sempre são consentâneos, no que geram insatisfação. Eventuais irregularidades verificadas só podem ser arguidas por integrantes do partido ou da coligação que a promoveu, não havendo restrição para que questões também sejam suscitadas por quem foi indicado candidato. Todavia, conforme o entendimento pacificado pelo Tribunal Superior Eleitoral, partido político e coligação não possuem legitimidade para impugnar o DRAP de coligação adversária sob o fundamento de irregularidade em convenção partidária.[323]

O embasamento teorético desse entendimento deflui diretamente do princípio norteador do instituto das nulidades, originário do Direito Francês, qual seja, o do *pas de nullité sans grief*, segundo o qual não há nulidade sem demonstração do prejuízo. Se porventura houver alguma mácula acintosa à legislação eleitoral ou às normas estatutárias, o prejuízo decorrente do ato deverá ser arguido pelo partido ou pelos membros de outro partido coligado que tenham sofrido diretamente os efeitos da transgressão perpetrada.[324]

A gravidade dos efeitos da irregularidade suscitada é de grande importância para definir a competência para o julgamento da irresignação. Se, na espécie, se tratar de vício material que transcenda a geografia partidária, de modo a produzir reflexos diretos no processo eleitoral, a Justiça Eleitoral será competente para apreciar as controversas internas de partido político, com uma clara mitigação ao postulado da autonomia partidária.[325] Noutro giro, se as questões ostentarem caráter *interna*

---

[323] "Consoante o entendimento jurisprudencial do TSE, candidatos, partidos e coligações não estão legitimados a impugnar o DRAP de coligação adversária por carecerem de interesse próprio no debate acerca de matéria *interna corporis* de outras agremiações, salvo quando se tratar de fraude com impacto na lisura do pleito, o que, contudo, não é a hipótese dos autos, de acordo com a moldura fática delimitada pelo Tribunal Regional Alagoano" (Recurso Especial Eleitoral nº 060007473, Acórdão, Relator(a) Min. Mauro Campbell Marques, Publicação: *DJE – Diário da justiça eletrônica*, Tomo 216, Data 23.11.2021).

[324] LACERDA, Maria Luisa de Medeiros; LUCENA, Alisson Emmanuel de Oliveira. Aportes práticos acerca dos demonstrativos de regularidade dos atos partidários na fase de procedimento de registro de candidatura. *Revista de Estudos Eleitorais*, Recife, v. 2, n. 4, p. 20-30, dez. 2018. p. 27.

[325] A Justiça Eleitoral possui competência para apreciar as controvérsias internas de partido político, sempre que delas advierem reflexos no processo eleitoral, circunstância que mitiga o postulado fundamental da autonomia partidária, *ex vi* do art. 17, §1º, da Constituição da República – cânone normativo invocado para censurar intervenções externas nas deliberações da entidade -, o qual cede terreno para maior controle jurisdicional. 2. Ante os potenciais riscos ao processo democrático e os interesses subjetivos envolvidos (suposto ultraje a princípios fundamentais do processo), qualificar juridicamente referido debate dessa natureza como matéria *interna corporis*, considerando-o imune ao controle da Justiça Eleitoral, se revela concepção atávica, inadequada e ultrapassada: em um Estado Democrático de Direito, como o é a República Federativa do Brasil (CRFB/88, art. 1º, *caput*), é paradoxal conceber

corporis, a Justiça Eleitoral não deterá competência para julgar a ação, por força do princípio constitucional da autonomia partidária.

O rito procedimental é o mesmo da Ação de Impugnação de Registro de Candidatura (AIRC), com todos os apanágios dispostos na Lei Complementar nº 64/90, que será delineado detalhadamente no tópico subsequente. Cabe destacar, no que tange à esfera recursal, que a parte que não impugnou o DRAP do partido ou da coligação não possui legitimidade para recorrer da decisão que o deferiu, salvo se tratar de matéria constitucional.[326] Outrossim, entende o Tribunal Superior Eleitoral ser plenamente cabível pedido de habilitação de assistência apresentado por candidato em recurso que questiona indeferimento de DRAP relacionado a seu partido político,[327] embora não caiba pedido de assistência, por falta de interesse jurídico, por parte de adversário político.[328]

7.6 Impugnação a pedido de registro de candidatura

A finalidade da ação de impugnação de registro de candidato é impedir que o cidadão possa disputar o pleito eleitoral, negando seu registro e, consequentemente, impedindo sua candidatura,

a existência de campos que estejam blindados contra a revisão jurisdicional, adstritos tão somente à alçada exclusiva da respectiva grei partidária. Insulamento de tal monta é capaz de comprometer a própria higidez do processo político-eleitoral, e, no limite, o adequado funcionamento das instituições democráticas (Recurso Especial Eleitoral nº 10380, Acórdão, Relator(a) Min. Luiz Fux, Publicação: *DJE – Diário de justiça eletrônico*, Tomo 232, Data 30.11.2017, p. 22/25).

[326] Recurso Especial Eleitoral nº 060093128, Acórdão, Relator(a) Min. Edson Fachin, Publicação: PSESS – Publicado em Sessão, Data 18.12.2018.

[327] EMBARGOS DE DECLARAÇÃO EM RECURSO ESPECIAL. PEDIDO DE ASSISTÊNCIA. POSSIBILIDADE. ART. 119 DO CPC 2015. INTERESSE JURÍDICO. PEDIDO FORMULADO PELO ASSISTENTE. AUSÊNCIA DE AMPARO JURÍDICO. INDEFERIMENTO. PRESTAÇÃO DE CONTAS DE PARTIDO POLÍTICO. EXERCÍCIO FINANCEIRO DE 2015. INEXISTÊNCIA DE VÍCIOS NO JULGADO. PRETENSÃO DE REDISCUTIR A CAUSA. NÃO CABIMENTO. ACLARATÓRIOS INSERVÍVEIS PARA FINS DE PREQUESTIONAMENTO. REJEIÇÃO. É plausível o pedido de habilitação de assistência apresentado por candidato no recurso em que se questiona o indeferimento do DRAP de seu partido, ante o que dispõe o art. 119 do CPC 2015 e o manifesto interesse jurídico decorrente do risco de provimento jurisdicional que repercuta negativamente em sua esfera de direitos (Recurso Especial Eleitoral nº 060019783, Acórdão, Relator(a) Min. Og Fernandes, Publicação: PSESS – Publicado em Sessão, Data 29.11.2018).

[328] "O pedido de ingresso no feito na condição de assistente simples do MPE formulado por candidato adversário em eventual disputa na eleição suplementar há que ser indeferido, haja vista que ausente o interesse jurídico na resolução da presente demanda, que trata sobre DRAP" (Recurso Especial Eleitoral nº 060014560, Acórdão, Relator(a) Min. Mauro Campbell Marques, Publicação: *DJE – Diário da justiça eletrônica*, Tomo 195, Data 22.10.2021).

obstaculizando sua passagem da condição de pré-candidato à de candidato.[329] O registro configura-se no procedimento em que a Justiça Eleitoral verifica se o pré-candidato dispõe dos elementos necessários para disputar as eleições.

Nesse sentido, a AIRC tem a finalidade de obter uma declaração negativa da existência da prerrogativa ao registro de candidatura, desconstituindo o seu deferimento, em decorrência do não preenchimento das condições de elegibilidade, dos requisitos de registrabilidade ou da incidência de causa de inelegibilidade.

O objeto dessa ação deve versar sobre qualquer uma das condições de elegibilidade do candidato, das causas de inelegibilidades ou dos requisitos de registrabilidade, daí a razão pela qual seu procedimento se encontra regulamentado nos arts. 3º ao 17 da Lei de Inelegibilidades (LC nº 64/90).

As causas que podem ensejar o ajuizamento da ação de impugnação de registro de candidatura provem de três institutos jurídicos distintos, mas que produzem o mesmo resultado de impedir o cidadão de participar do pleito eleitoral. São eles: ausência das condições de elegibilidade ou dos requisitos de registrabilidade ou incidência de causa de inelegibilidade. Enfim, constatada a ocorrência de qualquer uma das causas de impugnação, há a certeza que o pré-candidato não possui as condições mínimas para o exercício do mandato eletivo.

As inelegibilidades que podem ser arguidas são tanto as consideradas inatas, como aquelas de natureza sancionatória provenientes de decisão judicial. Como exemplo de inelegibilidade inata, pode-se mencionar o caso dos analfabetos e dos menores de 16 anos de idade. Como exemplo de inelegibilidade sancionatória, cita-se o caso do candidato que teve as contas rejeitadas por decisão do Tribunal de Contas, sendo esta confirmada pelo Legislativo e sem que ela tenha sido suspensa por decisão judicial.[330]

A AIRC pode igualmente ser intentada por motivo de ausência de documento considerado essencial, os denominados requisitos de registrabilidade, como, por exemplo, se não forem apresentadas as certidões criminais exigidas. Nesse caso, por não ser o vício que o macula insanável, pode a autoridade judicial conceder prazo para que o

[329] RAMAYANA, Marcos. *Direito Eleitoral*. 4. ed. Niterói: Impetus, 2005, p. 172.

[330] Recurso Especial Eleitoral nº 060010274, Acórdão, Relator(a) Min. Tarcisio Vieira de Carvalho Neto, Relator(a) designado(a) Min. Alexandre de Moraes, Publicação: *DJE – Diário da justiça eletrônica*, Tomo 206, Data 09.11.2021.

candidato supra a ausência. Sem a supressão da omissão no lapso aprazado, a denegação do registro de candidatura mostra-se inexorável.[331]

Segundo mandamento constitucional, a filiação partidária deve ser efetivada seis meses antes da eleição, sob pena de indeferimento do registro (art. 14, §3º, V, da CF). Decorrendo essa exigência de mandamento constitucional, ela pode ser alegada a qualquer tempo, sem que se opere o instituto da prescrição. Como exceção à exigência de filiação partidária, pode ser mencionado o caso do militar da ativa. Devido à Constituição brasileira impedi-lo de ser filiado a partido político, não se lhe exige a obrigatoriedade de estar filiado seis meses antes das eleições (art. 14, §3º, V, da CF). A condição de elegibilidade relativa à filiação partidária não é exigível de militar que se encontre na ativa, sendo suficiente o pedido de registro de candidatura após a homologação pela convenção (art. 12, §2º, da Resolução nº 20.993/2002).

A rejeição de contas por órgão específico, através de decisão insanável e irrecorrível, é uma causa de inelegibilidade, facultando sua alegação em sede de ação de impugnação de registro de candidatura (art. 1º, I, "g", da LC nº 64/90). Acaso venha o candidato a obter liminar sustando os efeitos desse posicionamento, lhes é outorgada a prerrogativa de receber seu registro de forma provisória. Para que esse tipo de impugnação possa surtir os efeitos almejados, são necessários quatro requisitos: a) exercício de função de ordenador de despesa; b) que haja decisão irrecorrível, de órgão competente, rejeitando as contas prestadas; c) irregularidade insanável; d) que não haja pronunciamento judicial suspendendo a decisão de rejeição de contas; e) tipificação de ato doloso de improbidade administrativa; f) que o parecer do Tribunal de Contas não tenha sido afastado pelo voto de dois terços da Câmara de Vereadores respectiva.[332] Saliente-se que, para o Tribunal Superior

---

[331] "O pedido de juntada de documentos só deve ser deferido caso se trate de documentos novos, nos moldes do art. 397 do CPC" (AG-8581/BA, Rel. Min. JOSÉ AUGUSTO DELGADO). "Necessidade de certidão de inteiro teor, quando apresentada certidão criminal com registros positivos" [Ac-TSE, de 30.9.2014, no AgR-REspe nº 64978 e, de 15.9.2010, no AgR-REspe nº 247543]. "Certidão de vara de execução criminal não supre a exigência expressa neste inciso" [Ac.-TSE, de 25.9.2006, no RO nº 1192]; "Inexigibilidade de que conste destinação expressa a fins eleitorais" [Ac.-TSE, de 10.10.2006, no RO nº 1028 e, de 21.9.2006, no REspe nº 26375]. "Certidão de vara de execução criminal não supre a exigência expressa neste inciso [Ac.-TSE, de 25.9.2006, no RO nº 1192]. "Inexigibilidade de que conste destinação expressa a fins eleitorais" [Ac.-TSE, de 10.10.2006, no RO nº 1028 e, de 21.9.2006, no REspe nº 26375].

[332] "A incidência da causa de inelegibilidade prevista no art. 1º, I, g, da LC nº 64/90 exige a presença dos seguintes requisitos: (i) rejeição de contas; (ii) exercício de cargo ou funções públicas; (iii) irregularidade insanável que configure ato doloso de improbidade administrativa; (iv) irrecorribilidade da decisão; e (v) inexistência de provimento judicial

Eleitoral, este tipo de inelegibilidade apenas pode ser concretizada se a decisão (parecer) do Tribunal de Contas que rejeita as contas, não for afastada pela respectiva casa legislativa – por decisão anuída por dois terços dos membros do legislativo.[333]

Ademais, o pedido de reconsideração da sentença do Tribunal de Contas, protocolado quando já intentada ação de impugnação de registro, não serve para afastar a inelegibilidade.[334]

O procedimento da AIRC se resumiria em: (i) Petição inicial, no prazo de cinco dias, a contar da publicação do edital relativo ao pedido de registro (art. 3º, *caput* da LC nº 64/90); (ii) Citação do candidato, partido político ou coligação para apresentar defesa em sete dias, assim como juntar documentos, indicar rol de testemunhas e requerer a produção de provas (art. 4º, *caput* da LC nº 64/90). Não havendo contestação, poderá ocorrer o julgamento antecipado da lide ou designação de audiência; (iii) Caso a ação não trate apenas de matéria de direito e a prova protestada for relevante, ocorrerá, em 4 dias, a inquirição das testemunhas, que serão notificadas pelos causídicos habilitados no feito (art. 5º, *caput* da LC nº 64/90); (iv) Realização das diligências e produção de outras provas, nos cinco dias subsequentes (art. 5º, §2ºda LC nº 64/90); (v) Encerrada a instrução probatória, as partes e o Ministério Público poderão oferecer alegações finais, em cinco dias (art. 6º, *caput* da LC nº 64/90); (vi) Finalizado o prazo das alegações, em um dia, os autos devem seguir para conclusão ao juiz (art. 7º, *caput* da LC nº 64/90); (vii) Contra a sentença caberá recurso, com razões, em três dias, com contrarrazões do recorrido e do Ministério Público, se for o caso, em três dias. Após as contrarrazões, os autos são imediatamente encaminhados ao Tribunal Regional Eleitoral (art. 8º, *caput* e§§1º e 2ºda LC nº 64/90); (viii) Recebimento o recursos pela Secretaria do Tribunal Regional Eleitoral e despacho pelo Presidente no mesmo dia. O Presidente distribui a um relator. E parecer do MP, Procurador regional eleitoral, no prazo de dois dias. Com ou sem parecer, os autos vão para o relator que, em três dias, submete o caso ao plenário (art. 10, *caput*, parágrafo único, da LC nº 64/90); (ix) Na sessão, o relator vota primeiro; depois os demais juízes. Leitura e publicação do acórdão. Prazo de três dias

---

que suspenda ou anule a decisão proferida pelo órgão competente" (Recurso Especial Eleitoral nº 060011384, Acórdão, Relator(a) Min. Carlos Horbach, Publicação: *DJE – Diário da justiça eletrônica*, Tomo 202, Data 04.11.2021).

[333] RE nºs 848.826 e 729.744.

[334] Ac. 19.140, do TSE, Rel. Min. WALDEMAR ZVEITER.

para interpor recurso. Caso haja recurso, ele irá subir para o Tribunal Superior Eleitoral, seguindo o aspecto regimental e o art. 12 da Lei Complementar nº 64/1990.

A ação de impugnação de registro de candidatura será feita perante o Tribunal Superior Eleitoral quando se tratar de candidato à presidência e à Vice-presidência da República; perante os Tribunais Regionais Eleitorais quando se tratar de candidato a Senador, Governador, Vice-Governador, Deputado Federal, Deputado Estadual ou distrital; perante os Juízes Eleitorais, quando se tratar de candidato a Prefeito, Vice-Prefeito e Vereador.

Recebidos os requerimentos solicitando o registro, não havendo necessidade de diligência e constando os requisitos essenciais, o Juiz Eleitoral publicará edital para que todos os interessados tenham ciência dos pré-candidatos que postulam o registro para disputar o pleito eleitoral.

O prazo para a impugnação é de cinco dias a contar da publicação do pedido de registro, consistindo em um prazo peremptório da apresentação do edital, não havendo possibilidade de se impetrar em outro momento.[335]

Registra-se que sendo as condições de elegibilidade fruto de previsão constitucional, logo, imprescritíveis ou, ainda, diante das causas de inelegibilidades supervenientes caso não seja cabível a AIRC, tendo em vista o limitado prazo de 5 dias, a impugnação poderá ocorrer, em outro momento, por RCED. Portanto, não acontecendo a impugnação do pedido de registro quando da publicação do edital, impede-se que ela possa ocorrer posteriormente durante o processo eleitoral. A preclusão operada no Direito Eleitoral impede que a mesma matéria seja discutida em momento posterior, a não ser que seja, repita-se, uma das hipóteses de interposição de recurso contra a expedição de diploma.

Possui legitimidade para seu ajuizamento qualquer candidato, partido político, coligação ou o Ministério Público, no prazo de cinco dias contados da publicação de edital com o pedido de registro (art. 3º, *caput*, da LC nº 64/90, Súmula nº 49 do TSE). A impugnação por parte daqueles não impede a mesma ação por parte do Ministério Público. Nesse diapasão, ocorrendo duplicidade de ações sobre o mesmo legitimado passivo, o juiz deverá reunir os processos para julgá-los simultaneamente.

---

335 REspe nº 26418/ SP do TSE. Diário Oficial da Justiça, t. 229, 2.12.2013, p. 37-38.

Neste caso, aplica-se a regra da conexão, evitando a possibilidade de decisões contraditórias (art. 55 do Código de Processo Civil).

Essa legitimação se configura como concorrente, podendo qualquer um desses agir individualmente ou de forma conjunta, por intermédio de litisconsórcio. A impugnação, por parte de candidato, partido político, ou coligação, não impede ação do Ministério Público no mesmo sentido (art. 3º, §1º, da LC nº 64/90).

Ressalte-se, inclusive, que não poderá ingressar com a AIRC o representante do *parquet* que, nos quatro anos anteriores, tenha disputado cargo eletivo, integrado diretório de partido ou exercido qualquer atividade político-partidária, consoante previsão do art. 3º, §2º, da LC nº 64/90. No tocante ao prazo desse impedimento, importa consignar que a Resolução nº 23.609/2019 (art. 40, §3º) adaptou a previsão da Lei Complementar nº 64/90 (art. 3º, §2º) com a previsão da Lei Complementar nº 75/93 (art. 80), determinando o impedimento de ingressar com AIRC do representante do MP que nos 2 anos anteriores tenha disputado cargo eletivo, integrado diretório de partido ou exercido atividade político-partidária.

O partido político ou coligação que não impugnou o registro não tem legitimidade para recorrer da sentença, ressalvada discussão de matéria constitucional, que não opera a preclusão em razão do premente interesse público.[336] Já o candidato, para efeito de legitimidade para a impetração de AIRC, é o cidadão que teve seu nome devidamente homologado em convenção eleitoral e tem deferido o registro de candidatura.

O eleitor não tem legitimidade para impugnar o registro de candidatura em razão de ausência de previsão legal.[337] Porém, se ele souber de alguma causa que possa macular alguma candidatura, conforme art. 44 da Resolução nº 23.609/2019, pode, mediante petição fundamentada, dar ciência à Justiça Eleitoral para que sejam tomadas as devidas

---

336 Súmula nº 11 do Tribunal Superior Eleitoral: "No processo de registro de candidatos, o partido que não o impugnou não tem legitimidade para recorrer da sentença que o deferiu, salvo se cuidar de matéria constitucional".
"Nos termos da Súmula- TSE nº 11, a parte que não impugnou o registro de candidatura não tem legitimidade para recorrer da sentença que o deferiu, salvo se se cuidar de matéria constitucional, o que não se averigua no caso em exame. Precedentes" [RESPE-22578/SP, Rel. Min. CARLOS EDUARDO CAPUTO BASTOS].

337 "O eleitor não tem legitimidade para impugnar candidaturas [...]" (Ac. 12.375, de 01.09.1992, rel. Min. Sepúlveda Pertence). "[...] Registro de candidato impugnado por eleitor: parte ilegítima. Art. 3º da Lei Complementar nº 64/90. [...]" (Ac. 14.807, de 18.11.1996, rel. Min. Eduardo Alckmin).

providências, nesses casos, adotando-se, no que couber, o procedimento previsto para as impugnações, através da notícia de inelegibilidade. Neste caso, deverá ser seguido o procedimento descrito nos §§1º ao 4º do art. 44 da Resolução nº 23.609/2019, em conformidade com as novas disposições da Resolução nº 23.675/2021. Assim, apresentada a notícia pelo eleitor, o MP será imediatamente informado da notícia de inelegibilidade pela Secretaria do Juízo. Sublinhe-se que o TSE já se posicionou por diversas vezes quanto à impossibilidade de se receber impugnação defeituosa como notícia de inelegibilidade.[338]

Em relação à notícia de inelegibilidade, ressalta-se que cabe ao juízo conhecer de eventuais óbices ao deferimento do registro, resguardado o direito de defesa do pretenso candidato. Desse modo, o fato de eventual notícia de inelegibilidade não ser conhecida, por intempestiva, não obsta o juízo de conhecer, de ofício, determinada causa de inelegibilidade ali noticiada.[339]

Portanto, embora o eleitor não possua legitimidade para interpor AIRC em nome próprio, pode contribuir para a lisura do processo eleitoral, fornecendo as informações necessárias para a interposição da ação, trata-se da denominada "notícia de inelegibilidade". A respeito do tema, existem divergências doutrinárias quanto à possibilidade de se ampliar o rol dos legitimados, passando a incluir também a figura dos cidadãos. Essa corrente é abraçada por Djalma Pinto, que lamenta a decisão do legislador em não conferir legitimidade ao cidadão. Isto porque é ele que compõe o povo, titular do poder na democracia.[340]

Ainda convém explicitar que o candidato, mesmo sem registro deferido, detém legitimidade ativa para ações e recursos; pondera-se que no curso da ação de impugnação, caso o candidato autor não tenha seu registro deferido, o processo será extinto, sem resolução do mérito.[341] Tem-se que inexiste impedimento para que candidato possa impugnar pedido de registro de seus correligionários, seja do mesmo partido ou

[338] Recurso Especial Eleitoral nº 060089917, Acórdão, Relator(a) Min. Mauro Campbell Marques, Publicação: *DJE – Diário da justiça eletrônica*, Tomo 13, Data 03.02.2022.

[339] Recurso Ordinário nº 060101151, Acórdão, Relator(a) Min. Tarcisio Vieira de Carvalho Neto, Publicação: PSESS – Publicado em Sessão, Data 26.10.2018.

[340] PINTO, Djalma. *Direito Eleitoral*: improbidade administrativa e responsabilidade fiscal – noções gerais. 3. ed. São Paulo: Atlas, 2006, p. 169.

[341] Ac. de 16.3.2010 no AgR-AI 11.889, rel. Min. Ricardo Lewandowski. "1. Candidato indicado por convenção, mesmo sem registro deferido, é parte legítima para oferecer impugnação a pedido de registro de outros candidatos. LC nº 64/90, art. 3º [...]" (Ac. 459, de 10.10.2000, rel. Min. Fernando Neves).

da mesma coligação. Somente não pode impugnar candidato a pleito majoritário, em virtude da ausência de interesse de agir.[342]

A jurisprudência do Colendo TSE é uníssona ao conferir legitimidade ativa às coligações para ajuizar ação de impugnação de registro eleitoral, devendo o representante da Coligação ter sua indicação (representação), consoante previsão do art. 6º das Leis de Eleições. Para o Tribunal Superior Eleitoral, a impugnação deverá ser realizada em conjunto, por todos os partidos que estão unidos ao pleito. Logo, o partido político integrante de coligação não detém legitimidade para, isoladamente, ajuizar impugnação a pedido de registro de candidatura. A atuação isolada apenas será permitida quando for para impugnar a validade da própria coligação.[343] Registra-se que caso a Coligação seja desarticulada, inevitavelmente sua legitimidade será extirpada, razão pela qual o processo será extinto sem apreciação do mérito.[344] Ademais, o partido ou coligação que não impugnou a solicitação de registro de candidatura não tem legitimidade para recorrer da decisão, à exceção se for matéria de conteúdo constitucional.[345]

Os legitimados passivos na AIRC são os candidatos que foram escolhidos em convenção partidária. Como já tivemos oportunidade de explanar alhures, a escolha do candidato em convenção é requisito exigido para o deferimento do pedido de registro de candidatura.[346] Caso não haja a indicação em convenção, há impedimento para o cidadão ser considerado candidato, a não ser que consiga anular a escolha realizada e seja o seu nome homologado em outra convenção.[347]

Com efeito, ainda sobre a legitimidade passiva, importa destacar que não há necessidade de formação de litisconsórcio passivo necessário entre o candidato que sofre a impugnação e o partido político ao qual

---

342 COSTA, Adriano Soares da. *Instituições de Direito Eleitoral*. 6. ed. Belo Horizonte: Del Rey, 2006, p. 439.

343 "[...] A teor do disposto no art. 6º, §4º, da Lei nº 9.504/1997, o partido político coligado não tem legitimidade para atuar isoladamente no processo eleitoral, salvo se para questionar a validade da própria coligação." (Recurso Especial Eleitoral nº 3059, Acórdão, Relator(a) Min. Rosa Maria Weber Candiota Da Rosa, Publicação: PSESS – Publicado em Sessão, Data 23.11.2016). Ac. de 29.09.2008 no AgR-REsp 30.842, rel. Min. Marcelo Ribeiro; no mesmo sentido o Ac. 23.578, de 21.10.2004, rel. Min. Caputo Bastos, red. designado Min. Marco Aurélio.

344 Ac de 25.11.2004 no EAREspe nº 24.531/BA, DJ 30.9.2005, v. 1, p. 122

345 Súmula nº 11 do TSE.

346 Ac. de 15.09.2010 no AgR-REsp 484.336, rel. Min. Arnaldo Versiani.

347 Ac. de 15.09.2010 no AgR-REsp 442.566, rel. Min. Arnaldo Versiani.

pertence porque resta tipificado o dano do ato para ambos do registro.[348] Nesse sentido o TSE editou a Súmula nº 39: "Não há formação de litisconsórcio necessário em processos de candidatura".[349] Mesmo que com o indeferimento do registro de candidatura, a agremiação política perca o potencial de votos de seu correligionário, o que evidencia a sucumbência e o interesse para sua atuação no processo, não se mostra essa uma condição indispensável ao processo.[350]

Como explicitado alhures a finalidade da mencionada ação configura-se em atestar que há uma inelegibilidade preexistente, ausência de condição de elegibilidade ou falta de documentação exigida, em que se verifica seu nítido caráter declaratório. Todavia, de forma insólita, ela pode apresentar natureza constitutiva, quando ao longo do processo se verifica a existência de uma inelegibilidade superveniente a ser conhecida.[351] Seu caráter constitutivo advém de que se altera uma relação jurídica porque foi verificada a inelegibilidade de candidato que antes não possuía qualquer mácula que o privasse do pleito eleitoral. Na hipótese de inelegibilidade preexistente ou ausência de documentação exigida, sua natureza é declaratória negativa, nada se acrescentando à relação jurídica. Ocorrendo inelegibilidade superveniente, a sentença apresenta taxonomia constitutiva, modificando a relação jurídica com a atribuição de inelegibilidade ao candidato.

O impugnante, na petição de irresignação, deve indicar os meios de prova necessários, com a possibilidade de arrolar até seis testemunhas, conforme o caso (art. 3º, §3º, da LC nº 64/90). Já o impugnado, na contestação, poderá juntar prova documental, arrolar testemunhas ou

---

348 "[...] O litisconsórcio passivo necessário entre os candidatos eleitos e a agremiação política da qual eles são membros não é de formação obrigatória nos termos da jurisprudência da Corte. Precedente: RCED nº 661/SE, Rel. Min. Aldir Passarinho Junior, DJe de 16.2.2011" (gravo Instrumento nº 3037, Acórdão, Relator(a) Min. Luiz Fux, Publicação: DJE – Diário justiça eletrônico, Data 06.04.2017, Página 86 a 88).

349 "Não há formação de litisconsórcio necessário em processos de registro de candidatura" (Súmula nº 39 do TSE). Ac.-TSE, de 10.5.2016, no PA nº 32345.

350 "A formação do litisconsórcio passivo necessário só se dá quando houver previsão legal expressa ou, em razão da natureza jurídica da ação, cada pessoa possa ser atingida diretamente pela decisão judicial" (AG-6416/SP, Rel. Min. JOSÉ GERARDO GROSSI).

351 "O declarar a inelegibilidade originária ou a inexistência de direito ao registro (que são objetivos dessa ação) são focos menos tormentosos que o constituir inelegibilidade nesse mesmo procedimento (inelegibilidade cominada). Concordamos que a última dimensão, importantíssima para todo o processo eleitoral, pode trazer transtorno para o procedimento específico, mas não se descarta a possibilidade de registro provisório para, ao final do procedimento contraditório, haver a respectiva negativa" (SANTANA, Jair Eduardo; GUIMARÃES, Fábio Luís. *Direito Eleitoral*: para compreender a dinâmica do poder político. Belo Horizonte: Fórum, 2006, p. 206).

requerer a produção de outras provas, inclusive, documentais que se encontrarem em poder de terceiros, em repartições públicas ou em processos judiciais ou administrativos, salvo os que tramitem em segredo de justiça (art. 4º da LC nº 64/90). As testemunhas devem comparecer por iniciativa das partes para a inquirição judicial e serão ouvidas em uma só assentada.[352]

Suscite-se que a gravação ambiental pode ser considerada como prova na ação de impugnação de registro de candidatura, sem a possibilidade de contaminar as provas dela decorrentes, nem impedir a utilização desses elementos quando autônomas (*independente source*) ou inevitáveis (*inevitable discovery*).[353] A exemplo disso, rememora-se o julgamento do RESp nº 2-53/RN, de relatoria do Ministro Herman Benjamin, no qual foi levantada tese de que, a partir das eleições de 2016, é lícita as gravações ambientais realizadas por um dos interlocutores, ainda que ocorra sem a ciência dos demais, mesmo sem autorização prévia judicial ou que ocorra em espaço particular. Pontua-se que o Supremo Tribunal Federal já reconheceu a licitude da prova ambiental no âmbito penal, logo, essa questão já está consolidada em termos jurisprudenciais.[354]

---

352 BARROS, Adriano Celestino Ribeiro. *Ação de Impugnação ao Pedido de Registro de Candidatura.* Disponível em: www.adrianocelestinoribeirobarros.blogspot.com. Acesso em: 26 mar. 2010.

353 "[...] O entendimento desta Corte firmado para os processos referentes ao pleito de 2016 é no seguinte sentido: a gravação ambiental é, a princípio, admissível como prova lícita, visto que o ambiente em que efetivada não se afigura determinante para reconhecer a sua (i)licitude, devendo-se analisar as excepcionalidades de cada caso a fim de se aferir a existência de óbices à utilização do conteúdo da gravação, tal como a constatação de flagrante preparado. 3. No caso, o TRE/RN acolheu a preliminar de ilicitude da prova, considerando as circunstâncias de ter sido realizada em ambiente privado e sem autorização judicial, não se debruçando sobre a análise da existência de flagrante preparado, de modo que o retorno dos autos ao tribunal de origem é medida cabível para que não haja supressão de instância e violação ao duplo grau de jurisdição. 4. Agravo interno a que se nega provimento (Recurso Especial Eleitoral nº 15329, Acórdão, Relator(a) Min. Edson Fachin, Publicação: *DJE – Diário de justiça eletrônico*, Data 15.10.2019). Em igual sentido: Recurso Especial Eleitoral nº 46996, Acórdão, Relator(a) Min. Napoleão Nunes Maia Filho, Publicação: *DJE – Diário de justiça eletrônico*, Data 29.08.2019.

354 AÇÃO PENAL. Prova. Gravação ambiental. Realização por um dos interlocutores sem conhecimento do outro. Validade. Jurisprudência reafirmada. Repercussão geral reconhecida. Recurso extraordinário provido. Aplicação do art. 543-B, §3º, do CPC. É lícita a prova consistente em gravação ambiental realizada por um dos interlocutores sem conhecimento do outro (STF – QO-RG RE: 583937 RJ – RIO DE JANEIRO, Relator: Min. CEZAR PELUSO, Data de Julgamento: 19.11.2009, Data de Publicação: *DJe*-237 18.12.2009). "[...] À luz dessas sinalizações sobre a licitude da gravação ambiental neste Tribunal e da inexistência de decisão sobre o tema em processos relativos às eleições de 2016, além da necessidade de harmonizar o entendimento desta Corte com a compreensão do STF firmada no RE nº 583.937/RJ (Tema 237), é admissível a evolução jurisprudencial desta Corte Superior, para as eleições de 2016 e seguintes, a fim de reconhecer, como regra, a licitude da gravação ambiental realizada por

Da data da impugnação começa a correr o prazo de sete dias para que o candidato, partido político ou coligação possa contestá-la, munindo-a com as provas inerentes, indicando o rol de testemunhas, requerer a produção de outras provas, inclusive se se encontrarem em poder de terceiros, salvo tramitação em segredo de justiça (art. 4º da LC nº 64/90). Nesse tópico, a legislação eleitoral não adotou o princípio da paridade entre as partes porque o prazo para se ajuizar a ação é de cinco dias, e o término para a contestação se configura de sete dias.

A ausência de contestação na Ação de Impugnação de Registro de Candidatura não opera os efeitos da revelia em razão de ser matéria de ordem pública e prerrogativa indisponível, não havendo presunção de veracidade sobre o conteúdo que se infere desta Ação.

Tratando-se de matéria de direito ou se as provas requeridas forem irrelevantes ou se todas as provas já estiverem acostadas no processo, pode o Juiz Eleitoral sanear o processo e emitir sua decisão de forma imediata, com o julgamento conforme o estado do processo, prestigiando a celeridade processual, diante da constatação de todos os elementos necessários para formar sua convicção. É despicienda a realização de atos probatórios se houver clareza suficiente auferida pelos autos processuais. Ressalta-se, entretanto, uma vez apresentada documentação pelo impugnado, em sede de contestação, em atenção aos princípios do contraditório e da ampla defesa, deverá o Impugnante ser intimado para apresentar manifestação, sob pena de nulidade da decisão por cerceamento de defesa, desde que seja demonstrado o prejuízo da parte pela ausência de manifestação.[355]

---

um dos interlocutores sem o conhecimento do outro e sem autorização judicial, sem que isso acarrete prejuízo à segurança jurídica. 4. A despeito da repercussão geral reconhecida pelo STF no RE nº 1.040.515 (Tema 979) acerca da matéria relativa à (i)licitude da gravação ambiental realizada por um dos interlocutores sem o conhecimento dos demais nesta seara eleitoral, as decisões deste Tribunal Superior sobre a temática não ficam obstadas, dada a celeridade cogente aos feitos eleitorais. 5. Admite-se, para os feitos referentes às Eleições 2016 e seguintes, que sejam examinadas as circunstâncias do caso concreto para haurir a licitude da gravação ambiental. Ou seja, a gravação ambiental realizada por um dos interlocutores sem o consentimento dos demais e sem autorização judicial, em ambiente público ou privado, é, em regra, lícita, ficando as excepcionalidades, capazes de ensejar a invalidade do conteúdo gravado, submetidas à apreciação do julgador no caso concreto, de modo a ampliar os meios de apuração de ilícitos eleitorais que afetam a lisura e a legitimidade das eleições (Recurso Especial Eleitoral nº 40898, Acórdão, Relator(a) Min. Edson Fachin, Publicação: *DJE – Diário de justiça eletrônico*, Tomo 150, Data 06.08.2019, Página 71/72).

355 "[...]. Se é certo que o impugnante, em regra, tem inequívoco direito de se manifestar sobre documentos apresentados pelo candidato com a contestação, a decretação da nulidade, no caso, esbarra no fato de a Corte de origem ter expressamente indicado que os documentos em questão nada agregariam ao deslinde da causa. A nulidade não deve ser declarada

Contudo, não se tratando de matéria de direito e se as provas requeridas forem relevantes, nos quatro dias seguintes, serão designadas a inquirição de testemunhas do impugnante e do impugnado, que comparecerão por iniciativa das partes que as tiverem arrolado, com notificação judicial (art. 5º, *caput*, da LC nº 64/90). A inquirição de testemunhas apenas se justifica quando houver necessidade para a comprovação meritória, devendo ser rejeitada todas as vezes que seu objetivo for apenas de procrastinação. Ademais, as testemunhas serão ouvidas, individualmente, mas, em regra, durante a mesma audiência.

Pelo procedimento narrado, verifica-se que há dilação probatória em sede de ação de impugnação de registro de candidatura, sem obrigar que todas as provas tenham que ser pré-constituídas para a utilização da referida ação. Sentir de forma diferente seria restringir a amplitude do instituto e deixar determinadas inelegibilidades sem impugnação por sua preclusão, pois a AIRC se configura como o único meio cabível de impugnar inelegibilidades que tenham apenas natureza infraconstitucional. Nos cinco dias ulteriores à oitiva de testemunhas, o juiz ou o relator procederá a todas as diligências que determinar, de ofício ou a requerimento das partes, podendo ouvir terceiros que, conhecedores dos fatos e circunstâncias, possam influir na decisão da causa.

Com o encerramento da dilação probatória e das diligências processuais, as partes e o Ministério Público podem apresentar alegações no prazo comum de cinco dias. Nesse ponto, diverge a jurisprudência no tocante à obrigatoriedade da apresentação das alegações finais, tendo em vista que o legislador optou pelo termo "poderão", o que remeteria a uma faculdade das partes.[356] Apresentadas as alegações finais, os autos serão conclusos para a prolação imediata da sentença.

Uma vez proferida sentença, no prazo de três dias, possui legitimidade para a interposição do recurso cabível contra decisões em sede

---

sem que haja demonstração de prejuízo, nos termos do art. 219, *caput*, do Código Eleitoral. Agravo regimental a que se nega provimento" (Recurso Especial Eleitoral nº 28623, Acórdão, Relator(a) Min. Henrique Neves Da Silva, Publicação: PSESS – Publicado em Sessão, Data 28.11.2016).

"Eleições 2004. Registro. Candidato. Cargo. Vice-Prefeito. Defesa. Impugnação. Defesa. Apresentação. Documentos. Ausência. Vista. Impugnante. Cerceamento de defesa. Caracterização. Nulidade. Sentença. 1. Tendo sido juntados documentos pelo impugnado na oportunidade da apresentação de sua defesa em ação de impugnação de registro de candidatura e não concedida vista ao impugnante, resta caracterizado o cerceamento de defesa. Precedente: Acórdão nº 21.988. Agravo regimental a que se nega provimento" (TSE – AREspe no 22.545/SP – PSS 6.10.2004).

356 Ac – TSE de 15.9.2004 no Processo nº 22.785. Ac – TSE de 17.9.2002 no Processo nº 20.256.

de AIRC, o pré-candidato que teve seu registro indeferido, o partido político ao qual pertencer e sua coligação, desfalecendo competência aos outros candidatos em razão da inexistência de sucumbência.

Protocolizado o recurso, começa a contar o prazo de três dias para a apresentação das contrarrazões. Com isso, os autos são enviados ao Tribunal Regional Eleitoral. Nesse Egrégio Tribunal, eles são distribuídos a um relator, e abrem-se vistas ao Procurador Regional Eleitoral pelo prazo de dois dias. Após o término do prazo de dois dias para o membro do Ministério Público, com ou sem parecer, os autos são enviados ao relator, que os apresentará à mesa para julgamento no prazo de três dias, independente da pauta de votação (art. 10 e seu parágrafo único da LC nº 64/90).

Na sessão de julgamento, que pode se prolongar por duas reuniões seguidas, concluído o relatório, a palavra é facultada às partes e ao representante do Ministério Público, prosseguindo com o voto do relator e os votos dos demais juízes. Proclamado o resultado, o Tribunal se reunirá para a lavratura do respectivo acórdão. Terminada a sessão, far-se-ão a leitura e a publicação do acórdão, passando a correr o prazo de três dias para a interposição de recurso ao Tribunal Superior Eleitoral.

Na hipótese de recurso para o Tribunal Superior Eleitoral, inicia-se o prazo de três dias para a apresentação de contrarrazões contados da data em que for protocolizada a petição recursal. Posteriormente, os autos seguem imediatamente ao Tribunal Superior Eleitoral.

No Tribunal Superior Eleitoral, o procedimento é o mesmo desenvolvido no Tribunal Regional Eleitoral e descrito anteriormente, com a escolha de um relator, a abertura de vistas ao Procurador Regional Eleitoral, a leitura do relatório, a facultatividade da palavra às partes e ao representante do Ministério Público e, na sequência, da prolação da respectiva decisão. Transitada em julgado a decisão, é negado o registro de candidatura, ou cancelado, se já realizado, ou declarado nulo o diploma, se já expedido (art. 15 da LC nº 64/90).

Impede-se antecipação de tutela em virtude de que tanto a Lei Eleitoral quanto a Lei de Inelegibilidades não permitem que o registro ou o mandato possa ser cassado por meio de decisão monocrática, exigindo-se, no mínimo, decisão colegiada. Acontecendo de o pedido de registro de candidatura ser indeferido ou se o candidato desistir, é facultado ao partido político ou à coligação que a requerer dar-lhe substituto, mesmo que a decisão passada em julgado tenha sido proferida após o termo final do prazo de registro.

Oportuno esclarecer, de forma pormenorizada, que a sistemática recursal acima descrita é aplicável às eleições municipais. Em resumo: sendo assim, contra sentença é cabível recurso eleitoral para apreciação perante o Tribunal Regional Eleitoral, posteriormente contra o acórdão do TRE, é cabível a interposição do Recurso Especial para o Tribunal Superior Eleitoral. Por derradeiro, contra a decisão do TSE é aplicável o Recurso Extraordinário para o Supremo Tribunal Federal. De outra ponta, nas eleições estaduais e federais, de competência originária do Tribunal Regional Eleitoral, será cabível o recurso ordinário nos termos da Constituição Federal no art. 121, §4º, III. Em sequência, contra a Decisão do Tribunal Superior Eleitoral, no RO, será aplicável o Recurso Extraordinário para o Supremo. No tocante às eleições para o cargo de Presidente da República, o recurso adequado é apenas o Extraordinário para o Supremo, consoante prevê o art. 121, §3º, da CF.

Outrossim, rememora-se que contra toda decisão que seja obscura, contraditória ou omissa será cabível os Embargos de Declaração, que serão aplicáveis, também, para promover o prequestionamento da matéria que será apreciada em instância extraordinária.

Não obstante vigorar o princípio da indivisibilidade de candidaturas, o postulante a vaga de Vice não fica atingido pela decisão positiva de impugnação de registro de candidatura. Como os requisitos para a homologação da postulação pela Justiça Eleitoral são individuais e específicos, a contaminação não se realiza. Resta ao partido e ao candidato indeferido impugnar a decisão ou indicar outro postulante à vaga.[357]

Passado o prazo recursal, pode-se falar em coisa julgada, mas apenas em seu caráter formal,[358] pois as questões pertinentes ao registro de candidatura ainda podem ser rediscutidas em ação de investigação judicial eleitoral, recurso contra expedição de diploma e ação de impugnação de mandato eletivo. Destaque-se que, enquanto não houver trânsito em julgado, o magistrado pode se retratar em relação

---

357 GOMES, José Jairo. *Direito Eleitoral*. São Paulo: Atlas, 2016, p. 471.

358 "[...] O reconhecimento ou não de determinada hipótese de inelegibilidade para uma eleição não configura coisa julgada para as próximas eleições. 2. Para efeito da aferição do término da inelegibilidade prevista na parte final da alínea 'l' do inciso I do art. 1º da LC nº 64/90, o cumprimento da pena deve ser compreendido não apenas a partir do exaurimento da suspensão dos direitos políticos e do ressarcimento ao Erário, mas a partir do instante em que todas as cominações impostas no título condenatório tenham sido completamente adimplidas, inclusive no que tange à eventual perda de bens, perda da função pública, pagamento da multa civil ou suspensão do direito de contratar com o Poder Público ou receber benefícios ou incentivos fiscais ou creditícios, direta ou indiretamente" (Min. Rel. Luciana Christina Guimarães Lóssio. Julg.: 03.11.2015. DJe 15.12.2015).

a sua decisão quanto à solicitação de registro eleitoral, mas uma vez transitada em julgado, a decisão não pode mais ser alterada pelo magistrado que a decidiu.

Portanto, a impugnação de registro de candidatura ainda pode ser realizada por intermédio de ação específica, por de ação de investigação judicial eleitoral, recurso contra expedição de diploma ou ação de impugnação de mandato eletivo. Na ação de impugnação de registro, o escopo é o de discutir os fatos que envolvam o candidato até a data do registro. Na ação de investigação judicial eleitoral podem ser investigados fatos outros que possibilitaram ao candidato ganhar a eleição ou burlar qualquer um dos requisitos de registrabilidade, por exemplo. O recurso contra expedição de diploma pode ser cabível quando houver uma inelegibilidade superveniente. Já a ação de impugnação de mandato eletivo pode ser o meio cabível quando houver fraude no aliciamento dos eleitores da convenção que homologou os candidatos.

A jurisprudência do Colendo TSE é uníssona no que urge ao conhecimento de ofício das causas de inelegibilidade ou das condições de elegibilidade, pois nesses casos não se pode descurar de sua magnitude para a higidez do processo eleitoral. Devendo-se, no entanto, ser garantido os direitos constitucionais do contraditório e da ampla defesa, portanto, o respaldo em tais garantias constitucionais vem a evitar a prolatação da "decisão surpresa".[359]

---

[359] "[...] A existência de causa de inelegibilidade ou ausência de condição de elegibilidade podem e devem ser examinadas de ofício pelo Juiz Eleitoral, razão pela qual não há falar em decisão extra petita ao argumento de que a impugnação ao registro não teria tratado da aludida quaestio, máxime porque restaram garantidos, *in casu*, os direitos constitucionais à ampla defesa e ao contraditório. Súmula nº 45 desta Corte Superior [...]" (Recurso Especial Eleitoral nº 9430, Acórdão, Relator(a) Min. Luiz Fux, Publicação: DJE – justiça eletrônico, Volume, Tomo 69, Data 06.04.2017, Página 92/93). Ac. de 26.11.2008 no AgR-REsp 34.007, rel. Min. Felix Fischer; no mesmo sentido o Ac. de 17.08.2004, rel. Min. Peçanha Martins. "Recurso especial. Eleição 2004. Reconhecimento de inelegibilidade pelo magistrado. Indeferimento do registro. Art. 44 da Resolução-TSE nº 21.608. Possibilidade. Desincompatibilização. Reexame. Não conhecido. Tendo conhecimento de inelegibilidade, poderá o magistrado indeferir o pedido de registro, em observância ao art. 44 da Resolução-TSE nº 21.608 e à norma prevista no parágrafo único do art. 7º da Lei Complementar nº 64/1990, que permite ao juiz formar 'sua convicção pela livre apreciação da prova, atendendo aos fatos e às circunstâncias constantes dos autos, ainda que não alegados pelas partes, mencionando, na decisão, os que motivaram seu convencimento'." (Ac. 23.070, de 16.09.2004, rel. Min. Peçanha Martins). "[...] Recurso contra indeferimento de registro de candidato. [...] Art. 9º da Lei nº 9.504/1997. Imprescindibilidade de candidato estar filiado a pelo menos um ano, contado da data da eleição, a partido político pelo qual pretende concorrer. [...] 3. Nos termos dos arts. 7º, parágrafo único, da LC nº 64/1990 e 40 da Res.-TSE nº 22.156.2006, as cortes eleitorais podem conhecer, de ofício, vício que acarrete o indeferimento do pedido de registro de candidatura. [...]" (Ac. de 14.09.2006 no RO 932, rel. Min. José Delgado).

Conforme dicção do art. 15 da LC nº 64/1990, transitada em julgado a decisão que declarar a inelegibilidade do candidato ou depois de decisão colegiada, o registro será negado ou cancelado, se já tiver sido feito, ou declarado nulo o diploma, se já expedido. No entanto, o candidato cujo registro ainda esteja *sub judice* pode efetuar todos os atos relativos à campanha eleitoral, inclusive o horário eleitoral gratuito no rádio e na televisão e ter seu nome mantido na urna eletrônica enquanto estiver sob essa condição, ficando a validade dos votos a ele atribuídos condicionada ao deferimento de seu registro pela instância superior (art. 16-A, *caput*, da Lei nº 9.504/1997). O fato de determinado candidato ter o registro indeferido, ainda que esteja *sub judice*, também não o impede de ter acesso aos recursos públicos oriundos do Fundo Especial de Financiamento de Campanha (FEFC) e do Fundo Partidário.[360]

As benesses do horário eleitoral gratuito também abrangem os candidatos cujos pedidos de registro ainda não tenham sido apreciados pela Justiça Eleitoral, desde que protocolados no prazo legal (art. 16-B da Lei nº 9.504/1997). Ampliada a possibilidade de participação nos certames, que antes era restrita ao candidato *sub judice*, permite-se maior justeza no procedimento, vez que não se pode direcionar uma sanção a quem não deu causa a tal morosidade. O ideal dos proclames

[360] ELEIÇÕES 2022. TUTELA CAUTELAR ANTECEDENTE. RRC INDEFERIDO NA INSTÂNCIA ORDINÁRIA. CAUSA DE INELEGIBILIDADE. ART. 1º, I, E, 2º, DA LC Nº 64/1990. PROIBIÇÃO DE ACESSO AOS RECURSOS DO FEFC E DO FUNDO PARTIDÁRIO. VEDAÇÃO DA UTILIZAÇÃO DO HORÁRIO ELEITORAL GRATUITO. REQUISITOS DA PROBABILIDADE DO DIREITO E DO PERIGO NA DEMORA EXISTENTES. TUTELA DE URGÊNCIA. DEFERIMENTO. DECISÃO REFERENDADA. 1. No caso, a Corte regional julgou procedente o pedido formulado na AIRC ajuizada pelo Ministério Público Eleitoral e, por conseguinte, indeferiu o RRC do requerente ao cargo de senador, pela Coligação Frente Democrática, nas Eleições 2022, declarando o afastamento do art. 16-A da Lei nº 9.504/1997, para impor a proibição do uso de recursos públicos em campanha, do repasse dessas verbas pelos diretórios nacional e estadual e da utilização do horário eleitoral gratuito pelo candidato (...) Nos termos do referido art. 16-A, o candidato cujo registro esteja sub judice poderá efetuar todos os atos relativos à campanha eleitoral, inclusive utilizar o horário eleitoral gratuito no rádio e na televisão e ter seu nome mantido na urna eletrônica enquanto estiver sob essa condição, ficando a validade dos votos a ele atribuídos condicionada ao deferimento de seu registro por instância superior. 5. Esta Corte entendeu que são permitidos a todo candidato, ainda que esteja com seu registro indeferido sub judice, a realização de campanha eleitoral, inclusive no rádio e na televisão, e o acesso aos fundos públicos, até a decisão do Tribunal Superior Eleitoral ou o trânsito em julgado. Precedentes. 6. Em relação ao perigo na demora, evidencia-se sua presença, haja vista o curto período de campanha eleitoral e o fato de que a Corte regional concluiu pela mitigação do art. 16-A da Lei nº 9.504/1997, proibindo a utilização de recursos públicos em campanha, o repasse dessas verbas pelos diretórios nacional e estadual e o uso do horário eleitoral gratuito pelo ora requerente. 7. Decisão referendada (Referendo na Tutela Cautelar Antecedente nº 060106506, Acórdão, Min. Raul Araujo Filho, Publicação: PSESS – Publicado em Sessão, 29.09.2022).

legais é que todos os pedidos de registro sejam julgados no prazo legal. O cômputo para o respectivo partido ou coligação dos votos atribuídos ao candidato cujo registro esteja *sub judice* no dia da eleição fica condicionado ao deferimento do registro do candidato. Ou seja, se determinado candidato que estava *sub judice* venha a ter seu registro indeferido após as eleições, os votos atribuídos a ele deverão ser cancelados e não podem ser aproveitados pelo partido ou coligação da qual ele fizer parte.

PROPAGANDA POLÍTICA

O termo "propaganda" tem origem da palavra latina *propagare*, que quer dizer ser espalhado, propagado, aumentado. No Direito Eleitoral, a propaganda tem o escopo de difundir e divulgar ao povo, detentor do poder soberano, as atividades políticas desenvolvidas na campanha para que a partir daí possa, de todas as formas permitidas em lei, obter simpatia a ideários políticos e acabar sendo um fator determinante para o voto. De acordo com o art. 240 do CE, atualizado pela Lei nº 13.165/15, a propaganda de candidatos a cargos eletivos somente é permitida após o dia 15 de agosto da eleição.

Propaganda política é o gênero, que se divide em propaganda partidária, eleitoral e institucional. A primeira é utilizada como instrumento para angariar prosélitos ao partido. Já a segunda tem a finalidade de, em períodos eleitorais, ser usada como uma forma de angariar eleitores para votar nos respectivos candidatos. Além dessas duas espécies mencionadas, existe a propaganda institucional que é a publicidade de atos, obras, campanhas, serviços de órgãos públicos, cuja finalidade deve ter caráter educativo, informativo ou de orientação social.[361]

Percebe-se, com isso, que a propaganda política, pela sua própria abrangência, que como gênero engloba suas três espécies, incide em uma maior extensão do que as suas três ramificações, haja vista

[361] "AGRAVO REGIMENTAL. RECURSO ESPECIAL ELEITORAL. PROPAGANDA INSTITUCIONAL. CHEFE DO PODER EXECUTIVO. CONDUTA VEDADA. CARACTERIZAÇÃO. 1. Deve ser comprovada a autorização ou prévio conhecimento da veiculação de propaganda institucional, não podendo ser presumida a responsabilidade do agente público (AI 10.280/SP, Rel. Min. MARCELO RIBEIRO, DJe de 14.9.2009, e REsp 25.614/SP, Rel. Min. CESAR ASFOR ROCHA, DJ de 12.9.2006). Contudo, não há se falar em presunção no caso em debate" (TSE, AgR-REsp 36251, Rel. Min. FÉLIX FISCHER, DJe de 10-3-2010).-

que ela interfere nas decisões tomadas pela organização política, atingindo todas as classes sociais, independentemente de nível cultural ou econômico.[362]

8.1 Espécies de propaganda política

8.1.1 Propaganda partidária

A propaganda partidária é aquela que busca, de forma contínua, divulgar as ideias da agremiação para angariar novos adeptos, simpatizantes e filiados ao respectivo partido político. Inicialmente, seu disciplinamento legal encontrava-se disposto nos arts. 45 a 49 da Lei nº 9.096/1995 (Lei Orgânica dos Partidos Políticos), comumente reconhecida como "direito de antena", garantido pelo art. 17, §3º, da Constituição Federal de 1988.

Contudo, a minirreforma de 2017 revogou os artigos 45, 46, 47, 48 e 49 e o parágrafo único do art. 52 da Lei nº 9.096/1995, de modo a extirpar do ordenamento jurídico brasileiro a propaganda partidária gratuita no rádio e na televisão. Como consequência, houve o fim do benefício fiscal previsto no mencionado parágrafo único do art. 52. Isso aconteceu em virtude de que os recursos destinados para a propaganda partidária foram direcionados para o financiamento do Fundo Especial de Financiamento de Campanha.

No entanto, a Lei nº 14.291/2022 alterou a Lei dos Partidos Políticos (Lei nº 9.096/95) para resgatar a propaganda partidária, outrora extinta. Estabelece o art. 50-B, da Lei nº 9.096/95, que a propaganda partidária gratuita mediante transmissão no rádio e na televisão deve difundir os programas partidários; transmitir mensagens aos filiados sobre a execução do programa partidário, eventos e atividades congressuais do partido; divulgar a posição do partido em relação a temas políticos e ações da sociedade civil; incentivar a filiação partidária e esclarecer o papel dos partidos na democracia brasileira; e promover e difundir a participação política das mulheres, dos jovens e dos negros.

O direito de acesso gratuito ao rádio e à televisão é assegurando aos partidos políticos que tenham atingido a cláusula de desempenho

---

[362] AGRA, Walber de Moura; VELLOSO, Carlos Mário da Silva. *Elementos de Direito Eleitoral*. 6. ed. São Paulo: Saraiva, 2018, p. 187.

prevista no §3º do art. 17 da CF/88, na proporção de sua bancada eleita na última eleição geral (art. 2º, *caput*, da Resolução TSE nº 23.679/2022).

O requerimento de veiculação de inserções de propaganda partidária deverá ser formulado pelo órgão de direção do partido político, devendo ser dirigido ao TSE para veiculação de inserções nacionais; e ao tribunal regional eleitoral, quando formulado por órgão de direção estadual de partido político para veicular inserções no respectivo estado (art. 5º da Resolução TSE nº 23.679/2022).

O órgão partidário deverá apresentar o requerimento de veiculação de propaganda partidária no prazo compreendido entre o dia 1º e 14 de novembro, quando relativo à veiculação de inserções no primeiro semestre do ano seguinte; e entre o dia 10 e 25 de maio do ano não eleitoral, quando relativo à veiculação de inserções no segundo semestre desse ano (art. 6º da Resolução TSE nº 23.679/2022). Ressalta-se que os pedidos encaminhados antes do termo inicial ou após o termo final do prazo respectivo não serão conhecidos (art. 6º, §1º, da Resolução TSE nº 23.679/2022).

Deferido o requerimento de veiculação de propaganda partidária, constará da certidão de julgamento o número de inserções a serem veiculadas em cada data, de modo a possibilitar a imediata execução da decisão (art. 8º, §7º, da Resolução TSE nº 23.679/2022). Daí em diante, o órgão partidário deverá seguir o rito dos artigos 12 e seguintes da Resolução TSE nº 23.679/2022, para veiculação das inserções.

Atenção que, para o TSE, os pronunciamentos judiciais nos requerimentos de inserção de propaganda partidária ostentam natureza administrativa, de modo que não desafiam recurso especial.[363] No entanto, a Corte Superior Eleitoral entende ser cabível o ajuizamento de mandado de segurança.[364]

Em caso de descumprimento total ou parcial da decisão da Justiça Eleitoral que determina a transmissão de inserção, por parte dos veículos de comunicação, é cabível mandado de segurança, para proteger direito líquido e certo à veiculação da propaganda partidária, violado

---

[363] Agravo Regimental no Agravo em Recurso Especial Eleitoral nº 060011630, Acórdão, Min. Carlos Horbach, Publicação: DJE – Diário de Justiça Eletrônico, 19.08.2022.

[364] "Os pedidos de veiculação de propaganda partidária possuem natureza administrativa, de modo que eventuais indeferimentos na instância ordinária não são passíveis de apelos para esta Corte Superior, razão pela qual tem cabimento o presente mandado de segurança". (Referendo no Recurso em Mandado de Segurança nº 060002381, Acórdão, Min. Raul Araujo Filho, Publicação: DJE – Diário de Justiça Eletrônico, 09.06.2023).

ilegalmente ou com abuso de poder, contando-se o prazo decadencial da data fixada para a veiculação (art. 18 da Resolução TSE nº 23.679/2022).

Ficam vedadas nas inserções referentes à veiculação da propaganda partidária a participação de pessoas não filiadas ao partido; a utilização de imagens ou de cenas incorretas ou incompletas, de efeitos ou de quaisquer outros recursos que distorçam ou falseiem os fatos ou a sua comunicação; a utilização de matérias que possam ser comprovadas como falsas (*fake news*); a prática de atos que resultem em qualquer tipo de preconceito racial, de gênero ou de local de origem; a prática de atos que incitem a violência (art. 50-B, §4º, incs. I a VI, da LPP).

A utilização de tempo de propaganda partidária para promoção de pretensa candidatura, ainda que sem pedido explícito de voto, constitui propaganda antecipada, passível de multa nos termos do §3º do art. 96 da Lei nº 9.504/1997 (art. 4º, §4º, da Resolução TSE nº 23.679/2022). A jurisprudência do TSE é pacífica para reconhecer o desvirtuamento da propaganda partidária quando destinada exclusivamente à promoção pessoal de filiados.[365]

O partido político que incidir em qualquer uma das vedações elencadas acima será punido com a cassação do tempo equivalente a 2

[365] AGRAVO INTERNO. RECURSO ESPECIAL. REPRESENTAÇÃO. PROPAGANDA PARTIDÁRIA GRATUITA. ART. 50-B DA LEI 9.096/95. EXCLUSIVA PROMOÇÃO PESSOAL. IMPOSSIBILIDADE. NEGATIVA DE PROVIMENTO. 1. No decisum monocrático, manteve-se acórdão unânime em que o TRE/BA determinou a perda de tempo de transmissão de propaganda partidária pela legenda agravante em virtude de seu desvirtuamento (Lei 9.096/95 e 4º, §3º, da Res.-TSE 23.679.2022).2. Consoante o art. 50-B, I a III, e §4º, III, da Lei 9.096/95, a propaganda partidária destina-se a difundir e a informar os programas da legenda, bem como divulgar seu posicionamento quanto a temas políticos e ações da sociedade civil, vedando-se, por outro vértice, a promoção de candidaturas e a defesa de interesses pessoais. Por sua vez, segundo o art. 4º, §3º, da Res.-TSE 23.679.2022, "a utilização de tempo de propaganda partidária para promoção de pretensa candidatura, ainda que sem pedido explícito de voto, constitui propaganda antecipada ilícita por infração aos arts. 44 e 47 da Lei nº 9.504/1997, passível de multa nos termos do §3º do art. 36 da mesma lei, sem prejuízo da cassação de tempo decorrente da violação do inciso II deste artigo". 3. "A ocorrência de exclusiva promoção pessoal na propaganda partidária viola o art. 45 da Lei nº 9.096/95. Precedentes" (AgR-AI 219-25/SP, Rel. Min. Tarcisio Vieira de Carvalho Neto, DJE de 9.10.2017).4. No caso, extrai-se da moldura fática do acórdão regional que na propaganda impugnada não houve qualquer menção ao programa partidário e a propostas ou realizações da grei, mas apenas referência exclusiva a filiado que era notório pré-candidato ao cargo de governador à época dos fatos, destacando-se as seguintes passagens: "tenho andado por todo o estado e onde eu chego as pessoas me dizem: Neto, a gente quer que você faça pela Bahia o que você fez por Salvador. As pessoas acreditam num estado muito melhor. [...] Deu certo em Salvador. Vai dar certo na Bahia", e, ainda, "em cada canto, cresce o sentimento de que podemos fazer pela Bahia o que fizemos por Salvador". 5. Agravo interno a que se nega provimento. (Agravo Regimental no Recurso Especial Eleitoral nº 060055030, Acórdão, Min. Benedito Gonçalves, Publicação: DJE – Diário de Justiça Eletrônico, 18.04.2023).

(duas) a 5 (cinco) vezes o tempo da inserção ilícita, no semestre seguinte (art. 50-B, §5º, da LPP).

Em caso de constatação das vedações legais descritas na Lei dos Partidos Políticos e na Resolução TSE nº 23.679/2022, partido político, federação ou o Ministério Público Eleitoral podem ajuizar representação para apurar essas irregularidades. Quando se tratar de inserções nacionais, a representação deverá ser ajuizada perante o TSE. Já em relação às inserções transmitidas nos estados, o TRE respectivo é que será competente para processar e julgar a representação (art. 20, §1º, da Resolução TSE nº 23.679/2022).

A petição inicial deste tipo de representação deve indicar o dia e horário em que foi exibida a inserção reputada irregular, o número da identificação do arquivo de mídia respectivo, juntado aos autos da propaganda partidária, e o fundamento jurídico para a imputação, com a correta subsunção aos impeditivos legais, devendo ser instruída com a respectiva transcrição do trecho impugnado e conter os demais requerimentos de prova, se houver (art. 21 da Resolução TSE nº 23.679/2022).

Demonstrados os requisitos do art. 300 do CPC, é cabível a concessão de tutela antecipada para suspender novas veiculações da inserção questionada na representação (art. 23, *caput*, da Resolução TSE nº 23.679/2022). Uma vez concedida a medida de urgência, todas as emissoras serão imediatamente notificadas, por e-mail, para, caso tenham recebido a inserção objeto de debate na representação, suspender sua veiculação (art. 23, §1º, da Resolução TSE nº 23.679/2022).

Da decisão de tribunal regional que julgar procedentes os pedidos deduzidos na representação, cassando o direito de transmissão de propaganda partidária, caberá recurso especial para o TSE, no prazo de 3 (três) dias, que será recebido com efeito suspensivo (art. 28, *caput*, da Resolução TSE nº 23.679/2022).

8.1.2 Propaganda intrapartidária

Preleciona o §1º do art. 36 da Lei nº 9.504/1997 que ao postulante a candidatura a cargo eletivo é permitida a realização, na quinzena anterior à escolha pelo partido, de propaganda intrapartidária com vista à indicação de seu nome pela agremiação partidária.[366] A propaganda

[366] "Recurso especial. Propaganda eleitoral irregular. Não caracterização. Propaganda intrapartidária. Permissão para sua realização. Lei nº 9.504/1997, art. 36, parágrafo 1º. 1.

intrapartidária (*interna corporis*) é aquela que tem o escopo de convencer os correligionários da respectiva agremiação que vão participar da convenção ao indicarem o nome do filiado que almeje disputar determinado pleito eleitoral, a fim de que esse nome seja submetido a registro perante a Justiça Eleitoral e possa estar apto a disputar o certame. Destarte, não é uma propaganda dirigida a todos, mas sim àqueles que fazem parte do âmbito partidário.

O art. 36, §1º, da Lei das Eleições veda explicitamente, no período permitido para a configuração da propaganda intrapartidária, a veiculação desta em rádio, televisão e *outdoor*, porque sua abrangência se limita aos convencionais, cidadãos que votam nos pleitos partidários, e, também, porque a utilização dos citados meios de comunicação desequilibra o resultado da escolha partidária em prol daqueles que têm maior poder econômico. Permite-se o envio de mensagens aos convencionais e a fixação de cartazes e faixas perto do local de votação.[367] Além disso, é vedada a transmissão ao vivo por emissoras de rádio e de televisão das prévias partidárias, ante o *status* de concessionárias de serviço público, podendo que essa cobertura seja realizada por intermédio dos meios de comunicação social (Lei nº 9.504/1997, art. 36-A, §1º). Ou seja, permite-se a transmissão dos atos partidários realizados no âmbito das convenções por meio das redes sociais, dada a inexistência de vedação legal.[368]

Deve-se, no entanto, atentar para alguns cuidados que devem ser tomados para que a estrutura que fora previamente montada para densificação de atos de propaganda intrapartidária não acabe por atingir outros cidadãos que não aqueles destinatários dessa espécie de ato

---

A realização de propaganda intrapartidária e permitida, nos limites previstos na Lei nº 9.504/1997, art. 36, parágrafo 1º" (Recurso Especial Eleitoral nº 15.960, Acórdão de 02.09.1999, Rel. Min. Edson Carvalho Vidigal, DJ 24.09.1999, p. 106).

367 "Não configura propaganda extemporânea a faixa colocada próxima ao local da convenção, com mensagem aos convencionais, na quinzena anterior à escolha pelo partido" (RESPE-15708/MG, Rel. Min. EDUARDO ANDRADE RIBEIRO DE OLIVEIRA).

368 Na linha da recente jurisprudência do TSE, a divulgação de mensagem que faz menção à pretensa candidatura, a exaltação das qualidades pessoais de pré-candidatos e outros atos, que poderão ter cobertura dos meios de comunicação social, inclusive via internet, desde que não haja pedido explícito de voto, não configura propaganda extemporânea, nos termos da redação dada ao art. 36-A pela Lei nº 13.165.2015. Precedentes: Rp nº 294-87/DF, Rel. Min. Herman Benjamin, *DJe* de 9.3.2017; AgR-REspe nº 3-96/DF, Rel. Min. Luiz Fux, *DJe* de 20.2.2018; REspe nº 51-24/MG, Rel. Min. Luiz Fux, *DJe* de 18.10.2016; AgR-REspe nº 43-46/SE e AgR-AI nº 9-24/SP, julgados em conjunto em 26.6.2018 (Recurso Especial Eleitoral nº 27760, Acórdão, Relator(a) Min. Og Fernandes, Publicação: *DJE – Diário de justiça eletrônico*, Tomo 250, Data 19.12.2018, Página 95-96).

propagandístico. Caso isso ocorra, restará caracterizada a incidência de propaganda eleitoral antecipada com aplicação de sanção pecuniária (art. 36, §3º, da LE), como exemplo, nas hipóteses em que há ocorrência de carreata após a realização de convenção, com elevado grau de organização, utilização de *jingles* de campanha e hasteamento de bandeiras, extrapolando os limites de divulgação impostos pela legislação às prévias partidárias.[369]

Imperioso ressaltar que o TSE entende que não se configura propaganda extemporânea quando há alguma faixa colocada no local da convenção, com mensagem aos convencionais, na quinzena anterior à escolha pelo partido. De igual modo, o TSE entendeu que a afixação de *banner* no dia de lançamento da candidatura de determinado filiado, ainda que tenha ocorrido em local de grande circulação e com menção ao nome, ao partido e ao número pelo qual o pré-candidato pretendia concorrer, não permite aportar na incidência de propaganda antecipada, desde que ausente pedido explícito de voto.[370] Esse é o conteúdo

---

[369] ELEIÇÕES 2016. AGRAVO REGIMENTAL EM RECURSO ESPECIAL ELEITORAL. PROPAGANDA ELEITORAL ANTECIPADA. CONFIGURAÇÃO. CERCEAMENTO DE DEFESA. PREJUÍZO NÃO DEMONSTRADO. EXERCÍCIO REGULAR DO CONTRADITÓRIO. CARREATA COMO ATO DE PROPAGANDA ELEITORAL EXTEMPORÂNEA. CONJUNTO PROBATÓRIO SEGURO INDICANDO O CONHECIMENTO DO RECORRENTE. AUSÊNCIA DE IMPUGNAÇÃO DOS FUNDAMENTOS DA DECISÃO AGRAVADA. INCIDÊNCIA DA SÚMULA Nº 26/TSE. AGRAVO DESPROVIDO. 1. A reiteração dos argumentos expostos nos recursos anteriores à decisão agravada, sem infirmar os fundamentos desta, atrai a aplicação da Súmula nº 26 deste Tribunal. 2. Na espécie, houve o exercício regular do contraditório, inexistindo o alegado prejuízo às garantias constitucionais da ampla defesa e do contraditório. 3. A Corte regional, soberana na análise do acervo fático-probatório, asseverou que a carreata, com seu elevado grau de organização e a utilização de jingles de campanha, caracterizou ato de propaganda eleitoral extemporânea, e que o conhecimento do agravante restou inferido das circunstâncias dos fatos comprovados. 4. Agravo interno a que se nega provimento (Recurso Especial Eleitoral nº 8490, Acórdão, Relator(a) Min. Edson Fachin, Publicação: *DJE – Diário da justiça eletrônica*, Tomo 110, Data 04.06.2020). Também nesse sentido: Agravo Em Recurso Especial Eleitoral nº 060011268, Acórdão, Relator(a) Min. Sergio Silveira Banhos, Publicação: *DJE – Diário da justiça eletrônica*, Tomo 174, Data 22.09.2021.

[370] ELEIÇÕES 2016. AGRAVO REGIMENTAL EM RECURSO ESPECIAL. REPRESENTAÇÃO. PROPAGANDA ELEITORAL ANTECIPADA NÃO CONFIGURADA. AFIXAÇÃO DE BANNER PARA PROPAGANDA INTRAPARTIDÁRIA. AUSÊNCIA DE PEDIDO EXPLÍCITO DE VOTO. ARGUMENTOS DO RECURSO INAPTOS PARA AFASTAR OS FUNDAMENTOS DA DECISÃO IMPUGNADA. AGRAVO REGIMENTAL DESPROVIDO. 1. Na origem, o TRE Baiano entendeu ter havido propaganda eleitoral antecipada na afixação de banner no dia do lançamento da candidatura do ora agravado, por ter ocorrido em local de grande circulação do público e com menção ao nome, ao Partido e ao número pelo qual o pré-candidato pretendia concorrer nas eleições de 2016, ainda que ausente pedido explícito de voto. 2. Na linha da recente jurisprudência do TSE, a referência à candidatura e a promoção pessoal dos pré-candidatos, desde que não haja pedido explícito de votos, não configuram propaganda extemporânea, nos termos da nova redação dada ao art. 36-A

exposto no art. 36, §1º da Lei Eleitoral, no que permitiu propaganda intrapartidária com vista à indicação do nome de eventual candidato, inclusive mediante a fixação de faixas e cartazes em local próximo da convenção, com mensagem aos convencionais.[371]

Ademais, devem ser resguardadas as devidas proporções, de modo que a dimensão ostensiva da propaganda, a localização e os seus elementos sejam condizentes com as regras vigentes.[372] Também entendeu o TSE ser permitida a veiculação de postagem em rede social que convidava convencionais para convenção eleitoral de partido, com a utilização de *slogans* de campanha.[373] Caso haja publicidade com o escopo de atingir não só os convencionados, como também os eleitores em geral, a prática atrairá a aplicação da multa prevista para propaganda extemporânea, desde que haja expresso pedido de voto.[374]

---

pela Lei 13.165.2015. Precedente: AgR-REspe 12-06/PE, Rel. Min. ADMAR GONZAGA, DJe de 16.8.2017. 3. Agravo Regimental a que se nega provimento (Recurso Especial Eleitoral nº 15593, Acórdão, Relator(a) Min. Napoleão Nunes Maia Filho, Publicação: *DJE – Diário da justiça eletrônica,* Tomo 37, Data 22.02.2018, Página 126-12).

[371] "Não configura propaganda extemporânea a faixa colocada próxima ao local da convenção, com mensagem aos convencionados, na quinzena anterior à escolha pelo partido" (REsp 15.708/MG, Rel. Min. Eduardo Andrade Ribeiro de Oliveira).

[372] Ac. de 22.10.2013 no ED-AI nº 63.609, Rel. Min. Dias Toffoli.

[373] ELEIÇÕES 2016. AGRAVO REGIMENTAL EM RECURSO ESPECIAL. REPRESENTAÇÃO. PROPAGANDA ELEITORAL ANTECIPADA. PROPAGANDA INTRAPARTIDÁRIA. ART. 36, §1º, DA LEI 9.504/97. REDE SOCIAL. FACEBOOK. AUSÊNCIA DE PEDIDO DE VOTO. RECURSO ESPECIAL PROVIDO PARA JULGAR IMPROCEDENTES OS PEDIDOS FORMULADOS NA REPRESENTAÇÃO E AFASTAR A MULTA IMPOSTA. ARGUMENTOS DO AGRAVO INTERNO INAPTOS PARA AFASTAR OS FUNDAMENTOS DA DECISÃO IMPUGNADA. AUSÊNCIA DE PREQUESTIONAMENTO. AGRAVO REGIMENTAL DESPROVIDO. 1. O Tribunal Regional de origem entendeu haver propaganda antecipada em postagem na rede social Facebook que convidava para convenção eleitoral do Partido da agravada, com a utilização dos slogans de campanha à Prefeitura Municipal, quais sejam: #VoltaLuciana e Olinda já escuta os teus sinais, aplicando multa em razão de pretenso desvirtuamento da propaganda intrapartidária. 2. Na linha da recente jurisprudência do TSE, a referência à candidatura e a promoção pessoal dos pré-candidatos, desde que não haja pedido explícito de votos, não configuram propaganda extemporânea, nos termos da nova redação dada ao art. 36-A pela Lei 13.165.2015. Precedente: AgR-REspe 12-06/PE, Rel. Min. ADMAR GONZAGA, DJe de 19.9.2017. 3. Encontra óbice na ausência de prequestionamento da matéria pela Corte Regional a pretensão do agravante de ver enfrentada por este Tribunal a questão relacionada ao uso de ferramentas na internet, tais como hashtags e hiperlinks, com o objetivo de potencializar a divulgação de mensagens de cunho eleitoral. Aplicação da Súmula 72 do TSE. 4. Agravo Regimental a que se nega provimento (Recurso Especial Eleitoral nº 3257, Acórdão, Relator(a) Min. Napoleão Nunes Maia Filho, Publicação: *DJE – Diário da justiça eletrônica,* Data 21.02.2018).

[374] "Propaganda realizada antes da convenção, visando a atingir não só os membros do partido, mas também os eleitores em geral, atrai a aplicação da multa prevista no art. 36, §3º, da Lei das Eleições. Precedentes" (AG nº 4.970/RS, Rel. Min. Carlos Mário da Silva Velloso). No mesmo sentido, "a propaganda intrapartidária deve limitar-se ao âmbito partidário e

Instrui o TSE, mediante a Resolução nº 23.610/2019, que a propaganda deverá ser retirada imediatamente após a respectiva convenção, conforme §2º do art. 2º.

Além do mais, é importante explicitar que o discurso realizado durante o encontro partidário, no qual um filiado manifesta apoio à candidatura do outro, não se configura como propaganda eleitoral antecipada. Diante das modificações operadas na redação do art. 36-A da Lei Eleitoral, não se configura propaganda extemporânea as manifestações partidárias em que os militantes exaltam suas qualidades pessoais, expõem seus programas de governo, suas políticas públicas, seus posicionamentos pessoais e mencionam a pretensa candidatura, sem que haja pedido expresso de voto.[375] Em suma, a jurisprudência do Tribunal Superior Eleitoral tem sido permissiva quanto à miríade de atos que podem ocorrer nas convenções partidárias, sem que haja configuração de propaganda extemporânea, como a utilização de bandeiras e faixas, pronunciamento de líderes partidários e presença não só de filiados, mas da população em geral.[376] O que se proíbe é o pedido explícito de voto.

---

configura-se como propaganda eleitoral extemporânea quando atinge toda a comunidade" (Ac. de 3.05.2011 no REspe nº 43.736, Rel. Min. Cármen Lúcia).

[375] "Propaganda eleitoral antecipada e pedido expresso de voto. O Plenário do Tribunal Superior Eleitoral, por unanimidade, reafirmou que a conduta de pré-candidato que anuncia a pretensa candidatura e exalta suas qualidades pessoais, sem que haja pedido expresso de voto, não configura propaganda eleitoral antecipada, em atenção ao disposto no art. 36-A da Lei nº 9.504/1997" (Recurso Especial Eleitoral nº 85-18, Itatiba/SP, rel. Min. Admar Gonzaga, julgado em 3.8.2017).

[376] ELEIÇÕES 2016. AGRAVO REGIMENTAL EM RECURSO ESPECIAL. REPRESENTAÇÃO. PROPAGANDA ELEITORAL ANTECIPADA. CONVENÇÃO PARTIDÁRIA. EXTRAPOLAÇÃO DOS LIMITES INTRAPARTIDÁRIOS. AUSÊNCIA DE PEDIDO EXPLÍCITO DE VOTO. ART. 36-A DA LEI Nº 9.504/1997. JURISPRUDÊNCIA DO TSE. NÃO CONFIGURAÇÃO DE PROPAGANDA ANTECIPADA. 1. Este Tribunal Superior firmou o entendimento de que, para os processos relativos ao pleito de 2016, a interpretação do art. 36-A deve ser restrita, de modo que a propaganda extemporânea só fica configurada caso, efetivamente, haja pedido expresso de voto, sendo vedada a extração desse elemento a partir de cotejo do teor da mensagem e do contexto em que veiculada. 2. No caso, consta do acórdão regional que houve convenção intrapartidária do PDT em área externa do diretório municipal desse partido; que houve pronunciamento de líderes partidários, com bandeiras e faixas; e que o evento contou com a presença não só de filiados, mas da população em geral. Entretanto, não consta ter havido pedido de voto algum no evento questionado. 3. Considerando-se o entendimento firmado por esta Corte a respeito da exegese do art. 36-A da Lei nº 9.504/1997, a ausência de pedido expresso de votos no caso em exame inviabiliza a configuração da propaganda eleitoral antecipada defendida pelo MPE. 4. Negado provimento ao agravo regimental. (Recurso Especial Eleitoral nº 30614, Acórdão, Relator(a) Min. Og Fernandes, Publicação: *DJE – Diário da justiça eletrônica*, Tomo 114, Data 17.06.2019, Página 93-94).

O partido pode utilizar verbas do Fundo Partidário para pagamento de gastos com a referida propaganda intrapartidária, alocando-os nas rubricas previstas nos incisos I e/ou VII do art. 44 da Lei nº 9.096/1995, assim como também pode receber doações de pessoas físicas para financiar a propaganda intrapartidária, bem como para a realização das prévias partidárias. Cite-se que a agremiação pode, através do uso desses recursos, distribuir bandeiras e adesivos apenas com o número do partido no ambiente da convenção, não havendo qualquer mácula de ilegalidade nesse sentido.[377]

8.1.3 Propaganda institucional

É aquela propaganda utilizada pelos órgãos públicos, com verba pública, para informar à sociedade sobre atos, programas, obras, serviços de caráter estritamente educativo, informativo ou de orientação social. É disciplinada pelos arts. 37, §1º, da Constituição Federal de 1988, e 73, *caput*, VI, "b", §5º, da Lei nº 9.504/1997, bem como pela Resolução do TSE nº 23.610/2019, com as alterações realizadas pela Resolução TSE nº 23.671/2021.

Os dispositivos supracitados impõem vedações no que urge à lisura da veiculação da propaganda institucional. Segundo dispõe o art. 73, VI, "b", da Lei das Eleições, é vedada a veiculação de publicidade institucional nos três meses que antecedem o pleito, salvo em se tratando da propaganda de produtos e serviços que tenham concorrência no mercado, bem como em caso de grave e urgente necessidade pública, assim reconhecida pela Justiça Eleitoral.[378] A veiculação de pro-

---

377 ELEIÇÕES 2016. RECURSO ESPECIAL COM AGRAVO. AUSÊNCIA DE INTERESSE RECURSAL EM RELAÇÃO A UM DOS AGRAVANTES. PARTE VENCIDA. NÃO CONFIGURADA. ART. 996 DO CPC. NÃO CONHECIMENTO. IMPUGNAÇÃO ESPECÍFICA A TODOS OS FUNDAMENTOS DA DECISÃO AGRAVADA. AGRAVO PROVIDO. RECURSO ESPECIAL CONHECIDO. PROPAGANDA ELEITORAL ANTECIPADA (LEI DAS ELEIÇÕES, ART. 36-A). CONVENÇÃO PARTIDÁRIA. UTILIZAÇÃO DE PALCO VOLTADO AO PÚBLICO. DISTRIBUIÇÃO DE BANDEIRAS E ADESIVOS. AUSÊNCIA DE PEDIDO EXPLÍCITO DE VOTOS. NÃO CONFIGURAÇÃO. ULTRAJE À LEGISLAÇÃO ELEITORAL NÃO CONFIGURADO. AGRAVO NÃO CONHECIDO EM RELAÇÃO A UENDEL BARROS DA SILVA. RECURSO ESPECIAL PROVIDO PARA JULGAR IMPROCEDENTE A REPRESENTAÇÃO E AFASTAR A PENALIDADE DE MULTA. (TSE – AI: 1308720166050096 Sento Sé/BA 119262016, Relator: Min. Luiz Fux, Data de Julgamento: 07.08.2017, Data de Publicação: *DJE – Diário de justiça eletrônico* – 17.08.2017 – Página 110-114).

378 "[...] Art. 73, VI, "b", da Lei nº 9.504/1997. Publicidade institucional. [...]. Desprovimento. 1. Segundo dispõe o art. 73, VI, "b", da Lei das Eleições, é vedada a veiculação de publicidade

paganda institucional em período vedado é ilícito de natureza objetiva. Vale dizer, independe da finalidade eleitoral do ato.[379]

Nessa esteira, a jurisprudência do Tribunal Superior Eleitoral é no sentido de que, salvo as hipóteses autorizadas em lei, a permanência da propaganda institucional durante o período vedado configura a conduta vedada disposta no art. 73, inc. IV, "b", da LE, ainda que a divulgação tenha sido autorizada em momento prévio e independentemente de conteúdo eleitoreiro da mensagem.[380]

Por sua vez, o art. 37, §1º, da CF preleciona que, em se tratando de publicidade institucional, não poderá constar nomes, símbolos ou

---

institucional nos três meses que antecedem o pleito, salvo em se tratando da propaganda de produtos e serviços que tenham concorrência no mercado, bem como em caso de grave e urgente necessidade pública, assim reconhecida pela Justiça Eleitoral. [...]" (Ac. de 20.05.2010 no AgR-AI nº 10.804, Rel. Min. Marcelo Ribeiro). "[...] A regra, constante da alínea 'b' do inciso VI do art. 73 da Lei nº 9.504/1997, é não se ter publicidade institucional no período de três meses que antecedem às eleições, surgindo a exceção quando direcionada a fazer frente a '[...] grave e urgente necessidade pública, assim reconhecida pela Justiça Eleitoral'" (Res. nº 22.260, de 28.06.2006, Rel. Min. Marco Aurélio; no mesmo sentido as Resoluções nº 22.285, de 29.06.2006, do mesmo relator).

379 "Esta Corte Superior firmou o entendimento de que é vedado veicular publicidade institucional nos 3 meses que antecedem o pleito, independentemente de o conteúdo ter caráter informativo, educativo ou de orientação social (AgR-AI nº 56-42/SP, rel. Min. Rosa Weber, julgado em 24.4.2018, DJe de 25.5.2018). 8. A conduta vedada consubstanciada na divulgação de propaganda institucional em período proibido possui natureza objetiva, de modo que é desnecessário perquirir se o ato tinha ou não finalidade eleitoral (AgR-AI nº 491-30/RJ, rel. Min. Edson Fachin, julgado em 1º.7.2020, DJe de 6.8.2020). 9. Segundo a jurisprudência desta Corte, consideram-se serviços públicos essenciais apenas aqueles emergenciais concernentes à sobrevivência, saúde e segurança da população. Nessa linha: REspe nº 27.563/MT, rel. Min. Carlos Ayres Britto, julgado em 12.12.2006, DJ de 12.2.2007. 10. Embargos de declaração providos, com efeitos infringentes, a fim de corrigir o erro material relativo à tempestividade da complementação das razões recursais e, por conseguinte, conhecer do agravo interno interposto e a ele negar provimento". (Embargos de declaração no Agravo Regimental no Agravo em Recurso Especial Eleitoral nº 50194, Acórdão, Min. Mauro Campbell Marques, Publicação: DJE – Diário de Justiça Eletrônico, 02.08.2022).

380 ELEIÇÕES 2020. AGRAVO INTERNO NO AGRAVO EM RECURSO ESPECIAL ELEITORAL. REPRESENTAÇÃO. CONDUTA VEDADA A AGENTES PÚBLICOS. PUBLICIDADE INSTITUCIONAL. ART. 73, VI, B, DA LEI 9.504/1997. PERÍODO CRÍTICO. MANUTENÇÃO DAS POSTAGENS REALIZADAS EM PERÍODO ANTERIOR. RESPONSABILIDADE DO CHEFE DO PODER EXECUTIVO MUNICIPAL. DEVER DE ZELO. PRECEDENTES. SÚMULA 30/TSE. MANUTENÇÃO DA DECISÃO. DESPROVIMENTO. 1. O chefe do Poder Executivo é responsável pela divulgação da publicidade institucional em página oficial da Prefeitura em rede social, por ser sua atribuição zelar pelo conteúdo nela veiculado e fiscalizar os atos dos seus subordinados, de modo que o prévio conhecimento, nesse caso, é presumido. 2. A permanência da propaganda institucional durante o período vedado configura ilícito, ainda que a divulgação tenha sido autorizada em momento anterior e independentemente de conteúdo eleitoreiro da mensagem, tendo em vista a disparidade em relação aos demais candidatos que não contam com a máquina pública para a divulgação de suas campanhas. 3. Agravo interno a que se nega provimento. (Agravo Regimental no Agravo em Recurso Especial Eleitoral nº 060038522, Acórdão, Min. Ricardo Lewandowski, Publicação: DJE – Diário de Justiça Eletrônico, 07.03.2023).

imagens que caracterizem promoção pessoal de autoridades ou servidores públicos.

Ademais, a Lei Eleitoral veda qualquer pronunciamento em cadeia de rádio e televisão fora do horário eleitoral gratuito, salvo quando, a critério da Justiça Eleitoral, tratar-se de matéria urgente, relevante e característica das funções de governo (art.73, VI, "c", da LE).

O referido artigo também impede que, no primeiro semestre do ano da eleição, as despesas com publicidade dos órgãos públicos federais, estaduais ou municipais, ou das respectivas entidades da administração indireta excedam a média dos gastos no primeiro semestre dos três últimos anos que antecedem ao pleito (art. 73, VII, da CF/88).

Essas restrições se aplicam apenas aos agentes públicos cujos cargos estejam em disputa na eleição.[381] *In casu*, impede-se a publicidade institucional de atos, obras e serviços da Administração Pública, nos três meses que antecedem o pleito, procurando-se impedir que, por intermédio de propaganda institucional, os entes governamentais possam fazer propaganda eleitoral dissimulada, ocasionando abuso de poder ou autopromoção de pré-candidato à eleição.[382] Inclusive, cabe sublinhar que o TSE já decidiu que a presença de termos como "mais uma obra" em placas é suficiente para caracterizar a publicidade institucional em período vedado.[383]

Caso haja a divulgação de atos meramente administrativos, exclusivamente no diário oficial, que não faça referência ao nome ou à

---

[381] "Conquanto a Lei das Eleições, em seu art. 73, §3º, disponha, de forma expressa, que a vedação relativa à realização de publicidade institucional alcança tão-somente os agentes públicos das esferas administrativas cujos cargos estejam em disputa na eleição, não se encontram acobertadas pela exceção permissiva formas anômalas de divulgação institucional, mormente aquelas que produzam, como efeito subjacente, vantagens eleitorais significativas, alterando o equilíbrio de pleitos em curso" (Recurso Ordinário Eleitoral nº 176880, Acórdão, Relator(a) Min. Edson Fachin, Publicação: *DJE – Diário da justiça eletrônica*, Tomo 61, Data 07.04.2021).

[382] "[...] 2. Há, também, de ser prestigiado o aresto atacado que, com base em prova incontroversa depositada nos autos, reconhece que a prática indevida de publicidade institucional no trimestre anterior ao pleito pode configurar abuso de poder, quando autopromocional de pré-candidato à reeleição. [...]" (Ac. de 24.10.2006 no REsp nº 25.997, Rel. Min. José Delgado). "[...] Ação fundada em infração ao art. 73 da Lei nº 9.504/97. Termo final para ajuizamento. Aplicação de multa. Decretação de inelegibilidade. Cassação de diploma. Publicidade institucional indevida. Influência no pleito. Reeleição. Abuso do poder econômico. [...] 9. Reconhecimento da prática de publicidade institucional indevida em benefício de candidato à reeleição. 10. Publicidade intensa, reiterada e persistente de obras públicas realizadas. Configuração de benefício ao candidato. [...]" (Ac. de 20.06.2006 no REsp nº 25.935, Rel. Min. José Delgado).

[383] AI 85-42/PR, Rel. Min. Admar Gonzaga, *DJE* de 2.2.2018.

imagem do candidato à eleição, não se configura a ilicitude tipificada no art. 73, VI, "b", da Lei nº 9.504/1997.[384] Ainda convém explicitar que a jurisprudência do TSE é pacífica no que tange à não caracterização de publicidade institucional na publicação de atos oficiais dos entes públicos, tais como leis e decretos.[385]

Para mais, a Corte Superior Eleitoral também pacificou entendimento no sentido de que a vedação à prática de propaganda institucional prevista no art. 73, inciso VI, "b", da LE, não alcança hipótese em que o agente público vem a se promover mediante meio publicitário acessível a todos, como as redes sociais, por exemplo.[386]

É de bom alvitre ressaltar que a propaganda institucional se encontra embasada pelo princípio da publicidade dos atos da Administração Pública. No entanto, esse princípio não se revela absoluto, pois é mitigado em prol da manutenção da garantia da isonomia entre os candidatos, da moralidade e legitimidade do pleito.[387] Deve-se atentar que a

---

[384] "[...] Art. 73 da Lei nº 9.504/1997. Propaganda institucional. A divulgação, em *Diário Oficial do município*, de atos meramente administrativos, sem referência a nome nem divulgação de imagem do candidato à reeleição, não configura o ilícito previsto no art. 73, VI, "b", da Lei nº 9.504/1997. Observância ao princípio da proporcionalidade. [...]" (Ac. nº 25.086, de 03.11.2005, Rel. Min. Gilmar Mendes).

[385] "[...] 1. A publicação de atos oficiais, tais como leis e decretos, não caracteriza publicidade institucional. [...]" (Ac. de 07.11.2006 no AgRgREsp nº 25.748, Rel. Min. Caputo Bastos).

[386] Agravo Regimental no Recurso Especial Eleitoral nº 060089607, Acórdão, Min. Benedito Gonçalves, Publicação: DJE – Diário de Justiça Eletrônico, 28.04.2023. E ainda: ELEIÇÕES 2020. AGRAVO REGIMENTAL. RECURSO ESPECIAL. AÇÃO DE INVESTIGAÇÃO JUDICIAL ELEITORAL. PREFEITO. CANDIDATOS AOS CARGOS DE PREFEITO E VICE-PREFEITO. ABUSO DE AUTORIDADE. ABUSO DO PODER POLÍTICO. CONDUTA VEDADA. PROPAGANDA INSTITUCIONAL. ART. 73, VI, B, DA LEI Nº 9.504/97. DIVULGAÇÃO DE OBRAS REALIZADAS DURANTE O MANDATO. REDE SOCIAL. PERFIL PESSOAL. NÃO DEMONSTRAÇÃO DE EMPREGO DA MÁQUINA PÚBLICA. ACÓRDÃO REGIONAL EM CONFORMIDADE COM A JURISPRUDÊNCIA DO TSE. SÚMULA Nº 30/TSE. DESPROVIMENTO. 1. Conforme jurisprudência deste Tribunal Superior, "a veiculação de postagens sobre atos, programas, obras, serviços e/ou campanhas de órgãos públicos federais, estaduais ou municipais em perfil privado de rede social não se confunde com publicidade institucional autorizada por agente público e custeada com recursos públicos, a qual é vedada nos três meses que antecedem as eleições (art. 73, VI, "b", da Lei nº 9.504/1997)" (AgR-REspE nº 376-15/ES, Rel. Min. Luís Roberto Barroso, DJe de 17.4.2020). Incidência da Súmula nº 30/TSE. 2. Agravo regimental desprovido. (Agravo Regimental no Recurso Especial Eleitoral nº 060054686, Acórdão, Min. Carlos Horbach, Publicação: DJE – Diário de Justiça Eletrônico, 04.08.2022).

[387] "Não há falar em inconstitucionalidade dessa regra por afronta aos arts. 1º, caput, e 37, caput e §1º, da CF/88, pois a vedação de propaganda institucional imposta nos três meses que antecedem o pleito objetiva resguardar os princípios que norteiam as eleições, especialmente o da igualdade entre os candidatos. Precedentes" (Recurso Especial Eleitoral nº 060229748, Acórdão, Relator(a) Min. Jorge Mussi, Publicação: *DJE – Diário da justiça eletrônica*, Tomo 181, Data 18.09.2019).

reiterada veiculação de propaganda institucional em período vedado tem gravidade suficiente para atrair a sanção por abuso de poder político.[388]

8.1.4 Propaganda eleitoral

A propaganda eleitoral, por sua vez, tem o escopo de divulgar os candidatos que concorrem ao pleito e suas propostas, com o objetivo de pedir e conquistar o voto do eleitor, trazendo um lapso temporal determinado na legislação eleitoral que oferece aos candidatos oportunidade para exteriorizar os seus anseios. O professor Djalma Pinto preleciona que a propaganda eleitoral deve compreender todo o mecanismo de divulgação de um candidato destinado a convencer o eleitor a sufragar seu nome no dia da votação, podendo ser feita pelo candidato ou pelo partido.[389] Para Edson de Resende Castro, a propaganda eleitoral deve ser a oportunidade para o debate de ideias e confronto de opiniões, sempre preservando a igualdade de armas entre os candidatos.[390]

A propaganda eleitoral se encontra, principalmente, embasada pelo princípio constitucional da liberdade, permitindo aos personagens do processo eleitoral exercê-la dentro dos ditames estabelecidos. É importante salientar que essa liberdade de dispor acerca do conteúdo a ser divulgado é amparada constitucionalmente pela liberdade de expressão de pensamento e pela vedação da censura (art. 5º, IV e IX, da CF). Nesse diapasão, preleciona o art. 41 da Lei nº 9.504/1997 que a propaganda exercida nos termos da legislação eleitoral não pode ser objeto de multa nem cerceada sob a alegação do exercício do poder de polícia ou violação de postura municipal. Porém, se determinado candidato, partido ou coligação extrapolar os limites impostos pela lei, a publicidade veiculada deixa de ser lícita.

Antes da Lei nº 13.165/2015, a propaganda eleitoral poderia ser direta quando, expressamente, mencionava a finalidade eleitoral, designando o cargo a ser pleiteado pelo candidato; ou dissimulada, quando não há uma menção clara à disputa do pleito, fazendo apologia

---

388 Agravo de Instrumento nº 34838, Acórdão, Relator(a) Min. Tarcisio Vieira de Carvalho Neto, Publicação: *DJE – Diário da justiça eletrônica*, Tomo 75, Data 23.04.2019, p. 16-17.

389 PINTO, Djalma. *Direito Eleitoral*: improbidade administrativa e responsabilidade fiscal: noções gerais. 4. ed. São Paulo: Atlas, 2008, p. 245.

390 CASTRO, Edson de Resende. *Teoria e prática do Direito Eleitoral*. 5. ed. Belo Horizonte: Del Rey, 2010, p. 220.

às qualidades do pretenso candidato. Contudo, com a redação do art. 36-A da Lei nº 9.504/97, não se configura propaganda eleitoral antecipada a menção à pretensa candidatura e à exaltação às qualidades pessoais dos candidatos, excetuando-se o pedido explícito de votos.

Dessa forma, a propaganda dissimulada deixa de existir, pois a única conduta vedada é o pedido explícito de votos, as outras condutas, como a exposição de plataforma de governo, as denominadas "promessas eleitorais" ou pedidos implícitos de votos, foram liberadas. Essa é uma atestação de como a reforma realizada em 2015 foi contraditória: de um lado, restringiu o período eleitoral para 45 dias; de outro, flexibilizou o conceito de propaganda extemporânea, permitindo diversas condutas que antes eram proibidas. Na verdade, com essas permissões, o período de propaganda ficou muito mais elástico. O que se impediu foi que houvesse qualquer tipo de gasto contabilizado com essas atividades.

Em regra, o prazo inicial para o começo da propaganda eleitoral é depois do dia 15 de agosto do ano em que se realizar a eleição, ou seja, a partir do dia 16 de agosto. O termo final da propaganda gratuita veiculada por meio de rádio e televisão é até a antevéspera do dia das eleições (art. 47, *caput* da LE). A propaganda realizada pela internet, isto é, aquelas veiculadas em sítio eleitoral, em *blog*, em sítio interativo ou social, ou em outros meios eletrônicos de comunicação do candidato, ou no sítio do partido, federação ou da coligação poderão ser mantidos e alimentados normalmente. No entanto, é vedada, no dia da eleição, a publicação de novos conteúdos ou o impulsionamento de conteúdos nas aplicações de internet (art. 57- B c/c art. 39, §5º, IV, todos da Lei nº 9.504/97). Quanto a propaganda implementada através da distribuição de material gráfico, carreata, passeata, caminhada ou carro de som, que transite pela cidade divulgando *jingles* ou mensagens de candidatos, ela pode ser realizada até as 22 horas da véspera da eleição (art. 39, §9º, da Lei nº 9.504/97).

Qualquer tipo de propaganda eleitoral que for realizada antes desse período, em que haja pedido explícito de voto, configurar-se-á como ilícita.[391] Exige-se que, na propaganda para eleição majoritária, a

[391] Resolução TSE nº 23.610.2019, à luz das inclusões realizadas pela Resolução nº 23.671.2021: Art. 3º-A. Considera-se propaganda antecipada passível de multa aquela divulgada extemporaneamente cuja mensagem contenha pedido explícito de voto, ou que veicule conteúdo eleitoral em local vedado ou por meio, forma ou instrumento proscrito no período de campanha.

coligação use, obrigatoriamente, sob sua denominação, as legendas de todos os partidos que a integram; na propaganda para eleição proporcional de 2022,[392] cada partido usará apenas sua legenda sob o nome da coligação (art. 6º, §2º, da Lei nº 9.504/1997). Destaca-se a inclusão legislativa das federações, através das alterações na Lei nº 9.096/1995, às quais se aplicam todas as normas vigentes para os partidos políticos, inclusive no que se refere à propaganda eleitoral (art. 6º-A da Lei nº 9.504/1997). Caso não haja menção às legendas de todos os partidos que integram a coligação, nos termos do art. 6º da LE, poderá o julgador advertir o autor da conduta irregular, sob pena de crime de desobediência, assim como também aplicar multa por meio de decisão fundamentada, a fim de que seja feita a devida menção à legenda na respectiva propaganda eleitoral.

Conforme consta no art. 53-A da Lei nº 9.504/97, é vedado aos partidos políticos e às coligações incluir no horário destinado aos candidatos às eleições proporcionais propaganda das candidaturas a eleições majoritárias ou vice-versa, ressalvada a utilização, durante a exibição do programa, de legendas com referência aos candidatos majoritários ou, ao fundo, de cartazes ou fotografias desses candidatos, ficando autorizada a menção ao nome e ao número de qualquer candidato do partido ou da coligação.

Todavia, facultou-se a inserção de depoimento de candidatos a eleições proporcionais no horário da propaganda das candidaturas majoritárias e Vice-versa, desde que o depoimento consista, exclusivamente, em pedido de voto ao candidato que cedeu o tempo, e que os respectivos pleiteantes estejam registrados sob o mesmo partido ou coligação (art. 53-A, §1º c/c art. 54, da Lei nº 9.504/1997). Todo partido político ou coligação que não observar as regras referidas anteriormente, perderá, em seu horário de propaganda gratuita, tempo equivalente no horário reservado à propaganda da eleição disputada pelo candidato beneficiado (art. 53-A, §3º, da Lei nº 9.504/1997).

Ademais, nos programas e inserções de rádio e televisão, será permitida a veiculação de entrevistas com o candidato e de cenas externas nas quais ele, pessoalmente, exponha realizações de governo ou da Administração Pública, falhas administrativas, deficiências verificadas

---

[392] Como dito anteriormente, a partir das eleições de 2020, é vedada a realização de coligações para as eleições proporcionais, sendo permitida sua realização apenas para as eleições majoritárias.

em obras e serviços públicos em geral e atos parlamentares e debates legislativos, conforme §2º do art. 54 da Lei nº 9.504/97.

No caso de propagandas de candidatos a cargos majoritários, deverá constar, também, o nome dos candidatos a Vice ou de suplentes de Senador, de modo claro e legível, em tamanho não inferior a 30% (trinta por cento) do nome do titular (art. 36, §4º, da Lei nº 9.504/1997). Antes dessa alteração, o percentual para a visibilidade do nome de candidatos ao cargo de Vice e suplentes era de 10% (dez por cento). Verifica-se que o alargamento do tamanho da informação visa garantir melhor possibilidade de que o eleitor saiba em quem está votando para, eventualmente, ocupar o mandato político. Na propaganda de Prefeito, deve constar o nome do candidato a Vice-Prefeito, de modo claro e legível, em tamanho não inferior a 30% (art. 36, §4º, da Lei nº 9.504/1997).[393]

A aferição da simetria será feita de acordo com a proporção entre os tamanhos das fontes, altura e comprimento das letras, empregadas na grafia dos nomes dos candidatos, sem prejuízo da aferição da legibilidade e da clareza, conforme o art. 12, parágrafo único, da Resolução nº 23.610/2019, vigente para o pleito de 2024.

O não cumprimento dessas obrigações sujeita os responsáveis ou seu beneficiário, quando comprovado seu conhecimento, a multa no valor de R$5.000,00 a R$25.000,00, ou ao equivalente ao custo da propaganda, se este for maior, bem como a retirada da propaganda eleitoral em questão.

Em se tratando de eleição municipal, podem levar o feito à apreciação da Justiça Eleitoral (*in casu*, quem julgará será o Juiz Eleitoral) o candidato, partido político, coligação e o promotor eleitoral. Nas eleições gerais, os que detêm legitimidade para provocar a jurisdição da Justiça Eleitoral (nesse caso, o respectivo TRE detém competência para julgar) são os mesmos supracitados, salvo o promotor eleitoral, que aqui será o Procurador regional eleitoral. Em se tratando de

[393] ELEIÇÕES 2020. AGRAVO REGIMENTAL. AGRAVO. RECURSO ESPECIAL. PROPAGANDA ELEITORAL IRREGULAR. DIMENSÃO DO NOME DO CANDIDATO A VICE. ART. 36, §4º, DA LEI 9.504/1997. APLICAÇÃO DA SÚMULA 24 DO TSE. PROPAGANDAS DIVERSAS. BASES FÁTICAS DISTINTAS. MULTA. AUSÊNCIA DE IDENTIDADE ENTRE CAUSAS DE PEDIR. INEXISTÊNCIA DE LITISPENDÊNCIA. "A norma visa possibilitar ao eleitor a maior quantidade possível de informações sobre os candidatos, de forma a garantir a formação de sua livre convicção no processo eleitoral, concretizado pelo voto" (Agravo em Recurso Especial Eleitoral nº 060034118, Acórdão, Relator(a) Min. Alexandre de Moraes, Publicação: *DJE – Diário da justiça eletrônica*, Tomo 228, Data 10.12.2021).

eleição presidencial, quem julga é o Tribunal Superior Eleitoral, que pode ser provocado por candidato, partido político ou coligação e pelo Procurador-Geral Eleitoral.

8.1.4.1 Propaganda eleitoral antecipada

Especificamente para o pleito de 2024, a propaganda antecipada ou extemporânea, que é aquela veiculada antes do dia 16 de agosto do ano da eleição (art. 2º da Resolução TSE nº 23.610/2019), sofreu profundas transformações com a entrada em vigor do art. 36-A da Lei nº 9.504/1997 que restringiu, enormemente, o seu âmbito de incidência. No mesmo sentido, aponta-se a inclusão pela Resolução nº 23.671/2021 do art. 3º-A na Resolução nº 23.610/2019-TSE. Assim, é considerada propaganda antecipada passível de multa aquela divulgada extemporaneamente cuja mensagem contenha pedido explícito de voto, ou que veicule conteúdo eleitoral em local vedado ou por meio, forma ou instrumento proscrito no período de campanha.

Não significa que ela deixou de existir, mas seu cabimento foi reduzido de forma drástica. O desiderato para a sua criação era impedir aqueles candidatos que fossem detentores de poder econômico de começar mais cedo as suas campanhas, não respeitando o início do prazo para veiculação de propaganda eleitoral, com o intuito de obterem vantagem através da distribuição antecipada de material de campanha, no que desequilibraria o pleito eleitoral em virtude do acinte ao princípio da paridade das armas. A propaganda eleitoral extemporânea, além de criar desigualdades entre os candidatos, viola regras de arrecadação e aplicação de recursos nas campanhas eleitorais e pode camuflar o abuso do poder econômico e político.

É bem verdade que o Tribunal Superior Eleitoral já se manifestou a respeito do lapso temporal existente entre a veiculação de alguma propaganda eleitoral antecipada e o início do período eleitoral, ao deixar claro inexistir *dies a quo* para que fosse deflagrada a propaganda antecipada.[394] Posteriormente, o TSE fixou entendimento no sentido de que o grande lapso temporal existente entre a data da veiculação de

[394] Consulta. Delegado nacional. Partido Progressista Brasileiro (PPB). Respondido negativamente, quanto aos primeiro e segundo itens. Quanto ao terceiro, não há marco inicial de proibição. O que a lei estabelece e um marco inicial de sua permissão (art. 36, *caput*, da Lei 9.504/1997) (Consulta nº 559, Resolução, Rel. Min. Costa Porto, publicação: *Diário de Justiça (DJ)*, data 27.12.1999, p. 2).

publicidade e o início do período eleitoral afasta *per se* a possibilidade de enquadrar a conduta no que prevê o art. 36 da Lei nº 9.504/1997.[395]

Não se deve confundir propaganda extemporânea com propaganda intrapartidária. Esta última é realizada dentro do âmbito partidário por seus filiados com o intento de convencer os demais correligionários a escolher determinados pré-candidatos para a disputa dos cargos eletivos. A propaganda intrapartidária não poderá ser dirigida para o público em geral, deve ser restrita aos integrantes dos partidos. Caso ocorra esta exteriorização, pode se caracterizar a propaganda extemporânea.[396] Importante realçar que diante das alterações promovidas pela Lei nº 13.165/2015, o Tribunal Superior Eleitoral perfilhou entendimento no sentido de que a divulgação de convite para convenção em página do Facebook não caracteriza propaganda antecipada decorrente de desvirtuamento de propaganda intrapartidária.[397]

---

[395] REPRESENTAÇÃO. INDEFERIMENTO DO PEDIDO LIMINAR. INTERPOSIÇÃO DE AGRAVO REGIMENTAL. ANÁLISE DO MÉRITO. PROPAGANDA ELEITORAL ANTECIPADA RELATIVA À ELEIÇÃO DE 2018. CARGO DE PRESIDENTE DA REPÚBLICA. AUSÊNCIA DE PEDIDO DE VOTO. IMPROCEDÊNCIA DO PEDIDO E AGRAVO REGIMENTAL PREJUDICADO. 1. [...] O grande lapso temporal existente entre a data da veiculação da suposta publicidade prematura e o início do período eleitoral – agosto de 2018 – já afastaria, na esteira da jurisprudência desta Corte Superior, a possibilidade de se enquadrar tal conduta no que prevê o art. 36 da Lei 9.504/97. Precedente: REC-Rp 572-93/DF, Redatora para o acórdão Min. LUCIANA LÓSSIO, publicado na sessão de 5.8.2014.6. Julga-se improcedente o pedido formulado na Representação Eleitoral. Agravo Regimental prejudicado (Representação nº 060114373, Acórdão, Relator(a) Min. Napoleão Nunes Maia Filho, Publicação: *DJE – Diário da justiça eletrônica*, Tomo 168, Data 21.08.2018).

[396] "[...] Recurso especial eleitoral. Representação por propaganda eleitoral extemporânea (art. 36, da Lei nº 9.504/97). Configuração. Veiculação, em emissora de rádio, de propaganda intrapartidária dirigida à população em geral. [...]" NE: "Conforme a orientação jurisprudencial do Tribunal Superior Eleitoral, a propaganda intrapartidária deve limitar-se ao âmbito partidário e configura-se como propaganda eleitoral extemporânea quando atinge toda a comunidade" (Ac. de 3.5.2011 no REspe nº 43736, rel. Min. Cármen Lúcia).

[397] ELEIÇÕES 2016. AGRAVO REGIMENTAL. RECURSO ESPECIAL ELEITORAL. PROPAGANDA ELEITORAL ANTECIPADA. CONVITE PARA CONVENÇÃO PARTIDÁRIA. DIVULGAÇÃO VIA FACEBOOK. AUSÊNCIA DE PEDIDO EXPRESSO DE VOTO. NÃO CONFIGURAÇÃO DA PROPAGANDA EXTEMPORÂNEA CONSOANTE A JURISPRUDÊNCIA DO TSE. DECISÃO MANTIDA. AGRAVO REGIMENTAL DESPROVIDO. 1. Para as eleições de 2016, o Tribunal Superior Eleitoral firmou entendimento de que a configuração de propaganda eleitoral antecipada pressupõe pedido expresso de voto, não podendo depreendê-lo das circunstâncias que envolvem a mensagem impugnada. Precedentes. 2. No caso, embora a divulgação de convite para convenção em página do Facebook extrapole os limites do público-alvo da propaganda intrapartidária, não se caracteriza, na espécie, a propaganda eleitoral antecipada decorrente do desvirtuamento de propaganda intrapartidária, haja vista a ausência de pedido expresso de votos (Precedentes: AgR-REspe nº 3342/PE, Rel. Min. Rosa Weber, *DJe* de 14.9.2018 e AgR-REspe nº 3257/PE, Rel. Min. Napoleão Nunes Maia Filho, *DJe* de 21.2.2018) (Recurso Especial Eleitoral nº 26428, Acórdão, Relator(a) Min. Edson Fachin, Publicação: *DJE – Diário de justiça eletrônico*, Tomo 238, Data 03.12.2018, Página 101/102).

Assim como também a cobertura das prévias partidárias pelos meios de comunicação social, inclusive pela internet, não configura propaganda extemporânea.[398]

A propaganda eleitoral antecipada também pode assumir conotação negativa, principalmente quando a manifestação e o posicionamento pessoal sobre questões políticas extrapolam os limites da liberdade de expressão e de informação, e ofendem a honra de pretenso candidato.[399] Consoante o entendimento firmado pelo TSE, a configuração de propaganda eleitoral antecipada negativa pressupõe pedido explícito de não voto ou ato que desqualifique o pré-candidato.[400] Para fins de caracterização do ilícito, o TSE reafirmou seu entendimento, em processos relacionados às eleições de 2022, no sentido de que "é possível identificar o pedido explícito de não voto a partir de palavras mágicas cuja utilização apresente a mesma carga semântica", como, por exemplo, a vinculação de determinado pré-candidato a práticas ilícitas na Administração Pública, bem como também associação entre a sua vitória no pleito com o retorno de um criminoso à frente do Poder Executivo.[401]

---

398 ELEIÇÕES 2016. AGRAVO REGIMENTAL. RECURSO ESPECIAL ELEITORAL. REPRESENTAÇÃO. PROPAGANDA ELEITORAL EXTEMPORÂNEA. DESVIRTUAMENTO DE PROPAGANDA INTRAPARTIDÁRIA PARA PROMOVER CANDIDATURA. NÃO CONFIGURAÇÃO. DIVULGAÇÃO DE CONVENÇÃO PARTIDÁRIA AO PÚBLICO EXTERNO PELO FACEBOOK. AUSENTE PEDIDO EXPRESSO DE VOTO. ART. 36-A DA LEI Nº 9.504/1997. PRECEDENTES. NÃO PROVIMENTO. [...] No caso, não configurada a veiculação de propaganda eleitoral extemporânea consubstanciada em mensagem publicada pela agravada em sua página no Facebook, ausente pedido expresso de voto, permitida a cobertura das prévias partidárias pelos meios de comunicação social, conduta amparada pelo art. 36-A da Lei nº 9.504/1997. Conclusão Agravo regimental conhecido e não provido (Recurso Especial Eleitoral nº 3342, Acórdão, Relator(a) Min. Rosa Weber, Publicação: *DJE – Diário de justiça eletrônico,* Tomo 185, Data 14.09.2018, Página 99).

399 ELEIÇÕES 2018. AGRAVO REGIMENTAL. RECURSO ESPECIAL. PROPAGANDA ELEITORAL ANTECIPADA. PROPAGANDA NEGATIVA. MULTA. CERCEAMENTO DE DEFESA. INEXISTÊNCIA. REEXAME. IMPOSSIBILIDADE. No termos da jurisprudência do Tribunal Superior Eleitoral: "A divulgação de publicação, antes do período permitido, que ofende a honra de possível futuro candidato constitui propaganda eleitoral negativa extemporânea" (AgR-AI 2-64, rel. Min. Tarcisio Vieira de Carvalho Neto, *DJE* de 22.9.2017) (Recurso Especial Eleitoral nº 060035184, Acórdão, Relator(a) Min. Sergio Silveira Banhos, Publicação: *DJE – Diário de justiça eletrônico,* Tomo 225, Data 22.11.2019).

400 "Consoante o entendimento desta Corte, reafirmado para as Eleições 2020, a configuração de propaganda eleitoral antecipada negativa pressupõe o pedido explícito de não voto ou ato que, desqualificando pré-candidato, venha a macular sua honra ou imagem ou divulgue fato sabidamente inverídico" (Recurso Especial Eleitoral nº 060001643, Acórdão, Relator(a) Min. Luis Felipe Salomão, Publicação: *DJE – Diário da justiça eletrônica,* Tomo 229, Data 13.12.2021).

401 Representação nº 060002671, Acórdão, Min. Alexandre de Moraes, Publicação: DJE – Diário de Justiça Eletrônico, 23.11.2023.

Também colhe-se do TSE a compreensão firmada de que a explícita exortação feita por um pré-candidato a que o público presente em um evento partidário, no dia das eleições, "de uma banana a determinado pré-candidato", "para que ele deixe a governança", revela a ocorrência de pedido de não voto, de modo a configurar propaganda antecipada negativa.[402]

Consonante o atual parâmetro normativo, a propaganda eleitoral antecipada ficou bastante mitigada, quase uma figura mitológica, porque ela somente pode ser concretizável quando o candidato, expressamente, pedir votos. Todas as outras condutas que antes eram ilícitas foram permitidas. Resta claro que continua a haver a impossibilidade da utilização de material de propaganda eleitoral, com a finalidade específica de pedir votos para o pleito vindouro, no que se impossibilita a veiculação de propaganda eleitoral, convencional, antes do dia 16 de agosto de 2024. Assim, não tem mais nenhum sentido a relevância do conceito da propaganda extemporânea que dantes existia, haja vista que o pré-candidato pode pedir apoio político, exaltar suas qualidades, realizar encontros, propor projetos sem que qualquer tipo de admoestação lhe seja imputada.

Compete à Justiça Eleitoral coibir todos os abusos nas propagandas antes do período permitido, que é a partir do dia 16 de agosto de 2024. Os partidos políticos, coligações, candidatos e o Ministério Público podem provocar a Justiça Eleitoral, mediante representações ou reclamações, para retirar a propaganda e para a aplicação das devidas sanções (art. 96 da Lei nº 9.504/1997). Importante explicitar que, nessa situação, o Juiz Eleitoral, em se tratando de eleições municipais, terá o poder de polícia para coibir tal prática, podendo adotar todas as medidas necessárias à lisura do procedimento eleitoral, agindo mesmo *ex officio*. Nas eleições estaduais, a competência é do responsável pela propaganda designado pelo TRE. Nas eleições nacionais, a competência pelo poder de polícia pertence ao TSE.

Afastaram-se da conceituação de propaganda eleitoral antecipada as mensagens ou imagens em que o pré-candidato ou alguma outra pessoa faz na internet e em outras formas de mídia social a menção à pretensa candidatura ou exaltação das qualidades pessoais dos pré-candidatos, conforme se aduz da nova redação do art. 36-A da Lei

[402] Representação nº 060068143, Acórdão, Min. Maria Claudia Bucchianeri, Publicação: PSESS – Publicado em Sessão, 28.10.2022.

nº 9.504/97. De acordo com o art. 3º-A da Resolução TSE nº 23.610/2019, considera-se propaganda antecipada passível de multa aquela divulgada extemporaneamente cuja mensagem contenha pedido explícito de voto ou que veicule conteúdo eleitoral em local vedado ou por meio, forma ou instrumento proscrito no período de campanha.

Agasalharam-se várias condutas que não podem ser definidas como propaganda antecipada,[403] isto é, são propagandas lícitas, albergadas, expressamente, pelo ordenamento jurídico, inclusive com transmissão pelas redes sociais. São elas:

a) a participação de filiados a partidos políticos ou de pré-candidatos em entrevistas, programas, encontros ou debates no rádio, na televisão e na internet, inclusive com a exposição de plataformas e projetos políticos, observado pelas emissoras de rádio e de televisão o dever de conferir tratamento isonômico;[404]
b) a realização de encontros, seminários ou congressos, em ambiente fechado e a expensas dos partidos políticos, para tratar da organização dos processos eleitorais, discussão de políticas públicas, planos de governos ou alianças partidárias visando às eleições, podendo tais atividades ser divulgadas pelos instrumentos de comunicação intrapartidária;

Não se caracterizam como propaganda extemporânea as reuniões partidárias que tenham como objetivo o desenvolvimento de

---

403 "Divulgação de candidato por meio de banner e inexistência de propaganda extemporânea. O Plenário do Tribunal Superior Eleitoral, por unanimidade, afirmou que a divulgação de candidatura por meio de banner afixado em shopping center não caracteriza propaganda antecipada" (Agravo Regimental no Recurso Especial Eleitoral nº 155-93, Alagoinhas/BA, rel. Min. Napoleão Nunes Maia Filho, julgado em 9.11.2017).

404 ELEIÇÃO 2014. RECURSO ESPECIAL. ENTREVISTA. DEPUTADO FEDERAL. CARÁTER POLÍTICO. RÁDIO. PROPAGANDA ELEITORAL ANTECIPADA. DESCARACTERIZAÇÃO. MULTA AFASTADA. RECURSO PROVIDO. 1. Para a configuração da propaganda extemporânea, é necessário que haja referência a pleito eleitoral e expresso pedido de voto. Ausentes tais requisitos no caso concreto, em que a entrevista versou sobre conquistas políticas do pré-candidato ao cargo de governador, afasta-se a multa imposta com base no art. 36, §3º, da Lei nº 9.504/97. 2. Segundo o disposto no art. 36-A, I, da Lei das Eleições, cuja redação foi reproduzida no art. 3º, I, da Res.-TSE nº 23.404.2014, aplicada às eleições de 2014, não é considerada propaganda eleitoral antecipada a participação de filiados a partidos políticos ou de pré-candidatos em entrevistas, programas, encontros ou debates no rádio, na televisão e na internet, inclusive com a exposição de plataformas e projetos políticos, desde que não haja pedido de votos, observado pelas emissoras de rádio e de televisão o dever de conferir tratamento isonômico. Precedentes. 3. Agravo regimental provido (Recurso Especial Eleitoral nº 771219, Acórdão, Relator(a) Min. Maria Thereza de Assis Moura, Publicação: *DJE – Diário de justiça eletrônico*, Data 09.09.2016).

programas eleitorais. Esses encontros não têm como fim, de forma imediata, o pedido explícito de votos; sua finalidade é o desenvolvimento de projetos políticos que serão realizados posteriormente, com a ascensão ao poder. Caso ocorra a exteriorização explícita do pedido de votos, estar-se-á caracterizada a propaganda ilícita;[405]

c) a realização de prévias partidárias e a respectiva distribuição de material informativo, a divulgação dos nomes dos filiados que participarão da disputa e a realização de debates entre os pré-candidatos;

d) a divulgação de atos de parlamentares e debates legislativos, desde que não se faça pedido de votos;[406]

---

405 ELEIÇÕES 2016. AGRAVO REGIMENTAL. RECURSO ESPECIAL ELEITORAL. REPRESENTAÇÃO. PROPAGANDA ELEITORAL EXTEMPORÂNEA. REUNIÃO. DIVULGAÇÃO NO FACEBOOK. NÃO CONFIGURAÇÃO. AUSENTE PEDIDO EXPLÍCITO DE VOTOS OU MENÇÃO EXPRESSA À CANDIDATURA FUTURA. ART. 36-A DA LEI Nº 9.504/97. REEXAME DE FATOS E PROVAS. VEDAÇÃO. SÚMULA Nº 24/TSE. Prevalece, nesta Corte Superior, o entendimento de que, para a configuração de propaganda eleitoral antecipada, o pedido de votos deve ser explícito, vedada a extração desse elemento a partir de cotejo do teor da mensagem e do contexto em que veiculada (AgR-AI nº 9-24, Rel. Min. Tarcísio Vieira e do AgR-REspe nº 43-46, Rel. Min. Jorge Mussi). Ressalva do ponto de vista da Relatora. 4. No caso, o Tribunal de origem assentou não configurada a veiculação de propaganda eleitoral extemporânea consubstanciada em reunião realizada pelo agravado juntamente com correligionários, divulgada no Facebook, ausente pedido explícito de voto, com fulcro no art. 36-A da Lei nº 9.504/97. 5. Conclusão em sentido diverso demandaria nova incursão no acervo fático-probatório, procedimento vedado na instância especial, a teor da Súmula nº 24/TSE. Agravo regimental conhecido e não provido (Recurso Especial Eleitoral nº 5237, Acórdão, Relator(a) Min. Rosa Weber, Publicação: *DJE – Diário de justiça eletrônico*, Tomo 171, Data 24.08.2018, Página 73/74).

406 AGRAVO REGIMENTAL. RECURSO ESPECIAL ELEITORAL. PROPAGANDA ANTECIPADA. *LINK* PATROCINADO. FACEBOOK. ATO PARLAMENTAR. DIVULGAÇÃO DE EMPREENDIMENTO DA PREFEITURA. PEDIDO DE VOTO NÃO CONFIGURADO. CONDENAÇÃO DE MULTA AFASTADA. Histórico da demanda 1. Contra acórdão do TRE/PE, pelo qual reformada a sentença de improcedência, dado provimento à representação por propaganda eleitoral extemporânea veiculada em *link* patrocinado do Facebook – condenado ao pagamento de multa no valor de R$5.000,00 (cinco mil reais). 2. Dado provimento ao recurso especial para julgar improcedente a representação, ausente pedido de votos na divulgação da participação do recorrente na entrega de empreendimento "Feira Nova de Água Fria", amparada no permissivo do art. 36-A da Lei nº 9.504/97, maneja agravo regimental o Ministério Público Eleitoral. Do agravo regimental. 3. É cediço que as balizas traçadas no art. 36-A da Lei das Eleições – com a redação dada pela Lei nº 13.165.2015 (minirreforma eleitoral) – flexibilizaram a divulgação de atos de pré-campanha, ampliado o espectro de manifestação dos candidatos na disputa eleitoral. Inexistente pedido de voto nas mensagens compartilhadas por intermédio do Facebook do agravado, limitada a divulgar ato parlamentar – participação, enquanto Vereador de Recife/PE, da entrega de empreendimento municipal -, não extrapolados os contornos da liberdade de manifestação legitimada no art. 36-A da Lei das Eleições. Precedentes. 6. Descaracterizada como propaganda antecipada a divulgação de ato parlamentar, irrelevante se perquirir a utilização da ferramenta patrocinada (art. 57-C da Lei nº 9.504/97 com a redação vigente à época dos fatos). Conclusão Agravo regimental não provido (Recurso Especial Eleitoral nº

e) a divulgação de posicionamento pessoal sobre questões políticas, inclusive em shows, apresentações e performances artísticas, redes sociais, blogs, sítios eletrônicos pessoais e aplicativos (apps);
f) a realização, a expensas de partido político, de reuniões de iniciativa da sociedade civil, de veículo ou meio de comunicação ou do próprio partido, em qualquer localidade, para divulgar ideias, objetivos e propostas partidárias.[407]
g) campanha de arrecadação prévia de recursos na modalidade prevista de financiamento coletivo – *crowdfunding*, previsto no inciso IV do §4º do art. 23 da Lei Eleitoral.[408]

14933, Acórdão, Relator(a) Min. Rosa Weber, Publicação: *DJE – Diário de justiça eletrônico*, Data 21.08.2018).

407 AGRAVO REGIMENTAL. RECURSO ESPECIAL. ELEIÇÕES 2016. PREFEITO. REPRESENTAÇÃO. PROPAGANDA ANTECIPADA. ART. 36-A DA LEI 9.504/97. PANFLETO. PLATAFORMA POLÍTICA. CONVITE. PLENÁRIA. DIVULGAÇÃO. PRÉ-CANDIDATURA. POSSIBILIDADE. AUSÊNCIA. PEDIDO EXPLÍCITO DE VOTO. DESPROVIMENTO. 1. Nos termos da jurisprudência desta Corte Superior firmada para as Eleições 2016, a configuração de propaganda eleitoral extemporânea – art. 36-A da Lei 9.504/97 – pressupõe pedido explícito de votos. 2. No caso dos autos, mera entrega de panfleto para divulgar plataforma política e convidar os moradores a participarem de plenárias a fim de discutir ideias em prol do município, desacompanhada de pedido expresso de voto, configura apenas divulgação de pré-candidatura, o que é admitido pela norma de regência e encontra amparo no vigente entendimento do Tribunal Superior Eleitoral acerca do tema. 3. Agravo regimental desprovido (Recurso Especial Eleitoral nº 35758, Acórdão, Relator(a) Min. Jorge Mussi, Publicação: *DJE – Diário de justiça eletrônico*, Data 28.08.2018).

408 Consulta. Financiamento coletivo de campanha. Arrecadação prévia. Termo inicial e forma de divulgação. Observância das regras relacionadas à propaganda na internet. 1. Consulta formulada por Senador da República sobre a forma de divulgação por pré-candidatos do serviço de financiamento coletivo de campanha eleitoral. 2. O *Crowdfunding* é o termo utilizado para designar o apoio de uma iniciativa por meio da contribuição financeira de um grupo de pessoas. A Lei nº 9.504/1997, com as alterações promovidas pela Lei nº 13.488.2017, passou a admitir essa modalidade de arrecadação para as campanhas eleitorais. 3. O art. 22-A, §3º, da Lei nº 9.504/1997 e o art. 23, §4º, da Resolução TSE nº 23.553.2017 estabelecem que "desde o dia 15 de maio do ano eleitoral, é facultada aos pré-candidatos a arrecadação prévia de recursos na modalidade de financiamento coletivo. 4. Por decorrência lógica, a data em que se autoriza o início de arrecadação constitui o marco para início da divulgação do serviço de *crowdfunding* eleitoral. Afinal, por sua própria natureza, trata-se de mecanismo de arrecadação que pressupõe a prévia divulgação. A campanha de arrecadação, no entanto, não pode envolver pedido de voto (Lei nº 9.504/1997, art. 36-A, VII). 5. Além dessa limitação de conteúdo, nos termos do art. 23, §4º, IV, da Lei nº 9.504/1997, as estratégias e meios de divulgação devem observar as regras da propaganda eleitoral na internet. 6. Consulta respondida nos seguintes termos: "A divulgação do serviço de financiamento coletivo de campanha *crowdfunding* eleitoral por pré-candidatos pode se iniciar em 15 de maio do ano eleitoral observando-se: (i) a vedação a pedido de voto; e (ii) as regras relativas à propaganda eleitoral na internet" (Consulta nº 060023312, Acórdão, Relator(a) Min. Luís Roberto Barroso, Publicação: *DJE – Diário de justiça eletrônico*, Tomo 97, Data 17.05.2018).

O §6º do art. 3º da Resolução TSE nº 23.610/2019, que foi incluído pela Resolução TSE nº 23.732/2024, estabelece que esses atos poderão ser realizados em *live* exclusivamente nos perfis e canais de pré-candidatas, pré-candidatos, partidos políticos e coligações, vedada a transmissão ou retransmissão por emissora de rádio, por emissora de televisão ou em site, perfil ou canal pertencente a pessoa jurídica.

São inúmeras as criações pretorianas acerca das condutas permissivas que não se amoldam à tipificação de propaganda eleitoral antecipada. Infelizmente, conforme será mais bem demonstrado nas linhas sequenciais, a propaganda extemporânea é um instituto do direito eleitoral que continua ao talante da "loteria jurisprudencial", o que agrava a ambiência de insegurança jurídica e acaba, por vias transversas, a desvirtuar a teleologia subjacente à criação do art. 36-A da Lei nº 9.504/97.

Ou seja, por vezes, pré-candidatos deixam de fomentar atividades no período de pré-campanha porque estão temerosos de serem representados pela prática de propaganda eleitoral antecipada, com a posterior imposição da sanção pecuniária disposta no art. 36, §3º da LE. Para tanto, deve-se prestigiar e densificar parâmetros mínimos de aferição, sem que se entronize *standards* soerguidos a partir de conceitos de difícil parametrização e tipificação ou de métodos pouco objetivos, que demandem a incidência de um subjetivismo exacerbado na análise das condutas.

Entretanto, em complemento às condutas lícitas dispostas acima, extrai-se da jurisprudência do TSE, que os seguintes atos não caracterizam ilícito eleitoral, desde que ausente pedido explícito de voto: a) veiculação de mensagem com menção a possível candidatura, acompanhada da divulgação do número com o qual o pré-candidato pretende concorrer;[409] b) enquete limitada à mera exposição de projeto para possível candidatura;[410] c) o impulsionamento eletrônico de conteúdo em rede social (art. 57-C da Lei das Eleições).[411]

---

[409] Recurso Especial Eleitoral nº 060765340, Acórdão, Relator(a) Min. Tarcisio Vieira de Carvalho Neto, Publicação: *DJE – Diário da justiça eletrônica*, Tomo 165, Data 27.08.2019.

[410] Agravo em Recurso Especial Eleitoral nº 060007690, Acórdão, Relator(a) Min. Alexandre de Moraes, Publicação: *DJE – Diário da justiça eletrônica*, Tomo 175, Data 23.09.2021.

[411] Recurso Especial Eleitoral nº 060003477, Acórdão, Relator(a) Min. Alexandre de Moraes, Publicação: *DJE – Diário da justiça eletrônica*, Tomo 169, Data 14.09.2021). E ainda: RECURSO ESPECIAL. ELEIÇÕES 2020. REPRESENTAÇÃO. PROPAGANDA ELEITORAL EXTEMPORÂNEA. ARTS. 36 E 36-A DA LEI 9.504/97. IMPULSIONAMENTO. REDE SOCIAL. PRÉ-CAMPANHA. PEDIDO EXPLÍCITO DE VOTOS. AUSÊNCIA. MEIOS PERMITIDOS PELA NORMA. AFRONTA AO PRINCÍPIO DA ISONOMIA. NÃO OCORRÊNCIA. PROVIMENTO. [...] 2. De acordo com o entendimento desta Corte,

A respeito do impulsionamento no período de pré-campanha, a Resolução TSE nº 23.723/2024 reafirmou sua possibilidade desde que relacionados aos atos permitidos neste período e quando cumpridos cumulativamente os seguintes requisitos (art. 3º-B da Resolução TSE nº 23.610/2024: a) o serviço seja contratado por partido político ou pela pessoa natural que pretenda se candidatar diretamente com o provedor de aplicação; b) não haja pedido explícito de voto; c) os gastos sejam moderados, proporcionais e transparentes; d) sejam observadas as regras aplicáveis ao impulsionamento durante a campanha.

Saliente-se que a veiculação de conteúdo político-eleitoral em período de pré-campanha se sujeita às regras de transparência previstas no art. 27-A da Resolução TSE nº 23.610/2019 e de uso das tecnologias digitais previstas nos arts. 9º-B, *caput* e parágrafos, e 9º-C desta resolução, que deverão ser cumpridas, no que lhes couber, pelos provedores de aplicação e pelas pessoas e entidades responsáveis pela criação e divulgação de conteúdo (art. 3º-C da Resolução TSE nº 23.610/2019 incluído pela Resolução TSE nº 23.732/2024). As digressões referentes às regras contra a desinformação na propaganda eleitoral, principalmente as que falam sobre o uso de inteligência artificial, serão elaboradas em tópico próprio.

Não obstante vedado o pedido explícito de voto, em todas as atividades supramencionadas são permitidos o pedido de apoio político e a divulgação da pré-candidatura, das ações políticas desenvolvidas e das que se pretende desenvolver, permissão que não se aplica aos profissionais de comunicação social no exercício da profissão (§§2º e 3º do art. 36-A da Lei nº 9.504/97).

Os pretensos candidatos que são apresentadores de TV e rádio deverão sair dos programas em 30 de junho, antes das convenções

reafirmado para as Eleições 2020, o ilícito de propaganda antecipada pressupõe, de um lado, a existência de pedido explícito de votos ou, de outro, quando ausente esse elemento, manifestação de cunho eleitoral mediante uso de formas que são proscritas no período de campanha ou afronta à paridade de armas. [...] 4. Referidas mensagens não contêm pedido expresso de votos. Ademais, apesar de possuírem cunho eleitoral, os meios pelos quais foram veiculadas não estão vedados no curso da campanha, encontrando respaldo no art. 57-C da Lei 9.504/97 5. Outrossim, na espécie, não se vislumbra afronta à isonomia entre os pré-candidatos, pois, conforme registrado no voto vencido (integrante do aresto quando a fundamentação não contraria as conclusões do voto vencedor, nos termos do art. 941, §3º, do CPC.2015), "não há qualquer prova nos autos que induza à conclusão de que houve manejo expressivo de recursos financeiros, o que afasta a suposta ilicitude da conduta exclusivamente por esta envolver dispêndio financeiro". [...] 7. Recurso especial a que se dá provimento para julgar improcedente o pedido formulado na representação (REspEl nº 0600056-27.2020 – Niterói/RJ, Rel. Min. Luis Felipe Salomão, *DJE* de 25.08.2021).

partidárias, que são realizadas no período de 20 de julho a 5 de agosto. No mesmo sentido, houve a vedação da transmissão ao vivo por emissoras de rádio e de televisão das prévias partidárias, mas incluiu a ressalva acerca da cobertura dos meios de comunicação social, conforme também expõe a inclusão do §1º do art. 36-A da citada Lei.

Como se mencionou anteriormente, consiste em propaganda eleitoral antecipada a convocação por parte do Presidente da República, dos Presidentes da Câmara dos Deputados, do Senado Federal e do Supremo Tribunal Federal, de redes de radiodifusão para divulgação de atos que denotem propaganda política ou ataques a partidos políticos e seus filiados ou instituições (art. 36-B, *caput*, da LE). Como a divulgação desses pronunciamentos ocorre, normalmente, em nível nacional, exalando gravidade inconteste, nitidamente há a configuração de abuso de poder político com as sanções devidas.

Cumpre asseverar que a jurisprudência do TSE é pacífica no sentido de que as mensagens de felicitação veiculadas por meio de *outdoor* consistem em mero ato de promoção pessoal quando não há referência às eleições vindouras que permitam concluir pela configuração de propaganda eleitoral antecipada.[412]

Nesse passo, explana Olivar Coneglian, na esteira da cognominada "teoria do gancho", que para uma mensagem anterior à eleição ser caracterizada como propaganda eleitoral antecipada, deve ela levar o eleitor a pensar na próxima eleição, estando a ela diretamente atrelada. Como ilação, se a mensagem fizer referência a outra finalidade ou a conteúdo eminentemente propagandístico, por exemplo, ela deve ser entendida como um evento irrelevante para o direito eleitoral, uma vez que não atingirá o bem jurídico tutelado pela norma, que é a paridade de armas entre os postulantes.[413] É o que a jurisprudência do

---

[412] ELEIÇÕES 2020. AGRAVO INTERNO. RECURSO ESPECIAL ELEITORAL. PROPAGANDA ELEITORAL ANTECIPADA. DIVULGAÇÃO DE MENSAGEM DE FELICITAÇÃO A PRÉ-CANDIDATO A PREFEITO. IMAGEM E NOME. PERÍODO DE PRÉ-CAMPANHA. UTILIZAÇÃO DE OUTDOOR. VIÉS ELEITORAL. INEXISTÊNCIA. INDIFERENTE ELEITORAL. AGRAVO DESPROVIDO. 1. A mensagem de felicitação apenas com a inserção de imagem e nome do candidato, sem pedido explícito de votos, exaltação de qualidades do pré-candidato, divulgação de planos de governo ou plataformas de campanha, não configura propaganda eleitoral antecipada, porquanto, conforme jurisprudência desta Corte, a publicação trata de "indiferente eleitoral". 2. Os argumentos expostos pelo agravante não se sustentam diante da fundamentação da decisão recorrida, afigurando-se insuficientes para modificá-la. 3. Agravo interno desprovido. (AgR-REspE nº 0600111-23/BA, rel. Min. Ricardo Lewandowski, julgado em 5.5.2022, DJe de 19.5.2022).

[413] CONEGLIAN, Olivar. *Propaganda eleitoral*. 8. ed. Curitiba: Juruá, 2008, p. 207.

TSE denominou "indiferente eleitoral",[414] ou seja, quando a mensagem veiculada não está relacionada à disputa, de modo que a ausência de conotação eleitoral conduz à não incidência da multa prevista no art. 36, §3º, da Lei das Eleições.[415]

Cabe realçar, nessa esteira de intelecção, que o TSE também fixou entendimento no sentido de que a divulgação de mensagem de agradecimento, saudação ou homenagens por meio de *outdoor*, sem referência, ainda que subliminar, a pleito vindouro, não configura propaganda eleitoral antecipada.[416]

---

[414] Direito Eleitoral. Agravo interno em recurso especial eleitoral. Eleições 2018. Representação. Propaganda eleitoral antecipada. Não configuração. Prestação de contas. Ausência de conteúdo eleitoral. Súmula nº 30 do TSE. Desprovimento. 1. [...] 2. Na análise de casos de propaganda eleitoral antecipada, é necessário, em primeiro lugar, determinar se a mensagem veiculada tem conteúdo eleitoral, isto é, relacionado com a disputa. Ausente o conteúdo eleitoral, as mensagens constituirão "indiferentes eleitorais", estando fora do alcance da Justiça Eleitoral. 3. No caso, extrai-se da moldura fática do acórdão regional que não há qualquer referência ao pleito ou à candidatura, divulgação de plataformas de campanha, planos de governo e ou mesmo exaltação de qualidades próprias para o exercício de mandato [...] (TSE – RESPE: 06000323620186030000 MACAPÁ – AP, Relator: Min. Luís Roberto Barroso, Data de Julgamento: 04.06.2020, Data de Publicação: *DJE – Diário de justiça eletrônico*, Tomo 0, Data 13.08.2020, Página 0).

[415] ELEIÇÕES 2018. AGRAVO REGIMENTAL. AGRAVO EM RECURSO ESPECIAL. REPRESENTAÇÃO POR PROPAGANDA EXTEMPORÂNEA. OUTDOOR. CONTEÚDO SEM CONOTAÇÃO ELEITORAL. AUSÊNCIA DE PEDIDO EXPLÍCITO DE VOTO. NÃO PROVIMENTO. 1. O Tribunal de origem entendeu não caracterizada a propaganda eleitoral extemporânea, considerando ausente o pedido explícito de votos, porquanto a mensagem divulgada mediante outdoor teve como propósito estimular novas filiações ao partido. 2. Na linha da jurisprudência desta Corte, recentemente reafirmada, para a configuração da propaganda eleitoral extemporânea, exige-se a presença de pedido explícito de votos. 3. No julgamento da RP 0601161-94, rel. Min. Admar Gonzaga, e da RP 0601143-73, de relatoria do Min. Napoleão Nunes Maia Filho, ocorrido em 5.12.2017, feitos alusivos à campanha eleitoral de 2018, esta Corte assentou que, "uma vez observadas as balizas legais, os eleitores, os candidatos, os partidos e os órgãos de imprensa têm plena liberdade de veicular atos, fatos e manifestações de cunho político, ainda que impliquem elogios ou críticas a determinada figura. A regra, em um regime democrático, é a livre circulação de ideias". 4. O uso de outdoors ou meios assemelhados para a veiculação de mensagens sem a mínima conotação eleitoral não se enquadra na vedação do art. 36, §3º, da Lei 9.504/97. Agravo regimental a que se nega provimento (Agravo de Instrumento nº 060050143, Acórdão, Relator(a) Min. Admar Gonzaga, Publicação: *DJE – Diário da justiça eletrônica*, Tomo 212, Data 04.11.2019, Página 59-60).

[416] ELEIÇÕES 2020. AGRAVO REGIMENTAL. RECURSO ESPECIAL. REPRESENTAÇÃO. PROPAGANDA ELEITORAL ANTECIPADA E IRREGULAR. MENSAGEM DE FELICITAÇÃO. DIA DOS PAIS. FIXAÇÃO DE FAIXAS EM BENS PÚBLICOS. CONOTAÇÃO ELEITORAL. INEXISTÊNCIA. PREMISSA FÁTICA DELINEADA NO ACÓRDÃO REGIONAL. REENQUADRAMENTO JURÍDICO. POSSIBILIDADE ATO DE PRÉ-CAMPANHA. AUSÊNCIA. PRECEDENTES. REFORMA DO ACÓRDÃO RECORRIDO. MULTA AFASTADA. MANUTENÇÃO DA DECISÃO AGRAVADA. DESPROVIMENTO. 1 [...] A compreensão adotada nesse precedente guiou o julgamento do AgR-REspe nº 0603077-80/GO, também de relatoria do Ministro Edson Fachin, no qual esta Corte analisou caso bem similar à presente hipótese. Nele, assentou-se que a veiculação de mensagem de

Igualmente, a utilização de página pessoal de candidatos na internet não caracteriza propaganda extemporânea quando eles a utilizam para mostrar suas atividades e bibliografia, por exemplo.[417] No entanto, se determinado candidato veicular, antes do período eleitoral, mensagens que contenham pedidos de votos, tal ato será caracterizado como propaganda irregular.[418] Ademais, o TSE entende que, na internet, a livre manifestação do pensamento, devidamente identificada, sem pedido expresso de voto, não caracteriza propaganda eleitoral antecipada.[419]

Depois das modificações implementadas na Lei Eleitoral, não há mais sentido em se falar em propaganda eleitoral implícita, através de mensagens subliminares, que acontecia muito na apresentação de propostas irrealizáveis e na exaltação das qualidades pessoais dos candidatos. Como houve uma restrição drástica do campo de incidência

---

felicitação alusiva a data comemorativa com o nome do pretenso candidato, dissociado de elemento do qual se depreenda essa condição ou a relação ao pleito, não caracteriza ato de pré-campanha. 7. Nessa acepção, "os atos publicitários desprovidos de viés eleitoral consistem em 'indiferentes eleitorais', que se situam fora da alçada desta Justiça Especializada e, justamente por isso, não se submetem às proscrições da legislação eleitoral" (AgR-REspe nº 0600949-06/MS, Rel. Min. Edson Fachin, DJe de 12.5.2020). 8. Na espécie, ratifica-se que a mensagem de felicitação, com a menção apenas ao nome da agravada, sem relação direta ou indireta com a disputa eleitoral que se aproxima, não configura propaganda eleitoral antecipada, pois se trata, na linha da jurisprudência desta Corte, de indiferente eleitoral. 9. As razões postas no agravo regimental não afastam os fundamentos lançados na decisão agravada. 10. Agravo regimental desprovido (Recurso Especial Eleitoral nº 060088554, Acórdão, Relator(a) Min. Tarcisio Vieira de Carvalho Neto, Publicação: *DJE – Diário da justiça eletrônica*, Tomo 176, Data 02.09.2020, Página 0).

417 "Divulgação de mensagens em rede social na internet e inexistência de propaganda eleitoral extemporânea. O Plenário do Tribunal Superior Eleitoral, por unanimidade, assentou que não configura propaganda eleitoral antecipada a divulgação gratuita de mensagens em rede social com menção a possível candidatura e enaltecimento de opção política antes do período previsto no art. 36 da Lei nº 9.504/1997, alterado pela Lei nº 13.165.2015, o qual dispõe: Art. 36. A propaganda eleitoral somente é permitida após o dia 15 de agosto do ano da eleição" (Recurso Especial nº 51-24, Brumadinho/MG, rel. Min. Luiz Fux, julgado em 18.10.2016).

418 "1. Caracteriza propaganda extemporânea a manutenção de página na internet que contenha pedido de votos, menção a número de candidato ou ao de seu partido ou qualquer referência à eleição (Resolução-TSE 21.610.2004, art. 3º, §1º). [...]" (Ac. nº 21.650, de 09.11.2004, Rel. Min. Carlos Velloso).

419 "[...] Propaganda Antecipada – internet. [...] Livre manifestação do Pensamento. Autoria identificada. [...] 2. internet – Livre manifestação do pensamento devidamente identificada não caracteriza propaganda eleitoral antecipada. [...]" (Ac. de 12.08.2010 no R-Rp nº 143.724, Rel. Min. Henrique Neves).

"O Plenário do Tribunal Superior Eleitoral, por maioria, entendeu que não constitui propaganda eleitoral antecipada a conduta de elogiar determinado membro do partido, pré-candidato a cargo eletivo, em propaganda partidária. (Recurso Especial Eleitoral nº 330994, Salvador/BA, redator para o acórdão Min. Henrique Neves, julgado em 31.5.2016)".

da propaganda extemporânea, a ilação que se depreende resulta que não há impedimento à propaganda eleitoral implícita.

Anteriormente, o TSE entendia que a aferição de propaganda eleitoral antecipada deveria ser realizada a partir de dados e de elementos objetivamente considerados, e não conforme a intenção oculta de quem a promoveu. Desconsiderava-se o *animus* de quem veicula o conteúdo propagandístico para proceder somente à análise formal quanto à presença ou não de pedido explícito de voto.[420]

No entanto, após uma guinada jurisprudencial, passou-se a perquirir a existência de equivalentes semânticos ou o uso das ditas "palavras mágicas" na estruturação do conteúdo veiculado antes do dia 16 de agosto do ano de eleição. [421] Para o TSE, ainda que não haja pedido explícito de voto, a propaganda antecipada resta caracterizada quando o veículo de manifestação se dá pela utilização de formas proscritas, ou são utilizadas técnicas de comunicação equivalente ao pedido explícito de voto, como exemplo, a utilização das seguintes palavras: "apoiem" e "elejam", ou seja, que conduzam à conclusão de que o emissor defende a sua vitória.[422] Então, hoje, a utilização de frases como "conto com o seu apoio"; "conte comigo"; "quero pedir o apoio de todos vocês e de seus familiares" e "conto com o apoio de vocês para darmos sequência aos nossos projetos" configura propaganda eleitoral extemporânea.[423]

---

420 "Ao exame do AgR-AI nº 9-24, Rel. Min. Tarcisio Vieira de Carvalho Neto e do AgR-REspe nº 43-46, Rel. Min. Jorge Mussi, prevalecente a tese de que, para a configuração de propaganda eleitoral antecipada, o pedido de votos deve ser explícito, vedada a extração desse elemento a partir de cotejo do teor da mensagem e do contexto em que veiculada, ressalvado o meu ponto de vista em sentido diverso" (Recurso Especial Eleitoral nº 2128, Acórdão, Relator(a) Min. Rosa Weber, Publicação: *DJE – Diário de justiça eletrônico*, Tomo 171, Data 24.08.2018, Página 72/73).

421 "Nos termos do art. 3º-A da Res. TSE nº 23.610.2019, considera-se propaganda antecipada passível de multa aquela divulgada extemporaneamente cuja mensagem contenha pedido explícito de voto, ou na qual veiculado conteúdo eleitoral em local vedado ou por meio, forma ou instrumento proscrito no período de campanha. 4. À luz da jurisprudência deste Tribunal Superior, o pedido explícito de votos pode ser aferido por meio da utilização de "palavras mágicas". Precedente.5. Na espécie, depreende-se que a publicação impugnada, ao utilizar a oração "Não tem porque mudar, se o nosso estado melhorou, quero sim continuar com Marcos Rocha Governador", tem nítido caráter eleitoral porque faz referência ao pleito vindouro, rogando aos eleitores a permanência no cargo de quem já exerce o mandato eletivo". (Agravo Regimental no Agravo em Recurso Especial Eleitoral nº0 60071858, Acórdão, Min. Raul Araujo Filho, Publicação: DJE – Diário de Justiça Eletrônico, 01.12.2023).

422 AgR-AI 29-31, Rel. Min. Luís Roberto Barroso, *DJE* de 3.12.2018.

423 AGRAVO INTERNO. RECURSO ESPECIAL. ELEIÇÕES 2020. REPRESENTAÇÃO. PROPAGANDA ELEITORAL EXTEMPORÂNEA. ARTS. 36 E 36-A DA LEI 9.504/97. DIVULGAÇÃO. VÍDEO. REDE SOCIAL. PRÉ-CANDIDATO. PEDIDO EXPLÍCITO DE VOTO. PALAVRAS MÁGICAS. CONFIGURAÇÃO. NEGATIVA DE PROVIMENTO. [...]

Esse entendimento foi materializado no parágrafo único do art. 3º-A da Resolução TSE nº 23.610/2019, incluído pela Resolução TSE nº 23.732/2024, que acentua que o pedido explícito de voto não se limita ao uso da locução "vote em", podendo ser inferido de termos e expressões que transmitam o mesmo conteúdo.

Diante das modificações legislativas implementadas, levando-se em consideração a impossibilidade de se impedir as discussões e debates nas redes sociais, e com o intento de expandir o debate político, o escopo de angariar votos deixou de ser o alicerce da conceituação de propaganda extemporânea. Não existe mais funcionalidade pragmática para a subsunção da propaganda eleitoral antecipada quando houver o pedido explícito de voto, em razão de que essa amplitude de veiculação de narrativas políticas permite perfeitamente a captação da vontade do eleitor, sem a necessidade de qualquer forma de solicitação. Aliás, essa forma de captação eleitoral tornou-se um relicário paleolítico da legislação diante de sua ineficácia, da mesma forma que a convocação de redes de radiodifusão com finalidade eleitoral, pois

---

Nos termos da jurisprudência desta Corte, para fins de caracterização de propaganda eleitoral antecipada, é possível identificar o requisito do pedido explícito de votos a partir do uso de "palavras mágicas". Precedentes. 3. Na espécie, consta da moldura fática a quo que os próprios pré-candidatos divulgaram em suas redes sociais Facebook e Instagram vídeo contendo frases como: "conto com o seu apoio, e conte comigo", "conto com seu apoio, quero lutar por uma Dom Cavati ainda melhor e acredito nessa possibilidade, muito obrigado", "contando com o apoio de todos vocês", "quero pedir o apoio de todos vocês", "estou pleiteando mais uma vez uma vaga a vereador, e creio que com o apoio de todos vocês e de seus familiares, conseguirei atingir esse objetivo", "conto com seu apoio nessa próxima eleição", "conto com o apoio de todos vocês para darmos sequência aos nossos projetos sociais e de crescimento para Dom Cavati", o que configura o ilícito em tela (Recurso Especial Eleitoral nº 060006381, Acórdão, Relator(a) Min. Luis Felipe Salomão, Publicação: *DJE – Diário da justiça eletrônica,* Tomo 162, Data 01.09.2021). Também no mesmo sentido: AGRAVO REGIMENTAL. AGRAVO EM RECURSO ESPECIAL ELEITORAL. REPRESENTAÇÃO. ART. 36-A DA LEI Nº 9.504/97. CONFIGURADA PROPAGANDA ELEITORAL EXTEMPORÂNEA. SÚMULA 30 DO TSE. DESPROVIMENTO. [...] Como se infere da transcrição do vídeo publicado na rede social, ao conclamar "o povo de Lajedo e Deus" para eleger o candidato à Prefeitura do município, caracterizada está o ato de propaganda eleitoral em período vedado. incidência da Súmula 30 do TSE. 3. Agravo Regimental desprovido (Agravo em Recurso Especial Eleitoral nº 060004316, Acórdão, Relator(a) Min. Alexandre de Moraes, Publicação: *DJE – Diário da justiça eletrônica,* Tomo 105, Data 10.06.2021); "Na espécie, conclui-se que as expressões utilizadas pelo agravante em uma *live* na rede social do Instagram – ao mencionar que pretende ser prefeito da cidade e convidar o eleitor para que seja um elo da "corrente do bem", pedindo seu apoio, bem como o convocando para que busquem mais "elos" no povoado, na localidade, na rua e na família – constituem mensagens semanticamente similares a pedido explícito de voto (Recurso Especial Eleitoral nº 060034885, Acórdão, Relator(a) Min. Sergio Silveira Banhos, Publicação: *DJE – Diário da justiça eletrônica,* Tomo 14, Data 03.02.2022).

seu enquadramento se configurou em um equívoco, já que representa uma forma de abuso de poder político.[424]

Postula-se que até mesmo o pedido explícito de votos deveria deixar de ser uma irregularidade, haja vista que não tem sentido lógico manter a proibição diante da permissão de pedir apoio político, a possibilidade de exaltação de qualidades e a divulgação de plataformas de governo, o que, por si só, já deixam clarividente o pedido de voto expresso. No entanto, excluída a vedação do pedido direto de votos, inexiste impedimento da prática de propaganda eleitoral, desde que sem a utilização de material de campanha e o auxílio das estruturas respectivas. Reafirma-se que a energia despendida pela Justiça Eleitoral para impedir as outrora propagandas antecipadas deveria ser canalizada para o cerceamento da "compra de voto" e do abuso do poder econômico e político.

Diante dessa insegurança em razão da ausência de parâmetros claros, a opção mais pragmática é a consecução da letra estrita da legislação, no que se evitam desassossegos e a possibilidade de ações eleitorais com o objetivo de cassação do mandato. Os critérios atuais para identificação de observância dos limites legais para a propaganda no período pré-eleitoral foram fixados por ocasião do julgamento do AgRg no AI nº 9-24/SP, de relatoria do ministro Tarcísio Vieira de Carvalho Neto. São eles: a) o pedido explícito de votos, entendido em termos estritos, caracteriza a realização de propaganda antecipada irregular, independentemente da forma utilizada ou da existência de dispêndio de recursos; b) os atos publicitários não eleitorais, assim entendidos aqueles sem qualquer conteúdo direta ou indiretamente relacionado com a disputa, consistem em "indiferentes eleitorais", situando-se, portanto, fora da alçada da Justiça Eleitoral; c) o uso de elementos classicamente reconhecidos como caracterizadores de propaganda, desacompanhado de pedido explícito e direto de votos, não enseja irregularidade; d) a opção pela exaltação de qualidades próprias para o exercício de mandato, assim como a divulgação de plataformas de campanha ou planos de governo acarreta, sobretudo, quando a forma de manifestação possua uma expressão econômica minimamente relevante, os seguintes ônus e exigências: I – impossibilidade de utilização de formas proscritas

---

[424] AGRA, Walber de Moura; LUCENA, Alisson Emmanuel de Oliveira. O réquiem conceitual e pragmático da propaganda antecipada e seus desdobramentos. *Estudos Eleitorais*, Brasília, v. 13, n. 3, p. 128-154, set./dez. 2018. p. 147.

durante o período oficial de propaganda (*outdoor*, brindes, etc.); e II – respeito ao alcance das possibilidades do pré-candidato médio.

Importa registrar que o Tribunal Superior Eleitoral consolidou entendimento no sentido de que o ilícito eleitoral consubstanciado na propaganda eleitoral antecipada resta caracterizado quando o veículo de manifestação do conteúdo propagandístico se dá pela utilização de formas proscritas durante o período oficial de propaganda, como o uso de outdoors, por exemplo.[425]

A propaganda eleitoral extemporânea, realizada fora do seu prazo específico, antes do dia 16 de agosto, sujeita quem a realizar e o seu beneficiário, quando comprovado seu prévio conhecimento, à multa no valor de R$5.000,00 a R$25.000,00, ou o equivalente ao custo da propaganda, se este for maior (art. 36, §3º, da Lei nº 9.504/1997).[426]

---

[425] ELEIÇÕES 2018. RECURSO ESPECIAL ELEITORAL. ATOS DE PRÉ-CAMPANHA. DIVULGAÇÃO DE MENSAGEM DE APOIO A CANDIDATO. AUSÊNCIA DE PEDIDO EXPLÍCITO DE VOTO. UTILIZAÇÃO DE OUTDOORS. MEIO INIDÔNEO. INTERPRETAÇÃO LÓGICA DO SISTEMA ELEITORAL. APLICABILIDADE DAS RESTRIÇÕES IMPOSTAS À PROPAGANDA ELEITORAL AOS ATOS DE PRÉ-CAMPANHA. CIRCUNSTÂNCIAS FÁTICAS QUE APONTAM PARA A CIÊNCIA DO CANDIDATO SOBRE AS PROPAGANDAS. RECURSO PROVIDO. 1. A realização de propaganda, quando desacompanhada de pedido explícito e direto de votos, não enseja irregularidade per se. 2. A interpretação do sistema de propaganda eleitoral aponta ser incompatível a realização de atos de pré-campanha que extrapolem os limites de forma e meio impostos aos atos de campanha eleitoral, sob pena de se permitir desequilíbrio entre os competidores em razão do início precoce da campanha ou em virtude de majorada exposição em razão do uso desmedido de meios de comunicação vedados no período crítico. 3. A despeito da licitude da exaltação de qualidades próprias para o exercício de mandato ou a divulgação de plataformas de campanha ou planos de governo, resta caracterizado o ilícito eleitoral quando o veículo de manifestação se dá pela utilização de formas proscritas durante o período oficial de propaganda. 4. As circunstâncias fáticas, do caso ora examinado, de maciço uso de outdoors em diversos Municípios e de expressa menção ao nome do candidato permitem concluir a sua ciência dos atos de pré-campanha, conforme exigência do art. 36, §3º da Lei das Eleições. 5. A realização de atos de pré-campanha por meio de outdoors importa em ofensa ao art. 39, §8º, da Lei nº 9.504/97 e desafia a imposição da multa, independentemente da existência de pedido explícito de voto. 6. Recurso especial eleitoral provido (Recurso Especial Eleitoral nº 060022731, Acórdão, Relator(a) Min. Edson Fachin, Publicação: *DJE – Diário de justiça eletrônico*, Tomo 123, Data 01.07.2019).

[426] "Recurso. Representação. Imprensa escrita. Matéria jornalística. Reprodução de material publicitário destinado ao lançamento de pré-candidatura. Propaganda eleitoral antecipada. Caracterizada. Multa. Aplicação. Art. 36, §3º, da Lei nº 9.504, de 1997. [...] II – No momento da fixação do valor da multa pecuniária de que trata o §3º do art. 36 da Lei nº 9.504, de 1997, deve-se observar, além da capacidade econômica da representada e do caráter disciplinar e coibitivo da norma, a primariedade da conduta. Aplicação dos princípios da razoabilidade e da proporcionalidade. [...]" (Ac. de 19.08.2010 no R-Rp nº 158.365, Rel. Min. Nancy Andrighi). "[...]. Propaganda antecipada. Jornal. Ausência de omissão. A publicação em jornal de propriedade de partido político, de notícia sobre provável candidatura, ressaltando as qualidades, atributos e propostas do futuro candidato, antes do período permitido pela lei, caracteriza propaganda eleitoral extemporânea, a ensejar a aplicação da multa prevista no art.

Nesse caso, cumpre salientar que, mediante o entendimento da Egrégia Corte Eleitoral, a multa deve ser aplicada de forma individualizada a cada um dos responsáveis.[427] Importante, ainda, mencionar que para o TSE a propaganda feita por meio de *outdoor* já sinaliza o prévio conhecimento do beneficiário,[428] assim como também se sujeita ao pagamento de multa não só o candidato em relação ao qual se comprovou a responsabilidade pela realização da propaganda, mas também a empresa jornalística que promoveu a divulgação da matéria.[429]

8.1.4.2 Propaganda eleitoral irregular

É aquela que deturpa a legislação eleitoral sem, contudo, configurar-se como crime. Sendo assim, a propaganda eleitoral irregular consubstancia uma restrição ao princípio da liberdade de propaganda, mitigando-o ou proibindo-o, mas sem, felizmente, incorrer na prática de conduta delituosa de natureza penal. Encontra-se disciplinada nos arts. 243 do Código Eleitoral, 24, e 37 da Lei nº 9.504/1997 (Lei das Eleições) e pela recente Resolução nº 23.610/2019, que disciplina as matérias que se remetem às propagandas nas Eleições de 2024.

O art. 243 do Código Eleitoral elenca as hipóteses em que as propagandas configuram-se como irregulares. São elas: a) de guerra, de processos violentos para subverter o regime, a ordem política e social ou de preconceitos de raça ou de classes; b) que provoque animosidade entre as Forças Armadas ou contra elas, ou delas contra as

36, §3º, da Lei nº 9.504/1997. Ausência de omissão. [...]" (Ac. de 15.05.2007 nos EDclAgRgAg nº 6.934, Rel. Min. Gerardo Grossi). "[...] Propaganda eleitoral extemporânea. Instalação de *outdoors*. Nome. Fotografia. Deputado Federal – mensagem subliminar – procedência. 1. A instalação de *outdoors*, com mensagem de agradecimento a Deputado Federal pelo seu empenho na concretização de determinada obra, evidencia propaganda extemporânea, a incidir a sanção do §3º do art. 36 da Lei nº 9.504/1997. [...]" (Ac. de 17.05.2007 no REsp nº 26.262, Rel. Min. Carlos Ayres Britto). "[...] Representação. Propaganda extemporânea. Art. 36, §3º, da Lei nº 9.504/1997. Veiculação. Outdoor. Mensagem. Ano-novo. Fotografia. Endereço eletrônico. internet. Logomarca. Partido político. Vereador. Ano eleitoral. [...] Na linha da jurisprudência deste Tribunal, o fato de não se concretizar a candidatura não afasta a imputação de multa por propaganda eleitoral extemporânea. [...]" (Ac. de 17.04.2007 no AgRgAg nº 7.271, Rel. Min. Gerardo Grossi).

[427] Ac. no REsp nº 26.723.2006.

[428] "[...] Propaganda eleitoral extemporânea. Instalação de *outdoors*. Nome. Fotografia. Deputado Federal – mensagem subliminar – procedência. [...] 4. Consoante jurisprudência firmada pelo TSE, a propaganda feita por meio de *outdoor* já sinaliza o prévio conhecimento do beneficiário. [...]" (Ac. de 17.05.2007 no REsp nº 26.262, Rel. Min. Carlos Ayres Britto; no mesmo sentido, Ac. de 25.03.2008 no AgRgAg nº 6.544, Rel. Min. Cezar Peluso.

[429] Ac. nº 15.383, de 22.02.2000, Rel. Min. Eduardo Ribeiro.

classes e instituições civis; c) de incitamento de atentado contra pessoa ou bens; d) de instigação à desobediência coletiva ao cumprimento da lei de ordem pública; e) que implique oferecimento, promessa ou solicitação de dinheiro, dádiva, rifa, sorteio ou vantagem de qualquer natureza; f) que perturbe o sossego público, com algazarra ou abusos de instrumentos sonoros ou sinais acústicos; g) por meio de impressos ou de objeto que pessoa inexperiente ou rústica possa confundir com moeda; h) que prejudique a higiene e a estética urbana ou contravenha a posturas municipais ou a outra qualquer restrição de direito; i) que caluniar, difamar ou injuriar quaisquer pessoas, bem como órgãos ou entidades que exerçam autoridade pública (art. 243, incisos I a IX, do CE).

Mencione-se que a Lei nº 14.192/2021 incluiu o inc. X ao art. 243 do Código Eleitoral, no sentido de que não será tolerada propaganda que deprecie a condição de mulher ou estimule sua discriminação em razão do sexo feminino, ou em relação à sua cor, raça ou etnia.

Diante de propaganda eleitoral que resultar em calúnia, difamação ou injúria, sem prejuízo e independentemente da ação penal cabível, poderá o ofendido demandar em sede de juízo cível a reparação do dano moral, respondendo o ofensor e, solidariamente, o partido político, quando responsável pela ação ou omissão que beneficiou os interesses da agremiação, conforme art. 243, §1º, do CE.

É importante registrar que a conduta tipificada na letra "h" das hipóteses supramencionadas foi recepcionada pela Constituição da República, especialmente porque homenageia a reserva constitucional do art. 30, o qual assegura aos municípios legislar sobre assuntos de interesse local.[430] Então, caso haja conflito entre a legislação municipal, no concernente às limitações impostas à veiculação de publicidade eleitoral, prevalecerá o disposto na lei municipal.[431] Ademais, é

---

[430] Ac.-TSE, de 19.08.2010, no REsp nº 35.182.

[431] Ac.-TSE nº 301.2004 e Ac.-TSE, de 14.03.2006, no REsp nº 24.801. "[...] Propaganda eleitoral irregular. Prevalência da lei orgânica municipal no concernente às limitações impostas à veiculação de publicidade eleitoral. [...] 4. O art. 243, inc. VIII, do Código Eleitoral, foi recepcionado pela Constituição da República, especialmente porque homenageia a reserva constitucional do art. 30, o qual assegura aos municípios legislar sobre assuntos de interesse local. 5. A edição de lei não se pode presumir como de conotação política, com a clara intenção de desequilibrar a igualdade de condições entre os candidatos; pelo contrário, pressupõe ampla discussão pelo legislativo local, representa a vontade da maioria e aplica-se a todos, indistintamente. 6. A inobservância de norma municipal regulamentar de veiculação de propaganda autoriza não só a supressão da publicidade irregular, mas igualmente a imposição de sanção pecuniária, dada a interpretação sistemática dos arts. 243, inc. VIII, do Código Eleitoral e 37 da Lei nº 9.504/97. [...]" (Ac. de 19.08.2010 no AgR-REsp nº 35.182, Rel. Min. Cármen Lúcia).

assentado o entendimento no TSE que configura propaganda eleitoral irregular a conduta de "derramar santinhos" nas vias públicas próximas aos locais de votação na madrugada do dia da eleição (art. 19, §7º, da Resolução nº 23.610/2019).[432]

Por outro lado, no que tange aos jornais e os demais veículos impressos de comunicação, o Plenário do Tribunal Superior Eleitoral, por unanimidade, reafirmou que os mesmos podem assumir posição em relação aos pleitos eleitorais, sem que isso caracterize, por si só, propaganda eleitoral ilícita. Ressaltou que, para a configuração do uso indevido dos meios de comunicação social, o conteúdo veiculado deve ocasionar desequilíbrio ao pleito eleitoral.[433] Consideram-se também como irregular as propagandas feitas em jornal de entidade sindical (art. 24, VI, da Lei nº 9.504/1997) e as que forem veiculadas, ainda que em propriedade privada, em cinemas, clubes, lojas, centros comerciais, templos, ginásios e estádios (art. 37, §4º, Lei nº 9.504/1997). Ou seja, em decorrência desse dispositivo, infere-se que é considerada como irregular a propaganda veiculada em local a que a população em geral tem acesso, pois, para fins eleitorais, o conceito de bem de uso comum se estende a ponto de alcançar os de propriedade privada de livre acesso ao público. Portanto, impede-se a veiculação de propaganda eleitoral em qualquer estabelecimento, público ou privado, desde que haja aglomeração de pessoas.

Assim, nos casos em que haja a devida configuração da propaganda eleitoral irregular, a medida legal cabível é a representação. Ela deve ser instruída com prova da autoria ou do prévio conhecimento do beneficiário, caso este não seja por ela responsável (art. 40-B da Lei nº 9.504/1997). De bom alvitre ressaltar que a Resolução nº 23.610/2019, em seu art. 107, §2º, autoriza a candidata, o candidato, o partido político, a federação, a coligação, o Ministério Público e a Justiça Eleitoral a intimar o beneficiário ou responsável pela propaganda irregular para a sua retirada, sob a pena de aplicação de multa.

A veiculação de propaganda irregular sujeita o responsável, após a notificação e comprovação, à restauração do bem e, caso não cumprida no prazo, à multa no valor de R$2.000,00 (dois mil reais) a R$8.000,00 (oito mil reais) (art. 37, §1º, da Lei nº 9.504/1997, e art. 19,

---

432 Recurso Especial Eleitoral nº 3.798-23, Goiânia/GO, Rel. Min. Gilmar Mendes, em 15.10.2015.

433 Recurso Especial Eleitoral nº 316-66, Cerquilho/SP, Rel. Min. Maria Thereza de Assis Moura, em 29.09.2015.

§1º, da Resolução nº 23.610/2019). O prazo para a retirada da propaganda ou restauração do bem é de 48 horas, contado da notificação (art. 19, §1º, da Resolução nº 23.610/2019). O TSE entende que não se exige que o beneficiário da propaganda irregular realizada em bem de uso comum seja citado para que proceda à sua retirada, bastando que seja previamente notificado pela Justiça Eleitoral no exercício do poder de polícia.[434] Destarte, a culpabilidade do candidato resta apenas caracterizada quando este, intimado para retirar a propaganda ilegal, não o faz no prazo fixado ou caso as circunstâncias do caso revelem a ciência do beneficiário.[435] Saliente-se que, conforme se extraem dos termos literais do art. 37, §1º, da LE e da jurisprudência do TSE, a necessidade de notificação para retirada de propaganda irregular dentro de prazo fixado é regra dirigida à propaganda realizada em bens públicos,[436] de modo que, quando realizada em bem particular, sequer a retirada elide a aplicação da multa.[437]

Também nesse mesmo viés, a jurisprudência do Egrégio TSE é pacífica no que se remete à necessidade da comprovação da responsabilidade ou do prévio conhecimento do beneficiário para a imposição da referida multa por veiculação de propaganda eleitoral irregular.[438]

Após o candidato ser intimado para a retirada da respectiva propaganda no prazo de 48 horas, ele deve procurar o órgão competente da eleição para demonstrar o cumprimento da medida. A respectiva comprovação pode ser apresentada no Tribunal Superior Eleitoral, no caso de candidatos a Presidente e Vice-Presidente da República, nas sedes dos respectivos Tribunais Regionais Eleitorais, no caso de

---

434 "[...] 4. Conforme já decidiu este Tribunal, 'não se exige que o beneficiário da propaganda irregular realizada em bem de uso comum seja citado (após, portanto, o ajuizamento da representação) para que proceda à sua retirada, bastando que seja previamente notificado pela Justiça Eleitoral no exercício do poder de polícia (art. 37, §1º, da Lei 9.504/97)' [...]" (Ac. de 19.5.2015 no AgR-AI nº 4947, rel. Min. Gilmar Mendes; no mesmo sentido oAc de 6.6.2013 no AgR-REspe nº 20905, rel. Min. Castro Meira).

435. AGR no AI nº 3.641/SP.

436 Ac. de 19.08.2014 no AgR-AI nº 231.417, Rel. Min. Gilmar Mendes; Ac. de 5.11.2013 no AgR-AI nº 833.275, Rel. Min. Laurita Vaz.

437 Ac. de 5.09.2013 no AgR-AI nº 18.489, Rel. Min. Henrique Neves.

438 "[...]. Propaganda eleitoral irregular. Art. 37 da Lei nº 9.504/1997. Afixação em poste com sinalização de trânsito. Responsabilidade e prévio conhecimento. Não demonstração. [...]. 1. Para a imposição de multa por propaganda eleitoral irregular, é imprescindível a comprovação da responsabilidade ou o prévio conhecimento do beneficiário. 2. A alegação de que a propaganda teria sido realizada de forma ostensiva – circunstância que revelaria a impossibilidade de o beneficiário não ter tido prévio conhecimento da propaganda – não foi objeto do acórdão regional. [...]" (Ac. de 15.03.2007 no AgRgAg nº 6.654, Rel. Min. Gerardo Grossi).

candidatos a Governador, Vice-Governador, Deputado Federal, Senador da República, deputados estadual e distrital, e, no juízo eleitoral, na hipótese de candidato a Prefeito, Vice-Prefeito e Vereador (art. 36, §5º, da Lei nº 9.504/1997).

8.2 Propaganda eleitoral no período legal

É aquela que é realizada de acordo com os ditames da legislação eleitoral e veiculada após o dia 15 de agosto do ano eleitoral. É amparada pelo princípio da liberdade da propaganda política, sendo esta exercida nos termos da legislação eleitoral, não podendo ser objeto de multa nem cerceada sob a alegação do poder de polícia ou de violação de postura municipal (art. 41 da Lei nº 9.504/1997). Suas formas de realização ficam a critério dos partidos políticos, coligações, candidatos, desde que não haja desvirtuamento da legislação eleitoral.

Entre as exigências a serem observadas na propaganda eleitoral, duas são imprescindíveis para legitimar a sua veiculação, quais sejam: a inclusão da legenda do partido ou das legendas da coligação e a utilização da língua nacional. Outrossim, não podem ser empregados meios destinados à criação artificial de estados na opinião pública, sendo premente que a Justiça Eleitoral adote medidas para impedir ou fazer cessar, de imediato, a propaganda que infrinja tais condições (art. 242 do Código Eleitoral).

É importante destacar que a jurisprudência do Tribunal Superior Eleitoral firmou-se no sentido de que o art. 242 do CE deve ser aplicado com cautela e sob os influxos da regra da liberdade de manifestação de pensamento (art. 4º, inciso IV, da CF/88), haja vista o momento longínquo de sua edição e, ainda, porque estados mentais, emocionais e passionais são intrínsecos à propaganda.[439] Para o TSE, o *caput* do art. 242 não pode ser interpretado como impeditivo à critica de natureza política, ainda que ácida, sendo sua aplicação cabível apenas em hipóteses excepcionalíssimas, especificamente para coibir a prática de atos que desvirtuem de forma ilegítima a livre escolha do eleitor.[440]

[439] Agravo Regimental no Recurso Especial Eleitoral 060068710/SE, Relator(a) Min. Benedito Gonçalves, Acórdão de 02.03.2023, Publicado no Diário de Justiça Eletrônico 40, data 15.03.2023.

[440] Referendo na Representação 060142890/DF, Relator(a) Min. Maria Claudia Bucchianeri, Acórdão de 25.10.2022, Publicado no Publicado em Sessão 343, data 25.10.2022.

Suscite-se que, conforme já mencionado neste capítulo, na propaganda para eleição majoritária, a coligação deverá usar, sob a sua denominação, as legendas de todos os partidos políticos que a integram. Para que a veiculação da propaganda eleitoral no período legal não se enquadre como ilícita, submetendo-se às devidas sanções, urge que sejam observadas as devidas restrições impostas através da legislação vigente.

Assim, são vedados quaisquer tipos de propaganda, inclusive pichação, inscrição a tinta e exposição de placas, estandartes, faixas, cavaletes, bonecos e assemelhados, em bens cujo uso dependa de cessão ou permissão do Poder Público, ou que a ele pertençam, e nos de uso comum, ou seja, aqueles a que a população em geral tem acesso, inclusive postes de iluminação pública, sinalização de tráfego, viadutos, passarelas, pontes, paradas de ônibus, cinemas, clubes, lojas, centros comerciais, templos, ginásios, estádios, ainda que de propriedade privada e outros equipamentos urbanos (art. 37, *caput*, da Lei nº 9.504/1997).

Bens de uso comum, para fins eleitorais, são os delineados pelo Código Civil e também aqueles a que a população tem acesso, compreendendo, também, os privados abertos ao público.[441] No mesmo sentido instrui a jurisprudência do TSE.[442] Alberto Rollo fala que a finalidade da extensão do conceito de bens públicos para os privados, cujo acesso seja destinado à população em geral, é evitar que o eleitor seja surpreendido por propagandas em locais nos quais não está acostumado a recebê-las: estudando, divertindo-se, buscando atendimento médico etc.[443]

Outro tema de grande relevância é o relativo às propagandas divulgadas em árvores e jardins localizados em áreas públicas,[444] bem como em muros, cercas e tapumes divisórios, nos quais não é permitida a colocação de propaganda eleitoral de qualquer natureza, mesmo

---

441 Ora, segundo Alexandre Santos de Aragão, são bens de uso comum do povo (também chamados de "bens do domínio público") aqueles cujo uso é facultado a todos os indivíduos que atenderem às condições gerais de seu uso. Ex.: mares, praias, rios, estradas, ruas, praças. São destinados pela própria natureza ou pela lei ao uso coletivo, sendo muitas vezes expressão do direito fundamental de ir e vir (ARAGÃO, Alexandre dos Santos de. *Curso de Direito Administrativo*. Rio de Janeiro: Forense, 2012, p. 476).

442 Ac. de 23.6.2009 no ARESPE nº 25.643, rel. Min. Joaquim Barbosa.

443 ROLLO, Alberto; BRAGA, Enir. *Comentários à Lei Eleitoral n. 9.504/1997*. São Paulo: Fiuza, 2000.

444 "[...]. Propaganda irregular. Art. 37, §1º, da Lei nº 9.504/1997. É vedada a afixação de propaganda eleitoral em árvores pertencentes ao patrimônio público. [...]" (Ac. nº 19.675, de 04.06.2002, Rel. Min. Luiz Carlos Madeira).

que não lhes cause dano (art. 37, §5º, da Lei nº 9.504/1997)[445] e nos estabelecimentos prisionais e unidades de internação de adolescentes. Nas unidades prisionais e nas unidades de internação de adolescentes, o Tribunal Superior Eleitoral apenas permitiu o acesso à propaganda veiculada no horário eleitoral gratuito, no rádio e na televisão, bem como eventualmente aquela veiculada na imprensa escrita.[446]

Já na propaganda eleitoral em bens particulares, a sua veiculação deve ser espontânea e gratuita, sendo vedado qualquer tipo de pagamento em troca de espaço para essa finalidade (art. 37, §8º, da Lei nº 9.504/1997), não podendo ser feita mediante inscrição ou pintura nas fachadas, muros ou parede. Com efeito, admite-se a fixação de adesivo plástico em automóveis, caminhões, bicicletas, motocicletas e janelas residenciais, que não exceda 0,5m² (meio metro quadrado) e não contrarie a legislação eleitoral, sujeitando-se o infrator às penalidades previstas de multa e de restauração do bem (art. 37, §2º, II da Lei nº 9.504/97). Ademais, são, também, admitidas bandeiras ao longo de vias públicas, desde que móveis e que não dificultem o bom andamento do trânsito de pessoas e veículos (art. 37, §2º, I, LE).

No entanto, segue vedado colar propaganda eleitoral em veículos, exceto adesivos microperfurados até a extensão total do para-brisa traseiro e, em outras posições, adesivos até cinquenta centímetros por quarenta centímetros, conforme art. 38, §3º da LE. A legislação eleitoral também impõe regras para a devida realização dos comícios em período eleitoral. No entanto, esses não dependem de licença da polícia, devendo apenas comunicar à autoridade policial no mínimo 24 horas antes de sua realização, para que seja preservado o direito de prioridade

[445] "PROPAGANDA ELEITORAL. CAVALETES. CANTEIROS GRAMADOS. EQUIPARAÇÃO À JARDIM. 1. Os canteiros gramados são equiparados a jardim, e sobre eles é proibido a veiculação de propaganda eleitoral – art. 37, §5º, da Lei das Eleições. Precedentes. 2. Hipótese em que é indiferente o fato de se estar ou não atrapalhando o fluxo de pedestres. 3. Recurso a que se nega provimento, para manter a decisão monocrática em todos os seus termos" (TRE/PE, Rep. nº 1.128-87.2014.6.17.0000, Relator: Desembargador Eleitoral Marcelo Navarro Ribeiro Dantas, Publicado em Sessão do dia 29.07.2014).

[446] "Propaganda eleitoral. Estabelecimentos prisionais e unidades de internação. 1. A regra do art. 37 da Lei nº 9.504/1997 – que veda a realização de propaganda eleitoral de qualquer natureza em bem pertencente ao Poder Público – aplica-se aos estabelecimentos prisionais e unidades de internação de adolescentes. 2. Em que pese alguns candidatos postularem ser amplamente assegurado o direito ao exercício de propaganda nesses estabelecimentos, não há como afastar a proibição contida no art. 37 da Lei das Eleições. 3. Nos estabelecimentos penais e em unidades de internação, será permitido, todavia, o acesso à propaganda veiculada no horário eleitoral gratuito, no rádio e na televisão, bem como eventualmente aquela veiculada na imprensa escrita" (Ac. de 12.08.2010 no PA nº 107.267, Rel. Min. Arnaldo Versiani).

caso outro partido ou candidato também deseje realizar um evento da mesma natureza no mesmo dia e horário, devendo a autoridade policial providenciar a garantia da realização do ato e do funcionamento do tráfego e serviços públicos que o evento possa afetar (art. 245, §1º, do CE, art. 39, §§1º e 2º, da Lei nº 9.504/1997).

Prevê a lei que os comícios sejam realizados no horário compreendido entre 8 horas às 24 horas. A exceção é no que tange ao comício de encerramento da campanha, que pode ser prorrogado por mais 2 (duas horas), estando proibida a realização desde a antevéspera do dia da eleição. A utilização de aparelhagem de sonorização fixa é permitida no mesmo horário (art. 39, §4º, da Lei nº 9.504/1997).

Veda-se a instalação e uso de equipamentos de som em distância inferior a duzentos metros das sedes dos Poderes Executivo e Legislativo da União, dos estados, do Distrito Federal e dos municípios, das sedes dos Tribunais Judiciais, dos quartéis e outros estabelecimentos militares; dos hospitais e casas de saúde; das escolas, bibliotecas públicas, igrejas e teatros, quando em funcionamento (art. 39, §3º, da Lei nº 9.504/1997).

Também é permitida a circulação de carros de som e minitrios como meio de propaganda eleitoral, desde que observado o limite de oitenta decibéis de nível de pressão sonora, medido a sete metros de distância do veículo, e respeitadas as vedações previstas no §3º do art. 39 em comento, apenas em carreatas, caminhadas e passeatas ou durante reuniões e comícios, conforme art. 39, §11, da Lei nº 9.504/97. Ainda há a possibilidade do emprego de telão e palco fixo,[447] bem como da utilização de trios elétricos. No entanto, a utilização desses é permitida apenas para a sonorização de comício (art. 39, §10, da Lei nº 9.504/1997).

A atual legislação ampliou o conceito de "carro de som", que, agora, abrange veículos não motorizados (art. 39, §9º-A, da Lei nº 9.504/97), desde que esteja transitando com divulgação de *jingles* ou mensagens de candidatos. A Resolução nº 23.610/2019 igualmente conceituou que o minitrio é veículo automotor que use equipamentos de som com potência nominal de ampliação maior que 10 mil watts e até 20 mil watts; bem como que o trio elétrico é veículo automotor que usa equipamento de som com potência nominal de ampliação maior que 20 mil watts, conforme incisos do §4º do art. 15 da mencionada Resolução.

---

[447] "Consulta. Utilização. Telão. Palco fixo. Comício. Possibilidade. Retransmissão. *Show* artístico gravado. Utilização. Trio elétrico. Impossibilidade" (Res. nº 22.267, de 29.06.2006, Rel. Min. Cesar Asfor Rocha).

De toda sorte, é proibida a realização de *showmício* e de evento assemelhado para promoção de candidatos, bem como a apresentação, remunerada ou não, de artistas com a finalidade de animar comício e reunião eleitoral, configurando propaganda vedada e, eventualmente, abuso de poder (art. 39, §7º, da Lei nº 9.504/1997, arts. 222 e 237 do Código Eleitoral, art. 22 da Lei Complementar nº 64/90, e art. 17 da Resolução nº 23.610/2019). Tal proibição não se estenderá às candidatas e aos candidatos que sejam profissionais da classe artística, cantoras, cantores, atrizes, atores, apresentadoras e apresentadores, que poderão exercer as atividades normais de sua profissão durante o período eleitoral, exceto em programas de rádio e de televisão, na animação de comício ou para divulgação, ainda que de forma dissimulada de sua candidatura ou de campanha eleitoral; e às apresentações artísticas ou shows musicais em eventos de arrecadação de recursos para campanhas eleitorais previstos no art. 23, §4º, inciso IV, da Lei nº 9.504/1997 (art. 17, §1º, incisos I e II, da Resolução TSE nº 23.610/2019).

Ressalta-se que, nesses eventos de arrecadação, é livre a manifestação de opinião política e preferência eleitoral pelos artistas que se apresentarem e a realização de discursos por candidatas, candidatos, apoiadoras e apoiadores, nos termos do art. 17, §2º, da Resolução TSE nº 23.610/2019, incluído pela Resolução TSE nº 23.732/2024.

Também são vedadas a confecção, utilização, distribuição por comitê, candidato, ou com sua autorização, de chaveiros, camisetas, bonés, canetas, brindes, cestas básicas ou quaisquer outros bens ou materiais que possam proporcionar vantagem indevida ao eleitor, de modo que deverá o infrator responder, conforme o caso, pela prática de captação ilícita de sufrágio, emprego de processo de propaganda vedada e, sendo o caso, pelo abuso de poder, tal qual se abstrai do art. 39, §6º, da Lei nº 9.504/97, arts. 222 e 237 do CE, e art. 22 da Lei Complementar nº 64/90.[448]

Resguardando os princípios da isonomia e igualdade de oportunidades entre os candidatos à disputa de cargo público, a legislação eleitoral vedou, explicitamente, a propaganda eleitoral mediante *outdoors*, inclusive eletrônicos, sujeitando-se a empresa responsável, os partidos, as coligações e os candidatos à imediata retirada da propaganda

[448] "Proibição de propaganda eleitoral em veículos automotores prestadores de serviços públicos, tais como ônibus de transporte coletivo urbano" (Res.-TSE nº 22303.2006).

irregular e ao pagamento de multa no valor de R$5.000,00 (cinco mil reais) a R$15.000,00 (quinze mil reais) (art. 39, §8º, da Lei nº 9.504/1997).[449]

É importante ressaltar que não serão considerados como *outdoor* a placa, faixa, cartaz, pintura ou inscrição em propriedade particular cujo tamanho não exceda a 0,5m² (art. 37, §2º, da Lei nº 9.504/1997). Ainda é imperioso explicitar que no entendimento da Colenda Corte Eleitoral também são considerados como efeito de *outdoor* aqueles veículos de grande porte que são utilizados para a veiculação de pinturas com as fotos, nomes e números dos candidatos, gerando, assim, desequilíbrio no pleito.[450]As propagandas móveis, como mesas para a distribuição de material de campanha e bandeiras, ao longo de vias públicas, são permitidas desde que móveis e que não dificultem o bom andamento do trânsito de pessoas e de veículos (art. 37, §6º, da Lei nº 9.504/1997). Mesmo móveis não podem ser mais colocados cavaletes e bonecos que custam caro e estorvam a livre circulação nas cidades já bastante congestionadas.-

A utilização de engenhos ou de equipamentos publicitários ou ainda de conjunto de peças de propaganda que, justapostas, assemelham-se ou causem efeito visual de *outdoor*, impõe a multa referida, conforme §1º do art. 26 da Resolução nº 23.610/2019. Nesse caso específico, exige-se um critério de razoabilidade por parte da autoridade judicial para que a liberdade de propaganda não seja maculada, nem muito

---

449 "Veda-se a propaganda por meio de outdoors, no período eleitoral, momento em que há proveito ao candidato em disputa. Após o certame, tem-se o encerramento da contenda eleitoral, a retirada da propaganda e a evidente perda de interesse processual" (Agravo Regimental em Recurso Especial Eleitoral nº 27.993, Acórdão de 19.06.2007, Rel. Min. José Augusto Delgado, *DJ* 29.06.2007, p. 341). "A propaganda partidária que o consulente denomina de 'comunicação social', exercida por meio de *outdoors* e distribuição de brindes, está vedada nas eleições de 2006, porque essas práticas configuram violação aos §§6º e 8º do art. 39 da Lei nº 9.504/1997, com a redação que lhes foi dada pela Lei nº 11.300.2006" (Consulta nº 1.269, Resolução nº 22.241, de 08.06.2006, Rel. Min. Antonio Cezar Peluso, *DJ* 23.06.2006, p. 134). "Agravo regimental. Agravo de instrumento. Propaganda intrapartidária. Outdoors. Vedação expressa do art. 36, §1º, da Lei nº 9.504/1997" (Agravo Regimental em Agravo de Instrumento nº 4.798, Acórdão de 1º.02.2005, Rel. Min. Gilmar Ferreira Mendes, *DJ*, Volume 1, 22.04.2005, p. 154).

450 "[...]. Propaganda eleitoral. Multa. [...]. Caminhão. Efeito visual de *outdoor*. Desequilíbrio no pleito. Precedentes. Caminhão-baú ostensivamente decorado com fotos, nomes e números de candidato tem o mesmo efeito visual de *outdoor*, o que configura ofensa ao §8º do artigo 39 da Lei nº 9.504/97" (Ac. de 19.08.2008 no REsp nº 27.091, Rel. Min. Ari Pargendler). "Propaganda eleitoral irregular. Pintura em veículo. Dimensões. Questão de fato. [...]. 2. A limitação imposta pela Justiça Eleitoral deve levar em conta não apenas a dimensão, mas sim o impacto visual da propaganda, evitando assim a burla ao limite regulamentar e, via de consequência, à proibição do *outdoor*. [...]" (Ac. de 22.02.2011 no AgR-AI nº 375.310, Rel. Min. Arnaldo Versiani).

menos que se estorve a liberdade de circulação das pessoas. A mobilidade exigida para a utilização dessa propaganda consiste na sua colocação e retirada entre as 6 e as 22 horas (Lei nº 9.504/1997, art. 37, §7º).

Faz-se imperioso suscitar que, independentemente da obtenção de licença municipal e de autorização da Justiça Eleitoral, a veiculação de propaganda eleitoral pela distribuição de folhetos, adesivos, volantes e outros impressos, devem ser editados sob a responsabilidade do partido, coligação ou candidato, nos termos do art. 38, *caput*, da Lei nº 9.504/1997, sujeitando-se seus responsáveis com a obrigação de pagar eventuais multas decorrentes dessa propaganda. A dimensão máxima desses mencionados adesivos é de 50 centímetros por 40 centímetros.

8.2.1 No rádio e na televisão

O art. 44, *caput*, da Lei nº 9.504/1997, estabelece que a propaganda eleitoral no rádio e na televisão se restringe ao horário gratuito, sendo vedada a veiculação de propaganda paga.

A propaganda eleitoral gratuita, no rádio e na TV, tem a finalidade de que não haja uma disparidade de armas no que concerne à veiculação da publicidade eleitoral nesses meios de comunicação. Um dos estandartes do Direito Eleitoral é normatizar o exercício do sufrágio, objetivando concretizar a primazia da soberania popular. Tal função é imperiosa ao Estado Democrático de Direito, mormente garantir que todos os cidadãos possam ter condições isonômicas, isto é, paridade de armas na disputa de um determinado cargo eletivo.

O lapso temporal de propaganda eleitoral no rádio e na TV é de 35 dias anteriores à antevéspera da eleição (art. 47 da Lei nº 9.504/1997), em grade horária específica para cada cargo em disputa (art. 47, §1º, da Lei nº 9.504/1997), cujo critério para a divisão do tempo de cada partido ou coligação se encontra disciplinado no §2º do art. 47 da Lei nº 9.504/1997.

Em se tratando das eleições municipais, a propaganda gratuita nas eleições de Prefeito, Vice-Prefeito e Vereador se dará de segunda a sábado, no rádio, das 7h às 7h10min e das 12h às 12h10min; na televisão, das 13h às 13h10min e das 20h30min às 20h40min, conforme inciso VI do §1º do art. 47 da Lei nº 9.504/97.

Nas eleições para Prefeito e Vereador, nos municípios em que houver estação geradora de serviços de radiodifusão de sons e imagens, haverá propagação no rádio e na televisão mediante inserções de 30 e 60 segundos, totalizando 70 minutos diários, de segunda-feira a domingo, distribuindo-se ao longo da programação veiculada entre as 5 e as 24h, na proporção de 60% para Prefeito e 40% para Vereador, à luz do inciso VII e §1º-A do art. 47 da Lei nº 9.504/97.

No entanto, para a correta veiculação da publicidade eleitoral via rádio e TV, a Lei das Eleições estabelece que a propaganda eleitoral gratuita na televisão tem a obrigação de utilizar a Linguagem Brasileira de Sinais de Libras ou o recurso de legenda, que devem constar obrigatoriamente do material entregue às emissoras, no horário reservado para a propaganda eleitoral (art. 44, §1º, da Lei nº 9.504/1997). Esta é uma importante regra porque facilita a inserção de portadores de necessidades especiais na discussão do processo político, medida esta que intenciona a concretização de uma verdadeira democracia substancial.

Absolutamente não se permite a utilização de comercial ou propaganda realizada com a intenção, ainda que disfarçada ou subliminar, de promover marca ou produto. Caso isso ocorra, haverá a imposição da sanção de multa aos infratores. Da mesma forma, impõe-se sanção à emissora que, não autorizada a funcionar pelo poder competente, veicular propaganda eleitoral (art. 44, §§2º e 3º, da Lei nº 9.504/1997).

Oportuno salientar que as emissoras de radiodifusão e imagem são concessões públicas e devem estar regularizadas junto aos órgãos fiscalizadores para que tenham autorização de funcionamento. Se a emissora "pirata", sem autorização para funcionamento – como uma rádio clandestina, por exemplo – veicular propaganda eleitoral, será punida com multa variável de R$2.000,00 a R$8.000,00 (art. 44, §3º, da Lei nº 9.504/97).

Entretanto, essa mesma regra silencia no que concerne ao beneficiário da propaganda veiculada pela emissora irregular, não fazendo menção sobre sua responsabilização eleitoral, penal ou civil. A imputação de sanção, do modo como está legalmente disposta, recairá somente sobre a emissora que divulgar irregularmente a propaganda. O que não o exime de se sofrer uma AIJE para investigar abuso na utilização de comunicação social.

8.2.2 Na imprensa escrita

Em se tratando de propaganda eleitoral via imprensa escrita, permite-se até a antevéspera das eleições a divulgação paga, na imprensa escrita, e a reprodução na internet de jornal impresso, de até dez anúncios de propaganda eleitoral, por veículo, em datas diversas, para cada candidato, no espaço máximo, por edição, de 1/8 de página de jornal padrão e de 1/4 de página de revista ou tabloide (art. 43 da Lei nº 9.504/1997).[451] Cumpre explicitar que se obriga constar no anúncio, de forma visível, o valor pago pela inserção (art. 43, §1º, da Lei nº 9.504/1997).

Havendo a inobservância das disposições legais acerca da devida veiculação da propaganda eleitoral nos meios impressos, estão sujeitos os responsáveis pelos veículos de divulgação e os partidos, coligações ou candidatos beneficiados a multa no valor de R$1.000,00 (mil reais) a R$10.000,00 (dez mil reais) ou equivalente ao da divulgação da propaganda paga, se este for maior (art. 43, §2º, da Lei nº 9.504/1997).

8.2.3 No horário eleitoral gratuito

Os horários da propaganda eleitoral gratuita são distribuídos a todos os partidos e coligações que tenham candidato, observando-se os critérios: a) 90% (noventa por cento) distribuídos proporcionalmente ao número de representantes na Câmara dos Deputados, considerados, no caso de coligação para eleições majoritárias, o resultado da soma do número de representantes dos seis maiores partidos que a integrem e, nos casos de coligações para eleições proporcionais, o resultado da soma do número de representantes de todos os partidos que a integrem; b) Os 10% (dez por cento) remanescentes serão distribuídos igualitariamente. A aplicação destes critérios deve desconsiderar as mudanças de filiação partidária (art. 47, §2º, I e II, §7º da LE).

Contudo, para a soma desses percentuais serão desconsideradas as mudanças de filiação partidária, salvo a criação de um novo partido, em que, neste caso, irá prevalecer a representatividade política conferida aos parlamentares que migraram dos partidos pelos quais foram eleitos para o novo partido político, no momento da sua criação (Lei nº 9.504/1997, art. 47, §3º c/c art. 55, §3º, da Resolução nº 23.610/2019).[452]

---

[451] Em julgamento realizado no dia 17.2.2022 (ADI nº 6.281, sob a relatoria do Ministro Luiz Fux, sendo redator para o acórdão o Ministro Nunes Marques), o Supremo Tribunal Federal, por maioria de votos, considerou constitucionais os dispositivos da Lei das Eleições que limitam a publicidade em jornais impressos (art. 43) e proíbem a veiculação de propaganda eleitoral paga na internet (art. 57-C), exceto o impulsionamento de conteúdos em redes sociais.

[452] STF ADI nº 4430/DF, DJE de 19.9.2013, e ADI nº 5105/DF, 01.10.2015.

Por fim, no dia das eleições é permitida a manifestação individual e silenciosa da preferência do eleitor por partido, coligação ou candidato, revelada, exclusivamente, pelo uso de bandeiras, broches, dísticos e adesivos. Ademais, são vedados no dia do pleito, até o término do horário da votação, a aglomeração de pessoas portando vestuário padronizado e distribuindo material de propaganda, com ou sem a utilização de veículos. No recinto das seções eleitorais e juntas apuradoras, é proibido aos servidores da Justiça Eleitoral, aos mesários e escrutinadores, o uso de vestuário ou objeto que contenha qualquer propaganda de partido político, de coligação ou de candidato, sendo permitido aos fiscais partidários, nos trabalhos de votação, tão somente a veiculação em crachá do nome e da sigla do partido político ou da coligação a que sirvam, sendo vedada padronização de vestuário, conforme art. 39-A, *caput* e §§1º ao 3º, da Lei nº 9.504/97.[453]

8.2.4 Na internet (regras gerais)

A internet, atualmente, consubstancia importante meio para difundir pensamentos, ideias, notícias ou qualquer conteúdo de interesse de seus usuários. Tal fato aconteceu devido ao intenso processo de globalização, apanágio das sociedades pós-modernas, que atinge seu ápice no século atual, proporcionando a todos uma maior integração econômica, política e cultural em escala global.

Para evitar abusos diante da expansão da internet se buscou a harmonização dos institutos da legislação eleitoral, estabelecendo que a propaganda eleitoral via internet é permitida a partir do dia 16 de agosto do ano eleitoral (art. 57-A da Lei nº 9.504/1997), sendo a livre manifestação de pensamento do eleitor identificado na internet suscetível à limitação quando ocorrer ofensa à honra de terceiros ou divulgação de fatos sabidamente inverídicos, o que se aplica, inclusive, às manifestações ocorridas antes de 16 de agosto do ano eleitoral, ainda

[453] Conforme o art. 134, §§1º e 2º, da Resolução nº 23.611/2019, o crachá deverá ter medidas que não ultrapassem 12 cm (doze centímetros) de comprimento por 10 cm (dez centímetros) de largura e conterá apenas o nome do fiscal e o nome e a sigla do partido político ou da coligação que representa, sem referência que possa ser interpretada como propaganda eleitoral (Res.-TSE 22.412/2006, art. 3º). Caso o crachá ou o vestuário estejam em desacordo com as normas previstas neste artigo, o Presidente da mesa receptora orientará os ajustes necessários para que o fiscal possa exercer sua função na seção.

que o conteúdo seja de apoio ou crítica a partido ou candidato, conforme os parágrafos do art. 27 da Resolução nº 23.610/2019.

Antes do dia 16 de agosto de 20204, permitem-se na internet aquelas atividades, delineadas no art. 36-A, que não são consideradas como propagandas antecipadas, como exaltação de qualidades pessoais, programa de governo, posicionamentos pessoais sobre temas políticos, menção ao cargo a ser disputado, pedido de apoio político etc. Ou seja, permite-se que os pré-candidatos possam realizar todo o debate político, inclusive conclamando a militância, desde que não haja pedido expresso de voto.

Importa destacar que o Tribunal Superior Eleitoral regulamentará a propaganda eleitoral na internet de acordo com o cenário e as ferramentas tecnológicas existentes em cada momento eleitoral e promoverá, para os veículos, partidos e demais entidades interessadas, a formulação e a ampla divulgação de regras de boas práticas relativas a campanhas eleitorais na internet (art. 57-J da LE).

Tal espécie de propaganda pode ser realizada das seguintes formas: a) em sítio do candidato, com endereço eletrônico comunicado à Justiça Eleitoral e hospedado, direta ou indiretamente, em provedor de serviço de internet estabelecido no país; b) em sítio de partido, federação ou coligação, com endereço eletrônico comunicado à Justiça Eleitoral e hospedado, direta ou indiretamente, em provedor de serviço de internet estabelecido no país; c) por meio de mensagem eletrônica para endereços cadastrados gratuitamente pelo candidato, partido, federação ou coligação, desde que presente uma das hipóteses legais que autorizem o tratamento de dados pessoais, nos termos dos arts. 7º a 11 da Lei nº 13.709/2018; d) por meio de *blogs*, redes sociais, sítios de mensagens instantâneas e aplicações de internet assemelhadas, dentre as quais aplicativos de mensagens instantâneas, cujo conteúdo seja gerado ou editado por candidatos, partidos, federações ou coligações, desde que não contratem disparos em massa de conteúdo irregular (*telemarketing* e disparo de mensagens instantâneas sem consentimento do destinatário); pessoal natural, vedada a contratação de impulsionamento e de disparo em massa de conteúdos, a remuneração, a monetização ou a concessão de outra vantagem econômica como retribuição à pessoa titular do canal ou perfil, pagas pelos beneficiários da propaganda ou por terceiros (art. 28 da Resolução TSE nº 23.610/2019).

Saliente-se que o Plenário do Tribunal Superior Eleitoral, por maioria, já assentou que a propaganda institucional realizada nos três meses antecedentes ao pleito, por meio de conta de cadastro gratuito, como o *Twitter*, configura o ilícito previsto no art. 73, VI, "b", da Lei nº 9.504/1997.[454]

Em 2017, o entendimento acima foi corroborado por unanimidade pelo TSE, ao analisar recurso ordinário interposto de decisão que julgou procedente ação de investigação judicial eleitoral por conduta vedada consubstanciada na realização de publicidade institucional no sítio do governo, em qualquer ente federativo, nos três meses antecedentes ao pleito.[455] Importa consignar que a jurisprudência do referido Tribunal se firmou no sentido de que o chefe do Poder Executivo é responsável pela divulgação da publicidade institucional, independentemente de delegação administrativa, em decorrência da atribuição intrínseca ao cargo de zelar pelo conteúdo veiculado.[456]

O §1º do art. 27 da Resolução TSE nº 22.610/2019 estabelece que os endereços eletrônicos utilizados pelos candidatos, incluídos os canais publicamente acessíveis em aplicativos de mensagens, fóruns on-line e plataformas digitais, salvo aqueles de iniciativa de pessoa natural, deverão ser comunicados à Justiça Eleitoral, impreterivelmente no RRC ou no DRAP, se preexistentes, poderão ser mantidos durante todo o período eleitoral os mesmos endereços eletrônicos em uso do início da propaganda, ou, no prazo de 24 (vinte e quatro) horas a contar de sua criação, se ocorrer no curso da campanha.

Na internet, é vedada a veiculação de qualquer tipo de propaganda eleitoral paga (art. 57-C da Lei nº 9.504/97). Foi excetuado desse mandamento, o impulsionamento de conteúdos, desde que identificado de forma inequívoca como tal e contratado exclusivamente por partidos, coligações e candidatos e seus representantes (art. 57-C, *caput*, da Lei nº 9.504/97). A referida exceção à regra é inovação advinda da Lei nº 13.488/2017. Os efeitos dessa liberação é privilegiar as candidaturas mais aquinhoadas economicamente abrindo um precedente que pode mercantilizar toda a mídia social.

Além disso, veda-se, ainda que gratuitamente, a veiculação de propaganda eleitoral na internet, em sítios de pessoas jurídicas, com ou sem fins lucrativos; oficiais ou hospedados por órgãos ou entidades

---

[454] Agravo Regimental no Recurso Especial nº 1.421-84, Curitiba/PR, Rel. Min. João Otávio de Noronha, em 9.06.2015.

[455] Recurso Ordinário nº 1723-65, Brasília/DF, rel. Min. Admar Gonzaga, julgado em 7.12.2017.

[456] AgR-RO nº 2510-24, rel. Min. Maria Thereza de Assis Moura, DJE de 2.9.2016.

da Administração Pública direta ou indireta da União, dos estados, do Distrito Federal e dos municípios (art. 57-C, §1º, da Lei nº 9.504/1997).

Quanto a esta última vedação, é importante ressaltar que utilização de página mantida por órgão da Administração Pública do município, como meio de acesso, por intermédio de *link*, a sítio que promove candidato, também configura violação ao art. 57-C, §1º, II, da Lei nº 9.504/1997.[457]

O legislador, atento à realidade cibernética da propaganda eleitoral, permitiu, expressamente, que os candidatos e partidos políticos realizem esta forma de propaganda através de "*posts* impulsionados", os quais funcionam mediante pagamento de um determinado valor às redes sociais ou aos mecanismos de busca na internet para que o *post* de divulgação do candidato apareça em destaque na *timeline* (linha do tempo para visualização) dos usuários da mídia social ou nos resultados de busca do *Google*, por exemplo.

No mesmo artigo acima mencionado, em seu parágrafo 3º, estabelece as regras para a contratação do impulsionamento, determinando que deverá ser contratado diretamente com provedor da aplicação de internet com sede e foro no Brasil, ou de sua filial, sucursal, escritório, estabelecimento ou representante legalmente estabelecido no país, e apenas com o fim de promover ou beneficiar candidatos ou suas agremiações. Todo impulsionamento deverá conter, de forma clara e legível, o número do CNPJ ou do CPF da pessoa responsável, além da expressão "propaganda eleitoral" (art. 29, §5º, da Resolução TSE nº 23.610/2019).

Convém destacar a parte final do referido parágrafo, pois ela assevera que os *posts* em testilha só poderão ser utilizados para destacar os aspectos positivos do candidato ou partido político. Logo, entende-se que, consequentemente, não se deve utilizar o impulsionamento para fazer críticas ou comentários pejorativos aos candidatos oponentes. Ou seja, é terminantemente vedado o uso de impulsionamento para difundir propaganda negativa (art. 28, §7º-A, da Resolução TSE nº 23.610/2019). Essa discussão será bastante acirrada porque as propagandas de conteúdo negativo não devem sofrer mitigação, desde que não divulguem fato inverídico ou veiculem calúnia, injúria ou difamação.

Não se permite o impulsionamento com a utilização de conteúdos e ferramentas digitais não disponibilizadas pelo provedor de aplicação

---

[457] Agravo Regimental em Recurso Especial Eleitoral nº 838.119, Acórdão de 21.06.2011, Rel. Min. Arnaldo Versiani Leite Soares, *DJe* 23.08.2011, p. 8/9.

de internet, ainda que gratuitas, para alterar o teor ou a repercussão de propaganda eleitoral, tanto próprio quanto de terceiros (§§3º e 4º do art. 57-B da Lei nº 9.504/97). O impulsionamento não pode servir para a difusão de *fake news*, densificando o conteúdo negativo de fatos ou adulterar a realidade para amenizar situações.

Além disso, o mesmo artigo disciplina que a sua violação sujeita o responsável pela divulgação da propaganda ou pelo impulsionamento de conteúdos e, quando comprovado seu prévio conhecimento, o beneficiário também, ao pagamento de multa no valor de cinco mil reais a trinta mil reais ou em valor equivalente ao dobro da quantia despendida, se esse cálculo superar o limite máximo da multa (art. 57-C, §2º, redação dada pela Lei nº 13.488, de 2017).

Ressalta-se que a Resolução TSE nº 23.732/2024 prevê como lícita a veiculação de propaganda eleitoral em canais e perfis de pessoas naturais que alcancem grande audiência na internet (influenciadores) ou participem de atos de mobilização nas redes para ampliar o alcance orgânico da mensagem, como o compartilhamento simultâneo de material distribuído aos participantes, a convocação para eventos virtuais e presenciais e a utilização de *hashtags* (art. 28, §6º-A, da Resolução TSE nº 23.610/2019).

Outrossim, também é vedada a priorização paga de conteúdos em aplicações de busca na internet que promova propaganda negativa, utilize como palavra-chave nome, sigla, alcunha ou apelido de partido, federação, candidato, coligação ou candidato adversário mesmo com finalidade de promover propaganda positiva do responsável pelo impulsionamento ou difusão de dados falsos, notícias fraudulentas ou fatos notoriamente inverídicos ou gravemente descontextualizados, ainda que benéficas ao usuário responsável pelo impulsionamento (art. 28, §7º-B, da Resolução TSE nº 23.610/2019).

Ressalte-se que o §11 do art. 29 da Resolução TSE nº 23.610/2019 prevê a vedação, desde 48 (quarenta e oito) horas antes até 24 (vinte e quatro) horas depois da eleição, da circulação paga ou impulsionada de propaganda eleitoral na internet, mesmo se a contratação tiver sido realizada antes desse prazo, cabendo ao provedor de aplicação realizar o desligamento da veiculação do conteúdo propagandístico impulsionado.

Configura-se permitida, a partir de 16 de agosto do ano do pleito, a realização de *lives* pelos candidatos para fins de promoção pessoal ou de atos referentes ao exercício do mandato. No entanto, sua transmissão ou retransmissão é vedada em site, perfil ou canal de internet pertencente à pessoa jurídica, à exceção do partido político, da federação ou da coligação a que a candidatura esteja vinculada (art. 29-A, §§1º e 2º, da Resolução TSE nº 23.610/2019). A transmissão das lives também é vedada por emissora de rádio ou televisão, mas permite-se a sua cobertura jornalística, desde que respeitados os limites legais aplicáveis à programação normal de rádio e TV, cabendo às emissoras zelar para que a exibição de trechos não configure tratamento privilegiado ou exploração econômica de ato de campanha (art. 29-A, §3º, da Resolução TSE nº 23.610/2019).

O anonimato é terminantemente vedado durante a campanha eleitoral, por meio da internet, sendo assegurado, em caso de ofensa, o direito de resposta ao candidato, partido ou à coligação atingidos, ainda que de forma indireta, por conceito, imagem ou afirmação caluniosa, difamatória ou sabidamente indevida (arts. 57-D, 58, da Lei nº 9.504/1997). Saliente-se que o pedido de direito de resposta poderá ser realizado a qualquer tempo quando esteja sendo divulgado ou, em 3 dias, após sua retirada espontânea (inciso IV do §1º do art. 58 da Lei nº 9.504/90).[458] Sem prejuízo das sanções civis e criminais aplicáveis ao responsável, a Justiça Eleitoral poderá determinar, por solicitação do ofendido, a retirada de publicação que contenha agressões ou ataques a candidatos em sítios da internet, inclusive redes sociais, nos termos do §3º do art. 57-D da Lei nº 9.504/1997. Esclareça-se que é muito tênue o limite da liberdade de expressão e a propaganda caluniosa, difamatória ou indevida.

Ressalte-se que a aplicação da multa do art. 57-D da Lei das Eleições não está restrita apenas aos casos de anonimato, no que incide em casos de disseminação de *fake news* tendentes a vulnerar a honra do candidato adversário, conforme o atual parâmetro jurisprudencial fixado pelo Tribunal Superior Eleitoral.[459]

---

[458] Consigna-se, conforme já explanado, que a inovação implantada pela Resolução nº 23.547.2017, ao estabelecer a contagem de alguns prazos em dias, configura contradição com a previsão articulada na Lei das Eleições, na qual os prazos estão estabelecidos em horas, sendo esses prazos contados minuto a minuto a partir da citação ou intimação. Dessa forma, consoante a Lei das Eleições, o prazo previsto é de 72 horas para ingressar com o pedido de resposta quando a ofensa for retirada da internet de modo espontâneo, segundo o art. 58, §1º, inciso III da Lei nº 9.504/97. Todavia, por aspectos pragmáticos, deve prevalecer o disposto na mencionada Resolução, em seu art. 15, inciso IV, alínea "a".

[459] ELEIÇÕES 2022. RECURSO INOMINADO. REPRESENTAÇÃO. PROPAGANDA ELEITORAL IRREGULAR. INTERNET. DESINFORMAÇÃO. FATOS MANIFESTAMENTE INVERÍDICOS E DISCURSO DE ÓDIO. REMOÇÃO DAS PUBLICAÇÕES. APLICAÇÃO DA MULTA PREVISTA NO ART. 57-D DA LEI 9.504/1997. POSSIBILIDADE. FIXAÇÃO EM PATAMAR

A requerimento de candidato, partido ou coligação, observado o rito previsto no art. 96, a Justiça Eleitoral poderá determinar, no âmbito e nos limites técnicos de cada aplicação de internet, a suspensão do acesso a todo conteúdo informativo dos sítios da internet que deixarem de cumprir as disposições da Lei nº 9.504/97, devendo o número de horas de suspensão ser definida proporcionalmente à gravidade da infração cometida em cada caso, observado o limite máximo de vinte e quatro horas (art. 57-I, *caput*). O rito para a determinação da suspensão dos sítios segue os parâmetros do art. 96, porque dispõe, de modo inteligente, sobre a criação de um rito célere, cuja finalidade é decidir sobre litígios decorrentes de seu cumprimento.

8.2.5 *Fake news*, desinformação e discurso de ódio

A relativização de parâmetros ontológicos se reflete sobre as consequências da relativização da verdade no cotidiano dos indivíduos inseridos na sociedade em rede. O enfraquecimento de parâmetros ontológicos e de valores éticos tonifica o individualismo orgânico, com a predominância das subjetividades e idiossincrasias, forcejando uma ambiência alvissareira para a banalização de mentiras e o enfraquecimento da solidariedade social. Christopher Lasch também aponta que, nessa quadra histórica, o individualismo perdeu em autonomia e ganhou contornos narcísicos, o que significa a perda de interesse das pessoas pelos outros e pelo coletivo.[460]

A incessante carga de informações às quais se submete o indivíduo em rede contribui para o ostracismo da verdade, visto que a urgência pela informação retira as condições de reflexão e análise por parte do sujeito. Porém, esse movimento frenético deságua no abandono do diálogo e da interação, privilegiando atitudes impensadas, próprias de

MÁXIMO. ALCANCE DO CONTEÚDO VEICULADO. DESPROVIMENTO. 1. O art. 57-D da Lei 9.504/1997 não restringe, de forma expressa, qualquer interpretação no sentido de limitar sua incidência aos casos de anonimato, de forma que é possível ajustar a exegese à sua finalidade de preservar a higidez das informações divulgadas na propaganda eleitoral, ou seja, alcançando a tutela de manifestações abusivas por meio da internet – incluindo-se a disseminação de *fake news* tendentes a vulnerar a honra de candidato adversário – que, longe de se inserirem na livre manifestação de pensamento, constituem evidente transgressão à normalidade do processo eleitoral (...). (Recurso na Representação nº 060175450, Acórdão, Min. Alexandre de Moraes, Publicação: DJE – Diário de Justiça Eletrônico, 04.08.2023).

460 LASCH, Christopher. *The culture of narcissism. American life in age of diminishing expectations*. New York: W.W. Norton & Company, 2018.

movimentos de massa. Como consequência, os indivíduos em sociedade recolhem-se no conforto das bolhas criadas pelas redes sociais, interagindo apenas com quem pensa igual, têm as mesmas opiniões e crenças.

A esse respeito, William Brady, Molly Crocket e Jay Bavel ressaltam que as identidades de grupo ficam mais salientes do que as individuais, de modo a pavimentar uma ambiência propícia para o desenvolvimento de um estado psicológico de individuação, com o aumento de comportamento de manada. A desindividuação, com seu poder de neutralizar o discernimento individual ostenta a potencialidade de provocar e intensificar agressões coletivas em escala industrial.[461]

Esse modelo de coesão digital estruturado através das "bolhas" que geram máquinas de indignação cria uma espécie de realidade artificial na qual um grupo ou segmento social sempre será vitorioso, mas será perseguido por outro grupo que configura uma ameaça assustadora, o que fatalmente conduzirá qualquer debate a uma questão de "nós contra eles".[462]

Decerto, termos como *fake news* e pós-verdade estão imbricados, visto que, na era da pós-verdade, a busca da fidedignidade dos fatos não é considerada algo de grande valia, fazendo com que a informação, por si só, independentemente de seu amparo fático, torne-se primordial. Qualquer parâmetro de retratação do fático deixou de ostentar utilidade.

Essa falta de fidedignidade como o objeto analisado, no que permite depreensões constantes e excludentes, oferece a abertura para a irradiação inaudita de *fake news*, que são mensagens que não traduzem de forma fidedigna a realidade, que podem versar sobre a mais variada gama de informações, mas que em sua essência denotam dados que não condizem com a realidade, seja em sua totalidade ou em parte substancial. Elas possuem as mais diversas formatações, como sátiras, distorções da realidade, falsas afirmações de políticos, conteúdo fabricado destoante da realidade, falsas conexões, conteúdo manipulado, publicidade enganosa.

Essas notícias falsas ganharam outra conotação pela facilidade de sua difusão na infoesfera, haja vista que historicamente a mentira sempre foi uma forma de se chegar ao poder. Não é que a mentira tenha

---

461 BRADY, William; CROCKET, Molly; BAVEL, Jay. *The MAD model of moral contangion*: the role of motivation, attention, and design in the spread of moralized content online. Disponível em: https://journals.sagepub.com/doi/10.1177/1745691620917336. Acesso em: 8 abr. 2024.

462 FISHER. Max. *A máquina do caos:* como as redes sociais reprogramaram nossa mente e nosso mundo. Tradução de Érico Assis. 1. ed. São Paulo: Todavia, 2023. p. 50.

aparecido nessa era de integração informacional. Ela tem seu nascedouro muito antes, inclusive Platão já mencionava sua funcionalidade na República e Maquiavel destacava sua importância no Príncipe. A infoesfera contribuiu para que a mentira ultrapassasse as lindes da exceção para se tornar regra. Segundo Hannah Arendt, as mentiras sempre foram vistas como ferramentas necessárias e justificáveis, não somente aos políticos e demagogos, mas também aos estadistas.

Mesmo tendo a gênese das *fake news* remontado ao século VI, esse assunto ganhou premência devido à utilização incessante pelos usuários das redes sociais, a tal ponto que uma informação formulada em uma parte do globo pode atingir todos os continentes, inclusive os lugares mais ermos. No seu início, a facilidade de propagação de conteúdo propiciada pelos canais digitais era considerada como extremamente alvissareira, pois permitia a massificação do conhecimento e das informações. Todavia, posteriormente, com o aumento de divulgação de notícias falsas, desinformações e dados notoriamente anticientíficos, mostrou-se como um perigo à democracia, produzindo, em uma subsunção perfeita, o conceito de alienação, que consiste em um distanciamento com o objeto.

A categoria proporcional entre falso e verdadeiro não se aplica para abordar os fatos descritos na *World Wide Web*, no que representa uma superação da lógica clássica, haja vista que o princípio do terceiro excluído não pode dar conta de um mundo "farsante que deve primar pela incerteza e imprecisão sobre o que está sendo dito", nas palavras de Carlos Santos. Nesse mundo de imagens e aparências, o olhar sobre a verdade deixa de ter um escopo primordial e acolhe a dialética hegeliana para tentar dar conta de tamanha multiplicidade e unicidade.

Não necessariamente as *fake news* apresentam conteúdo rudimentar ou apenas envolto em emocionalismos superficiais. Esses conteúdos podem acarretar o efeito desejado, de proximidade e apegada emoção com o receptor, através de toda uma estratégia de *marketing* e de psicologia, sem a necessidade de escancarar as notícias falsas que são sua essência. Essas notícias estão amparadas em verdadeiras indústrias de informações falsas direcionadas pra um público-alvo específico, sendo distribuídas por intermédio de *bots* sociais até se consolidarem como bolhas, no que provocam forte persuasão para que cidadãos compartilhem os mesmos valores e crenças produzidos através desse engajamento.

Embora a expressão *"fake news"* apresente conceito polissêmico, a sua natureza permite aportar a algumas classificações delimitadoras de sua amplitude. Diogo Rais classifica as *fake news* como "notícias ou mensagens fraudulentas", que podem assumir diversas facetas, "ora como se fosse uma notícia falsa, ora como se fosse uma notícia fraudulenta, ora somo se fosse uma reportagem deficiente ou parcial, ou, ainda uma agressão a alguém ou a alguma ideologia".[463] Aline Osório adentra no debate e classifica as *fake news* como conteúdo desinformativo, inexato, enganoso, descontextualizado ou manipulado, que pode compor o contexto de "desordem informacional".[464]

Claire Wardle e Hossein Derakhshan estruturaram o fenômeno da desordem informacional em três grupos, a saber: a desinformação (*disinformation*); as informações imprecisas (*misinformation*); e a má-informação (*mal information*).[465] Elder Goltzman traduz o conceito de desinformação como sendo aquele conteúdo falso criado com o objetivo de causar dano a alguém, a um grupo ou instituição. As informações imprecisas, por sua vez, traduzem um conteúdo falso, mas não apresentam a finalidade de prejudicar algo ou alguém. Já a má informação ocorre quando uma informação verdadeira é compartilhada para causar dano. Vale dizer, quando uma informação privada é levada a público com finalidade escusa e maldosa.[466]

Frederico Alvim, Rodrigo Zilio e Volgane Carvalho ainda lembram que a desinformação também pode ser difundida através de "técnicas de silêncio", com a apresentação parcial do conteúdo de uma mensagem verdadeira, omitindo outras partes igualmente verdadeiras, como por exemplo: a insinuação; a pressuposição e o subentendido; a falta de contexto; e a inversão da relevância.[467]

A par de tudo o que fora dito em linhas anteriores, tem-se por insofismável que as *fake news* apresentam força avassaladora para esgarçar o tecido social e, a partir disso, promover odiosos acintes à

---

[463] RAIS, Diogo. *Fake News, deep fakes* e eleições. *In:* RAIS, Diogo (coord.). *Fake news*: a conexão entre a desinformação e o direito. 3. ed. São Paulo: RT, 2022. p. 31.

[464] OSÓRIO, Aline. *Direito eleitoral e liberdade de expressão.* 2. ed. Belo Horizonte: Fórum, 2022. p. 220.

[465] WARDLE, Claire; DERAKHSHAN, Hossein. *Information disorder:* toward an interdisciplinary framework for research and policy making. Disponível em: https://rm.coe.int/information-disorder-toward-an-interdisciplinary-framework-for-researc/168076277c. Acesso em: 8 abr. 2024.

[466] GOLTZMAN, Elder Maia. *Liberdade de expressão e desinformação em contextos eleitorais.* Belo Horizonte: Fórum, 2022. p. 60-61.

[467] ALVIM, Frederico Franco; ZÍLIO, Rodrigo López; CARVALHO, Volgane Oliveira. *Guerras cognitivas na arena eleitoral:* o controle judicial da desinformação. Rio de Janeiro: Lumen Juris, 2023. p. 88-90.

democracia e às instituições democráticas. O assunto assume contornos extremados durante o período eleitoral, ponto geográfico onde o livre mercado de ideias é acentuado pela necessidade inexorável de conduzir a sociedade ao zênite da democracia.

Em tempos pretéritos, quando o modelo de comunicação era de "um para todos", a difusão de boataria ou desordem informacional não era aguda, sobretudo pela impossibilidade do conteúdo "viralizar" e atingir um sem-número de indivíduos. O apogeu da era da *internet* mudou todos os paradigmas referentes às formas de comunicação e ao alcance das mensagens, de modo que qualquer assunto publicado nos rincões do país pode ser lido e compartilhado em grande escala em poucos minutos, através das redes sociais.

Esse panorama facilitou em muito a potencialização das *fake news*, que são utilizadas para desestruturar os pleitos e acabar com a integridade moral dos candidatos, o que fatalmente agride os princípios da isonomia, normalidade e da legitimidade das eleições (art. 14, §9º, da CF/88). Se antes a propaganda eleitoral era utilizada como forma de divulgar os candidatos que concorrem ao pleito e suas propostas, com o objetivo de pedir e conquistar o voto do eleitor, agora, as técnicas de estruturação de conteúdos propagandísticos parecem ter sido remodeladas para destruir a imagem do adversário e, de forma mais grave, das instituições democráticas.

Toda essa miríade de fatos deletérios, principalmente os relacionados à intensidade da difusão de *fake news* a partir das Eleições 2018, chamou a atenção da Justiça Eleitoral, que envidou esforços desmedidos para debelar essa chaga proveniente das narrativas desinformativas ou ao menos amainar os seus efeitos na práxis eleitoral. No entanto, pode-se afirmar que a legislação eleitoral, de há muito, possui arcabouço normativo para reprimir esse tipo de conduta, a começar pelo art. 323 do Código Eleitoral, que tipifica como crime o ato de "divulgar, na propaganda eleitoral, fatos que sabe inverídicos, em relação a partidos e candidatos e capazes de exercer influência perante o eleitorado".

Deveras, a Lei nº 14.192/2021 acrescentou os §§1º e 2º ao art. 323 do CE, de modo a prever que "nas mesmas penas incorre quem produz, oferece ou vende vídeo com conteúdo inverídico acerca de partidos e candidatos" e que "aumenta-se a pena de 1/3 (um terço) até a metade se o crime é cometido por meio da imprensa, rádio ou televisão, ou por meio da internet ou de rede social, ou é transmitido em tempo real; e/

ou envolve menosprezo ou discriminação à condição de mulher ou à sua cor, raça ou etnia".

Especificamente para as Eleições 2022, o Tribunal Superior Eleitoral incluiu o art. 9º-A na Resolução TSE nº 23.610/2019, através da Resolução TSE nº 23.671/2021. O referido artigo estabelece ser vedada a divulgação ou o compartilhamento de fatos sabidamente inverídicos ou gravemente descontextualizados que atinjam a integridade do processo eleitoral, inclusive os processos de votação, apuração e totalização de votos, devendo o juízo eleitoral determinar a cessação do ilícito, sem prejuízo da apuração de responsabilidade penal, abuso de poder e uso indevido dos meios de comunicação.

A inclusão desse dispositivo exsurgiu da preocupação da Justiça Eleitoral com a proliferação de *fake news*, que estonteiam sobremodo a higidez e a normalidade dos pleitos, sobretudo após a disseminação dessas práticas odiosas no contexto das Eleições 2018. Saliente-se, por relevante, que a popularização das redes sociais deve servir para propiciar o estabelecimento de uma nova ágora, com a ressignificação do regime democrático, e não para engendrar narrativas que amplifiquem discursos de ódio e difusão de fatos sabidamente inverídicos que atentem contra a imagem dos *players* e a integridade do processo eleitoral. Se, de um lado, deve-se resguardar o mercado livre de ideias e garantir a diversidade de opiniões, de outro, há de se propiciar o direito de acesso à boa e saudável informação, capaz de tornar os cidadãos cientes sobre as propostas e ideias dos postulantes.

Com efeito, no decorrer dos julgamentos das representações eleitorais, o TSE passou a soerguer as seguintes balizas hermenêuticas para a aplicação do art. 9º-A no combate às *fake news*: i) sua incidência somente ocorre quando algum comentário, crítica, sátira ou análise dentro do espectro possível de significação das falas feitas por candidato evidenciar grave descontextualização capaz de alterar seu conteúdo sensivelmente e induzir o eleitor em erro;[468] ii) "a desinformação não se limita à difusão de mentiras propriamente ditas, compreendendo, por igual, o compartilhamento de conteúdos com elementos verdadeiros, porém gravemente descontextualizados, editados ou manipulados, com

[468] Representação nº 0600854-67.2022.6.00.0000, rel. Min. Maria Cláudia Bucchianeri.

o especial intento de desvirtuamento da mensagem difundida, com a indução dos seus destinatários em erro".[469]

A conclusão alcançada pelo TSE é no sentido de que "a desinformação e a desconstrução de figuras políticas a partir de fatos sabidamente inverídicos ou substancialmente manipulados devem ser rapidamente reprimidas pela Justiça Eleitoral, por configurarem verdadeira falha no livre mercado de circulação das ideias políticas, que pode desembocar na indução do eleitor em erro, com comprometimento da própria liberdade de formação da escolha cidadã".[470]

O TSE editou, no decorrer do pleito eleitoral de 2022, a Resolução nº 23.714.2022, que dispõe sobre o enfrentamento à desinformação que atinja a integridade do processo eleitoral. Somado a isso, a jurisprudência do TSE tem se solidificado cada vez mais no enfrentamento à desinformação, sobretudo no tocante aos ataques infundados à integridade da Justiça Eleitoral, conforme se observa a partir do julgamento do RO nº 060397598 e da AIJE nº 060081485.

A Resolução TSE nº 23.174/2022 estabelece ser vedada a divulgação de fatos sabidamente inverídicos ou gravemente descontextualizados que atinjam a integridade do processo eleitoral, inclusive os processos de votação, apuração e totalização de votos (art. 2º, *caput*). Uma vez verificada a ocorrência deste tipo de desinformação, a Justiça Eleitoral determinará às plataformas a imediata remoção do conteúdo, sob pena de multa de R$ 100.000,00 (cem mil reais) a R$ 150.000,00 (cento e cinquenta mil reais) por hora de descumprimento, a contar do término da segunda hora após o recebimento da notificação (art. 2º, §1º).

Como forma de imprimir celeridade no combate à desinformação e evitar a proliferação de demandas eleitorais que sejam ajuizadas contra o mesmo conteúdo timbrado de desinformativo, a Presidência do TSE poderá determinar a extensão de decisão colegiada proferida pelo Plenário do Tribunal sobre desinformação, para outras situações com idênticos conteúdos (art. 3º da Resolução TSE nº 23.714/2022).

Ademais, a produção sistemática de desinformação, caracterizada pela publicação contumaz de informações falsas ou descontextualizadas sobre o processo eleitoral, autoriza a determinação de suspensão temporária de perfis, contas ou canais mantidos em mídias sociais (art. 4º

---

[469] REPRESENTAÇÃO nº 060092739, Acórdão, Relator(a) Min. Maria Claudia Bucchianeri, Publicação: PSESS – Publicado em Sessão, Data 19.12.2022.

[470] REPRESENTAÇÃO nº 060159777, Acórdão, Relator(a) Min. Maria Claudia Bucchianeri, Publicação: PSESS – Publicado em Sessão, Data 28.10.2022.

da Resolução TSE nº 23.714/2022). Uma vez havendo descumprimento reiterado de determinações do Tribunal, o Presidente do TSE poderá determinar a suspensão do acesso aos serviços da plataforma implicada, em número de horas proporcional à gravidade da infração, observado o limite máximo de 24 horas (art. 5º, da Resolução TSE nº 23.714/2022).

Saliente-se que, de acordo com a Resolução TSE Nº 23.714/2022, a utilização da internet, inclusive serviços de mensageria, para difundir informações falsas ou descontextualizadas em prejuízo de adversário ou em benefício de candidato, ou a respeito do sistema eletrônico de votação e da Justiça Eleitoral, pode configurar uso indevido dos meios de comunicação e, a depender das circunstâncias do caso, também abuso dos poderes político e econômico (art. 6º, §4º).

Já o discurso de ódio é estruturado a partir de narrativas comunicativas, travadas principalmente nos espaços virtuais, que ostentam, como fator teleológico, a degradação simbólica ou direta de segmentos da população discriminados, oprimidos, minoritários ou que apresentam traços diferenciais relevantes. Ele é um fenômeno social complexo, que remete a situações diversas e heterogêneas entre si.

Esse tipo de discurso perfectibiliza-se através de uma manifestação de intolerância, haja vista que se denega o diálogo e o ponto de vista de seus contendores. Manifestação maior dessa intolerância é a criação de um inimigo, real ou imaginário, que serve para unificar os apoiadores da narrativa e produzir uma argumentação para o direcionamento de seu comportamento.

Intenta-se, a partir desse *modus operandi*, edificar apenas o que foi identificado como bom (*kalokagathia*) para vilipendiar aquele que não é identificado como pertencente ao seu nicho social, de modo a perpetuar a ideia de que, bem por isso, são inimigos. Salienta Umberto Eco que nestes casos a imagem do inimigo é simplesmente deslocada para uma força natural ou social que precisa ser vencida a qualquer custo.[471] Até porque é mais fácil alimentar pulsões coléricas do que tentar entender o outro e destruir os clichês a seu respeito.

Foi nessa esteira intelectiva que Jean-Paul Sartre asseverou que "só podemos nos reconhecer a nós mesmos na presença de um Outro, e nisto se baseiam as regras de convivência e mansuetude. Mas é mais fácil considerar este Outro insuportável, porque simplesmente não é

---

471 ECO, Umberto. *Construir o inimigo e outros escritos ocasionais*. Rio de Janeiro: Record. Edição Kindle. Posição 375 de 4.410.

nós. E assim, reduzindo-o a inimigo, construímos nosso inferno na terra".[472] O que se apresenta diante dessa moldura é o menosprezo aos valores e ideias como "solidariedade", "fraternidade" e "respeito".[473]

Ele igualmente se configura como uma manifestação autoritária, em que se tenciona estabelecer um ponto de vista por meio da manipulação, da coerção ou da força, sem abrir espaço para o contraditório ou argumentos dialógicos, sendo esses enunciados pautados e reputados como relevantes, a despeito de serem importantes ou não para a maioria da população. Igualmente, o discurso de ódio não é apanágio apenas da direita, sendo executada por "ditos setores progressistas", a exemplo da teoria do cancelamento, que exclui da convivência digital ou social um cidadão que porventura ouse divergir de um dos truísmos entronizados.

É o que Ernest Gellner chamou de "tirania dos primos", em que a fiscalização da fidelidade a um código moral de um grupo é realizada pelos integrantes adultos da tribo, baseada no consenso.[474] Bem a propósito, qualquer comportamento que incomode o coletivo pode gerar indignação moral e marginalizar ou exilar o transgressor. A indignação moral, quando potencializada em um contexto coletivo, ocasiona o que Richard Wranghan denominou de "agressividade proativa e coalizadora".[475] Em linhas gerais, está-se a falar do costumeiro "efeito manada" ou "majoritarismo de manada".

A emoção ou o afeto não pode ser considerado como um de seus elementos essenciais; não obstante ser assaz intensamente utilizada com o objetivo de captar a atenção e conquistar a mente dos seus receptores, principalmente quando se utiliza de frases desinformativas que provocam medo, rancor ou raiva entre os leitores. Portanto, não há nenhum tipo de incongruência entre os mais variados discursos de ódio e a racionalidade. Inclusive existem vários discursos de ódio, que mesmo carentes de fundamentalidade ética ou destoante dos direitos fundamentais, podem ostentar algum nível de racionalidade. Por todas

---

[472] SARTRE, Jean-Paul. *Entre quatro paredes*. Tradução de Alcione Araújo e Pedro Hussak. Rio de Janeiro: Civilização Brasileira, 2005.

[473] CASARA, Rubens. *Bolsonaro:* o mito e o sintoma. São Paulo: Contracorrente, 2020. Edição Kindle. Posição 629 de 2.485.

[474] GELLNER, Ernest. *Condições da liberdade:* a sociedade civil e seus rivais. Tradução de Lucy Magalhães. Rio de Janeiro: Zahar, 1996. p. 34.

[475] WRANGHAM, Richard. *The goodness paradox:* the strange relationship between virtue and violence in human evolution. New York: Vintage, 2019. p. 274.

essas suas características, o discurso de ódio consegue capturar e direcionar o comportamento das massas.

A fácil adesão a discursos dessa natureza tem como amálgama o sentimento de pertencimento experimentado pelos integrantes de determinados grupos. Citem-se como exemplo estudos indicativos de que a inclusão de usuários em grupos homogêneos em redes sociais facilita sua sensibilidade à conformidade. Ou seja, isso acaba por subjugar a capacidade dos usuários de avaliar a veracidade das afirmações, burlando a racionalidade que deveria guiar o processo cognitivo, o que aumenta a atração por mentiras, sobretudo as que afirmam a sua identidade.[476]

8.2.6 Desinformação e o uso de inteligência artificial

É incontestável que o grau tecnológico do mundo atual atinge níveis de complexidade jamais explorados. Somos surpreendidos, a cada dia que passa, por novos engenhos eletrônicos e digitais capazes de facilitar a vida em sociedade e, como consequência, garantir a eficiência nas mais diversas searas do conhecimento e da vida prática. Esse cenário de disrupção tecnológica trouxe à baila os avanços na Inteligência Artificial (IA). Stuart Russell e Peter Norvig definem a inteligência artificial como sendo um sistema que varia de acordo com a vertente em uma classificação de sucesso como sistemas que atuam ou pensam, como seres humanos ou racionalmente, partindo de seu conceito do pressuposto humano de comportamento ou racionalidade.[477]

Hugo de Brito Machado Segundo explana que a IA consiste na habilidade de máquinas ou sistemas desempenharem a capacidade de aprender, resolver problemas, se adaptar às dificuldades e contornar intempéries operacionais para atingir objetivos predeterminados.[478] Enquanto alguns sistemas de computador eram delineados sob a lógica do processo de transformação "*input-output*", ou seja, entrada de dados

---

[476] OSNOS, Evan. Can Mark Zuckerberg fix Facebook before it breaks democracy? *The New Yorker*, 10 set. 2018. Disponível em: https://www.newyorker.com/magazine.2018.09/17/can-mark-zuckerberg-fix-facebook-before-it-breaks-democracy. Acesso em: 8 abr. 2024.

[477] RUSSELL, Stuart J.; NORVIG, Peter. *Inteligência artificial*. Rio de Janeiro: Elsevier, 2004.

[478] SEGUNDO, Hugo de Brito Machado. *Direito e Inteligência Artificial*. 2. ed. São Paulo: Foco, 2024. Posição Kindle de 17 de 192.

e a saída do produto final, na IA os *outputs* mudam constantemente e são modificados a partir de escolhas do próprio sistema.[479]

Nesse caso, as máquinas são treinadas a partir da disponibilização de um conjunto de dados iniciais para que, com base neles, execute tarefas destinadas a alcançar alguma finalidade traçada pelos seus criadores. Elas são desenvolvidas a partir de diversas técnicas computacionais que abrangem diferentes aplicações, como automação de tarefas, pontuação algorítmica de risco e robótica, com a possibilidade de substituir os seres humanos no âmbito do trabalho, dos relacionamentos, nos julgamentos e na criatividade.[480]

A IA apresenta três categorias de algoritmos denominadas de *Machine Leaning, Deep Learning* e *Natural Language Processing*. O *Machine Learning* permite o desenvolvimento de sistemas com habilidade para aprender e aprimorar técnicas através da experiência, sem que tenham sido programados anteriormente. Ou seja, os próprios sistemas conseguem aprender com os dados que analisa, se adaptam e evoluem na medida em que informações são acumuladas no decorrer do tempo. Já o *Deep Learning*, baseando-se no *Machine Learning*, utiliza uma grande quantidade de dados e, a partir disso, descobre meios para a solução de problemas e execução de várias tarefas semelhantes às desenvolvidas pelos seres humanos, como o reconhecimento de voz, por exemplo. Ele aprende com os seus erros. O *Natural Language Processing*, por sua vez, permite que os sistemas possam, a partir da linguagem humana, reconhecer, entender e gerar texto e voz.

Isso dito, é certo que a IA não iria passar despercebida no tocante ao processo eleitoral. Sua implementação poderia servir como um importante fator de crescimento no progresso democrático e na participação política,[481] já que possuem capacidade de analisar um grande volume de dados de forma mais rápida que os seres humanos, de modo a identificar ideias e tendências.[482] No entanto, toda essa pujança computa-

479 REZENDE, Solange Oliveira (org.). *Sistemas inteligentes:* fundamentos e aplicações. São Paulo: Manole, 2003.

480 JOYCE, Kelly *et al.* Toward a Sociology of Artificial Intelligence: a call for research on inequalities and structural change. *Socius: Sociological Research for a Dynamic World*, v.7, p. 2, 2021.

481 SIMONCINI, Andrea. The constitutional dimension of the Internet: Some research paths. European University Institute, Department of Law, *EUI working paper* LAW 16, 2016. Disponível em: https://cadmus.eui.eu/handle/1814/40886. Acesso em: 10 abr. 2024.

482 FORNASIER, Mateus de Oliveira. *Inteligência artificial como pessoa?* Londrina: Thoth Editora, 2020. p. 173.

cional tem sido utilizada para favorecer formas de manipulação com grande potencial para "explorar as paixões humanas de forma mais eficaz do que a propaganda tradicional". [483]

Esse processo manipulativo facilita a difusão de inverdades, recrudesce a polarização e conduz a processos de despolitização. Isso porque a manipulação da IA passa a controlar o conteúdo das redes sociais, direcionando teorias da conspiração que se adaptam – ou até mesmo criam – narrativas para destruir a democracia ou determinados indivíduos, ou candidatos, no tocante às eleições. Daí que surgem as *deep fakes*, que são identidades falsas criadas a partir do *Deep Learning*, por meio de uma técnica de síntese de imagem humana baseada em IA. Cria-se um falso discurso humano *(fake human speech)* de uma forma tão real que impossibilite a distinção entre o que é fato e mentira, gerando no expectador uma crença da realidade. O MIT classifica a *deep fake* como uma espécie de mídia sintética na qual o rosto de determinado indivíduo é trocado pelo rosto de outra pessoa através de algoritmos de reconhecimento facial e de redes neurais de *Deep Learning*.[484]

Alexandre Freire Pimentel lembra que o fenômeno das *deep fakes* eclodiu a partir do avanço tecnológico decorrente do "aperfeiçoamento dos sistemas baseados em redes neurais artificiais (RNAs), que são sistemas informáticos concebidos a partir da inspiração de sistemas nervosos centrais de cérebros de animais e que proporcionam o aprendizado da máquina, através do reconhecimento e da imitação de padrões, que podem incluir fala, gestos corporais, expressões faciais, etc.".[485]

Essa ferramenta pode ser utilizada, por exemplo, para veicular vídeo em que determinado candidato esteja proferindo dizeres que nunca ousou verbalizar, mormente no tocante às temáticas sensíveis perante o eleitorado. Ou, se for o caso, pode ser vítima do uso de *deep fake* com a criação de vídeo que confesse a prática de crime. A manipulação de imagens e vozes através da *deep fake* é muito real, no que é difícil de detectar a inverdade do conteúdo eventualmente difundido.

---

483 KISSINGER, Henry; SCHMIDT, Eric; HUTTENLOCHER, Daniel. *A Era da Inteligência Artificial e o nosso futuro humano*. Lisboa: D. Quixote, 2021. p. 194.

484 Disponível em: https://mitsloan.mit.edu/ideas-made-to-matter/deepfakes-explained#:~:text=To%20make%20a%20deepfake%20video,at%20the%20MIT%20Media%20Lab. Acesso em: 10 abr. 2024.

485 PIMENTEL, Alexandre Freire. *Propaganda eleitoral*. 2. ed. Belo Horizonte: Fórum, 2022. p. 218.

Os efeitos das *deep fake* são deletérios e podem ocasionar ruídos no livre mercado de ideias, de modo a também provocar acintes diretos aos princípios da normalidade e da legitimidade do pleito. Conforme explanam Beatriz Barbosa, Helena Martins e Jonas Valente, a projeção algorítmica da desinformação potencializa os efeitos perversos do uso da IA no campo da política, principalmente pela incidência dos seguintes fatores, a saber: extrema velocidade da circulação do conteúdo, que permite um sem-número de compartilhamentos; alcance incomensurável da postagem; tratamento massivo e abusivo dos dados pessoais que permite o direcionamento dos conteúdos; e as regras de funcionamento das plataformas, que acabam potencializando a difusão de conteúdos falsos, principalmente nas bolhas, gerando intensa reação dos usuários.[486]

Toda essa ambiência propicia o florescimento de atitudes antidemocráticas contra o sistema, todas elas descoladas da realidade factual. Os debates necessários são diminuídos pelo império das notícias falsas e de desordem informacional destinadas a abalar os pilares democráticos e os princípios mais caros ao bom andamento dos pleitos, intensificando, por vezes, a violência na sociedade. Foi diante disso que o Tribunal Superior Eleitoral editou a Resolução nº 23.732/2024, que veda a utilização na propaganda eleitoral, em qualquer modalidade, de conteúdo sintético multimídia gerado por meio de IA para criar, substituir, omitir, mesclar ou alterar a velocidade ou sobrepor imagens ou sons, devendo o responsável pela propaganda informar, de modo explícito, destacado e acessível que o conteúdo foi fabricado ou manipulado e a tecnologia utilizada (art. 9º-B da Resolução TSE nº 23.610/2019).

Para tanto, essas informações devem ser apresentadas no início das peças ou da comunicação feitas por áudio; por rótulo (marca d'água) e na audiodescrição, nas peças que consistam m imagens estáticas; das duas outras formas, nas peças ou comunicações feitas por vídeo ou áudio e vídeo; em cada página ou face de material impresso em que utilizado o conteúdo produzido por IA (art. 9º-B, §1º, da Resolução TSE nº 23.610/2019).

Saliente-se que a Resolução TSE nº 22.610/2019 proíbe o uso de *chatbots*, avatares e conteúdos sintéticos como artifício de intermediar a comunicação de campanha com pessoas naturais, sendo vedada qualquer

---

[486] BARBOSA, Beatriz; MARTINS, Helena; VALENTE, Jonas. *Fake News:* como as plataformas enfrentam a desinformação. Rio de Janeiro: Grupo Multifoco, 2021. p. 9.

simulação de interlocução com a pessoa candidata ou outra pessoa real (art. 9º-B, §3º, da Resolução TSE nº 23.610/2019). O descumprimento dessa regra impõe a imediata remoção do conteúdo ou a indisponibilidade do serviço de comunicação, por iniciativa do provedor de aplicação ou determinação judicial, sem prejuízo de apuração da prática de abuso de poder (art. 9º-B, §4º, da Resolução TSE nº 23.610/2019).

Para mais, o art. 9º-C da Resolução TSE nº 23.610/2019 veda a utilização, na propaganda eleitoral, qualquer que seja sua forma ou modalidade, de conteúdo fabricado ou manipulado para difundir fatos notoriamente inverídicos ou descontextualizados com potencial para causar danos ao equilíbrio do pleito ou à integridade do processo eleitoral. Também proibido o uso, para prejudicar ou favorecer candidatura, de conteúdo sintético em formato de áudio, vídeo ou combinação de ambos, que tenha sido gerado ou manipulado digitalmente, ainda que mediante autorização, para criar, substituir ou alterar imagem ou voz de pessoa viva, falecida ou fictícia (*deep fake*) (art. 9º-C, §1º, da Resolução TSE nº 23.610/2019).

O descumprimento dessas regras configura abuso do poder político e uso indevido dos meios de comunicação, acarretando a cassação do registro ou do mandato, e impõe a apuração das responsabilidades nos termos do art. 321, §1º, do CE, sem prejuízo de outras medidas judiciais cabíveis quanto à irregularidade da propaganda e à ilicitude do conteúdo (art. 9º-C, §2º, da Resolução TSE nº 23.610/2019).

8.3 Horário da propaganda gratuita

Nos trinta e cinco dias anteriores à antevéspera das eleições, as emissoras de rádio e televisão, inclusive os canais por assinatura, reservarão horário destinado à divulgação da propaganda eleitoral gratuita. Ela se divide de acordo com o cargo, o sistema eleitoral adotado e o meio de comunicação utilizado (art. 47 da LE, alterado pela Lei nº 13.165/15):

Presidente da República
dias: terças e quintas-feiras e aos sábados.
horário: das 7h às 7h12min30s e das 12h às 12h12min30s (rádio); das 13h às 13h12min30s e das 20h30min às 20h42min30s (televisão).
Deputado Federal
dias: terças e quintas-feiras e aos sábados.

horário: das 7h12min30s às 7h25min e das 12h12min30s às 12h25min (rádio); das 13h12min30s às 13h25min e das 20h42min30s às 21h55min (televisão).
Governador de estado e do Distrito Federal
dias: segundas, quartas e sextas-feiras.
horário: a) Nos anos em que a renovação do Senado Federal se der por um terço: das 7h15min às 7h25min e das 12h15min às 12h25min (rádio); das 13h15min às 13h25min e das 20h45min às 20h55min (televisão); b) Nos anos em que a renovação do Senado Federal se der por dois terços: das 7h16min às 7h25min e das 12h16min às 12h25min (rádio); das 13h16min às 13h25min e das 20h46mim às 20h55min (televisão).
Deputado Estadual e Deputado Distrital
dias: segundas, quartas e sextas-feiras.
horário: a) Nos anos em que a renovação do Senado Federal se der por um terço: das 7h05min às 7h15min e das 12h05min às 12h15min (rádio); das 13h05min às 13h15min e das 20h35min às 20h45min (televisão); b) Nos anos em que a renovação do Senado Federal se der por dois terços: das 7h07min às 7h16min e das 12h07min às 12h16min (rádio); das 13h07min às 13h16min e das 20h37min às 20h46min.
Senador
dias: segundas, quartas e sextas-feiras.
horário: a) Nos anos em que a renovação do Senado Federal se der por um terço: das 7h às 7h05min e das 12h às 12h05min (rádio); das 13h às 13h05min e das 20h30min às 20h35min (televisão; b) Nos anos em que a renovação do Senado Federal se der por dois terços: das 7h às 7h07min e das 12h às 12h07min (rádio); das 13h às 13h07min e das 20h30min às 20h37min (televisão).
Prefeito e Vereador
dias: segunda a sábado.
horário: das 7h às 7h10min e das 12h às 12h10min (rádio); das 13h às 13h10min e das 20h30min às 20h45min (televisão).

Ainda será feita propaganda, mediante inserções de 30 e 60 segundos, no rádio e na televisão, totalizando 70 minutos diários, de segunda-feira a domingo, distribuídas ao longo da programação veiculada entre as cinco e as 24 horas, na proporção de 60% (sessenta por cento) para Prefeito e 40% (quarenta por cento) para Vereador.

Impende destacar, por fim, que, caso haja a realização de segundo turno, por sua vez, as emissoras de rádio e televisão reservarão, a partir da sexta-feira seguinte à realização do primeiro turno e até a antevéspera da eleição, horário destinado à divulgação da propaganda eleitoral gratuita, dividido em dois blocos diários de dez minutos para cada eleição, iniciando-se às sete e às doze horas, no rádio, e às treze e às vinte horas e trinta minutos, na televisão (art. 49, *caput*, da Lei nº 9.504/97).

8.4 Debates

O debate é o meio pelo qual os candidatos ao pleito eleitoral têm de confrontar suas ideias e posicionamentos partidários, expondo suas ideologias e pretensões para que o eleitorado possa analisar, além das propostas, qual candidato está apto a receber o seu voto e conduzir a coisa pública.

Seu acontecimento para o processo eleitoral é deveras importante, pois se torna um momento salutar para a formação do convencimento do eleitor acerca dos candidatos que estão a disputar determinado cargo público. Para o Tribunal Superior Eleitoral, o processo dialético, em que os candidatos estão confrontando suas ideias, desde que exercido nos limites do respeito aos direitos individuais e institucionais, deve ser assegurado de modo amplo, a fim de que este possa contribuir para a formação da livre opinião do eleitor acerca do candidato que merece o seu sufrágio.[487]

Seu disciplinamento legal encontra fulcro no art. 46 da Lei nº 9.504/1997, assim como nos seus respectivos incisos e parágrafos. Ele será realizado segundo as regras estabelecidas em acordo celebrado entre os partidos políticos e a pessoa jurídica interessada na realização do evento, dando-se ciência à Justiça Eleitoral (art. 46, §4º, da Lei nº 9.504/1997). Com a minirreforma eleitoral de 2017, restou assentado que, independentemente da veiculação de propaganda eleitoral gratuita no horário, é facultada a transmissão por emissora de rádio ou televisão de debates sobre as eleições majoritária ou proporcional, sendo assegurada a participação de candidatos dos partidos com representação no Congresso Nacional, de, no mínimo, cinco parlamentares (e que tenham

---

[487] "Agravo regimental. Direito de resposta. Propaganda. Não infringência do art. 11 da Resolução-TSE nº 22.032.2005. Improcedência. 1. Não havendo demonstração inequívoca de que houve divulgação de conceito, imagem ou afirmação caluniosa, difamatória, injuriosa ou sabidamente inverídica, não se concede, com base no art. 11 da Resolução-TSE nº 22.032.2005, direito de resposta. 2. É da natureza do debate de ideias o exercício de crítica veemente, como forma de discordar dos pontos de vista apresentados pela parte contrária. 3. O processo dialético, desde que exercido nos limites do respeito aos direitos individuais e institucionais, deve ser assegurado de modo amplo, sem submissão ao exercício do poder de polícia. 4. Agravo regimental improcedente" (Ac. nº 817, de 20.10.2005, Rel. Min. José Delgado).

requerido o registro de candidatura na Justiça Eleitoral) e facultada a dos demais. (Lei nº 9.504/1997, art. 46 c/c art. 44, §1º, da Resolução nº 23.610/2019). Instrui o TSE que ter representação de cada partido político no Congresso Nacional a resultante da eleição, ressalvando-se as mudanças de filiação partidária ocorridas até a data da convenção e que, relativamente aos Deputados Federais, não tenham sido contestadas ou cuja justa causa tenha sido reconhecida pela Justiça Eleitoral (§6º, inciso II, do art. 44 da Resolução nº 23.610/2019). Mencionada mudança foi objeto da ADI nº 5.423, cujo relator era o Ministro Dias Toffoli. No dia 19.12.2017, por maioria de votos e nos termos do voto do Relator, foi julgado improcedente o pedido formulado, ou seja, foi considerado constitucional o artigos 46, *caput*, expressão "superior a nove deputados", e 47, §2º, da Lei nº 9.504/97 (Lei das Eleições), com a redação da Lei nº 13.165/15.[488] Todavia, o referido julgamento se torna sem valor em razão do advento da Lei nº 13.488/2017, a qual deu nova redação ao artigo 46 em comento. Quanto ao dispositivo 47, §2º, não houve alteração com a minirreforma de 2017, permanecendo que os

[488] Ação direta de inconstitucionalidade. Artigos 46, *caput*, expressão "superior a nove deputados", e 47, §2º, da Lei nº 9.504/97 (Lei das Eleições), com a redação da Lei nº 13.165/15. Debates eleitorais no rádio e na televisão. Participação garantida aos candidatos dos partidos políticos com representação superior a nove deputados. Critério razoável de aferição da representatividade do partido. Distribuição do tempo de propaganda eleitoral gratuita. Compreensão do princípio da igualdade em seu aspecto material. Legitimação popular das agremiações partidárias. Improcedência do pedido. 1. O art. 46, *caput*, da Lei nº 9.504/97 assegura a participação, nos debates eleitorais, dos candidatos dos partidos políticos com mais de 9 (nove) representantes na Câmara dos Deputados. Critério razoável de aferição da representatividade do partido, pois não obsta a participação nos debates de legendas com menor representatividade, a qual ainda é facultada, a critério das emissoras de rádio e televisão. O direito de participação em debates eleitorais – diferentemente da propaganda eleitoral gratuita no rádio e na televisão -, não tem assento constitucional e pode sofrer restrição maior, em razão do formato e do objetivo desse tipo de programação. 2. Os incisos I e II do §2º do art. 47 da Lei nº 9.504/97, em consonância com a cláusula democrática e com o sistema proporcional, estabelecem regra de equidade, resguardando o direito das minorias partidárias de acesso à propaganda eleitoral e pondo em situação de benefício não odioso aquelas agremiações mais lastreadas na legitimidade popular. O tempo outorgado proporcionalmente à representatividade, embora dividido de forma distinta entre as agremiações, não nulifica a participação de nenhuma legenda concorrente. Precedente: ADI nº 4.430, de minha relatoria, Tribunal Pleno, DJ de 19.9.13. 3. A consideração, na distribuição do tempo de propaganda eleitoral gratuita, da representatividade dos seis maiores partidos políticos de determinada coligação, formada para as eleições majoritárias (inciso I, do §2º, do art. 47, da Lei nº 9.504/97), é critério que objetiva um equilíbrio na distribuição do tempo de horário eleitoral gratuito, evitando a concentração, em uma coligação majoritária, de dada quantidade de tempo que pudesse caracterizar o monopólio do horário ou a posse de tempo muito maior do que o dos candidatos adversários. Outrossim, esse regramento desestimula a criação de legendas de ocasião, partidos políticos criados sem nenhuma motivação ideológica, com o único escopo de angariar tempo de propaganda eleitoral. 4. Ação direta de inconstitucionalidade julgada improcedente.

horários reservados à propaganda de cada eleição serão distribuídos entre todos os partidos e coligações que tenham candidato, observados os seguintes critérios em seus incisos.

Contudo, as regras dos debates não ficam ao livre arbítrio dos partidos políticos e dos interessados. É preciso que elas se encaixem devidamente dentro do princípio da isonomia entre os participantes, para que no momento em que forem estabelecidas não levem, indevidamente, benefício a um candidato em detrimento de outro.

Para os debates que se realizarem no primeiro turno das eleições, serão consideradas aprovadas as regras, inclusive as que definirem o número de participantes, que obtiverem a concordância de pelo menos 2/3 (dois terços) dos candidatos aptos, no caso de eleição majoritária, e de pelo menos 2/3 (dois terços) dos partidos com candidatos aptos, no caso da eleição proporcional (art. 46, §5º, da Lei nº 9.504/97, com redação dada pela Lei nº 14.211, de 2021).

Aqueles candidatos que tiveram seu registro indeferido, mas que estão *sub judice*, igualmente podem participar dos debates eleitorais e exercer todos os atos de campanha até que sua pendência judicial seja resolvida (art. 16-A da LE c/c art. 44, §1º, da Resolução nº 23.610/2019).[489]

A emissora responsável e os demais candidatos que representem 2/3 dos aptos, ao elaborarem as regras de realização dos debates, não podem deliberar pela exclusão de candidato cuja presença já esteja garantida. Emissora de rádio ou de televisão poderá convidar candidato cuja participação seja facultativa, sendo vedada sua exclusão pela deliberação da maioria dos candidatos aptos (§§2º e 3º do art. 44 da Resolução nº 23.610/2019).

Se, todavia, não existir consenso dos participantes para a devida fixação de regras de realização dos debates, a regulamentação realiza-se de acordo com os dispositivos contidos na Lei nº 9.504/1997, em seu art. 46, incisos I, alíneas "a" e "b", II e III, c/c a Resolução nº 23.610/2019, nos termos de seu art. 45. Dispõe o mencionado artigo que, em se tratando

[489] "Consulta. Associação brasileira de emissoras de rádio e televisão – ABERT. Ilegitimidade ativa. Relevância da matéria. Conhecimento como petição. Eleições. Debates. Regras. Art. 46, §5º, da Lei nº 9.504/1997. Candidatos aptos. Representação na câmara dos deputados. 1. Para os fins do art. 46, §5º, da Lei nº 9.504/1997, são considerados aptos os candidatos filiados a partido político com representação na Câmara dos Deputados e que tenham requerido o registro de candidatura na Justiça Eleitoral. 2. Julgado o registro, permanecem aptos apenas os candidatos com registro deferido ou, se indeferido, esteja *sub judice*. 3. Consulta recebida como petição e respondida nos termos do voto do Ministro Relator" (Res. nº 23.273, de 08.06.2010, Rel. Min. Aldir Passarinho Junior).

de eleição majoritária, a apresentação dos debates pode ser feita em conjunto, estando presentes todos os candidatos a um mesmo cargo eletivo; ou em grupos, estando presentes, no mínimo, três candidatos. Tratando-se de eleições proporcionais, os debates deverão ser organizados de modo que seja assegurada a presença de número equivalente de candidatos de todos os partidos políticos e coligações a um mesmo cargo eletivo, respeitada a proporção de homens e mulheres estabelecida no §3º do art. 10 da LE – mínimo de 30% (trinta por cento) e máximo de 70% (setenta por cento) para candidaturas de cada sexo – podendo desdobrar-se em mais de um dia (art. 46, I e II, da LE, com a redação dada pela Lei nº 14.192/2021).

Outrossim, os debates necessitam ser parte de programação previamente estabelecida e divulgada pela emissora, fazendo-se mediante sorteio a escolha do dia e da ordem de fala de cada candidato (art. 46, III, da LE).

Para delinear os debates da forma mais paritária possível, impedindo sua manipulação ou privilégio a certos candidatos, quatro postulados devem ser respeitados:

a) é admitida a realização de debate sem a presença de candidato de algum partido político ou de coligação, desde que o veículo de comunicação responsável comprove tê-lo convidado com a antecedência mínima de 72 horas da realização do debate (art. 46, §1º, da LE);
b) é vedada a presença de um mesmo candidato a eleição proporcional em mais de um debate da mesma emissora (art. 46, §2º, da LE);
c) o horário destinado à realização de debate poderá ser destinado à entrevista de candidato, caso apenas este tenha comparecido ao evento (art. 46, III da Resolução nº 23.610/2019);
d) no primeiro turno, o debate poderá se estender até as 7h da sexta-feira imediatamente anterior ao dia da eleição e, no caso de segundo turno, não poderá ultrapassar o horário de meia-noite da sexta-feira imediatamente anterior ao dia do pleito (art. 46, IV, da Resolução nº 23.610/2019).

Caso haja descumprimento das regulamentações supracitadas, após processo judicial em que serão assegurados o contraditório e a ampla defesa, a empresa infratora ficará sujeita à suspensão, por 24 horas, de sua programação, com a transmissão intercalada, a cada 15 minutos, de mensagem de orientação ao eleitor. Em cada reiteração de conduta, o período de suspensão será duplicado (arts. 46, §3º, e 56, §§1º e 2º, da Lei nº 9.504/97). Saliente-se que se trata de sanção aplicável apenas na circunscrição do pleito (§2º do art. 47 da Resolução nº 23.610/2019).

8.5 Fiscalização da propaganda (Representação)

A devida fiscalização das propagandas eleitorais é deveras importante para o processo eleitoral, visto que impede a existência de máculas e propicia igualdade perante todos os envolvidos. Na hipótese de propaganda irregular ou extemporânea, a medida propícia contra o abuso é denominada representação eleitoral. A representação eleitoral é um dos procedimentos utilizados para a apuração de fatos que possam infringir artigos da legislação eleitoral, tendentes a desequilibrar o pleito, estando disciplinada no art. 96 da Lei nº 9.504/1997 e na Resolução TSE nº 23.608/2019, em vigor nos termos da Resolução TSE nº 23.672/2021.

A representação configura uma ação processual com rito bastante célere, cabível quando houver descumprimento de regras referentes à propaganda eleitoral e às infrações sancionadas com multa administrativa. Ressalta-se que esse tipo de ação se configura residual (art. 96 da LE), ou seja, sua interposição ocorre desde que não haja ação específica que trate de determinada matéria. Não se aplica, por exemplo, nos casos de captação ilícita de sufrágio (art. 41-A da LE), cuja via processual adequada é a ação de investigação judicial eleitoral.[490]

O prazo final para ajuizamento de representação por propaganda eleitoral extemporânea ou irregular é a data da eleição, sob pena de reconhecimento de perda do interesse de agir.[491] Para a Corte Eleitoral,

---

[490] "Esse vasto repositório da jurisprudência demonstra o pacífico entendimento do TSE quanto ao cabimento das representações que seguem o rito do art. 96 em relação à prática das condutas vedadas pelo art. 73 da Lei das Eleições. Também deixa claro duas consideráveis vantagens que a opção por este rito traduz: sua celeridade processual e o efeito imediato da cassação do registro/diploma dos candidatos beneficiados, com a incidência do disposto no art. 257 do Código Eleitoral" (BARRETTO, Lauro. *Representações*: questões processuais relevantes. Rio de Janeiro: Edipro, 2006, p. 97).

[491] "O entendimento adotado por esta Corte Superior é no sentido de que "o prazo final para a propositura de representação, por propaganda eleitoral extemporânea ou irregular, é a data da eleição (AgR-REspe 1850-78, rel. Min. Rosa Weber, DJE de 16.5.2017)" (Recurso Especial Eleitoral nº 060340425, Acórdão, Relator(a) Min. Sergio Silveira Banhos, Publicação: *DJE – Diário da justiça eletrônica*, Tomo 76, Data 22.04.2020).

a demora em ajuizar a representação configura falta de interesse de agir, uma vez que, ultrapassado o período eleitoral, não mais subsiste poder de influência da propaganda questionada.[492]

São legitimados ativos os partidos políticos, federações de partidos, coligação, candidato, candidata e o Ministério Público Eleitoral (art. 3º da Resolução TSE nº 23.608/2019, com redação dada pela Resolução nº 23.672/2021). Como antes das convenções e do período do registro de candidatura ainda não existem candidatos ou coligação, somente podem ingressar com representação os partidos políticos e o Ministério Público Eleitoral, o que comumente ocorre nos casos em que há difusão de propaganda eleitoral antecipada. Destaque-se que a coligação ou federação deve ser devidamente identificada nas ações eleitorais, com a nominação dos respectivos partidos políticos que a compõem (art. 15 da Resolução TSE nº 23.608/2019, com redação dada pela Resolução nº 23.672/2021).

O ajuizamento de ação eleitoral por candidato, federação ou partido político não impede ação do Ministério Público Eleitoral no mesmo sentido (art. 63 da Resolução TSE nº 23.608/2019, com redação dada pela Resolução nº 23.672/2021).[493]

As representações devem ser endereçadas ao juízo competente — aos juízes eleitorais, nas eleições municipais; aos Tribunais Regionais Eleitorais, nas eleições federais, estaduais e distritais; e ao Tribunal Superior Eleitoral, na eleição presidencial (art. 96, *caput*, I, II e III, da LE). Para que não haja supressão de instância nem quebra de competência, acarretando a anulação da decisão prolatada, havendo apreciação de processo em que estejam envolvidos, por exemplo, candidato a senador e a Presidente da República, recomenda-se a repartição de competência entre o Tribunal Regional Eleitoral respectivo e o Tribunal Superior Eleitoral, formulando-se duas representações específicas para evitar seu indeferimento.[494]

---

492 "[...] Propaganda eleitoral irregular. Art. 45, III, da Lei nº 9.504/1997. Ajuizamento há mais de um mês após a eleição. Ausência de interesse de agir. Decisão do juiz auxiliar que julgou extinto o processo sem julgamento de mérito. [...]" *NE*: "[...] A demora em ajuizar a representação configura falta de interesse de agir, uma vez que, ultrapassado o período eleitoral, não mais subsiste poder de influência da propaganda questionada. [...]" (Ac. de 23.06.2009 no AREsp nº 27.890, Rel. Min. Joaquim Barbosa).

493 Lei nº 9.504/1997, art. 6º-A e Lei nº 9.096/1995, art. 11-A, *caput* e §8º.

494 BARRETTO, Lauro. *Representações*: questões processuais relevantes. Rio de Janeiro: Edipro, 2006, p. 97.

Nas eleições municipais, quando a circunscrição abranger mais de uma zona eleitoral, o Tribunal Regional Eleitoral designará um juiz para apreciar as reclamações ou representações (art. 96, §2º, da LE). Na esfera regional, os Tribunais Eleitorais designarão três juízes auxiliares para a apreciação das reclamações ou representações que lhes forem dirigidas (art. 96, §3º, da LE),[495] valendo-se ressaltar que os recursos contra as decisões por eles proferidas serão julgados pelo Plenário do respectivo Tribunal (art. 96, §4º, da LE).

Discorda-se do sentir de que a representação se configura como um procedimento administrativo, um mero direito de petição, pois se exigem requisitos e se provocam efeitos não ocasionados pela clássica prerrogativa indicada. Ademais, a peça exordial tem que ser assinada por advogado, devidamente habilitado perante a Ordem dos Advogados do Brasil. Trata-se de notório caso de *jus postulandi*, em que os órgãos judiciais competentes apreciam matéria que lhes é posta, advindo desse julgamento a proteção da segurança jurídica.[496]

A petição inicial da representação deve ser apresentada subscrita por advogado ou por representante do Ministério Público, relatando os fatos, indícios e circunstâncias, bem como suas provas (art. 96, §1º, da LE), seguindo as formalidades exigidas pelos arts. 319 e seguintes do CPC. Caso não preencha esses requisitos, será indeferida. A petição inicial das representações relativas à propaganda eleitoral irregular deverá ser instruída, sob pena de não conhecimento, com prova da autoria ou do prévio conhecimento do beneficiário, caso este não seja por ela responsável (art. 17, inciso I, Resolução TSE nº 23.608/2019).

Naquelas relativas à propaganda irregular no rádio e na televisão, a peça inaugural deve vir instruída com a informação de dia e horário em que foi exibida e com a respectiva transcrição da propaganda ou do trecho impugnado (art. 17, inc. II, Resolução TSE nº 23.608/2019). Já no caso de manifestação em ambiente de internet, a peça deverá vir munida com a identificação do endereço da postagem (URL ou, caso inexistente, URI ou URN) e a prova de que a pessoa indicada para

---

[495] Mandado de Segurança nº 060124209, Acórdão, Relator(a) Min. Jorge Mussi, Publicação: *DJE – Diário da justiça eletrônica,* Tomo 229, Data 20.11.2018. Processo Administrativo nº 19837, Resolução, Relator(a) Min. Gerardo Grossi, Publicação: *DJ – Diário de justiça,* Data 29.02.2008, Página 16.

[496] "A narração da ocorrência dos fatos reputados como ilegais, incluindo a respectiva prova material do alegado são suficientes para afastar qualquer declaração de nulidade quanto ao aspecto formal da respectiva peça vestibular" [Ac.-TSE, de 8.5.2008, no REspe nº 27141].

figurar como representada ou representado é a sua autora, o que pode ser alcançado com a captura da tela do respectivo perfil na rede social que alberga o conteúdo inquinado de ilicitude (art. 17, inc. III, Resolução TSE nº 23.608/2019, com redação dada pela Resolução nº 23.672/2021).

Diante da nova ordem processual que privilegia o princípio da primazia de julgamento do mérito, constatado vício de representação processual da parte autora, o juiz eleitoral determinará a respectiva regularização no prazo improrrogável de um dia, sob pena de extinção do processo sem resolução de mérito (art. 14 da Resolução TSE nº 23.608/2019). Importante destacar que não cabe agravo de instrumento contra decisão proferida por juiz eleitoral que conceda ou denegue tutela provisória, devendo o representado, para assegurar o reexame por ocasião do julgamento, requerer a reconsideração da decisão em sede de contestação ou nas derradeiras alegações (art. 18, §1º, da Resolução TSE nº 23.608/2019).

Recebida a representação, a Justiça Eleitoral notificará imediatamente a representada ou o representado para apresentar defesa no prazo de 2 (dois) dias (art. 18 da Resolução nº 23.608/2019, com redação dada pela Resolução nº 23.672/2021).[497] Devido à matéria impugnada ter caráter público, a ausência de defesa não provoca os efeitos da revelia.

Os prazos relativos às representações são contínuos e peremptórios e não se suspendem aos sábados, domingos e feriados, entre 15 de agosto e 19 de dezembro do ano da eleição (art. 7º da Resolução TSE nº 23.608/2019, com redação dada pela Resolução nº 23.672/2021).

No que concerne à citação dos candidatos, partidos ou coligações – no período de 15 de agosto até a data limite da diplomação – tal ato processual será realizado preferencialmente por comunicação eletrônica e, frustrada esta, sucessivamente por *e-mail*, por correspondência e pelos demais meios previstos no Código de Processo Civil. A citação por meio eletrônico será efetivada nos endereços e números de telefone apresentados aos tribunais eleitorais até o dia 20 de julho de 2024, tendo prazo inicial contado pela confirmação de entrega ao destinatário da mensagem ou *e-mail*, dispensada a confirmação de leitura

[497] Importa destacar que a Resolução nº 23.608.2019, com redação dada pela Resolução nº 23.672.2021, ao estabelecer a contagem de alguns prazos em dias, configura contradição com a previsão articulada na lei das eleições, na qual os prazos estão estabelecidos em horas, sendo esses prazos contados minuto a minuto a partir da citação. Portanto, consoante a Lei das eleições, o prazo para apresentação de defesa é de 48 horas (art. 96, §5º, LE). Todavia, por aspectos pragmáticos, deve prevalecer o disposto na mencionada Resolução.

(art. 12, §2º, inciso II, da Resolução TSE nº 23.608/2019, com redação dada pela Resolução nº 23.672/2021).

No período de 15 de agosto a 19 de dezembro, as intimações das partes nas representações fundadas no art. 96 da Lei nº 9.504/97, nas reclamações e nos pedidos de direito de resposta serão realizadas pelo mural eletrônico, fixando-se o termo inicial do prazo na data da publicação (art. 12, *caput*, da Resolução TSE nº 23.608/2019).

Como esse rito é sumaríssimo, não há espaço para a produção probatória, necessitando ela ser preexistente, normalmente consistindo na apresentação de documentos ou qualquer meio eletrônico. Não se admite a oitiva de testemunhas ou a produção de prova pericial. Conforme explicitado alhures, a celeridade de rito é elemento característico, tanto é assim que se apresentada a resposta ou decorrido o seu respectivo prazo, o Ministério Público, quando este atuar como fiscal da lei, deverá ser intimado pessoalmente (ou por endereço eletrônico) para confeccionar parecer no prazo de 1 (um) dia, findo o prazo, com ou sem parecer, o processo será imediatamente devolvido ao juiz auxiliar ou relator (Art. 19 da Resolução TSE nº 23.608/2019).

Após o prazo de defesa e da apresentação de parecer pelo *parquet*, o juiz eleitoral ou o juiz auxiliar decidirá e fará publicar a decisão em 1 (um) dia, contado do dia seguinte à conclusão do processo (art. 20 da Resolução TSE nº 23.608/2019). As decisões proferidas pelos juízes indicarão de modo preciso o que, na propaganda impugnada, deverá ser excluído ou substituído pelos partidos políticos, pelas federações e pelas coligações (art. 21 da Resolução TSE nº 23.608/2019, com redação dada pela Resolução nº 23.672/2021).

Contra sentença proferida por juiz eleitoral nas eleições municipais caberá recurso para o Tribunal Regional Eleitoral, nos autos da representação, no PJe, no prazo de 1 (um) dia, assegurado ao recorrido o oferecimento de contrarrazões em igual prazo, a contar da sua intimação (art. 22, *caput*, da Resolução TSE nº 23.608/2019).[498] Se a decisão for proferida por juiz auxiliar, ela estará sujeita a recurso para o plenário do tribunal eleitoral respectivo, também no prazo de 1 (um) dia (art. 25 da Resolução TSE nº 23.608/2019).

Mesmo se não oferecidas as contrarrazões, ou se decorrido o respectivo prazo de oferta, o recurso deverá ser imediatamente remetido ao Tribunal Regional Eleitoral (art. 22, parágrafo único, da Resolução

[498] Lei nº 9.504/1997, art. 96, §8º.

TSE nº 23.608/2019). Recebidos os autos na secretaria do TRE, serão eles distribuídos e remetidos ao Ministério Público Eleitoral para manifestação no prazo de 1 (um) dia, exceto quando houver pedido de efeito suspensivo ou de tutela provisória, hipótese na qual serão imediatamente conclusos ao relator (art. 23, da Resolução TSE nº 23.608/2019).

Após a vista do Ministério Público Eleitoral, o relator poderá não conhecer o recurso, negá-lo provimento quando for contrário a súmula do Supremo Tribunal Federal, do Tribunal Superior Eleitoral ou de tribunal superior; acórdão proferido pelo Supremo Tribunal Federal, pelo Tribunal Superior Eleitoral ou por tribunal superior em julgamento de recursos repetitivos; ou dar provimento se a decisão recorrida for contrária a súmula do STF, do TSE ou de tribunal superior; e a acórdão proferido pelo STF, pelo TSE ou por tribunal superior em julgamento de recursos repetitivos (art. 24 da Resolução TSE nº 23.608/2019). Dessa decisão caberá agravo interno, no prazo de 1 (um) dia, assegurado o mesmo elastério temporal para oferecimento de contrarrazões (art. 24, §1º, da Resolução TSE nº 23.608/2019).

Em sequência, o relator há de apresentar o recurso em mesas para julgamento em 2 (dois) dias, independentemente de publicação de pauta, contados da conclusão dos autos (art. 96, §9º, da Lei nº 9.504.97). Se, mesmo assim, o tribunal não se reunir no referido prazo, o recurso deverá ser julgado na primeira sessão subsequente (art. 24, §1º, da Resolução TSE nº 23.608/2019). Há limitação para a apreciação desses recursos, de modo que só poderão ser apreciados aqueles relacionados até o início de cada sessão plenária (art. 24, §3º, da Resolução TSE nº 23.608/2019).

A regra geral é a de que os acórdãos serão publicados na sessão em que os recursos forem julgados, salvo por determinação do Plenário ou determinação diversa estabelecida em Resolução do TSE (art. 24, §5º, Resolução TSE nº 23.608/2019).

Do acórdão do Tribunal Regional Eleitoral caberá recurso especial para o Tribunal Superior Eleitoral, no prazo de três dias, contados de sua publicação, assegurado o oferecimento de contrarrazões pelo recorrido em igual prazo (art. 26, *caput*, da Resolução TSE nº 23.608/2019).[499]

Oferecidas as contrarrazões ou decorrido o prazo respectivo, os autos serão conclusos ao presidente do respectivo TRE, que terá o prazo de 3 (três) dias para exercer o juízo de admissibilidade recursal.

---

[499] CE, art. 276, §1º.

Admitido o recurso especial eleitoral e publicada a respectiva decisão, os autos serão imediatamente remetidos ao TSE. Contra a decisão que não admita o apelo nobre, caberá agravo nos próprios autos para o Tribunal Superior Eleitoral, no prazo de 3 (três) dias, sendo intimado o agravado para oferecer resposta no mesmo prazo (art. 26 da Resolução TSE nº 23.608/2019).

Recebidos os autos na Secretaria Judiciária do TSE, o recurso será remetido ao Ministério Público Eleitoral para manifestação no prazo de 3 (três) dias. No Tribunal Superior Eleitoral, o relator possui o condão de negar seguimento a pedido ou recurso intempestivo, manifestamente inadmissível, improcedente, prejudicado ou em confronto com súmula ou com jurisprudência dominante do Tribunal Superior Eleitoral, do Supremo Tribunal Federal ou de Tribunal Superior. Poderá, ainda, dar provimento ao recurso especial, se o acórdão recorrido estiver em manifesto confronto com súmula ou com jurisprudência dominante, também, do próprio Tribunal Superior Eleitoral, do Supremo Tribunal Federal ou de Tribunal Superior (art. 27 da Resolução TSE nº 23.608/2019).

Contra o acórdão proferido pelo Tribunal Superior Eleitoral, caberá recurso extraordinário para o Supremo Tribunal Federal, no prazo de 3 dias, a contar da publicação da decisão no *DJe*, quando a decisão declarar a invalidade de lei ou contrariar a Constituição Federal (Código eleitoral, art. 281, *caput*, e CF/88, art. 121, §3º). O recorrido deverá apresentar contrarrazão, também, em 3 dias.

Como peculiaridades importantes sobre a classe das representações destacam-se:

(i) Os veículos de comunicação, em geral, que transmitirem propagandas eleitorais, deverão, independentemente de intimação, até o dia 20 de julho de 2024, apresentar aos tribunais eleitorais, em meio eletrônico, a indicação de seu (sua) representante legal e dos endereços de correspondência e *e-mail*, número de telefone móvel que disponha de aplicativo de mensagens instantâneas pelos quais receberão ofícios, intimações ou citações, e poderão, ainda, indicar procuradora ou procurador com ou sem poderes para receber citação, hipótese em que farão juntar a procuração respectiva (art. 10 da Resolução TSE nº 23.608/2019, com redação dada pela Resolução nº 23.672/2021);

(ii) Há prazo específico para realização de notificações, comunicações, publicações e intimações, a saber: as comunicações processuais ordinárias serão realizadas das 10 às 19 horas, salvo se o juiz eleitoral ou juiz auxiliar determinar que sejam feitas em horário diverso (art. 9º, *caput*, da Resolução TSE nº 23.608/2019); já as decisões de concessão de tutela provisória serão comunicadas das 8 às 24 horas, salvo determinação em horário diverso (art. 9º, parágrafo único, da Resolução TSE nº 23.608/2019);

(iii) Como fora asseverado anteriormente, dada a importância de que goza a organização das eleições, porque é por meio dela que é exercido o direito de sufrágio, bem como garantida a dinâmica democrática, todos os feitos eleitorais, no período do registro de candidatura até 5 (cinco) dias após a realização do segundo turno das eleições terão prioridade para a participação do Ministério Público e dos juízes de todas as justiças e instâncias, com exceção dos processos de *habeas corpus* e mandado de segurança, em razão dos bens jurídicos que estes *writs* visam proteger (art. 61, *caput*, da Resolução TSE nº 23.608/2019);

(iv) É, portanto, obrigatório, para os membros dos Tribunais Regionais Eleitorais e do Ministério Público, proceder à fiscalização do cumprimento da Lei Eleitoral pelos juízes e promotores eleitorais das instâncias inferiores, determinando, quando for o caso, a abertura de procedimento disciplinar para apuração de eventuais irregularidades que se verificarem (art. 60 da Resolução TSE nº 23.608/2019);

(v) Outra questão de ampla utilidade prática que não pode ser olvidada foi a determinação do legislador, no sentido de que, em matéria eleitoral, não são aplicáveis os procedimentos previstos na Lei nº 7.347/85, também conhecida como Lei da Ação Civil Pública (art. 105-A da Lei nº 9.504/97). Isso quer dizer que o legislador achou por bem afastar qualquer possibilidade de se aplicarem os procedimentos contidos na Lei da Ação Civil Pública, incompatibilizando toda a matéria eleitoral com os comandos inseridos naquela norma jurídica.

Com o advento da minirreforma eleitoral (Lei nº 13.165/2015), as sanções aplicadas a candidato em razão do descumprimento de disposições da Lei das Eleições não se estendem ao respectivo partido, mesmo na hipótese de esse ter se beneficiado da conduta, salvo quando comprovada a sua efetiva participação (art. 96, §11, da Lei nº

9.504/97). Todavia, atente-se que por motivo do art. 6º, §5º, que é uma norma especial, no que concerne a multas decorrentes de propaganda eleitoral, existe a solidariedade entre os candidatos e os respectivos partidos, não alcançando outras agremiações que estejam fora da coligação.

Além da possibilidade de aplicação de outras sanções, a violação das regras de veiculação de propaganda sujeita seu responsável e, quando comprovado o prévio conhecimento, o candidato a multa no valor de R$5.000,00 a R$30.000,00 (art. 57-D, §2º, da Lei nº 9.504/1997), podendo a Justiça Eleitoral, inclusive, por solicitação do ofendido, determinar a retirada de publicações que contenham agressões ou ataques a candidatos em sítios da internet, inclusive redes sociais (art. 57-D, §3º, da LE).

Importante consignar que a solidariedade prevista nesse artigo é restrita aos candidatos e aos respectivos partidos, não alcançando outros partidos, mesmo que integrantes de uma mesma coligação, conforme o parágrafo único do art. 241 do Código Eleitoral.

8.6 Direito de resposta

É o instrumento jurídico pertinente para que os candidatos, partidos políticos, federação de partidos e coligações se defendam de falsas afirmações, sejam elas de forma direta ou indireta, que são veiculadas durante a propaganda eleitoral. Para Edson Resende de Castro, esse instituto tem o escopo de tutelar os interesses do ofendido a fim de que o eleitor não forme uma opinião equivocada sobre determinado candidato.[500]

Encontra-se disciplinado no art. 58 da Lei nº 9.504/1997 e no art. 31, *caput*, da Resolução TSE nº 23.608/2019. Para o Tribunal Superior Eleitoral, o direito de resposta se configura cabível quando houver grave ofensa pessoal, capaz de configurar calúnia, difamação ou injúria, ainda que de forma indireta, por conceito, imagem ou afirmação, sendo premente a inexistência de controvérsias acerca da inverdade, posto que o pedido de resposta não pode ser transformado em processo investigatório cujo fim é a comprovação da veracidade das versões

---

[500] CASTRO, Edson de Resende. *Teoria e prática do Direito Eleitoral*. 5. ed. Belo Horizonte: Del Rey, 2010, p. 251.

apresentadas.[501] Portanto, o exercício do direito de resposta se afigura viável apenas quando for possível extrair, das afirmações apontadas, fato sabidamente inverídico apto a macular a honra do candidato, partido ou coligação.[502] Para mais, o teor sabidamente inverídico da publicidade divulgada deve ser reconhecido *prima facie* e ostentar potencial para extravasar o saudável debate político- eleitoral.[503]

Não por outra razão que Rodrigo López Zilio assevera que, para o deferimento do direito de resposta, há de se exigir um *plus*, qual seja, que a afirmação, para além de ter caráter inverídico, seja sabidamente inverídica. Isso porque o legislador prestigiou o florescimento do debate de ideias entre os candidatos, no que os conceitos de honra e privacidade são mitigados e flexibilizados no curso do pleito.[504] Aplica-se, na espécie, o que a doutrina italiana denominou de *zona di iluminabilità*, encampada pela jurisprudência do Supremo Tribunal Federal, que importa na aceitabilidade de maior exposição da vida e personalidade do homem público aos comentários e à valoração dos eleitores e, em particular, dos seus adversários na ambiência da disputa eleitoral.[505]

---

[501] ELEIÇÕES 2018. REPRESENTAÇÃO COM PEDIDO DE DIREITO DE RESPOSTA. HORÁRIO ELEITORAL GRATUITO. INSERÇÃO. RÁDIO. CRÍTICAS COM BASE EM MATÉRIAS PUBLICADAS EM DIVERSOS MEIOS DE COMUNICAÇÃO SOCIAL SOBRE PROPOSTAS QUE REDUNDARIAM EM AUMENTO DE IMPOSTOS. MANIFESTAÇÃO PRÓPRIA AO DEBATE POLÍTICO. CALÚNIA. DIFAMAÇÃO. INJÚRIA. FATO SABIDAMENTE INVERÍDICO. NÃO CONFIGURAÇÃO. IMPOSSIBILIDADE. APLICAÇÃO DO ART. 58 DA LEI Nº 9.504/1997. IMPROCEDÊNCIA. 1. Ausência de afirmação sabidamente inverídica na peça publicitária questionada, já que a disputa se coloca no âmbito dos impactos de propostas de reforma fiscal apresentadas pela campanha do representante, o que é corriqueiro na disputa eleitoral. 2. Na linha dos precedentes do Tribunal Superior Eleitoral, "a mensagem, para ser qualificada como sabidamente inverídica, deve conter inverdade flagrante que não apresente controvérsias", conforme assentado, entre outros, no julgamento do R-Rp 2962-41/DF, rel. Min. Henrique Neves da Silva, PSESS de 28.9.2010. No caso dos autos, não se tem falsidade flagrante, mas, sim, tema controverso a ser esclarecido no âmbito da liberdade de discurso que informa as campanhas políticas. 3. Representação improcedente. (Representação nº 060151318, Acórdão, Min. Carlos Horbach, Publicação: PSESS – Publicado em Sessão, 05.10.2018).

[502] Recurso em Representação nº 060142055, Acórdão, Min. Sergio Silveira Banhos, Publicação: PSESS – Publicado em Sessão, 05.10.2018.

[503] Agravo Regimental em Recurso Especial Eleitoral nº 060010242, Acórdão, Min. Alexandre de Moraes, Publicação: PSESS – Publicado em Sessão, 27.11.2020.

[504] ZILIO, Rodrigo López. *Direito Eleitoral*. 7. ed. Salvador: Juspodivm, 2020. p. 501.

[505] HC 78.426, Rel. Min. SEPÚLVEDA PERTENCE, Primeira Turma, DJ de 7.5.1999. Importa realçar que esse entendimento é bastante invocado no Tribunal Superior Eleitoral, sobretudo nos pedidos de direito de resposta. Confira-se, por exemplo, o seguinte julgado proveniente das Eleições 2022: (Direito de Resposta nº 060157956, Acórdão, Min. Alexandre de Moraes, Publicação: PSESS – Publicado em Sessão, 27.10.2022).

A excepcionalidade para a concessão de direito de resposta advém justamente da premissa de que, no âmbito do processo eleitoral, a proteção constitucionalmente assegurada à liberdade de expressão é significativamente amplificada, a fim de propiciar que todas as questões de interesse público sejam abertas e questionadas pelos eleitores no livre mercado de ideias, sobretudo porque este direito de estatura maior possui posição preferencial no contexto das eleições.[506]

Isso dito, tem-se que a jurisprudência firmada pelo Tribunal Superior Eleitoral nas Eleições 2022 seguiu a diretriz de conferir efetivo prestígio à liberdade de expressão, pautando sua atuação de forma minimalista, apenas para incidir de forma enérgica quando a conduta esboçada por determinado candidato desbordava dos debates necessários à formação da convicção do eleitor. Cite-se, por exemplo, que, atualmente, para o TSE, fatos negativos noticiados na mídia não são aptos a deferir direito de resposta quando não se comprove que a informação era sabidamente inverídica, pois, "no debate democrático, a veiculação de críticas incisivas, vigorosas e ácidas, mesmo sendo desagradáveis, não autoriza o cerceamento automático ao exercício do direito à liberdade de expressão".[507]

Com efeito, também foi diante da conjuntura bélica e inserta em um amplo ecossistema de desinformação instaurado no pleito de 2022, que o TSE fixou entendimento no sentido de uma atuação profilática para debelar qualquer tipo de comportamento passível de ser enquadrado como desinformativo, na concessão de direito de resposta, especificamente quando o conteúdo veiculado, além de revelar afirmação sabidamente inverídica a altamente injuriosa, configurar violação à normalidade das eleições (art. 14, §9º, da CF/88).[508]

O art. 58 da Lei nº 9.504/1997 prescreve que a partir da escolha de candidatos em convenção é assegurado o direito de resposta a candidato, partido, federação ou coligação atingidos. No caso de acintes veiculados por meio de qualquer veículo da mídia social, como, por exemplo, *Twitter*, *Facebook*, *Instagram*, etc., o direito de resposta igualmente se inicia depois da convenção. Todavia, com o alargamento da licitude de várias atividades pré-eleitorais, seria de bom alvitre repensar

---

[506] OSÓRIO, Aline. *Direito eleitoral e liberdade de expressão*. Belo Horizonte: Fórum, 2017. p. 129.

[507] Direito de Resposta nº 060159170, Acórdão, Min. Cármen Lúcia, Publicação: PSESS – Publicado em Sessão, 28.10.2022.

[508] Recurso no Direito de Resposta nº 060092302, Acórdão, Min. Maria Claudia Bucchianeri, Publicação: PSESS – Publicado em Sessão, 29.09.2022.

a possibilidade de que o direito de resposta pudesse anteceder a data da convenção.

Os legitimados para o exercício do direito de resposta, no período eleitoral, são o candidato, partido político, federação ou coligação que foram ofendidos.[509] Entende o Tribunal Superior Eleitoral que a coligação tem legitimidade para requerer direito de resposta quando um dos partidos que a compõe é ofendido e, por ser partido coligado, não pode se dirigir à Justiça Eleitoral de forma isolada.[510]

Roberto Decomain defende que autoridades públicas, mandatários ou ex-mandatários, e instituições públicas podem ser alvo de ofensas durante a campanha eleitoral, podendo também requerer direito de resposta.[511] Se a possibilidade de exercitar o direito de resposta contra acusações veiculadas em publicidades políticas for apenas dos candidatos, partidos políticos, ou representantes de coligações, haverá verdadeira permissão legal para acusações infundadas contra todos aqueles que não forem um desses três sujeitos.[512]

No entanto, mediante a repercussão de casos de difícil solução pela ausência de preceitos específicos sobre o exercício do direito de resposta por terceiros prejudicados, o Tribunal Superior Eleitoral, por meio do art. 34 da Resolução nº 23.608/2019, prescreve que os pedidos

---

509 "[...]. 1. Na linha dos precedentes desta c. Corte, apenas candidatos, partidos políticos e coligações detêm legitimidade para pleitear direito de resposta em face de suposta ofensa veiculada durante a exibição de propaganda partidária. [...]" (Ac. de 12.11.2009 no EARP nº 890, rel. Min. Felix Fischer).

510 "Eleições 2010 – Direito de resposta – internet. 1. Decadência – A transgressão perpetrada pela internet implica em constante e permanente ofensa ao direito, a reclamar, se for o caso, a sua pronta suspensão. Enquanto o material tido como ofensivo permanecer sendo divulgado, o interessado poderá requerer o direito de resposta. Ocorrendo a retirada espontânea da ofensa, o direito de resposta, por analogia ao art. 58, §10, III, deve ser requerido no prazo de 3 (três) dias. 2. Legitimidade – A Coligação tem legitimidade para requerer direito de resposta quando um dos partidos que a compõe é ofendido e, por ser partido coligado, não pode se dirigir à Justiça Eleitoral de forma isolada. 3. Inépcia da Inicial – Apresentados documentos e mídia pela qual é possível verificar a gravação de entrevista para sítio da internet a inicial reúne os elementos mínimos necessários para seu conhecimento. Não sendo contestado o período de veiculação afirmado na inicial, o fato resta incontroverso. 4. Mérito – A afirmação de Partido Político ser associado ao narcotráfico abre espaço para o direito de resposta. 5. Prazo da veiculação da resposta – Na internet, o direito de resposta deve ser veiculado em prazo não inferior ao dobro do utilizado para veiculação da ofensa. Inconstitucionalidade alegada apenas no recurso afastada" (Recurso em Representação nº 187.987, Acórdão de 02.08.2010, Rel. Min. Henrique Neves da Silva, Publicação: PSESS – Publicado em Sessão, Data 02.08.2010).

511 DECOMAIN, Pedro Roberto. *Eleições*: comentários à Lei 9.504/97. 2. ed. São Paulo: Dialética, 2004, p. 189.

512 AGRA, Walber de Moura; VELLOSO, Carlos Mário da Silva. *Elementos de Direito Eleitoral*. 6. ed. São Paulo: Saraiva, 2018, p. 243.

de resposta formulados por terceiro, em relação ao que fora veiculado no horário eleitoral gratuito, serão examinados pela Justiça Eleitoral e deverão observar os procedimentos previstos na Lei nº 9.504/1997, naquilo que couber. Nesse caso, o pedido não pode ser formulado por partido político ao qual o terceiro prejudicado que não seja candidato naquele pleito é filiado, tampouco por coligação ou federação, dada a inexistência de pertinência subjetiva entre o ofendido e os *players*,[513] no que incide o disposto no art. 18 do CPC.[514]

Como já fora mencionado, o TSE firmou entendimento no sentido de que a propaganda eleitoral gratuita que se limita a discutir a extensão ou importância de programas oficiais, comparando realizações entre governos, configura mera crítica política, que não acarreta uma publicidade ilícita, nem muito menos acarreta direito de resposta.[515] No que tange à rememoração de fatos, o TSE tem decidido que a propaganda eleitoral gratuita que, sem ofender nem falsear a verdade, limita-se à rememoração do passado, trazendo informações de data e dados que permitam a compreensão de que se trata de acontecimento antigo, não configura hipótese de deferimento de pedido de resposta.

---

[513] ELEIÇÕES 2018. RECURSO. REPRESENTAÇÃO. DIREITO DE RESPOSTA. PROGRAMA ELEITORAL TRANSMITIDO NO HORÁRIO GRATUITO. ALEGAÇÃO DE OFENSA DIRECIONADA A TERCEIRO NÃO CANDIDATO NO PLEITO. ILEGITIMIDADE ATIVA DA COLIGAÇÃO. DESPROVIMENTO. 1. As afirmações contidas na inicial relatam conteúdos considerados ofensivos e direcionados exclusivamente ao ex-Presidente da República Luiz Inácio Lula da Silva, de modo que a coligação ora recorrente carece de titularidade para ajuizar a presente representação. 2. No plano jurídico do processo eleitoral, o ofendido não assumiu a condição de candidato nas Eleições 2018, inexistindo, portanto, pertinência subjetiva entre ele, a coligação recorrente e o direito invocado para o exercício do direito de resposta. 3. Na verdade, pertence ao terceiro a legitimidade para postular o direito de resposta quando ofendido por programa veiculado no horário eleitoral gratuito, nos termos do art. 17 da Res.-TSE nº 23.547.2017. (...) (Recurso em Representação nº 060110005, Acórdão, Min. Luis Felipe Salomão, Publicação: PSESS – Publicado em Sessão, 03.10.2018).

[514] Art. 18. Ninguém poderá pleitear direito alheio em nome próprio, salvo quando autorizado pelo ordenamento jurídico.

[515] "Representação. Propaganda eleitoral. Horário gratuito. Pedido de resposta. Programas oficiais. Comparação entre governos. Crítica política. Não configuração. Afirmação sabidamente inverídica. Distorção da realidade. Fatos e números facilmente apuráveis. Deferimento. A propaganda eleitoral gratuita que se limita a discutir a extensão ou importância de programas oficiais, comparando realizações entre governos, configura mera crítica política, que não autoriza o deferimento de pedido de resposta. É sabidamente inverídica a afirmação que atribui a candidato adversário o comando de privatização de empresa, ocorrida durante governo do qual não participou. Mensagem que, no caso específico dos autos, falseia a verdade, relativamente a fatos e números facilmente apuráveis, e configura, portanto, afirmação sabidamente inverídica para os fins do disposto no art. 58 da Lei nº 9.504/1997. Pedido parcialmente deferido" (Representação nº 347.691, Acórdão de 19.10.2010, Rel. Min. Joelson Costa Dias, Publicação: PSESS – Publicado em Sessão, Data 19.10.2010).

Ademais, acaso a propaganda eleitoral gratuita não se limite a reproduzir fatos noticiados pela mídia, imputando a candidato a prática de ilícitos, ainda que de forma indireta, o pedido de resposta merece deferimento.[516]

De mais a mais, o TSE ostenta posicionamento no sentido de que questionar desempenho dos candidatos no exercício dos cargos público que ocupam ou ocupavam configura ato corriqueiro no debate eleitoral, caracterizando crítica normal a que se submetem os homens públicos.[517] Também é do TSE a compreensão de que eventuais mudanças de posicionamento de determinado candidato, seja quanto a temas de interesse coletivo, seja quanto à formação de alianças, são legítimas e inerentes à própria dinâmica da política, no que não capazes de atrair a concessão de direito de resposta.[518] Outrossim, a Corte Superior Eleitoral já perfilhou entendimento no sentido de que "a descrição objetiva de alegações constantes de processo judicial, acompanhada de depoimentos de entrevistados que contextualizam e corroboram dados retirados dos autos, reproduzida por meio de reportagem publicada em revista, não se consubstancia em afirmação sabidamente inverídica, caluniosa, difamatória ou injuriosa para fins de aplicação do art. 58 da Lei nº 9.504/97".[519]

É de bom alvitre destacar ser incabível a cumulação de pedido de direito de resposta com pedido de aplicação de multa por propaganda eleitoral irregular, ainda que diga respeito aos mesmos fatos, sob pena de indeferimento da petição inicial.[520] No entanto, essa restrição não impede a análise de pedido de suspensão, remoção ou proibição de nova divulgação da propaganda apontada como irregular (art. 4º da Resolução TSE nº 23.608/2019).

O prazo para requerer o direito de resposta não é único e depende do veículo ao qual foi veiculada a propaganda, haja vista que este

---

516 Ac. de 26.10.2010 no Rp nº 366.217, Rel. Min. Joelson Dias.

517 Representação nº 060129927, Acórdão, Min. Carlos Horbach, Publicação: PSESS – Publicado em Sessão, 05.10.2018.

518 Referendo no Direito de Resposta nº 060153015, Acórdão, Min. Maria Claudia Bucchianeri, Publicação: PSESS – Publicado em Sessão, 26.10.2022.

519 Representação nº 060164053, Acórdão, Relator(a) Min. Carlos Horbach, Publicação: PSESS – Publicado em Sessão, Data 25.10.2018.

520 "Impossibilidade, nos termos do art. 4º da Res.-TSE nº 23.608.2019, da cumulação objetiva, numa mesma ação, de pedido de direito de resposta, com representação por propaganda irregular. Precedentes". (Referendo no Direito de Resposta nº 060097850, Acórdão, Min. Maria Claudia Bucchianeri, Publicação: PSESS – Publicado em Sessão, 20.09.2022).

elastério depende, hipoteticamente, do tempo de exposição da publicidade.

Se a propaganda ofensiva tiver sido realizada em órgãos de imprensa escrita, o prazo para a solicitação do exercício do respectivo direito de resposta é 3 dias, contado das 19 horas da data constante da edição do meio propagandístico, salvo prova documental de que a circulação, no domicílio do ofendido, se deu após esse horário, e se também for veiculada na internet, o ofendido poderá exercer o seu direito de resposta, a qualquer tempo, ou em 3 dias, após a sua retirada (art. 58, §1º, inciso III c/c o inciso IV da LE).

O pedido deverá ser instruído com uma cópia eletrônica da publicação e o texto da resposta (Lei nº 9.504/97, art. 58, §3º, I, "a"/ art. 32, inciso I, "a", da Resolução TSE nº 23.608/2019). Uma vez deferido o pedido, a resposta será divulgada no mesmo veículo, espaço, local, página, tamanho, caracteres e outros elementos de realce usados na ofensa, em até 2 (dois) dias após a decisão, ou, tratando-se de veículo com periodicidade de circulação maior que 2 (dois) dias, na primeira oportunidade em que circular (Lei nº 9.504/97, art. 58, §3º, I, "b"/ art. 32, inciso I, "c", da Resolução TSE nº 23.608/2019). Além disso, por solicitação do ofendido, a divulgação da resposta será feita no mesmo dia da semana em que a ofensa foi divulgada, ainda que fora do prazo de quarenta e oito horas após a entrega da mídia física (art. 32, inciso I, "d", da Resolução TSE nº 23.608/2019). Se a ofensa for produzida em dia e hora que inviabilizem sua reparação dentro dos prazos estabelecidos anteriormente, a Justiça Eleitoral determinará a imediata divulgação da resposta (Lei nº 9.504/97, art. 58, §3º, I, "c" e "d"). O ofensor deverá comprovar nos autos o cumprimento da decisão, mediante dados sobre a regular distribuição dos exemplares, a quantidade impressa e o raio de abrangência na distribuição (Lei nº 9.504/97, art. 58, §3º, I, "e").

Se feita em programação normal das emissoras de rádio e de televisão, o pedido, com a transcrição do trecho considerado ofensivo ou inverídico, deverá ser feito no prazo de 2 dias, contado a partir da veiculação da ofensa (art. 32, II, "a", da Resolução nº 23.608/2019). Realizado o pedido, a Justiça Eleitoral deverá notificar, imediatamente, o responsável pela emissora que realizou o programa, a fim de que confirme data e horário da veiculação e proceda à juntada aos autos ou forneça, no prazo de 1 (um) dia, sob as penas referentes à desobediência eleitoral (art. 347 do CE), cópia da mídia da transmissão, que, caso tenha sido entregue, será devolvida após proferida a decisão (art.

32, II, "b", da Resolução nº 23.608/2019). Uma vez deferido o pedido, a resposta deve ser dada em até 2 (dois) dias após a decisão, em tempo igual ao da ofensa, nunca inferior a um minuto (art. 58, §3º, II, "a" e "c" da Lei nº 9.504/97). Registra-se que o responsável pela emissora, ao ser notificado pela Justiça Eleitoral ou informado pelo reclamante ou representante, por cópia protocolada do pedido de resposta, preservará a gravação até a decisão final do processo (Lei nº 9.504/97, art. 58, §3º, II, "b").

Caso se dê no horário eleitoral gratuito, o pedido deverá ser feito no prazo de 1 dia, contado, a partir da veiculação do programa (art. 32, III, "a", da Resolução nº 23.608/2019). Nesse caso, o pedido deverá especificar o trecho considerado ofensivo ou inverídico e ser instruído com a mídia da gravação do programa, acompanhada da respectiva transcrição do conteúdo (art. 32, III, "b", da Resolução nº 23.608/2019). Deferido o pedido, o ofendido usará, para a resposta, tempo igual ao da ofensa, porém nunca inferior a um minuto (art. 32, III, "c", da Resolução nº 23.608/2019).

A partir disso, a emissora geradora e o partido ou coligação atingidos deverão ser notificados imediatamente da decisão, na qual deverão estar indicados quais os períodos, diurno ou noturno, para a veiculação da resposta, que deverá ter lugar no início do programa do partido ou coligação (Lei nº 9.504/97, art. 58, §3º, III, "d").

Dessa forma, o ofendido usará, para a resposta, tempo igual ao da ofensa, nunca inferior, porém, a um minuto. A resposta será veiculada no horário destinado ao partido, coligação ou federação responsável pela ofensa, devendo, necessariamente, dirigir-se aos fatos nela veiculados (art. 32, III, "d", da Resolução nº 23.608/2019). Observa-se que, se o tempo reservado ao partido ou coligação responsável pela ofensa for inferior a um minuto, a resposta será levada ao ar tantas vezes quantas sejam necessárias para a sua complementação (Lei nº 9.504/97, art. 58, §3º, III, "c").

Na sequência dos atos posteriores ao deferimento do pedido, a emissora geradora e o partido político, a federação de partidos ou a coligação atingidos deverão ser intimados imediatamente da decisão, na qual deverão estar indicados os períodos, diurno ou noturno, para a veiculação da resposta, sempre no início do programa do partido político, da federação ou da coligação, e, ainda, o bloco de audiência, caso se trate de inserção (art. 32, III, "f", da Resolução nº 23.608/2019).

Além disso, o meio de armazenamento com a resposta deverá ser entregue à emissora geradora, até trinta e seis horas após a ciência da decisão, para veiculação no programa subsequente do partido ou coligação em cujo horário se praticou a ofensa (Lei nº 9.504/97, art. 58, §3º, III, "e").

Se o ofendido for candidato, partido, federação de partidos ou coligação que tenha usado o tempo concedido sem responder aos fatos veiculados na ofensa, terá subtraído tempo idêntico do respectivo programa eleitoral; tratando-se de terceiros, ficarão sujeitos à suspensão de igual tempo em eventuais novos pedidos de resposta e à multa no valor de R$2.128,20 a R$5.320,50 (Lei nº 9.504/97, art. 58, §3º, III, f c/c art. 32, III, "h" da Resolução nº 23.608/2019, com redação dada pela Resolução TSE nº 23.672/2021).-

Se a respectiva propaganda ocorrer via internet, o pedido poderá ser feito enquanto a ofensa estiver sendo veiculada, ou no prazo de 3 dias,[521] contando-se da retirada espontânea. Saliente-se que, independentemente do meio de comunicação por meio do qual a ofensa foi irrogada, o ofendido deve instruir a petição inicial com a proposta de texto da resposta a ser veiculado, a fim de assegurar o contraditório e a celeridade inerente aos feitos eleitorais, sob pena de indeferimento da inicial por inépcia.[522]

A petição inicial deverá ser instruída com cópia eletrônica da página em que foi divulgada a ofensa e com a perfeita identificação de

---

521 Consigna-se, conforme já explanado, que a inovação implantada pela Resolução nº 23.608/2019, com redação dada pela Resolução TSE nº 23.672/2021, ao estabelecer a contagem de alguns prazos em dias, configura contradição com a previsão articulada na Lei das Eleições, na qual os prazos estão estabelecidos em horas, sendo esses prazos contados minuto a minuto a partir da citação ou intimação. Dessa forma, consoante a Lei das Eleições, o prazo previsto é de 72 horas para ingressar com o pedido de resposta quando a ofensa for retirada da internet de modo espontâneo, segundo o art. 58, §1º, inciso III da Lei nº 9.504/97. Todavia, por aspectos pragmáticos, deve prevalecer o disposto na mencionada Resolução, em seu art. 15, inciso IV, alínea "a".

522 "A celeridade do rito procedimental típico das representações inviabiliza que o conteúdo/texto da resposta seja apresentado após eventual deferimento do pedido, pois, se assim fosse, seria necessário nova manifestação da parte ofensora, bem como novo juízo de proporcionalidade do magistrado acerca da resposta oferecida. 4. A resposta deve ser proporcional ao agravo, nos termos do art. 5º, inciso V, da Constituição Federal. Com efeito, a proporcionalidade exige contraditório e apreciação judicial. Além disso, o referido entendimento busca equalizar o diálogo a ser estabelecido entre pretenso ofensor e ofendido, evitando-se eternização de réplicas e tréplicas, incompatíveis com o rito sumaríssimo da representação por direito de resposta perante a Justiça Eleitoral.5. Recurso desprovido." (Recurso no Direito de Resposta nº 060086936, Acórdão, Min. Paulo de Tarso Vieira Sanseverino, Publicação: PSESS – Publicado em Sessão, 18.10.2022).

seu endereço na internet (URL ou, caso inexistente esta, URI ou URN), facultando-se a juntada de ata notarial ou outro meio de prova que demonstre, ainda que posteriormente suprimida a postagem, a efetiva disponibilização do conteúdo no momento em que acessada a página da internet (art. 32, inciso IV, "b", da Resolução TSE nº 23.610/2019).

Caso o conteúdo tenha sido removido e não tenha sido produzida a prova que ateste a existência do alegado, o órgão judicial competente intimará o autor para se manifestar antes de decidir pela extinção do feito, prestigiando-se o princípio da primazia do julgamento do mérito (art. 32, inciso IV, "c", da Resolução TSE nº 23.610/2019).

Deferido o pedido, a divulgação da resposta será dada no mesmo veículo, espaço, local, horário, página eletrônica, tamanho, caracteres e outros elementos de realce usados na ofensa, em até 2 (dois) dias após a entrega da mídia física com a resposta do ofendido (inciso IV do §3º do art. 58 da Lei nº 9.504/97) e a resposta ficará disponível para acesso pelos usuários do serviço de internet por tempo não inferior ao dobro em que esteve disponível a mensagem considerada ofensiva (art. 58, §3º, IV, "b", da LE). Os custos de veiculação da resposta correm por conta do responsável pela propaganda original (art. 58, §3º, IV, "c", da Lei nº 9.504/97).

Caso haja decisão determinando a retirada de material considerado ofensivo em sítio eletrônico, o provedor de aplicação deverá promover a imediata retirada, sob pena de pagamento da multa prevista no art. 36 da Resolução TSE nº 23.608/2019), sem prejuízo de suportar outras medidas coercitivas para dar cumprimento à decisão (art. 32, §4º, da Resolução TSE nº 23.608/2019). Como forma de garantir a celeridade e o princípio da economia processual, o art. 32, §6º, da Resolução TSE nº 23.608/2019 estabelece que a ordem judicial de retirada de material ofensivo pode ser estendida às suas sucessivas replicações mediante requerimento do ofendido nos autos da representação, desde que indicada a respectiva URL (ou, caso inexistente esta, a URI ou a URN) e comprovada de plano a identidade dos conteúdos.

Eis o rito processual do pedido de resposta:

1. Recebida a petição inicial, deverá ser promovida imediata citação do representado no pedido de direito de resposta, para que no prazo de 1 (um) dia apresente defesa (art. 33 da Resolução TSE nº 23.608/2019), cabendo ao Ministério Público apresentar parecer no prazo de 1 (um) dia (art. 33, §1º, da Resolução TSE nº 23.608/2019);

2. Após, com ou sem parecer do Ministério Público Eleitoral, o juiz eleitoral ou juiz auxiliar decidirá e fará publicar o comando judicial no prazo máximo de 3 (três) dias, contados do peticionamento eletrônico do pedido de resposta (art. 33, §2º, da Resolução TSE nº 23.608/2019);
3. Contra a sentença proferida pelo juiz eleitoral nas eleições municipais é cabível recurso no prazo de 1 (um) dia, assegurado ao recorrido o mesmo elastério temporal para o oferecimento de contrarrazões, a contar da intimação (art. 37, *caput*, da Resolução TSE nº 23.608/2019). Se a decisão for proferida por juiz auxiliar, ela estará sujeita a recurso para o plenário do tribunal eleitoral respectivo, também no prazo de 1 (um) dia (art. 40 da Resolução TSE nº 23.608/2019);
4. Recebidos os autos na secretaria do TRE, serão eles distribuídos e remetidos ao Ministério Público Eleitoral para manifestação no prazo de 1 (um) dia, exceto quando houver pedido de efeito suspensivo ou de tutela provisória, hipótese na qual serão imediatamente conclusos ao relator (art. 38 da Resolução TSE nº 23.608/2019);
5. Após a vista do Ministério Público Eleitoral, o relator poderá não conhecer o recurso, negá-lo provimento quando for contrário à súmula do Supremo Tribunal Federal, do Tribunal Superior Eleitoral ou de tribunal superior; acórdão proferido pelo Supremo Tribunal Federal, pelo Tribunal Superior Eleitoral ou por tribunal superior em julgamento de recursos repetitivos; ou dar provimento se a decisão recorrida for contrária a súmula do STF, do TSE ou de tribunal superior; e a acórdão proferido pelo STF, pelo TSE ou por tribunal superior em julgamento de recursos repetitivos (art. 39 da Resolução TSE nº 23.608/2019). Dessa decisão caberá agravo interno, no prazo de 1 (um) dia, assegurado o mesmo elastério temporal para oferecimento de contrarrazões (art. 39, §6º, da Resolução TSE nº 23.608/2019);
6. Em sequência, o relator há de apresentar o recurso em mesa para julgamento em 1 (um) dia, independentemente de publicação de pauta, contados da conclusão dos autos (art. 39, IV, da Resolução TSE nº 23.608/2019). Se, mesmo assim, o tribunal não se reunir no referido prazo, o recurso deverá ser julgado na primeira sessão subsequente (art. 39, §1º, da

Resolução TSE nº 23.608/2019). Há limitação para a apreciação desses recursos, de modo que só poderão ser apreciados aqueles relacionados até o início de cada sessão plenária (art. 39, §3º, da Resolução TSE nº 23.608/2019);

7. Do acórdão proferido pelo Tribunal Regional Eleitoral, caberá recurso especial para o Tribunal Superior Eleitoral, no prazo de 1 (um) dia (art. 41, *caput*, da Resolução nº 23.608/2019).

O não cumprimento integral ou em parte da decisão que reconhecer o direito de resposta sujeitará o infrator ao pagamento de multa no valor de R$5.320,50 a R$15.961,50, duplicada em caso de reiteração de conduta, sem prejuízo do disposto no art. 347 do Código Eleitoral (Lei nº 9.504/1997, art. 58, §8º c/c art. 36 da Resolução nº 23.608/2019).

CAPÍTULO 9

PESQUISAS ELEITORAIS

Conquanto as pesquisas eleitorais não ostentem necessariamente natureza de propaganda, muitos eleitores as utilizam como forma de parâmetro para a decisão de que candidato receberá seu voto.[523] As pesquisas eleitorais têm como objetivo demonstrar a tendência eleitoral da população em determinado local, funcionando como fator de avaliação de campanha. Elas possibilitam, ainda, a correção nos rumos da disputa política, acaso os resultados não sejam os desejados. Muitos postulantes a mandato popular também a utilizam como termômetro de suas campanhas, sabendo em quais locais devem despender esforços para angariar mais eleitores.

Para Alberto Carlos de Almeida, ainda há muita controvérsia a respeito da utilização das pesquisas em campanhas eleitorais e, em particular, quanto à sua utilização como recurso de poder, e isso vem à tona sobretudo quando são publicados na imprensa resultados de pesquisas – ainda que totalmente honestas e corretas – objetivando influenciar o comportamento do eleitor.[524] Nessa esteira, reverbera Rodrigo López Zilio que a divulgação da pesquisa eleitoral possui inegável influência junto ao público-alvo, podendo servir como elemento de interferência no processo eleitoral. Assim, a pesquisa realizada de modo irregular, com manipulação dos resultados e forte possibilidade de indução na vontade do eleitor, é coibida de forma enérgica pela legislação eleitoral.[525]

---

[523] LINS, Newton. *Propaganda eleitoral:* comentários jurídicos. 2. ed. Brasília: Brasília Jurídica, 2006. p. 167.

[524] ALMEIDA, Alberto Carlos. *A cabeça do eleitor:* estratégia de campanha, pesquisa e vitória eleitoral. 3. ed. Rio de Janeiro: Record, 2008. p. 99.

[525] ZILIO, Rodrigo López. *Direito eleitoral*. 7. ed. Salvador: Juspodivm, 2020. p. 507.

Com efeito, é inconteste que a propagação de uma pesquisa irregular, por não refletir a exata intenção dos eleitores, pode ocasionar prejuízos incomensuráveis à normalidade e à legitimidade do prélio eleitoral. Atenta a essa situação, a Justiça Eleitoral a regulamentou a fim de que seus resultados estejam o mais próximo possível da realidade, tentando afastá-la de ser utilizada como instrumento escuso de campanha.[526] O *télos* subjacente às exigências da legislação eleitoral em relação às pesquisas não é outro senão o de evitar manipulações à consulta popular, por meio de pesquisas previamente preparadas, em que, por exemplo, um entrevistador consulte somente cidadãos de uma região que, tradicionalmente, apoiam determinado partido ou candidato, o que produz um resultado errôneo no material referido.

Urge acentuar que a jurisprudência do TSE se firmou no sentido de que, para que seja caracterizada pesquisa eleitoral, é necessária a indicação, dentro do rigor técnico-científico que a define, de percentuais, margem de erro, índices ou intenções de votos e alusão ao instituto responsável pelo levantamento.[527] O art. 2º da Resolução nº 23.600/2019 preleciona que, a partir de 1º de janeiro do ano da eleição, as entidades e empresas que realizarem pesquisas de opinião pública relativas às eleições ou aos candidatos, para conhecimento público, são obrigadas, para cada pesquisa, a registrar, no Sistema de Registro de Pesquisas Eleitorais (PesqEle), até cinco dias antes da divulgação, as seguintes informações:

> I – contratante da pesquisa e seu número de inscrição no Cadastro de Pessoas Físicas (CPF) ou no Cadastro Nacional de Pessoas Jurídicas (CNPJ);
> II – valor e origem dos recursos despendidos no trabalho, ainda que realizada com recursos próprios;
> III – metodologia e período de realização da pesquisa;
> IV – plano amostral e ponderação quanto a sexo, idade, grau de instrução, nível econômico do entrevistado e área física de realização do trabalho a ser executado, nível de confiança e margem de erro, com a indicação da fonte pública dos dados utilizados;

---

526 AGRA, Walber de Moura; VELLOSO, Carlos Mário da Silva. *Elementos de direito eleitoral*. 7. ed. São Paulo: Saraiva, 2020. p. 299.

527 Recurso Especial Eleitoral nº 65779, Acórdão, Relator(a) Min. João Otávio de Noronha, Relator(a) designado(a) Min. Luís Roberto Barroso, Publicação: *DJE – Diário da justiça eletrônica*, Tomo 186, Data 17.09.2020.

V – sistema interno de controle e verificação, conferência e fiscalização da coleta de dados e do trabalho de campo;
VI – questionário completo aplicado ou a ser aplicado;
VII – quem pagou pela realização do trabalho e seu número de inscrição no CPF ou no CNPJ;
VIII – cópia da respectiva nota fiscal;
IX – nome do estatístico responsável pela pesquisa, acompanhado de sua assinatura com certificação digital e o número de seu registro no Conselho Regional de Estatística competente;
X – indicação do estado ou Unidade da Federação, bem como dos cargos aos quais se refere a pesquisa.

Presente essa moldura, saliente-se que o registro da pesquisa só se perfectibiliza quando cumpridos todos esses requisitos. Se a empresa deixar de cumprir qualquer um deles, a pesquisa será considerada como não registrada, fazendo incidir a multa do art. 33, §3º, de acordo com o atual parâmetro jurisprudencial do TSE. [528]

No que tange à cópia da nota fiscal, no caso de contemplar o pagamento de mais de uma pesquisa eleitoral, os valores individuais devem ser discriminados no corpo daquela, conforme o §9º do art. 2º da Resolução nº 23.600/2019. Afinal, como disposto no §1º do referido dispositivo, há hipóteses em que mais de um registro deverá ser realizado, como no caso de a pesquisa envolver mais de um município.

Sendo o pagamento parcelado ou faturado, as entidades e empresas deverão informar a condição de pagamento no momento do registro da pesquisa, apresentando a nota fiscal, assim que ocorra a quitação integral do valor faturado ou da parcela vencida, individualizando-se os múltiplos registros, tal qual se aduz do §10 do art. 2º da Resolução nº 23.600/2019.

A jurisprudência do TSE é pacífica no sentido de que, se houver alguma omissão referente a qualquer informação que foi elencada no rol anterior, haverá a aplicação de multa.[529] Contudo, tal entendimento

---

[528] Recurso Especial Eleitoral nº 060005975/MS, Relator(a) Min. Mauro Campbell Marques, Acórdão de 02.09.2021, Publicado no Diário de Justiça Eletrônico 179, data 29.09.2021.

[529] "Depreende-se da leitura do §3º do art. 33 da Lei nº 9.504/1997 que o registro da pesquisa eleitoral só se perfectibiliza quando cumpridos todos os requisitos elencados nos mencionados dispositivos, de modo que, deixando a empresa de satisfazer qualquer um deles, a pesquisa será considerada como não registrada, incidindo a multa prevista no art. 33, §3º, da Lei nº 9.504/1997, c/c o art. 17 da Res.-TSE nº 23.600.2019. Portanto, a própria legislação prevê multa no caso de ausência de qualquer das informações listadas no *caput*" (Recurso Especial Eleitoral nº 060005975, Acórdão, Relator(a) Min. Mauro Campbell Marques, Publicação: *DJE – Diário da justiça eletrônica*, Tomo 179, Data 29.09.2021).

deve ser visto com cautela, principalmente sob o contexto da responsabilidade civil eleitoral.

O registro de pesquisa será realizado via internet e todas as informações supracitadas deverão ser digitadas no Sistema de Registro de Pesquisas Eleitorais, disponível nos sítios dos Tribunais Eleitorais, devendo os arquivos estar no formato PDF – *Portable Document Format* (§4º do art. 2º da Resolução nº 23.600/2019).

Esclareça-se que a Justiça Eleitoral não se responsabiliza por nenhum erro de digitação, de geração, de conteúdo ou de leitura dos arquivos anexados no Sistema de Registro de Pesquisas Eleitorais (art. 2º, §5º, da Resolução nº 23.600/2019).

O registro da pesquisa e a complementação de informações no PesqEle poderão ser efetivados a qualquer hora do dia, independente do horário de expediente da Justiça Eleitoral, e a contagem do prazo do registro faz-se excluindo o dia de começo e incluindo o do vencimento (art. 2º, §§2º e 6º, da Resolução nº 23.600/2019).

Até o sétimo dia seguinte ao registro da pesquisa, será ele complementado com os dados relativos aos municípios e bairros abrangidos pela pesquisa; na ausência de delimitação do bairro, será identificada a área em que ela foi realizada (art. 2º, §7º, da Resolução nº 23.600/2019).

Nesse mesmo prazo a empresa ou o instituto também deverá enviar o relatório completo com os resultados da pesquisa, contendo o período de sua realização, o tamanho da amostra, a margem de erro, o nível de confiança, o público-alvo, a fonte pública dos dados utilizados para elaboração da amostra, a metodologia e o contratante da pesquisa e a origem dos recursos (art. 2º, §7º-A, da Resolução TSE nº 23.600/2019).

As empresas ou entidades que realizarem as pesquisas poderão se valer de dispositivos eletrônicos portáteis, tais como *tablets* e similares, os quais poderão ser auditados, a qualquer tempo, pela Justiça Eleitoral (art. 2º, §8º, da Resolução nº 23.600/2019).

Para as Eleições de 2024, o Tribunal Superior Eleitoral permitiu que candidatos possam realizar pesquisas com recursos próprios, desde que informem os dados da própria entidade ou empresa que realizar a pesquisa, o valor e a origem dos recursos despendidos, bem como também que apresentem o Demonstrativo do Resultado do Exercício do ano anterior ao da realização das eleições (art. 2º, §11, da Resolução TSE nº 23.600/2019).

Convém explicitar que somente a partir das publicações dos editais de registro de candidatos, o nome de todos aqueles que tenham solicitado registro de candidatura deverá constar das pesquisas realizadas mediante apresentação da relação de candidatos ao entrevistado, conforme preconizado pelo art. 3º da Resolução nº 23.600/2019.

A importância de que as regras atinentes ao registro da pesquisa sejam respeitadas resta vislumbrada no art. 23 da Resolução nº 23.600/2019, haja vista que a pesquisa de opinião pública que não obedece às disposições legais é tida como enquete ou sondagem, instituto vedado no período de campanha eleitoral.[530]

A Resolução TSE nº 23.600/2019 define enquete ou sondagem como sendo o levantamento de opiniões sem plano amostral, que dependa da participação espontânea da parte interessada ou importe viés cognitivo de autosseleção e que não utilize método científico para sua realização, quando apresentados resultados que possibilitem ao eleitor ou à eleitora inferir a ordem das candidatas e dos candidatos na disputa (art. 23, §1º). Para o TSE, se determinada postagem veiculada como enquete apresentar conteúdo precário, sem qualquer indicação de rigor científico ou metodológico, circunstância na qual possa se aferir a ausência de grau de credibilidade, não há que se falar na incidência de multa.[531]

Se, porventura, a enquete for divulgada sem o necessário esclarecimento quanto à sua natureza, contendo arquétipo de pesquisa eleitoral, de modo a ludibriar o eleitor, surte o efeito de pesquisa e deve ser tratada como tal, a atrair a incidência de multa por divulgação de pesquisa sem prévio registro, nos termos do art. 33, §3º, da Lei das Eleições.[532]

Atenção que, a partir do dia 16 de agosto do ano da eleição, cabe o exercício do poder de polícia contra a divulgação de enquetes, com a expedição de ordem para que seja removida, sob pena de crime de desobediência, sem prejuízo de eventual representação cabível (art. 23, §2º, da Resolução TSE nº 23.600/2019).

---

530 "A ausência mínima das formalidades prescritas no art. 33 da Lei 9.504/1997, desacompanhada de elementos que impliquem no induzimento do eleitorado quanto à veracidade dos dados divulgados, consubstancia mera enquete ou sondagem, cuja divulgação prescinde de registro e não enseja a aplicação de sanção pecuniária. Precedentes. 5. Agravo Regimental desprovido" (Agravo em Recurso Especial Eleitoral nº 060103825, Acórdão, Relator(a) Min. Alexandre de Moraes, Publicação: *DJE – Diário da justiça eletrônica*, Tomo 13, Data 03.02.2022).

531 Agravo Regimental no Agravo em Recurso Especial Eleitoral nº 060103825/BA, Relator(a) Min. Alexandre de Moraes, Acórdão de 16.12.2021, Publicado no Diário de Justiça Eletrônico 13, data 03.02.2022.

532 Agravo Regimental no Agravo em Recurso Especial Eleitoral nº 060055508/PE, Relator(a) Min. Ricardo Lewandowski, Acórdão de 14.03.2023, Publicado no Diário de Justiça Eletrônico 47, data 22.03.2023.

A análise, pelo juízo eleitoral, no âmbito do poder de polícia, sobre eventual divulgação de enquetes possui natureza administrativa e tramitará no PJe, por meio da Classe Processual Notícia de Irregularidade da Propaganda Eleitoral (NIP). No entanto, o exercício do poder de polícia pelo juiz eleitoral não autoriza a aplicação de multa processual de ofício ou daquela prevista como sanção a ser aplicada em representação própria, por força da Súmula nº 18 do TSE.

9.1 Registro das pesquisas eleitorais

A Resolução nº 23.600/2019, que tem o escopo de regulamentar as pesquisas eleitorais para as Eleições de 2024, estabelece regras para o processamento do registro das pesquisas eleitorais. São elas:

a) para o registro de pesquisa, é obrigatória a utilização do Sistema de Registro de Pesquisas Eleitorais, disponível nos sítios dos Tribunais Eleitorais (art. 4º da Resolução nº 23.600/2019);

b) para a utilização do PesqEle, as entidades e as empresas deverão obrigatoriamente cadastrar-se eletronicamente na Justiça Eleitoral, mediante o fornecimento das seguintes informações e documento eletrônico: I – nome de pelo menos um e no máximo três dos responsáveis legais; II – razão social ou denominação; III – número de inscrição no CNPJ; IV – número do registro da empresa responsável pela pesquisa no Conselho Regional de Estatística, caso o tenha; V – telefone móvel que disponha de aplicativo de mensagens instantâneas para comunicação com a Justiça Eleitoral; VI – endereço eletrônico; VII – endereço completo para recebimento de comunicações; VIII – telefone fixo; IX – arquivo, no formato PDF, com a íntegra do contrato social, estatuto social ou inscrição como empresário, que comprove o regular registro (art. 5º da Resolução nº 23.600/2019);

c) é de inteira responsabilidade da empresa ou entidade o cadastro para a utilização do sistema e a manutenção de dados atualizados perante a Justiça Eleitoral e a legibilidade do arquivo eletrônico que é enviado a ela (art. 5º, §2º, da Resolução nº 23.600/2019);

d) efetivado o respectivo ou alterado o registro, será emitido um recibo eletrônico, contendo o resumo das informações e o número de identificação da pesquisa. Porém, o número de identificação da pesquisa deverá constar da divulgação e da publicação dos resultados da pesquisa (art. 7º, *caput*, incisos I e II, e §1º, Resolução nº 23.600/2019);
e) o Sistema de Registro de Pesquisas Eleitorais poderá ser alterado desde que não expirado o prazo de cinco dias para a divulgação de seu resultado. A alteração implica atribuição de novo número de identificação à pesquisa e o reinício da contagem do prazo de 05 (cinco) dias, a partir do recebimento das alterações com a indicação, pelo sistema, da nova data a partir da qual será permitida a divulgação da pesquisa (art. 8º, *caput* e §1º, Resolução nº 23.600/2019);
f) serão mantidos no sistema a data do registro e os seus históricos, bem como as alterações realizadas e seu cancelamento (art. 8º, §2º, da Resolução nº 23.600/2019);
g) não será permitida a alteração no campo correspondente à Unidade da Federação (UF), devendo, em caso de erro em relação a esse campo, a pesquisa ser cancelada pelo próprio usuário, sem prejuízo da apresentação de um novo registro (art. 8º, §3º, da Resolução nº 23.600/2019);
h) será livre o acesso, para consulta, aos dados do registro da pesquisa registrada nas páginas dos Tribunais Eleitorais, na internet (art. 9º da Resolução nº 23.600/2019).

Ainda convém ressaltar que as informações e os dados registrados no sistema ficarão à disposição de qualquer interessado, pelo prazo de 30 dias, nos sítios dos Tribunais Eleitorais (Lei nº 9.504/1997, art. 33, §2º).

A competência para o registro dessas pesquisas, conforme preceitua o art. 33, §1º, da Lei nº 9.504/1997, será, em eleições presidenciais, do Tribunal Superior Eleitoral; em eleições estaduais, dos respectivos TREs; e em eleições municipais, dos Juízes Eleitorais, seguindo o princípio da simetria e a estrutura federativa adotada no Brasil.[533]

---

[533] "Pesquisa eleitoral. Primeiro turno da eleição presidencial. Registro no TRE. Incompetência da Corte Regional. [...] 1. Compete ao Tribunal Superior Eleitoral processar registro de pesquisa eleitoral na eleição presidencial (art. 4º, I, da Res.-TSE nº 22.143.2006). [...]" (Ac. de 19.10.2006 na Rcl nº 427, Rel. Min. Cezar Peluso).

A Justiça Eleitoral, em suas esferas de competência, não dispõe da prerrogativa de deferir ou indeferir o registro de pesquisa. A jurisprudência da Egrégia Corte Eleitoral é uníssona sobre esse assunto.[534]

9.2 Divulgação dos resultados da pesquisa

O art. 10, I a VI, da Resolução nº 23.600/2019 estabelece que, na divulgação dos resultados da pesquisa, deverão constar:

a) o período de realização da coleta de dados;
b) a margem de erro;
c) o nível de confiança;
d) o número de entrevistas;
e) o nome da entidade ou da empresa que a realizou e, se for o caso, de quem a contratou;
f) o número de registro da pesquisa.

Informados com clareza esses dados, na divulgação de pesquisa no horário eleitoral gratuito não se faz necessária a menção aos concorrentes, desde que o modo de apresentação dos resultados não induza o eleitor a erro quanto ao desempenho do candidato em relação aos demais, conforme art. 14 da Resolução nº 23.600/2019.

As pesquisas realizadas em data anterior ao dia das eleições podem ser divulgadas a qualquer momento, inclusive no dia das eleições, desde que respeitado o prazo dos cinco dias para o registro (art. 11 da Resolução nº 23.600/2019). Ressalte-se que, se a publicação da pesquisa não observar o prazo de cinco dias entre o registro e a divulgação dos dados, ensejará a aplicação da multa prevista no art. 33, §3º, da LE, pois acabará por limitar o número de legitimados a impugná-la.[535]

Importantíssimo ressaltar que a divulgação de levantamento de intenção de voto efetivado no dia das eleições somente poderá ocorrer a partir das 17h (dezessete horas) do horário de Brasília (art. 12 da Resolução TSE nº 23.600/2019). Veda-se a divulgação dos números da

---

[534] "[...] 1. O registro de pesquisa eleitoral se dá mediante o fornecimento, até cinco dias antes da divulgação, das informações à Justiça Eleitoral, não sendo passível de deferimento ou indeferimento [...]" (Ac. nº 4.654, de 17.06.2004, Rel. Min. Fernando Neves).

[535] Agravo Regimental no Recurso Especial Eleitoral nº 060060053/SP, Relator(a) Min. Benedito Gonçalves, Acórdão de 10.02.2022, Publicado no Diário de Justiça Eletrônico 41, data 10.03.2022.

pesquisa antes do encerramento das eleições, por qualquer tipo de mídia social.

Ademais, mediante requerimento à Justiça Eleitoral, o Ministério Público Eleitoral, as candidatas, os candidatos, os partidos políticos, as coligações e as federações de partidos poderão ter acesso ao sistema interno de controle, verificação e fiscalização da coleta de dados das entidades e das empresas que divulgam pesquisas de opinião relativas às candidatas, aos candidatos e às eleições, incluídos os referentes à identificação de entrevistadoras e entrevistadores e, por meio de escolha livre e aleatória de planilhas individuais, mapas ou equivalentes, confrontar e conferir os dados publicados, preservada a identidade das pessoas entrevistadas (art. 13 da Resolução nº 23.600/2019, com redação dada pela Resolução nº 23.676/2021). O interessado também pode ter acesso ao relatório entregue ao solicitante da pesquisa e ao modelo do questionário aplicado, para facilitar a conferência das informações divulgadas.

De acordo com o entendimento perfilhado pelo TSE, o requerimento de acesso a dados internos deve ser efetuado dentro do prazo de 30 dias após a divulgação do registro da pesquisa, a partir da inteligência dos arts. 33, §2º, e 34, §1º, da Lei nº 9.504/1997.[536]

Importante realçar que não possuem legitimidade para realizar, isoladamente, o requerimento de acesso de controle, verificação e fiscalização da coleta de dados de pesquisa eleitoral, o partido político, quando integrante de federação de partidos participante das eleições ou quando a pesquisa se refira a cargo majoritário para o qual esteja concorrendo de modo coligado; e a federação de partidos, quando a pesquisa se refira a cargo majoritário para o qual esteja concorrendo de modo coligado (art. 13, §1º, incs. I e II, da Resolução nº 23.600/2019 com redação dada pela Resolução nº 23.676/2021).

O requerimento tramitará obrigatoriamente no Sistema Processo Judicial Eletrônico (PJe), devendo ser autuado na classe Petição Cível (PetCiv), com indicação do número de identificação da pesquisa, e distribuído aos juízes eleitorais, em se tratando de eleições municipais; e nas eleições gerais, ao tribunal eleitoral ao qual compete o registro de candidatura do cargo objeto da pesquisa, distribuindo-se o pedido a um dos juízes auxiliares.

---

[536] Ac. de 12.5.2020 no AgR-AI nº 060009904, rel. Min. Edson Fachin.

Deferido o pedido, a empresa responsável pela realização da pesquisa será intimada para disponibilizar o acesso aos documentos solicitados. Sendo de interesse do requerente, a empresa responsável pela pesquisa lhe encaminhará os dados solicitados para o endereço eletrônico informado, ou por meio da mídia digital fornecida por ele, no prazo de 2 (dois) dias, e, em igual prazo, permitirá seu acesso, ou de representante por ele nomeado, à sede ou à filial da empresa para o exame aleatório das planilhas, mapas ou equivalentes, em horário comercial, na forma definida pelo juízo eleitoral (§§1º ao 4º do artigo 13 da Resolução nº 23.600/2019).

9.3 Impugnações

No que tange às impugnações do registro ou da divulgação das pesquisas e testes eleitorais, o TSE também estabeleceu regras específicas, em sua mais recente Resolução, de nº 23.600/2019. Destarte, para a realização dessas impugnações, pressupõe-se a desobediência às disposições contidas no art. 33 da Lei nº 9.504/97 ou na Resolução supramencionada. Acontecendo isso, são legitimados o Ministério Público Eleitoral, as candidatas, os candidatos, os partidos políticos, as coligações e as federações de partidos que participem do pleito (art. 15 da Resolução nº 23.600/2019).

Não possuem legitimidade para impugnar, isoladamente, o registro ou a divulgação de pesquisas eleitorais, o partido político, quando integrante de federação de partidos participante das eleições ou quando a pesquisa se refira a cargo majoritário para o qual esteja concorrendo de modo coligado; e a federação de partidos, quando a pesquisa se refira a cargo majoritário para o qual esteja concorrendo de modo coligado (art. 15, parágrafo único, incs. I e II, da Resolução nº 23.600/2019 com redação dada pela Resolução nº 23.676/2021).

O pedido de impugnação do registro de pesquisa deve ser autuado no Processo Judicial Eletrônico (PJe), na classe Representação (Rp), devendo a Secretaria Judiciária providenciar a citação imediata do representado, para, querendo, apresentar defesa em 2 dias.[537] O

[537] Observa-se que a inovação implantada pela Resolução nº 23.549.2017, ao estabelecer a contagem de alguns prazos em dias, configura contradição com a previsão articulada na Lei das Eleições, na qual os prazos estão estabelecidos em horas, sendo esses prazos contados minuto a minuto a partir da citação ou intimação. Dessa forma, consoante a Lei das Eleições, o prazo é de 48 horas para o representado apresentar sua defesa, conforme

curto prazo para a apresentação da defesa pelo representado advém do princípio da celeridade do Direito Eleitoral, haja vista as implicações e problemas que um procedimento demorado acarretaria.

Demonstrados a plausibilidade do direito e o perigo de dano, pode ser deferida liminar para suspender a divulgação dos resultados da pesquisa impugnada ou para determinar que sejam incluídos esclarecimentos na divulgação de seus resultados, cominando-se multa em caso de descumprimento da tutela (art. 16, *caput* e §1º, da Resolução nº 23.600/2019), sendo ônus do impugnante indicar, com objetividade e precisão, o requisito faltante, a deficiência técnica ou o indício de manipulação que fundamente o pedido de não divulgação da pesquisa, sob pena de não conhecimento (art. 16, §1º-A, da Resolução TSE nº 23.600/2019).

Se o impugnante alegar deficiência técnica ou indício de manipulação da pesquisa, a petição inicial deverá ser instruída com elementos que demonstrem o fato ou contenha requerimento de concessão de prazo para produção de prova técnica, às custas da parte autora, sob pena de não conhecimento (art. 16, §1º-B, da Resolução TSE nº 23.600/2019).

A suspensão da divulgação da pesquisa será comunicada à responsável ou ao responsável por seu registro e à respectiva ou ao respectivo contratante, conforme art. 16, §2º, da Resolução nº 23.600/2019.

As impugnações serão processadas na forma da resolução do Tribunal Superior Eleitoral que dispuser sobre as representações, conforme §3º do art. 16 da Resolução nº 23.600/2019. Os advogados dos candidatos ou dos partidos e coligações que atuarem nas impugnações, bem como nos feitos acessórios, serão intimados por meio da publicação de edital eletrônico na página do respectivo TRE, na internet, iniciando-se a contagem do prazo no dia seguinte ao da divulgação (art. 94, §5º, da Lei nº 9.504/97).

9.4 Penalidades

O art. 17 da Resolução nº 23.600/2019 traz a penalidade administrativa para aqueles que transgredirem os requisitos necessários para a divulgação de pesquisas eleitorais, prelecionando que a divulgação de pesquisa sem o prévio registro das informações constantes no art.

---

o §5º do art. 96 da Lei nº 9.504/97. Todavia, por aspectos pragmáticos, deve prevalecer o disposto na mencionada Resolução.

17º da Resolução TSE nº 23.600/2019 sujeita os responsáveis à multa no valor de R$53.205,00 a R$106.410,00.

Para tanto, o TSE entende que, para caracterizar a divulgação de pesquisa irregular, há a necessidade inexorável de que a pesquisa seja dirigida ao conhecimento público.[538] Ainda de acordo com o magistério jurisprudencial do TSE, a caracterização deste tipo tem como pressuposto objetivo a divulgação irregular de pesquisa não registrada, independentemente de eventual retirada após intimação judicial, sendo também irrelevante o número de pessoas alcançadas.[539]

Questão importante diz respeito sobre a incidência da multa prevista no art. 33, §3º, da Lei das Eleições na hipótese de divulgação de pesquisa eleitoral sem prévio registro por meio do *Whatsapp*. Nesse sentido, tem-se que o TSE fixou algumas balizas para guiar a análise do caso concreto a fim de nortear o julgador quanto à hipótese da pesquisa divulgada em rede social ser classificada como de conhecimento público ou não, quais sejam: "(a) uso institucional ou comercial da ferramenta; (b) capacidade de alcance das informações; (c) número de participantes; (d) nível de organização do aplicativo; (e) característica dos participantes e, principalmente, do criador ou responsável pelo grupo, uma vez que, a depender do seu grau de liderança ou da atuação como formador de opinião, aumenta a potencialidade da informação para atingir um público diversificado, em ambiente propício à manipulação dos interlocutores".[540]

Portanto, ainda que a mensagem contendo a circulação da pesquisa se dê em grupos de *Whatsapp*, mas a mídia tenha formato gráfico que mimetize as divulgações tradicionais de pesquisa eleitoral, como percentual e cilindros, por exemplo, e determinados grupos tiverem quantia relevante de participantes, a revelar o caráter coletivo da ferramenta, o ilícito estará configurado.[541] Também se insere na incidência da multa do art. 17 da Resolução TSE nº 23.600/2019 postagem em rede social contendo manipulação de dados falsos e aleatórios

[538] Agravo Regimental no Agravo em Recurso Especial Eleitoral 060800209/SP, Relator(a) Min. Raul Araujo Filho, Acórdão de 06.06.2023, Publicado no Diário de Justiça Eletrônico 132, data 27.06.2023.

[539] Recurso Especial Eleitoral nº 41581/CE, Relator(a) Min. Benedito Gonçalves, Acórdão de 09.11.2023, Publicado no *Diário de Justiça Eletrônico* 240, data 05.12.2023.

[540] Ac. de 6.3.2018 no REspe nº 41492, rel. Min. Tarcísio Vieira de Carvalho Neto.

[541] Agravo em Recurso Especial Eleitoral nº 060056849/MT, Relator(a) Min. Benedito Gonçalves, Acórdão de 16.03.2023, Publicado no *Diário de Justiça Eletrônico* 49, data 24.03.2023.

explicitamente atribuídos a pesquisa eleitoral regular e previamente registrada na Justiça Eleitoral.[542]

Para o TSE, a conduta de divulgação de pesquisa eleitoral sem registro perante a Justiça Eleitoral enseja a multa, independentemente de o responsável pelo ilícito ser pessoa física ou jurídica,[543] afigurando-se desnecessária a formação de litisconsórcio passivo necessário entre todos os responsáveis pela divulgação da pesquisa.[544]

Reitere-se que essa sanção é uma penalidade de caráter administrativo, sem nenhuma natureza de caráter penal, o que não obsta eventual propositura de ações eleitorais ou outras ações cabíveis nos foros competentes, conforme art. 22 da Resolução nº 23.600/2019, em uma clara materialização do preceito da independência das esferas.

Saliente-se, por seu turno, que a divulgação, na rede social *Facebook*, de pesquisa sem prévio registro insere-se na vedação vertida do art. 33 da LE, o que atrai a incidência de multa.[545] A Resolução nº 23.600/2019 também ratifica a existência de crimes eleitorais concernentes ao âmbito das pesquisas eleitorais e do processo eleitoral. Obviamente, por se tratar de uma resolução, não poderia inovar no cenário jurídico criando novos tipos penais sem nenhum embasamento penal, em razão ao apego do princípio da legalidade. Contudo, a respectiva resolução

---

[542] Agravo Regimental no Recurso Especial Eleitoral nº 060087713/PR, Relator(a) Min. Ricardo Lewandowski, Acórdão de 02.03.2023, Publicado no Diário de Justiça Eletrônico 39, data 14.03.2023. E ainda: "(...) Ao divulgar dados manipulados, que não espelham a realidade da pesquisa efetivamente registrada, as partes fabricam uma pesquisa cujo conteúdo não guarda sintonia alguma com aquela elaborada de acordo com a legislação. O fato de ter havido o uso de informações atribuídas a uma pesquisa devidamente registrada na Justiça Eleitoral apenas reforça a intenção dos recorrentes de iludir o eleitor, fazendo-o acreditar que se trata de uma pesquisa real. 6.7.2. No caso, os responsáveis não divulgaram a pesquisa conforme registrada, mas sim pesquisa fraudulenta, pois dissociada do registro obtido. 6.7.3. "[...] a instância cível é independe da criminal, não sendo a aplicação da sanção civil impedimento a apreciação do mesmo fato sob o aspecto criminal (ou vice-versa), conforme dispõe o art. 935 do Código Civil, não havendo de se cogitar, portanto, na ocorrência de bis in idem, diante da distinção das esferas de apuração da responsabilidade do ilícito" (ID 157475395). 6.7.4. No âmbito da representação é viável apurar a conduta sob o enfoque do §3º do art. 33 da Lei nº 9.504/1997, mormente porque inegável a necessidade de penalizar aqueles que propagam informação fraudulenta, dissociada da pesquisa regularmente registrada, seja porque a esfera cível independe da criminal, seja porque o ordenamento jurídico não pode ser utilizado como escudo protetivo para a prática de ilícitos. 7. Recursos especiais aos quais se nega provimento. (Recurso Especial Eleitoral nº 060002185, Acórdão, Min. Mauro Campbell Marques, Publicação: PSESS – Publicado em Sessão, 30.08.2022).

[543] Agravo de Instrumento nº 26769, Acórdão, Relator(a) Min. Tarcisio Vieira de Carvalho Neto, Publicação: *DJE – Diário da justiça eletrônica*, Tomo 024, Data 04.02.2020, Página 200.

[544] Ac. de 17.9.2019 no AgR-AI nº 060918032, rel. Min. Tarcísio Vieira de Carvalho Neto.

[545] Agravo em Recurso Especial Eleitoral nº 060012873, Acórdão, Relator(a) Min. Edson Fachin, Publicação: *DJE – Diário da justiça eletrônica*, Tomo 152, Data 18.08.2021.

ratifica a importância das pesquisas eleitorais e da necessidade de se combater com mecanismos eficazes qualquer tentativa de estorvar a sua nitidez e legitimidade de seus resultados. Vejamos:

a) a divulgação de pesquisa fraudulenta constitui crime, punível com detenção de seis meses a um ano e multa no valor de R$53.205,00 a R$106.410,00 (art. 18 da Resolução nº 23.600/2019);
b) o não cumprimento do disposto no art. 34 da Lei nº 9.504/97 ou a prática de qualquer ato que vise a retardar, impedir ou dificultar a ação fiscalizadora dos partidos políticos constitui crime, punível com detenção de seis meses a um ano, com a alternativa de prestação de serviços à comunidade pelo mesmo prazo, e multa no valor de R$10.641,00 a R$21.282,00 (art. 19 da Resolução nº 23.600/2019).

Também serão responsabilizados penalmente pelas pesquisas eleitorais fraudulentas referentes aos artigos supracitados os representantes legais da empresa ou entidade de pesquisa e do órgão veiculador (Lei nº 9.504, art. 34, §3º). Suscite-se, ainda, o art. 21 da Resolução nº 23.600/2019, que explicita que o veículo de comunicação social arcará com as consequências da publicação de pesquisa não registrada, mesmo que esteja reproduzindo matéria veiculada em outro órgão de imprensa.[546] Por fim, impende destacar que o TSE entendeu não caber imposição da multa do art. 33, §3º da LE quando há compartilhamento nas redes sociais de matéria originalmente publicada em jornal de notória credibilidade que veiculou pesquisa sem o devido registro na Justiça Eleitoral.[547] Também é do TSE o entendimento firmado no sentido de

[546] "[...] Pesquisa de opinião não registrada perante Justiça Eleitoral. Divulgação por empresa jornalística. Multa. Incidência (Lei nº 9.504/1997, art. 33, §3º). 1. A empresa jornalística que divulga pesquisa de opinião, supostamente realizada por leitor, sem efetuar seu prévio registro na Justiça Eleitoral, está sujeita à multa prevista no art. 33, §3º, da Lei nº 9.504/1997 [...]" (Ac. nº 19.265, de 09.10.2001, Rel. Min. Sepúlveda Pertence). "[...] O veículo de comunicação social deve arcar com as consequências pelo que publica, mesmo que esteja reproduzindo matéria de outro órgão de imprensa" (Ac. nº 19.872, de 29.08.2002, Rel. Min. Fernando Neves).

[547] DIREITO ELEITORAL. AGRAVO INTERNO EM RECURSO ESPECIAL ELEITORAL. ELEIÇÕES 2018. REPRESENTAÇÃO. PESQUISA ELEITORAL SEM PRÉVIO REGISTRO. ART. 33, §3º, DA LEI Nº 9.504/1997. REPUBLICAÇÃO DO CONTEÚDO EM REDE SOCIAL. EXCEPCIONALIDADE. AUSÊNCIA DE INFRAÇÃO. DESPROVIMENTO. 1. Agravo interno contra decisão que deu provimento a recurso especial eleitoral interposto contra acórdão que manteve sentença de procedência de representação por divulgação de pesquisa eleitoral sem prévio registro. 2. No caso, o Tribunal Regional concluiu que a pesquisa reproduzida

que a divulgação de pesquisa antes do prazo apenas na esfera particular não dá ensejo à aplicação da sanção prevista no §3º do art. 33 da Lei das Eleições.[548]

---

no perfil do Instagram do representado não possui registro na Justiça Eleitoral, razão pela qual manteve a condenação ao pagamento de multa no valor de R$ 53.205,00, nos termos do art. 33, §3º, da Lei nº 9.504/1997. 3. Todavia, a hipótese descrita no acórdão regional, excepcionalmente não se subsume à infração eleitoral prevista no art. 33, §3º, da Lei das Eleições. Isso porque não é razoável exigir que o representado se certifique previamente de que a matéria originalmente publicada em jornal de notória credibilidade encontra-se devidamente registrada perante a Justiça Eleitoral e atende a todos os requisitos legais, antes de replicá-la em sua rede social. Precedente. 4. Agravo interno a que se nega provimento. (Recurso Especial Eleitoral nº 060141282, Acórdão, Relator(a) Min. Luís Roberto Barroso, Publicação: *DJE – Diário da justiça eletrônica*, Tomo 53, Data 18.03.2020).

548 Ac. de 5.3.2020 no AgR-REspe nº 060047094, rel. Min. Edson Fachin.

CAPÍTULO 10

FINANCIAMENTO E GASTOS DE CAMPANHA ELEITORAL

10.1 Financiamento de campanha eleitoral

A interferência do poder econômico na seara política de um país tem sido uma fonte de constante preocupação na sociedade, consistindo em acirrados debates, dos quais ainda se discute quais as fontes financeiras que podem suportar os gastos dos pleitos eleitorais.

A Constituição Federal, em seu art. 17, §2º, salvaguarda o regime democrático e a isonomia quando dispõe que os partidos políticos têm direito a recurso do fundo partidário, bem como em 2017, através de normatização ordinária, foi estabelecido o fundo especial de financiamento de campanha, restrito para gastos eleitorais. Todavia, essas duas fontes de recursos não suprem as necessidades básicas de manutenção financeira dos partidos políticos e muito menos possibilita suportar os gastos de uma campanha eleitoral, não podendo sequer ser utilizado para o pagamento de multas eleitorais.[549] Do outro lado, o financiamento privado faz com que os detentores do poder econômico tenham vantagem na disputa eleitoral, ocasionando uma intensa desigualdade nos pleitos eleitorais.

Questão interessante que se configura é que em todos os sistemas de financiamento de campanha os legisladores buscam impedir o desequilíbrio financeiro na disputa ao pleito. Porém, nenhum deles é imune à fraude, devido às várias mudanças no seio social, na cultura, no procedimento eleitoral e no ciclo vicioso da troca de interesses.

[549] Consulta nº 1.396-23/DF. Redatora para o acórdão: Ministra Luciana Lóssio.

Então, como já é tautológico, configura-se praticamente impossível a realização de qualquer campanha eleitoral sem recursos. No entanto, para que não haja uma intensa desigualdade e disparidade de armas no que urge à disputa eleitoral, a Lei nº 9.504/1997 e a Resolução TSE nº 23.607/2019, em vigor, com as alterações realizadas pela Resolução TSE nº 23.731/2024, estabelecem parâmetros que deverão ser cumpridos pelos candidatos, partidos e coligações, com o escopo de proporcionar maior transparência às eleições, visando à efetivação dos princípios eleitorais da igualdade, moralidade e impessoalidade públicas.

As modificações introduzidas pela Lei nº 13.165/15 foram substanciais, pois foi a primeira eleição sem a possibilidade de doação de pessoas jurídicas. Podem ser mencionadas as alterações relacionadas à extinção do comitê financeiro, a proibição de doações ocultas, a possibilidade de candidato financiar com recursos próprios até o limite máximo de gastos permitidos, dentre outras. Por outro lado, as alterações realizadas pela Lei nº 13.488/17 podem ser sintetizadas nos seguintes pontos: criação do fundo especial de financiamento de campanha; possibilidade de impulsionamento de propaganda nas redes sociais; instituição e regulamentação do *crowdfunding*.

10.1.1 Financiamento público

O financiamento público se dá mediante o fundo partidário, na forma dos valores recolhidos pelo erário a título de aplicação de multas e penalidades pecuniárias eleitorais e partidárias, de eventuais recursos financeiros destinados por lei, de dotações orçamentárias anuais específicas; e mediante o horário obrigatoriamente reservado pelas emissoras de rádio e televisão, com destinação ao exercício da propaganda eleitoral gratuita em rede ou por meio de inserções; e através do fundo especial de financiamento de campanha.

O montante será definido pelo Tribunal Superior Eleitoral (TSE), a cada eleição, com base nos parâmetros definidos em lei, que corresponde à somatória da compensação fiscal que as emissoras comerciais de rádio e televisão receberam pela divulgação da propaganda partidária efetuada nos anos de 2016 e 2017.[550] Assim como por pelo menos 30%

[550] Art. 3º da Lei nº 13.487/2017. O valor a ser definido pelo Tribunal Superior Eleitoral, para os fins do disposto no inciso I do *caput* do art. 16-C da Lei nº 9.504, de 30 de setembro de 1997, será equivalente à somatória da compensação fiscal que as emissoras comerciais de

(trinta por cento) dos recursos da reserva específica para as emendas de bancada de execução obrigatórias, as chamadas emendas impositivas.

É importante mencionar, no entanto, que a instituição do FEFC não extingue o Fundo Partidário. Os valores arrecadados no Fundo Especial se destinam exclusivamente aos gastos em pleitos eleitorais, enquanto que o Fundo Partidário destina-se a manutenção das atividades partidárias, podendo ser utilizado nas eleições. É tanto que as dotações orçamentárias que o constituirão serão determinadas no ano eleitoral. Os valores serão atualizados pelo Índice Nacional de Preços ao Consumidor (INPC), da Fundação Instituto Brasileiro de Geografia e Estatística (IBGE), ou por índice que o substituir (art. 3º, Lei nº 13.487/2017).

Assim como o Fundo Partidário, os repasses do novo FEFC serão gerenciados pelo TSE, a partir de depósitos que serão realizados em conta especial pelo Tesouro Nacional até o primeiro dia útil do mês de junho do ano eleitoral.[551] A fiscalização do uso dos recursos cabe ao TSE, que regulamentou a utilização de tal numerário incluindo na resolução que trata da arrecadação e gastos de recursos e prestação de contas, vigente para as Eleições do ano de 2024.[552]

Os partidos políticos devem destinar percentuais mínimos do montante do Fundo Especial de Financiamento de Campanha para aplicação nas campanhas de suas candidatas, à razão de 30% (art. 17, 4º, da Resolução TSE nº 23.607/2019, com redação dada pela Resolução nº 23.665/2021), bem como de pessoas negras, correspondendo à proporção de mulheres negras e não negras do partido e homens negros e não negros do partido.[553]

Mencione-se que a Emenda Constitucional nº 111/2021 alterou a Constituição Federal para estabelecer que, para fins de distribuição

---

rádio e televisão receberam pela divulgação da propaganda partidária efetuada no ano da publicação desta Lei e no ano imediatamente anterior, atualizada monetariamente, a cada eleição, pelo Índice Nacional de Preços ao Consumidor (INPC), da Fundação Instituto Brasileiro de Geografia e Estatística (IBGE), ou por índice que o substituir.

[551] Art. 16-C §2º O Tesouro Nacional depositará os recursos no Banco do Brasil, em conta especial à disposição do Tribunal Superior Eleitoral, até o primeiro dia útil do mês de junho do ano do pleito.

[552] Art. 17 da Resolução de nº 23.607.2019: O Fundo Especial de Financiamento de Campanha (FEFC) será disponibilizado pelo Tesouro Nacional ao Tribunal Superior Eleitoral e distribuído aos diretórios nacionais dos partidos políticos na forma disciplinada pelo Tribunal Superior Eleitoral (art. 16-C, §2º, da Lei nº 9.504/1997).

[553] STF: ADI nº 5.617/DF, *DJE* de 3.10.2018 ADPF-MC nº 738/DF, *DJE* de 29.10.2020; TSE: Consulta nº 0600252-18, *DJE* de 15.8.2018; Consulta nº 0600306-47, *DJE* de 5.10.2020.

entre os partidos dos recursos do fundo partidário e do Fundo Especial de Financiamento de Campanha (FEFC), os votos dados a candidatas mulheres ou a candidatos negros para a Câmara dos Deputados nas eleições realizadas de 2022 a 2030 serão computados em dobro (art. 2º da EC nº 111/2021). Conforme o comando previsto no parágrafo único do art. 2º da EC nº 111/2021, a contagem em dobro de votos se aplica uma única vez.

A verba oriunda da reserva de recursos do FEFC destinada ao custeio das candidaturas femininas e de pessoas negras deve ser aplicada pela candidata de determinado partido no interesse de sua campanha ou de outras campanhas femininas, sendo completamente vedado o seu emprego, no todo ou em parte, exclusivamente para financiar candidaturas masculinas ou de pessoas não negras (art. 17, 6º, da Resolução TSE nº 23.607/2019, com redação dada pela Resolução nº 23.665/2021).

Essa vedação não se aplica ao pagamento de despesas comuns com candidatos do gênero masculino ou não negras, à transferência ao órgão partidário de verbas destinadas ao custeio da sua cota-parte em despesas coletivas, nem a outros usos regulares dos recursos provenientes da cota de gênero; desde que, em todos os casos, haja benefício para campanhas femininas e de pessoas negras (art. 17, §7º, da Resolução TSE nº 23.607/2019, com redação dada pela Resolução nº 23.665/2021). Importante realçar que o entendimento sedimentado nas disposições instrutórias relacionadas à utilização dos recursos do FEFC para o fomento de candidaturas femininas restou consolidado a partir do julgamento da Consulta nº 0600252-18, de relatoria da Ministra Rosa Weber, e da ADI nº 5.617/DF, sob a relatoria do Ministro Edson Fachin.

Os recursos provenientes do Fundo Especial de Financiamento de Campanha que não forem utilizados nas campanhas eleitorais deverão ser devolvidos ao Tesouro Nacional, integralmente, por meio de Guia de Recolhimento da União (GRU), no momento da apresentação da respectiva prestação de contas (art. 17, §3º, da Resolução nº 23.607/2019).

A distribuição dos recursos aos partidos políticos será realizada pelo TSE, antes do primeiro turno das eleições, com base nos critérios definidos no art. 16-D da Lei das Eleições. São eles: I – 2% (dois por cento), divididos igualitariamente entre todos os partidos com estatutos registrados no Tribunal Superior Eleitoral; II – 35% (trinta e cinco por cento), divididos entre os partidos que tenham pelo menos um representante na Câmara dos Deputados, na proporção do percentual de votos por eles obtidos na última eleição geral para a Câmara dos

Deputados; III – 48% (quarenta e oito por cento), divididos entre os partidos, na proporção do número de representantes na Câmara dos Deputados, consideradas as legendas dos titulares; IV – 15% (quinze por cento), divididos entre os partidos, na proporção do número de representantes no Senado Federal, consideradas as legendas dos titulares.

A distribuição dos recursos dispostos no inciso III do art. 16-D da Lei das Eleições entre os partidos terá por base o número de representantes eleitos para a Câmara dos Deputados nas eleições de 2018, ressalvados os casos de mandato que migraram em razão de o partido pelo qual foram eleitos não ter cumprido os requisitos relativos à percepção dos recursos do Fundo Partidário e acesso gratuito ao rádio e à televisão (art. 16-D, §3º, da Lei nº 9.504/97, incluído pela Lei nº 13.877/2019).

Por outro lado, no que toca à distribuição de recursos a que alude o inciso IV do mencionado dispositivo legal, entre os partidos terá por base o número de representantes eleitos para o Senado Federal na última eleição geral, bem como os Senadores filiados ao partido que, na data da última eleição geral, encontravam-se no 1º (primeiro) quadriênio de seus mandatos (art. 16-D, §4º, da Lei nº 9.504/97, incluído pela Lei nº 13.877/2019).

Os percentuais de representantes na Câmara dos Deputados e no Senado Federal de cada partido serão apurados, no ano de 2018, com base no número de representantes de cada partido no dia 28 de agosto de 2017, e, nas eleições subsequentes, apurado no último dia da sessão legislativa imediatamente anterior ao ano eleitoral, conforme o art. 4º, Lei nº 13.488/2017.

É vedado a partido e candidato receber direta ou indiretamente doação em dinheiro ou estimável em dinheiro, inclusive por meio de publicidade de qualquer espécie, procedente de entidade ou governo estrangeiro; órgão da Administração Pública direta e indireta ou fundação mantida com recursos provenientes do Poder Público; concessionário ou permissionário de serviço público; entidade de direito privado que receba, na condição de beneficiária, contribuição compulsória em virtude de disposição legal; entidade de utilidade pública; entidade de classe ou sindical; pessoa jurídica sem fins lucrativos que receba recursos do exterior; entidades beneficentes e religiosas; entidades esportivas; organizações não governamentais que recebam recursos públicos; e organizações da sociedade civil de interesse público (art. 24 da Lei nº 9.504/1997).

10.1.2 Financiamento privado

Os partidos políticos, além do fundo partidário e da propaganda eleitoral gratuita, também podem receber doações financeiras de origem privada, especificamente das pessoas físicas, pois no julgamento da ADI nº 4.650, sob a relatoria do Ministro Luiz Fux, restou assentada, a partir das Eleições de 2016, a inconstitucionalidade da doação de pessoas jurídicas a campanhas eleitorais (Lei nº 9.504/1997, arts. 23; Lei nº 9.096/1995, arts. 38, III, 39, *caput* e §5º).[554]

As doações e contribuições estão limitadas a 10% (dez por cento) dos rendimentos brutos auferidos pelo doador no ano que precede a eleição, por força do §1º do art. 23 da Lei nº 9.504/97, limite a ser apurado pelo TSE e pela Secretaria da Receita Federal do Brasil anualmente, conforme art. 24-C, não sendo aplicável tal limite nas hipóteses de doação estimável em dinheiro relativas à utilização de bens móveis e imóveis do doador, que não ultrapassem o valor estimado de R$40.000,00, conforme §7º do art. 23 do citado diploma. Essa limitação foi uma tentativa de garantir isonomia de oportunidades no processo eleitoral, evitando os abusos perpetrados pelo poder econômico. Veja-se que há entendimentos no sentido de que a pessoa física isenta de declarar imposto de renda deve ter o percentual de doação calculado com base no limite de rendimentos estipulados para a isenção.[555]

Frise-se ainda que, ultrapassado o limite da doação, o candidato poderá responder por abuso do poder econômico, e as pessoas físicas estarão sujeitas ao pagamento de multa no valor de até 100% da quantia em excesso, conforme §3º do art. 23 da Lei nº 9.504/97.

Com o advento da Lei nº 13.879/2019, o candidato poderá usar recursos próprios em sua campanha até o total de 10% dos limites previstos para os gastos de campanha no cargo em que concorrer, sendo vedada aplicação indireta desses recursos mediante a utilização de

---

[554] "Consoante o disposto no inciso II do art. 12 da Res.-TSE nº 23.464.2015, "é vedado aos partidos políticos e às suas fundações receber, direta ou indiretamente, sob qualquer forma ou pretexto, doação, contribuição ou auxílio pecuniário ou estimável em dinheiro, inclusive por meio de publicidade de qualquer espécie, procedente de: [...] II – pessoa jurídica". Precedente" (Prestação de Contas nº 060041158, Acórdão, Relator(a) Min. Mauro Campbell Marques, Publicação: *DJE – Diário da justiça eletrônica*, Tomo 231, Data 15.12.2021).

[555] "A aferição do limite de doação do contribuinte dispensado da apresentação de Declaração de Ajuste Anual do Imposto de Renda deve ser realizada com base no limite de isenção previsto para o exercício financeiro do ano da eleição" (Recurso Eleitoral nº 06000028020196160104, Acórdão, Relator(a) Des. Vitor Roberto Silva, Publicação: *DJ – Diário de justiça*, Data 23.06.2020).

doação a terceiro, com a finalidade de burlar o referido limite legal (art. 23, §2º-A da Lei nº 9.504/1997 e art. 27, §§1º e 2º, da Resolução TSE nº 23.607/2019). Ainda, através da inclusão do §1º-A ao art. 27 da Resolução TSE nº 23.607/2019, realizada pela Resolução nº 23.665/2021, resta previsto que, no caso em tela, acerca da utilização de recursos próprios dos candidatos, os valores serão somados aos recursos próprios do titular para aferição do limite até o total de 10%. Evitou-se, com isso, a concessão de privilégios aos detentores de poder econômico que podiam financiar suas campanhas sem se preocupar em buscar doações, dando margem ao abuso de poder econômico.

As doações podem ser realizadas por pessoas físicas mediante: (i) transação bancária na qual o CPF do doador seja obrigatoriamente identificado; (ii) doação ou cessão temporária de bens e /ou serviços estimáveis em dinheiro, com a demonstração de que o doador é proprietário do bem ou é o responsável direto pela prestação de serviços; (iii) instituições que promovam técnicas e serviços de financiamento coletivo por meio de sítios da internet, aplicativos eletrônicos e outros recursos similares; e (iv) pix, conforme o art. 21 da Resolução TSE nº 23.607/2019. Contudo, consoante o §2º do art. 23 da Lei nº 9.504/97, as doações estimáveis em dinheiro a candidato específico deverão ser feitas mediante recibo, assinado pelo doador.

Excluem-se da regra da necessidade de registro na prestação de contas três hipóteses: a cessão de bens imóveis, limitada ao valor de quatro mil reais por pessoa cedente; as doações estimáveis em dinheiro entre candidatos ou partidos, decorrentes do uso comum tanto de sedes quanto de materiais de propaganda eleitoral, cujo gasto deverá ser registrado na prestação de contas do responsável pelo pagamento da despesa; e a cessão de automóvel de propriedade do candidato, do cônjuge e de seus parentes até o terceiro grau para seu uso pessoal durante a campanha, consonante o §6º do art. 28 da Lei Eleitoral.

O Plenário do Tribunal Superior Eleitoral, por unanimidade, respondendo à consulta, confirmou que os estatutos partidários não podem conter regra de doação obrigatória em razão do exercício de cargo público.[556]

Importante explicitar que nas doações de campanha realizadas por meio de depósito bancário de cheques cruzados e nominais de transferência eletrônica e de cartão de crédito ou cartão de débito (por via

---

556 Consulta nº 356-64, Brasília/DF, Rel. Min. Henrique Neves da Silva, em 5.11.2015.

da internet) não é necessária a assinatura do doador no recibo eleitoral desde que ele possa ser identificado no próprio documento bancário.[557]

No entanto, para garantir a isonomia no processo eleitoral, a Lei nº 9.504/1997 impõe limites para o financiamento privado da campanha eleitoral. Reduziu-se a contribuição privada, restrita à pessoa física e à monta de até 10% dos rendimentos auferidos no ano anterior ao da eleição (art. 23, §1º, da Lei nº 9.504/1997). Veja-se que há entendimentos no sentido de que a pessoa física isenta de declarar imposto de renda deve ter o percentual de doação calculado com base no limite de rendimentos estipulados para a isenção.[558]

Uma das grandes modificações trazidas pela reforma política de 2017 foi a possibilidade de que doações possam ser feitas por meio de instituições que promovam técnicas e serviços de financiamento coletivo por meio de sítios na internet, aplicativos eletrônicos e outros recursos similares, o chamado *Crowdfunding* ou "Vaquinhas".

É bom recordar que em 2014, o TSE, em uma consulta formulada por um Deputado Federal respondeu que a arrecadação de recursos para campanhas eleitorais através de *websites* de financiamento coletivo não era permitida porque tais doações seriam concentradas em uma única pessoa que repassaria ao candidato como se fosse uma única doação, ou seja, não haveria como individualizar os doadores.

A Lei nº 13.488/2017 ultrapassou tal preocupação ao permitir essa modalidade de financiamento em campanhas eleitorais exigindo a "identificação obrigatória, com o nome completo e o número de inscrição no Cadastro de Pessoas Físicas (CPF) de cada um dos doadores e das quantias doadas".[559]

A partir de 15 de maio os pré-candidatos podem iniciar a arrecadação prévia de recursos por meio do *Crowdfunding*, mas a liberação de recursos por parte das entidades arrecadadoras fica condicionada ao registro da candidatura, e a realização de despesas de campanha

557 Consulta nº 201.402, Acórdão de 05.04.2011, Rel. Min. Cármen Lúcia Antunes Rocha, *DJe* 13.06.2011, p. 62-63.

558 Recurso Eleitoral nº 06000028020196160104, Acórdão, Relator(a) Des. Vitor Roberto Silva, Publicação: *DJ – Diário de justiça*, Data 23.06.2020.

559 Art. 23 da Lei nº 9.504/97 §4º As doações de recursos financeiros somente poderão ser efetuadas [...] por meio de: IV – instituições que promovam técnicas e serviços de financiamento coletivo por meio de sítios na internet, aplicativos eletrônicos e outros recursos similares, que deverão atender aos seguintes requisitos: b) identificação obrigatória, com o nome completo e o número de inscrição no Cadastro de Pessoas Físicas (CPF) de cada um dos doadores e das quantias doadas [...].

deverá observar o calendário eleitoral. Se o registro da candidatura não for efetivado as entidades arrecadadoras deverão devolver os valores arrecadados aos doadores.[560]

Outra importante previsão diz respeito à possibilidade de que os candidatos e partidos realizem eventos pagos para a arrecadação de recursos, bem como possam realizar a venda de bens e serviços, que já era previsto anteriormente.[561]

10.2 Gastos eleitorais

Os gastos eleitorais são as despesas realizadas pelos candidatos e partidos políticos durante a campanha eleitoral, cujos limites serão definidos por Lei, contabilizando-se, sempre que individualizáveis, as despesas efetuadas pelos candidatos e pelos partidos políticos, conforme preconizam os arts. 18 e 18-A da Lei nº 9.504/97. Também se inserem na natureza dos gastos de campanha as multas aplicadas aos partidos ou candidatos por infração da legislação eleitoral. Caberá ao TSE a tarefa de divulgar e fiscalizar os gastos eleitorais, tentando coibir qualquer tipo de abuso.[562]

Conforme o revogado art. 17-A da LE, cabia à lei ordinária, até o dia 10 de junho do ano eleitoral, fixar os limites de gastos de campanha para os cargos em disputa. Na hipótese de não ser editada lei até a data estabelecida, os partidos políticos, por ocasião do registro de candidatura, informariam os valores máximos de gastos na campanha por cargo eletivo.

Os limites de gastos de campanha passam a ser definidos legalmente e divulgados pelo Tribunal Superior Eleitoral, contabilizando-se nos limites de gastos de cada campanha as despesas efetuadas pelos candidatos e pelos partidos que puderem ser individualizadas (arts.

---

560 Art. 22-A. da Lei nº 9.504/97 Os candidatos estão obrigados à inscrição no Cadastro Nacional da Pessoa Jurídica – CNPJ: §3º Desde o dia 15 de maio do ano eleitoral, é facultada aos pré-candidatos a arrecadação prévia de recursos na modalidade prevista no inciso IV do §4º do art. 23 desta Lei, mas a liberação de recursos por parte das entidades arrecadadoras fica condicionada ao registro da candidatura, e a realização de despesas de campanha deverá observar o calendário eleitoral. §4º Na hipótese prevista no §3º deste artigo, se não for efetivado o registro da candidatura, as entidades arrecadadoras deverão devolver os valores arrecadados aos doadores.

561 Art. 23 da Lei nº 9.504/97 §4º As doações de recursos financeiros somente poderão ser efetuadas [...] por meio de: [...] V – comercialização de bens e/ou serviços, ou promoção de eventos de arrecadação realizados diretamente pelo candidato ou pelo partido político.

562 Art. 18 da Lei nº 9504/97: Os limites de gastos de campanha serão definidos em lei e divulgados pelo Tribunal Superior Eleitoral.

18 e 18-A da LE). A Resolução TSE nº 23.607/2019 estabelece que a Presidência do TSE publicará portaria até 20 de julho do ano das eleições para a divulgação dos limites de gastos de campanha (art. 4º, §2º). O §2º-A do art. 4º da Resolução nº 23.607/2019 ainda prevê que o limite de gastos fixado para o cargo da eleição majoritária é único e inclui os gastos realizados pela candidata ou pelo candidato ao cargo de vice ou suplente.

A Lei nº 13.878/2019 estabeleceu que o limite de gastos nas campanhas dos candidatos às eleições para prefeito e vereador, na respectiva circunscrição, será equivalente ao limite para os respectivos cargos nas eleições de 2016, atualizado pelo Índice Nacional de Preços ao Consumidor Amplo (IPCA) (art. 18-C, da Lei nº 9.504/97). No caso de 2º turno, o limite de gastos de cada candidato é de 40% dos limites acima (art. 18-C, parágrafo único, da Lei nº 9.504/97).

O descumprimento dos limites de gastos fixados para cada campanha acarreta o pagamento de multa em valor equivalente a 100% (cem por cento) da quantia que ultrapassar o limite estabelecido, sem prejuízo da apuração da ocorrência de abuso do poder econômico, conforme §3º do art. 23 da Lei nº 9.504/97.

No que tange ao que compreende os gastos eleitorais, a Lei nº 9.504/1997, em seu art. 26, assim como o art. 35 da Resolução TSE nº 23.607/2019, estabelece que são considerados sujeitos a registro e nos limites fixados as seguintes despesas: a confecção de material impresso de qualquer natureza e tamanho; propaganda e publicidade direta ou indireta, por qualquer meio de divulgação destinada a conquistar votos; aluguel de locais para a promoção de atos de campanha eleitoral; despesas com transporte ou deslocamento de candidato e de pessoal a serviço das candidaturas; correspondência e despesas postais; despesas de instalação, organização e funcionamento de comitês de campanha e serviços necessários às eleições; remuneração ou gratificação de qualquer espécie paga a quem preste serviço a candidatos e a partidos políticos; montagem e operação de carros de som, de propaganda e assemelhados; a realização de comícios ou eventos destinados à promoção de candidatura; produção de programas de rádio, televisão ou vídeo, inclusive os destinados à propaganda gratuita; realização de pesquisas ou testes pré-eleitorais; aluguel de bens particulares para veiculação, por qualquer meio, de propaganda eleitoral; custos com a criação e inclusão de sítios na internet e com o impulsionamento de conteúdos contratados diretamente com provedor da aplicação de internet com sede e foro no país, por intermédio de candidato ou seus representantes, partidos ou coligações, impedindo-se o cidadão de contribuir; multas aplicadas aos partidos ou candidatos por infração da legislação eleitoral; e produção de *jingles*, vinhetas e *slogans* para propaganda eleitoral.

É necessário observar que a Lei nº 13.488/2017 acrescentou exceções ao caso das despesas com transporte ou deslocamento de candidato e de pessoal a serviço das candidaturas. Dessa forma, não são consideradas gastos eleitorais nem se sujeitam a prestação de contas as seguintes despesas de natureza pessoal do candidato: a) combustível e manutenção de veículo automotor usado pelo candidato na campanha; b) remuneração, alimentação e hospedagem do condutor do veículo a que se refere a alínea a deste parágrafo; c) alimentação e hospedagem própria; d) uso de linhas telefônicas registradas em seu nome como pessoa física, até o limite de três linhas.

No que toca especificamente aos gastos efetuados com combustível, a Resolução TSE nº 23.607/2019 considera esses gastos apenas nas hipóteses de apresentação de documento fiscal da despesa que conste o CNPJ, para abastecimento de: (i) veículos em eventos de carreata, até o limite de 10 (dez) litros por veículo, desde que feita, na prestação de contas, a indicação da quantidade de carros e de combustível utilizados por evento; (ii) veículos utilizados a serviço da campanha, decorrentes da locação ou cessão temporária, desde que os veículos sejam declarados originariamente na prestação de contas e seja apresentado relatório do qual constem o volume e o valor dos combustíveis adquiridos semanalmente para este fim (art. 35, §11).

Ressalte-se que os eventos de carreata devem ser informados à Justiça Eleitoral até 24 horas antes de sua realização, sob pena dos gastos com combustíveis para essa finalidade serem considerados irregulares (art. 35, §11-A, da Resolução TSE nº 23.607/2019).

A reforma política de 2017 também especificou que considera o impulsionamento a priorização paga de conteúdos resultantes de aplicações de busca na internet, no que contribui para a divulgação desses materiais. Assim como tipificou como crime, no dia da eleição, a publicação de novos conteúdos ou o seu impulsionamento.[563]

---

[563] Art. 39 da Lei nº 9.594/97 §5º Constituem crimes, no dia da eleição, puníveis com detenção, de seis meses a um ano, com a alternativa de prestação de serviços à comunidade pelo mesmo período, e multa no valor de cinco mil a quinze mil UFIR: IV – a publicação de novos conteúdos ou o impulsionamento de conteúdos nas aplicações de internet de que trata o

Saliente-se que as contratações de contador e de advogado que prestem serviços às campanhas eleitorais constituem gastos eleitorais que devem ser declarados de acordo com os valores efetivamente pagos, mas serão excluídos do limite de gastos de campanha (§3º do art. 35 da Resolução nº 23.607/2019 e art. 26, §4º, da Lei nº 9504/97 com redação dada pela Lei nº 13.877/2019). Ressalte-se que os gastos com advogado e contador, referentes a consultoria, assessoria e honorário, relacionados à prestação de serviços em campanhas eleitorais e em favor destas, bem como em processo judicial decorrente de defesa de interesses de candidato ou partido político, não estão sujeitos a limites de gastos ou a limites que possam impor dificuldade ao exercício da ampla defesa (art. 4º, §5º, da Resolução TSE nº 23.607/2019 e art. 18-A, parágrafo único, da Lei nº 9.504/97).

No mesmo sentido, o pagamento de honorários decorrentes da prestação de serviços advocatícios e de contabilidade, relacionados às campanhas e em favor destas, fica excluído do limite de R$1.064,10, para os gastos que qualquer eleitor pode realizar pessoalmente com a finalidade de apoiar candidato de sua preferência (art. 43, §3º, da Resolução TSE nº 23.607/2019). Ainda nessa esteira, tenha-se que o pagamento efetuado por pessoas físicas para fins de custear honorários de advogado e de profissionais da contabilidade, relacionados à campanha eleitoral, também não será considerado para a aferição do limite de 10% dos rendimentos brutos auferidos pelo doador no ano anterior à eleição (art. 23, §10, da Lei nº 9.504/97).

Os gastos efetuados por candidato ou partido em benefício de outro candidato ou outro partido político constituem doações estimáveis em dinheiro, devendo ser registradas (§8º do art. 35 da Resolução nº 23.607/2019).

No entanto, os gastos eleitorais de natureza financeira só poderão ser efetuados por meio de cheque nominal, transferência bancária ou débito em conta, ressalvadas as despesas de pequeno valor. Segundo o art. 40 da Resolução nº 23.607/2019, consideram-se gastos de pequeno vulto as despesas individuais que não ultrapassem o limite de meio salário-mínimo, sendo vedado o fracionamento de despesa.

Importante salientar que, para o pagamento de gastos de pequeno vulto, o órgão partidário pode constituir reserva em dinheiro (Fundo de

art. 57-B desta Lei, podendo ser mantidos em funcionamento as aplicações e os conteúdos publicados anteriormente.

Caixa), observando o saldo máximo de 2% (dois por cento) dos gastos contratados, vedada a recomposição. Os recursos destinados à respectiva reserva devem transitar previamente pela conta bancária específica de campanha e o saque para constituição do Fundo de Caixa deve ser realizado mediante cartão de débito ou emissão de cheque nominativo em favor do próprio sacado (art. 39 da Resolução nº 23.607/2019).

É de bom alvitre salientar que o candidato a Vice ou a suplente não pode constituir Fundo de Caixa (art. 39, parágrafo único, da Resolução nº 23.607/2019) e os pagamentos de pequeno valor realizados por meio do Fundo de Caixa não dispensam a respectiva comprovação (art. 40, parágrafo único, da Resolução nº 23.607/2019).

Todo material impresso de campanha eleitoral deverá conter o número de inscrição no Cadastro de Pessoas Físicas (CPF) do responsável pela confecção, bem como de quem o contratou e a respectiva tiragem (art. 38, §1º, da Lei nº 9.504/1997).

Os gastos destinados à preparação da campanha e à instalação física ou de página de internet de comitês de campanha de candidatos e de partidos políticos poderão ser contratados a partir da data efetiva da realização da respectiva convenção partidária, desde que sejam devidamente formalizados e o desembolso financeiro ocorra apenas após a obtenção do número de inscrição no CNPJ, a abertura de conta bancária específica para a movimentação financeira de campanha e a emissão de recibos eleitorais (art. 38, §2º, da Lei nº 9.504/1997). Observa-se que esses são requisitos cumulativos.

Por último, com a finalidade de apoiar candidato de sua preferência, qualquer eleitor poderá realizar gastos totais até o valor de R$1.064,10 (mil e sessenta e quatro reais e dez centavos), não sujeitos à contabilização, desde que não reembolsados (art. 27 da Lei nº 9.504/1997 e 43 da Resolução nº 23.607/2019), emitindo-se o comprovante da despesa em nome do eleitor, de modo que bens e serviços entregues ou prestados ao candidato não são incluídos nos gastos referidos, caracterizando-se doação, conforme art. 43, §§1º e 2º, da Resolução nº 23.607/2019.

A comprovação dos gastos eleitorais deve ser feita por meio de documento fiscal idôneo emitido em nome dos candidatos e partidos políticos, sem emendas ou rasuras, devendo conter a data de emissão, a descrição detalhada, o valor da operação e a identificação do emitente e do destinatário ou dos contraentes pelo nome, CPF e endereço (art. 60 da Resolução nº 23.607/2019). Para além do documento fiscal idôneo, a Justiça Eleitoral poderá admitir, para afins de comprovação de gasto, qualquer meio idôneo de prova, inclusive outros documentos, tais como o contrato, o comprovante de entrega de material ou da prestação efetiva de serviço, comprovante bancário de pagamento ou guia de recolhimento do FGTS, informações do Sistema de Escrituração Digital de Obrigações Fiscais, Previdenciárias e Trabalhistas (eSocial), da Declaração de Débitos e Créditos Tributários Federais Previdenciários e de outras entidades e fundos (DCTFWeb) e da Escrituração Fiscal Digital de Retenções e Outras Informações Fiscais (EFD-Reinf). Tratando-se de utilização de recursos financeiros próprios, a Justiça Eleitoral pode exigir do candidato a apresentação de documentos comprobatórios da respectiva origem e disponibilidade, devendo esta ser instruída com documentos e elementos que demonstrem a procedência lícita dos recursos e a sua não caracterização como fonte vedada, tal qual previsto no art. 61 da Resolução nº 23.607/2019.

Havendo qualquer tipo de dúvida sobre a idoneidade do documento ou sobre a execução do objeto, a Justiça Eleitoral poderá exigir a apresentação de elementos probatórios adicionais que comprovem a entrega dos produtos contratados ou a efetiva prestação dos serviços declarados (art. 60, §3º, da Resolução TSE nº 23.607/2019).

Ficam dispensadas de comprovação na prestação de contas a cessão de bens imóveis, limitada ao valor de R$ 4.000,00 (quatro mil reais) por pessoa cedente; as doações estimáveis em dinheiro entre candidatas ou candidatos ou partidos decorrentes do uso comum tanto de sedes quanto de materiais de propaganda eleitoral, cujo gasto deverá ser registrado na prestação de contas do responsável pelo pagamento da despesa; e a cessão de automóvel de propriedade da candidata ou do candidato, de cônjuge e de seus parentes até o terceiro grau para seu uso pessoal durante a campanha (art. 60, §4º, da Resolução TSE nº 23.607/2019). No entanto, essa dispensa de comprovação não afasta a obrigatoriedade dos respectivos valores serem registrados na prestação de contas (art. 60, §5º, da Resolução TSE nº 23.607/2019).

10.3 Prestação de contas

A prestação de contas é um tema de extrema relevância para as campanhas eleitorais, pois propicia maior segurança a todos os envolvidos na disputa de determinado pleito. Tem como objetivo assegurar a lisura e a probidade na campanha eleitoral, através do controle dos recursos nela utilizados. Além disso, ela segue um procedimento que apenas declara as contas desaprovadas, não possuindo o efeito direto de condenar ao indeferimento do registro ou incidir em alguma causa de inelegibilidade. Contudo, indiretamente, ela pode contribuir para dar ensejo à tipificação do art. 30-A da Lei nº 9.504/97, captação ilícita de arrecadação e gastos de campanha.

Para o alcance do objetivo supramencionado, a legislação eleitoral impõe diversas regras que deverão ser obedecidas pelos candidatos e partidos políticos. A prestação de contas da campanha eleitoral encontra-se disciplinada nos arts. 28 a 32 da Lei nº 9.504/1997 e na Resolução TSE nº 23.607/2019, vigente com alterações trazidas pela Resolução TSE nº 23.731/2024, bem como na Lei dos Partidos Políticos, nº 9.096/95.

As modificações trazidas pela Lei nº 13.165/15 no que tange ao responsável pela administração financeira da campanha, impôs a extinção do comitê financeiro. Nesse sentido, as prestações de contas dos candidatos às eleições majoritárias serão feitas pelo próprio candidato, devendo ser acompanhadas dos extratos das contas bancárias referentes à movimentação dos recursos financeiros usados na campanha e da relação dos cheques recebidos, com a indicação dos respectivos números, valores e emitentes. Já as prestações de contas dos candidatos às eleições proporcionais serão feitas pelo próprio candidato (art. 28, §§1º e 2º da Lei nº 9.504/97).

No caso da prestação de contas das doações de recursos financeiros que serão efetuadas por meio de cheques cruzados e nominais ou transferência eletrônica de depósitos; depósitos em espécie; mecanismo disponível em sítio do candidato, partido ou coligação na internet e financiamento coletivo, é dispensada a apresentação de recibo eleitoral, e sua comprovação deverá ser realizada por meio de documento bancário que identifique o CPF dos doadores (art. 23, §4º-A, da Lei nº 9.504/1997).

No que se refere, especificamente, às últimas duas modalidades, devem cumprir o prazo apresentado no inciso I do §4º do art. 28 da mesma lei, contado a partir do momento em que os recursos arrecadados forem depositados nas contas bancárias dos candidatos, partidos ou coligações (art. 23 da Lei nº 9.504/1997§4º-B). Por força dos §§4º e 7º do art. 28 da Lei nº 9.504/97, os partidos políticos, as coligações e os candidatos são obrigados, durante as campanhas eleitorais, a divulgar, em sítio criado pela Justiça Eleitoral para esse fim, na rede mundial de computadores (internet), os nomes, CPF ou CNPJ dos doadores e dos respectivos valores doados:

> I – os recursos em dinheiro recebidos para financiamento de sua campanha eleitoral, em até 72 (setenta e duas) horas de seu recebimento;
> II – no dia 15 de setembro, relatório discriminando as transferências do Fundo Partidário, os recursos em dinheiro e os estimáveis em dinheiro recebidos, bem como os gastos realizados.

Sendo assim, até 15 de setembro os partidos políticos, as federações, as coligações e os candidatos e candidatas, obrigatoriamente, devem divulgar o relatório que discrimina as transferências do Fundo Partidário e do Fundo Especial de Financiamento de Campanha, os recursos em dinheiro e os estimáveis em dinheiro recebidos, bem como os gastos realizados (art. 28, §4º, inciso II, da LE).

Na dicção do art. 29, III, da Lei nº 9.504/1997, a prestação de contas deve ser apresentada, perante a Justiça Eleitoral, em até 30 dias contados da realização do pleito. Já o candidato que participa do segundo turno deverá encaminhar a prestação de contas, referente aos 2 (dois) turnos, até o vigésimo dia posterior à sua realização (art. 29, IV, da Lei nº 9.504/1997). Outrossim, uma vez extinta a figura do comitê financeiro, por força do art. 20 da Lei nº 9.504/97, a observância dos prazos de prestação de contas é obrigação indispensável dos candidatos, de modo que enquanto não encaminhada a prestação, resta impedida a diplomação dos eleitos (art. 29, §2º, da Lei nº 9.504/1997).[564]

O candidato deve ter bastante cuidado com os gastos de sua campanha, pois é sabido que existem os gastos ilícitos que não podem ser realizados, sob pena de sua desaprovação por irregularidade insanável. Nesses casos, os gastos ilícitos podem ensejar representação por abuso do poder econômico ou, com base no art. 30-A, por captação ilícita de arrecadação e gastos de campanha. Frise-se que o art. 11, §7º, da Lei nº 9.504/1997 estabelece que a não apresentação das contas de campanha acarreta a falta de quitação eleitoral.[565] No que tange à rejeição de contas de candidato apresentadas em razão de eleição anterior, o Tribunal Superior Eleitoral tem firmado que não impede a certidão

---

[564] "A inobservância do art. 29, §9º, da Lei nº 9.504/97, o qual preceitua que a inobservância do prazo para encaminhamento das prestações de contas impede a diplomação dos eleitos, enquanto perdurar" (REspEl nº 060010231 – Mafra – SC. Relator(a) Min. Edson Fachin. Mural – Publicado no Mural, Data 19.11.2020).

[565] Estar quite significa ter comprovado o pagamento ou o cumprimento regular da parcela, bem como o da multa eventualmente imposta, conforme se aduz dos incisos I e II do §8º do art. 11 da Lei nº 9.504/97.

de quitação eleitoral,[566] afinal, a apresentação das contas de campanha é suficiente para sua obtenção,[567] regra incluída pela Lei nº 13.165/15 no art. 32 da Lei nº 9.096/95 mediante o §5º, verberando que a desaprovação da prestação de contas do partido não ensejará sanção alguma que impeça o candidato de participar do pleito eleitoral. De toda a sorte, se as contas foram apresentadas extemporaneamente, mas em tempo hábil a que a Justiça Eleitoral possa analisá-las e julgá-las, não há falar em ausência de quitação eleitoral.[568] Ademais, a apresentação das contas é obrigatória aos candidatos, ainda que tenham registro indeferido, desistam ou renunciem.[569]

Quanto às prestações de contas, compete, pois, à Justiça Eleitoral analisar a regularidade das contas de campanha através dessas modalidades: pela aprovação, quando estiverem regulares; pela aprovação com ressalvas, quando verificadas falhas que não lhes comprometam a regularidade; pela desaprovação, quando verificadas falhas que lhes comprometam a regularidade; e pela não prestação, quando não apresentadas as contas após a notificação emitida pela Justiça Eleitoral, na qual constará a obrigação expressa de prestá-las, no prazo de 72 horas (art. 30, I, II, III, IV, da Lei nº 9.504/1997).

A aprovação com ressalvas da prestação de contas não obsta que seja determinada a devolução dos recursos recebidos de fonte vedada ou a sua transferência para a conta única do Tesouro Nacional, assim como dos recursos de origem não identificada (art. 79 da Resolução TSE nº 23.607/2019). Inclusive, se não houver comprovação da utilização dos recursos oriundos do Fundo Partidário e/ou do FEFC ou comprovada a utilização indevida, o candidato deverá devolver os valores glosados após o trânsito em julgado da decisão (art. 79, §1º, da Resolução TSE nº 23.607/2019).

Importante destacar que, depois de transcorrido o prazo de 72 horas da notificação, e as contas não forem devidamente apresentadas, a omissão acarretará a falta de quitação eleitoral até o fim da legislatura, persistindo os efeitos da restrição após esse período até a efetiva apresentação das contas. Por sua vez, a decisão que julgar as contas eleitorais como não prestadas acarreta, ao partido político, a perda do

[566] REspe nº 76396. Relator(a) Min. Luiz Fux. PSESS – Publicado em Sessão, Data 22.11.2016.

[567] Ac. de 16.10.2012 no AgR-REspe nº 23.211, Rel. Min. Dias Toffoli.

[568] Ac. de 12.11.2008 no AgR-REsp nº 34.286, Rel. Min. Fernando Gonçalves.

[569] Ac. de 21.10.2008 no AgR-REsp nº 32.788, Rel. Min. Arnaldo Versiani.

direito ao recebimento da quota do Fundo Partidário, do FEFC, e a suspensão do registro ou anotação do órgão partidário, após decisão, com trânsito em julgado, precedida de processo regular que assegure ampla defesa (art. 80 da Resolução TSE nº 23.607/2019).

A decisão que julgar as contas dos candidatos eleitos será publicada em sessão até três dias antes da diplomação (art. 30, §1º, da Lei nº 9.504/1997). Consigne-se que, conforme art. 77 da Resolução nº 23.607/2019, a decisão que julgar as contas do candidato às eleições majoritárias abrangerá as de Vice e as de suplente, conforme o caso, ainda que substituídos. Se, no prazo legal, o titular não prestar contas, o Vice e os suplentes, ainda que substituídos, poderão fazê-lo separadamente, no prazo de 3 (três) dias contados da citação de que trata o inciso IV do §5º do art. 49, para que suas contas sejam julgadas independentemente das contas do titular, salvo se este, em igual prazo, também apresentar suas contas, hipótese na qual os respectivos processos serão examinados em conjunto (parágrafo único do art. 77 da Resolução nº 23.607/2019).

Por ser um trabalho de extrema complexidade, os erros formais e materiais corrigidos ou irrelevantes não autorizam a rejeição das contas e a cominação de sanção a candidato ou partido (art. 30, §§2º e 3º, da Lei nº 9.504/1997). Para efetuar os exames de que trata este artigo, a Justiça Eleitoral poderá requisitar técnicos do Tribunal de Contas da União, dos estados, do Distrito Federal ou dos municípios bem como servidores ou empregados públicos do município, ou nele lotados, ou ainda pessoas idôneas da comunidade, devendo a escolha recair preferencialmente naqueles que tenham formação técnica compatível, pelo tempo que for necessário, dando ampla e imediata publicidade de cada requisição (art. 30, §3º, da Lei nº 9.504/97 e art. 68 da Resolução de nº 23.607/2019).

Havendo indício de irregularidade na prestação de contas, a Justiça Eleitoral poderá requisitar ao candidato as informações adicionais necessárias, bem como determinar diligências para a complementação dos dados ou o saneamento das falhas (art. 30, §4º, da Lei nº 9.504/1997).

A Lei nº 9.504/1997 também disciplina a matéria dos recursos cabíveis das decisões que julgarem as contas prestadas pelos candidatos. Assim sendo, o §5º do art. 30 da referida lei disciplinou o prazo do recurso, acolhendo a regra geral de três dias a contar da publicação no Diário Oficial. Já o §6º prevê o cabimento de recurso especial para o

Colendo Tribunal Superior Eleitoral, no mesmo prazo dos três dias, nas hipóteses previstas nos incisos I e II do §4º do art. 121 da Constituição Federal. Ainda de bom alvitre ressaltar que eventual efeito suspensivo pode ser conseguido através de medida cautelar,

Ademais, o dia 5 de novembro de 2024 será o último dia para os candidatos, inclusive a Vice e a suplentes, e os partidos políticos encaminharem à Justiça Eleitoral as prestações de contas referentes ao primeiro turno (Lei nº 9.504/1997, art. 29; Res.-TSE nº 23.607/2019, art. 78). O prazo para os candidatos e candidatas que disputarem o segundo turno será o dia 16 de novembro de 2024 (Lei nº 9.504/1997, art. 29, IV, e Res.-TSE nº 23.607/2019, art. 49, §1º).

As sobras de campanhas eleitorais devem ser transferidas ao órgão partidário, na circunscrição do pleito, conforme a origem dos recursos, até a data prevista para a apresentação das contas à Justiça Eleitoral.

O comprovante de transferência das sobras de campanha deve ser juntado à prestação de contas do responsável pelo recolhimento, sem prejuízo dos respectivos lançamentos na contabilidade do partido político.

As sobras financeiras de recursos oriundos do Fundo Partidário devem ser transferidas para a conta bancária do partido político destinada à movimentação de recursos dessa natureza. No entanto, os valores do Fundo Especial de Financiamento de Campanha (FEFC) eventualmente não utilizados não constituem sobras de campanha e devem ser recolhidos ao Tesouro Nacional integralmente por meio de Guia de Recolhimento da União (GRU) no momento da prestação de contas (art. 50, §5º, da Resolução de nº 23.607/2019).

10.4 Da medida cautelar preparatória para cessar a realização de gastos antes da apresentação das contas à Justiça Eleitoral

Dispõe o art. 97 da Resolução nº 23.607/2019:

> a qualquer tempo, o Ministério Público e os demais partidos políticos poderão relatar indícios e apresentar provas de irregularidade relativa a movimentação financeira, recebimento de recursos de fontes vedadas, utilização de recursos provenientes do Fundo Partidário e do Fundo Especial de Financiamento de Campanha (FEFC) e realização de gastos que esteja sendo cometida ou esteja prestes a ser cometida por candidato ou partido político antes da apresentação de suas contas à Justiça Eleitoral,

requerendo à autoridade judicial competente a adoção das medidas cautelares pertinentes para evitar a irregularidade ou permitir o pronto restabelecimento da legalidade.

Quando o dispositivo mencionado aduz que os legitimados podem ingressar com a medida apta a debelar as irregularidades cometidas a qualquer tempo, intenta-se albergar, inclusive, a ocorrência de condutas perpetradas antes da fase de registro de candidatura, no que a expressão "processo eleitoral" deve ser compreendida em toda sua amplitude, pois o processo eleitoral não começa apenas após as convenções e o período de campanha. Normalmente, no início do ano eleitoral, ele já desponta com toda sua pujança.[570]

Pode-se afirmar que a finalidade maior do instituto é a de não permitir a efetivação de gastos que não serão registrados, tampouco contabilizados. Com efeito, não se pode permitir a perpetração de condutas deste jaez, pois a existência de "caixa dois", para além de violar o dever de transparência no que se refere aos gastos eleitorais, provocará o aumento da utilização de dinheiro proveniente de meios escusos, o que densificará a estruturação de uma cadeia voltada para essa operacionalização, de modo a incentivar a prática de outras ilegalidades.

Quanto ao lapso temporal de sua configuração, o caixa dois possui uma elasticidade que abrange todo o processo eleitoral, sem se ater ao prazo estipulado para a campanha. Geralmente, utiliza-se o caixa dois para os gastos pré-campanha – período em que vigora uma completa anomia sobre as possibilidades de financiamento – sem os contabilizar como gastos pessoais ou partidários.[571] A prática também pode dar ensejo à ocorrência do odioso abuso de poder econômico, já que esses recursos podem advir de corrupção ou *lobbies*. Ou seja, de uma cadeia de nexos com o setor produtivo.

Intenta-se garantir a lisura, a higidez, a transparência e a isonomia no âmbito do certame, buscando-se evitar o ingresso de recursos de fontes vedadas e a ocorrência de ilícitos penais na pré-campanha. Em havendo atestação da ocorrência de ilícito nessa seara, abre-se a possibilidade para o ingresso com a ação delineada no art. 30-A da Lei

---

570 AGRA, Walber de Moura. *Poder econômico e caixa dois no sistema eleitoral brasileiro*. Belo Horizonte: Fórum, 2019. p. 189.

571 AGRA, Walber de Moura. *Poder econômico e caixa dois no sistema eleitoral brasileiro*. Belo Horizonte: Fórum, 2019. p. 207.

nº 9.504/1997, notadamente porque os recursos utilizados por pré-candidatos ostentam nítida finalidade eleitoral.

Daí a razão pela qual se faz premente uma atuação enérgica para estancar a prática de irregularidades e permitir o pronto restabelecimento da legalidade. Deve-se garantir a ocorrência de um processo eleitoral justo e igualitário desde os seus albores até o momento em que a cidadania reverbera seu apogeu, pois, à maneira do que asseverou o Ministro Marco Aurélio, "a competição eleitoral desigual macula todo o processo político, desde a base de formação das alianças partidárias, até o resultado das deliberações legislativas".[572]

Isso dito, determina o §1º do art. 97 da Resolução nº 23.607/2019 que a representação dos partidos políticos e do Ministério Público deverá ser feita pelos seus representantes que possuam legitimidade perante a instância judicial competente para a análise e o julgamento da prestação de contas do candidato ou do órgão partidário que estiver cometendo a irregularidade.

Recebida a inicial, a autoridade judicial poderá determinar as medidas urgentes que considerar adequadas para efetivação da tutela provisória, quando houver elementos que evidenciem a probabilidade do direito e o perigo de dano ou o risco ao resultado útil do processo; e a citação do candidato ou do órgão partidário, a fim de que, no prazo de 5 (cinco) dias, ofereça defesa acompanhada dos documentos e das provas que pretende produzir (art. 97, §3º, incs. I e II da Resolução TSE nº 23.607/2019).

Definida a tutela provisória, os autos da ação cautelar aguardarão para ser apensados à prestação de contas do pré-candidato, quando esta for apresentada, ou do respectivo exercício, quando se tratar de órgão partidário (art. 97, §5º, da Resolução TSE nº 23.607/2019). Com base no art. 15 do Código de Processo Civil, estabelece o §4º do art. 97 da Resolução TSE nº 23.607/2019 que a ação observará, no que couber, o rito das ações cautelares preparatórias ou antecedentes previstas no CPC.

---

572 MELLO, Marco Aurélio de Farias. A inconstitucionalidade do financiamento das campanhas eleitorais por pessoas jurídicas. *In*: COSTA, Daniel Castro Gomes *et al*. (Coord.). *Direito Eleitoral Comparado*. Belo Horizonte: Fórum, 2018. p. 140.

10.5 Requerimento de regularização de omissão de prestação de contas eleitorais

Após o trânsito em julgado da decisão que julgar as contas como não prestadas, o interessado ou a interessada pode requerer a regularização de sua situação para evitar que persistam os efeitos do impedimento de obter certidão de quitação eleitoral após o fim da legislatura, ou, no caso de partido político, restabelecer o direito ao recebimento da quota do Fundo Partidário e do Fundo Especial de Financiamento de Campanha (art. 80, §1º, da Resolução TSE nº 23.607/2019). Para tanto, o requerimento deverá ser instruído com todos os dados e documentos previstos no art. 53 da Resolução TSE nº 23.607/2019, utilizando-se o SPCE.

Saliente-se, por relevante, que o requerimento de regularização não é recebido com efeito suspensivo (art. 80, §2º, inciso II, da Resolução TSE nº 23.607/2019) e deve observar o rito previsto na Resolução TSE nº 23.607/2019 para o processamento da prestação de contas, no que couber, com a finalidade de verificar: (i) eventual existência de recursos de fontes vedadas; (ii) eventual existência de recursos de origem não identificada; (iii) ausência de comprovação ou irregularidade na aplicação de recursos oriundos do Fundo Partidário e/ou do FEFC; e (iv) outras irregularidades de natureza grave (art. 80, §2º, inciso V, da Resolução TSE nº 23.607/2019).

Caso constatada impropriedade ou irregularidade na aplicação dos recursos do Fundo Partidário ou do Fundo Especial de Financiamento de Campanha ou no recebimento de recursos de fontes vedadas ou de origem não identificada, o interessado deverá devolvê-los ao erário (art. 80, §3º, da Resolução TSE nº 23.607/2019).

Uma vez recolhidos os valores, a autoridade judicial deve decidir sobre o deferimento do requerimento apresentado, de modo a regularizar, ou não, a omissão, aplicando ao órgão partidário e aos seus responsáveis, quando for o caso, a sanção de perda ao direito de recebimento da quota do Fundo Partidário do ano seguinte, sem prejuízo de responderem os candidatos beneficiados por abuso de poder econômico (art. 80, §4º, da Resolução TSE nº 23.607/2019).

Por fim, tem-se que a situação de inadimplência do órgão partidário ou do candidato somente será levantada após o efetivo recolhimento dos valores devido; e o cumprimento das sanções impostas na decisão prevista nos inciso I e II do *caput* e no §4º do art. 80 da Resolução TSE nº 23.607/2019.

IMPEDIMENTOS LEGAIS: ABUSO DE PODER, CONDUTAS VEDADAS E IMPROBIDADE ADMINISTRATIVA

11.1 Abuso de poder

É todo ato que se configura como um ilícito previsto legalmente, traduzindo-se na utilização exacerbada de uma prerrogativa estatal com o intuito de influir na vontade livre dos eleitores. Essa conduta, que infringe frontalmente o princípio da legalidade, acarreta um acinte aos direitos políticos dos cidadãos, que são externados por meio do voto livre e secreto; e ao princípio republicano, em que a atuação política deve ser pautada no escopo da obtenção do bem comum em vez de almejar a realização de interesses privados.[573]

Diante do exposto, apresenta-se como axioma que a finalidade do voto não pode ser deturpada, pois ocasiona uma incompatibilidade com a essência dos ideais democráticos que exprimem a ideia de que as diretrizes políticas da sociedade são tomadas pela própria população. E, nesses casos, torna-se clara a manipulação dos eleitores e a mitigação da sua liberdade de sufrágio, pois deixam de votar no candidato mais apto a conduzir a coisa pública para receber bens ou promessas de emprego.

Na seara eleitoral, depreendem-se as seguintes espécies de abuso de poder: abuso de poder político; abuso de poder econômico; uso indevido dos veículos e dos meios de comunicação social; condutas

[573] AGRA, Walber de Moura. *Republicanismo*. Porto Alegre: Livraria do Advogado, 2005, p. 18.

vedadas; arrecadação e gastos ilícitos de campanha; corrupção; caixa dois, captação ilícita de sufrágio etc.

A Lei Complementar nº 64/1990, em seu art. 19, preleciona que as transgressões pertinentes à origem de valores pecuniários, abuso do poder econômico ou político, em detrimento da liberdade de voto, serão apuradas mediante investigações jurisdicionais realizadas pelo corregedor-geral e corregedores regionais eleitorais.

Já o seu art. 22 dispõe que qualquer partido político, coligação, candidato ou Ministério Público Eleitoral poderá representar à Justiça Eleitoral, diretamente ao corregedor-geral ou regional, relatando fatos e indicando provas, indícios e circunstâncias e pedir abertura de investigação judicial para apurar uso indevido, desvio ou abuso do poder econômico ou do poder político, ou utilização indevida de veículos ou meios de comunicação social, em benefício de candidato ou de partido político.

É importante consignar que o TSE prestigiou o princípio da tipicidade ao acentuar que a apuração de abuso de poder em ações eleitorais exige a indicação de modalidade prevista exclusivamente em lei, afastando-se quaisquer definições jurisprudenciais de outras categorias ilícitas autônomas, mas sem amparo legal (art. 6º da Resolução nº 23.735/2024).

Sendo assim, uma vez comprovado o abuso de poder, será declarada a inelegibilidade do representado e de quantos hajam contribuído para a prática do ato, cominando-lhe sanção de inelegibilidade pelo prazo de oito anos subsequentes ao pleito, além da perda do registro ou cassação do diploma do candidato diretamente beneficiado pela interferência do poder econômico ou pelo desvio ou abuso do poder de autoridade ou dos meios de comunicação, determinando a remessa dos autos ao Ministério Público Eleitoral, para instauração de processo disciplinar, se for o caso, de ação penal, ordenando qualquer outra providência cabível (art. 22, XIV, da Lei Complementar nº 64/1990).

Consigne-se o fato de que a correta apuração exige densidade, não havendo que se formular condenação por abuso de poder baseada em presunções ou conclusões forçosas.[574] Reforçando-se tal premissa, o

[574] "(...) Na linha do entendimento firmado no TSE, em se tratando de ações eleitorais que acarretem inelegibilidade, cassação do registro ou do diploma, a gravidade das sanções impostas exige prova robusta e inconteste para que haja condenação. 4. Agravo regimental desprovido" (Agravo Regimental no Agravo em Recurso Especial Eleitoral nº 060075382, Acórdão, Min. Carlos Horbach, Publicação: DJE – Diário de Justiça Eletrônico, 03.04.2023).

Plenário do Tribunal Superior Eleitoral afirmou que a condenação pela prática de abuso de poder e de conduta vedada não pode se lastrear em meras presunções quanto ao encadeamento dos fatos impugnados e ao benefício eleitoral auferido pelos candidatos.[575] Ainda para o TSE, a "prova robusta", necessária para a condenação por abuso de poder, equivale ao parâmetro de prova "clara e convincente".[576]

11.1.1 Abuso de poder econômico

O abuso de poder econômico refere-se à utilização excessiva, antes ou durante a campanha eleitoral, de recursos materiais ou humanos que representem valor econômico, buscando beneficiar candidato, partido ou coligação, afetando, assim, a normalidade, a isonomia e a legitimidade das eleições. Ou seja, nesses casos existem gastos eleitorais em demasia que têm como escopo influenciar negativamente a vontade do eleitorado, desvirtuando-a de sua opção inicial para que escolha candidato que disponha desses recursos.

Para Edson Resende de Castro, o abuso de poder econômico consubstancia-se na transformação do voto em objeto de mercancia, materializando-se na compra, seja direta ou indireta, da liberdade de escolha dos eleitores.[577] Sintetiza André Ramos Tavares que o abuso de poder econômico acontece quando o aporte de recursos é alheiro às praticas de gastos autorizados pela legislação eleitoral.[578] Já para Rodrigo López Zílio, ele ocorre quando há excesso de aporte monetário que seja apto a provocar um desequilíbrio da paridade de armas, com a finalidade de obter vantagem eleitoral, mesmo que indireta ou reflexa.[579]

É assente para o Colendo Tribunal Superior Eleitoral que o abuso de poder econômico se caracteriza pela utilização deste com a intenção de desequilibrar a disputa eleitoral, podendo ocorrer de modo irregular, oculto ou dissimulado.[580] Para a devida configuração do abuso de

---

575 Recurso Especial Eleitoral nº 302-98, Laranjal do Jarí/AP, Rel. Min. Luiz Fux, em 1º.12.2015.

576 Ação de Investigação Judicial Eleitoral 060098627/DF, Relator(a) Min. Benedito Gonçalves, Acórdão de 31.10.2023, Publicado no Diário de Justiça Eletrônico 41, data 20.03.2024.

577 CASTRO, Edson Resende. *Teoria e prática do direito eleitoral*. 5. ed. Belo Horizonte: Del Rey, 2010. p. 277.

578 TAVARES, André Ramos. Princípios constitucionais do processo eleitoral. *In*: TAVARES, André Ramos; PEREIRA, Luiz Fernando. *O Direito eleitoral e o novo código de processo civil*. Belo Horizonte: Fórum, 2016. p. 33.

579 ZÍLIO, Rodrigo López. *Direito eleitoral*. Porto Alegre: Verbo Jurídico, 2008. p. 381.

580 Ac. de 02.12.2003 no AgRgREsp nº 21.312, Rel. Min. Carlos Velloso.

poder econômico se faz necessária a verificação da gravidade lesiva da conduta, apta a influir no tratamento isonômico entre os candidatos e no respeito à vontade popular, assim como exige-se o critério quantitativo relativo a utilização exacerbada dos recursos financeiros, sejam eles público ou privados.[581]

Acrescenta-se que o TSE modificou posição jurisprudencial passando a dispensar, como elemento caracterizador do abuso do poder econômico, a comprovação de potencialidade de influenciar o pleito eleitoral.[582] De modo que a análise da gravidade não se detém ao resultado das eleições, perpassando todos os elementos que podem influir no transcurso normal e legítimo do processo eleitoral.[583]

Como o conceito de gravidade apresenta um conteúdo semântico muito aberto, pode demandar interpretações que estiolem o seu caráter deontológico e propiciem voluntarismos judiciais, no que se faz necessário empreender esforços de integração para tornar-se compreensível e, imediatamente, aplicável.[584] Diante disso, o Tribunal Superior Eleitoral

---

581 "Configura abuso do poder econômico a utilização de recursos patrimoniais em excesso, públicos ou privados, sob poder ou gestão do candidato, em seu benefício eleitoral" (Ac.-TSE, de 1º.8.2017, no AgR-RO nº 98090).

582 "Quanto ao abuso de poder, nos termos da nova redação do art. 22, inciso XVI, da Lei Complementar nº 64/1990, não se analisa mais a potencialidade de a conduta influenciar no pleito (prova indiciária da interferência no resultado), mas 'a gravidade das circunstâncias que o caracterizam'" (Recurso Especial nº 1627021, Acórdão, Relator(a) Min. Gilmar Ferreira Mendes, Publicação: *DJE – Diário de justiça eletrônico*, Tomo 54, Data 20.03.2017, p. 90).
"[...] O abuso de poder (i.e., econômico, político, de autoridade e de mídia) reclama, para a sua configuração, uma análise pelo critério qualitativo, materializado em evidências e indícios concretos de que se procedera ao aviltamento da vontade livre, autônoma e independente do cidadão-eleitor de escolher seus representantes. 15. O critério quantitativo (i.e., potencialidade para influenciar diretamente no resultado das urnas), conquanto possa ser condição suficiente, não perfaz condição necessária para a caracterização do abuso de poder econômico. 16. O fato de as condutas supostamente abusivas ostentarem potencial para influir no resultado do pleito é relevante, mas não essencial. Há um elemento substantivo de análise que não pode ser negligenciado: o grau de comprometimento aos bens jurídicos tutelados pela norma eleitoral causado por essas ilicitudes, circunstância revelada, in concrecto, pela magnitude e pela gravidade dos atos praticados [...]" (Recurso Especial Eleitoral nº 42070, Acórdão, Relator(a) Min. Luiz Fux, Publicação: *DJE – Diário de justiça eletrônico*, Tomo 153, Data 08.08.2017, Página 9/11).

583 O fato de os representados não terem sido eleitos não impede que a Justiça Eleitoral examine e julgue ação de investigação judicial eleitoral na forma do art. 22 da LC nº 64/90. A aferição do abuso do poder econômico, político ou do uso indevido dos meios de comunicação social independe do resultado do pleito, devendo ser aferida de acordo com a gravidade da situação revelada pela prova dos autos (Recurso Ordinário nº 138.069, Acórdão, Relator(a) Min. Henrique Neves Silva, Publicação: *DJE – Diário de justiça eletrônico*, Tomo 045, Data 07.03.2017, Página 36-37). Ac. de 6.05.2010 no AgR-REspe nº 36.650, Rel. Min. Aldir Passarinho Junior.

584 BASTOS, Celso Ribeiro. *Hermenêutica e interpretação constitucional*. 4. ed. São Paulo: Malheiros, 2014. p. 21.

passou a entender que a gravidade deve ser demonstrada a partir da verificação do alto grau de reprovabilidade da conduta (aspecto qualitativo) e de sua significativa repercussão a fim de influenciar o equilíbrio da disputa eleitoral (aspecto quantitativo).[585]

A Corte Superior Eleitoral soergueu parâmetros para a aferição da gravidade da conduta com a adoção do *standard* da prova clara e convincente na aferição do abuso (AIJE nº 0600972-43.2022.6.00.0000 e AIJE nº 0600814-84.2022.6.00.0000, ambas sob a Relatoria do Min. Benedito Gonçalves), especificamente para que se possa avaliar o seguinte: "a) se existe prova das condutas que constituem o núcleo da causa de pedir; e b) se há elementos objetivos que autorizem: b.1) estabelecer um juízo de valor negativo a seu respeito, de modo a afirmar que são dotadas de alta reprovabilidade (gravidade qualitativa) e b.2) inferir, com necessária segurança, que essas condutas foram nocivas ao ambiente eleitoral (gravidade quantitativa)".

Ademais, a mera desconformidade da utilização de recursos financeiros na campanha eleitoral com o que determina a Lei das Eleições não é suficiente, por si só, à caracterização de abuso econômico; faz-se necessária a comprovação da exacerbação, da gravidade da conduta a ensejar o claro desequilíbrio entre os candidatos a determinado pleito eleitoral.[586] Nesse sentido, entende o Tribunal Superior Eleitoral que a configuração da gravidade requer a confluência de aspectos quantitativos

---

585 "Para se caracterizar o abuso de poder, impõe-se a comprovação, de forma segura, da gravidade dos fatos imputados, demonstrada a partir da verificação do alto grau de reprovabilidade da conduta (aspecto qualitativo) e de sua significativa repercussão a fim de influenciar o equilíbrio da disputa eleitoral (aspecto quantitativo). A mensuração dos reflexos eleitorais da conduta, não obstante deva continuar a ser ponderada pelo julgador, não se constitui mais em fator determinante para a ocorrência do abuso de poder, sendo agora revelado, substancialmente, pelo desvalor do comportamento" (AIJE nº 0601864-88/DF, Rel. Min. Jorge Mussi, *DJe* de 25.9.2019). No mesmo sentido: "Para que se configure o abuso do poder econômico (art. 22, XIV, da LC nº 64/1990) é necessário que fiquem evidenciados a gravidade das circunstâncias que o caracterizam e o [...] emprego desproporcional de recursos patrimoniais, públicos ou privados, de forma a comprometer a legitimidade do pleito e a paridade de armas entre candidatos" (Agravo de Instrumento nº 68233, Acórdão, Relator(a) Min. Mauro Campbell Marques, Publicação: *DJE – Diário da justiça eletrônica*, Tomo 216, Data 23.11.2021).

586 Ac. de 16.10.2012 no AgR-REspe nº 3798261, rel. Min. Arnaldo Versiani; "A utilização de recursos financeiros na campanha eleitoral em desconformidade com o que determina a Lei das Eleições não é suficiente, por si só, à caracterização de abuso, sendo necessária a comprovação do potencial lesivo da conduta. [...]" (Ac. de 28.10.2009 no RO nº 1.495, Rel. Min. Marcelo Ribeiro).

e qualitativos, que denotem, ao mesmo tempo, a reprovabilidade da prática e a magnitude de sua influência na disputa.[587]

Colhendo-se as contribuições jurisprudenciais e normativas, pode-se sustentar o campo de incidência do abuso de poder econômico quando houver: a) compra de apoio de poder político;[588] b) a produção de farto material de pré-campanha e de campanha, no período imediatamente anterior ao eleitoral e com o investimento de grande quantia de dinheiro;[589] c) realização de diversos eventos festivos animados por artistas, com a finalidade de obtenção de voto;[590] d) entrega de bens à população, sobretudo a distribuição de combustível, com a finalidade

---

587 Recurso Ordinário nº 318562, Acórdão, Relator(a) Min. Luis Felipe Salomão, Publicação: *DJE – Diário da justiça eletrônica,* Tomo 231, Data 15.12.2021.

588 "Quanto ao tema de fundo, esta Corte entende que a hipótese de oferecimento de vantagem pecuniária em troca da desistência de candidatura adversária configura abuso de poder econômico. 9. Na espécie, o ilícito é inequívoco, pois, consoante a moldura fática regional, o agravante, por intermédio de dois prepostos, ofereceu R$3.800,00 para que candidata oponente desistisse da disputa e lhe prestasse apoio político" (Recurso Especial Eleitoral nº 20098, Acórdão, Relator(a) Min. Jorge Mussi, Publicação: *DJE – Diário de justiça eletrônico,* Tomo 239, Data 12.12.2019, Página 34-35).

589 Recurso Ordinário nº 060161619, Acórdão, Relator(a) Min. Og Fernandes, Publicação: *DJE – Diário de justiça eletrônico,* Tomo 244, Data 19.12.2019.

590 "Por outro lado, mantém-se a conclusão do acórdão regional quanto à caracterização de abuso do poder econômico em virtude da realização de um showmício e de outros quatro eventos assemelhados. No caso, o TRE/MG assentou que existem provas robustas de que os recorrentes realizaram diversos eventos festivos animados por artistas, com a finalidade de obtenção de voto. Sobre o showmício, constou do acórdão que: (i) o evento político foi disfarçado de festa de aniversário de uma pessoa chamada "Bingão", proprietária de um pequeno comércio e que nunca havida realizado celebração do gênero; (ii) o início da festa foi precedido de grande carreata com pessoas utilizando roupas da cor da agremiação dos recorrentes (verde); (iii) os veículos estavam decorados com fitas e bandeiras verdes e tocavam ao longo do trajeto jingles de campanha; (iv) o acontecimento foi divulgado nas redes sociais como de caráter eleitoral; (v) o recorrente (candidato a prefeito) cedeu caminhão de sua empresa para montagem do som e, durante a celebração, cumprimentava os presentes; (vi) antes da apresentação musical foram novamente tocados jingles da campanha dos recorrentes; (vii) a banda contratada tinha o nome de "Swing 10", em alusão ao número do partido pelo qual os recorrentes disputaram a eleição – PRB; e (viii) durante o show, foram feitas diversas menções ao número 10. 11. Por fim, relativamente aos outros 4 (quatro) eventos assemelhados, o TRE/MG assentou que: (i) os eventos foram marcados pela mobilização de grande número de pessoas e apresentação de músicos; (ii) as festas arrastaram multidões de pessoas, convertendo-se em verdadeiros carnavais de rua; (iii) existem vídeos que indicam vários participantes utilizando bandeiras das cores da agremiação, além das postagens em redes sociais que vinculavam as festividades à campanha dos recorrentes; e (iv) é irrelevante o fato de que os artistas se apresentaram gratuitamente, haja vista a vedação da animação de eventos políticos por músicos ou bandas, de forma remunerada ou não, nos termos do art. 39, §7º, da Lei nº 9.504/1997 (Recurso Especial Eleitoral nº 32503, Acórdão, Relator(a) Min. Luís Roberto Barroso, Publicação: *DJE – Diário de justiça eletrônico,* Tomo 229, Data 28.11.2019, Página 60-62).

de beneficiar a campanha eleitoral dos candidatos;[591] e) no emprego dissimulado e de recursos financeiros oriundos de pessoa jurídica em campanha eleitoral, decorrente de empréstimo pessoal para as contas bancárias de sócios e empregados de empresa (pessoas físicas), para, então, abastecer a campanha;[592] f) excesso de recursos financeiros que ultrapassem o limite legal, seja para o teto de gastos gerais ou específicos, como transporte, alimentação ou militância;[593] g) utilização efetiva de recursos financeiros para pagamentos de gastos eleitorais que não tenham sido oriundos de conta específica, em valor não irrisório que provoque distorção ao pleito;[594] h) utilização efetiva do Fundo Partidário ou do Fundo Especial de Financiamento Eleitoral, descumprindo parâmetros legais, em valor não irrisório, que desequilibre materialmente o pleito;[595] i) e utilização de recursos financeiros, em valores não irrisórios, para a confecção de camisas, chaveiros, bonés, canetas, brindes, cestas básicas ou qualquer outra vantagem que possa

---

591 Agravo de Instrumento nº 26214, Acórdão, Relator(a) Min. Edson Fachin, Publicação: *DJE – Diário de justiça eletrônico*, Tomo 178, Data 13.09.2019, Página 62.

592 "A triangulação de recursos financeiros – os quais, *in casu*, são originários de pessoa jurídica e perpassaram, a título de empréstimo pessoal, contas bancárias de sócios e empregados da empresa (pessoas físicas) para, então, abastecer campanha – se amolda ao escopo do art. 30-A da Lei nº 9.504/97, pois, além de ultrajar o efetivo controle da Justiça Eleitoral no exame da prestação de contas, macula a lisura e a moralidade do pleito. O percentual representativo dos recursos de campanha irregularmente aportados não é critério único para avaliação da gravidade do ato em face do desvalor da conduta praticada. Há de ser considerada, como critério de aferição, a conjuntura decorrente tanto da relevância jurídica da irregularidade quanto da ilegalidade qualificada, marcada pela má-fé e pelo pouco ou mesmo nenhum apreço por valores republicanos (RO nº 1803-55/SC, Rel. Min. Luís Roberto Barroso, *DJe* de 14.12.2018). O abuso do poder econômico está presente no emprego dissimulado e reiterado de recursos financeiros oriundos de pessoa jurídica em campanha eleitoral, conduta reputada grave" (Recurso Especial Eleitoral nº 60507, Acórdão, Relator(a) Min. Tarcisio Vieira de Carvalho Neto, Publicação: *DJE – Diário de justiça eletrônico*, Data 07.10.2019, Página 64).

593 Art. 18-B da Lei nº 9.504/97. O descumprimento dos limites de gastos fixados para cada campanha acarretará o pagamento de multa em valor equivalente a 100% (cem por cento) da quantia que ultrapassar o limite estabelecido, sem prejuízo da apuração da ocorrência de abuso do poder econômico.

594 Art. 22 da Lei nº 9.504/97. §3º. O uso de recursos financeiros para pagamentos de gastos eleitorais que não provenham da conta específica de que trata o *caput* deste artigo implicará a desaprovação da prestação de contas do partido ou candidato; comprovado abuso de poder econômico, será cancelado o registro da candidatura ou cassado o diploma, se já houver sido outorgado.

595 Art. 25 da Lei nº 9.504/97. O partido que descumprir as normas referentes à arrecadação e aplicação de recursos fixadas nesta Lei perderá o direito ao recebimento da quota do Fundo Partidário do ano seguinte, sem prejuízo de responderem os candidatos beneficiados por abuso do poder econômico.

desequilibrar a disputa;[596] [597] j) o emprego de artifícios fiscais para ocultar o real patrimônio do candidato e/ou os efetivos dispêndios havidos na disputa eleitoral.[598]

De mais a mais, a Resolução nº 23.735/2024, que dispõe sobre os ilícitos eleitorais, incluiu como forma de abuso de poder econômico o uso de aplicações digitais de mensagens instantâneas visando promover disparos em massa, com desinformação, falsidade, inverdade ou montagem, em prejuízo de adversário ou em benefício de candidato, ou a respeito do sistema eletrônico de votação e da Justiça Eleitoral (art. 6º, §§3º e 4º); e o uso de estrutura empresarial para constranger ou coagir pessoas empregadas, funcionárias ou trabalhadoras, aproveitando-se de sua dependência econômica, com vistas à obtenção de vantagem eleitoral (art. 6º, §5º).

Por fim, não há que se confundir a conceituação de abuso de poder econômico com os ilícitos previstos no art. 30-A, art. 41-A, ambos da LE/97 e o ilícito de caixa dois, por exemplo. Não se pode negar que são fenômenos que guardam similaridade, haja vista que todos são fenômenos decorrentes da utilização equivocada do abuso de poder. Contudo, constituem tipos normativos de espécies distintas, com requisitos e campos de incidência diversos, com autonomia própria, que, inclusive, devem ser perquiridas por meio de ações distintas, com causa de pedir e pedidos diversos. Apenas seguem o mesmo rito, que é o descrito no art. 22 da LC nº 64/90.

O abuso de poder econômico caracteriza-se pelo emprego desproporcional de recursos patrimoniais (públicos ou privados), de forma a comprometer a legitimidade do pleito e a paridade de armas entre os *players*, o que deve ser avaliado no contexto concreto, e não a partir de

---

[596] Art. 39 da Lei nº 9.504/97. É vedada na campanha eleitoral a confecção, utilização, distribuição por comitê, candidato, ou com a sua autorização, de camisetas, chaveiros, bonés, canetas, brindes, cestas básicas ou quaisquer outros bens ou materiais que possam proporcionar vantagem ao eleitor.

[597] Art. 39 da Lei nº 9.504/97. É vedada na campanha eleitoral a confecção, utilização, distribuição por comitê, candidato, ou com a sua autorização, de camisetas, chaveiros, bonés, canetas, brindes, cestas básicas ou quaisquer outros bens ou materiais que possam proporcionar vantagem ao eleitor.

[598] "O financiamento de campanha com vultosa quantia de natureza inexplicada – com a anuência e ciência do candidato, o qual retificava a declaração de imposto de renda como forma de conferir aparente legalidade aos recursos empregados, prática que era igualmente utilizada pelos supostos doadores de campanha e parentes – constitui circunstância grave, caracterizando evidente desequilíbrio do pleito" (Recurso Especial Eleitoral nº 57649, Acórdão, Relator(a) Min. Alexandre de Moraes, Publicação: *DJE – Diário da justiça eletrônica*, Tomo 218, Data 25.11.2021).

elementos meramente aritméticos. Assim, pode incidir na exorbitância do emprego de recursos eleitorais ou no excesso no exercício de direitos permitidos pela legislação eleitoral.[599] Já as condutas dos arts. 30-A e 41-A, ambos da LE/97, não exigem o excesso para sua caracterização. Para as tipificações mencionadas, exige-se apenas o aspecto qualitativo, ou seja, da subsunção do tipo diante da ocorrência do fato jurídico predeterminado. Outrossim, nos termos do entendimento atual do Tribunal Superior Eleitoral, as condenações por abuso de poder exigem arrimo em provas robustas, o que não se opõe à validade da prova indiciária, desde que os elementos coligidos sejam verídicos, seguros e coesos a amparar a conclusão judicial pela gravidade das condutas praticadas.[600]

11.1.2 Abuso de poder político

O abuso do poder político ocorre nas situações em que o detentor do poder, valendo-se de sua posição privilegiada em órgãos estatais, tenta influenciar o eleitor, em detrimento da liberdade de voto.[601] Dá-se com os atos praticados com desrespeito aos princípios da legalidade, impessoalidade, moralidade, publicidade e eficiência, ou seja, os princípios basilares da Administração Pública.

Para haver configuração de abuso de poder político não há necessidade de que o agente público envolva-se diretamente nas eleições, sendo-lhe possível realizar o ilícito por intermédio de outra pessoa. Vale dizer, o agente não precisa estar vinculado ao pleito, mas, obrigatoriamente, sua finalidade deve ser a de obter o benefício eleitoral e, também, estar ciente da existência de gravidade e do preenchimento das elementares contidas na *fattispecie.*

Essa conduta que estorva a vontade do eleitor configura-se no momento em que a normalidade e a legitimidade das eleições são

---

599 Recurso Especial Eleitoral nº 110, Acórdão, Relator(a) Min. Sergio Silveira Banhos, Publicação: *DJE – Diário de justiça eletrônico,* Data 11.09.2019.

600 Recurso Ordinário nº 729906, Acórdão, Relator(a) Min. Luis Felipe Salomão, Publicação: *DJE – Diário da justiça eletrônica,* Tomo 230, Data 14.12.2021.

601 TSE: "[...] 3. 'Consoante a jurisprudência deste Tribunal Superior Eleitoral, o abuso do poder político caracteriza-se quando determinado agente público, valendo-se de sua condição funcional e em manifesto desvio de finalidade, compromete a igualdade da disputa eleitoral e a legitimidade do pleito em benefício de sua candidatura ou de terceiros' (AgR-REspe nº 833-02/SP, rel. Min. João Otávio de Noronha, julgado em 19.8.2014)" (Recurso Ordinário nº 466997, Acórdão, Relator(a) Min. Gilmar Ferreira Mendes, Publicação: DJE – Diário justiça eletrônico, Data 03.10.2016, Página 37).

comprometidas por condutas de agentes públicos que, valendo-se de sua condição funcional, beneficiam candidaturas, em manifesto desvio de finalidade.[602] Um exemplo claro do abuso de poder político, por conduta comissiva, acontece quando há coação de eleitores a fim de que votem em candidato à reeleição, sob pena de serem excluídos sumariamente de programa social. Já o abuso de poder político, na forma omissiva, ocorre nos casos em que há remissão de débitos de IPTU ou, ainda, quando da não fiscalização do ICMS para determinado local, em troca de apoio de comerciantes.

Também há incidência do abuso de poder político quando prefeito candidato à reeleição realiza reuniões durante horário de expediente com servidores comissionados para fins eleitoreiros, notadamente para proferir ameaças caso não haja engajamento na sua campanha eleitoral.[603] Cite-se como prática corriqueira que pulula nos rincões do Brasil a prática de abuso de poder político consubstanciado na contratação temporária de dezenas de servidores públicos, sem motivação excepcional e no curso do período eleitoral.[604] Ainda pode ocorrer abuso de poder político na hipótese em que prefeito candidato à reeleição promove a redução da carga horária semanal de uma categoria de servidores públicos municipais por lei sancionada e promulgada a menos de dois meses do pleito.[605] Esse tipo de abuso de poder também pode ocorrer em reiteradas práticas de publicidade institucional em período vedado, bem como em uso de periódico local para favorecer candidatura a cargo eletivo.[606]

Em relação às posições edificadas na jurisprudência atinente ao pleito de 2022, o TSE assinalou que o reconhecimento de desvio

---

602 "Abuso de poder político configura-se quando agente público, valendo-se de condição funcional e em manifesto desvio de finalidade, desequilibra disputa em benefício de sua candidatura ou de terceiros, ao passo que abuso de poder econômico caracteriza-se por emprego desproporcional de recursos patrimoniais, públicos ou privados, de forma a comprometer a legitimidade do pleito e a paridade de armas entre candidatos" (Recurso Ordinário nº 378375, Acórdão, Relator(a) Min. Antonio Herman Vasconcellos E Benjamin, Publicação: DJE – Diário justiça eletrônico, Tomo 107, Data 06.06.2016, Página 9-10); Ac. de 21.09.2010 no RCED nº 661, Rel. Min. Aldir Passarinho Junior.

603 Recurso Especial Eleitoral nº 17879, Acórdão, Relator(a) Min. Jorge Mussi, Publicação: *DJE – Diário de justiça eletrônico*, Data 16.12.2019, Página 77.

604 Recurso Especial Eleitoral nº 21155, Acórdão, Relator(a) Min. Sergio Silveira Banhos, Publicação: *DJE – Diário de justiça eletrônico*, Data 05.11.2019, Página 15-16.

605 Agravo de Instrumento nº 28353, Acórdão, Relator(a) Min. Luís Roberto Barroso, Publicação: *DJE – Diário de justiça eletrônico*, Tomo 102, Data 31.05.2019, Página 41/42.

606 Agravo de Instrumento nº 34838, Acórdão, Relator(a) Min. Tarcisio Vieira de Carvalho Neto, Publicação: *DJE – Diário de justiça eletrônico*, Tomo 75, Data 23.04.2019, Página 16-17.

de finalidade eleitoreiro a caracterizar o abuso de poder político no uso de bens, serviços e prerrogativas da Presidência da República não depende de comprovação de emprego de recursos patrimoniais excessivos. Desse modo, "a exploração eleitoral de símbolos do Poder Público afeta bens impassíveis de serem calculados financeiramente e transmite sentidos perceptíveis pelo eleitorado que podem redundar em quebra de isonomia".[607]

Portanto, para que haja a devida configuração do abuso de poder político em determinado caso concreto é necessário que, além da prova da sua materialização, estejam presentes ação, omissão ou desvio de finalidade de ato da Administração Pública e a gravidade da conduta.[608] Para averiguar a gravidade, verifica-se a capacidade de o fato apurado como irregular desequilibrar a igualdade de condições dos candidatos à disputa do pleito, ou seja, de as apontadas irregularidades impulsionarem e emprestarem força desproporcional à candidatura de determinado candidato de maneira ilegítima.[609]

Importante salientar a diferença entre abuso de poder político e abuso de poder econômico. Embora ambos integrem o gênero abuso e busquem beneficiar candidato, partido ou coligação, há nítida distinção entre o abuso do poder econômico e o abuso do poder político. Logo, enquanto aquele se refere à indevida utilização de recursos materiais e humanos, que representem valor econômico, este se relaciona com atos de autoridade praticados com desrespeito aos princípios constitucionais que norteiam a Administração Pública em favor de candidato.

---

607 Ação de Investigação Judicial Eleitoral 060098627/DF, Relator(a) Min. Benedito Gonçalves, Acórdão de 31.10.2023, Publicado no Diário de Justiça Eletrônico 41, data 20.03.2024.

608 "[...] Consoante a jurisprudência desta Corte Superior, o abuso do poder político caracteriza-se quando determinado agente público, valendo-se de sua condição funcional e em manifesto desvio de finalidade, compromete a igualdade da disputa eleitoral e a legitimidade do pleito em benefício de sua candidatura ou de terceiros. [...] A gravidade da conduta é inequívoca (art. 22, XVI, da LC 64/90). Além das circunstâncias já referidas – esquema praticado por longo período de tempo, atuação direta por parte dos recorrentes, distribuição de grande quantidade de medicamentos e receituários e viabilização de cirurgias – é de se ressaltar também o caos na saúde pública no município, de modo que a população passou a depender do assistencialismo dos Vereadores para obterem tais serviços disputa eleitoral e a legitimidade do pleito em benefício de sua candidatura ou de terceiros" (Recurso Especial Eleitoral nº 33315, Acórdão, Relator(a) Min. João Otávio Noronha, Publicação: DJE – Diário justiça eletrônico, Tomo 60, Data 31.03.2016, Página 4).

609 Recurso Ordinário nº 378375, Acórdão, Relator(a) Min. Antonio Herman Vasconcellos e Benjamin, Publicação: DJE – Diário justiça eletrônico, Tomo 107, Data 06.06.2016, Página 9-10. Ac. de 27.04.2010 no AgR-REsp nº 36.357, Rel. Min. Aldir Passarinho Junior.

Nesse diapasão, de bom alvitre ressaltar que Djalma Pinto esclarece, também, que o abuso de poder econômico realiza-se através de ações; já o abuso de poder político acontece mediante uma ação ou uma omissão.[610] Todavia, embora constituam institutos autônomos, nada impede que no caso concreto haja a simbiose entre as espécies de abuso de poder, como, por exemplo, nas hipóteses de desvio do emprego dos recursos público, em montante exacerbado e com fito de comprometer o pleito, configurando o abuso político-econômico.[611]

11.1.3 Abuso de poder por uso indevido dos veículos e dos meios de comunicação

O abuso de poder no uso dos meios de comunicação social ocorre quando há a utilização de rádio ou TV, aberta ou paga, internet, jornais ou revistas para favorecer ou prejudicar algum candidato, partido ou coligação. Tal prática deve ser plenamente coibida pela Justiça Eleitoral, haja vista a facilidade de veiculação de notícias nos meios de comunicação supracitados e a sua maior capacidade de alcance, podendo privilegiar algum candidato em detrimento do outro, gerando, assim, intensas desigualdades no pleito.[612]

---

610 PINTO, Djalma. *Direito Eleitoral*: improbidade administrativa e responsabilidade fiscal. 5. ed. São Paulo: Atlas, 2010, p. 221.

611 "[...] 1. É possível apurar, em Ação de Impugnação de Mandato Eletivo (AIME), abuso de poder político entrelaçado com abuso de poder econômico. Trata-se de hipótese em que agente público, mediante desvio de sua condição funcional, emprega recursos patrimoniais, privados ou do Erário, de forma a comprometer a legitimidade das eleições e a paridade de armas entre candidatos" (Recurso Especial Eleitoral nº 73646, Acórdão, Relator(a) Min. Antonio Herman Vasconcellos E Benjamin, Publicação: DJE – Diário justiça eletrônico, Data 13.06.2016). Ac. de 31.10.2006 no AgRgREsp nº 25.926, Rel. Min. Caputo Bastos; no mesmo sentido, Ac. de 31.10.2006 no AgRgREsp nº 25.736, Rel. Min. Caputo Bastos.

612 "[...] 2. A preliminar de inépcia da petição inicial por inadequação da via eleita deve ser rejeitada, porquanto o art. 22 da LC 64/90 autoriza a investigação judicial eleitoral para apurar não só o abuso do poder econômico ou do poder de autoridade, como também a utilização indevida de veículos ou meios de comunicação social, hipótese dos autos. [...]. 5. Os veículos impressos de comunicação podem assumir posição favorável em relação à determinada candidatura, inclusive divulgando atos de campanha e atividades parlamentares, sem que isso caracterize por si só uso indevido dos meios de comunicação social, devendo ser punidos pela Justiça Eleitoral os eventuais excessos. Precedentes: AgR-RO 758-25/SP, Rel. designado Min. LUIZ FUX, DJe 13.9.2017; AgR-REspe 567-29/DF, Rel. Min. HENRIQUE NEVES DA SILVA, DJe 7.6.2016; e REspe 468-22, Rel. Min. JOÃO OTÁVIO DE NORONHA, DJe 16.6.2014. 6. Por ocasião do julgamento do AgR-RO 758-25/SP, em que discutido abuso do poder de mídia de contornos mais gravosos que o presente, fiquei vencido, tendo prevalecido o entendimento trazido pelo eminente Professor e Ministro LUIZ FUX de que: a veiculação de matérias com alusão a gestões e enaltecimento de obras, projetos e feitos de um candidato não desborda do limite da liberdade de expressão

Frederico Alvim sustenta que essa tipologia de abuso de poder, realizada como a inadequada utilização da mídia, traduz-se na influência que os órgãos de informação possuem como fator de quebra da equidade entre os competidores e de menoscabo às condições objetivas da liberdade.[613] A utilização abusiva dos meios de comunicação social ocorre quando há um desequilíbrio de forças decorrente da exposição massiva de um candidato, nos meios de comunicação, em detrimento de outros.[614]

A jurisprudência do TSE tem conferido proteção reforçada à liberdade de expressão e seus apanágios, o que se configura em um limite para a tipificação do abuso dos veículos de comunicação, notadamente nos casos em que se utiliza de meios impressos para tomar postura parcial em favor de alguns candidatos.[615] Portanto, além de

---

e de informação – podendo caracterizar, inclusive, prestação de contas à sociedade -, não configurando, necessariamente, uso indevido do meio de comunicação.7. Hipótese em que, mesmo se desconsiderados todos os votos obtidos pelo recorrente JOSÉ ANTÔNIO BARROS MUNHOZ nos municípios por onde circularam as referidas publicações apontadas como irregulares, ainda assim, teria ele sido eleito com os 162.000 votos obtidos no restante do Estado (83% da sua votação total), isto é, mais que o dobro do que o último candidato eleito pela coligação. 8. Provimento dos recursos aviados (1) por GÉRSON FONTEBASSI DA SILVA e VANI FONTEBASSI DA SILVA, (2) por JOSÉ LUIZ ALVES CASSIANO e MARIA APARECIDA ALVES CASSIANO e (3) por JOSÉ ANTÔNIO BARROS MUNHOZ, para se julgar improcedente a Representação ajuizada pelo MPE, afastando-se, por consequência, as sanções impostas. Prejudicado o recurso aviado pelo assistente simples, o PSDB, ante a perda de seu objeto" (Recurso Ordinário nº 79722, Acórdão, Relator(a) Min. Napoleão Nunes Maia Filho, Publicação: *DJE – Diário justiça eletrônico*, Tomo 233, Data 01.12.2017, Página 80/81).

613 FRANCO, Frederico Alvim. O peso da imprensa na balança eleitoral. Efeitos, estratégias e parâmetros para o exame da gravidade das circunstâncias em hipóteses de uso indevido dos meios de comunicação social. *Resenha Eleitoral*, Florianópolis, v. 20, n. 2, maio. 2017. p. 41.

614 Recurso Especial Eleitoral nº 28492, Acórdão, Relator(a) Min. Jorge Mussi, Publicação: *DJE – Diário de justiça eletrônico*, Tomo 241, Data 16.12.2019, Página 76.

615 Consoante as diretrizes estabelecidas pelo Tribunal Superior Eleitoral, fatos ocorridos na mídia impressa e eletrônica possuem alcance inegavelmente menor em relação ao rádio e à televisão, tendo em vista que, nesses casos, a busca pela informação fica na dependência direta da vontade e da iniciativa do próprio eleitor. 9. Apenas os casos que extrapolem o uso normal das ferramentas virtuais é que podem configurar o uso indevido dos meios de comunicação social, sem prejuízo da apuração de eventual propaganda irregular, que possui limites legais distintos da conduta prevista no art. 22 da Lei Complementar nº 64/90. Precedentes. 10. Para se caracterizar o abuso de poder, impõe-se a comprovação, de forma segura, da gravidade dos fatos imputados, demonstrada a partir da verificação do alto grau de reprovabilidade da conduta (aspecto qualitativo) e de sua significativa repercussão a fim de influenciar o equilíbrio da disputa eleitoral (aspecto quantitativo). A mensuração dos reflexos eleitorais da conduta, não obstante deva continuar a ser ponderada pelo julgador, não constitui mais fator determinante para a ocorrência do abuso de poder, agora revelado, substancialmente, pelo desvalor do comportamento. 11. O abuso do poder econômico, por sua vez, caracteriza-se pelo emprego desproporcional de recursos patrimoniais (públicos

poderem assumir posição favorável a determinada candidatura, os veículos impressos de comunicação podem, inclusive, divulgar atos de campanha e atividades parlamentares, sem que isso caracterize, por si só, uso indevido dos meios de comunicação social.[616] Ainda de acordo com o entendimento do TSE, a imparcialidade que se impõe às emissoras de rádio e televisão, por serem outorga do poder público, não significa ausência de opinião ou de crítica jornalística, mas sim impedimento que assumam uma postura que caracterize propaganda eleitoral em favor de candidato.[617]

Encaixa-se nessa perspectiva de abuso a divulgação de matérias favoráveis a uma determinada chapa em percentual significativamente superior à chapa adversária;[618] exposição excessiva de caráter negativo em relação a determinado candidato;[619] a distribuição, às vésperas das eleições, a partir do comitê de campanha do candidato, uma grande quantidade de jornais com pesquisa eleitoral extremamente favorável ao postulante ao cargo de prefeito;[620] e na divulgação reiterada de maté-

---

ou privados), com gravidade suficiente para afetar o equilíbrio entre os candidatos e macular a legitimidade da disputa. 12. À luz do princípio da reserva legal proporcional, nem todo ato ilícito reconhecido por esta Justiça especializada será necessariamente abusivo e, por conseguinte, apenado com inelegibilidade e cassação do registro, do mandato ou do diploma, sendo cabível impor sanções outras, a exemplo de suspensão imediata da conduta, direito de resposta e multa. 13. Não cabe ao Poder Judiciário interferir na linha editorial para direcionar a pauta dos meios de comunicação, porquanto prevalece no Estado Democrático e Constitucional de Direito, à luz o art. 220 da Constituição Federal, maior deferência à liberdade de expressão, alcançada pela independência jornalística. 14. Conforme decidiu o Supremo Tribunal Federal (STF), a "liberdade de expressão constitui um dos fundamentos essenciais de uma sociedade democrática e compreende não somente as informações consideradas como inofensivas, indiferentes ou favoráveis, mas também as que possam causar transtornos, resistência, inquietar pessoas, pois a Democracia somente existe baseada na consagração do pluralismo de ideias e pensamentos políticos, filosóficos, religiosos e da tolerância de opiniões e do espírito aberto ao diálogo" (ADI nº 4.439/DF, relator Ministro Luís Roberto Barroso, redator para o acórdão Ministro Alexandre de Moraes, Tribunal Pleno, *DJe* de 21.6.2018). 15. Ação de Investigação Judicial Eleitoral que, rejeitadas as preliminares, julga-se improcedente (Ação de Investigação Judicial Eleitoral nº 060186221, Acórdão, Relator(a) Min. Og Fernandes, Publicação: *DJE – Diário de justiça eletrônico*, Tomo 227, Data 26.11.2019).

616 RO 7569-30IRJ, Relator Ministro João Otávio de Noronha, *DJe* de 5.11.2015.

617 Recurso Ordinário nº 250310, Acórdão, Relator(a) Min. Jorge Mussi, Publicação: *DJE – Diário de justiça eletrônico*, Data 27.03.2019, Página 58.

618 Recurso Especial Eleitoral nº 88386, Acórdão, Relator(a) Min. Luís Roberto Barroso, Publicação: *DJE – Diário de justiça eletrônico*, Data 08.11.2019.

619 Recurso Especial Eleitoral nº 97229, Acórdão, Relator(a) Min. Luís Roberto Barroso, Publicação: *DJE – Diário de justiça eletrônico*, Data 26.08.2019.

620 Recurso Especial Eleitoral nº 80917, Acórdão, Relator(a) Min. Tarcisio Vieira de Carvalho Neto, Publicação: *DJE – Diário de justiça eletrônico*, Data 13.06.2019.

rias jornalísticas com cunho eleitoreiro em espaço destinado à veiculação de atos institucionais.[621]

Nesse caso, assim como nos abusos de poder econômico e político, o reconhecimento do uso indevido de meios de comunicação social independe da demonstração do nexo de causalidade entre a conduta e o resultado do pleito, bastando a verificação de sua gravidade para macular o resultado das urnas, não importando se o autor da conduta ou o candidato beneficiado foi ou não vitorioso.[622] Nesse sentido, a gravidade somente se revela quando demonstrado que as dimensões das práticas abusivas são suficientes à quebra do princípio da isonomia, em desfavor dos candidatos que não se utilizam dos mesmos recursos.[623]

Colhe-se da jurisprudência do Tribunal Superior Eleitoral concreção do acima exposto, eis que a Corte considerou que a mera menção,

---

621 Agravo de Instrumento nº 52624, Acórdão, Relator(a) Min. Og Fernandes, Publicação: *DJE – Diário de justiça eletrônico*, Data 18.03.2019, Página 24.

622 "[...] 1. Veiculação do vídeo alusivo ao Programa de Alimentação Escolar e da logomarca governamental no canal GDF Dia a Dia, no Youtube, nos três meses que antecederam o pleito. a. A condenação por prática de conduta vedada somente é possível quando há prova inconteste da veiculação de propaganda institucional, paga com recursos públicos, no período vedado. b. Na espécie, o autor apresentou mera reprodução de suposta divulgação de propaganda institucional na internet, cuja prova obtida em serviço autônomo de armazenamento de dados não se presta a demonstrar a data da veiculação nem que o vídeo encartado aos autos teria sido pago com recursos públicos. c. Os recursos merecem provimento neste ponto para afastar a infração ao art. 73, VI, b, da Lei 9.504/97 e as respectivas multas impostas aos recorrentes. 2. O fato de os representados não terem sido eleitos não impede que a Justiça Eleitoral examine e julgue ação de investigação judicial eleitoral na forma do art. 22 da LC 64/90. A aferição do abuso do poder econômico, político ou do uso indevido dos meios de comunicação social independe do resultado do pleito, devendo ser aferida de acordo com a gravidade da situação revelada pela prova dos autos" (Recurso Ordinário nº 138069, Acórdão, Relator(a) Min. Henrique Neves Da Silva, Publicação: *DJE – Diário justiça eletrônico*, Tomo 045, Data 07.03.2017, Página 36-37). Ac. de 21.11.2006 no AgRgAg nº 6.643, Rel. Min. Caputo Bastos.

623 "[...] 3. Nos termos da jurisprudência deste Tribunal, o abuso de poder econômico ocorre quando determinada candidatura é impulsionada pelos meios econômicos de forma a comprometer a igualdade da disputa eleitoral e a própria legitimidade do pleito. Já o uso indevido dos meios de comunicação se dá no momento em que há um desequilíbrio de forças decorrente da exposição massiva de um candidato nos meios de comunicação em detrimento de outros" (REspe nº 4709-68/RN, rel. Min. Nancy Andrighi, julgado em 10.5.2012). 4. Conquanto algumas das publicidades realizadas pelo sindicato tenham sido julgadas regulares pela Justiça Eleitoral, outras extrapolaram os limites da liberdade de expressão e revelaram propaganda eleitoral negativa. Contudo, não há, na hipótese dos autos, fato grave a ensejar condenação, pois, nos termos da nova redação do art. 22, inciso XVI, da Lei Complementar nº 64/1990, não se analisa mais a potencialidade de a conduta influenciar no pleito (prova indiciária da interferência no resultado), mas "a gravidade das circunstâncias que o caracterizam" [...]. [Recurso Ordinário nº 457327, Acórdão, Relator(a) Min. Gilmar Ferreira Mendes, Publicação: DJE – Diário justiça eletrônico, Volume, Tomo 185, Data 26.09.2016, Página 138/139]. Ac. de 19.08.2008 no RO nº 1.537, Rel. Min. Felix Fischer.

por três vezes, do nome de deputado estadual em publicações feitas no perfil oficial de uma prefeitura nas redes sociais não configuraria abuso de poder político ou uso indevido dos meios de comunicação, dada a ausência de gravidade decorrente do baixo alcance das publicações na rede mundial de computadores.[624] Outrossim, a Corte Eleitoral também entende que a alusão aos feitos de determinada gestão ou partido político no comando da máquina pública não desborda, por si só, dos limites da liberdade de expressão, configurando, inclusive, prestação de contas à sociedade.[625]

A caracterização dessa *fattispecie* de abuso de poder também pode vir através da divulgação massiva de desordem informacional contra candidatos e contra o sistema eletrônico de votação e a Justiça Eleitoral, conforme o julgamento da AIJE nº 0600814-85, em que o pedido foi julgado procedente para aplicar a pena de inelegibilidade em Jair Messias Bolsonaro. Diante disso, a Resolução TSE nº 23.735/2024 deixou claro que tanto o uso de disparos em massa com conteúdo desinformativo quanto o uso da internet com essa finalidade podem caracterizar uso indevido dos meios de comunicação (art. 6º, §§3º e 4º).

Ressalte-se que a jurisprudência do Egrégio Tribunal Superior Eleitoral é uníssona no que tange à caracterização do bem jurídico protegido, sendo assim, quando se apura abuso do poder econômico ou de poder político, ou utilização indevida de veículos ou meios de comunicação social, em benefício de candidato ou de partido político, o bem jurídico protegido é a lisura do pleito eleitoral.[626] Recorde-se, por fim, de um importante aspecto processual: o Tribunal Superior Eleitoral promoveu virada jurisprudencial, definindo que, para as eleições de 2018 e seguintes, inexiste litisconsórcio passivo necessário entre o candidato beneficiado e o agente público supostamente responsável pelo abuso de poder político.[627]

---

[624] Recurso Ordinário nº 060293645, Acórdão, Relator(a) Min. Luís Roberto Barroso, Publicação: *DJE – Diário da justiça eletrônica*, Tomo 16, Data 07.02.2022.

[625] AgR-REspe nº 0600032-36/AP, Rel. Min. Luís Roberto Barroso, *DJe* de 13.8.2020.

[626] "[...] 3. Para a procedência do pedido em ação de investigação judicial eleitoral pela prática do abuso de poder político e econômico, os fatos devem ser graves o suficiente para ferir o bem jurídico protegido pela norma do art. 22 da LC nº 64/1990, qual seja: a lisura e a normalidade do pleito. [...]" (Recurso Especial Eleitoral nº 41863, Acórdão, Relator(a) Min. Gilmar Ferreira Mendes, Publicação: *DJE – Diário de justiça eletrônico*, Data 23.09.2016, Página 49-50); Ac. de 23.11.2006 no AgRgAg nº 6.416, Rel. Min. Gerardo Grossi.

[627] Recurso Ordinário nº 0603040-10/DF, Rel. Min. Mauro Campbell Marques, *DJe* de 30.6.2021.

11.1.4 Fraude à cota de gênero de candidaturas femininas (art. 10, §3º, da Lei nº 9.504/1997)

Insofismável que as mulheres ocupam um lugar na representação política que ainda não alcançou os páramos da isonomia material. Desde a formação da sociedade patriarcal, nos albores da civilização, que, infelizmente, elas são colocadas de forma secundária na organização social, não apenas na seara política, mas na econômica, cultural, religiosa etc. Juridicamente, a Constituição Cidadã, em seu art. 5º, inc. I, planteou que homens e mulheres são iguais em direitos e obrigações, mas essa igualdade ainda não se alastrou devidamente para o plano da isonomia material.[628]

A exploração da mulher foi um instrumento de dominação utilizado pelo homem para manter a superioridade na casa e ajudar na dominação de outras classes. Retirando-as da luta política e impossibilitando-as da apropriação econômica, as condições básicas para a sua exploração foram determinadas, restando legitimá-las através da imposição de parâmetros religiosos, morais e culturais que entronizaram na mulher o seu papel de *ancilla* dos seres masculinos. Ao homem foi outorgada a exclusividade do espaço público, para as mulheres, a subordinação no espaço privado.[629] Na metáfora de Nelson Saldanha, para as mulheres, o jardim mitigado pela sombra masculina, para os homens, o apogeu da praça pública.[630]

Felizmente, esse *status* de relego vem sendo minorado em vastos rincões do mundo, e esse processo, ultrapassada a fase de ascensão no mercado de trabalho e começando a sua concretização nos demais espaços da sociedade, evoluiu de forma muito mais rápida, mudando a própria percepção do olhar das mulheres sobre si mesmas, não mais admitindo serem relegadas ao exercício de papéis de inferioridade, muito menos que esses padrões sejam reproduzidos pelo sistema.[631]

No que tange às cotas de gênero, observa-se que surgem como modelo de ação afirmativa em nível mundial com o fim de reduzir ou compensar o desequilíbrio entre as candidaturas e, sobretudo, a eleição

---

[628] AGRA, Walber de Moura. Teratologia da paridade de representação nos mandatos parlamentares. *Revista Brasileira de Estudos Constitucionais – RBEC*, Belo Horizonte, ano 9, n. 32, p. 1083-1095, maio/ago. 2015.

[629] HABERMAS, Jürgen. *Direito e democracia*. Entre a facticidade e validade. Tradução de Flávio Beno Siebeneichler. Rio de Janeiro: Tempo Brasileiro, 1997. v. I. p. 142.

[630] SALDANHA, Nelson. *O jardim e a praça*. Rio de Janeiro: Atlântica, 2005. p. 44.

[631] ALAMBERT, Zuleika. *Feminismo*. O ponto de vista marxista. São Paulo: Nobel, 1986. p. 45.

de homens e mulheres, baseada em um contexto em que as mulheres são culturalmente modeladas para desenvolver habilidades que fogem ao espectro político. Diante disso, são diversos os incentivos normativos e entendimentos jurisprudenciais soerguidos para fins de amainar esse quadro de desprestígio em relação à participação das mulheres na política. Foi a partir do ano de 2009, com a promulgação da Lei nº 12.034/2009, que se passou a exigir nos pleitos eleitorais o percentual mínimo de 30% (trinta por cento) e o máximo de 70% (setenta por cento) de candidaturas de cada sexo nas eleições proporcionais, numa clara tentativa de tornar efetiva a participação feminina na política.

A essa modificação legislativa, o Tribunal Superior Eleitoral, na relatoria do Min. Arnaldo Versiani, no REspe nº 784-32, reconheceu que esses percentuais mínimos para cada sexo não é uma norma programática, ostentando eficácia imediata.[632] A respectiva norma que determina o percentual mínimo de 30% de participação de gênero no ato do registro de candidatura, caso não seja preenchido, inviabiliza o registro do demonstrativo de regularidade de atos partidários (DRAP), o que impede o partido político de participar do pleito eleitoral.

O desenrolar dos anos revelou a incidência de diversos estratagemas engendrados com a finalidade de burlar a teleologia imanente ao disposto no art. 10, §3º, da Lei nº 9.504/1997. Diante disso, o TSE sedimentou entendimento no sentido de admitir a propositura de ação de impugnação de mandato eletivo e de ação de investigação judicial eleitoral para apurar violação à cota de gênero.[633] Na dicção do magistério

---

[632] EMENTA: Candidatos a eleições proporcionais. Preenchimento de vagas de acordo com os percentuais mínimo e máximo de cada sexo. 1. O §3º do art. 10 da Lei nº 9.504/97, na redação dada pela Lei nº 12.034.2009, passou a dispor que, "do número de vagas resultante das regras previstas neste artigo, cada partido ou coligação preencherá o mínimo de 30% e o máximo de 70% para candidaturas de cada sexo", substituindo, portanto, a locução anterior "deverá reservar" por "preencherá", a demonstrar o atual caráter imperativo do preceito quanto à observância obrigatória dos percentuais mínimo e máximo de cada sexo. 2. O cálculo dos percentuais deverá considerar o número de candidatos efetivamente lançados pelo partido ou coligação, não se levando em conta os limites estabelecidos no art. 10, *caput* e §10, da Lei nº 9.504/97. 3. Não atendidos os respectivos percentuais, cumpre determinar o retorno dos autos ao Tribunal Regional Eleitoral, a fim de que, após a devida intimação do partido, se proceda ao ajuste e regularização na forma da lei. Recurso especial provido (Tribunal Superior Eleitoral. Recurso Especial nº 784-32.20106.14.0000/PA, de 12.08.2010, da Relatoria do Ministro Arnaldo Versiani).

[633] RECURSO ESPECIAL. AÇÃO DE IMPUGNAÇÃO DE MANDATO ELETIVO. CORRUPÇÃO. FRAUDE. COEFICIENTE DE GÊNERO. 1 O conceito da fraude, para fins de cabimento da ação de impugnação de mandato eletivo (art. 14, §10, da Constituição Federal), é aberto e pode englobar todas as situações em que a normalidade das eleições e a legitimidade do mandato eletivo são afetadas por ações fraudulentas, inclusive nos casos de fraude à lei. A

jurisprudencial firmado pelo TSE, a fraude à cota de gênero representa odioso acinte aos princípios da igualdade, da cidadania e do pluralismo político, porquanto a finalidade do art. 10, §3º, da Lei nº 9.504/1997 é ampliar o espectro de participação das mulheres no processo eleitoral.[634]

A fraude eleitoral é desenhada como fraude à lei somente nos seus elementos mais abstratos, a saber, o abuso e a tergiversação da sua finalidade. A fraude eleitoral também evidencia a simulação de ato jurídico eivado de má-fé, que comparece para colorir um ato formalmente válido de modo a permitir que ao final ele seja fraudulento.[635] Desse modo, a fraude decorrente do descumprimento do art. 10, §3º, da Lei nº 9.504/97 verifica-se quando decorre do uso de artifícios para compelir filiadas a se candidatarem exclusivamente para esse fim, às vezes até mesmo contra a sua vontade ou, ainda, por meio de conluio entre estas e a coligação pela qual concorrem.

Bem a propósito, a Resolução TSE nº 23.735/2024 caracterizou a fraude no âmbito eleitoral, que se perfectibiliza através de atos que possam iludir, confundir ou ludibriar o eleitorado ou adulterar processos de votação e simulações e artifícios empregados com a finalidade de conferir vantagem indevida a partido político, federação, coligação, candidata ou candidato e que possam comprometer a normalidade das eleições e a legitimidade dos mandatos eletivos (art. 8º). Em sequência normativa, o §1º do art. 8º prescreve que configura fraude à lei, para fins eleitorais, a prática de atos com aparência de legalidade, mas destinados a frustrar os objetivos das normas eleitorais.

Importa acentuar que nas ações que discutem fraude à cota de gênero não se faz necessário incluir os suplentes como litisconsortes passivos necessários, pois, em sendo detentores de mera expectativa de direito, os efeitos decorrentes da invalidação do DRAP os atingem

---

inadmissão da AIME, na espécie, acarretaria violação ao direito de ação e à inafastabilidade da jurisdição. Recurso especial provido (REspe nº 1-49-PI, Rel. Min. Henrique Neves da Silva, julgado em 4.8.2015, *DJe* de 21.10.2015). E ainda: TSE – RESPE: 5586420166180013 Coronel José Dias/PI 19722018, Relator: Min. Geraldo Og Nicéas Marques Fernandes, Data de Julgamento: 19.12.2018, Data de Publicação: *DJE – Diário de justiça eletrônico* – 04.02.2019 – Página 194-197.

634 Recurso Especial Eleitoral nº 76455, Acórdão, Relator(a) Min. Alexandre de Moraes, Publicação: *DJE – Diário da justiça eletrônica*, Tomo 89, Data 18.05.2021.

635 ANDRADE NETO, João; GRESTA, Roberta Maira; SANTOS, Polianna Pereira dos. Fraude à cota de gênero como fraude à lei: os problemas conceituais e procedimentais decorrentes do combate às candidaturas femininas fictícias. *In*: FUX, Luiz; PEREIRA, Luiz Fernando Casagrande; AGRA, Walber de Moura (coord.); PECCININ, Luiz Eduardo (org.). *Abuso de poder e perda de mandato*. Belo Horizonte: Fórum, 2018. p. 239-281.

apenas de modo indireto.[636] Como consequência da verificação da fraude à cota de gênero, determina-se a cassação dos candidatos vinculados àquele DRAP; a inelegibilidade dos que praticaram ou anuíram com a conduta; e a nulidade dos votos obtidos pela chapa, com a recontagem do cálculo dos quocientes eleitoral e partidários, nos termos do art. 222 do Código Eleitoral.[637] Para tanto, exige-se a presença de prova robusta de que as candidaturas femininas foram, de fato, fictícias.[638] Nesse passo, diante da ausência de densidade probatória acerca da caracterização da fraude, prestigia-se o princípio do *in dubio pro sufrágio*.[639]

Em *leading case* acerca da temática (REspe nº 193-92/PI, Relator Ministro Jorge Mussi), o TSE considerou que as circunstâncias indiciárias relativas à elaboração padronizada das prestações de contas, especialmente quando ausente movimentação financeira, associadas aos elementos de prova particulares de cada candidata – relações de parentesco entre candidatos ao mesmo cargo, votação zerada ou ínfima, não comparecimento às urnas, ausência de atos de propaganda, total desinteresse na campanha, entre outras, seriam suficientes para demonstrar a existência da fraude no cumprimento dos percentuais de gênero previstos no art. 10, §3º, da Lei nº 9.504/97.[640]

---

[636] Recurso Especial Eleitoral nº 133, Acórdão, Relator(a) Min. Luís Roberto Barroso, Publicação: *DJE – Diário da justiça eletrônica*, Tomo 78, Data 03.05.2021.

[637] "Com a verificação da fraude à quota de gênero, é possível determinar a cassação de toda a coligação. Da forma em que apresentado, aliás, nem sequer o DRAP seria deferido porque a observância da cota de gênero é condição para a participação da coligação na disputa eleitoral" (AgR-REspEl nº 1-62, Rel. Min. Tarcisio Vieira de Carvalho Neto, *DJE* de 29.6.2020).

[638] Recurso Ordinário Eleitoral nº 060169322, Acórdão, Relator(a) Min. Luis Felipe Salomão, Publicação: *DJE – Diário da justiça eletrônica*, Tomo 71, Data 22.04.2021.

[639] "Em caso de dúvida razoável da melhor interpretação do direito posto, vigora, na esfera peculiar do Direito Eleitoral, o princípio do *in dubio pro sufragio*, segundo o qual a expressão do voto popular e a máxima preservação da capacidade eleitoral passiva merecem ser prioritariamente tuteladas pelo Poder Judiciário" (RO nº 0600086-33, Rel. Min. Tarcisio Vieira de Carvalho Neto, DJE PSESS em 29.5.2018).

[640] ELEIÇÕES 2016. AGRAVO INTERNO EM RECURSO ESPECIAL. AIME. COLIGAÇÃO. REGISTRO DE CANDIDATURAS FICTÍCIAS PARA PREENCHIMENTO DAS COTAS DE GÊNERO. FRAUDE CONFIGURADA. CONJUNTO PROBATÓRIO ANALISADO PELO TRIBUNAL REGIONAL. REEXAME. REITERAÇÃO LITERAL. FUNDAMENTO NÃO AFASTADO. DISSÍDIO JURISPRUDENCIAL. MERA TRANSCRIÇÃO DE EMENTA. COMPROVAÇÃO. ADOÇÃO DAS BALIZAS DO LEADING CASE (RESPE Nº 193-92/PI). INCIDÊNCIA DOS ENUNCIADOS SUMULARES NºS 24, 26, 28 E 30 DO TSE. NÃO PROVIDO O AGRAVO INTERNO. 1. Na hipótese, o TRE/PI concluiu pela existência de provas robustas configuradoras da fraude à cota de gênero prevista no art. 10, §3º, da Lei nº 9.504/1997, a saber: (a) viabilização das candidaturas femininas em reunião restrita entre os representantes dos partidos coligados dias após a ocorrência das convenções partidárias, nas quais somente foram escolhidos candidatos do sexo masculino; (b) semelhança entre as prestações de contas das candidatas femininas, nas quais não se registrou gasto algum com

Outrossim, mencione-se que, de acordo com o Enunciado nº 60, aprovado na I Jornada de Direito Eleitoral da EJE-TSE, "a fraude à cota de gênero deve ser aferida pela análise conjunta dos seguintes indícios relevantes, entre outros: número significativo de desistências, votação pífia de candidatas mulheres, especialmente de candidatas familiares de candidatos e de dirigentes partidários; e prestações de contas padronizadas". Com efeito, o Enunciado nº 61 ainda assevera que "o percentual de candidaturas para cada gênero, previsto no art. 10, §3º, da Lei nº 9.504/1997, deverá ser observado durante todo o processo eleitoral, ressalvada a impossibilidade de substituição nos casos previstos em lei".

Em algumas outras hipóteses, o TSE tem afastado a caracterização da fraude em apreço, como quando no momento de formalização de renúncia por candidata, já tinha ultrapassado o prazo para substituição das candidaturas, disposto no art. 13, §3º da LE.[641]

Nessa esteira, a Corte Superior Eleitoral já reverberou entendimento de ser admissível a desistência tácita de disputar o pleito por motivos íntimos, não controláveis pelo Poder Judiciário, sendo descabido deduzir o ardil sem que se comprove má-fé ou prévio ajuste de

---

material ou serviço de campanha; (c) inexistência de propaganda eleitoral por parte das candidatas do sexo feminino; (d) ausência de participação efetiva das candidatas em prol de suas candidaturas; (e) votação zerada e/ou inexpressiva (0, 1 e 3 votos); (f) depoimentos de testemunhas do círculo pessoal das candidatas que afirmaram não terem tido conhecimento das referidas candidaturas, não terem presenciado atos de campanha nem recebido pedido de votos, não terem observado a existência de materiais publicitários na casa das candidatas fictícias, bem como terem presenciado as supostas candidatas fazendo campanha para outros candidatos a vereador da mesma chapa. 2. As premissas utilizadas pelo acórdão regional para assentar a fraude ao disposto no art. 10, §3º, da Lei nº 9.504/1997 são similares àquelas fixadas no leading case analisado no julgamento do REspe nº 193-92/PI, as quais foram reafirmadas no julgamento do REspe no 0000008-51/RS, ocorrido em 4.8.2020 (TSE – Agravo Regimental em Recurso Especial Eleitoral nº 0600562-86/PI – Município de Pimenteiras, Rel. Min. Og Fernandes, julgado em 25.8.2020 e publicado no *DJE* de 22.9.2020).

641 "Representação. Eleição proporcional. Percentuais legais por sexo. Alegação. Descumprimento posterior. Renúncia de candidatas do sexo feminino. 1. Os percentuais de gênero previstos no art. 10, §3º, da Lei nº 9.504/97 devem ser observados tanto no momento do registro da candidatura, quanto em eventual preenchimento de vagas remanescentes ou na substituição de candidatos, conforme previsto no §6º do art. 20 da Res.-TSE nº 23.373. 2. Se, no momento da formalização das renúncias por candidatas, já tinha sido ultrapassado o prazo para substituição das candidaturas, previsto no art. 13, §3º, da Lei nº 9.504/97, não pode o partido ser penalizado, considerando, em especial, que não havia possibilidade jurídica de serem apresentadas substitutas, de modo a readequar os percentuais legais de gênero. Recurso especial não provido" (RESPE nº 214-98/RS, Rel. Min. Henrique Neves da Silva, DJE de 24.06.2013 – destaquei) (TSE – REspe: 2330820166190225 Seropédica/RJ 117932016, Relator: Min. Rosa Maria Weber Candiota Da Rosa, Data de Julgamento: 17.04.2017, Data de Publicação: *DJE – Diário de justiça eletrônico* – 20.04.2017 – Página 20-27).

vontades no propósito de burlar a ação afirmativa em tela.[642] No entanto, para o TSE, essa desistência tácita deve ser acompanhada de argumentos consistentes e documentos que corroborem o alegado, que devem estar em harmonia com as circunstâncias fáticas e a prova dos autos.[643] Para além disso, a alegação de desistência tácita deve pressupor que a candidata ao menos deu início a sua campanha, a fim de demonstrar que havia intenção de concorrer ao pleito.[644]

Outrossim, também para o TSE, o fato de o registro de uma das candidatas ter sido negado por ausência de filiação partidária é incapaz, por si só, de demonstrar a incidência da fraude.[645] Com efeito, o TSE tem reafirmado ao longo dos anos o entendimento firmado no sentido de que a fraude resta caracterizada apenas quando se está diante da soma de circunstâncias fáticas que revelem o intento de burlar o mínimo de isonomia que o legislador pretendeu assegurar no art. 10, §3º, da LE, quais sejam: a) votação zerada ou inexpressiva, b) não realização de atos de campanha em benefício próprio, c) realização de campanha para terceiros concorrentes ao mesmo cargo e d) ausência de movimentação financeira relevante ou prestação de contas zerada suficiente para a caracterização da fraude à cota de gênero.[646]

De igual modo, o §2º do art. 8º da Resolução TSE nº 23.735/2024 estabelece que "a obtenção de votação zerada ou irrisória de candidatas, a prestação de contas com idêntica movimentação financeira e a ausência de atos efetivos de campanha em benefício próprio são suficientes para evidenciar o propósito de burlar o cumprimento da norma que estabelece a cota de gênero, conclusão não afastada pela afirmação não comprovada de desistência tácita da competição".

Em acréscimo, o §3º do art. 8º da Resolução TSE nº 23.735/2024 prevê a caracterização da fraude à cota de gênero quando houver negligência do partido político ou da federação na apresentação e no pedido de registro de candidaturas femininas, revelada por fatores como a

---

642 AgR-REspe nº 2-64 /BA, Rel. Min. Jorge Mussi. Em igual sentido: Em igual sentido: TSE – REspe: 50720176140041 Santa Luzia do Pará/PA 41942019, Relator: Min. Tarcisio Vieira de Carvalho Neto, Data de Julgamento: 29.10.2019, Data de Publicação: *DJE – Diário de justiça eletrônico* – 04.11.2019 – nº 212 – Página 48/54.

643 REspEl nº 0600986-77/RN, Rel. Min. Sergio Silveira Banhos, DJe de 19.5.2023.

644 AgR-REspEl nº 0600638-37/BA, Rel. Min. Raul Araújo Filho, DJe de 28.4.2023.

645 Recurso Ordinário Eleitoral nº 060169322, Acórdão, Relator(a) Min. Luis Felipe Salomão, Publicação: *DJE – Diário da justiça eletrônica*, Tomo 71, Data 22.04.2021.

646 Recurso Especial Eleitoral nº 060000267/SP, Relator(a) Min. Cármen Lúcia, Acórdão de 14.03.2024, Publicado no Diário de Justiça Eletrônico 43, data 22.03.2024.

inviabilidade jurídica patente da candidatura, a inércia em sanar pendência documental e a ausência de substituição de candidata que teve o registro de candidatura indeferido.

A Resolução TSE nº 23.735/2024 também reafirmou o entendimento da Corte em relação à dispensabilidade de demonstração do elemento subjetivo (*consilium fraudis*), consistente na intenção de fraudar a lei, sendo apenas suficiente o desvirtuamento finalístico de fraudar a cota de gênero (art. 8º, §4º).

No entanto, discorda-se do entendimento no sentido de que a cassação dos candidatos vinculados ao DRAP independe de prova da sua participação, ciência ou anuência.[647] Seja qual for a natureza da fraude (fraude típica ou fraude à lei), faz-se imprescindível a demonstração da má-fé (elemento subjetivo), onde esta se apresenta como elementar da configuração do ilícito. Com acuidade, observou Pontes de Miranda que a responsabilidade é o resultado da ação pela qual o indivíduo expressa seu comportamento, em face de um dever ou obrigação, que é violada frontalmente.[648] Mencione-se que, por ocasião do julgamento do Recurso Especial Eleitoral nº 060201638, o Ministro Tarcísio Vieira de Carvalho Neto asseverou ser "imprescindível a demonstração da vontade deliberada e inequívoca de frustrar a finalidade preconizada pela norma jurídica".

A responsabilidade objetiva, que independe da comprovação do dolo ou da culpa do agente causador do dano, apenas do nexo de causalidade entre a conduta e o dano causado, só é admitida excepcionalmente no ordenamento jurídico e de forma expressa, não se operando no direito eleitoral, que não admite condenação a partir de meras presunções e ilações, sob pena de responsabilização objetiva.[649] Mesmo assim, a responsabilidade direta não pode depender de ilações ou presunções, necessitando de fatos típicos essencialmente comprovados para a sua tipificação. Mas, para a existência de provas, necessita-se do preenchimento de um pressuposto inexorável, que se configura no liame de condutas que possa interligar determinado réu com os fatos ocorridos.

---

647 Recurso Especial Eleitoral nº 190, Acórdão, Relator(a) Min. Alexandre de Moraes, Publicação: *DJE – Diário da justiça eletrônica*, Tomo 15, Data 04.02.2022.

648 PONTES DE MIRANDA, Francisco Cavalcanti. *Tratado de Direito Privado*. Rio de Janeiro: Borsoi, 1967, t. 53. p. 405.

649 TSE – Acórdão no REspe nº 1323-32, de 17.3.2015, Rel. Min. João Otávio de Noronha (Recurso Especial Eleitoral nº 31987, Acórdão, Relator(a) Min. Rosa Weber, Publicação: *DJE – Diário de justiça eletrônico*, Data 04.09.2017, Página 48).

Por fim, mencione-se que a Lei nº 14.192/21 passou a estabelecer normas para prevenir, reprimir e combater a violência política contra a mulher, nos espaços e atividades relacionados ao exercício de seus direitos políticos, especificamente para assegurar a participação das mulheres no processo-político eleitoral.

11.1.5 Captação ilícita de sufrágio

A captação ilícita de sufrágio encontra-se prevista no art. 41-A da Lei das Eleições (nº 9.504/97), o qual configura a conduta conhecida como compra de votos, consistindo na ação de oferecer vantagem pessoal de qualquer forma, explícita ou implicitamente, para eleitor em troca de seu voto.[650] É cediça a proibição da conquista do voto por meio ilícito, fraude ou qualquer artifício que deturpe a democracia e a normalidade do processo eleitoral. Ou seja, ocorre quando a conduta do candidato a determinado pleito tem a intenção de abalar a normalidade, a legitimidade da eleição e a liberdade de sufrágio do cidadão.

A caracterização da captação ilícita de sufrágio pressupõe a ocorrência simultânea dos seguintes requisitos: a) prática de uma das seguintes condutas: doar, oferecer, prometer ou entregar bem ou vantagem pessoal de qualquer natureza; b) fim específico de obter o voto do eleitor; c) atestar a evidência de dolo ou por meio de violência ou grave ameaça; d) participação ou anuência do candidato beneficiário na prática do ato.[651] Portanto, para a caracterização da captação ilícita

[650] Art. 41-A. Ressalvado o disposto no art. 26 e seus incisos, constitui captação de sufrágio, vedada por esta Lei, o candidato doar, oferecer, prometer, ou entregar, ao eleitor, com o fim de obter-lhe o voto, bem ou vantagem pessoal de qualquer natureza, inclusive emprego ou função pública, desde o registro da candidatura até o dia da eleição, inclusive, sob pena de multa de mil a cinquenta mil Ufir, e cassação do registro ou do diploma, observado o procedimento previsto no art. 22 da Lei Complementar nº 64, de 18 de maio de 1990. (Incluído pela Lei nº 9.840, de 28.9.1999) §1º Para a caracterização da conduta ilícita, é desnecessário o pedido explícito de votos, bastando a evidência do dolo, consistente no especial fim de agir. (Incluído pela Lei nº 12.034, de 2009) §2º As sanções previstas no *caput* aplicam-se contra quem praticar atos de violência ou grave ameaça a pessoa, com o fim de obter-lhe o voto. (Incluído pela Lei nº 12.034, de 2009) §3º A representação contra as condutas vedadas no *caput* poderá ser ajuizada até a data da diplomação. (Incluído pela Lei nº 12.034, de 2009) §4º O prazo de recurso contra decisões proferidas com base neste artigo será de 3 (três) dias, a contar da data da publicação do julgamento no Diário Oficial (Incluído pela Lei nº 12.034, de 2009).

[651] Conforme jurisprudência desta Corte Superior, para se configurar a captação ilícita de sufrágio, é necessária a presença dos seguintes elementos: (a) prática de qualquer das condutas previstas no art. 41-A; (b) o dolo específico de obter o voto do eleitor; (c) ocorrência dos fatos entre a data do registro de candidatura e a eleição; e (d) a participação, direta ou

deve haver a simultaneidade dos seguintes requisitos: a prática de uma das condutas previstas no art. 41- A da Lei nº 9.504/97; a finalidade específica de obter o voto do eleitor e a participação ou anuência do candidato na prática do ato.[652]

No magistério de José Jairo Gomes, a captação ilícita de sufrágio consubstancia-se na ocorrência de ato ilícito eleitoral que se dá sempre que for oferecido, prometido ou entregue a eleitor bem ou vantagem com o objetivo de obter-lhe o voto. Acrescenta, ainda, que para que haja a configuração da conduta abusiva não é necessário que o ato seja realizado pelo próprio candidato, podendo ser realizada por pessoa interposta.[653] Assim, para esta última, é desnecessário que o ato tenha sido praticado diretamente pelo candidato, mostrando-se suficiente que, evidenciado o benefício, haja dele participado de qualquer forma ou com ele consentido, de forma explícita ou tácita.[654]

A vedação da captação de sufrágio trazida pelo art. 41-A da Lei nº 9.504/97 destina-se à preservação da liberdade de voto, à livre escolha do eleitor. Logo, em razão de seu objeto de proteção, não é necessário que o fato caracterizador da captação ilícita de sufrágio tenha a potencialidade de influir no pleito, bastando a existência da conduta vedada para que enseje a pena prevista, posto que tão somente a compra de um voto já tolhe a liberdade do eleitor em questão.[655] Sendo assim, diante da importância que é dada ao processo eleitoral e à lisura da sua condução, a Lei Eleitoral preleciona que constitui captação de sufrágio o candidato doar, oferecer, prometer, ou entregar ao eleitor, com o fim de obter-lhe o voto, bem ou vantagem pessoal de qualquer natureza, inclusive emprego ou função pública, desde o registro da candidatura até o dia da eleição (art. 41-A da Lei nº 9.504/1997). Busca-se, assim, proteger a livre preferência de voto do eleitor, permitindo-se exclusivamente a captação lícita de votos.

---

indireta, do candidato beneficiado, concordância ou conhecimento dos fatos que caracterizam o ilícito (Recurso Ordinário Eleitoral nº 060186731, Acórdão, Relator(a) Min. Luis Felipe Salomão, Publicação: *DJE – Diário da justiça eletrônica,* Tomo 230, Data 14.12.2021).

652 Recurso Ordinário Eleitoral nº 060186731, Acórdão, Relator(a) Min. Luis Felipe Salomão, Publicação: *DJE – Diário da justiça eletrônica,* Tomo 230, Data 14.12.2021.

653 GOMES, José Jairo. *Direito Eleitoral.* Belo Horizonte: Del Rey, 2008, p. 418.

654 "A mera afinidade política não implica automática ciência ou participação de candidato na prática do ilícito, sob pena de se transmudar a responsabilidade subjetiva em objetiva" (REspe 817-19/SP, redator para o acórdão Min. Luís Roberto Barroso, *DJE* de 25.2.2019).

655 COÊLHO, Marcus Vinicius Furtado. *Direito Eleitoral e processo eleitoral.* Rio de Janeiro: Renovar, 2010, p. 261.

Não obstante, urge ressaltar que promessas de campanha dirigidas indistintamente a eleitores sem referência a pedido de voto não constituem captação ilícita de sufrágio.[656] Tem-se que à caracterização de captação ilícita de sufrágio é desnecessário o pedido explícito de votos, bastando a anuência do candidato e a evidência do especial fim de agir (art. 13, §1º, da Resolução TSE nº 23.735/2024).[657] Também não configuram a tipificação do art. 41-A promessas de campanha quando realizadas de forma genérica, sem especificar cidadãos determinados, razões pelas quais a exposição de plano de governo e a mera promessa de campanha não configuram práticas de captação ilícita de sufrágio.[658]

Para que a conduta abusiva ocorra, não há a necessidade de que o eleitor obtenha, de fato, vantagem pessoal ou algum bem do candidato. Para a incidência da norma basta a promessa ou o oferecimento de vantagem de qualquer natureza. Sendo assim, enquanto o abuso de poder econômico ou político tem de ser provado, com a demonstração de sua gravidade para desequilibrar a normalidade do processo eleitoral, para a captação ilícita de sufrágio basta a prova cabal do oferecimento ou da promessa de vantagem pessoal de qualquer natureza para que ao candidato venham a ser aplicadas as sanções pertinentes. A gravidade é presumida diante da magnitude da incidiosidade que representa a compra de votos.

Necessita-se demonstrar, para a caracterização do ilícito, que a finalidade da vantagem oferecida ou efetivamente dada é a captação de sufrágio, ou seja, que tenha fins claramente eleitorais. Com efeito, não basta provar que houve a oferta de ganho, sendo fundamental que haja a demonstração de que esse benefício ou promessa de benefício tenha a finalidade eleitoral de deturpar a livre vontade do sufrágio do eleitor.

Por fim, em recente virada jurisprudencial, o Tribunal Superior Eleitoral entendeu pela não cumulatividade entre as sanções específicas previstas para a captação ilícita de sufrágio e a perda do mandato eletivo. Desse modo, a extinção dos mandatos não obsta que o

---

656 TSE, Recurso Especial Eleitoral nº 35.352, de 08.04.2010, Rel. Min. Fernando Gonçalves.

657 "Conforme previsão do art. 41-A, §1º, da Lei nº 9.504/97, é prescindível o pedido explícito de voto, bastando a evidência do especial fim de agir, qual seja, a vontade de obter o voto do eleitor cooptado" (Recurso Especial Eleitoral nº 20855, Acórdão, Relator(a) Min. Edson Fachin, Publicação: *DJE – Diário da justiça eletrônica*, Tomo 027, Data 07.02.2020, Página 35/36).

658 Ac. de 30.11.2010 no AgR-AI nº 196.558, Rel. Min. Arnaldo Versiani.

representante persiga a penalidade de aplicação de multa (art. 14, §2º, da Resolução TSE nº 23.735/2024).[659]

Configurada a captação ilícita de sufrágio, o candidato será condenado, cumulativamente, à multa de R$ 1.064,10 (mil sessenta e quatro reais e dez centavos) a R$ 53.205,00 (cinquenta e três mil e duzentos e cinco reais) e à cassação do registro ou do diploma (art. 14, *caput*, da Resolução TSE nº 23.735/2024). Essas sanções também aplicam-se àquele que praticar atos de violência ou grave ameaça à pessoa, com o fim de obter-lhe o voto (art. 14, §3º, da Resolução TSE nº 23.735/2024).

11.1.6 Ilicitude de gastos e arrecadação de recursos

A arrecadação e o gastos ilícitos de campanha podem se dar de diversas formas, com o propósito de obter qualquer vantagem, financeira ou não, para si ou para outrem, na tentativa de conquistar o voto do eleitorado. A Lei das Eleições, de forma contundente, elenca as fontes lícitas de financiamento de campanha; portanto, as regras pertinentes à arrecadação e aos gastos de campanha possuem o intuito de resguardar a transparência das eleições e a isonomia dos candidatos, vindo, por conseguinte, a inibir a ocorrência de abusividades que comprometam a lisura do pleito eleitoral.

A Lei das Eleições estabelece as regras e os devidos limites para a arrecadação dos gastos que serão utilizados durante toda a campanha eleitoral. Como se explicou alhures, o financiamento de campanha no Brasil pode ser proveniente de recursos públicos, através do fundo partidário, ou de recursos privados, de pessoas físicas, dentro do limite legal e desde que não oriundo de fontes vedadas pela legislação. No entanto, a referida lei, em seu art. 30, disciplina a apreciação das contas de campanha, que poderão ser aprovadas se estiverem regulares, aprovadas com ressalvas, quando os vícios não comprometerem sua regularidade, ou reprovadas quando verificadas falhas que lhes comprometam a sua regularidade.

É nesse contexto que o art. 30-A da Lei nº 9.504/1997 estabelece que qualquer partido político ou coligação poderá representar à Justiça Eleitoral, no prazo de 15 dias da diplomação, podendo ser proposta, inclusive, antes da diplomação, apresentando os fatos e indicando as

---

659 Recurso Especial Eleitoral nº 133324, Acórdão, Relator(a) Min. Mauro Campbell Marques, Publicação: *DJE – Diário da justiça eletrônica*, Tomo 13, Data 03.02.2022.

provas; e pedir a abertura de investigação judicial para apurar condutas em desacordo com as normas eleitorais relativas à arrecadação e aos gastos de recursos.

Assim, o art. 30-A da Lei nº 9.504/1997 foi inserido pela Lei nº 11.300/2006, com o escopo de aprimorar o controle judicial das formas de arrecadação e gastos de recursos de campanha, haja vista que antes do advento do referido artigo as questões atinentes à arrecadação ou gasto irregular eram matérias de procedimento administrativo, cuja rejeição não implicava nenhuma consequência ao candidato. Posteriormente, a Lei nº 12.034/2009 alterou o art. 30-A, limitando a extensão de sua impetração para até 15 dias da diplomação. Sua finalidade é impedir a utilização de meios que possam desnivelar os candidatos em disputa, privilegiando uns em detrimento de outros, isto é, tentar evitar a utilização do tradicional "caixa dois".

Antes da inserção do art. 30-A no ordenamento jurídico brasileiro, as irregularidades na arrecadação ou gastos de recursos na campanha eram situações afetas à prestação de contas. Atualmente, a autonomia do instituto pode ser verificada pelas circunstâncias que a especificam, tendo o próprio Tribunal Superior Eleitoral já assinalado que as decisões tomadas no processo de prestação de contas e nas ações fundadas no art. 30-A não são vinculativas entre si, sendo possível que não haja cassação do diploma ou perda do mandato ou denegação do registro mesmo quando as contas foram julgadas reprovadas ou aprovadas com ressalvas em razão da existência de movimentação financeira que prejudicou a transparência das contas.[660]

Porém, para a caracterização da captação ilícita de arrecadação e gastos de campanha, prevista no artigo supracitado, é indispensável a presença de provas contundentes dos atos praticados. Necessita-se, de forma cabal, provar a gravidade dos fatos imputados, deixando nítida a caracterização de que o financiamento de campanha não obedeceu aos parâmetros previstos. Não pode ser admitida a referida ação se os vícios apontados forem de natureza formal ou insignificantes diante do montante arrecadado.

A Resolução TSE nº 23.735/2024 reputa como grave a violação de normas relativas à arrecadação e aos gastos de recursos, que, ultrapassando a mera falha contábil, revela conduta com relevância jurídica ou

---

[660] TSE. Ac. de 29.5.2014 no ED-AgR-REspe nº 516455, rel. Min. Henrique Neves e, no mesmo sentido, o Ac. de 17.12.2013 no RO 443482 rel. Min. Henrique Neves.

ilegalidade qualificada (art. 11). Essa ilegalidade qualificada é configurada pela má-fé do candidato, que pode ser inferida pelo emprego de ardis destinados a ocultar a origem dos recursos de campanha, ainda que não demonstrada a utilização de fonte vedada (art. 11, §3º).

Recentemente, o Tribunal Superior Eleitoral fixou entendimento no sentido de que a representação por captação ou gasto ilícito de recursos de campanha pode ser utilizada como meio para fins de punir práticas de desvirtuamento na aplicação dos recursos do Fundo Partidário destinados à promoção da participação feminina na política, especificamente quando os valores repassados a determinada candidata são repassados para uma candidatura do gênero masculino.[661] De acordo com o art. 11, §2º, da Resolução TSE nº 23.735/2024, "a gravidade do

---

661 DIREITO ELEITORAL E PROCESSUAL CIVIL. RECURSOS ESPECIAIS ELEITORAIS COM AGRAVO. ELEIÇÕES 2016. REPRESENTAÇÃO POR CAPTAÇÃO OU GASTO ILÍCITO DE RECURSOS DE CAMPANHA. ART. 30-A DA LEI Nº 9.504/1997. DESVIRTUAMENTO NA APLICAÇÃO DOS RECURSOS DO FUNDO PARTIDÁRIO DESTINADOS À PROMOÇÃO DA PARTICIPAÇÃO FEMININA NA POLÍTICA. DOAÇÃO DE PARTE DA VERBA A CANDIDATOS DO GÊNERO MASCULINO. DESVIO DE FINALIDADE. ILÍCITO CONFIGURADO. CONHECIMENTO DOS AGRAVOS. DESPROVIMENTO DOS RECURSOS ESPECIAIS ELEITORAIS. I – HIPÓTESE 1 Hipótese em que a candidata Jalusa Fernandes de Souza, eleita ao cargo de vereador do Município de Rosário do Sul/RS nas Eleições 2016, recebeu do Partido Progressista R$20.000,00 oriundos do Fundo Partidário para programas de participação política das mulheres, ciente de que tais recursos eram relativos à cota de gênero, e repassou (i) R$10.000,00 para Alisson Furtado Sampaio, candidato ao cargo de Prefeito, não eleito; e (ii) R$2.000,00 a Afrânio Vasconcelos da Vara, candidato eleito a vereador. II UTILIZAÇÃO DA REPRESENTAÇÃO FUNDAMENTADA NO ART. 30-A DA LEI Nº 9.504/1997 PARA APURAR DESVIOS NO EMPREGO DE RECURSOS DO FUNDO PARTIDÁRIO. 6. A representação fundada no art. 30-A da Lei nº 9.504/1997 tem como objeto sancionar a captação e os gastos ilícitos de recursos para fins eleitorais, de modo a tutelar a transparência das campanhas eleitorais, a higidez e a moralidade da eleição e a igualdade de oportunidades entre os candidatos. A fixação da abrangência do dispositivo não pode desconsiderar implicações de outras previsões legais que, descumpridas, afetem a higidez das eleições. Embora o esquema nuclear do financiamento das campanhas eleitorais se encontre na Lei nº 9.504/1997, o detalhamento e o adensamento desse esquema dependem de interpretação sistêmica de toda a legislação eleitoral. Portanto não há impedimento a que outros diplomas normativos estabeleçam regras sobre financiamento de campanhas. 7. O art. 20 da Lei nº 9.504/1997, ao determinar que o candidato faça a administração financeira de sua campanha usando recursos repassados pelo partido, inclusive os relativos à cota do Fundo Partidário, atrai para o objeto da representação fundada no art. 30-A a imputação de utilização desses recursos em dissonância com as normas da Lei nº 9.096/1997. Assim, se alegado que o descumprimento das regras relativas ao uso dos recursos do Fundo Partidário viola os bens jurídicos tutelados pelo art. 30-A da Lei nº 9.504/1997, será possível a sua apuração por essa via. 8. O desvirtuamento na aplicação dos recursos do Fundo Partidário destinados à criação e à manutenção de programas de promoção e difusão da participação política das mulheres (art. 44, V, Lei nº 9.096/1995) pode ser apurado em representação por arrecadação e gasto ilícito de recursos. A alegação de desvio da finalidade no uso desses recursos, caracterizado por sua aplicação em campanhas eleitorais que não beneficiam a participação feminina, constitui causa de pedir apta a ofender os bens jurídicos protegidos pelo art. 30-A da Lei nº 9.504/1997, em especial a moralidade do pleito e a igualdade de

desvio de finalidade dos recursos públicos destinados a candidaturas femininas independe do montante desviado, bastando, para a caracterização do ilícito, a demonstração de que os valores não foram empregados em benefício da candidata registrada".

Nos termos do art. 30-A da Lei nº 9.504/97, os partidos políticos ou as coligações poderão ajuizar ação, com indicação de fatos e provas, para apurar condutas em desacordo as regras relativas à arrecadação e gastos de recursos. Uma vez comprovada a captação ou o gasto ilícito de recursos, para fins eleitorais, o candidato terá seu registro denegado ou diploma cassado se já outorgado.

Na apuração de que trata o *caput* do art. 30-A da Lei nº 9.504/1997, aplicar-se-á o procedimento previsto no art. 22 da Lei Complementar nº 64/1990, que é o procedimento da ação de investigação judicial eleitoral, permitindo a concretização do contraditório e da ampla defesa. Havendo comprovação de captação ilícita de arrecadação e gastos de campanha, o registro ou o diploma serão perdidos, bem como o estabelecimento de inelegibilidade pelo período de oito anos (art. 30-A, §2º, da Lei nº 9.504/1997).

A competência para o exame dessa ação é determinada consonante a esfera de abrangência dos órgãos eleitorais. Será competente o Juiz Eleitoral para as infrações nos pleitos municipais; os Tribunais Regionais Eleitorais nas eleições estaduais; e o Tribunal Superior Eleitoral, nas eleições nacionais.

Sua taxionomia é a de ação de conhecimento, cujo nome jurídico é ação de captação ilícita de arrecadação e gastos de campanha. Não podendo ser classificada como uma prestação jurisdicional de natureza penal, haja vista não produzir os efeitos inerentes a essa área, constitui-se em uma ação de natureza civil, utilizando-se o Código de Processo Civil de forma supletiva e subsidiária.

Comprovando-se a captação ou gastos ilícitos de recursos para fins eleitorais, atestando-se sua gravidade à normalidade do pleito eleitoral, comina-se a sanção de cassação de diploma ou denegação do registro (art. 30-A, §2º, da LE). De toda a sorte, com a promulgação da "Lei Ficha Limpa", a sanção de inelegibilidade fora aumentada para o prazo de oito anos a contar da eleição em que houve constatação da conduta acintosa. A inelegibilidade especificada anteriormente é a

---

chances entre candidatos (Agravo de Instrumento nº 33986, Acórdão, Relator(a) Min. Luís Roberto Barroso, Publicação: *DJE – Diário de justiça eletrônico*, Data 20.09.2019).

cominada, advinda de uma sanção estipulada pela legislação eleitoral. Ela declara a inelegibilidade presente e protrai seu efeito no elastério de oito anos contados da eleição. Esse efeito consta de todas as decisões judiciais nesse tipo de ação, seja antes da diplomação, seja após esse pronunciamento judicial.

Importa destacar a indispensabilidade de aplicação do princípio da proporcionalidade, para consumação do art. 30- A, nesse sentido, o Tribunal Superior Eleitoral assentou a necessidade de demonstração da relevância da conduta irregular para comprometer a moralidade das eleições.[662] Comprovados captações ou gastos ilícitos de campanha, será negado o diploma ao candidato ou cancelado, se já tiver sido outorgado (art. 12 da Resolução TSE nº 23.735/2024). Importante mencionar, nesse estrito, não haver interesse processual na apuração da conduta do 30-A da LE se praticada por candidato a cargo majoritário que não tenha sido eleito (art. 12, §2º, da Resolução TSE nº 23.735/2024). Por derradeiro, o término do mandato eletivo majoritário ou proporcional acarreta a perda do interesse jurídico na apuração desse tipo de conduta (art. 12, §3º, da Resolução TSE nº 23.735/2024).

11.1.7 Corrupção e caixa dois

O vocábulo *corrupção*, pela sua carga semântica, apresenta uma variedade de significados, tanto pelo seu aspecto público, quando privado. Fernando Filgueiras assevera que ainda não há, na tradição do pensamento político ocidental, consenso acerca do que seja o fenômeno da corrupção.[663] Em tempos pretéritos, o significado da palavra *corrupção* cingia-se à ideia de moral, estando umbilicalmente interligado aos costumes. Percebiam-se, com isso, os desvios de conduta apenas a partir da depravação dos valores morais que podiam ter sido sedimentados costumeiramente, ou provindos, de forma coercitiva, por meio de uma autoridade.[664]

---

[662] TSE. Ac de 1.8.2014 no RO nº 39322, rel. Min. Dias Toffoli e no mesmo sentido o Ac. de 12.2.2009 no RO nº 1596, rel. Min. Joaquim Barbosa e o RO nº 1540 de 28.4.2009, rel. Min. Felix Fischer. No mesmo sentido: Ac. de 24.6.2014 no AgR-RO nº 340, rel. Min. João Otávio de Noronha.

[663] FILGUEIRAS, Fernando. Marcos teóricos da corrupção. *In*: AVRITZER, Leonardo *et al.* (org.). *Corrupção, ensaios e críticas*. Belo Horizonte: Editora UFMG, 2008. p. 353.

[664] BARROS FILHO, Clóvis de; PRAÇA, Sérgio. *Corrupção:* parceria degenerativa. Campinas: Papirus 7 Mares, 2014. p. 53.

A corrupção na expressão de Othon Sidou é devassidão, depravação, em suas diversas modalidades. Improbidade no trato de coisas públicas, na condição ativa ou passiva.[665] O Professor Manoel Gonçalves Ferreira a conceitua como decomposição, putrefação, depravação, desmoralização, devassidão, suborno ou peita, chegando até a afirmar que suas raízes se insinuam no cerne da alma humana, eis que os atos que a caracterizam se encontram ligados a uma fraqueza moral.[666]

Na esfera eleitoral, o crime de corrupção encontra-se tipificado no artigo 299 do Código Eleitoral, o qual consiste em dar, oferecer, prometer, solicitar ou receber, para si ou para outrem, dinheiro, dádiva, ou qualquer outra vantagem, a fim de obter ou dar voto e conseguir ou prometer abstenção, ainda que a oferta não seja aceita.

Consubstancia-se em atos tendentes a viciar a liberdade de sufrágio através da afronta dos padrões morais estabelecidos, ou seja, por meio de múltiplas condutas (dar, oferecer, prometer, solicitar ou receber) pretende-se viabilizar determinada vantagem em troca do voto do eleitor. Havendo uma nítida preponderância do interesse privado em relação ao interesse público, decorrente da desobediência de um parâmetro legal, no qual servidores utilizam o erário público para o seu benefício ou utilizam as prerrogativas públicas de maneira indevida. O bem jurídico protegido pela norma penal incriminadora é a liberdade do voto, que envolve não só o próprio processo de votação, mas também as fases que o precedem, ou a abstenção do eleitor no processo eleitoral.

Para a consumação do crime de corrupção eleitoral exige-se que a promessa ou oferta sejam feitas a um eleitor determinado ou determinável;[667] que ele esteja regular, ou que seja possível a regulariza-

---

665 SIDOU, José Maria Othon. *Dicionário Jurídico da Academia Brasileira de Letras Jurídicas*. 9. ed. Rio de Janeiro: Forense, 2009, p. 232.

666 FERREIRA FILHO, Manoel Gonçalves. Corrupção e Democracia. *In*: ZILVETI, Fernando Aurelio; LOPES, Sílvia. *O regime democrático e a questão da corrupção política*. São Paulo: Atlas, 2004, p. 18.

667 [...] Na acusação da prática de corrupção eleitoral (Código Eleitoral, art. 299), a peça acusatória deve indicar qual ou quais eleitores teriam sido beneficiados ou aliciados, sem o que o direito de defesa fica comprometido (RHC nº 45224, Rel. Min. Laurita Vaz, Rel. designado Min. Henrique Neves, *DJe* de 25.4.2013). *In casu*, ausente a adequada identificação do corruptor eleitoral passivo, fato esse que impede a aferição da qualidade de eleitores, como impõe o dispositivo contido no art. 299 do Código Eleitoral, devem ser reconhecidas a inépcia da denúncia e a ausência de justa causa para submissão do paciente à ação penal. Recurso conhecido e provido para concessão do pedido de *habeas corpus* negado na origem (BRASIL. Tribunal Superior Eleitoral. RHC nº 133161/SC, Relatora: Min. Luciana Lóssio. Julg.: 13.12.2013. *DJE*: 10.02.2014).

ção no momento da consumação do crime; e que o eleitor vote no domicílio eleitoral do candidato indicado pelo corruptor ativo.[668] Contudo, segundo recente entendimento do Tribunal Superior Eleitoral, é irrelevante o período em que se deu a conduta típica, pois a condição de candidato não é fundamental para a consumação do crime, que pode ocorrer em qualquer tempo, bastando que a vantagem oferecida esteja vinculada à obtenção de votos.[669]

O tratamento penal dispensado à prática do delito de corrupção eleitoral exige que se evidencie o dolo específico, ao obter o voto mediante oferecimento de vantagem indevida.[670] De bom alvitre ressaltar que a mera indicação de que todos os eleitores do Município são os supostos corrompidos não é suficiente para a caracterização do delito, ao passo que as promessas de campanha genéricas também não são aptas à caracterização deste ilícito eleitoral.

De outra ponta, o crime de caixa dois seria uma prática financeira aquém dos padrões legais, na qual o fluxo de entrada e saída de caixa não é registrado, com fim de burlar os parâmetros indicados para a arrecadação e os gastos de campanha, criando um caixa paralelo.

Atualmente, não há uma tipificação clara para criminalizar a prática de caixa dois e qualquer tipo de interpretação extensiva é terminantemente proibido em razão do princípio da legalidade estrita que vigora no Direito Penal. Enfrentando a celeuma, o Supremo Tribunal Federal tem se utilizado do art. 350 do Código Eleitoral para punir as condutas que abstratamente se configuram como esse ilícito, definindo-o

---

[668] [...] 1. Para a configuração do crime de corrupção eleitoral, além de ser necessária a ocorrência de dolo específico, qual seja, obter ou dar voto, conseguir ou prometer abstenção, é necessário que a conduta seja direcionada a eleitores identificados ou identificáveis, e que o corruptor eleitoral passivo seja pessoa apta a votar. Precedentes. 1 Não há falar em corrupção eleitoral mediante dádiva em troca do voto de pessoas que, diante do que se percebe na descrição da denúncia, já seriam correligionárias do denunciado, o que afasta a justa causa para a ação penal. Ordem concedida para trancar a ação penal (BRASIL. Tribunal Superior Eleitoral. HC nº 812-19/RJ. Relator: Min. Dias Toffoli. Julg.: 14.02.2013. *DJe*: 20.03.2013).

[669] Agravo de Instrumento nº 383, Acórdão, Relator(a) Min. Luís Roberto Barroso, Publicação: *DJE – Diário da justiça eletrônica*, Tomo 102, Data 26.05.2020.

[670] [...] 1. Segundo a jurisprudência desta Corte, para a configuração do crime descrito no art. 299 do CE, é necessário o dolo específico que exige o tipo penal, isto é, a finalidade de "obter ou dar voto" e "conseguir ou prometer abstenção" (BRASIL. Tribunal Superior Eleitoral. RHC nº 142354/GO. Relatora: Min. Laurita Hilário Vaz. Julg.: 24.10.2013. *DJE*: 05.12.2013). (BRASIL. Tribunal Superior Eleitoral. REspe. nº 291-Petropólis/RJ. Relatora: Min. Maria Thereza Rocha de Assis Moura. Julg.: 03.02.2015. *DJE*: 04.03.2015).

como a omissão em documento público ou particular de declaração que dele deveria constar.[671]

Esse *gap* normativo configura-se como uma deficiência, porque o mencionado artigo do Código Eleitoral não abrange toda a extensão do caixa dois, que pode apresentar outras peculiaridades, não diferenciando, por exemplo, quando os recursos provêm de fonte lícita ou ilícita. O ilícito tipificado no artigo 350 do Código Eleitoral classifica-se como um crime omissivo ou comissivo. A figura será omissiva quando o agente deixa de prestar informação nas hipóteses em que era obrigado a fazê-lo,[672] e comissiva quando inserir ou fizer inserir declaração falsa ou diversa da que deveria constar no documento.[673]

Inserir significa incluir, incorporar no documento declaração inverídica ou de conteúdo diverso daquele que deveria ser mencionado. Fazer inserir implica a atividade de fazer gravar, inscrever, pressupondo a existência de um autor que tem a consciência da ilicitude de sua ação.[674] Qualquer falsidade que atinja a autenticidade e confiabilidade de documentos relevantes à Justiça Especializada possui finalidade eleitoral. A expressão *fins eleitorais* abrange, de maneira ampla, qualquer falsidade ideológica correlacionada às atividades-fim da Justiça Eleitoral, cujo bem jurídico tutelado é a fé pública eleitoral, consistente na confiança, na lisura e na veracidade das informações prestadas.[675]

O Tribunal Superior Eleitoral possui precedente no sentido de que a apreensão de dinheiro nas vésperas do pleito, ainda que de vultosa quantidade, não caracteriza, por si só, a prática de emprego de recursos não contabilizados.[676] Outrossim, a Corte entende que as

---

[671] Art. 350 do Código Eleitoral: Omitir, em documento público ou particular, declaração que dele devia constar, ou nele inserir ou fazer inserir declaração falsa ou diversa da que devia ser escrita, para fins eleitorais: Pena – reclusão até cinco anos e pagamento de 5 a 15 dias-multa, se o documento é público, e reclusão até três anos e pagamento de 3 a 10 dias-multa se o documento é particular.

[672] "A omissão de recursos em ajuste contábil de campanha pode vir a caracterizar o crime do art. 350 do Código Eleitoral a depender das circunstâncias do caso e de sua interferência na autenticidade ou fé pública eleitoral. Precedentes desta Corte Superior e do c. Supremo Tribunal Federal" (Recurso Especial Eleitoral nº 9.702, Acórdão, Relator(a) Min. Herman Benjamin, Publicação: *DJE – Diário de justiça eletrônico*, Data 21.02.2019).

[673] GOLÇALVES, Luiz Carlos dos Santos. *Crimes eleitorais e processo penal eleitoral*. 2. ed. São Paulo: Atlas, 2015. p. 23.

[674] GOMES, Suzana de Camargo. *Crimes eleitorais*. 3. ed. São Paulo: Revista dos Tribunais, 2008. p. 342.

[675] REspe nº 5835-46/MG. Relatora: Ministra Maria Thereza de Assis Moura.

[676] Recurso Ordinário Eleitoral nº 060146861, Acórdão, Relator(a) Min. Alexandre de Moraes, Publicação: *DJE – Diário da justiça eletrônica*, Tomo 67, Data 15.04.2021.

sanções previstas no art. 22 da LC nº 64/1990 não podem se voltar à conduta do doador, tendo em vista que este não tem poder de gestão sobre o dinheiro cedido, e a responsabilidade sobre a correta aplicação dos recursos, ainda que provenientes de fonte vedada, recai sobre o candidato.[677]

11.1.8 Condutas vedadas aos agentes públicos em campanhas eleitorais

Entende Djalma Pinto que conduta vedada é toda aquela ação descrita na lei praticada por agentes públicos, servidores ou não da Administração Pública direta, indireta ou funcional, que se valem da máquina administrativa para beneficiar determinada candidatura, comprometendo, assim, a normalidade do processo eleitoral.[678]

Para Marlon Jacinto Reis, a introdução das condutas vedadas no ordenamento jurídico teve a finalidade de instrumentalizar o Estado com meios efetivos para garantir ao cidadão que sua vontade seja realizada, livre de coações morais ou materiais.[679] Observa Olivar Coneglian que há, nas condutas vedadas, elemento normativo tendente a lesionar a igualdade de oportunidades entre os candidatos, razão pela qual nenhuma dessas condutas é aceita.[680]

A vedação a determinadas condutas tem o escopo de propiciar garantias de neutralidade na disputa de determinado cargo eleitoral, servindo de obstáculo a ações ilegais que tencionam quebrar a paridade de armas que deve permear o processo político, assim como também de preservar o princípio republicano.

Conforme o teor do que determina o artigo 73, §1º, da Lei das Eleições, reputa-se agente público, para efeitos de caracterização de conduta vedada, quem exerce função, ainda que transitoriamente ou sem remuneração, por eleição, nomeação, designação, contratação ou qualquer outra forma de investidura ou vínculo, mandato, cargo, emprego ou função nos órgãos ou entidades da Administração Pública direta, indireta ou fundacional. Cuida-se, na espécie, de rol exemplificativo,

---

677 Recurso Especial Eleitoral nº 060172879, Acórdão, Relator(a) Min. Sergio Silveira Banhos, Publicação: *DJE – Diário da justiça eletrônica*, Data 13.08.2020.

678 PINTO, Djalma. *Direito Eleitoral*. Improbidade Administrativa e Responsabilidade Fiscal. 5. ed. São Paulo: Atlas, 2010, p. 245.

679 REIS, Marlon. *Direito eleitoral brasileiro*. Brasília: Alumnus, 2012. p. 78.

680 CONEGLIAN, Olivar. *Lei das eleições comentada*. 5. ed. Curitiba: Juruá, 2008. p. 334.

de modo a englobar não somente altas funções estatais, mas também os demais servidores, independentemente de possuírem ou não participação política ou exercerem influência no pleito.[681]

Na linha do ensinamento jurisprudencial do TSE, as condutas vedadas tipificadas entre os arts. 73 e 77 da Lei das Eleições são destinadas aos agentes públicos, o que abrange os agentes políticos, independentemente de serem candidatos ou não.[682] As condutas vedadas também estão previstas nos artigos 15 a 22 da Resolução TSE nº 23.735/2024.

Sublinhe-se que nas condutas vedadas, descritas nos artigos 73 a 78 da Lei das Eleições, imperam os princípios da tipicidade e da legalidade estrita, devendo a conduta corresponder, exatamente, ao tipo previsto em lei, sem a ocorrência de interpretações extensivas.[683] As condutas vedadas são cláusulas de responsabilidade objetiva, dispensando a comprovação de dolo ou culpa do agente. Dispensam, por igual razão, a análise da potencialidade lesiva para influenciar no pleito.

A necessidade premente de se conferir efetivo prestígio aos aludidos princípios repousa no fato de que mesmo no período eleitoral, a população necessita da continuidade da prestação dos serviços públicos essenciais, no que não se pode paralisar a máquina pública. Evidentemente que não se está a olvidar que a prestação de determinado serviço público possa ser desvirtuada. No entanto, para fins de tipificação de conduta vedada, a conduta do agente há de ser amoldada ao tipo descrito na legislação.[684] Eventuais excessos podem caracterizar abuso de poder, ser o caso.[685]

---

681 ARg-AI nº 5197. Relator: Min. Tarcísio Vieira de Carvalho Neto.

682 TSE – AI: 00000519720166260040 Catanduva – SP, Relator: Min. Tarcisio Vieira de Carvalho Neto, Data de Julgamento: 23.11.2017, Data de Publicação: *DJE – Diário de justiça eletrônico*, Tomo 245, Data 19.12.2017, Página 76/77.

683 Nas condutas vedadas previstas nos arts. 73 a 78 da Lei das Eleições, imperam os princípios da tipicidade e da legalidade estrita, devendo a conduta corresponder exatamente ao tipo previsto na lei (REspe nº 626-30/DF, Rel. Min. Maria Thereza de Assis Moura, *DJe* 4.2.2016).

684 "Normas restritivas de direitos devem ser interpretadas estritamente, razão pela qual a substituição da sede de associação esportiva, por motivos alheios à vontade da Administração Pública e da associação beneficiada, não configura "distribuição gratuita de bens" (TSE – AgR-Respe nº 53283 SP, Relator: Min. Luciana Christina Guimarães Lóssio, Data de Julgamento: 25.06.2014, Data de Publicação: *DJE – Diário de justiça eletrônico*, Tomo 143, Data 05.08.2014, Página 270-271).

685 "Na espécie, consignada pelo TRE/MG a existência de déficit no atendimento oftalmológico do Município de Porteirinha/MG, motivo pelo qual realizado, em abril de 2016, procedimento licitatório para contratação de tais serviços, firmado o instrumento contratual em junho daquele mesmo ano, com previsão de realização das consultas entre junho e novembro. 4. A continuidade – ou mesmo a intensificação – da prestação dos serviços públicos essenciais durante o ano eleitoral não pode ser considerada distribuição de benefícios pela

Sendo assim, para o Tribunal Superior Eleitoral, a atestação das condutas vedadas aos agentes públicos ocorre com a mera prática de uma das hipóteses mencionadas no art. 73 da Lei nº 9.504/1997, independentemente da potencialidade de influenciar o resultado do pleito, já que aqui há presunção legal[686] de que a prática dessas condutas tende a afetar a igualdade de oportunidades entre candidatos nos pleitos eleitorais não obstante o grau de sua repercussão.[687] Todavia, de acordo com a gravidade e a extensão do acinte, pode-se, apenas, aplicar a pena de multa ou essa reprimenda ocasionar a denegação do registro ou a cassação diploma, com a imposição da inelegibilidade pertinente.

O registro de candidatura não se mostra mais como o prazo inicial para aferição dessas condutas vedadas, pois como o registro pode ser realizado até o dia 15 de agosto, espaço temporal bastante próximo da eleição, esse prazo permitiria que as condutas vedadas fossem praticadas muito próximas ao pleito, sem sofrer qualquer tipo de sanção. Algumas têm um marco temporal delimitado, como os três meses antecedentes ao pleito, em que não se pode exonerar cargo em confiança. Contudo, naquelas condutas em que não há prazo determinado, existe impedimento de sua realização durante o período eleitoral. A questão é a extensão do conceito de período eleitoral. Torna-se mais difícil uma definição do conceito diante da amplitude de práticas eleitorais permitidas antes da abertura da propaganda eleitoral propriamente dita.

Administração, sobretudo consideradas as necessidades da população local, no tocante à prestação desse tipo de serviço. Ausência da conduta vedada do art. 73, §10, da Lei das Eleições. Precedentes do TSE em casos similares: REspe nº 555-47/PA, Rel. Min. João Otávio de Noronha, *DJE* de 21.10.2015; REspe nº 1522-10/MG, Rel. Min. Henrique Neves da Silva, *DJE* de 04.12.2015. Não obstante a prestação de qualquer serviço público possa ser desvirtuada e eventualmente caracterizar abuso de poder, no caso concreto, não há que cogitar da hipótese, limitadas as razões recursais ao tema da conduta vedada" (Recurso Especial Eleitoral nº 41811, Acórdão, Relator(a) Min. Rosa Weber, Publicação: *DJE – Diário de justiça eletrônico*, Tomo 216, Data 08.11.2019, Página 100/101).

686 "As condutas do art. 73 da Lei nº 9.504 /97 se configuram com a mera prática dos atos, os quais, por presunção legal, são tendentes a afetar a isonomia entre os candidatos" (TSE – REspe nº 00003930620126170071 Serra Talhada – PE, Relator: Min. Luciana Christina Guimarães Lóssio, Data de Julgamento: 10.05.2016, Data de Publicação: *DJE – Diário de justiça eletrônico*, Tomo 112, Data 13.06.2016, Página 40).

687 Tendo em vista que o art. 73, VI, "b", da Lei nº 9.504/97 tem como objetivo tutelar, sob a ótica do uso indevido dos recursos do Erário, a igualdade de oportunidades entre candidatos e respectivos partidos políticos, registre-se que, diversamente do alegado pelo agravante, a configuração de conduta vedada independe da sua potencialidade lesiva para desequilibrar/alterar o resultado do pleito ou da demonstração concreta do dano às eleições. (TSE – AI: 00000519720166260040 Catanduva – SP, Relator: Min. Tarcisio Vieira de Carvalho Neto, Data de Julgamento: 23.11.2017, Data de Publicação: *DJE – Diário de justiça eletrônico*, Tomo 245, Data 19.12.2017, Página 76/77).

Como exceção, não precisando respeitar qualquer marco temporal, pode-se mencionar os casos de calamidade pública, de estado de emergência ou de programas sociais autorizados em lei e já em execução orçamentária no exercício anterior, casos em que o Ministério Público poderá promover o acompanhamento de sua execução financeira e administrativa (art. 73, §10, da Lei nº 9.504/1997). Assim, configura-se como conduta vedada, insculpida no art. 73, §10, da Lei nº 9.504/1997, a implantação de programas de recuperação fiscal ou parcelamentos, com redução total e parcial de juros e multas no ano eleitoral. Qualquer tipo de benesse fiscal ou creditícia, em ano eleitoral, encontra-se vedado pela legislação eleitoral, sob pena de enquadramento em conduta vedada.[688]

Os atos proibidos pela legislação eleitoral precisam acontecer na respectiva circunscrição eleitoral, como prescreve o art. 86 do Código Eleitoral. Dessa forma, nas eleições presidenciais, a circunscrição será todo o território nacional; nas eleições federais e estaduais, o respectivo estado-membro; e nas municipais, o respectivo município.

De toda a sorte, para a devida configuração das condutas vedadas tipificadas no art. 73 da Lei das Eleições, é imprescindível que estejam provados todos os elementos descritos na hipótese de incidência

[688] "[...] 3. De acordo com o voto do relator, a regra do §10 do art. 73 da Lei nº 9.504/97, ao estabelecer como exceção os programas sociais previstos em lei, não exige que haja norma específica e única para tratar do programa social, o qual pode estar contido em leis gerais. Voto-vista no sentido de ser desnecessária essa análise no presente caso. 4. O Tribunal a quo, com base na análise da legislação municipal e dos convênios firmados, consignou que a distribuição de 1.150 cestas básicas e o sorteio de vários eletrodomésticos em evento comemorativo realizado no Dia das Mães não estava prevista em lei específica, no plano plurianual ou na Lei de Diretrizes Orçamentárias, asseverando que os recorrentes deixaram de juntar aos autos as leis orçamentárias anuais. [...] 6. A situação descrita pelo acórdão regional revela que, no momento da extensa distribuição dos bens custeados pelos cofres públicos, os três primeiros investigados, além de terem discursado, participaram ativamente da distribuição dos bens, caracterizando, assim, o uso promocional a que se refere o art. 73, IV, da Lei das Eleições. 7. A gravidade da ilicitude, que também caracterizou a prática de abuso do poder político, foi aferida pela Corte de Origem, mediante a constatação das seguintes circunstâncias: i) a abrangência do ilícito (distribuição de 1.150 cestas básicas e de diversos eletrodomésticos em um único dia); ii) o diminuto eleitorado do município (8.764 eleitores); iii) o expressivo aumento das doações de cestas básicas, da qualidade e da quantidade dos bens em relação às festividades dos anos anteriores (nove liquidificadores, nove ventiladores, nove TVs LCD de 14 polegadas, uma de 29 polegadas e duas geladeiras) e iv) a presença do Prefeito, do Vice-Prefeito e da primeira-dama no evento, no qual, além de terem proferido discursos, participaram ativamente da distribuição dos bens. [...]" (Recurso Especial Eleitoral nº 71923, Acórdão, Relator(a) Min. Henrique Neves Da Silva, Publicação: *DJE – Diário de justiça eletrônico*, Tomo 202, Data 23.10.2015, Página 61/62); TSE, Consulta nº 153.169, Acórdão de 20.09.2011, Relator(a) Min. Marco Aurélio Mendes de Farias Mello, Publicação: *DJe*, Tomo 207, Data 28.10.2011, Página 81.

do ilícito eleitoral para a imputação das severas sanções de cassação de registro ou de diploma, como também se faz necessária a efetiva comprovação do ilícito cometido, não sendo possível a mera presunção, como presunções de que houve doação de bens e serviços de caráter social.

11.1.8.1 Tipos de condutas vedadas

São proibidos aos agentes públicos, servidores ou não, as condutas tendentes a afetar a igualdade de oportunidades entre candidatos nos pleitos eleitorais (art. 73 da Lei nº 9.504/1997). Elas indicam a influência de atividades governamentais, tentando privilegiar os detentores do poder, burlando o princípio republicano, e assegurando o continuísmo na administração da coisa pública.

Importante ressaltar que essas condutas não se restringem, necessariamente, ao período eleitoral, podendo abranger o início da propaganda eleitoral ou o lapso temporal anterior, determinado pelo Tribunal Superior Eleitoral. A Corte entende que a configuração das condutas vedadas se vincula, de modo absoluto, ao prazo de proibição indicado em cada norma, sendo irrelevante a caracterização ou não do período eleitoral.[689]

São condutas genéricas impedidas pela Lei Eleitoral:

a) *Proibição de cessão de móveis e imóveis públicos*: ceder ou usar, em benefício de candidato, partido político ou coligação, bens móveis ou imóveis pertencentes à Administração direta ou indireta da União, dos estados, do Distrito Federal, dos Territórios e dos municípios, ressalvada a realização de convenção partidária. Como exemplo, pode-se explicitar casos como a utilização de mensagens eletrônicas com conteúdo eleitoral veiculadas e difundidas via provedor de internet da Prefeitura, ocasionando, assim, a utilização de bem público em benefício

---

689 "Repasses financeiros realizados por prefeito a entidade vinculada a candidato caracterizam a vedação prevista no §11 do art. 73 da Lei das Eleições. 3. A citada norma é clara ao estipular como período vedado todo o ano eleitoral, daí concluir-se que a vedação abrange, inclusive, atos praticados antes dos requerimentos de registro. 4. Esta Corte já decidiu que a vedação de que trata o §11 do art. 73 da Lei nº 9.504/97 tem caráter absoluto e proíbe, no ano da eleição, a execução por entidade vinculada nominalmente a candidato ou por ele mantida de qualquer programa social da Administração, incluindo os autorizados em lei e já em execução orçamentária no exercício anterior. Precedente" (TSE – Respe nº 00003930620126170071 Serra Talhada – PE, Relator: Min. Luciana Christina Guimarães Lóssio, Data de Julgamento: 10.05.2016, Data de Publicação: *DJE – Diário de justiça eletrônico*, Tomo 112, Data 13.06.2016, Página 40).

de determinado candidato.[690] Pode-se citar também a utilização de prédios de escola municipal por Prefeito a fim de fazer apologia a candidatos por ele apoiados. De toda a sorte, a jurisprudência do TSE é pacífica no sentido de que se configura a figura típica ilícita mencionada a utilização de bens móveis ou imóveis para beneficiar candidato, partido ou coligação.[691] A vedação imposta pelo art. 73, inciso I da Lei das Eleições alcança os bens cuja destinação se dá para o exercício dos serviços públicos, ou seja, atinge, apenas, os bens dominicais, por afetação e especiais. No que concerne aos bens de uso comum do povo a vedação não se sustenta, uma vez que é intrínseca a sua natureza a "livre" utilização por qualquer pessoa,[692] ressalta-se, no entanto, que essa liberdade não é absoluta, cabendo observância da destinação e da normalidade do uso do bem.[693] Por último, insta plantear que discurso feito por agente público durante inauguração de obra pública, antes de três meses da eleição, no qual ele manifesta sua preferência por determinada candidatura, não significa que ele usou ou cedeu o imóvel público em benefício do candidato.[694]

b) *Proibição de utilização de materiais ou serviços custeados pelo erário*: usar materiais ou serviços, custeados pelos governos ou casas legislativas, que excedam as prerrogativas consignadas nos regimentos e normas dos órgãos que integram.[695] É bem verdade que a disciplina relativa às condutas vedadas a agentes públicos em campanha eleitoral visa coibir a utilização da máquina administrativa em benefício de partido, coligação ou candidato.[696] Destarte, nas hipóteses em que há

---

690 TSE, Recurso Especial Eleitoral nº 21.151, de 27.03.2003, Rel. Min. Fernando Neves.

691 "A conduta vedada prevista nos incisos I e III configura a efetiva utilização de bens públicos para promoção de candidatura política" (Ac.-TSE, de 28.11.2016, no AgR-RO nº 137994); Recurso Especial Eleitoral nº 93.887, Acórdão de 25.08.2011, Rel. Min. Arnaldo Versiani Leite Soares, *DJe* 16.09.2011, p. 36.

692 "[...] É pacífico o entendimento de que a vedação legal ao uso ou cessão de bem público em benefício de candidato, partido político ou coligação não alcança os bens de uso comum" (Representação nº 160839, Acórdão, Relator(a) Min. Admar Gonzaga Neto, Publicação: *DJE – Diário de justiça eletrônico*, Tomo 25, Data 05.02.2015, Página 165/166).

693 GOMES, José Jairo. *Direito Eleitoral*. 12. ed. São Paulo: Atlas, 2016, p. 874.

694 Agravo Regimental em Recurso Especial Eleitoral nº 401.727, Acórdão de 04.08.2011, Rel. Min. Fátima Nancy Andrighi, *DJe* 18.08.2011, p. 31.

695 "[...] 4. Para a configuração de afronta ao art. 73, inciso II, da Lei nº 9.504/1997, imperiosa a presença do 'exceder' previsto no inciso em questão referente a possível desvio de finalidade [...]" (Rp no 59080/DF – DJe, t. 157, 25.8.2014, p. 163.

696 "A incidência deste dispositivo e do inciso III independe de as condutas terem ocorrido nos três meses antecedentes ao pleito" (Ac.-TSE, de 1º.3.2016, na Rp nº 318846 e, de 6.9.2011, no AgR-REspe nº 35546).

a utilização de veículo de prefeitura para o transporte de material de publicidade parlamentar, com pedido explícito de voto, resta inconteste o abuso das prerrogativas do cargo público. Todavia, para a aferição dessa violação é necessário, inexoravelmente, que o serviço seja custeado pelo erário. Apresenta pertinência com essa conduta vedada o uso de materiais ou serviços custeados pelos governos ou casas legislativas que excedam as prerrogativas consignadas nos regimentos e normas dos órgãos que integram.[697] Hodiernamente, a Corte Eleitoral possibilitou a transmissão de discurso, realizado por candidato que já integrou o Poder Legislativo, pela emissora institucional do órgão estatal, não vindo a configurar a vedação prevista no art. 73, II, da Lei nº 9.504/1997. O Ministro Tarcisio Vieira de Carvalho esclarece que "se não houve proveito eleitoral no uso da tribuna da Câmara dos Vereadores para a realização de discurso eminentemente político, não há falar em uso indevido dos bens públicos para favorecimento de candidatura" (REspe nº 1676-64/ES, rel. Min. Luciana Lóssio, *DJE* de 16.8.2016).[698] Destaca-se, portanto, a necessidade de utilidade eleitoral para configuração da conduta.

c) *Proibição de cessão de servidor para propaganda eleitoral*: ceder servidor público ou empregado da Administração direta ou indireta federal, estadual ou municipal do Poder Executivo, ou usar de seus serviços para comitês de campanha eleitoral de candidato, partido político ou coligação, durante o horário de expediente normal, salvo se o servidor ou empregado estiver licenciado. Tradicionalmente, o TSE considerava que nos termos redacionais, a espécie vergastada não abrange apenas os membros do Executivo. A interpretação dada era *praeter legem*, englobando os servidores dos três poderes da Federação. Outra não poderia ser a exegese, sob pena de ferir o princípio constitucional da probidade administrativa.[699] Contudo, a contrapelo dessa concep-

---

[697] Recurso Ordinário nº 481.883, Acórdão de 01.09.2011, Rel. Min. Fátima Nancy Andrighi, *DJe*, Tomo 195, Data 11.10.2011, p. 42.

[698] Recurso Especial Eleitoral nº 1560-36, Curitiba/PR, redator para o acórdão Min. Tarcisio Vieira de Carvalho Neto, julgado em 28.11.2017.

[699] "Ação de investigação judicial eleitoral. Conduta vedada. Utilização de bens móveis pertencentes à Câmara de Vereadores. Cessão de servidor durante o horário de expediente normal do órgão. Inciso I e III do art. 73 da Lei nº 9.604/1997. Caracterizada a conduta abusiva do assessor e coordenador de campanha. Demais beneficiados. Ausência de provas. Sentença mantida. Recurso não provido. I – Não restando devidamente comprovado o liame entre a conduta de assessor parlamentar, que utilizou de forma indevida o tempo do expediente na Câmara de Vereadores bem como de computadores do parlamento para uso em campanha política, a mando do candidato a Prefeito e Vice-Prefeito, não há como se

ção, despontam precedentes recentes do TSE determinando a aplicação restrita do mencionado inciso, limitando, portanto, a vedação da cessão aos servidores do Poder Executivo.[700] Ainda, de acordo com os precedentes da Corte Superior, acrescenta-se que apenas fica configurada a vedação se não houver a ressalva do servidor estar licenciado. Ressalte-se que o mero engajamento eleitoral de servidor público, fora do exercício das atribuições do cargo, não caracteriza a prática de conduta vedada.[701] Também não pode ser tipificado como conduta vedada o fato de o Presidente da comissão permanente de licitação, que não tem expediente fixo de trabalho, exercendo suas funções somente quando há reuniões da citada comissão, participar ostensivamente de campanha eleitoral sem atrapalhar seu múnus público.[702] No mesmo sentido, há precedentes que permitem a atuação moderada e sutil de Ministros de Estado em atos de campanha, uma vez que possuem regime flexível de horário.[703]

---

estender aos mesmos a condenação do assessor parlamentar por conduta vedada na forma dos incisos I e III da Lei nº 9504/1997. II – Recurso não provido" (TRE-RO – RE nº 24.595 RO, Relator: Adolfo Theodoro Naujorks Neto, Data de Publicação: *DJe*/TRE-RO, Tomo 50, Data 19.03.2013, Página 5/6).

700 "A vedação a que refere este inciso não se estende aos servidores dos demais poderes" (Ac.-TSE, de 23.8.2016, no AgR-REspe nº 119653 e, de 1º.3.2016, no AgR-REspe nº 137472).

701 DIREITO ELEITORAL. AGRAVO INTERNO EM RECURSOS ESPECIAIS COM AGRAVOS. ELEIÇÕES 2016. AÇÃO DE INVESTIGAÇÃO JUDICIAL ELEITORAL. CONDUTA VEDADA. ART. 73, III, DA LEI Nº 9.504/1997. NÃO CONFIGURAÇÃO. DESPROVIMENTO. Agravo interno interposto contra decisão monocrática que deu provimento aos agravos nos próprios autos para: (i) negar seguimento ao recurso especial interposto pela coligação e (ii) dar provimento ao recurso especial de Edenilson Luis Palauro e outros, julgando improcedente a ação de investigação judicial eleitoral, afastando a condenação por afronta ao art. 73, III, da Lei nº 9.504/1997. O art. 73 da Lei nº 9.504/1997, por encerrar norma restritiva de direitos, deve ser interpretado restritivamente, devendo a conduta corresponder exatamente ao tipo previsto na lei. Para a incidência da vedação do art. 73, III, relativa à cessão de servidores ou utilização de seus serviços em benefício de candidato, partido político ou coligação, é necessário que se verifique o uso efetivo do aparato estatal em prol de determinada campanha. O mero engajamento eleitoral de servidor público, fora do exercício das atribuições do cargo, não caracteriza a prática de conduta vedada. No caso, a exteriorização de apoio político nos perfis pessoais dos servidores na rede social Facebook, ainda que durante o horário de expediente, não configurou a conduta vedada prevista no art. 73, III, da Lei nº 9.504/1997. Isso porque não ficou demonstrado que teriam: (i) se ausentado do local de trabalho ou se deslocado do serviço para a campanha do candidato; (ii) utilizado bens públicos (computadores) do município; e (iii) apoiado candidato por ordem da chefia. Agravo interno a que se nega provimento (Agravo de Instrumento nº 12622, Acórdão, Relator(a) Min. Luís Roberto Barroso, Publicação: *DJE – Diário de justiça eletrônico*, Data 16.08.2019).

702 TRE-CE, Recurso em Representação por Conduta Vedada aos Agentes Públicos nº 11.003, de 04.03.2005, Rel. Juiz Celso Albuquerque Macedo.

703 TSE RP nº 84.890/DF de *DJe* 01.10.2014.

d) *Proibição de distribuição gratuita de bens e serviços*: fazer ou permitir uso promocional em favor de candidato, partido político ou coligação, de distribuição gratuita de bens e serviços de caráter social custeados ou subvencionados pelo Poder Público. Para a configuração do inc. IV do art. 73 da Lei nº 9.504/1997, a conduta deve corresponder ao tipo definido previamente. O elemento é fazer ou permitir uso promocional de distribuição gratuita de bens e serviços para o candidato, utilizando-se de programa social, através de bens ou serviços.[704] Essa causa contém duas vedações: uma dirigida ao agente público, proibindo-o de fazer ou permitir o uso; outra, dirigida a candidato, partido político ou coligação, proibindo-os do uso promocional de bens e serviços de caráter social, custeados ou subvencionados pelo Poder Público. De toda a sorte, a Lei Eleitoral não proíbe a prestação de serviço social custeado ou subvencionado pelo Poder Público, desde que atendidos os requisitos legais, mas sim o seu uso para fins promocionais de candidato, partido ou coligação.[705] Cumpre explicitar que a falta de previsão em lei específica e de execução orçamentária no ano anterior, ensejando a distribuição gratuita de bens, valores ou benefícios em ano eleitoral, consistente em programa de empréstimo de animais, para fins de utilização e reprodução, por exemplo, caracteriza a conduta vedada.[706] A distribuição gratuita de bens, valores ou benefícios por parte da Administração Pública,[707] exceto nos casos de calamidade

---

704 "[...] 1. Ainda que fosse possível afastar os outros elementos considerados pelo acórdão regional, a existência de propaganda eleitoral realizada pelo irmão do candidato no momento da distribuição de bens custeados pelo Poder Público é motivo suficiente para o enquadramento dos fatos na hipótese do art. 73, IV, da Lei das Eleições. 2. A realização de atos de propaganda eleitoral de forma concomitante à distribuição de bens e vantagens custeados pelos cofres públicos, com a presença de familiares e integrantes da campanha eleitoral, configura a hipótese de uso promocional proibido pela legislação [...] Recurso especial que se julga prejudicado" (Ac. de 8.9.2015 no REspe nº 4223285, rel. Min. Henrique Neves). TSE, Agravo Regimental em Recurso Especial Eleitoral nº 25.130, de 18.08.2005, Rel. Min. Luiz Carlos Madeira.

705 TSE, Agravo Regimental em Agravo de Instrumento nº 5.283, de 09.11.2004, Rel. Min. Carlos Velloso.

706 "O candidato que realiza comício e faz uso promocional de obra urbana sem prova de lei autorizadora e de execução orçamentária anterior incide neste inciso" (Ac.-TSE, de 20.10.2016, no AgR-RO nº 278378). Recurso Ordinário nº 149.655, Acórdão de 13.12.2011, Rel. Min. Arnaldo Versiani Leite Soares, *DJe*, Tomo 37, 24.02.2012, p. 42/43.

707 "Para a configuração da conduta vedada prevista no citado inciso IV do art. 73 – distribuição gratuita de bens e serviços de caráter social custeados ou subvencionados pelo Poder Público –, é necessário demonstrar o caráter eleitoreiro ou o uso promocional em favor de candidato, partido político ou coligação. Agravo regimental não provido" (Recurso Especial Eleitoral nº 5427532, Acórdão, Relator(a) Min. Arnaldo Versiani Leite Soares, Publicação: *DJE – Diário de justiça eletrônico*, Tomo 196, Data 09.10.2012, Página). "A cessão de um único

pública, de estado de emergência ou de programas sociais autorizados em lei e já em execução orçamentária no exercício anterior, casos em que o Ministério Público poderá promover o acompanhamento de sua execução financeira e administrativa.[708] Não se questiona a elaboração de políticas públicas para atender às demandas dos mais desfavorecidos. O que se tenta evitar é o desvio de finalidade para que essas políticas públicas tenham apenas a função de captação de voto, em troca de bem ou serviço público. A exceção a esse preceituado e se houver previsão em lei específica para a distribuição de bens e serviços, como implementação de política pública, mas com execução orçamentária no ano anterior, no que exige a configuração desses dois requisitos. Programa de empréstimo de animais, para fins de reprodução, por exemplo, sem previsão orçamentária e execução iniciada em ano anterior ao eleitoral, caracteriza-se como conduta vedada.[709] De igual modo, constitui conduta vedada a entrega por prefeito — candidato à reeleição — de trator e grade aradora à associação instituída por comunidade local.[710]

11.1.8.2 Proibição de contratação ou demissão

Nos três meses que antecedem a eleição até a posse dos eleitos, sob pena de nulidade dos atos praticados, proíbe-se a nomeação, a contratação ou qualquer forma de admissão, demissão sem justa causa, supressão ou readaptação de vantagens ou outros meios de dificultar

---

bem não configura a conduta vedada prevista neste dispositivo" (Ac.-TSE, de 21.6.2016, no REspe nº 27.008).

708 "Possibilidade, em ano eleitoral, de se realizar doação de pescados ou de produtos perecíveis quando justificada nas situações de calamidade pública ou estado de emergência ou, ainda, se destinada a programas sociais com autorização específica em lei e com execução orçamentária já no ano anterior ao pleito" (Ac.-TSE, de 2.6.2015, na Cta nº 5639).

709 "O candidato que realiza comício e faz uso promocional de obra urbana sem prova de lei autorizadora e de execução orçamentária anterior incide neste inciso" (Ac.-TSE, de 20.10.2016, no AgR-RO nº 278.378). Recurso Ordinário 149.655, Acórdão de 13.12.2011, Rel. Min. Arnaldo Versiani Leite Soares, *DJE*, Tomo 37, 24.02.2012, p. 42/43.

710 ELEIÇÕES 2016. RECURSO ESPECIAL. AÇÃO DE INVESTIGAÇÃO JUDICIAL ELEITORAL. PREFEITO. VICE-PREFEITO. REELEIÇÃO. CONDUTA VEDADA. ART. 73, §10, DA LEI N. 9.504/97. TRATOR. GRADE ARADORA. ASSOCIAÇÃO. ENTREGA. PERÍODO CRÍTICO. PROCEDÊNCIA. SANÇÃO PECUNIÁRIA. MANUTENÇÃO. CASSAÇÃO. PENA EXTREMA. INSUFICIÊNCIA DA MULTA. FUNDAMENTAÇÃO ESPECÍFICA. IMPRESCINDIBILIDADE. REFLEXO SOBRE A CAPACIDADE ELEITORAL PASSIVA. PROPORCIONALIDADE. RAZOABILIDADE. NÃO OBSERVÂNCIA PELO TRIBUNAL REGIONAL. MODIFICAÇÃO DO ACÓRDÃO NO PONTO. PROVIMENTO PARCIAL DO APELO NOBRE. QUESTÕES PRELIMINARES DO RECURSO (Recurso Especial Eleitoral nº 44855, Acórdão, Relator(a) Min. Tarcisio Vieira de Carvalho Neto, Publicação: *DJE – Diário de justiça eletrônico*, Tomo 238, Data 11.12.2019, Página 6-7).

ou impedir o exercício funcional e, ainda, *ex officio*, remover, transferir ou exonerar servidor público, na circunscrição do pleito (art. 73, V, da Lei nº 9.504/1997).

Ressalve-se que o impedimento descrito não é absoluto. O objetivo do dispositivo supramencionado é impedir que a máquina do governo seja utilizada para perseguir os servidores, forçando-os a votar nos candidatos apoiados pelo governo. Nesse diapasão, permite-se a nomeação ou exoneração de servidores públicos para: a) a nomeação ou exoneração de cargos em comissão e designação ou dispensa de funções de confiança;[711] b) a nomeação para cargos do Poder Judiciário, do Ministério Público, dos Tribunais ou Conselhos de Contas e dos órgãos da presidência da República;[712] c) a nomeação dos aprovados em concursos públicos homologados até o início daquele prazo;[713] d) a nomeação ou contratação necessária à instalação ou ao funcionamento inadiável de serviços públicos essenciais, com prévia e expressa autorização do

---

[711] Lei nº 6.091/1974, art. 13, *caput*: movimentação de pessoal proibida no período entre os 90 dias anteriores à data das eleições parlamentares e o término do mandato de Governador do estado.

[712] PERÍODO ELEITORAL – NOMEAÇÕES E CONTRATAÇÕES – EXCEÇÕES – ALCANCE DO PRECEITO LEGAL. As exceções hão de ser interpretadas de forma estrita. Vinga a regra da proibição de nomeações, não estando compreendida na ressalva legal a Defensoria Pública – artigo 73 da Lei nº 9.504/1997 (Consulta nº 69851, Acórdão, Relator(a) Min. Hamilton Carvalhido, Publicação: RJTSE – Revista de jurisprudência do TSE, Volume 21, Tomo 3, Data 20.05.2010, Página 40).

[713] "CONSULTA. RECEBIMENTO. PETIÇÃO. ART. 73, V, LEI N.º 9.504/97. DISPOSIÇÕES. APLICAÇÃO. CIRCUNSCRIÇÃO DO PLEITO. CONCURSO PÚBLICO. REALIZAÇÃO. PERÍODO ELEITORAL. POSSIBILIDADE. NOMEAÇÃO. PROIBIÇÃO. RESSALVAS LEGAIS. 1. As disposições contidas no art. 73, V, Lei nº 9.504/97 somente são aplicáveis à circunscrição do pleito. 2. Essa norma não proíbe a realização de concurso público, mas, sim, a ocorrência de nomeações, contratações e outras movimentações funcionais desde os três meses que antecedem as eleições até a posse dos eleitos, sob pena de nulidade de pleno direito. 3. A restrição imposta pela Lei nº 9.504/97 refere-se à nomeação de servidor, ato da administração de investidura do cidadão no cargo público, não se levando em conta a posse, ato subsequente à nomeação e que diz respeito à aceitação expressa pelo nomeado das atribuições, deveres e responsabilidades inerentes ao cargo. 4. A data limite para a posse de novos servidores da Administração Pública ocorrerá no prazo de trinta dias contados da publicação do ato de provimento, nos termos do art. 13, §12, Lei nº 8.112/90, desde que o concurso tenha sido homologado até três meses antes do pleito conforme ressalva da alínea "c" do inciso V do art. 73 da Lei das Eleições. 5. A lei admite a nomeação em concursos públicos e a consequente posse dos aprovados, dentro do prazo vedado por lei, considerando-se a ressalva apontada. Caso isso não ocorra, a nomeação e consequente posse dos aprovados somente poderão acontecer após a posse dos eleitos. 6. Pode acontecer que a nomeação dos aprovados ocorra muito próxima ao início do período vedado pela Lei Eleitoral, e a posse poderá perfeitamente ocorrer durante esse período. [...]" (TSE. Consulta nº 1.065/DF).

Chefe do Poder Executivo; e) a transferência ou remoção *ex officio* de militares, policiais civis e de agentes penitenciários.[714]

A contratação temporária, pela Administração Pública, de professores e demais profissionais da área da educação, motoristas, faxineiros e merendeiras é completamente vedada no período eleitoral. Porém, no caso da alínea "d" do inciso V do art. 73 da Lei nº 9.504/1997, só escapa da ilicitude a contratação de pessoal necessário ao funcionamento inadiável de serviços públicos essenciais. Nesse caso excepcional "essencial" é o serviço público emergencial, assim entendido aquele umbilicalmente vinculado à sobrevivência, saúde ou segurança da população.[715] A grande questão para a tipificação ou não dessa situação é o acervo probatório acarreado aos autos.

Para o TSE não há distinção entre a contratação originária e a renovação dos contratos temporários, de modo que a renovação de contratos de servidores públicos temporários, nos três meses que antecedem as eleições, configura conduta vedada.[716] Suscite-se que para o Tribunal

---

[714] "[...] Consoante exceções enumeradas no inciso V, art. 73, as proibições da Lei nº 9.504/97 não atingem as nomeações ou exonerações de cargos em comissão e designação ou dispensa de funções de confiança; as nomeações para cargos do Poder Judiciário, do Ministério Público, dos Tribunais ou Conselhos de Contas e dos órgãos da presidência da República; as nomeações ou contratações necessárias à instalação ou ao funcionamento inadiável de serviços públicos essenciais, com prévia e expressa autorização do chefe do Poder Executivo e as transferências ou remoções ex officio de militares, de policiais civis e de agentes penitenciários" (Consulta nº 1065, Resolução normativa de, Relator(a) Min. Fernando Neves da Silva, Publicação: DJ – Diário justiça, Volume 1, Data 12.07.2004, Página 02).

[715] "[...] 3. Para fins da exceção preconizada na alínea 'd' do inciso V do art. 73 da Lei nº 9.704/97, esta Corte Superior consignou não ser a educação considerada como serviço público essencial. Precedente. [...] 6. A configuração das condutas vedadas prescritas no art. 73 da Lei nº 9.504/97 se dá com a mera prática de atos, desde que esses se subsumam às hipóteses ali elencadas, porque tais condutas, por presunção legal, são tendentes a afetar a igualdade de oportunidades entre os candidatos no pleito eleitoral, sendo desnecessário comprovar-lhes a potencialidade lesiva [...]" (Recurso Especial nº 45060, Acórdão, Relator(a) Min. Laurita Hilário Vaz, Publicação: *RJTSE – Revista de jurisprudência do TSE*, Volume 24, Tomo 4, Data 26.09.2013, Página 392). TSE, Recurso Especial Eleitoral nº 27.563, de 12.12.2006, Rel. Min. Carlos Ayres Britto.

[716] ELEIÇÕES 2016. RECURSO ESPECIAL ELEITORAL. AÇÃO DE INVESTIGAÇÃO JUDICIAL ELEITORAL. CONDUTA VEDADA. RENOVAÇÃO DE CONTRATOS DE SERVIDORES TEMPORÁRIOS. NOVO VÍNCULO DE DIREITO PÚBLICO. CONFIGURAÇÃO DA CONDUTA VEDADA. SERVIÇOS DE EDUCAÇÃO E ASSISTÊNCIA SOCIAL. AUSÊNCIA DE ESSENCIALIDADE. JURISPRUDÊNCIA DO TSE. OBRAS PÚBLICAS. DESNECESSIDADE DE INAUGURAÇÃO. NATUREZA OBJETIVA DA CONDUTA VEDADA. PROVIMENTO. 1. A renovação de contratos de servidores públicos temporários, nos três meses que antecedem as eleições, configura conduta vedada, nos termos do art. 73, inciso V, da Lei nº 9.504/1997. 2. Teleologicamente, a conduta vedada do art. 73, inciso V, da Lei das Eleições busca evitar que o agente público abuse da posição de administrador para auferir benefícios na campanha, utilizando os cargos ou empregos públicos, sob sua gestão, como moeda de troca eleitoral. Sendo assim, é indiferente que se trate de contratação

Superior Eleitoral, a demissão de servidores temporários após a realização do pleito e em período que antecede a posse dos eleitos caracteriza a conduta vedada descrita no inciso V do art. 73 da Lei das Eleições.[717]

---

originária ou de renovação, pois a "promessa de permanência" no cargo pode ser tão quanto ou ainda mais apelativa que a promessa de contratação. 3. A renovação contratual, ao modo de prorrogação, encontra-se contida no campo semântico do verbo "contratar", pois, na realidade, o contrato por prazo determinado é extinto e substituído por um novo; este, ainda que venha a ter o mesmo conteúdo, constitui novo vínculo entre as partes contratantes. 4. A contratação de servidores por tempo determinado pressupõe necessidade temporária de excepcional interesse público (art. 37, IX, da CF/88). Após cada período, a necessidade de contratação e o excepcional interesse público devem ser reavaliados, de forma a fundamentar a renovação dos contratos. Portanto, a renovação constitui ato administrativo diverso da contratação originária, com fundamentação nova e atualizada, não podendo ser considerada mera extensão de vínculo anterior. 5. A jurisprudência do Tribunal Superior Eleitoral não faz distinção entre a contratação originária e a renovação dos contratos temporários. Precedente. 6. O legislador excepcionou a regra apenas para os casos em que a contratação seja necessária à instalação ou ao funcionamento inadiável de serviços públicos essenciais, com prévia e expressa autorização do chefe do Poder Executivo (art. 73, inciso V, alínea "d", da Lei nº 9.504/1997). O conceito de "serviço público essencial" é interpretado pela jurisprudência do Tribunal Superior Eleitoral de maneira restritiva, abarcando apenas aqueles relacionados à sobrevivência, saúde ou segurança da população. Exclui-se, portanto, a contratação de profissionais das áreas de educação e assistência social. Precedentes. 8. Embora os serviços de educação sejam de relevante interesse público, o legislador optou por critério diverso para excepcionar a regra do art. 73, inciso V, da Lei das Eleições. Não pode o julgador, diante da opção legislativa, substituí-la por regra que, em seu juízo, lhe parece mais justa ou adequada, sob pena de ofensa ao princípio democrático (art. 2º da CF/88). 9. A análise consequencialista da decisão judicial não pode conduzir à negativa de aplicação da lei vigente. O chefe do Poder Executivo possui inúmeras alternativas durante sua administração, devendo a responsabilidade pela programação da gestão abarcar a duração dos contratos firmados e a existência de condutas vedadas durante o curso do mandato (Recurso Especial Eleitoral nº 38704, Acórdão, Relator(a) Min. Edson Fachin, Publicação: *DJE – Diário de justiça eletrônico*, Tomo 183, Data 20.09.2019, Página 55/56).

717 ELEIÇÕES 2016. AÇÃO DE INVESTIGAÇÃO JUDICIAL ELEITORAL. AGRAVO REGIMENTAL. AGRAVO. RECURSO ESPECIAL INADMITIDO. PROCEDÊNCIA. PREFEITO. REITERAÇÃO DE ARGUMENTOS. SÚMULA Nº 26/TSE. DEFICIÊNCIA DE FUNDAMENTAÇÃO RECURSAL. SÚMULA Nº 27/TSE. SERVIDORES TEMPORÁRIOS. CONTRATAÇÃO EM ANO ELEITORAL. DEMISSÃO APÓS O PLEITO. ABUSO DE PODER POLÍTICO. CONDUTA VEDADA. CONFIGURAÇÃO. REEXAME FÁTICO-PROBATÓRIO. IMPOSSIBILIDADE. SÚMULAS Nº 24 E 30/TSE. NEGATIVA DE SEGUIMENTO. 1. É inviável o agravo regimental que deixa de impugnar, de forma específica, os fundamentos que sustentam a decisão agravada, o que atrai a incidência da Súmula nº 26/TSE. 2. A Corte Regional reconheceu a prática de abuso do poder político, ressaltando que a contratação de servidores e a antecipação de contratos em ano eleitoral visou angariar a confiança dos contratados e respectivos familiares, assim como evitar a prática de conduta vedada durante o prazo legalmente estimado. 3. A reforma do acórdão demandaria o reexame do conjunto probatório, inadmissível nesta via especial, a teor do que dispõe a Súmula nº 24/TSE. 4. A demissão de servidores temporários após a realização do pleito e em período que antecede a posse dos eleitos caracteriza a conduta vedada descrita no inciso V do art. 73 da Lei nº 9.504/97. 5. O entendimento exposto no acórdão regional está em consonância com a jurisprudência do TSE, segundo a qual, "mesmo que as contratações tenham ocorrido antes do prazo de três meses que antecede o pleito, a que se refere o art. 73, V, da Lei das Eleições, tal alegação não exclui a possibilidade de exame da ilicitude para fins de configuração do abuso do poder político, especialmente porque se registrou que não havia prova de

11.1.8.3 Tipos de condutas vedadas em período eleitoral

São vedados, nos três meses que antecedem o pleito eleitoral:

a) realizar transferência voluntária de recursos da União aos estados e municípios, e dos estados aos municípios, sob pena de nulidade de pleno direito, ressalvados os recursos destinados a cumprir obrigação formal preexistente para execução de obra ou serviço em andamento e com cronograma prefixado, e os destinados a atender situações de emergência e de calamidade pública.[718] O TSE é uníssono na necessidade da atestação da gravidade para a incidência em uma das práticas de conduta vedada. No caso das transferências voluntárias, que contamina o processo eleitoral pelo recurso direcionado, sua comprovação se mostra fácil e cabal.[719] Sendo assim, a vedação do art. 73, VI, "a", da Lei nº 9.504/1997, compreende a transferência voluntária e efetivada de recursos nos três meses que antecedem o pleito, ressalvadas as exceções mencionadas anteriormente, principalmente quando exista obrigação formal anteriormente acordada e nos casos de atendimento de situações de emergência e de calamidade pública.[720] A

---

que as contratações ocorreram por motivo relevante ou urgente, conforme consignado no acórdão recorrido" (REspe nº 1522-10/MG, Rel. Min. Henrique Neves da Silva, *DJe* de 4.12.2015) e "a contratação e demissão de servidores temporários constitui, em regra, ato lícito permitido ao administrador público, mas que a lei eleitoral torna proibido, nos três meses que antecedem a eleição até a posse dos eleitos, a fim de evitar qualquer tentativa de manipulação de eleitores" (AgR-REspe nº 652-56/BA, Rel. Min. Admar Gonzaga, *DJe* de 9.4.2018), o que atrai a Súmula nº 30/TSE, óbice igualmente "[...] aplicável aos recursos manejados por afronta a lei" (AgR-AI nº 82-18/RS, Rel. Min. Napoleão Nunes Maia Filho, *DJe* de 11.10.2018). 6. Agravo regimental ao qual se nega provimento (Agravo de Instrumento nº 18912, Acórdão, Relator(a) Min. Tarcisio Vieira de Carvalho Neto, Publicação: *DJE – Diário de justiça eletrônico*, Data 21.10.2019).

[718] LC nº 101.2000 (Lei de Responsabilidade Fiscal), art. 25, *caput*: "Para efeito desta Lei Complementar, entende-se por transferência voluntária a entrega de recursos correntes ou de capital a outro ente da Federação, a título de cooperação, auxílio ou assistência financeira, que não decorra de determinação constitucional, legal ou os destinados ao Sistema Único de Saúde".

[719] TSE, Recurso Contra Expedição de Diploma nº 671, de 03.03.2009, Rel. Min. Eros Grau.

[720] TSE, Agravo Regimental em Recurso Especial Eleitoral nº 25.980, de 15.02.2007, Rel. Min. Gerardo Grossi. "À União e aos Estados é vedada a transferência voluntária de recursos até que ocorram as eleições municipais, ainda que resultantes de convênio ou outra obrigação preexistente, quando não se destinem à execução de obras ou serviços já iniciados fisicamente" (TSE, Recurso Especial Eleitoral nº 25.324, de 07.02.2006, Rel. Min. Gilmar Mendes). "[...] 1. A transferência de recursos do governo estadual a comunidades carentes de diversos municípios não caracteriza violação ao art. 73, VI, "a", da Lei nº 9.504/97, porquanto os destinatários são associações, pessoas jurídicas de direito privado. 2. A regra restritiva do art. 73, VI, a, da Lei nº 9.504/97 não pode sofrer alargamento por meio de interpretação extensiva de seu texto (Ac. no 16.040, rel. Min. Costa Porto). Agravo regimental não provido. 4. Reclamação julgada improcedente" [TSE – Ac. no 266, de 9-12- 2004 – JURISTSE 13:95].

benesse fiscal ou creditícia, em ano eleitoral, encontra-se vedada pela legislação eleitoral, razão pela qual os lançamentos de programas de recuperação fiscais deverão ter sua validade apreciadas com máxima cautela para que não venham a se enquadrar em conduta vedada;[721]

b) com exceção da propaganda de produtos e serviços que tenham concorrência no mercado, proíbe-se a autorização de publicidade institucional dos atos, programas, obras, serviços e campanhas dos órgãos públicos federais, estaduais ou municipais, ou das respectivas entidades da Administração indireta, salvo em caso de grave e urgente necessidade pública, assim reconhecida pela Justiça Eleitoral. Importante frisar que independentemente do momento em que a publicidade institucional foi autorizada, se a veiculação se deu dentro dos três meses que antecedem a eleição, configura-se o ilícito previsto,[722] independentemente do conteúdo eleitoreiro ou de seu teor educativo ou de orientação social, ressalvadas as exceções previstas na Lei das Eleições.[723] O bem jurídico tutelado é a liberdade de escolha do eleitor, independentemente se a situação política está conflagrada ou não, haja vista que a conduta vedada perpetrada por meio de órgão de comunicação em massa, acarreta sério desequilíbrio.[724] De qualquer modo, a divulgação, em *Diário Oficial* do município, de atos meramente administrativos, sem referência a nome, nem divulgação de imagem do candidato à reeleição, não configura essa hipótese de conduta vedada.[725]

---

721 CONSULTA. VEDAÇÃO. ART. 73, §10, DA LEI Nº 9.504/1997. LANÇAMENTO DE PROGRAMA DE RECUPERAÇÃO FISCAL (REFIS). MUNICÍPIOS. ANO DE ELEIÇÕES FEDERAIS E ESTADUAIS. A validade ou não de lançamento de Programa de Recuperação Fiscal (Refis) em face do disposto no art. 73, §10, da Lei nº 9.504/1997 deve ser apreciada com base no quadro fático-jurídico extraído do caso concreto (Consulta nº 36815, Acórdão, Relator(a) Min. Henrique Neves Da Silva, Publicação: DJE – Diário justiça eletrônico, Tomo 65, Data 08.04.2015, p. 146).

722 "A proibição desta alínea possui natureza objetiva e configura-se independentemente do momento em que autorizada a publicidade, bastando a sua manutenção no período vedado [Ac.-TSE, de 9.6.2015, no AgR-REspe nº 142184]. "Publicidade institucional veiculada dentro dos três meses antecedentes ao pleito caracteriza ofensa a esta alínea" (Ac.-TSE, de 1º.12.2011, no AgR-AI nº 12046). "Vedada a veiculação, independentemente da data da autorização" (Ac.-TSE, de 1º.10.2014, na Rp nº 81770; de 15.9.2009, no REspe nº 35240 e, de 9.8.2005, no REspe nº 25096). TSE, Recurso Especial Eleitoral nº 35.445, de 25.08.2009, Rel. Min. Arnaldo Versiani.

723 Agravo de Instrumento nº 51738, Acórdão, Relator(a) Min. Luís Roberto Barroso, Publicação: *DJE – Diário de justiça eletrônico*, Data 28.08.2018.

724 TSE, Recurso Especial Eleitoral nº 25.745, de 31.05.2007, Rel. Min. Carlos Ayres Britto.

725 "Caracterização da conduta prevista nesta alínea sempre que o agente público utilizar cores da agremiação partidária à qual pertença, em vez das cores oficiais da entidade federativa, em bens de uso comum, visando favorecer eventual candidatura à reeleição ou de seus

No entanto, tem-se que a afixação de placas de obras públicas nos três meses que antecedam o pleito, com a presença dos termos "mais uma obra do governo", é o bastante para caracterizar a publicidade institucional vedada.[726] Por fim, no julgamento do Recurso Ordinário nº 1.723-65 o Plenário do Tribunal Superior Eleitoral, por unanimidade, pacificou a orientação de que a multa por conduta vedada alcançará os candidatos beneficiados, ainda que estes não sejam responsáveis diretamente pela conduta, com base na previsão (§§5º e 8º do art. 73 da Lei nº 9.504/1997);[727]

c) fazer pronunciamento em cadeia de rádio e televisão, fora do horário eleitoral gratuito, salvo quando, a critério da Justiça Eleitoral, tratar-se de matéria urgente, relevante e inerente às funções de governo. Às emissoras de rádio, conforme o preceituado no art. 45 da Lei nº 9.504/1997,[728] é vedado, encerrado o prazo para a realização das con-

---

correligionários" (Ac.-TSE, de 21.5.2015, no AgR-AI nº 95281). TSE, Agravo Regimental em Recurso Especial Eleitoral nº 25.086, de 03.11.2005, Rel. Min. Gilmar Mendes.

[726] AGRAVO REGIMENTAL. RECURSO ESPECIAL. ELEIÇÕES 2018. GOVERNADOR. REPRESENTAÇÃO. CONDUTA VEDADA. PUBLICIDADE INSTITUCIONAL. ART. 73, VI, "b", DA LEI 9.504/97. PLACAS EM OBRAS PÚBLICAS. DESPROVIMENTO. 1. O ilícito do art. 73, VI, "b", da Lei 9.504/97 é de natureza objetiva e independe da finalidade eleitoral do ato para configuração, bastando a mera prática para atrair as sanções legais. Precedentes. 2. Não há falar em inconstitucionalidade dessa regra por afronta aos arts. 1º, *caput*, e 37, *caput* e §1º, da CF/88, pois a vedação de propaganda institucional imposta nos três meses que antecedem o pleito objetiva resguardar os princípios que norteiam as eleições, especialmente o da igualdade entre os candidatos. Precedentes. 3. Esta Corte já decidiu, em caso similar, que a presença de termos como "mais uma obra do governo" em placas é o bastante para caracterizar a publicidade institucional vedada (AI 85-42/PR, Rel. Min. Admar Gonzaga, *DJE* de 2.2.2018). 4. A teor da moldura fática do aresto *a quo*, as quatro placas de obras públicas na sede da Central de Abastecimento do Paraná S.A. (CEASA/PR), nos três meses que antecederam o pleito, continham não apenas dados técnicos como também as expressões "mais uma obra"; "Paraná Governo do Estado", a bandeira do Estado e o respectivo brasão, o que configura conduta vedada e, por conseguinte, autoriza impor multa. 5. Agravo regimental desprovido (Recurso Especial Eleitoral nº 060229748, Acórdão, Relator(a) Min. Jorge Mussi, Publicação: *DJE – Diário de justiça eletrônico*, Tomo 181, Data 18.09.2019).

[727] Recurso Ordinário nº 1723-65, Brasília/DF, rel. Min. Admar Gonzaga, julgado em 7.12.2017.

[728] Art. 45. Encerrado o prazo para a realização das convenções no ano das eleições, é vedado às emissoras de rádio e televisão, em sua programação normal e em seu noticiário: I – transmitir, ainda que sob a forma de entrevista jornalística, imagens de realização de pesquisa ou qualquer outro tipo de consulta popular de natureza eleitoral em que seja possível identificar o entrevistado ou em que haja manipulação de dados; II – usar trucagem, montagem ou outro recurso de áudio ou vídeo que, de qualquer forma, degradem ou ridicularizem candidato, partido ou coligação, ou produzir ou veicular programa com esse efeito; III – veicular propaganda política ou difundir opinião favorável ou contrária a candidato, partido, coligação, a seus órgãos ou representantes; IV – dar tratamento privilegiado a candidato, partido ou coligação; V – veicular ou divulgar filmes, novelas, minisséries ou qualquer outro programa com alusão ou crítica a candidato ou partido político, mesmo que dissimuladamente, exceto programas jornalísticos ou debates políticos;

venções no ano das eleições, dar tratamento privilegiado ou veicular propaganda política de candidato. Se a intenção é garantir um tratamento isonômico a todos, não há sentido de permitir que qualquer candidato possa fazer pronunciamento em cadeia de rádio ou televisão fora do horário eleitoral, pois a mencionada situação iria lhe privilegiar de maneira inexorável. A intenção é garantir um tratamento isonômico a todos, não há sentido de permitir que qualquer candidato possa fazer pronunciamento em cadeia de rádio ou televisão fora do horário eleitoral, pois a mencionada situação iria lhe privilegiar de maneira inexorável. Veda-se, também, a partir de 30 de junho do ano da eleição, a transmissão de programa apresentado ou comentado por pré-candidato, sob pena de multa e cancelamento do registro de candidatura do beneficiário;[729]

d) contratar shows artísticos pagos com recursos públicos, na inauguração de feitos da Administração Pública. É do conhecimento de todos que os shows eram utilizados para atrair público, contribuindo para uma promiscuidade do debate político. Dessa feita, aqueles que detêm poder econômico levam vantagem, pois podiam contratar as melhores atrações. Essa vedação foi muito alvissareira porque propicia uma melhor qualificação do debate político. Saliente-se que tal proibição não se estenderá aos candidatos que sejam profissionais da classe artística que poderão exercer as atividades normais de sua profissão durante o período eleitoral, excetuando-se os programas de rádio e

---

VI – divulgar nome de programa que se refira a candidato escolhido em convenção, ainda quando preexistente, inclusive se coincidente com o nome do candidato ou com a variação nominal por ele adotada. Sendo o nome do programa o mesmo que o do candidato, fica proibida a sua divulgação, sob pena de cancelamento do respectivo registro.

[729] Art. 45. Encerrado o prazo para a realização das convenções no ano das eleições, é vedado às emissoras de rádio e televisão, em sua programação normal e em seu noticiário: I – transmitir, ainda que sob a forma de entrevista jornalística, imagens de realização de pesquisa ou qualquer outro tipo de consulta popular de natureza eleitoral em que seja possível identificar o entrevistado ou em que haja manipulação de dados; II – usar trucagem, montagem ou outro recurso de áudio ou vídeo que, de qualquer forma, degradem ou ridicularizem candidato, partido ou coligação, ou produzir ou veicular programa com esse efeito; III – veicular propaganda política ou difundir opinião favorável ou contrária a candidato, partido, coligação, a seus órgãos ou representantes; IV – dar tratamento privilegiado a candidato, partido ou coligação; V – veicular ou divulgar filmes, novelas, minisséries ou qualquer outro programa com alusão ou crítica a candidato ou partido político, mesmo que dissimuladamente, exceto programas jornalísticos ou debates políticos; VI – divulgar nome de programa que se refira a candidato escolhido em convenção, ainda quando preexistente, inclusive se coincidente com o nome do candidato ou com a variação nominal por ele adotada. Sendo o nome do programa o mesmo que o do candidato, fica proibida a sua divulgação, sob pena de cancelamento do respectivo registro.

de televisão, a animação de comício ou para divulgação, ainda que de forma dissimulada, de candidatura ou de campanha eleitoral (parágrafo único do art. 17 da Resolução nº 23.610/2019);

e) Proibição em aumento dos gastos de publicidade: realizar, no primeiro semestre do ano de eleição despesas com publicidade de órgãos públicos federais, estaduais ou municipais, ou das respectivas entidades da Administração indireta, que excedam a média dos gastos no primeiro semestre dos três últimos anos que antecedem o pleito. Saliente-se que a vedação supra não se confunde com o estorvo de veicular propaganda institucional nos últimos três meses anteriores ao pleito. Os gastos liquidados com publicidade institucional realizados até os três meses antes da eleição não poderão exceder a média dos gastos dos dois primeiros quadrimestres e dos três últimos anos que antecedem o pleito, ressalvando-se a possibilidade de a Justiça Eleitoral autorizar previamente o extrapolamento desse teto financeiro diante de grave e urgente necessidade pública. Não se pode fazer uma comparação parcial, tomando-se por base apenas alguns meses; ela tem que ser completa, analisando-se o primeiro semestre dos três últimos anos e tecendo a média aritmética.

f) Fazer, na circunscrição do pleito, revisão geral da remuneração dos servidores públicos que exceda a recomposição da perda de seu poder aquisitivo ao longo do ano da eleição, a partir da realização da convenção (nos 180 dias que antecedem a eleição) até a posse dos eleitos (art. 83, VIII, Resolução nº 23.610/2019). Antes desse obstáculo, não era difícil encontrar aumento da remuneração dos servidores públicos em anos eleitorais, como forma de angariar o apoio da opinião pública aos candidatos de preferência dos governantes ou ao próprio governante candidato. A Lei Eleitoral proibiu a revisão geral da remuneração dos servidores a partir da realização da convenção até a posse dos eleitos que exceda a recomposição da perda de seu poder aquisitivo. O impedimento abrange, para o cargo de Presidente da República, todo o território nacional; para o cargo de Governador, a extensão do respectivo estado; e, para o de Prefeito, os limites do município. O lapso temporal impedido pela lei foi bastante exíguo, permitindo aumentos com nítido caráter eleitoral até o mês de junho e mesmo no mês de julho antes da convenção. O que o dispositivo legal logrou conseguir foi impedir que o candidato derrotado aumentasse o salário dos servidores como forma de prejudicar as contas públicas para dificultar o início do mandato do candidato eleito. Se a majoração ocorrer após a convenção, mas se referir só à reposição do índice inflacionário do período anterior, essa conduta não se enquadra na proibição referida;

g) a qualquer candidato comparecer na inauguração de obras públicas, evitando que ele possa aproveitar-se da situação para pedir votos. Essa vedação tem o claro intuito de evitar o abuso de poder político, impedindo o uso da Administração para a eleição de determinados candidatos. No entanto, se o candidato comparece à inauguração de obra promovida pelo seu adversário político, sem auferir vantagem político-eleitoral com o evento, não se pode tipificar essa conduta.[730] Para a correta aferição dessa conduta vedada é necessário que a gravidade lesiva seja devidamente demonstrada, inclusive, tem-se afastado a cassação de diploma, quando a presença do candidato na inauguração da obra ocorrer de forma discreta, sem participação ativa na solenidade, tomando como base no princípio da proporcionalidade.[731] Por outro lado, não restam dúvidas de que a participação de candidato em diversas inaugurações de obras públicas, no período eleitoral, constitui conduta vedada, maculando a livre vontade do eleitorado.[732] Ademais, assevere-se que o ato de proferir uma aula magna, estando o candidato inserido na vida acadêmica, não se confunde com inauguração de obra pública, não incidindo na concretização da referida conduta vedada.[733]

11.1.8.4 Sanções legais

A prática de qualquer dos atos ilícitos tipificados na legislação eleitoral acarretará a suspensão imediata da conduta vedada e sujeitará os agentes públicos responsáveis a multa e a possibilidade cancelamento

---

[730] Recurso Especial Eleitoral nº 646.984, Acórdão de 07.06.2011, Rel. Min. Fátima Nancy Andrighi, *DJe* 24.08.2011, p. 12.

[731] "Aplica-se o princípio da proporcionalidade para afastar a cassação do diploma, quando a presença do candidato em inauguração de obra pública ocorre de forma discreta, sem participação ativa na solenidade" (Ac.-TSE, de 31.8.2017, no AgR-AI nº 49645 e, de 14.6.2012, no AgR-RO nº 890235). "Agravo regimental. Recurso especial. Conduta vedada. Participação em inauguração de obra pública. Art. 77 da Lei nº 9.504/97. Potencialidade lesiva não demonstrada. Equilíbrio do pleito preservado. Princípio da proporcionalidade. Observância. Matéria fática. Impossibilidade de reexame. Súmulas nº 7/STJ e 279/STF. Precedentes. Agravos regimentais desprovidos" (Agravo Regimental em Recurso Especial Eleitoral nº 34.853, Acórdão de 16.03.2010, Rel. Min. Cármen Lúcia Antunes Rocha, *DJe* 10.05.2010, p. 18).

[732] Embargos de Declaração em Recurso Especial Eleitoral nº 28.534, Acórdão de 18.06.2009, Rel. Min. Enrique Ricardo Lewandowski, *DJe* 06.08.2009, p. 86.

[733] Recurso Ordinário nº 2.233, Acórdão de 16.12.2009, Rel. Min. Fernando Gonçalves, *DJe* 10.03.2010, p. 13/14.

do registro, cassação do diploma ou perda do mandato, além de inelegibilidade por oito anos a contar da data da eleição (art. 73, §4º, da Lei nº 9.504/1997). O valor da multa será calculado obedecendo aos parâmetros ditados no mencionado art. 73, §4º – de cinco a cem mil UFIRs – considerando, ainda, a capacidade econômica do infrator, a gravidade e a repercussão do caso.[734]

Entretanto, a Lei nº 12.034/2009 acrescentou nova redação ao §5º para que nos casos em que forem praticadas quaisquer das hipóteses elencadas no art. 73 da referida lei, o candidato beneficiado, agente público ou não, ficará sujeito à denegação do registro ou cassação do diploma.[735]

Posteriormente, a Lei Complementar nº 135/2010 considerou inelegível pelo prazo de oito anos os condenados, em decisão transitada em julgado ou proferida por órgão colegiado da Justiça Eleitoral, por conduta vedada aos agentes públicos em campanhas (art. 1º, I, "j", da Lei Complementar nº 64/1990). Portanto, as sanções passíveis no caso de tipificação de conduta vedada são a multa, e, dependendo da gravidade, a perda do registro ou do diploma e a imposição de inelegibilidade por oito anos.

Para a devida caracterização das condutas vedadas previstas na Lei Eleitoral, urge verificar se o fato se enquadra nas hipóteses previstas, que, por definição legal, são tendentes a afetar a igualdade de oportunidades entre candidatos nos pleitos eleitorais. Para tanto, configura-se necessário verificar, de acordo com os princípios da razoabilidade e proporcionalidade, qual a sanção que deve ser aplicada.[736] A adoção do princípio da proporcionalidade, tendo em conta a gravidade da conduta, demonstra-se mais adequada para gradação e fixação das penalidades previstas nas hipóteses de condutas vedadas.[737] A imposição de sanção pecuniária em razão da prática de conduta vedada aos agentes públicos em campanha é feita a partir da análise das circunstâncias fáticas do caso concreto, revelando-se possível a imposição de multas em valores diferentes para agentes com distintos graus de reprovabilidade

---

[734] Ac.-TSE, de 10.11.2016, no AgR-REspe nº 122348 e, de 20.8.2015, no REspe nº 15.888.

[735] "Possibilidade de aplicação da pena de *cassação do diploma* durante todo o curso do mandato" (Ac.-TSE, de 24.3.2011, no AgR-AI nº 11359).

[736] Representação nº 295.986, Acórdão de 21.10.2010, Rel. Min. Henrique Neves da Silva, *DJe*, Tomo 220, Data 17.11.2010, p. 15.

[737] Agravo Regimental em Agravo de Instrumento nº 12.165, Acórdão de 19.08.2010, Rel. Min. Arnaldo Versiani Leite Soares, *DJe* 1º.10.2010, p. 32-33.

em suas condutas.[738] O ponto nodal para a aplicação da perda de registro ou de mandato é a contextualização da gravidade na conduta vedada praticada. Uma vez obtida sua caracterização, a sanção cabível deve ser a perda do registro ou do mandato, mais a multa e a determinação da inelegibilidade por oito anos.

A conduta vedada pode-se dar no âmbito do Poder Executivo, Legislativo ou Judiciário. Porém, para a sua devida tipificação, é necessária a atuação do agente público, que, segundo o §1º do art. 73 da LE, é aquele que exerce, ainda que transitoriamente ou sem remuneração, por eleição, nomeação, designação, contratação ou qualquer outra forma de investidura ou vínculo, mandato, cargo, emprego ou função nos órgãos ou entidades da Administração Pública direta, indireta, ou fundacional.

Importante ressaltar que quando a conduta vedada não puder mais ser suspensa, por já ter sido exaurida, o administrador público da mesma forma responde por seus atos, inclusive com a obrigação de ressarcir o erário pela sua conduta contrária aos princípios constitucionais da Administração Pública.

A penalidade de multa pode ser aplicada cumulativamente aos agentes públicos responsáveis pelas condutas vedadas e aos partidos políticos, às coligações e aos candidatos que tenham se beneficiados (art. 73, §8º, da Lei nº 9.504/1997).

11.2 Improbidade administrativa

A palavra "improbidade" vem do latim, *improbitas*, que significa a má qualidade de alguma coisa. Ela consiste na atuação desonesta do agente público ou do particular no desempenho de sua função com a Administração Pública. Ou seja, pressupõe uma conduta em detrimento de valores juridicamente tutelados pelo ordenamento jurídico. Sendo assim, qualquer ato que propicie o enriquecimento ilícito, cause prejuízo ao erário ou atente contra os princípios da Administração Pública tipifica-se como um acinte à condução proba da coisa pública.

Diante disso, nota-se a preocupação do legislador constituinte com a ética na Administração Pública e o combate à corrupção, ao incluir o princípio da moralidade administrativa na CF/1988. Nesse caso, exige-se a honestidade, observância das regras da boa administração,

---

[738] Recurso Especial Eleitoral nº 184322, Acórdão, Relator(a) Min. Edson Fachin, Publicação: *DJE – Diário de justiça eletrônico*, Tomo 264, Data 13.09.2019, Página 61-62.

atendimento ao interesse da população e a boa-fé para que haja a devida condução da coisa pública. Importante ressaltar que até o ano de 1988, o objeto tutelado era tão somente o enriquecimento ilícito do agente, como se pode notar nas Constituições de 1946 e 1967. Depois de 1988 é que a probidade administrativa passou a ser devidamente agasalhada pelo texto constitucional.

Posteriormente, por meio da Lei nº 8.429, de 2 de junho de 1992, conhecida como a Lei do Colarinho Branco, o ordenamento jurídico passou a dar devida atenção à improbidade administrativa, definindo-a e descrevendo suas condutas vedadas, bem como o delineamento de suas sanções.

A Lei nº 8.429/1992 possui âmbito nacional, sendo obrigatória para todas as esferas de governo, definindo os sujeitos ativos, atos de improbidade, penas cabíveis, norma sobre o direito de representação, previsão de ilícito penal e estabelecimento de normas sobre prescrição para a propositura de ação judicial.

De acordo com a lei supramencionada, os atos de improbidade administrativa subdividem-se em três modalidades: a) os que importam enriquecimento ilícito; b) os que causam prejuízo ao erário; c) os que atentam contra os princípios da Administração Pública.

O primeiro caso, as improbidades de enriquecimento ilícito compreendem as condutas previstas no art. 9º da Lei nº 8.429/1992.[739]

---

[739] São elas: I – receber, para si ou para outrem, dinheiro, bem móvel ou imóvel, ou qualquer outra vantagem econômica, direta ou indireta, a título de comissão, percentagem, gratificação ou presente de quem tenha interesse, direto ou indireto, que possa ser atingido ou amparado por ação ou omissão decorrente das atribuições do agente público; II – perceber vantagem econômica, direta ou indireta, para facilitar a aquisição, permuta ou locação de bem móvel ou imóvel, ou a contratação de serviços pelas entidades referidas no art. 1º por preço superior ao valor de mercado; III – perceber vantagem econômica, direta ou indireta, para facilitar a alienação, permuta ou locação de bem público ou o fornecimento de serviço por ente estatal por preço inferior ao valor de mercado; IV – utilizar, em obra ou serviço particular, qualquer bem móvel, de propriedade ou à disposição de qualquer das entidades referidas no art. 1º desta Lei, bem como o trabalho de servidores, de empregados ou de terceiros contratados por essas entidades; V – receber vantagem econômica de qualquer natureza, direta ou indireta, para tolerar a exploração ou a prática de jogos de azar, de lenocínio, de narcotráfico, de contrabando, de usura ou de qualquer outra atividade ilícita, ou aceitar promessa de tal vantagem; VI – receber vantagem econômica de qualquer natureza, direta ou indireta, para fazer declaração falsa sobre qualquer dado técnico que envolva obras públicas ou qualquer outro serviço ou sobre quantidade, peso, medida, qualidade ou característica de mercadorias ou bens fornecidos a qualquer das entidades referidas no art. 1º desta Lei; VII – adquirir, para si ou para outrem, no exercício de mandato, de cargo, de emprego ou de função pública, e em razão deles, bens de qualquer natureza, decorrentes dos atos descritos no caput deste artigo, cujo valor seja desproporcional à evolução do patrimônio ou à renda do agente público, assegurada a demonstração pelo agente da licitude da origem dessa evolução; VIII – aceitar emprego, comissão ou exercer atividade de consultoria ou

O mencionado artigo tipificou o ato ímprobo de enriquecimento ilícito, mediante uma tipificação exemplificativa, mas que precisa necessariamente de enquadramento legal. Trata-se de ação que, mediante dolo, implica o auferimento de vantagem patrimonial indevida através do exercício de cargo, mandato, função, emprego ou de atividade na Administração direta, indireta ou fundacional, de qualquer dos Poderes dos entes federativos, bem como nas entidades que possuam patrimônio público. Esse enriquecimento terá de ser comprovado diante de dados fáticos e efetivos sem a permissividade para silogismos ou ilações que não podem ser comprovadas nos autos. Outrossim, resguarda-se a responsabilidade penal do agente quando a conduta também se adequar a tipo penal, nos termos do art. 37, §4º, da CRFB/88.

As sanções pelas práticas de improbidade da qual resulte enriquecimento ilícito serão perda dos bens ou valores acrescidos ilicitamente ao patrimônio, perda da função pública, suspensão dos direitos políticos até 14 anos, pagamento de multa civil equivalente ao valor do acréscimo patrimonial e proibição de contratar com o Poder Público ou de receber benefícios ou incentivos fiscais ou creditícios, direta ou indiretamente, ainda que por intermédio de pessoa jurídica da qual seja sócio majoritário, pelo prazo não superior a 14 anos. Já os casos que causam prejuízo ao erário encontram-se tipificados no art. 10 da Lei nº 8.429/1992.[740]

---

assessoramento para pessoa física ou jurídica que tenha interesse suscetível de ser atingido ou amparado por ação ou omissão decorrente das atribuições do agente público, durante a atividade; IX – perceber vantagem econômica para intermediar a liberação ou aplicação de verba pública de qualquer natureza; X – receber vantagem econômica de qualquer natureza, direta ou indiretamente, para omitir ato de ofício, providência ou declaração a que esteja obrigado; XI – incorporar, por qualquer forma, ao seu patrimônio bens, rendas, verbas ou valores integrantes do acervo patrimonial das entidades mencionadas no art. 1º desta lei; XII – usar, em proveito próprio, bens, rendas, verbas ou valores integrantes do acervo patrimonial das entidades mencionadas no art. 1º desta lei.

[740] São eles: I – facilitar ou concorrer, por qualquer forma, para a indevida incorporação ao patrimônio particular, de pessoa física ou jurídica, de bens, de rendas, de verbas ou de valores integrantes do acervo patrimonial das entidades referidas no art. 1º desta Lei; II – permitir ou concorrer para que pessoa física ou jurídica privada utilize bens, rendas, verbas ou valores integrantes do acervo patrimonial das entidades mencionadas no art. 1º desta lei, sem a observância das formalidades legais ou regulamentares aplicáveis à espécie; III – doar à pessoa física ou jurídica bem como ao ente despersonalizado, ainda que de fins educativos ou assistenciais, bens, rendas, verbas ou valores do patrimônio de qualquer das entidades mencionadas no art. 1º desta lei, sem observância das formalidades legais e regulamentares aplicáveis à espécie; IV – permitir ou facilitar a alienação, permuta ou locação de bem integrante do patrimônio de qualquer das entidades referidas no art. 1º desta lei, ou ainda a prestação de serviço por parte delas, por preço inferior ao de mercado; V – permitir ou facilitar a aquisição, permuta ou locação de bem ou serviço por preço superior ao de mercado;

Ressalta-se que a perda da função pública, nas hipóteses de violação aos arts. 9º e 10, atinge apenas o vínculo de mesma qualidade e natureza que o agente público ou político detinha com o Poder Público na época do cometimento da infração, podendo o magistrado, apenas no caso de incidência do art. 9º, e em caráter excepcional, estendê-la aos demais vínculos, consideradas as circunstâncias do caso e a gravidade da infração.

O *caput* do art. 10 da Lei nº 8.429/92, com redação conferida pela Lei nº 14.230/2021, delimita o conceito de ato ímprobo que cause prejuízo ao erário. Seguido de rol exemplificativo de atos lesivos ao patrimônio público, resta tipificada a ação ou omissão que, dolosamente, enseje a perda patrimonial, o desvio, a apropriação, o malbaratamento ou a dilapidação dos bens e haveres públicos, condutas cumuladas com, ao menos, uma das hipóteses previstas no rol de incisos que elenca.

VI – realizar operação financeira sem observância das normas legais e regulamentares ou aceitar garantia insuficiente ou inidônea; VII – conceder benefício administrativo ou fiscal sem a observância das formalidades legais ou regulamentares aplicáveis à espécie; VIII – frustrar a licitude de processo licitatório ou de processo seletivo para celebração de parcerias com entidades sem fins lucrativos, ou dispensá-los indevidamente, acarretando perda patrimonial efetiva; IX – ordenar ou permitir a realização de despesas não autorizadas em lei ou regulamento; X – agir ilicitamente na arrecadação de tributo ou de renda, bem como no que diz respeito à conservação do patrimônio público; XI – liberar verba pública sem a estrita observância das normas pertinentes ou influir de qualquer forma para a sua aplicação irregular; XII – permitir, facilitar ou concorrer para que terceiro se enriqueça ilicitamente; XIII – permitir que se utilize, em obra ou serviço particular, veículos, máquinas, equipamentos ou material de qualquer natureza, de propriedade ou à disposição de qualquer das entidades mencionadas no art. 1º desta lei, bem como o trabalho de servidor público, empregados ou terceiros contratados por essas entidades; XIV – celebrar contrato ou outro instrumento que tenha por objeto a prestação de serviços públicos por meio da gestão associada sem observar as formalidades previstas na lei; XV – celebrar contrato de rateio de consórcio público sem suficiente e prévia dotação orçamentária, ou sem observar as formalidades previstas na lei; XVI – facilitar ou concorrer, por qualquer forma, para a incorporação, ao patrimônio particular de pessoa física ou jurídica, de bens, rendas, verbas ou valores públicos transferidos pela Administração Pública a entidades privadas mediante celebração de parcerias, sem a observância das formalidades legais ou regulamentares aplicáveis à espécie; XVII – permitir ou concorrer para que pessoa física ou jurídica privada utilize bens, rendas, verbas ou valores públicos transferidos pela Administração Pública a entidade privada mediante celebração de parcerias, sem a observância das formalidades legais ou regulamentares aplicáveis à espécie; XVIII – celebrar parcerias da Administração Pública com entidades privadas sem a observância das formalidades legais ou regulamentares aplicáveis à espécie; XIX – agir para a configuração de ilícito na celebração, na fiscalização e na análise das prestações de contas de parcerias firmadas pela administração pública com entidades privadas; XX – liberar recursos de parcerias firmadas pela administração pública com entidades privadas sem a estrita observância das normas pertinentes ou influir de qualquer forma para a sua aplicação irregular; XX – liberar recursos de parcerias firmadas pela administração pública com entidades privadas sem a estrita observância das normas pertinentes ou influir de qualquer forma para a sua aplicação irregular.

Resguardando-se, também, a responsabilidade penal do agente, quando adequado ao respetivo tipo, nos termos do art. 37, §4º, da CRFB/88.

Já as sanções decorrentes da prática de alguma das hipóteses do art. 10 da lei supracitada serão perda dos bens ou valores acrescidos ilicitamente ao patrimônio, se concorrer esta circunstância, perda da função pública, suspensão dos direitos políticos até 12 anos, pagamento de multa civil equivalente ao valor do dano e proibição de contratar com o Poder Público ou de receber benefícios ou incentivos fiscais ou creditícios, direta ou indiretamente, ainda que por intermédio de pessoa jurídica da qual seja sócio majoritário, pelo prazo não superior a 12 anos. A Lei Complementar nº 157/2016 havia trazido uma nova tipificação para o art. 10 da Lei de Improbidade, que tratava dos casos de dano ao erário, com a inclusão do art. 10-A, permitindo sua incidência em improbidades decorrentes de concessão ou aplicação indevida de benefício financeiro ou tributário em relação ao ISS. No entanto, com o advento da Lei nº 14.230/2021, o referido artigo foi revogado. Porém, a vedação foi mantida através da inclusão do inc. X ao art. 10 do referido diploma legal, passando a figurar como uma das hipóteses de ato de improbidade administrativa que causa lesão ao erário.[741]

A tipificação introduzida na Lei de Improbidade traz como *fattispecie* a ação ou omissão para a concessão, aplicação ou manutenção de benefício financeiro ou tributário contrário ao que dispõe a regulamentação sobre o imposto sobre serviços de qualquer natureza, precipuamente, o conteúdo previsto no *caput* e no §1º do art. 8º-A, da LC nº 116/2003, que dispõe sobre o Imposto Sobre Serviços de Qualquer Natureza.[742]

Por último, o art. 11 da referida lei trata das causas de improbidade por ofensa aos princípios da Administração Pública, que decorre de qualquer ação ou omissão dolosa que deturpe os princípios da

---

[741] "Art. 10. [...] XXII – conceder, aplicar ou manter benefício financeiro ou tributário contrário ao que dispõem o caput e o §1º do art. 8º-A da Lei Complementar nº 116, de 31 de julho de 2003".

[742] "Art. 8º-A. A alíquota mínima do Imposto sobre Serviços de Qualquer Natureza é de 2% (dois por cento). §1º O imposto não será objeto de concessão de isenções, incentivos ou benefícios tributários ou financeiros, inclusive de redução de base de cálculo ou de crédito presumido ou outorgado, ou sob qualquer outra forma que resulte, direta ou indiretamente, em carga tributária menor que a decorrente da aplicação da alíquota mínima estabelecida no *caput*, exceto para os serviços a que se referem os subitens 7.02, 7.05 e 16.01 da lista anexa a esta Lei Complementar".

honestidade, imparcialidade, legalidade, e lealdade às instituições.[743] O art. 11 da Lei nº 8.429/92 exige, à constituição de ato de improbidade administrativa em espécie, a concomitância de ação ou omissão dolosa que viole os deveres de honestidade, imparcialidade, legalidade, e lealdade às instituições, enquadrando-se em ao menos uma das hipóteses dos incisos elencados acima.

As sanções pela violação dos princípios da Administração Pública serão o pagamento de multa civil de até vinte e quatro vezes o valor da remuneração percebida pelo agente e proibição de contratar com o Poder Público ou de receber benefícios ou incentivos fiscais ou creditícios, direta ou indiretamente, ainda que por intermédio de pessoa jurídica da qual seja sócio majoritário, pelo prazo não superior a 4 quatro anos. Diante da nova redação da Lei nº 8.429/1992, para os casos de atos de improbidade administrativa que atentam contra os princípios da Administração Pública, não há previsão de perda de função pública no rol das sanções cabíveis.

O ato de improbidade capaz de autorizar a incidência da causa de inelegibilidade do art. 1º, I, "l", da Lei Complementar nº 64/1990, deve caracterizar-se por conduta do candidato de "auferir qualquer tipo de vantagem patrimonial indevida", para a prática de ato que cause "perda patrimonial, desvio, apropriação ou dilapidação dos bens ou haveres" do erário e enriquecimento ilícito. No entanto, caso determinado candidato

[743] São elas: III – revelar fato ou circunstância de que tem ciência em razão das atribuições e que deva permanecer em segredo, propiciando beneficiamento por informação privilegiada ou colocando em risco a segurança da sociedade e do Estado; IV – negar publicidade aos atos oficiais, exceto em razão de sua imprescindibilidade para a segurança da sociedade e do Estado ou de outras hipóteses instituídas em lei; V – frustrar, em ofensa à imparcialidade, o caráter concorrencial de concurso público, de chamamento ou de procedimento licitatório, com vistas à obtenção de benefício próprio, direto ou indireto, ou de terceiros; VI – deixar de prestar contas quando esteja obrigado a fazê-lo, desde que disponha das condições para isso, com vistas a ocultar irregularidades; VII – revelar ou permitir que chegue ao conhecimento de terceiro, antes da respectiva divulgação oficial, teor de medida política ou econômica capaz de afetar o preço de mercadoria, bem ou serviço; VIII – descumprir as normas relativas à celebração, fiscalização e aprovação de contas de parcerias firmadas pela Administração Pública com entidades privadas; XI – nomear cônjuge, companheiro ou parente em linha reta, colateral ou por afinidade, até o terceiro grau, inclusive, da autoridade nomeante ou de servidor da mesma pessoa jurídica investido em cargo de direção, chefia ou assessoramento, para o exercício de cargo em comissão ou de confiança ou, ainda, de função gratificada na administração pública direta e indireta em qualquer dos Poderes da União, dos Estados, do Distrito Federal e dos Municípios, compreendido o ajuste mediante designações recíprocas; XII – praticar, no âmbito da administração pública e com recursos do erário, ato de publicidade que contrarie o disposto no §1º do art. 37 da Constituição Federal, de forma a promover inequívoco enaltecimento do agente público e personalização de atos, de programas, de obras, de serviços ou de campanhas dos órgãos públicos.

seja condenado por ato de improbidade que importe apenas violação aos princípios da Administração Pública, não incidirá a inelegibilidade do art. 1º, I, "l", da Lei Complementar nº 64/1990.[744] Saliente-se ainda que à caracterização da inelegibilidade prevista na alínea "l" do art. 1º, I, da Lei Complementar nº 64/90, é essencial a presença concomitante do dano ao patrimônio público e do enriquecimento ilícito, em sua modalidade dolosa.[745] Destarte, além da exigência legal imperiosa do dano ao patrimônio público e do enriquecimento ilícito, exige-se ainda, para a cominação da inelegibilidade, a atestação do dolo, no sentido da vontade livre e consciente de cometer o ato.[746]

O provimento judicial que suspende os efeitos de decisão proferida por órgão judicial colegiado, condenando à suspensão dos direitos políticos por ato de improbidade administrativa com prejuízo ao erário, tem o condão de afastar a inelegibilidade, a teor do art. 11, §10, da Lei nº 9.504/1997.[747]

---

[744] "As condenações por ato doloso de improbidade administrativa fundadas apenas no art. 11 da Lei nº 8.429/1992 não são aptas à caracterização da causa de inelegibilidade prevista nesta alínea" (Ac.-TSE, de 1º.10.2014, no RO nº 180908 e, de 6.12.2012, no AgR-REspe nº 6710). Agravo Regimental em Recurso Ordinário nº 381.187, Acórdão de 15.12.2010, Rel. Min. Aldir Guimarães Passarinho Junior, Publicação: PSESS – Publicado em Sessão, Data 15.12.2010.

[745] A incidência da cláusula de inelegibilidade prevista no art. 1º, I, l, da LC nº 64/90 exige a presença concomitante dos seguintes requisitos: (i) condenação à suspensão dos direitos políticos; (ii) decisão transitada em julgado ou proferida por órgão judicial colegiado; (iii) ato doloso de improbidade administrativa; e (iv) concomitância de lesão ao patrimônio público e enriquecimento ilícito (REspEl nº 060030689. Relator(a) Min. Tarcisio Vieira de Carvalho Neto. Publicação: *DJE – Diário da justiça eletrônica*, Tomo 68, Data 16.04.2021, Página 0).

[746] "Em caso de dúvida razoável sobre a configuração do dolo na conduta do agente público, deve prevalecer o direito fundamental à elegibilidade. Precedentes" (RO nº 0600184-89/MA, Rel. Min. Tarcisio Vieira de Carvalho Neto, PSESS de 29.11.2018).

[747] Agravo Regimental em Recurso Ordinário nº 259.409, Acórdão de 1º.02.2011, Rel. Min. Hamilton Carvalhido, *DJe*, Tomo 030, 11.02.2011, p. 68-69.

AÇÕES ELEITORAIS

Do ponto de vista material, o processo eleitoral compreende todos os atos que são inerentes à formação da representação popular, como, por exemplo, atos que envolvem a preparação e a realização das eleições ou a apuração de votos e a diplomação dos eleitos. Por outro lado, sob uma perspectiva procedimental, o processo eleitoral engloba todos os atos praticados na esfera judicial que têm a finalidade de realizar a *jurisdictio*, no que permite um pronunciamento judicial diante de um caso concreto. Neste capítulo, enquadrar-se-á o processo eleitoral diante desse último prisma.

A importância do estudo do processo eleitoral reside no fato de que sua devida condução implica uma eleição mais cristalina, em que a vontade popular está salvaguardada pelo ordenamento jurídico, sendo conduzida de forma livre e sem a configuração de qualquer vício que macule a sua essência. Acrescente-se que o desenvolvimento de sua teorética e sua consolidação prática permitirá extirpar vários vícios que maculam as eleições brasileiras.

Sendo assim, as ações eleitorais, que partem de normas de direito adjetivo, almejam assegurar uma maior lisura às eleições, se repreender os ilícitos eleitorais, possibilitando que os meandros processuais permitam que a sociedade usufrua de seus direitos de cidadania.[748] Ou seja, é a partir desses procedimentos que a Justiça Eleitoral, em sede de jurisdição contenciosa e voluntária, sente-se provocada para resolver as controvérsias e questões a ela submetidas pelos partidos, candidatos, coligações e Ministério Público ou todo aquele cidadão que tem o

[748] AGRA, Walber de Moura; VELLOSO, Carlos Mário da Silva. *Elementos de Direito Eleitoral*. 6. ed. São Paulo: Saraiva, 2018, p. 343.

seu direito lesionado ou sob a ameaça de sê-lo, a fim de estabelecer a tranquilidade e a legitimidade da eleição.

Entre as espécies de ações eleitorais mais importantes, destacam-se: (i) representação ou reclamações eleitorais (LE, art. 96 ss.), (ii) pedido de resposta (LE, art. 58 ss.); (iii) ação de impugnação de registro de candidatura (LC nº 64/90, arts. 3º ao 17); (iv) ação de investigação judicial eleitoral por abuso de poder (LC nº 64/90, arts. 19 e 22); (v) ação de impugnação de mandato eletivo (CF/88, art. 14, §§10 e 11); (vi) ação de desfiliação partidária. Além das tradicionais ações e pleitos com aplicação válida, também, na seara eleitoral, como ação rescisória (CPC/15, art. 994 ss.); tutelas provisórias (CPC/15, art. 300); mandado de segurança (CF/88, art. 5º, LXIX e Lei nº 12.016/09) e *habeas corpus* (CF/88, art. 5º, LXVII).

Considerando que há uma indiscutível imprecisão terminológica no que se refere ao *nomen iuris* das ações eleitorais. Para fins didáticos, será adotado o termo "Representação ou Reclamações" para ações relativas ao descumprimento da Lei nº 9.504/97; ao passo que a titulação específica de ação para as demais espécies que foram mencionadas supra. A ação de Investigação Judicial será adotada para aquelas hipóteses previstas na Lei Complementar nº 94/90 (Lei de Inelegibilidades), as ações por captação ilícita de sufrágio, por captação ou gastos ilícitos de campanha e por condutas vedadas previstas na Lei nº 9.504/97.

Isso posto, para que as respectivas controvérsias e questões sejam devidamente resolvidas, incumbe que sejam interpostas perante o órgão competente do Judiciário, de acordo com a sua seara de atuação. A Lei nº 13.165/2015 incluiu o art. 96-B na Lei nº 9.504/97, consubstanciando uma nova espécie de conexão, haja vista que não é alicerçada na mesma causa de pedir ou pedido. As ações eleitorais, mesmo propostas por partes diversas, mas baseadas sobre o mesmo fato, devem ser reunidas para processamento e julgamento, sendo competente para apreciá-las o juiz ou relator que tiver recebido a primeira ação. O objetivo dessa disposição foi o de evitar decisões conflitantes e, ao mesmo tempo, dar uma maior segurança ao resultado das urnas, impedindo que as brigas judiciais perdurem por elastério imponderável.

Questão que despertará controvérsias é a definição das exatas linhas do suporte fático. Seus contornos têm que ser estabelecidos pelas causas que provocaram o ilícito eleitoral, deixando de lado as circunstâncias que não são elementares do tipo eleitoral ou que não apresentem gravidade. Inclusive, as causas que embasam a perpetração do ilícito englobam as circunstâncias de menor monta, sem que haja necessidade da abertura de processos diferentes. Entretanto, todos os elementos fáticos relevantes têm que ser analisados para serem protegidos pela autoridade da coisa julgada material.

Tem-se que o ajuizamento de ação eleitoral por candidato ou partido político não impede ação do Ministério Público no mesmo sentido, afinal, tal qual assinalado pelo Tribunal Superior Eleitoral, não existe litispendência entre as ações eleitorais, ainda quando fundadas na mesma situação de fato, posto que se trate de ações autônomas (art. 96-B, §1º, da Lei nº 9.504/1997).[749]

Uma vez proposta ação sobre o mesmo fato cuja decisão em demanda primogênita ainda não transitou em julgado, será ela apensada ao processo anterior na instância em que ele se encontrar, figurando a parte como litisconsorte no feito principal (art. 96-B, §2º, da Lei nº 9.504/1997). Ademais, se proposta ação sobre o mesmo fato apreciado em outra cuja decisão já tenha transitado em julgado, não será ela conhecida pelo juiz, ressalvada a apresentação de outras provas (art. 96-B, §3º, da Lei nº 9.504/1997). Quando houver uma nova prova, seja porque não foi utilizada no momento oportuno, seja porque apareceu posteriormente, passa a existir uma modificação da questão fática, possibilitando a impetração de novas ações, obviamente, se ainda houver tempo hábil para tanto.

Essa nova cominação acarreta algumas dificuldades, por exemplo, quando os ritos forem diversos, qual seria o procedimento a ser seguido? A indicação é a escolha do procedimento que apresenta uma melhor instância probatória, que é o rito disposto no art. 3º da Lei Complementar nº 64/90. E se, mesmo obedecendo ao mesmo rito, as fases processuais de uma estiver no início e o da outra estiver no seu término? Nesse caso, a melhor solução seria não apensar as ações, sob pena de cerceamento de defesa, mas permitir a utilização das provas produzidas na demanda inicial. Se as ações estiverem em instâncias diversas, como uma na fase inicial e a outra em grau de recurso, o apensamento se configura em ato teratológico, pois implicará nítida supressão de instância.

Quanto à questão probatória, a Lei nº 13.165/2015 expungiu qualquer tipo de tergiversação ao explicitar que a prova testemunhal singular, sem amparo em outros elementos probatórios, não pode

---

[749] AgR-AI nº 2.349-21.

fundamentar uma decisão para a condenação do réu com a perda de mandato (art. 368-A do Código Eleitoral). Houve uma atecnia legislativa, pois a expressão utilizada foi a de que a prova não seria aceita no processo, quando na verdade aceita ela deve ser porque não se trata de prova ilícita, mas ela não tem respaldo, isoladamente, para ocasionar a perda de mandato de um representante popular. Muito bem-vinda essa alteração, na medida em que garante uma maior estabilidade à vontade popular, que não pode ser cerceada, a não ser balizada em provas tautológicas de que a vontade popular foi alienada de sua vontade.

No Direito Eleitoral, os prazos são contínuos e peremptórios. Portanto, eles nem se suspendem nem se interrompem, da mesma forma que, uma vez perdidos, não podem ser substituídos. Porém, se o Juiz Eleitoral não cumprir os prazos estabelecidos pela legislação eleitoral, pode o candidato, partido ou coligação representá-lo perante o respectivo Tribunal Regional Eleitoral.

Como reflexo do Código de Processo Civil, todas as decisões do Direito Eleitoral devem ser fundamentadas, abrangendo todos os argumentos trazidos pelas partes. Dessa forma, há uma maior transparência das decisões e impedem-se silogismos viciosos em que se parte de fundamentações secundárias para denegar o pedido, enquanto deixam as fundamentações principais sem nenhuma refutação. Antes mesmo dessa imposição, o Tribunal Superior Eleitoral já asseverava que há violação ao art. 275, II, do Código Eleitoral, que trata da admissibilidade dos embargos de declaração em caso de omissão em ponto que o órgão julgador deveria se pronunciar, e ao art. 93, IX, da Constituição Federal, que verbera o dever de fundamentação das decisões, quando o tribunal, devidamente provocado, não se manifestar sobre ponto relevante para o deslinde da controvérsia, abstraindo-se de apresentar os fundamentos utilizados para a formação do seu convencimento.[750]

Cabe registrar que as regras gerais do Código de Processo Civil são aplicáveis ao processo eleitoral, de forma supletiva, no que serve para colmatar omissões, ou de forma subsidiária, no que ajuda o processo eleitoral na sua busca pela cristalização da vontade dos eleitores (art. 15 do CPC). Ademais, a aplicação deve ser realizada quando não houver afrontas às particularidades do processo eleitoral, que prima pela celeridade e ostenta a preponderância de proteção a um interesse

[750] Recurso Especial Eleitoral nº 399-48/SC. Ação Cautelar nº 73-41/SC. Relator: Ministro Henrique Neves da Silva.

público indelével, qual seja, a soberania popular. Permitir, por exemplo, a regularização dos vícios processuais no prazo de 15 dias implicaria autorizar que a procuração só viesse aos autos depois da decisão, esta que, em alguns casos, deve ser proferida no prazo de 1 dia, o que demonstra que nem sempre a ritualística processual civil pode ser utilizada.[751]

Nesse ínterim, à aplicação, diante da omissão do legislador, de determinadas regras e institutos ao processo eleitoral é necessária uma prévia análise de sua adequação e compatibilidade com as normas postas.[752] Havendo norma expressa na legislação eleitoral, não tem aplicação subsidiária o Código de Processo Civil.[753] Não obstante, urge explicitar que a aplicação supletiva do Código de Processo Civil, ante a falta de previsão legal específica, não afasta a incidência da norma do Código Eleitoral pertinente aos recursos, desde que não tenham sido revogadas pelos atuais *standards* do ordenamento jurídico.

12.1 Ação de investigação judicial eleitoral (AIJE)

A ação de investigação judicial eleitoral tem por objetivo impedir e apurar a prática de atos que possam afetar a igualdade dos candidatos em uma eleição, como, nos casos de abuso do poder econômico, abuso do poder político, utilização indevida dos veículos e dos meios de comunicação social, conduta vedada, captação ilícita de sufrágio ou ilicitude de valores econômicos arrecadados, impondo-se como sanção a denegação do registro ou a cassação do diploma e a imposição de inelegibilidade por oito anos, a contar da eleição em que os atos foram realizados, ou seja, a partir de outubro do ano eleitoral.[754] Seu procedimento está previsto no art. 22 da Lei das Inelegibilidades (Lei Complementar nº 64/1990).

Não foi feliz o legislador na terminologia utilizada, tendo em vista haver a impressão de que se trata de procedimento de investigação, com as peculiaridades de um procedimento inquisitorial. Parece

---

[751] Rp nº 1.437-21/DF, Rel. Min. Henrique Neves.

[752] "A aplicação subsidiária do Código de Processo Civil somente é possível se não houver disciplina da matéria pela Lei Eleitoral" (Agravo Regimental em Recurso Especial Eleitoral nº 31.116, Acórdão de 06.10.2008, Rel. Min. Marcelo Henriques Ribeiro de Oliveira, Publicação: PSESS – Publicado em Sessão, Data 06.10.2008).

[753] Recurso em Mandado de Segurança nº 146, Acórdão de 28.11.2000, Rel. Min. Jacy Garcia Vieira, *DJ* 23.02.2001, p. 328, *RJTSE* v. 12, t. 3, p. 21.

[754] Extraído do Glossário Eleitoral do TSE, disponível em: www.tse.jus.br.

tratar-se de um procedimento administrativo, tal qual estava regulamentado no art. 237, §2º, do Código Eleitoral. Mas sua taxonomia é de uma verdadeira ação, regulamentada com todos os apanágios exigidos pelo direito adjetivo.

Trata-se de processo de conhecimento cuja finalidade é a provocação da atividade jurisdicional competente com o intuito de obter uma sentença constitutiva negativa e de efeito sancionatório. Assim, esse tipo de ação apresenta-se com carga decisória de consistência desconstitutiva, nos casos de denegação de registro ou de cassação de diploma; além de declarar a inelegibilidade de oito anos de todos aqueles que contribuíram para a prática do ato. A pena de multa pode ser acessória em alguns casos,[755] como na captação ilícita ou conduta vedada, inexistindo em outras hipóteses de AIJE, por ausência de previsão legal, como na do art. 30-A, que trata da captação ilícita de arrecadação e gastos de campanha.[756]

A vigência da Lei Complementar nº 135/10, alterando o art. 22, XIV e XV, da Lei Complementar nº 64/90, determinou que não há necessidade de ajuizamento de uma segunda ação eleitoral dirigida à efetivação da cassação do diploma. Antes, discutia-se a necessidade de, depois de ajuizada AIJE, exigir a propositura de recurso contra a expedição de diploma, a fim de que fosse cassado o diploma, posto que a sentença na AIJE não tinha o poder de efetivar a cassação, apesar de poder determiná-la.

A ação em espécie presta-se a evitar algumas condutas consideradas como perniciosas ao Direito Eleitoral, tais como: captação ilícita de sufrágio; uso indevido, desvio ou abuso de poder econômico, político e autoridade; utilização indevida de veículos; utilização indevida de meios de comunicação; captação ilícita de arrecadação e gastos de campanha; e condutas vedadas. Denote-se que a sua finalidade será sancionar essas figuras típicas, utilizando-se de um procedimento que garanta o contraditório e a ampla defesa. Assim, o objetivo da ação é reprimir o abuso de poder, em qualquer de suas espécies, com o escopo de garantir a normalidade e legitimidade das eleições.

Saliente-se que o nexo de causalidade entre a influência das condutas impugnadas e o pleito eleitoral é apenas indiciário, sendo desnecessária a demonstração, de plano, de que os atos praticados foram

755 AgR – AI nº 51.527/MG. Rel. Min. Luciana Christina Guimarães Lóssio. Julg.: 25.10.2014.

756 RP nº 4.759.2006 – TRE-MG – Rel. Tiago Pinto – DJ-MG 19.04.2008.

determinantes ao resultado do pleito. A demonstração da probabilidade de que os atos foram desproporcionais é suficiente.[757] Não se exige mais a atestação da potencialidade no resultado das eleições, mas a aferição da gravidade, conceito que independe da sentença extraída das urnas.

Possuem legitimidade ativa para ensejá-la o partido político, a coligação, candidato ou o Ministério Público. Importante destacar que essa legitimidade ativa é concorrente, podendo cada um dos elencados propô-la de forma individual ou em litisconsórcio ativo facultativo. Ademais, é importante explicitar que o mero eleitor não é parte legítima para ajuizar pedido de abertura de investigação judicial, considerados os limites impostos pela Lei das Inelegibilidades.[758]

Já no polo passivo da AIJE, deve constar partido político, coligação, candidato, autoridades ou qualquer cidadão que haja contribuído para o ato. Nesse último caso, a Lei Complementar nº 64/90, em seu inciso XIV engloba todos aqueles que não são candidatos, desde que ostentem uma relação de causalidade, tendo praticado determinada conduta tipificada ou tenham contribuído de alguma forma para sua realização. Sendo assim, configurada essa hipótese, há a formação de litisconsórcio passivo necessário, entre o candidato e o cidadão que realizar a conduta descrita como ilícita.

Ademais, no que tange à formação de litisconsórcio entre o candidato e todos aqueles que teriam contribuído ao ilícito, tem-se por não obrigatório, conforme precedente do TSE.[759] A obrigatoriedade reside apenas naqueles réus que cometeram a conduta típica delineada, ocupando papel preponderante para a realização do ilícito. Todavia, se o processo contiver vários réus, para evitar procrastinações despiciendas, ele pode ser fracionado em mais de uma ação, sendo, inclusive, de melhor estratégia para obter uma maior celeridade.

Ainda, com relação à formação do litisconsórcio passivo, explicite-se que há necessidade inexorável de citação do Vice no processo de investigação judicial eleitoral. A Egrégia Corte Eleitoral consolidou que nas ações eleitorais em que é prevista a pena de perda de registro ou de diploma há litisconsórcio passivo necessário entre o titular e o

---

[757] RO nº 1.460. Rel. Min. Marcelo Henriques Ribeiro de Oliveira. Ac. de 22.09.2009. DJe Data 15.10.2009; Ac. nº 1.362/PR. Rel. designado Min. Carlos Ayres Brito. *DJe* de 6.04.2009.

[758] Embargos de Declaração em Representação nº 317.632, Acórdão de 09.08.2011, Rel. Min. Fátima Nancy Andrighi, *DJe* 24.08.2011, p. 21/22.

[759] Ação Cautelar nº 1.762-57/RS. Relator: Ministro Henrique Neves da Silva.

Vice, dada a possibilidade de este ser afetado pela eficácia da decisão.[760] Caso não tenha havido a citação do Vice, o processo deve ser anulado de maneira inexorável, pois ele também sofre as consequências da ilicitude praticada, havendo, em razão desse fato, interesse pelo desfecho da causa.

No que tange à sanção de inelegibilidade, tratando-se de pedido isolado de declaração de inelegibilidade, inviabiliza-se a regra de litisconsórcio passivo necessário, haja vista que estar inelegível é condição personalíssima.[761]

A AIJE deve ser dirigida ao juízo que possua competência, dessa forma, o TSE é competente ao ajuizamento da AIJE contra candidatos à presidência e Vice-presidência; contra candidatos aos cargos de Senador, Governador, Vice-Governador, Deputado Federal, Deputado Estadual e distrital, a instância competente reside nos TREs; para as eleições municipais, contra Prefeitos e Vice-Prefeitos, a competência é do Juiz Eleitoral específico.

É de bom alvitre ressaltar que o interessado pode renovar a ação de investigação judicial eleitoral perante o juízo competente desde que apresente fatos, indícios, circunstâncias e fundamentos novos em relação aos que já foram analisados anteriormente.[762]

Com relação aos *dies ad quem* para a interposição da ação de investigação judicial eleitoral, o prazo para o ajuizamento da referida ação dependerá da hipótese de incidência, a qual se vincula, de modo que: (i) se for decorrente de conduta vedada, o termo final para interposição será a data da diplomação, tendo o campo temporal de incidência a depender de cada conduta vedada – cabendo, inclusive, antes do registro de candidatura, se tiver nítida relação com a eleição; (ii) se for decorrente de abuso de poder econômico, político ou por uso indevido dos veículos e meios de comunicação, o termo final será a data da diplomação, com campo temporal de incidência a depender do momento de concretização de cada conduta abusiva, podendo, também, ocorrer antes do registro, desde que tenha o ato impugnado repercussão

---

760 Agravo Regimental em Agravo de Instrumento nº 254.928, Acórdão de 17.05.2011, Rel. Min. Arnaldo Versiani Leite Soares, *DJe* 12.08.2011, p. 54. No mesmo sentido, AGR-RESPE nº 462.673.364. Rel. Min. Cármen Lúcia, 17.02.2011.

761 ESMERALDO, Elmana Viana Lucena. *Processo Eleitoral*: sistematização das ações eleitorais. 2. ed. São Paulo: Mizuno, 2012, p. 311; GOMES, José Jairo. *Direito Eleitoral*. 7. ed. São Paulo: Atlas, 2011, p. 460.

762 Agravo Regimental em Representação nº 321.796, Acórdão de 07.10.2010, Rel. Min. Aldir Guimarães Passarinho Junior, *DJe*, Tomo 229, 30.11.2010, p. 7-8.

no período eleitora; (iii) se for decorrente de captação ilícita de sufrágio, a jurisprudência e a doutrina não eram pacíficas no que concerne à determinação desse prazo, ora pendendo para o lapso temporal da diplomação, ora para prazo diferente. Contudo, com a intenção de dirimir dúvidas quanto ao prazo para sua impetração, impôs-se prazo decadencial da diplomação para sua interposição (art. 41-A, §3º, da Lei nº 9.504/97). Portanto o termo final será a data da diplomação, tendo como campo de incidência o período do registro da candidatura, até o dia das eleições e, por fim, (iv) se for decorrente de captação ilícita de recursos e gastos eleitorais, o termo final será 15 (quinze) dias após a diplomação, o campo temporal de incidência alcança fatos que possam afetar a eleição, caso ocorram antes do registro, até a data das eleições.

12.1.1 Causas

Os casos que ensejam a AIJE são:

a) *abuso de poder político ou de autoridade*. Como já se teve a oportunidade de explanar alhures, o abuso do poder político, para fins eleitorais, dá-se mediante a utilização abusiva do *munus* público, influenciando o eleitorado com o intuito de obter votos para determinado candidato. O abuso de poder político, além de afrontar os limites da legislação eleitoral, constitui acinte direto à principiologia constitucional da Administração Pública, à democracia e ao princípio republicano.[763]

Esse tipo de abuso materializa-se pela utilização de prerrogativas auferidas no exercício da função pública para a obtenção de votos, podendo ser empregado de forma explícita ou implícita, olvidando-se, por esse meio, do princípio da isonomia, que é alicerce do regime democrático. Sustenta André Ramos Tavares que, para haver configuração de abuso de poder político, não há necessidade de que o agente público se envolva diretamente nas eleições, sendo-lhe possível realizar o ilícito por intermédio de outra pessoa.[764] É o que ocorre quando há ameaça de exoneração de servidores que não se engajarem em determinada campanha.[765] São várias as facetas do abuso de poder

[763] ALVIM, Frederico Franco. *Manual de direito eleitoral*. Belo Horizonte: Fórum, 2012. p. 413.

[764] TAVARES, André Ramos. Princípios constitucionais do processo eleitoral. *In*: TAVARES, André Ramos; AGRA, Walber de Moura; PEREIRA, Luiz Fernando. *O direito eleitoral e o novo código de processo civil*. Belo Horizonte: Fórum, 2016. p. 34.

[765] Recurso Especial Eleitoral nº 17879, Acórdão, Relator(a) Min. Jorge Mussi, Publicação: *DJE – Diário de justiça eletrônico*, Data 16.12.2019, Página 77. RECURSO ESPECIAL. ELEIÇÕES 2016.

político, no que a hipótese mais comum é a da proliferação de programas assistencialistas com o cerne de cooptar votos para o pleito eleitoral.[766] A contratação exacerbada de servidores temporários às vésperas do período vedado em ano eleitoral também consubstancia prática de abuso de poder político.[767]

PREFEITO. AÇÃO DE INVESTIGAÇÃO JUDICIAL ELEITORAL (AIJE). ABUSO DE PODER POLÍTICO E ECONÔMICO. PRELIMINARES. OMISSÕES. ILICITUDE DE GRAVAÇÃO AMBIENTAL. REJEIÇÃO. TEMA DE FUNDO. REUNIÕES. HORÁRIO DE EXPEDIENTE. AMEAÇA. PERDA. CARGO. PROVAS ROBUSTAS. GRAVIDADE CONFIGURADA. DESPROVIMENTO. A moldura fática dos arestos evidencia que os vencedores do pleito majoritário e a Secretária de Assistência Social realizaram duas reuniões com servidores públicos, em horário de expediente, nas vésperas das convenções partidárias, exigindo seu engajamento na campanha e também de amigos e familiares, sob ameaça de perda dos respectivos cargos comissionados em caso de derrota, configurando-se assim abuso de poder político (Recurso Especial Eleitoral nº 17879, Acórdão, Relator(a) Min. Jorge Mussi, Publicação: *DJE – Diário de justiça eletrônico*, Tomo 197, Data 10.10.2019, Página 18/19).

766 ELEIÇÕES 2016. AGRAVO INTERNO EM RECURSO ESPECIAL. AIJE. VEREADOR. ABUSO DO PODER POLÍTICO. ASSISTENCIALISMO DE CUNHO ELEITORAL, COM DESVIO DE FINALIDADE. RECONHECIMENTO PELO TRE/RJ, COM BASE NO ART. 22, XIV E XVI, DA LC Nº 64/1990. CASSAÇÃO DE DIPLOMA E DECRETAÇÃO DE INELEGIBILIDADE. OFENSA AOS ARTS. 275 DO CE; 489 E 1.022 DO CPC 2015; E 93, IX, DA CF. INEXISTÊNCIA. PRETENSÃO DE REEXAME. INVIABILIDADE. ENUNCIADO SUMULAR Nº 24 DO TSE. DISSÍDIO JURISPRUDENCIAL. ANÁLISE PREJUDICADA. FUNDAMENTOS DA DECISÃO AGRAVADA NÃO AFASTADOS. NEGADO. Constou do aresto regional que o mosaico probatório demonstra, de forma contundente, que a ora agravante se aproveitou do cargo político por ela ocupado na Câmara de Vereadores do Município de São Gonçalo/RJ para montar sua plataforma eleitoral, voltada às eleições de 2016, mediante o desenvolvimento de práticas assistencialistas por meio de centro social que tinha como único objetivo intermediar a realização de serviço público e, dessa forma, cooptar votos para o pleito então vindouro (Recurso Especial Eleitoral nº 79329, Acórdão, Relator(a) Min. Og Fernandes, Publicação: *DJE – Diário de justiça eletrônico*, Tomo 239, Data 12.12.2019, Página 38).

767 ELEIÇÕES 2016. AGRAVO REGIMENTAL. RECURSO ESPECIAL ELEITORAL. AÇÃO DE INVESTIGAÇÃO JUDICIAL ELEITORAL. PREFEITO E VICE-PREFEITO. ART. 28, §4º, DO CE. JULGAMENTO REALIZADO COM O QUÓRUM POSSÍVEL. INEXISTÊNCIA DE NULIDADE. ART. 275 DO CE E ART. 1.022 DO CPC. AUSÊNCIA DE VÍCIOS NO ACÓRDÃO REGIONAL. LITISCONSÓRCIO PASSIVO NECESSÁRIO. SECRETÁRIOS MUNICIPAIS. MEROS MANDATÁRIOS. ARTS. 268 E 270 DO CÓDIGO ELEITORAL. JUNTADA DE DOCUMENTOS NA FASE RECURSAL. NECESSIDADE DE QUE SE COMPROVE QUE SE TRATA DE DOCUMENTOS NOVOS. INADMISSÍVEL A JUNTADA DE DOCUMENTOS PRÉ-EXISTENTES. APLICAÇÃO DO ART. 435, PARÁGRAFO ÚNICO, DO CPC. MÉRITO. MASSIVA CONTRATAÇÃO DE SERVIDORES TEMPORÁRIOS NO ANO ELEITORAL. GRANDE NÚMERO DE CONTRATAÇÕES NA VÉSPERA DO INÍCIO DO PERÍODO VEDADO. ABUSO DE PODER POLÍTICO. CASSAÇÃO DOS MANDATOS. DECISÃO MANTIDA. AGRAVO A QUE NEGA PROVIMENTO. 1. No mérito, os agravantes contrataram 2.730 servidores temporários no ano eleitoral, sendo que destes, 640 foram contratados no dia 1º de julho de 2016, às vésperas do início do período vedado, revelando a prática de abuso de poder político dotada de gravidade suficiente para ensejar a cassação dos mandatos eletivos e a declaração de inelegibilidade do primeiro agravante, prefeito de Moju à época e candidato à reeleição. 8. A moldura fático-probatória delineada no acórdão regional não viabiliza conclusão diversa da que chegou a Corte de origem, de modo que a modificação do julgado, a fim de acolher os argumentos recursais do ora agravante, no

A título exemplificativo, ainda pode-se citar a hipótese em que determinado Prefeito, valendo-se da sua posição na Administração Pública, convoca reuniões de caráter meramente administrativo, porém com a finalidade de convencer os servidores públicos a votarem em parente ou cônjuge.[768] Assim como também, na situação em que determinado pré-candidato a pleito eleitoral vindouro, valendo-se do seu cargo de secretário de comunicação municipal, beneficia-se com a publicação de matérias a seu respeito em jornais e revistas. A utilização indevida de veículos estatais, com finalidade particular em detrimento da função pública do bem, cumpre delimitar a conduta em comento, quando, por exemplo, determinado agente público utiliza-se de frota estatal, seja ela própria ou terceirizada, ou quando agentes privados utilizam veículos públicos para realizar transporte ilegal de indivíduos. Como ilustração, menciona-se a utilização de carros e motoristas pagos com o dinheiro público, em período eleitoral, na locomoção de eleitores carentes que residem na zona rural para se consultarem com um médico na cidade, em troca de votos;[769]

b) *abuso de poder econômico*. Já o abuso de poder econômico na seara eleitoral, consiste na concessão de vantagens e benefícios a eleitores com nítido objetivo eleitoreiro. Há uma exacerbação de meios materiais que apresentam conteúdo econômico para captar o voto de forma ilícita. Esse tipo de abuso consiste no ato de impor à competitividade eleitoral, mediante o manuseio de recursos econômicos, a captação do eleitorado para o projeto político encampado pelo poder econômico, alquebrando a liberdade de escolha dos cidadãos.[770] É a utilização do

---

sentido da não caracterização do abuso de poder político, resvalaria no reexame dos fatos e provas dos autos, providência que esbarra no óbice plasmado no enunciado de Súmula nº 24/TSE. 9. Agravo interno desprovido (Recurso Especial Eleitoral nº 41514, Acórdão, Relator(a) Min. Edson Fachin, Publicação: *DJE – Diário de justiça eletrônico*, Tomo 228, Data 27.11.2019, Página 22).

768 TSE, Recurso Ordinário nº 1.526, 09.06.2009, Rel. Min. Marcelo Henriques Ribeiro de Oliveira.

769 TSE, Recurso Ordinário nº 1.460, 22.09.2009, Rel. Min. Marcelo Henriques Ribeiro de Oliveira.

770 "Consoante a jurisprudência desta Corte Superior, o abuso de poder econômico ocorre pelo uso exorbitante de recursos patrimoniais, sejam eles públicos ou privados, de forma a comprometer a isonomia da disputa eleitoral e a legitimidade do pleito em benefício de determinada candidatura. Precedentes. A apreensão, às vésperas do pleito, de elevado valor em espécie, após denúncias do crime de corrupção eleitoral (art. 299 do Código Eleitoral), com anotações de campanha e recibos de transferências bancárias, sem que os agravantes tenham apresentado justificativas e provas consistentes quanto à origem e ao destino desses recursos, leva ao abuso de poder econômico e ao "caixa dois", com gravidade suficiente para macular a legitimidade do pleito, ainda mais em se tratando de município pequeno, que nas Eleições 2016 teve 1.710 votos válidos e diferença de apenas 148 em favor dos vencedores

poder econômico destoando dos parâmetros legais, amparando-se na força dos recursos monetários para influenciar a coletividade de forma ilegítima.[771]

O abuso de poder econômico é ato de emprego abusivo de potencial material, em violação ao estabelecido no sistema legal, devendo existir, para tal, conexão com o período de campanha eleitoral, dirigindo-se ao beneficiamento ilegítimo de candidato, partido ou coligação, sendo premente atestar-se a gravidade das circunstâncias que o caracterizam. É uma ilicitude que exige pressupostos fáticos quantitativo e qualitativo.[772]

Com efeito, para a devida atestação do abuso de poder econômico, é necessária a demonstração da gravidade do fato, com nítida potencialidade para desequilibrar o resultado do pleito.[773] No entanto, é importante ressaltar que não se evidencia a indispensável gravidade apta a desequilibrar o pleito no que concerne à realização de algum evento assistencial realizado há mais de um ano antes da eleição.[774] Ainda cumpre explicitar que, em sede de ação de investigação judicial eleitoral, não é necessário atribuir ao réu a prática de uma conduta ilegal, sendo suficiente a procedência da ação ou mero benefício eleitoral angariado com o ato abusivo e o seu conhecimento explícito ou tácito. Como, por exemplo, importa citar os casos de utilização exacerbada de recursos financeiros para realização de compra de apoio político;[775]

c) *utilização indevida de meios e dos veículos de comunicação*. Joel J. Cândido estabelece que essa causa ensejadora da AIJE configura-se quando há o uso de qualquer veículo de comunicação, cujo conteúdo não fora previamente autorizado por lei ou por resolução da Justiça

---

da disputa (Recurso Especial Eleitoral nº 105717, Acórdão, Relator(a) Min. Jorge Mussi, Publicação: *DJE – Diário de justiça eletrônico*, Tomo 240, Data 13.12.2019, Página 41-42).

771 PELEJA JÚNIOR, Antônio Veloso; BATISTA, Fabrício Napoleão Teixeira. *Direito eleitoral:* aspectos processuais. 3. ed. Curitiba: Juruá, 2014. p. 182.

772 "Para se caracterizar o abuso de poder, impõe-se a comprovação, de forma segura, da gravidade dos fatos imputados, demonstrada a partir da verificação do alto grau de reprovabilidade da conduta (aspecto qualitativo) e de sua significativa repercussão a fim de influenciar o equilíbrio da disputa eleitoral (aspecto quantitativo). A mensuração dos reflexos eleitorais da conduta, não obstante deva continuar a ser ponderada pelo julgador, não se constitui mais em fator determinante para a ocorrência do abuso de poder, sendo agora revelado, substancialmente, pelo desvalor do comportamento" (AIJE nº 0601864-88/DF, Rel. Min. Jorge Mussi, *DJe* de 25.9.2019).

773 TSE, Agravo Regimental em Recurso Especial nº 35.316, de 15.09.2009, Rel. Min. Arnaldo Versiani Leite Soares.

774 TSE, Recurso Ordinário nº 1.411, de 23.09.2008, Rel. Min. Carlos Eduardo Caputo Bastos.

775 TSE-RS – REspe nº 19847 – Crissiumal/RS – DJe 4.3.2015.

Eleitoral, em todo o período de campanha, favorecendo partido político, coligação ou candidato.[776] Com efeito, o TSE consagrou entendimento de que para se reconhecer o uso indevido de meios de comunicação social é necessário verificar sua gravidade para prejudicar a lisura das eleições e o equilíbrio da disputa eleitoral.[777] Sendo assim, a gravidade somente se revela quando demonstrado que as dimensões das práticas abusivas são suficientes à quebra do princípio da isonomia, em desfavor dos candidatos que não se utilizam dos mesmos recursos. Encaixa-se nessa causa a maciça divulgação de matérias elogiosas a pré-candidatos em diversos jornais e revistas, sem proporcionar aos concorrentes idêntico espaço, bem como a utilização de periódico de grande circulação na circunscrição, com expressiva tiragem, que, ao longo de vários meses, desgasta a imagem do adversário, inclusive falseando a verdade.[778] Assim, preconiza-se que a caracterização da espécie decorre da exposição massiva de candidato nos meios de comunicação em detrimento de outros, afetando a legitimidade e normalidade do pleito;[779]

d) *conduta vedada*. Na lição de Djalma Pinto, conduta vedada é toda aquela que, descrita em lei, é praticada por agente público, servidor ou não da Administração Pública direta, indireta ou fundacional, que utiliza a máquina administrativa a serviço de candidatura, comprometendo a normalidade do processo eleitoral.[780] Ademais, encontram-se dispostas na Lei nº 9.504/1997 (Lei das Eleições), elencadas nos arts. 73 e seguintes. Para se comprovar a prática de conduta vedada prescrita na lei supracitada, faz-se necessário que as provas sejam robustas e incontestes. Caracteriza-se na hipótese de conduta vedada do art. 73, IV, da Lei nº 9.504/1997, ou seja, quando há uso promocional, em favor de candidato, partido político ou coligação, de distribuição gratuita de bens e serviços de caráter social custeados ou subvencionados pelo Poder Público, situação em que determinado Prefeito participe de eventos para a entrega de material de construção com o escopo de promover a candidatura de parente ou cônjuge.[781] Por outro lado, também

---

776 CÂNDIDO, Joel José. *Direito Eleitoral brasileiro*. 14. ed. rev. atual. e ampl. Bauru: Edipro, 2010, p. 142.

777 RO nº 763, Rel. Min. Carlos Madeira, *DJ* 03.05.2005; RO 781, Rel. Min. Peçanha Martins, *DJ* 24.09.2004; RO nº 692, Rel. Min. Carlos Madeira, *DJ* 04.03.2005.

778 Ac. de 3.02.2015 no REspe nº 93.389, Rel. Min. Luciana Lóssio.

779 Ac. de 11.03.2014 no AgR-REspe nº 34.915, Rel. Min. Dias Toffoli.

780 PINTO, Djalma. *Direito Eleitoral*. 5. ed. São Paulo: Atlas, 2010, p. 244-245.

781 Agravo Regimental em Recurso Ordinário nº 596.141, Acórdão de 01.07.2011, Rel. Min. Fátima Nancy Andrighi, *DJe* 08.08.2011, p. 69.

tipifica-se na espécie aventada situação em que Prefeito candidato à reeleição, por meio da utilização da máquina administrativa, promova a distribuição de cartas pedindo votos a alunos de determinado estabelecimento de ensino, incidindo, assim, nos casos ventilados pelo art. 73, I e II, da Lei nº 9.504/1997;[782]

e) *captação ilícita de* sufrágio. A partir da vigência da Lei nº 9.840/1999, que acrescentou o art. 41-A na Lei das Eleições, trazendo a hipótese de captação ilícita de sufrágio. Sendo assim, por força do referido artigo, constitui captação de sufrágio o candidato doar, oferecer, prometer, ou entregar, ao eleitor, com o fim de obter-lhe o voto, bem ou vantagem pessoal de qualquer natureza, inclusive emprego ou função pública, desde o registro da candidatura até o dia da eleição. Pressupõe o contato direto do candidato ou terceiro, comprovadamente a ele vinculado, com o eleitor a fim de obter-lhe o voto, oferecendo bens ou promessas de emprego, por exemplo. No entanto, é importante ressaltar que somente é tipificada a captação ilícita de sufrágio quando há o contato entre candidato e eleitor, não a tipificando quando a vantagem prometida não tem a intenção de angariar voto. Importante salientar que nesta causa da AIJE basta somente a conduta abusiva para configurar ofensa ao bem jurídico tutelado, que é a livre vontade do eleitor. Ou seja, é desnecessário o pedido explícito de votos, bastando a evidência do dolo, consistente no especial fim de agir (art. 41-A, §1º, da Lei nº 9.504/1997). Como exemplo, menciona-se a distribuição de dentaduras à população carente, material de construção ou cestas básicas em troca de voto.

f) *ilicitude dos valores econômicos arrecadados*. A Lei das Eleições (Lei nº 9.504/1997), ao elencar as possíveis fontes lícitas de financiamento de campanha eleitoral, é muito clara no que tange às regras a serem observadas quanto à arrecadação e aos gastos de campanha (art. 17 e seguintes), tendo o escopo de garantir a transparência das eleições e a isonomia dos candidatos a determinado pleito. Ademais, o TSE, por meio da Resolução, estabeleceu que os recursos destinados às campanhas eleitorais são os recursos próprios dos candidatos; das doações financeiras ou estimáveis em dinheiro de pessoas físicas; das doações de outros partidos políticos e de outros candidatos; da comercialização de bens e/ou serviços ou promoção de eventos de arrecadação

---

[782] Recurso Ordinário nº 481.883, Acórdão de 01.09.2011, Rel. Min. Fátima Nancy Andrighi, *DJe*, Tomo 195, 11.10.2011, p. 42.

realizados diretamente pelo candidato ou pelo partido político; decorrentes da aplicação financeira dos recursos de campanha ; de recursos próprios dos partidos políticos, desde que identificada a origem e que sejam provenientes do fundo partidário, do fundo especial de financiamento de campanha (FEFC). Veja-se que, após o julgamento da ADI nº 4650 pelo STF, o partido político não poderá transferir para o candidato ou utilizar, direta ou indiretamente, nas campanhas eleitorais, recursos que tenham sido doados por pessoas jurídicas, ainda que em exercícios anteriores (art. 15, §2º, da Resolução nº 23.607/2019). Com efeito, numerário provindo de fontes proibidas configura-se como ilícito, ensejando a ocorrência de captação ilícita de gastos e de arrecadação, podendo ser impugnado através de AIJE. Exemplo que pode ser mencionado é o financiamento de determinada candidatura por uma fundação de natureza pública ou por pessoa jurídica. No mesmo sentido, o TSE, em julgamento de recurso ordinário interposto em processo que discutia a arrecadação e gasto ilícito de campanha cuja fonte era vedada, assinalou que evento de inauguração patrocinado por sindicato, com distribuição gratuita de bebidas, comidas, sorteio de brindes, shows artísticos e aposição de propaganda eleitoral no local, tem finalidade desvirtuada de clara promoção de candidato, além de provir de fonte vedada.[783] Um dos principais exemplos da mencionada ilicitude é a arrecadação por intermédio do denominado caixa dois, que é aquele numerário não contabilizado oficialmente, que, infelizmente corresponde a uma parte ponderável dos recursos, e dos gastos que não são contabilizados, obviamente ou porque afrontam a legislação eleitoral ou porque são provenientes de caixa dois.

12.1.2 Procedimento

A petição inicial da AIJE, formulada por qualquer dos legitimados supramencionados, deverá ser direcionada ao órgão judicial competente, sendo devidamente fundamentada e acompanhada dos meios de prova com que se pretende demonstrar a veracidade dos fatos e rol de testemunhas. Nesse sentido, a oportunidade para requerimento de produção probatória para o impetrante se concentra na petição inicial. Caso não seja realizada nesse momento determinado, exige-se que seu

[783] Recurso Ordinário nº 18.740-28/SP, Rel. Min. Nancy Andrighi, em 3.05.2012.

pedido posterior seja devidamente fundamentado, para não correr o risco de ser indeferido. O problema da indicação de novas dilações probatórias é que elas podem ter a finalidade de procrastinar o desfecho da ação.

Quem ocupa a atribuição de relator na AIJE é o magistrado denominado de corregedor, seja no Tribunal Superior Eleitoral, seja nos Tribunais Regionais Eleitorais. Em âmbito municipal, o Juiz Eleitoral competente exerce todas as funções atribuídas ao corregedor, cabendo ao representante do Ministério Público as atribuições inerentes ao seu mister. A função primordial do corregedor é dirigir as investigações, impulsionando o processo para atestar se as imputações são ou não verídicas.

O corregedor, que exerce a função de relator, ao despachar a inicial, notificará o representado do conteúdo da petição, entregando-lhe a segunda via, a fim de que, no prazo de cinco dias, apresente defesa, junte os documentos pertinentes e indique as testemunhas. A petição inicial pode ser indeferida quando não for caso de representação ou quando lhe faltar algum dos seus requisitos imprescindíveis, que estão disciplinados nos arts. 319 e seguintes do Código de Processo Civil.

Nesse momento processual o relator também pode determinar que se suspenda o ato que deu motivo ao ajuizamento da AIJE, quando for relevante o fundamento e do ato impugnado puder resultar a ineficiência da medida (art. 22, inciso I, "b", da LC nº 64/90). Ressalta-se, a esse respeito, que, nas Eleições 2022, o TSE estabeleceu compreensão no sentido de que a AIJE assume função preventiva, própria à tutela inibitória (art. 497 do CPC), de modo que, havendo indícios robustos da prática de abuso de poder, não é necessário, para que se defira a tutela de natureza inibitória, auferir a efetiva ocorrência de lesão grave aos bens jurídicos tutelados pelo art. 22 da LC nº 64/90.[784]

No caso de o magistrado competente indeferir a investigação ou retardar-lhe a solução, poderá o interessado renová-la perante o Tribunal, que resolverá dentro de 24 horas. Persistindo ainda a situação de irregularidade, pode-se levar a demanda ao conhecimento do Tribunal Superior Eleitoral, para que as medidas necessárias sejam tomadas e a inércia judiciária seja suprimida.

Como fora mencionado antes, o prazo para a apresentação da contestação é de cinco dias, concentrando-se toda a matéria pertinente

---

[784] AIJE nº 0601180-27, sob a relatoria do Ministro Benedito Gonçalves.

à defesa nesse momento processual, salvo motivo de força maior. A apresentação do rol de testemunhas deve ocorrer no momento da inicial ajuizada pelo representante e da defesa protocolada pelo representado.[785] A inquirição, por sua vez, é realizada no prazo de cinco dias, com até no máximo seis testemunhas para cada um, as quais devem comparecer independentemente de intimação. As testemunhas, sempre que possível, devem ser ouvidas, em uma única assentada, com o intuito de evitar delongas desnecessárias. O número de testemunhas pode ser extrapolado em virtude da diversidade de fatos aduzidos numa mesma relação processual, afinal, do contrário, estar-se-ia construindo cenário ao ajuizamento de demandas distintas, desconsiderando o princípio da economia processual.[786]

Após a oitiva das testemunhas, no prazo de três dias, o magistrado pode proceder a todas as diligências que determinar, *ex officio* ou a requerimento. Dentro dessas diligências, o magistrado poderá ouvir terceiros referidos pelas partes ou mais testemunhas que julgar necessário para esclarecer fatos e circunstâncias que possam influir na decisão do feito. De toda a sorte, quando qualquer documento necessário à formação da prova se achar em poder de terceiro, inclusive estabelecimento de crédito, oficial ou privado, o corregedor poderá, no prazo de três dias, ordenar o respectivo depósito ou requisitar cópias.

Encerrado o prazo da dilação probatória, as partes, inclusive o Ministério Público, poderão apresentar alegações finais no prazo comum de dois dias. Terminado o prazo para alegações, os autos serão conclusos ao corregedor, para apresentação de relatório conclusivo. O relatório do Corregedor deve ser apresentado em três dias e os autos devem ser encaminhados ao órgão competente para julgamento. Chegando ao Tribunal, o Procurador-Geral ou regional eleitoral terá vista dos autos por 48 horas, para se pronunciar sobre as imputações e conclusões do relatório.

Da decisão na ação de investigação eleitoral cabe recurso inominado das sentenças proferidas em primeira instância. Cabe recurso ordinário das decisões emanadas pelos Tribunais Regionais Eleitorais nos pleitos estaduais e cabe recurso extraordinário desde que configurados seus requisitos, das decisões do Tribunal Superior Eleitoral.

---

785 Ac. de 18.05.2006 no REspe nº 26.148, Rel. Min. José Delgado.

786 AGR em REsp nº n. 36.151. Rel. Min. Arnaldo Versiani. 04.05.2010.

Existem posicionamentos judiciais que planteiam que na AIJE as decisões interlocutórias são irrecorríveis, podendo ser impugnado o seu conteúdo no recurso a ser interposto para o Tribunal *ad quem*.[787] Todavia, se a decisão interlocutória for teratológica, provocando dano grave e de difícil reparação, pode ser impugnado por intermédio de mandado de segurança.[788] Nesse ponto, doutrina e a jurisprudência majoritárias admitem o manejo do *mandamus* contra ato judicial, pelo menos em relação às seguintes hipóteses excepcionais: "a) decisão judicial manifestamente ilegal ou teratológica; b) decisão judicial contra a qual não caiba recurso; c) para imprimir efeito suspensivo a recurso desprovido de tal atributo; e d) quando impetrado por terceiro prejudicado por decisão judicial".[789]

12.1.3 Rito prático da AIJE

1. Petição inicial ao corregedor, com documentos, rol de testemunhas (no máximo seis) e pedido de diligências. Havendo necessidade imperiosa, podem ser ouvidas mais testemunhas;
2. Indeferimento da inicial. Possibilidade de renovação: art. 22, II. Em decorrência do princípio da celeridade processual, melhor outorgar prazo para convalidação do vício;
3. Deferimento com ou sem suspensão do ato. Notificação ao requerido. Intimação do Ministério Público;
4. Defesa em cinco dias, com documentos, perícias, pedido de diligências e testemunhas;
5. Despacho. Julgamento antecipado presentes os requisitos exigidos. Abertura de instrução. Apreciação das provas pedidas. Essa apreciação não pode ser arbitrária, devendo ser adstrita às provas acarreadas;
6. Realização da instrução, em cinco dias;

---

[787] Agravo Regimental em Recurso Especial Eleitoral nº 25.386, Acórdão de 31.03.2011, Rel. Min. Aldir Guimarães Passarinho Junior, *DJe* 19.04.2011, p. 52.

[788] "[...] Na linha da jurisprudência desta Corte Superior, o mandado de segurança não é sucedâneo recursal, de modo que a impugnação de ato judicial por essa via tem caráter excepcional, cabível somente diante de situação que revele teratologia" (ED-AgR-RMS 28343, Rel. Ministro CAPUTO BASTOS, julgado em 04.03.2008, DJ – Diário da Justiça, Data 01.04.2004, Página 16).

[789] RMS 43.459/SP, Rel. Ministro Raul Araújo, Quarta Turma, julgado em 10.12.2013, DJe 03.02.2014, sem grifos no original

7. Realização de diligências determinadas ou deferidas, em três dias. Ouvida de terceiros, caso haja necessidade cabal;
8. Alegações finais, no prazo comum de dois dias para as partes e Ministério Público;
9. Conclusão, no prazo de um dia;
10. Relatório conclusivo, em três dias;
11. Remessa ao Tribunal, no dia seguinte;
12. Vistas ao Ministério Público no Tribunal, por 48 horas;
13. Julgamento pelo colegiado;
14. Recurso, em três dias.

12.2 Ação de impugnação de mandato eletivo

Assim como toda ação, a ação de impugnação de mandato eletivo (AIME) é um instrumento de ativação da jurisdição. Prevista na própria Constituição, conforme §§10 e 11 do art. 14, tem o intuito de impugnar mandato eletivo obtido mediante abuso de poder econômico, corrupção ou fraude.

A principal finalidade da AIME reside na defesa da transparência e licitude das eleições, fazendo com que o voto seja proferido de forma soberana, em defesa dos interesses do eleitor, sem sofrer a interferência de condutas que possam despi-los de sua magnanimidade. Não obstante, por ostentar tessitura constitucional, possui suas mesmas prerrogativas – supremacia, supralegalidade e imutabilidade relativa -, o que lhe garante maior densidade normativa e possibilidade de concretização, ao menos em nível teórico, aplicando-se o rito processual descrito no art. 3º da Lei Complementar nº 64/90, que é o mesmo para a ação de impugnação de registro de candidatura.[790]

Preleciona Joel J. Cândido que mesmo por estar agasalhada pela Constituição Federal, a ação de impugnação de mandato eletivo não foi inovação dos constituintes. Ela foi criação da Lei nº 7.493, de 16.06.1986, e da Lei nº 7.664, de 29.06.1988, que repetiu, de modo mais claro, a possibilidade de uso dessa ação.[791] Ao ser posta na Constituição de 1988,

---

[790] Com referência a supralegalidade de tratados internacionais, referência obrigatória é o livro do Professor Marcelo Peregrino. FERREIRA PEREGRINO, Marcelo Ramos. *O controle de convencionalidade da Lei da Ficha Limpa*: direitos políticos e inelegibilidades. Rio de Janeiro: Lumen Juris, 2016, p. 256 e ss.

[791] CÂNDIDO, Joel José. *Direito Eleitoral brasileiro*. 14. ed. rev. atual. e ampl. Bauru: Edipro, 2010, p. 264.

adquiriu o *status* constitucional, auferindo outro patamar, sobrepairando normativamente no ordenamento jurídico eleitoral.

Seu objetivo específico se destina à desconstituição da diplomação, ato que tem a função de declarar a validade de todo o procedimento ocorrido no período eleitoral, sendo através deste que a Justiça Eleitoral credencia os eleitos e os suplentes, habilitando-os a assumir determinado mandato eletivo. Tratando-se de processo de conhecimento, sua natureza é desconstitutiva, incidindo preponderantemente no diploma que legitima o exercício do mandato.

Para propor a referida ação, é necessário que o motivo desencadeante tipifique-se como abuso de poder econômico, corrupção ou fraude, não sendo possível estender o seu cabimento para a apuração de abuso do poder político *stricto sensu*.[792] No entanto, o TSE entende que há a possibilidade de cabimento de AIME quando o abuso do poder político revelar dimensão econômica.[793] Nesse caso, para ser cabível, precisa-se demonstrar nitidamente que o abuso de poder político também produziu uma exacerbação do poder econômico. Ademais, a mesma compreensão não foi deferida à apuração de prática de conduta vedada a agente público prevista no art. 73 da Lei nº 9.504/97, aduzindo-se que a AIME não é sucedânea de ação contra conduta vedada.[794] Outrossim, nos casos de ação por captação ilícita de sufrágio, inclusive, esse temário foi objeto da discussão da Ação Direta de Inconstitucionalidade nº 3.592.[795]

O abuso de poder econômico, na seara eleitoral, consiste em toda ação de abuso de recursos financeiros destinada à captação do voto de

---

792 Agravo Regimental em Agravo de Instrumento nº 214.574, Acórdão de 23.08.2011, Rel. Min. Marcelo Henriques Ribeiro de Oliveira, *DJe* 14.09.2011, p. 18.

793 AgR-AI nº 11.708/MG, rel. Min. FELIX FISCHER, DJE de 15.4.2010. Recurso Especial Eleitoral nº 138, Acórdão, Relator(a) Min. Maria Thereza Rocha de Assis Moura, Publicação: *DJE – Diário de justiça eletrônico*, Tomo 56, Data 23.03.2015, Página 33/34. Agravo Regimental em Ação Cautelar nº 3.568, Acórdão de 24.03.2011, Rel. Min. Marcelo Henriques Ribeiro de Oliveira, *DJe*, Tomo 100, 27.05.2011, p. 26.

794 AgRg no AI nº 104-66/BA. Rel. Min. Arnaldo Versiani. 18.09.2012.

795 Ação direta de inconstitucionalidade. Art. 41-A da Lei nº 9.504/1997. Captação de sufrágio. As sanções de cassação do registro ou do diploma previstas pelo art. 41-A da Lei 9.504/1997 não constituem novas hipóteses de inelegibilidade. A captação ilícita de sufrágio é apurada por meio de representação processada de acordo com o art. 22, I a XIII, da LC 64/1990, que não se confunde com a ação de investigação judicial eleitoral, nem com a ação de impugnação de mandato eletivo, pois não implica a declaração de inelegibilidade, mas apenas a cassação do registro ou do diploma. A representação para apurar a conduta prevista no art. 41-A da Lei 9.504/1997 tem o objetivo de resguardar um bem jurídico específico: a vontade do eleitor (ADI nº 3.592, rel. min. Gilmar Mendes, j. 26.10.2006, P, DJ de 2.2.2007). AI nº 660.024 AgR, rel. min. Joaquim Barbosa, j. 25.9.2012, 2ª T, DJE de 7.12.2012.

eleitor, mormente através do oferecimento de bem, serviço ou vantagem de valoração econômica, isto é, consubstancia-se na concessão de vantagens e benefícios a eleitores com nítido objetivo de vencer determinado pleito.[796] Exemplifique-se com o fornecimento de material de construção, a oferta de tratamento de saúde, o uso indevido dos meios de comunicação social, a distribuição de cestas básicas, maciça contratação de cabos eleitorais.[797]

Corrupção na expressão de Othon Sidou é devassidão, depravação, em suas diversas modalidades. Improbidade no trato de coisas públicas, na condição ativa ou passiva.[798] O Professor Manoel Gonçalves Ferreira a conceitua como decomposição, putrefação, depravação, desmoralização, devassidão, suborno ou peita, chegando até a afirmar que suas raízes se insinuam no cerne da alma humana, eis que os atos que a caracterizam se encontram ligados a uma fraqueza moral.[799] Na orbe eleitoralista, significa condutas tendentes a viciar a liberdade de sufrágio através de condutas que afrontam padrões morais estabelecidos. Assim, resta caracterizada corrupção a promessa de, caso os candidatos se elejam, assegurar a permanência de pessoas em cargos comissionados, certamente em troca de votos ou de apoio político-eleitoral.[800]

A fraude é o dolo e astúcia empregada para frustrar a liberdade de escolha dos cidadãos.[801] Configura-se como qualquer ato ardiloso, enganoso, de má-fé, com o intuito de ludibriar a vontade de livre escolha dos eleitores. São todos e quaisquer atos que empregam malícia ou ardil para enganar a vontade dos eleitores. Suscite-se que as fraudes nas eleições diminuíram substancialmente com a instituição das urnas eletrônicas, todavia, elas ainda pululam na realidade brasileira, como as tentativas de apreensão de títulos eleitorais ou o ensinamento de voto através de urnas eletrônicas adulteradas.

O Plenário do Tribunal Superior Eleitoral, por unanimidade, assentou que se enquadra no conceito de fraude, para fins de cabimento

---

796 RO nº 2.346/SC, Rel. Min. Felix Fischer, *DJe* de 18.09.2009.

797 Ac. de 13.09.2012 no REspe nº 8.139, Rel. Min. Arnaldo Versiani.

798 SIDOU, José Maria Othon. *Dicionário Jurídico da Academia Brasileira de Letras Jurídicas*. 9. ed. Rio de Janeiro: Forense Universitária, 2009, p. 232.

799 FERREIRA FILHO, Manoel Gonçalves. Corrupção e Democracia. *In*: ZILVETI, Fernando Aurelio; LOPES, Sílvia. *O regime democrático e a questão da corrupção política*. São Paulo: Atlas, 2004, p. 18.

800 Ac. de 18.12.2007 no REspe nº 28.396, Rel. Min. Arnaldo Versiani.

801 SILVA, De Plácido E. *Vocabulário jurídico*. Rio de Janeiro: Forense, 1978, p. 718. Volume II – D-I.

da ação de impugnação de mandato eletivo (art. 14, §10, da Constituição Federal), a violação do percentual de candidaturas exigido no §3º, art. 10, da Lei nº 9.504/1997, do mínimo de 30% (trinta por cento) e o máximo de 70% (setenta por cento) para candidaturas de cada gênero, consistindo na falsificação de assinaturas para o preenchimento do percentual mínimo de candidaturas previsto em lei. Dessa forma, tem-se modificado o entendimento do Tribunal Superior Eleitoral, que antes definia fraude apenas no que diz respeito ao processo de votação, passando a englobar todas as situações de fraude – inclusive a de fraude à lei – que possam afetar a normalidade das eleições e a legitimidade do mandato obtido.[802]

Assim, seja qual for a conduta praticada pelo agente, o resultado vai ser o mesmo, que é a violação à proteção da legitimidade da representação e à normalidade do pleito. Pode-se até mesmo incidir contra a vontade do eleitor, obrigando-o a se abster de votar, ao invés de sufragar um candidato de sua preferência. A fraude objeto da ação de impugnação de mandato eletivo diz respeito a ardil, manobra ou ato praticado de má-fé pelo candidato, de modo a lesar ou ludibriar o eleitorado, viciando potencialmente a eleição.[803]

São legitimados ativos para a propositura da referida ação os candidatos, os partidos políticos, as coligações e o Ministério Público. No entanto, discorda-se da possibilidade de aceitar o eleitor como parte legítima para impetrá-la. A mencionada negativa não se prende apenas a uma questão positiva, a inexistência de preceito deferindo a legitimidade, mas de uma fundamentação pragmática, haja vista que os cidadãos podem levar as informações cabíveis ao *Parquet* e este pode tomar as providências devidas. Por outro lado, essa função de vigilância pertence aos partidos políticos, que devem velar pela lisura das eleições.

Os legitimados passivos são apenas os diplomados que cometeram abuso de poder econômico ou que praticaram fraude ou corrupção no decorrer do processo eleitoral. Há necessidade de se direcionar a ação de impugnação de mandato eleitoral também contra os suplentes porque eles carregam a expectativa de assumir o mandato. Se dessa forma não for feita, o suplente pode assumir o mandato mesmo tendo cometido os gravames descritos.

---

802 Recurso Especial Eleitoral nº 149, José Freitas/PI, Rel. Min. Henrique Neves da Silva, em 4.08.2015.

803 Recurso Especial Eleitoral nº 36.643, Acórdão de 12.05.2011, Rel. Min. Arnaldo Versiani Leite Soares, *DJe* 28.06.2011, p. 54.

No caso de candidaturas ao executivo, em que o Vice pode assumir o lugar do titular, há a necessidade da formação de litisconsórcio passivo necessário entre candidatos e seus respectivos Vices, pois receberam os mesmos votos, e a lide deverá ser decidida de maneira uniforme, tendo em vista a indivisibilidade e unidade do mandato eletivo na AIME.[804] Caso os respectivos Vices não sejam intimados, o processo será nulo em razão da ausência de sua defesa e atuação na relação processual. Configurando-se os Vices como litisconsortes passivos necessários, não há como se entender que a ação possa ser considerada apenas contra o titular. Nesse caso, para Pedro Henrique Távoras Niess, a propositura da AIME dar-se-ia incompleta, pois um processo com parcela de partes não se instaura validamente se a relação jurídica processual exige mais de um réu em seu polo passivo.[805]

Com base no art. 2º, parágrafo único, I a III, da Lei Complementar nº 64/1990, art. 40, IV, e art. 215 do Código Eleitoral, a competência para o julgamento da AIME incumbe ao Tribunal Superior Eleitoral, quando se tratar de candidato a Presidente ou Vice-Presidente da República; aos Tribunais Regionais Eleitorais, quando se refere a candidato a Senador, Governador e Vice-Governador de estado e do Distrito Federal, Deputado Federal, Deputado Estadual e deputado distrital; e aos Juízes Eleitorais, quando se tratar de candidato a Prefeito, Vice-Prefeito e Vereador. Como é possível vislumbrar, a competência é definida pelo juízo da diplomação.

A AIME deverá ser proposta no prazo de 15 dias, a partir da diplomação, que ocorrerá no dia 18 de dezembro de 2020. Este prazo é de natureza decadencial, em razão da natureza constitutiva da ação, ou seja, não se admite que seja suspenso ou interrompido. Contudo, como exceção aos efeitos decadenciais sólitos, se o termo final cair em feriado ou dia em que não haja expediente forense, ele se prorroga para o primeiro dia útil seguinte.[806] No período eleitoral, por hipótese alguma, haverá prorrogação do prazo, mesmo que o termo final caia em dia feriado.

---

804 AgR em AI nº 254.928. Acórdão de 17.05.2011. Min. Rel. Arnaldo Versiani Leite Soares. *DJe* 12.08.2011.

805 NIESS, Pedro Henrique Távora. *Ação de impugnação de mandato eletivo*. Rio Grande do Sul: Edipro, 1996, p. 60.

806 Agravo Regimental em Ação Cautelar nº 428.581, Acórdão de 15.02.2011, Rel. Min. Marcelo Henriques Ribeiro de Oliveira, *DJe* 14.03.2011, p. 13/14.

12.2.1 Procedimento

O rito processual da ação de impugnação de mandato eleitoral é o procedimento descrito no art. 3º da Lei Complementar nº 64/1990 (Lei das Inelegibilidades), que também é o mesmo procedimento para a ação de impugnação de registro eleitoral.[807] O que se critica na seara eleitoralista é a existência de diversos procedimentos, sem que haja especificidades para essa diversificação. De melhor alvitre seria a redução dessa proliferação, que apenas contribui para a insegurança dos pleitos.

A petição inicial deve noticiar os fatos que justificam a respectiva perda de mandato do réu, com as devidas provas hábeis a ensejar a demanda.[808] Importante explicitar que na inicial o impugnante deve arrolar até no máximo seis testemunhas. No entanto, não se exige prova pré-constituída, apenas indícios probatórios que possam manifestar o *fumus bonis juris*; caso contrário, a instauração da ação deve ser indeferida. Como exemplo de indícios consistentes, podem ser mencionados prova testemunhal ou documental, fitas de vídeo e gravações que possam configurar abuso do poder econômico, corrupção ou fraude. Saliente-se que a prova testemunhal singular, quando exclusiva, não será aceita nos processos que possam levar à perda do mandato, conforme art. 368-A do CE, incluído pela Lei nº 13.165/2015.

Sendo assim, a petição inicial será recebida desde que municiada com as devidas provas que atestem a existência de indícios concretos. Caso contrário, ela será indeferida e ainda pode ser tipificada como litigância temerária ou de má-fé. Havendo a comprovação da má-fé na propositura da AIME, o promovente deve ser condenado em perdas e danos nos próprios autos da ação. De seu indeferimento cabe recurso, com o prazo de três dias para sua interposição.

Da data da impugnação, começa a correr o prazo de sete dias para a contestação, que deve ser munida das provas desejadas, indicando o

---

807 "No caso de abuso de poder, em sede de ação de impugnação de mandato eletivo (AIME), prevista no art. 14, §10, da CR, a utilização do procedimento da Lei Complementar 64/1990 impõe-se por construção jurisprudencial (REsp nº 25.443, Rel. Min. Humberto Gomes de Barros, *DJ* 10.03.2006; REsp nº 25.986/RR, Rel. Min. José Delgado, *DJ* 27.10.2006)" (Embargos de Declaração em Recurso Especial Eleitoral nº 28.391, Acórdão de 05.06.2008, Rel. Min. Felix Fischer, *DJ* 08.08.2008, p. 47, *RJTSE* v. 19, t. 3, p. 220).

808 "Embora não se exija prova inconcussa e incontroversa para a propositura de ação de impugnação de mandato eletivo, é necessário, conforme estabelece o art. 14, §10, da Constituição Federal, que a AIME seja instruída com provas hábeis a ensejar a demanda" (Agravo Regimental em Agravo de Instrumento nº 5.473, Acórdão de 20.06.2006, Rel. Min. Carlos Eduardo Caputo Bastos, *DJ* 28.08.2006, p. 103).

rol de testemunhas e requerimento para a produção de outras provas, inclusive daquelas que se encontrem em poder de terceiros, salvo tramitação em segredo de justiça (art. 4º da Lei Complementar nº 64/1990).

Tem o Juiz Eleitoral o prazo de cinco dias para determinar a realização das diligências necessárias, podendo ouvir novas testemunhas ou requisitar documentos ainda não solicitados. Nessa fase, o magistrado atua *ex officio*, de acordo com o princípio inquisitorial, sem ficar adstrito a pedido das partes. Com o encerramento das diligências, as partes e o Ministério Público podem apresentar alegação no prazo comum de cinco dias, elencando cada uma de suas argumentações. Apresentadas as alegações finais, os autos são conclusos para a prolação imediata da sentença, cujos efeitos também são imediatos, não sendo aplicável o art. 216 do CE, que determina que, enquanto o Tribunal Superior não decidir o recurso interposto contra a expedição do diploma, poderá o diplomado exercer o mandato em toda a sua plenitude.[809]

O recurso da sentença da AIME é o recurso inominado, no prazo de três dias, havendo legitimidade para o mandatário que teve seu mandato perdido, o seu partido ou coligação. Das decisões em sede de Tribunal Regional Estadual, o recurso cabível é o ordinário; das decisões do Tribunal Superior Eleitoral, o meio de impugnação adequado se configura no recurso extraordinário.

Ainda insta salientar que a AIME, conforme o art. 14, §11, da *Lex Mater*, deve tramitar em segredo de justiça. No entanto, o seu julgamento deve ser público, como em regra deve ser todos os pronunciamentos judiciais, para permitir que a opinião pública possa acompanhar e fiscalizar. Caso haja descumprimento dessa regra, quem a infringiu fica sujeito às sanções administrativas e penais cabíveis.

Por se tratar de uma ação constitucional, visando coibir os abusos decorrentes da deturpação do processo eleitoral e em exercício da defesa dos ideais democráticos, a ação de impugnação de mandato eleitoral, salvo no caso comprovado de litigância de má-fé, está livre de custas processuais e honorários advocatícios.

Por último, o deferimento da AIME, com a consequente desconstituição da diplomação do candidato, pode provocar uma nova eleição, sendo efeito da procedência da ação referida a anulação dos

---

[809] TSE. Roteiro de Direito Eleitoral. Disponível em: www.tse.jus.br/arquivos/. Acesso em: 03 fev. 2016. No mesmo sentido, "As decisões proferidas em sede de AIME têm efeito imediato..." (Ac. de 2.06.2011 no AgR-MS nº 60.202, Rel. Min. Aldir Passarinho Junior).

votos conferidos ao candidato cassado, uma vez indissolúvel o liame entre o mandato eletivo e o voto.[810] Com o advento da Lei nº 13.165/15, incluindo os §§3º e 4º ao art. 224 do Código Eleitoral, a possibilidade de eleições indiretas está bastante reduzida. Cristalizou-se que a decisão da Justiça Eleitoral que importe no indeferimento do registro, na cassação do diploma ou na perda do mandato de candidato eleito em pleito majoritário acarreta, após o trânsito em julgado, a realização de novas eleições, independentemente do número de votos anulados. Esse novo pleito será realizado a expensas da Justiça Eleitoral. A única possibilidade de eleição indireta acontece quando a vacância do cargo ocorrer a menos de seis meses do final do mandato. No restante das hipóteses, ela será direta.

12.2.2 Rito prático da AIME

1. Petição inicial munida de provas hábeis a ensejar a AIME, no prazo de 15 dias a contar da diplomação, arrolando no máximo seis testemunhas;
2. Recurso no prazo de três dias nos casos de indeferimento da inicial;
3. Notificação do impugnado e intimação do Ministério Público para acompanhamento da ação;
4. Contestação do réu, em sete dias, munido das devidas provas e arroladas até no máximo as seis testemunhas;
5. Requerimento para outras provas que estiverem em poder de terceiro, salvo se houver segredo de justiça. O magistrado pode ainda requerer a produção de outras provas que entender necessárias;
6. Prazo de cinco dias para juiz determinar a realização das diligências cabíveis;
7. Abertura do prazo comum de cinco dias para as alegações finais do Ministério Público;
8. Passado o prazo comum de cinco dias, deverá ser feita conclusão ao juiz para sentença;
9. Prazo de três dias para ser prolatada a decisão;

[810] MS nº 3.649. Ac. de 18.12.2007. Rel. Min. Antonio Cezar Peluso. DJe 10.03.2008.

10. Publicada a sentença, começando a fluir o prazo de três dias para interposição do recurso.

12.3 Mandado de segurança, habeas data e mandado de injunção

Na lição de Hely Lopes Meirelles, o mandado de segurança é o meio constitucional posto à disposição de toda pessoa física ou jurídica, de órgão com capacidade processual ou universalidade reconhecida por lei para a proteção de direito individual ou coletivo, líquido e certo, não amparado por *habeas corpus* ou *habeas data*, lesado ou ameaçado de lesão, por ato de autoridade coatora, seja de que categoria for e sejam quais forem as funções exercidas.[811]

Encontra-se disciplinado no inciso LXIX do art. 5º da *Lex Mater*, assim como também na Lei nº 12.016, de 07.08.2009, sendo regido subsidiariamente pelo CPC, assim como ocorre com todo procedimento especial. Malgrado a disciplina central da referente ação constitucional esteja inserida na lei supramencionada, impende ressaltar que, ao longo do tempo, várias outras normas trataram do tema e, posteriormente, sofreram eventuais mudanças.

Urge destacar que, por estar agasalhado pela Constituição Federal, o mandado de segurança possui a prerrogativa de verdadeira garantia fundamental, assim como os outros direitos insculpidos no rol do art. 5º da *Lex Mater*, que são pilares do Estado Democrático de Direito. Sendo elevado ainda à condição de cláusula pétrea, insuscetível de ser abolido por emenda constitucional (art. 60, §4º, IV, da CF). Tratando-se de ação constitucional, a interpretação da referente ação deve ser ampliativa, ou seja, deve-se viabilizar ao máximo sua efetividade.

O objetivo do *mandamus* estende-se à correção de ato ilegal e ofensivo de autoridade pública ao chamado direito subjetivo líquido e certo, dele podendo ser objeto o ato disciplinar que, embora formalmente correto, pode ser ilegal e abusivo no mérito, a exigir pronta restauração mandamental. Destarte, não se destina a combater abusos perpetrados por entidades privadas sem que haja liame com o Estado.

Quanto ao direito líquido e certo, este é todo aquele ato determinado em sua existência, sem caber impugnações que atestem sua

[811] MEIRELLES, Hely Lopes. *Mandado de segurança, ação popular, ação civil pública, mandado de injunção,* habeas data. 18. ed. São Paulo: Malheiros, 1997, p. 21.

aderência à seara fática; e preciso em sua extensão, descabendo dúvidas de sua incidência. Para Alexandre de Moraes, direito líquido e certo é o que resulta de fato certo, ou seja, é aquele capaz de ser comprovado, de plano, por documentação inequívoca.[812] Havendo a necessidade de dilação probatória, não se pode falar em direito líquido e certo, pois em sede de mandado de segurança a prova deve ser pré-constituída.[813]

Torna-se necessário, também, que tenha havido a prática de um ato abusivo comissivo ou omissivo eivado de ilegalidade ou de abuso de poder. Sendo assim, o impetrante se apresenta na figura do titular do direito líquido e certo que se encontra lesado ou ameaçado de lesão, em virtude de uma ilegalidade ou abuso de poder. Por outro lado, o impetrado é aquela autoridade coatora que praticou um ato investido de ilegalidade ou abuso de poder contra o direito de outrem.

O mandado de segurança apresenta abrangência residual, ou seja, é passível contra qualquer ilegalidade e abuso de poder praticado por agente público que não esteja amparado por *habeas corpus* ou *habeas data*. Como esses dois institutos têm hipóteses de incidência bastante definidas, há uma ampla seara para a utilização do mencionado *writ* na orbe eleitoralista. O prazo para impetrar o *writ* é de 120 dias, contados da ciência, pelo interessado do ato impugnado (art. 23, *caput*, da Lei nº 12.016/2009). Sublinhe-se que o referido prazo tem natureza decadencial, não se suspendendo ou se interrompendo.[814]

Ainda de bom alvitre ressaltar que não se concede mandado de segurança quando se tratar de ato do qual caiba recurso administrativo com efeito suspensivo, independentemente de caução; de decisão judicial da qual caiba recurso com efeito suspensivo;[815] e de decisão judicial transitada em julgado (art. 5º da Lei nº 12.016/2009). Também não merece prosperar o referido remédio quando impetrado contra ato

---

812 MORAES, Alexandre de. *Direito Constitucional*. 5. ed. São Paulo: Atlas, 1999, p. 151.

813 "O direito, para que possa ser examinado na via estreita do mandado de segurança, deve ser líquido e certo, isto é, decorrente de fato incontestável e inequívoco, suscetível de imediata demonstração mediante prova literal pré-constituída. Precedentes do STF" (Agravo Regimental em Recurso em Mandado de Segurança nº 223.980.808, Acórdão de 19.08.2010, Rel. Min. Aldir Guimarães Passarinho Junior, *DJe* 07.10.2010, p. 19-20).

814 "O prazo de 120 dias para impetração do mandado de segurança se inicia com a ciência do ato tido por ilegal, tem natureza decadencial e não se suspende nem se interrompe" (Agravo Regimental em Recurso em Mandado de Segurança nº 223.974.920, Acórdão de 03.02.2011, Rel. Min. Cármen Lúcia Antunes Rocha, *DJe*, Tomo 043, 02.03.2011, p. 47).

815 "Não cabe mandado de segurança contra decisão judicial passível de recurso (Súmula 267 do STF)" (Mandado de Segurança nº 48.256, Acórdão de 08.09.2011, Rel. Min. Arnaldo Versiani Leite Soares, *DJe*, Tomo 193, 07.10.2011, p. 57).

de Secretaria Nacional de partido, de modo que não compete à Justiça Eleitoral processar e julgar ação contra ato cuja matéria vergastada é de natureza *interna corporis*.[816]

Como das decisões interlocutórias no Direito Eleitoral não cabem recurso, pode-se utilizar do mandado de segurança para se contrapor a grave lesão, que enseja uma situação de afronta extrema ao ordenamento jurídico.[817] Todavia, o simples fato de a decisão interlocutória não admitir recurso, por si só, sem a teratologia do ato, não possibilita a impetração do mandado de segurança.[818] Essas decisões podem ser revistas quando da impugnação dos recursos pertinentes à decisão.[819]

Na seara eleitoral, como fora asseverado, o mandado de segurança encontra amplo campo de atuação, desde que haja a configuração de direito líquido e certo.[820] É cabível em qualquer fase do processo, seja preparatória, votação, apuração e diplomação, dirigindo-se contra ato de ilegalidade ou abuso de poder, figurando como impetrados no mandado de segurança a autoridade coatora, desde que evidenciada situação teratológica, não se prestando o *mandamus* como sucedâneo recursal.[821]

Ressalte-se nessa hipótese que o mandado de segurança é remédio destinado a prevenir e coibir ilegalidade ou abuso de poder diante de direito líquido e certo, o que impõe severas precauções na sua impetração à impugnação de ato judicial, podendo também ser dirigido aos representantes dos órgãos partidários quando houver expulsão ou

---

816 Ac. de 15.10.2013 no AgR-MS nº 19.185, Rel. Min. Dias Toffoli.

817 "[...] Apenas excepcionalmente, em situações teratológicas ou de manifesta ilegalidade, admite-se a impetração deste para a impugnação de ato judicial" (Ac. de 5.11.2013 no AgR-MS nº 74.554, Rel. Min. Laurita Vaz).

818 O fato de as decisões interlocutórias, no processo eleitoral, não serem impugnadas de imediato longe fica, por si só, de abrir margem ao manuseio do mandado de segurança. Ac. de 15.10.2013 no RMS nº 19.377, Rel. Min. Marco Aurélio.

819 "[...] A Jurisprudência desta Corte é no sentido de que as decisões interlocutórias proferidas em feitos eleitorais não são impugnadas de imediato, podendo a matéria ser suscitada oportunamente por ocasião do recurso contra a sentença" (Precedentes. Ac. de 13.06.2013 no AgR-AI nº 11.413, Rel. Min. Laurita Vaz).

820 "A impetração do mandado de segurança pressupõe a existência de ofensa ou justo receio de violação a direito líquido e certo por ato de autoridade, o que inexistiu na espécie" (Agravo Regimental em Recurso em Mandado de Segurança nº 307.571.080, Acórdão de 02.03.2011, Rel. Min. Aldir Guimarães Passarinho Junior, *DJe* 22.03.2011, p. 45).

821 "A jurisprudência deste Tribunal é firme no sentido da não admissão de mandado de segurança contra atos judiciais, salvo situações teratológicas ou de manifesta ilegalidade" (Agravo Regimental em Mandado de Segurança nº 131.948, Acórdão de 19.08.2010, Rel. Min. Arnaldo Versiani Leite Soares, *DJe* 06.10.2010, p. 59-60).

desfiliação partidária sem a obediência das garantias constitucionais.[822] O TSE já assinalou que, na hipótese de indeferimento de pedido do registro por órgão da Justiça Eleitoral, em virtude de condenação criminal por órgão colegiado, cabe aos prejudicados recorrerem tempestivamente da decisão, discutindo a inelegibilidade. A perda de prazo para recurso não transmuda possível o uso do mandado de segurança para fins de desconstituir o acórdão transitado em julgado.[823]

No que tange ao polo ativo da ação, têm-se os candidatos, os eleitores, bem como os representantes dos partidos ou coligações, que serão sempre parte interessada para a impetração do *writ*, desde que seu direito líquido e certo esteja lesado ou ameaçado por autoridade pública ou agente de pessoa jurídica que tenha um liame com o Estado.

A competência para o julgamento do mandado de segurança é, dentro de suas respectivas esferas de competência, do Juiz Eleitoral (CE, art. 35, III), do Tribunal Regional Eleitoral (CE, art. 29, I, "e") e do Tribunal Superior Eleitoral (CE, art. 22, I, "e"). Consigne-se que, consoante as regras fixadas e a jurisprudência do TSE, não compete ao Tribunal Superior processar e julgar, originariamente, o mandado de segurança impetrado contra ato de membro de TRE,[824] posto que, *in casu*, a este cabe processamento e julgamento do mandado de segurança de seus membros.[825] Assim como, sendo o mandado de segurança dirigido contra ato de Juiz Eleitoral, competente será o órgão ao qual está vinculado.[826]

Por último, a Lei nº 12.016/2009, em seu art. 20, preleciona que os processos de mandado de segurança e os respectivos recursos terão prioridade sobre todos os atos judiciais, salvo *habeas corpus*. No mesmo sentido dispõe a minirreforma eleitoral (Lei nº 13.165/2015), ao instituir que o Tribunal dará preferência ao recurso sobre quaisquer outros processos, ressalvou-os de *habeas corpus* e de mandado de segurança (art. 257, §3º, do Código Eleitoral).

Por apresentarem várias analogias com o mandado de segurança e por suas finalidades serem compatíveis com a seara eleitoral, permite-se a utilização de *habeas data* e mandado de injunção. O surgimento desses

---

[822] Ac. de 5.11.2013 no AgR-MS nº 74.554, Rel. Min. Laurita Vaz.

[823] Ac. de 6.10.2010 no AgR-MS nº 227.564, Rel. Min. Arnaldo Versiani.

[824] Ac. de 25.03.2014 no AgR-MS nº 85.094, Rel. Min. João Otávio de Noronha.

[825] Ac. de 15.05.2012 no RMS nº 28.137, Rel. Min. Marco Aurélio.

[826] Ac. de 15.05.2012 no RMS nº 28.137, Rel. Min. Marco Aurélio.

dois institutos no Direito Eleitoral se deu com a Constituição de 1988, que passou a agasalhá-los.

O *habeas data*, conforme mandamento constitucional, é o remédio que tem por objeto proteger a esfera íntima dos indivíduos contra usos abusivos de registros de dados pessoais coletados por meios fraudulentos, desleais e ilícitos, introdução nesses registros de dados sensíveis (origem racial, opinião política etc.) e conservação de dados falsos ou com fins diversos dos autorizados em lei (art. 5º, LXXII, da CF). Daí por que, por meio do mesmo remédio, é possível combater as agressões aos direitos da personalidade praticadas por meio de qualquer meio ou instrumento que se remeta ao passado, como a publicação de fotografia, a divulgação de um documento ou a exploração de um fato comprometedor da honra e da boa fama.[827]

A título de exemplo, cabe mencionar o *habeas data* quanto manejado pelo impetrante que pretenda obter certidão do Tribunal Regional, no tocante ao número total de votos a ele atribuído, computados em determinado pleito. Pondera-se que não só importa ao impetrante assentar o remédio constitucional na obtenção de informações que estejam em poder de terceiro e que possam ser de conhecimento público, como deve ser demonstrado o efetivo interesse de agir para impetração do *writ*.[828] Registra-se, por oportuno, que o *habeas data* não se dirigirá a prestar informações de terceiros, devendo centrar seu objeto apenas nos dados relativos à parte impetrante.[829]

No tocante ao mandado de injunção, constitui-se um remédio posto à disposição do titular de qualquer direito, liberdade ou prerrogativa constitucional tornado inviável por falta de norma regulamentadora exigida (art. 5º, LXXI, da CF). Ele tem por finalidade conferir imediata aplicabilidade à norma constitucional portadora desses direitos e prerrogativas, inertes em virtude de ausência de regulamentação.

Em outras palavras, o mandado de injunção é o remédio constitucional cabível contra a ausência de eficácia dos postulados constitucionais, normas de eficácia limitada, isto é, contra preceitos constitucionais que ainda não têm eficácia positiva, capacidade para produzir efeitos,

---

[827] DOTTI, René Ariel. O direito ao esquecimento e a proteção do habeas data. *In*: WAMBIER, Teresa Arruda Alvim (coord.). *Habeas Data*. São Paulo: Revista dos. Tribunais, 1998, p. 305.

[828] TSE – HD 18189020146000000 São Paulo/SP 328202014, Relator. Ministro Luiz Fux, DJe 19.11.2014.

[829] HR nº 1/SP, Rel. Min Roberto Ferreira Rosas, DJ de 5.06.1990.

porque não foram complementados pelo Poder Legislativo ou pelo órgão administrativo competente.[830]

Por derradeiro, em ocorrendo qualquer lesão quanto a direito fundamental do cidadão, em virtude da ausência de regulamentação de legislação eleitoral, torna-se plenamente cabível a possibilidade de se impetrar mandado de injunção para ver suprida essa omissão. Mormente porque o Supremo Tribunal Federal passou a entender que essa garantia também possui eficácia mandamental e não apenas declaratória quando o Texto Constitucional deixar clara a obrigatoriedade imediata de seu conteúdo. Na seara eleitoral, o remédio constitucional fora manejado com o intuito de ver regulamentado o "voto em trânsito"; contudo, os contornos constitucionais de cabimento do *writ* são precisos, de modo que a Corte não reconheceu a omissão quanto à regulamentação desta disposição constitucional, ao passo que a norma citada não previa a necessidade de sua regulamentação.[831]

12.4 *Habeas corpus*

O *habeas corpus* é um remédio constitucional que tem o escopo de proteger e garantir o direito de locomoção do cidadão, isto é, o direito de ir, vir e ficar, sempre que o mesmo sofrer, ou se achar em iminente perigo de sofrer violência por meio de prisão ou constrangimento ilegal. É uma garantia individual ao direito de locomoção, consubstanciada em uma ordem dada pelo juiz ou tribunal ao coator, fazendo cessar a ameaça ou coação à liberdade de ir, vir e ficar.

Embora tenha ficado conhecido através da fórmula latina: "tomes o corpo de delito e venhas submeter ao Tribunal o homem e o caso", sua origem como garantia dá-se no direito inglês, a partir da *Magna Charta Libertatum*, outorgada pelo Rei João-sem-Terra, por imposição dos barões da época, que ecoou de tal forma a inspirar outros regramentos, tais como a *petition of rights* e o *habeas corpus act*, nos séculos XVII e XVIII.[832]

---

830 AGRA, Walber de Moura. *Curso de Direito Constitucional*. 9. ed. Belo Horizonte : Fórum, 2018, p. 174.

831 Mandado de Injunção nº 4, Acórdão, Relator(a) Min. Marcelo Henriques Ribeiro Oliveira, Publicação: *DJ – Diário Justiça*, Volume 1, Data 04.10.2006, Página 157.

832 DI PIETRO, Maria Sylvia Zanella. *Direito Administrativo*. 14. ed. São Paulo: Atlas, 2002, p. 626.

No Brasil, o remédio heroico foi reconhecido legalmente somente por meio do Código de Processo Penal de 1832, vindo a ser posteriormente agasalhado pela Constituição de 1891, e assim em diante, até desaguar no Código de Processo Penal vigente. A Constituição de 1988, seguindo as anteriores, o consagrou no mesmo patamar das garantias individuais insculpidas no art. 5º.

O *habeas corpus* é uma ação constitucional de natureza penal e de procedimento especial, vocacionada à tutela da liberdade de locomoção do indivíduo, e, por força do art. 5º, LXXVII, é isento de custas. Podendo ser impetrado por qualquer pessoa, em seu favor ou de outrem, bem como pelo Ministério Público (art. 654 do CPP), ou seja, aqui não é necessário que haja a capacidade postulatória para impetrar o *writ*.

Ainda é de bom alvitre ressaltar que, embora esteja inserido no CPP entre os recursos, o remédio heroico não pode ser confundido com estes, pois se constitui como uma verdadeira ação autônoma. Nesse viés, Eugênio Pacelli preleciona que por se tratar de ação, e não de recurso, o *habeas corpus* pode ser impetrado tanto antes quanto depois do trânsito em julgado, assim como também pode ser usado como substitutivo do recurso cabível, ou mesmo ser impetrado cumulativamente a ele.[833]

O cidadão que requer *habeas corpus* é denominado impetrante, assim como aquele que está sofrendo a violência ou coação ilegal em sua liberdade de locomoção é chamado de paciente. O agente da coação ilegal ou violência é denominado coator ou autoridade coatora.

Quanto à espécie, o *habeas corpus* pode ser repressivo, quando já existir, de fato, a violência ou coação ilegal por parte da autoridade coatora que acarrete um acinte à liberdade de locomoção do paciente; e preventivo, quando a violência ou coação ilegal ainda não ocorreu, mas se encontra na iminência de consumar-se. Nesse caso, a pessoa ameaçada poderá obter um salvo-conduto para garantir sua livre locomoção.

Por se tratar de instrumento constitucional, deve ter rito célere, pois o que está sendo tutelado é o direito à liberdade de locomoção, que deve obter socorro imediato quando esse direito for atingido ou ameaçado. Diante dessa urgência, impõe-se, como regra basilar para o devido trâmite do remédio heroico, que todo o conteúdo probatório nele contido deve acompanhar a petição inicial, configurando-se, assim,

---

[833] PACELLI, Eugênio. *Curso de Processo Penal*. 16. ed. São Paulo: Atlas, 2012, p. 934.

prova pré-constituída.[834] É inviável, em sede de *habeas corpus*, o exame de questões que demandam o revolvimento de provas.[835]

Em relação ao seu cabimento, o art. 648 do CPP elenca as hipóteses em que é cabível impetrar o remédio heroico. São elas: a) quando não houver justa causa; b) quando alguém estiver preso por mais tempo do que determina a lei; c) quando quem ordenar a coação não tiver competência para fazê-lo; d) quando houver cessado o motivo que autorizou a coação; e) quando não for alguém admitido a prestar fiança, nos casos em que a lei a autoriza; f) quando o processo for manifestamente nulo; g) quando extinta a punibilidade.

Também existe precedente que defenda o cabimento excepcional do remédio em referência contra decisão com trânsito em julgado, condicionando-se à flagrante ilegalidade, anulando-se o trânsito em julgado do acórdão.[836]

Como ilação do preceituado, inexistindo lesão ou iminência de lesão à liberdade de ir, vir e ficar do paciente, não há que se falar em cabimento do *habeas corpus*. A ausência de elementos concretos que justifiquem o receio dos recorrentes de sofrer lesão no seu direito de locomoção inviabiliza o conhecimento do *writ*.[837] Somado ao receio de lesão ao direito de locomoção, à adequação do *habeas corpus* tem-se por bastante que na inicial seja articulado ato praticado à margem da ordem jurídica.[838]

A jurisprudência do Colendo Tribunal Superior Eleitoral é pacífica no que urge à possibilidade de trancamento do inquérito policial e da ação penal. Nesses casos, permite-se, excepcionalmente, o exame de plano quando evidenciada a atipicidade da conduta, extinção da

---

[834] "O rito da ação constitucional do *habeas corpus* demanda prova pré-constituída, apta a comprovar a ilegalidade aduzida, descabendo conhecer de impetração instruída de forma deficiente, como a presente, por não ter sido juntada peça essencial para o deslinde da controvérsia – no caso, a denúncia, inviabilizando a adequada análise do pedido" (*Habeas Corpus* nº 593, Acórdão de 10.04.2008, Rel. Min. Marcelo Henriques Ribeiro de Oliveira, *DJ* 06.05.2008, p. 13). "Para verificar a alegação dos impetrantes de que não houve dolo de difamar, injuriar ou caluniar, mas tão somente de narrar ou criticar, seria imprescindível minuciosa análise da prova dos autos, providência incabível na estreita via do *habeas corpus*, marcado por cognição sumária e rito célere" (Recurso em *Habeas Corpus* nº 761.681, Acórdão de 17.05.2011, Rel. Min. Fátima Nancy Andrighi, *DJe* 01.07.2011, p. 92).

[835] Agravo Regimental em *Habeas Corpus* nº 671, Acórdão de 18.02.2010, Rel. Min. Marcelo Henriques Ribeiro de Oliveira, *DJe*, 57.2010, 24.03.2010, p. 34.

[836] Ac. de 21.06.2011 no HC nº 69.040, Rel. Min. Nancy Andrighi.

[837] Recurso em *Habeas Corpus* nº 1.350.417, Acórdão de 07.06.2011, Rel. Min. Gilson Lagaro Dipp, *DJe* 1º.08.2011, p. 201-202; Ac. de 7.06.2011 no RHC nº 1.350.417, Rel. Min. Gilson Dip.

[838] Ac. de 8.09.2011 no HC nº 45.743, Rel. Min. Marco Aurélio.

punibilidade, ilegitimidade da parte ou ausência de condição para o exercício da ação penal.[839]

É imperioso salientar que as questões ainda não apreciadas pelo respectivo Tribunal Regional, apontado como órgão coator, não podem ser apreciadas pelo Tribunal *ad quem*, o Tribunal Superior Eleitoral, em sede de *habeas corpus*, sob pena de indevida supressão de instância.[840]

Na seara eleitoral, qualquer ato que se configure em coação ou ameaça de coação, praticado por autoridade no âmbito dessa jurisdição especial, poderá ser apreciado em sede de *habeas corpus*, respeitada, sempre, a competência originária dos Tribunais Eleitorais.

Não obstante, a Justiça Eleitoral é competente para conhecer de *habeas corpus*, em sede de matéria eleitoral, ainda que haja conexão entre o crime dessa seara com o delito comum. Sendo completamente admissível o Tribunal conceder o *writ ex officio*, diante de eventuais irregularidades processuais, em consagração ao princípio constitucional da ampla defesa. São competentes para processar e julgar o presente *writ*, dentro de suas respectivas jurisdições, o Juiz Eleitoral (CE, art. 35, III), o Tribunal Regional Eleitoral (CE, art. 29, I, "e") e o Tribunal Superior Eleitoral (CE, art. 22, I, "e"). Insta ressaltar que não compete ao Tribunal Superior Eleitoral o processamento e julgamento de *habeas corpus* impetrado contra decisão prolatada por esta Corte.[841]

No tocante ao polo ativo eleitoral, este pode ser ocupado por candidatos, eleitores, representantes dos partidos, enfim, todos aqueles que sofrerem ou se acharem ameaçados de sofrer violência ou coação que impossibilite sua liberdade de locomoção, por ilegalidade ou

---

839 *Habeas Corpus* nº 154.094, Acórdão de 07.12.2011, Rel. Min. Gilson Lagaro Dipp, *DJe*, Tomo 32, 14.02.2012, p. 49. "O trancamento de ação penal por meio de habeas corpus é medida de índole excepcional, somente admitida nas hipóteses em que se denote, de plano, a ausência de justa causa, a inexistência de elementos indiciários demonstrativos da autoria e da materialidade do delito ou, ainda, a presença de alguma causa excludente de punibilidade" (*Habeas Corpus* nº 107.233, Acórdão de 04.10.2011, Rel. Min. Gilson Lagaro Dipp, *DJe*, Tomo 216, Data 17.11.2011, p. 32). "O trancamento da ação penal na via do *habeas corpus* somente é possível quando, sem a necessidade de reexame do conjunto fático-probatório, evidenciar-se, de plano, a atipicidade da conduta, a ausência de indícios para embasar a acusação ou, ainda, a extinção da punibilidade, hipóteses não verificadas *in casu*. Precedentes" (*Habeas Corpus* nº 114.080, Acórdão de 13.10.2011, Rel. Min. Marcelo Henriques Ribeiro de Oliveira, *DJe*, Tomo 214, 11.11.2011, p. 53).

840 "O exame, em sede de *habeas corpus*, de nulidades submetidas, mas ainda não apreciadas pelo Tribunal *a quo* implica supressão de instância" (*Habeas Corpus* nº 38.471, Acórdão de 07.06.2011, Rel. Min. Gilson Lagaro Dipp, *DJe* 25.08.2011, p. 17).

841 *Habeas Corpus* nº 349.682, Acórdão de 07.06.2011, Rel. Min. Gilson Lagaro Dipp, *DJe* 08.08.2011, p. 74.

abuso de poder perpetrados em virtude de crimes eleitorais supostamente cometidos.

De outro lado, no polo passivo, além de figurarem os magistrados eleitorais, os Presidentes dos Tribunais e os próprios Tribunais, há a possibilidade de se impetrar *habeas corpus* contra atos de qualquer autoridade que extrapole suas atribuições.

O Tribunal dará preferência ao *habeas corpus* e ao mandado de segurança, inclusive quando existentes recursos a serem julgados (art. 257, §3º, do Código Eleitoral).

12.5 Tutelas provisórias no processo eleitoral

A tutela jurisdicional poderá ser segmentada em definitiva ou provisória. A primeira é alcançada, diante do juízo exauriente, após toda a fase cognitiva do processo; enquanto a segunda é concedida prematuramente, em sede de cognição sumária, ou seja, antes de encerrada todas as discussões acerca do objeto da ação. No que importa ao presente estudo, dar-se-á ênfase as tutelas provisórias (de urgência), sejam elas satisfativas (antecipatória) ou cautelares.

A tutela de urgência de natureza satisfativa (antecipatória), diferente da cautelar, que tem o fito de evitar a ineficácia do sistema processual. Para tanto, o ordenamento jurídico trouxe instrumento processual cuja finalidade é antecipar a satisfação de um direito, diante de requisitos precisos de concessão: probabilidade do direito e o perigo de dano ou o risco ao resultado útil do processo. O objetivo da antecipação do mérito é, reflexamente, eliminar o risco ou perigo da demora natural do processo. Ressalta-se, que sendo a tutela de urgência de caráter antecipatório, a tutela não será concedida quando houver perigo de irreversibilidade dos efeitos da decisão (§3º do art. 300 do CPC).

Já a tutela de urgência de natureza cautelar se constitui como um instrumento para obtenção de medidas urgentes, necessárias ao bom desenvolvimento do processo, seja de conhecimento ou de execução, com o escopo de assegurar-lhe resultado útil.[842] Sua finalidade é proteger uma tutela judicial, antes da completa cognição meritória, para que o provimento judicial possa se mostrar eficiente, garantindo a integridade do bem jurídico. Elas asseguram a prestação jurisdicional

---

[842] SADER, Christian de Santana. *Aplicabilidade de medidas cautelares no juízo arbitral*. Disponível em: http://www.direitonet.com.br/textos. Acesso em: 10 mar. 2016.

das ações de conhecimento e execução, evitando que o direito pleiteado na ação não seja prejudicado. O referido instituto tem a finalidade de preservar o *status quo*, portanto, não tem o objetivo de discutir em plenitude o mérito da causa, mas apenas se o risco do prejuízo merece ou não ser evitado.[843]

O ajuizamento do pedido cautelar, como espécie de tutela provisória de urgência, tem como requisitos insofismáveis a presença do *fumus boni juris*, consubstanciado na plausibilidade do direito invocado, e do *periculum in mora*, o qual se traduz na ineficácia da decisão se concedida somente no julgamento definitivo da ação.[844] Sendo assim, elas são deferidas em situações excepcionais e urgentes, cujo possível dano seria de difícil reparação.[845] Além dos requisitos supracitados, são peças essenciais à instrução da cautelar a cópia da decisão a que se pretende atribuir efeito suspensivo, bem como sua respectiva certidão de publicação, para que se possa aferir a plausibilidade do direito invocado.[846]

Na sistemática do CPC/73, o escopo basilar da cautelar constituía-se como um processo acessório, que servia de instrumento à obtenção de medidas urgentes, necessárias ao bom desenvolvimento de outro processo, seja de conhecimento ou de execução. Com o CPC/15, não há que se falar em processo materialmente acessório, haja vista que, inclusive quando antecedente, o pedido cautelar e principal serão postos no mesmo processo, concedendo-se o prazo de 30 dias da efetivação da tutela cautelar à formulação do pedido principal, desmerecendo o pagamento de novas custas, conforme art. 308 do CPC. Disciplinada

---

843 "A decisão que examina pedido de concessão de liminar não comporta extensa apreciação do mérito da causa, necessária tão somente a aferição dos requisitos legais" (Agravo Regimental em Ação Cautelar 2.429, Acórdão de 09.09.2008, Rel. Min. Eros Roberto Grau, *DJE* 06.10.2008, p. 16/17).

844 Agravo Regimental em Ação Cautelar nº 91.072, Acórdão de 27.05.2010, Rel. Min. Aldir Guimarães Passarinho Junior, *DJe* 05.08.2010, p. 81. "Para a concessão da tutela cautelar, o fumus boni juris e o periculum in mora têm de ser perceptíveis de plano" (Agravo Regimental em Ação Cautelar nº 2.681, Acórdão de 16.09.2008, Rel. Min. Felix Fischer, *DJe* 08.10.2008, p. 17).

845 Agravo Regimental em Ação Cautelar nº 3.324, Acórdão de 1º.12.2009, Rel. Min. Enrique Ricardo Lewandowski, *DJe* 1º.02.2010, p. 420.

846 Agravo Regimental em Ação Cautelar nº 3.265, Acórdão de 30.06.2009, Rel. Min. Fernando Gonçalves, *DJe* 1º.09.2009, p. 15. "'A cópia do acórdão recorrido e do recurso especial eleitoral são peças indispensáveis à instrução da ação cautelar que visa a atribuição de efeito suspensivo a recurso especial, e não se admite que a parte supra essa ausência somente por ocasião do agravo regimental'. Precedentes do c. STJ (AgRg na AC2.433/PI, Rel. Min. Caputo Bastos, *DJ* 18.08.2008, AgRg na AC 2.340/AM, de minha relatoria, *DJ* 06.06.2008)" (Agravo Regimental em Ação Cautelar nº 2.802, Acórdão de 16.09.2008, Rel. Min. Felix Fischer, *DJe* 1º.10.2008, p. 13).

no Código de Processo Civil (arts. 300 e ss.), em face da ausência de disposição específica no Direito Processual Eleitoral, aplica-se a novel regulamentação supletivamente.

No tocante à extensão do momento processual, a tutela de urgência, pode ser concedida em caráter antecedente ou incidental. A tutela provisória será requerida incidentalmente nos autos ao juízo da causa e, quando antecedente, ao juízo competente para conhecer do pedido principal (art. 299 do CPC). Contudo, quando intentada antes do curso da ação principal (tutela antecedente), o autor indicará a lide e seu fundamento, a exposição sumária do direito que se objetiva assegurar e o perigo de dano ou o risco ao resultado útil do processo (art. 305 do CPC). Cabe salientar que, em sede de via incidental não cabe a defesa de teses ou fatos novos que não tenham sido objeto do recurso ou da ação ao qual se pretende a obtenção do efeito suspensivo.[847]

Compete ao relator do feito decidir monocraticamente pedido de liminar em ação cautelar,[848] assim como também compete ao mesmo negar seguimento a ação cautelar manifestamente improcedente, em razão da ausência de *fumus boni iuris* ou do *periculum in mora*.[849] No entanto, demonstrados os *fumus boni iuris* e o *periculum in mora*, ao relator não é dada a discricionariedade de conceder ou não a cautelar, tecendo-se imperiosa a concessão.

A seara eleitoral é uma medida judicial que pode ser interposta por eleitor, partido político, candidato, coligação ou Ministério Público, desde que esteja na iminência de sofrer prejuízo irremediável, com a finalidade de obter eficácia suspensiva a recurso a fim de obstar execução de acórdão.[850] Obviamente, outras motivações podem ensejar o ajuizamento de ações cautelares que não seja obter eficácia suspensiva na seara recursal.

Como é cediço, o art. 257 do CE, em seu *caput*, consagra a regra de que os recursos eleitorais não possuem efeito suspensivo, sendo recebidos tão somente no seu efeito devolutivo, excepcionando-se por várias hipóteses que provocam uma flexibilização forte nessa regra. No

---

847 Agravo Regimental em Ação Cautelar nº 3.568, Acórdão de 24.03.2011, Rel. Min. Marcelo Henriques Ribeiro de Oliveira, *DJE* 100, 27.05.2011, p. 26.

848 Questão de Ordem em Ação Cautelar nº 142.085, Acórdão de 22.06.2010, Rel. Min. Marcelo Henriques Ribeiro de Oliveira, *DJe* 28.06.2010, p. 61-62.

849 Agravo Regimental em Ação Cautelar nº 3.290, Acórdão de 15.09.2009, Rel. Min. Marcelo Henriques Ribeiro de Oliveira, *DJe* 189.2009, 05.10.2009, p. 49-50.

850 Agravo Regimental em Ação Cautelar nº 41.795, Acórdão de 27.04.2010, Rel. Min. Arnaldo Versiani Leite Soares, *DJe* 25.05.2010, p. 62.

entanto, na vivência da regra, admite-se o recebimento do recurso no duplo efeito apenas excepcionalmente, desde que pleiteado mediante ação cautelar na qual fique evidenciada a presença de *fumus boni juris* e *periculum in mora*, além da exata tipificação da grave lesão de difícil reparação.[851]

12.6 Ação rescisória

A ação rescisória eleitoral é uma ação civil que tem o escopo de desconstituir decisão judicial eleitoral transitada em julgado que verse sobre inelegibilidade, restabelecendo a elegibilidade do autor da ação, isso se não houver outra restrição ao exercício de seu direito político. Foi introduzida ao Código Eleitoral pela Lei Complementar nº 86/1996 e encontra-se disciplinada na alínea "j" do art. 22, inciso I, do CE.

Defende-se o posicionamento de que ela é igualmente cabível no caso de sentença transitada em julgado devido à ausência de condição de elegibilidade, em razão de sua natureza constitucional e do fato de representar uma diminuição nas prerrogativas de cidadania do eleitor. Tanto as inelegibilidades quanto a ausência das condições de elegibilidade cerceiam a elegibilidade do cidadão, se a ação rescisória é pertinente com relação às inelegibilidades, em que algumas ostentam *status* infraconstitucional, não há motivação para que ela também não seja pertinente para as condições de elegibilidade, que ostentam *status* constitucional.

A rescisória tem a função de cercear os efeitos da coisa julgada material, acarretando um novo julgamento em razão de um vício jurídico que maculou a sentença prolatada. Nesse sentido, Roberto Moreira de Almeida entende que a ação rescisória eleitoral tem natureza jurídica de ação cognitiva desconstitutiva.[852] Rogério Carlos Born preleciona que as ações rescisórias têm a finalidade de desconstituir a coisa julgada material, tornando a sentença rescindenda um ato apenas anulável.[853]

No Direito Eleitoral, o prazo para interposição da ação rescisória é de 120 dias, a contar do trânsito em julgado da decisão atacada, conforme a alínea "j" do art. 22, inciso I, do Código Eleitoral, ou seja, inicia-se no dia imediato após o término do prazo para a interposição de qualquer recurso cabível. O prazo supracitado é decadencial, sem

---

851 Ac. de 16.8.2012 no AgR-AC nº 41727, rel. Min. Gilson Dip.

852 ALMEIDA, Roberto Moreira de. *Direito Eleitoral*. 2. ed. Salvador: Juspodivm, 2009, p. 397.

853 BORN, Rogério Carlos. *Ação rescisória no Direito Eleitoral*. 3. ed. Curitiba: Juruá, 2010, p. 33.

haver interrupção ou suspensão.[854] Atenção, que o elastério temporal da ação rescisória eleitoral é diferente do prazo da rescisória do CPC, que é de dois anos.

Insta salientar que a ação rescisória deve ser aceita como uma medida excepcional pela Justiça Eleitoral, restringindo-se à inelegibilidade ou à atestação da ausência de condição de elegibilidade, pois seus efeitos incidem contra a celeridade e a segurança jurídica das decisões. Sendo assim, não é alvissareiro que ela possa ser manejada contra um leque abrangente de hipóteses.[855] Nesse mesmo diapasão, o TSE entende que a previsão da referida ação é de tipificação estrita em respeito à estabilidade das relações sociais e ao princípio constitucional da segurança jurídica,[856] de modo que a violação de literal disposição de lei que autoriza o ajuizamento de ação rescisória é aquela que enseja flagrante transgressão do direito em tese, tratando-se de medida excepcional que não se presta a corrigir eventual injustiça do *decisum* rescindendo ou à abertura de nova instância recursal visando ao reexame das provas.[857] Assim, não demonstrada a adequação à excepcionalidade da medida, não é possível a obtenção de novo julgamento da causa.[858]

Possui legitimidade para propô-la o cidadão que teve sua inelegibilidade declarada, seu partido político ou coligação pela qual fora eleito e o Ministério Público, agindo de acordo com a função de protetor dos interesses difusos da sociedade e do regime democrático. Merece ser sublinhado que a ação rescisória não pode ser proposta por advogado que tenha recebido poderes apenas para o processo a que tenha sido proferida a sentença, haja vista que a referida ação leva à formação de um novo processo. Uma nova procuração tem de ser acostada aos autos.

Como dito, admite-se a propositura da referida ação apenas em caso de decretação de inelegibilidade de acórdão oriundo do próprio

---

[854] "Configura-se a decadência quando a ação rescisória é proposta fora do prazo de cento e vinte dias a contar do trânsito em julgado da decisão rescindenda, conforme dispõe o art. 22, inciso I, alínea 'j', do Código Eleitoral" (Ação Rescisória nº 93.296, Acórdão de 10.11.2011, Rel. Min. Arnaldo Versiani Leite Soares, *DJe* 29, 09.02.2012, p. 38). "A ação rescisória somente é cabível, no âmbito da Justiça Eleitoral, para desconstituir decisão deste c. Tribunal Superior nos casos de inelegibilidade, e desde que intentada no prazo de 120 dias" (Agravo Regimental em Ação Rescisória nº 261, Acórdão de 22.04.2008, Rel. Min. Felix Fischer, *DJ* 06.05.2008, p. 12).

[855] RAMAYANA, Marcos. *Direito Eleitoral*. 10. ed. Rio de Janeiro: Impetus, 2010, p. 644.

[856] Agravo Regimental em Agravo de Instrumento nº 69.210, Acórdão de 13.10.2011, Rel. Min. Fátima Nancy Andrighi, *DJe* 214, Data 11.11.2011, p. 52.

[857] Ac. de 24.06.2014 no AgR-AR nº 101.107, Rel. Min. João Otávio de Noronha.

[858] Ac. de 24.06.2014 no AgR-AR nº 101.107, Rel. Min. João Otávio de Noronha.

Tribunal Superior Eleitoral que tenha transitado em julgado.[859] Assim, não é cabível a propositura de ação rescisória para desconstituir acórdão de Tribunal Regional Eleitoral ou acórdão do Tribunal Superior Eleitoral em que não há discussão acerca do mérito da inelegibilidade ou das condições de elegibilidade, bem como para desconstituir sentença de primeiro grau que tão somente desaprovou contas de campanha eleitoral,[860] ou para alcançar-se participação de coligação na distribuição das cadeiras no parlamento.[861]

A falta de decisão do TSE acerca do *meritum causae* e de debate sobre causa de inelegibilidade também estorvam o cabimento e adequação da ação rescisória eleitoral.[862] É preciso, no entanto, que o autor da ação rescisória comprove, por meio de conteúdo probatório, a existência dos vícios elencados nos incisos do art. 966 do Código de Processo Civil, que é aplicado subsidiariamente no tocante às causas referentes às ações rescisórias eleitorais.

A competência para julgar ação rescisória pertence ao Tribunal Superior Eleitoral, sem possibilidade de sua impetração perante outra instância judicial (art. 22, I, "j", do CE c/c os arts. 102, I, "j", e 105, I, "e", da CF).[863] Esse vem sendo o entendimento uníssono do Tribunal Superior Eleitoral, de que não cabe ação rescisória para desconstituir sentença de primeiro grau que desaprovou contas de campanha eleitoral (Ac. de 16.6.2014 no ED-AR nº 58325, Rel. Min. Gilmar Mendes).

O rito adotado para o procedimento da ação rescisória é o ordinário, obedecendo aos mandamentos específicos contidos no art. 966 e seguintes do CPC. A ação deve ser proposta mediante petição inicial,

---

[859] "Segundo o disposto no art. 22, I, *j*, do Código Eleitoral, o cabimento da ação rescisória, no âmbito desta Justiça Especializada, restringe-se aos casos de inelegibilidade, hipótese diversa da dos autos, em que o indeferimento do registro foi assentado na ausência de documentos obrigatórios" (Agravo Regimental em Ação Rescisória nº 141.359, Acórdão de 13.10.2011, Rel. Min. Marcelo Henriques Ribeiro de Oliveira, *DJe* 210, 07.11.2011, p. 24/25). Cite-se ainda, "[...] 2. A jurisprudência desta Corte é pacífica no sentido de que, no âmbito da Justiça Eleitoral, a ação rescisória somente é cabível contra decisão deste Tribunal Superior, na qual se tenha declarado inelegibilidade, não sendo este o caso dos autos, que pretende rescindir decisão de Tribunal Regional. [...]." (Ac. de 7.11.2013 no ED-AR nº 70.453, Rel. Min. Luciana Lóssio).

[860] Ac. de 16.06.2014 no ED-AR nº 58.325, Rel. Min. Gilmar Mendes.

[861] Ac. de 8.10.2013 no AgR-AR nº 139.941, Rel. Min. Marco Aurélio.

[862] Agravo Regimental em Ação Rescisória nº 150.911, Acórdão de 13.04.2011, Rel. Min. Hamilton Carvalhido, *DJe* 12.05.2011, p. 28-29.

[863] "É competente o Tribunal Superior Eleitoral para o processamento e julgamento de ação rescisória de seus próprios julgados que tenham declarado inelegibilidade (art. 22, I, "j", do Código Eleitoral). II – Provimento negado" (Agravo Regimental em Ação Rescisória nº 376, Acórdão de 05.05.2009, Rel. Min. Fernando Gonçalves, *DJe* 28.05.2009, p. 23).

com o devido preenchimento dos requisitos previstos no art. 319 e seguintes do CPC e art. 966, do mesmo diploma legal e, em caso de indeferimento, caberá agravo regimental.

Por último, no que urge à concessão de tutela antecipada em ação rescisória, o Tribunal Superior Eleitoral assentou jurisprudência no sentido de sua admissão somente ser possível em situações teratológicas, reveladoras de dano de impossível reparação, ou ainda em ocasiões que comprometam todo o processo eleitoral.[864]

12.7 *Querela Nullitatis*

De há muito a doutrina e a jurisprudência entraram em consenso no que tange ao cabimento e utilização da *Querela Nullitatis* para fins de correção de *errores in procedendo* em sentenças transitadas em julgado, de sorte a, com isso, trazer uma ideia mais abrangente da preclusividade, já que eventual vício pode ser atacado a qualquer tempo, independente de prazo e forma. Nos casos em que paire sobre um ato processual algum vício que promova infração à lei ou aos princípios constitucionais do devido processo legal, contraditório e ampla defesa, ele deixará de produzir seus efeitos, como consectário lógico da decretação de nulidade. Ou seja, se determinado ato for edificado de forma deficiente, sem os elementos constitutivos mínimos para sua existência jurídica, não lhe é conferido o instituto da estabilização jurídica, de modo que, por esse prisma, nunca existiu. Dizer que uma decisão seria inexistente, conforme os ensinamentos da Professora Teresa Arruda Alvim, significa o seguinte, a saber: a) o ato judicante não deve produzir efeitos no mundo jurídico – se os produzir, devem ser extirpados; b) não há limite para vulnerá-lo, diante da sua inexistência; e c) por isso mesmo não tem aptidão para transitar em julgado.[865]

As situações mais graves que são atacadas através da *Querela Nullitatis* dizem respeito à incidência de vícios transrescisórios –, que são aqueles que se relacionam a pressupostos de existência do processo, como, por exemplo, a constatação de vício insanável em virtude da

[864] "A decisão que examina pedido de concessão de liminar não comporta extensa apreciação do mérito da causa, necessária tão somente a aferição dos requisitos legais" (Agravo Regimental em Ação Cautelar 2.429, Acórdão de 09.09.2008, Rel. Min. Eros Roberto Grau, *DJE* 06.10.2008, p. 16/17). Agravo Regimental em Ação Rescisória nº 259, Acórdão de 14.08.2007, Rel. Min. Carlos Augusto Ayres de Freitas Britto, *DJ* 14.09.2007, p. 225.

[865] ALVIM, Teresa Arruda. *Nulidade do processo e da sentença*. 8. ed. São Paulo: Revista dos Tribunais, 2017, p. 400.

inexistência ou nulidade do ato de citação. A jurisprudência do Tribunal Superior Eleitoral é pacífica acerca do cabimento da *Querela Nullitatis*, que se limita aos casos em que constatada a ausência ou nulidade de citação ou a existência de sentença proferida sem dispositivo legal, sem assinatura do julgador ou exarada por quem não exerce ofício judicante ou atividade jurisdicional.[866]

Alerte-se que a parte prejudicada deve apontar de forma clara e fundamentada a existência de determinado vício, pois a *Querela Nullitatis* não é admissível quando o provimento judicial que se pretende anular foi prolatado em processo que tramitou dentro da normalidade, sem qualquer afronta aos pressupostos processuais e ao princípio do devido processo legal.[867] Como é um meio processual excepcional apto a desconstituir a coisa julgada, não se presta a ser utilizado como sucedâneo recursal, tampouco a rediscutir o mérito do que já foi decidido e transitado em julgado.

A competência para o julgamento da *Querela Nullitatis* é do juízo que proferiu a decisão reputada viciada, seja ele o Juiz Eleitoral, Desembargador(a) Relator(a), Ministro(a) Relator(a) ou Tribunal. A práxis demonstra que a *Querela Nullitatis* é muito utilizada para desconstituir sentença ou acórdão que transitou em julgado no âmbito de processos de prestação de contas, principalmente aquelas julgadas como não prestadas, em que se suscita ausência de citação ou algum vício de forma na sua realização, em descumprimento ao art. 98 da Resolução TSE nº 23.607/2019, que estabelece as hipóteses de comunicação dos atos processuais nesse tipo de processo.[868]

O art. 98 da Resolução TSE nº 23.607/2019 prevê que, no período de 15 de agosto a 19 de dezembro do ano da eleição, as intimações serão realizadas pelo mural eletrônico, e que a publicação dos atos judiciais

---

866 Agravo Regimental no Recurso Especial Eleitoral nº 060001452, Acórdão, Min. Alexandre de Moraes, Publicação: DJE – Diário de Justiça Eletrônico, 03.08.2021.

867 Agravo Regimental no Agravo em Recurso Especial Eleitoral 060000445/RO, Relator(a) Min. Sergio Silveira Banhos, Acórdão de 18.11.2021, Publicado no Diário de Justiça Eletrônico 219, data 26.11.2021.

868 "(...) A *querela nullitatis* é cabível no direito eleitoral quando a prestação jurisdicional se encontra eivada de nulidade absoluta. 2. Citação realizada fora do período eleitoral por mensagem instantânea e e-mail. Inaplicabilidade do art. 98, §9º, I, da Resolução TSE nº 23.607.2019. 3. Privilégio aos direitos constitucionais do candidato à ampla defesa e ao contraditório, diante das graves consequências advindas da não prestação de contas. Reconhecimento da nulidade da citação. 4. Recurso provido. (TRE-PE – REL: 060003544 RECIFE – PE 060003544, Relator: IASMINA ROCHA, Data de Julgamento: 20.09.2022, Data de Publicação: DJE – Diário de Justiça Eletrônico, Tomo 248, Data 23.09.2022, Página 43).

fora desse período deverá ser realizada no Diário de Justiça Eletrônico (§7º do art. 98 da Resolução TSE nº 23.607/2019). Na hipótese de não haver advogado regularmente constituído nos autos da prestação de contas, o candidato ou o partido político devem ser citados pessoalmente para que, no prazo de 3 (três) dias, constituam advogado, sob pena de serem as contas julgadas não prestadas (§8º do art. 98 da Resolução TSE nº 23.607/2019).

Em sequência normativa, o §9º prescreve que a citação deve ser realizada, quando dirigida a candidato, partido político ou coligação, por mensagem instantânea, e, frustrada esta, sucessivamente por e-mail, por correspondência e pelos demais meios previstos pelo CPC. Para mais, o §10 aponta que serão utilizados os dados de localização informados no RRC e no DRAP. Fincadas essas balizas, é inegável que, ultrapassado o prazo previsto no *caput* do art. 98 da Resolução TSE nº 23.607/2019, a citação deve ser realizada de modo a prestigiar os princípios do contraditório e da ampla defesa, especialmente quando não houver advogado constituído nos autos. Vale dizer, deverá ser realizada pelos meios estabelecidos no Código de Processo Civil, sob pena de nulidade, conforme o entendimento do TSE.[869]

Muitas das citações são, inclusive, realizadas através de *Whatsapp*, o que é permitido no período eleitoral, nos termos do art. 11, inciso I, da Resolução TSE nº 23.608/2019. No entanto, a Resolução CNJ nº 354/2020, que também abarca a comunicação de atos processuais por meio eletrônico nas unidades jurisdicionais da Justiça Eleitoral, prescreve que a concretização da citação ou intimação realizada através desta modalidade se dá através do comprovante do envio e do recebimento da comunicação processual, com os respectivos dia e hora de ocorrência (art. 10, inciso I). Se não houver constatação de recebimento pelo receptor da missiva, o ato não poderá ser válido.[870]

---

869 "(...) Nos termos do art. 8º, §1º, da Res.-TSE nº 23.547.2017, entre o dia 15 de agosto e a data-limite para a diplomação, as citações – e com maior razão as intimações – devem ser encaminhadas para os endereços eletrônicos cadastrados nos registros de candidatura. 3. Ultrapassado o período eleitoral, as intimações devem ser realizadas pelos meios estabelecidos no CPC.2015. 4. Na espécie, realizada a intimação por correio eletrônico após mais de 6 meses do encerramento do prazo regulamentar, deve ser reconhecida a sua nulidade, com o retorno dos autos para novo julgamento. 5. Negado provimento ao agravo interno. (Recurso Especial Eleitoral nº 060492271, Acórdão, Relator(a) Min. Og Fernandes, Publicação: DJE – Diário da justiça eletrônico, Tomo 174, Data 31.08.2020).

870 "(...) Para ser considerada válida a citação, ou intimação, procedida via Whatsapp, basta que o Cartório Eleitoral junte aos autos correspondente prova do envio e recebimento da mensagem instantânea encaminhada, da qual constem 2 tracinhos cinzas apostos no seu

Portanto, uma vez demonstrada a existência de ato processual nulo, ineficaz ou inexistente, face à ausência de atendimento a algum dos seus pressupostos de existência ou eficácia, afigura-se plenamente cabível o uso da *Querela Nullitatis* para desconstituir a coisa julgada, já que a prestação jurisdicional atacada se encontra eivada de nulidade absoluta.

12.8 Reclamação administrativa eleitoral

A reclamação administrativa eleitoral é cabível se juíza ou juiz eleitoral ou integrante de tribunal descumprir disposições legais e regulamentares que lhe impõem a prática de atos e a observância de procedimentos para a preparação, organização e realização das eleições e das fases seguintes até a diplomação (art. 29, *caput*, da Resolução nº 23.608/2019).

Esse tipo de reclamação também poderá ser apresentado contra ato de poder de polícia que contrarie ou exorbite decisões do TSE sobre a remoção de conteúdos desinformativos que comprometam a integridade do processo eleitoral (art. 29, §3º, da Resolução TSE nº 23.608/2019). Ostentam legitimidade para propô-la partido politico, federação de partidos, coligação, candidato ou candidata (art. 3º da Resolução TSE nº 23.608/2019).

Em caso de reclamação contra magistrado eleitoral, o Tribunal Regional Eleitoral será o órgão competente para apreciá-la. Noutro quadrante, se a reclamação for proposta contra integrante ou órgão de Tribunal Regional Eleitoral, a competência recairá sobre o Tribunal Superior Eleitoral (art. 30, incisos I e II, da Resolução TSE nº 23.608/2019).

Ao receber a reclamação, o relator determinará a notificação da autoridade reclamada para se manifestar no prazo de 1 (um) dia a contar do seu recebimento (art. 29, §1º, da Resolução TSE nº 23.608/2919). Ao final, o Tribunal ordenará a observância de procedimento que explicitar, sob pena de a juíza ou o juiz incorrer em desobediência (art. 29, §2º, da Resolução TSE nº 23.608/2919).

Nos casos em que a reclamação tiver sito proposta contra ato de poder de polícia de juiz eleitoral que exorbite ou contrarie decisões do

---

canto inferior direito, que identificam que a mensagem foi enviada e também recebida, não havendo necessidade de confirmação de leitura. (TRE/ES, RECURSO ELEITORAL nº 060126116, ACÓRDÃO nº 71 de 13.06.2022, Relator LAURO COIMBRA MARTINS, Publicação: DJE – Diário Eletrônico da Justiça Eleitoral do ES, Data 23.06.2022, Página 6-8).

TSE sobre remoção de conteúdo desinformativo que atente contra a integridade do processo eleitoral, o TSE poderá avocar a competência para apreciá-la em caso de demora injustificada do TRE (art. 30, §1º, da Resolução TSE nº 23.608/2919).

Por fim, se a autoridade competente para o exame da reclamação administrativa eleitoral concluir haver indícios de falta funcional, comunicará o fato à corregedoria do Tribunal para instauração de reclamação disciplinar, sindicância ou processo administrativo (art. 30, §2º, da Resolução TSE nº 23.608/2919).

RECURSOS

A palavra recurso deriva do latim *recursus*, que contém a ideia de voltar atrás, de retroagir, retornar, recuar, ou seja, o recurso pressupõe um caminho já utilizado.[871] O conceito justifica a possibilidade de, por meio de qualquer via impugnativa, opor-se a uma decisão, ou seja, torná-la sem efeito, extinguindo o resultado alcançado, de modo a subsistir a situação anterior. Isso se deve tanto ao inconformismo que arrebata o ser humano diante de inúmeras situações desfavoráveis, quanto aos possíveis erros inerentes às decisões proferidas por juízo singular ou coletivo. Diante disso, Pinto Ferreira preleciona que todas as decisões comportam recursos, sejam para o próprio julgador, sejam para um órgão superior.[872]

Segundo Humberto Theodoro Júnior, o recurso na seara do Direito Processual pode ser definido como o meio ou remédio impugnativo apto a provocar, dentro da relação processual, ainda, em curso, o reexame de decisão judicial pelo juízo *a quo* ou pelo Tribunal *ad quem*, com o escopo de obter: reforma, esclarecimento ou integração da decisão impugnada.[873] Nas palavras de Misael Montenegro Filho, o recurso é um instrumento processual voluntariamente utilizado por quem sofreu prejuízo decorrente de decisão judicial para obter a sua invalidação ou a sua integração, com a expressa solicitação de que nova decisão seja

[871] ORIONE NETO, Luiz. *Recursos cíveis*. 3. ed. São Paulo: Saraiva, 2009, p. 3.

[872] FERREIRA, Pinto. *Código Eleitoral comentado*. Rio de Janeiro: ed. Rio, 1976, p. 303 (Série Legislação Comentada).

[873] THEODORO JUNIOR, Humberto. *Curso de Direito Processual Civil*. 51. ed. Rio de Janeiro: Forense, 2010. v. 1, p. 565.

proferida, que pode ou não substituir o pronunciamento hostilizado.[874] Na mesma linha de pensamento, o Ministro Luiz Fux estabelece que o recurso é o instrumento jurídico processual, autorizado por lei, que pleiteia o reexame da decisão atacada, com o fim de modificá-la, cassá-la ou integrá-la.[875]

Quanto à sua natureza jurídica, o recurso é o prolongamento do direito de ação. No entanto, diferente das ações autônomas de impugnação, ele não instaura processo novo. Grinover afirma que a natureza jurídica do recurso é aspecto, elemento ou modalidade do próprio direito de ação e defesa, não se constituindo como uma nova ação, distinta e autônoma.[876]

A propósito, é importante ressaltar que os recursos se submetem a vários princípios, que norteiam não só a aplicação das regras específicas concernentes àquela matéria, como também orientam a interpretação do sistema como um todo.[877] Dentre os princípios que regulam as espécies recursais, destacam-se os seguintes:

- Princípio do duplo grau de jurisdição. Previsto implicitamente no art. 5º, LV, da CF. Pode ser definido como sendo o "sistema jurídico em que, para cada demanda, existe a possibilidade de duas decisões válidas e completas no mesmo processo, emanadas por juízes diferentes, prevalecendo sempre a segunda em relação à primeira".[878] Carnelutti, por sua vez, afirma que sua função está em submeter a lide ou negócio a um segundo exame que ofereça maiores garantias do que o primeiro, já que se serve da experiência deste e o realiza um ofício superior.[879] É importante destacar que a construção terminológica desse princípio é alvo de críticas por parte da

---

874 MONTENEGRO FILHO, Misael. *Curso de Direito Processual Civil*. 6. ed. São Paulo: Atlas, 2010. v. 2, p. 8.

875 FUX, Luiz. *Curso de Direito Processual Civil*. 4. ed. Rio de Janeiro: Forense, 2008, p. 715.

876 GOMES FILHO, Antônio Magalhães; GRINOVER, Ada Pellegrini; FERNANDES, Antônio Scarance. *Recurso no processo penal*. São Paulo: Revista dos Tribunais, 1996, p. 32.

877 MARINONI, Luiz Guilherme; ARENHART, Sérgio Cruz. *Processo de conhecimento*. 6. ed. São Paulo. Revista dos Tribunais, 2007, v. 2, p. 499-500.

878 LASPRO, Oreste Nestor de Souza. *Duplo grau de jurisdição no direito processual civil*. São Paulo: Revista dos Tribunais, 1995, p. 27.

879 O essencial, completa Carnelutti, é que se trata de um exame reiterado, isto é, de uma revisão de tudo quanto se fez na primeira vez, e essa reiteração permite evitar erros e suprir lacunas em que eventualmente se incorreu no exame anterior. Dessa função provém que o objeto do segundo procedimento tem que ser a mesma lide ou aquele mesmo negócio que foi objeto do primeiro, pois, do contrário, não se trataria de novo exame (CARNELUTTI, Francesco.

doutrina, em especial por duas razões: não há falar em duplo grau de jurisdição, pois não existe dupla jurisdição, sendo ela una; e grau dá a ideia de hierarquia, e não é isso que ocorre, mas sim a necessidade de reexame, já que o duplo grau de jurisdição pode ocorrer na mesma instância, como é o caso de alguns recursos interpostos perante os tribunais dos juizados especiais.

- Princípio da unirrecorribilidade. Também chamado de princípio da unicidade ou singularidade, esse princípio indica que, para cada espécie de ato judicial a ser recorrido, deve ser cabível um único recurso.[880] Tal princípio não é absoluto, ao passo que apresenta algumas exceções, então previstas legalmente, como é a hipótese de, em um determinado caso, se interpor conjuntamente os embargos de declaração e outro recurso; como é o caso de se interpor, concomitantemente, contra uma mesma decisão, o Recurso Especial e o Recurso Extraordinário (arts. 1.029 e ss. do CPC).[881]
- Princípio da fungibilidade. Constitui uma derivação da instrumentalidade das formas, na qual há a possibilidade de, excepcionalmente, os tribunais aproveitarem um recurso interposto, por engano, quando houver dúvida objetiva sobre qual a espécie recursal a ser utilizada, e não tenha havido erro grosseiro ou má-fé por parte do recorrente e observância do prazo adequado.[882] Foi inicialmente previsto no Código de Processo Civil de 1939, em seu art. 810, no qual estabelecia que, "salvo hipótese de má-fé ou erro grosseiro, a parte não será prejudicada pela interposição de um recurso por outro [...]". Tal regra não encontrava dispositivo correspondente no Código de Processo Civil de 1973, situação que se repete na vigente legislação processual.

Instituições de processo civil. Trad. Adrian Sotero de Witt Batista, São Paulo: Classic Book, 2000, v. II).

880 MARINONI, Luiz Guilherme; ARENHART, Sérgio Cruz. *Processo de conhecimento*. 6. ed. São Paulo: Revista dos Tribunais, 2007, v. 2, p. 502.

881 PORTANOVA, Rui. *Princípios do processo civil*. Porto Alegre: Livraria do Advogado, 1995, p. 272.

882 ALVES, Pollyanna Kelly Maciel Medeiros Martins. *O Superior Tribunal de Justiça e a guarda do Direito Federal Infraconstitucional: o recurso especial*. Disponível em: http://jus2.uol.com.br/DOUTRINA/texto.asp?id=2299. Acesso em: 7 abr. 2010.

Ademais, não havendo proibição de aplicação e existindo dispositivos que, conjugados, conduzem ao cabimento do princípio, tem-se por aplicável no sistema processual pátrio, conforme corrobora a nossa doutrina e jurisprudência vigentes.[883] Não bastasse isso, o Código de Processo Penal, em seu art. 579, consagra a aplicação do referido dispositivo.[884]

- Princípio da taxatividade. Tratando-se de matéria processual, somente por meio de lei federal é que se pode criar recursos, ficando vedada a qualquer outra instância legislativa conceber espécies recursais (CF, art. 22, I).[885] Portanto, além daqueles previstos no art. 994 do CPC, têm natureza recursal: o recurso inominado (arts. 41 a 43 da Lei nº 9.099/95); o recurso contra expedição de diploma (art. 262 do CE) e o recurso ordinário eleitoral (§4º do art. 121 da CF/1988, e nas alíneas "a" e "b" do inc. II do art. 276 do Código Eleitoral).
- Princípio da proibição da *reformatio in pejus. O recurso não pode acarretar uma decisão mais gravosa ao recorrente. Portanto, mostra-se vedada "a reforma para pior", salvo se houver sucumbência recíproca (na qual se terá recursos de ambas as partes) ou quando houver matéria de ordem pública (que deverá ser conhecida de ofício pelo órgão julgador). Havendo matéria de ordem pública, o órgão ad quem poderá conhecer e provir independente de devolução pelo impugnante, em decorrência do efeito translativo.*

Os recursos podem ter efeitos devolutivos, suspensivos e translativos. A doutrina, porém, traz outros efeitos, tais como: expansivo, obstativo da coisa julgada e rotativo. O efeito devolutivo dos recursos consiste em transferir a matéria decidida pelo juiz da instância inferior a um órgão de jurisdição superior, reabrindo-se a oportunidade de reapreciar e novamente julgar a questão já decidida. Fredie Didier Jr. e Leonardo Carneiro da Cunha asseveram que o efeito devolutivo é comum a todos os recursos, pois é da natureza do recurso provocar o

---

[883] "Continua vigorante em nosso Direito Processual Civil o princípio da fungibilidade dos recursos" (SOUZA, Bernardo Pimentel. *Introdução aos recursos cíveis e à ação rescisória*. Brasília: Brasília Jurídica, 2000, p. 115).

[884] "Art. 579. Salvo a hipótese de má-fé, a parte não será prejudicada pela interposição de um recurso por outro. Parágrafo único. Se o juiz, desde logo, reconhecer a impropriedade do recurso interposto pela parte, mandará processá-lo de acordo com o rito do recurso cabível."

[885] MARINONI, Luiz Guilherme; ARENHART, Sérgio Cruz. *Processo de conhecimento*. 6. ed. São Paulo: Revista dos Tribunais, 2007, v. 2, p. 502.

reexame da decisão.[886] Nesse caso, o recurso não devolve ao tribunal o conhecimento de matéria estranha à decisão *a quo*, apenas é devolvido o conhecimento da matéria impugnada.

O efeito suspensivo tem o poder de impedir a imediata execução da sentença. Contudo, vale ressaltar que o efeito suspensivo não diz respeito ao recurso em si, mas ao efeito da decisão, que só pode ser executada, em regra, na hipótese de não ter sido atacada por recurso próprio. Nesse sentido, Nery Junior, citado por Alexandre Freitas Câmara, aduz que o efeito suspensivo não é efeito da interposição do recurso, mas, sim, da recorribilidade.[887] Especifique-se que os recursos extraordinário e especial não poderão ser recebidos no efeito suspensivo, mas tão somente no efeito devolutivo (art. 542, §2º, do CPC).

Já o efeito translativo, inerente a qualquer espécie recursal, opera sobre matérias que competem ao Poder Judiciário conhecer a qualquer tempo ou grau de jurisdição. Marinoni estabelece que o efeito translativo é semelhante ao efeito devolutivo no que diz respeito à cognição do tribunal sobre a causa. No entanto, ao contrário do efeito devolutivo, que depende da expressa manutenção da parte, o efeito translativo opera-se ainda que sem expressa manifestação do recorrente.[888] Assim, o tribunal é autorizado a conhecer matérias de ordem pública, ainda que não tenham sido ventiladas no juízo *a quo* ou nas razões recursais.

Importante salientar que, em regra, pela inteligência do art. 257 do CE[889] os recursos na seara eleitoral não apresentam efeito suspensivo, ou seja, não suspendem a eficácia dos atos contra os quais são impetrados. Porém, essa regra geral comporta várias exceções, como, a título exemplificativo, a que consta no art. 216 do CE, que garante que o eleito pode exercer o seu mandato até que o TSE decida quanto ao recurso interposto contra a expedição de diploma,[890] bem como na possibilidade de impetrar medida cautelar, pedindo o efeito suspensivo para proteção de bem jurídico tutelado; a hipótese do art. 15 da

---

[886] DIDIER JR., Fredie; CARNEIRO DA CUNHA, Leonardo. *Curso de Direito Processual Civil*. 9. ed. Salvador: Juspodivm, 2011, v. 3, p. 84.

[887] FREITAS CÂMARA, Alexandre. *Lições de Direito Processual Civil*. 12. ed. Rio de Janeiro: Lumen Juris, 2006, v. 2, p. 79.

[888] MARINONI, Luiz Guilherme; ARENHART, Sérgio Cruz. *Processo de conhecimento*. 7. ed. São Paulo: Revista dos Tribunais, 2008, v. 2, p. 525-526.

[889] Lei nº 4.737/1965. Art. 257. Os recursos eleitorais não terão efeito suspensivo.

[890] Ac.-TSE, de 28.10.2021, nos ED-RCED nº 060406339 e, de 9.9.2021, no AgR-AREspE nº 060040185: os arestos do TSE que impliquem perda de diploma possuem execução imediata, não estando condicionados seus efeitos à sua publicação.

Lei Complementar nº 64/1990, que trata da decisão proferida por órgão colegiado que declara candidato inelegível; o disposto no art. 16-A da Lei Eleitoral, que se dirige ao candidato cujo registro esteja *sub judice*, autorizando que mesmo nessa condição efetue todos os atos relativos à campanha eleitoral; ou ainda a inovação trazida no §2º do art. 257 do CE, que traz o efeito suspensivo como consequência do recebimento do recurso ordinário interposto contra decisão proferida por Juiz Eleitoral ou por Tribunal Regional Eleitoral que resulte em cassação de registro, afastamento do titular ou perda de mandato eletivo.

Como corolário do princípio da celeridade, os prazos dos recursos eleitorais são, via de regra, de três dias (art. 258 do Código Eleitoral) e, durante o período eleitoral, não se suspendem aos sábados, domingos e feriados (art. 16 da Lei Complementar nº 64/1990). Contudo, a necessidade de que as querelas eleitorais sejam solucionadas com a maior brevidade possível não apresenta qualquer novidade, haja vista que o processo eleitoral se finda em poucos meses, necessitando, pois, de uma maior guarida para que as incertezas advindas da proclamação dos resultados não se prolonguem demasiadamente.

Se o recurso não for interposto no prazo, ocorre a preclusão temporal e a decisão se torna firme no processo. Assim, interposto recurso após o prazo definido por lei, não será ele conhecido por sua intempestividade, pois, uma vez perdidos, não podem ser restabelecidos. Somente as matérias constitucionais podem ser alegadas sem importar em preclusão (art. 259, parágrafo único, do CE).

Na seara eleitoral, os recursos encontram-se disciplinados em vários dispositivos, tais como na Constituição Federal (art. 121); no Código Eleitoral (arts. 257 a 282); na Lei Complementar nº 64/1990 (Lei das Inelegibilidades); na Lei Eleitoral (Lei nº 9.504/1997); aplicando-se subsidiariamente o Código de Processo Civil e o Código de Processo Penal, no que forem omissos. Joel J. Cândido ainda assevera que a Constituição de 1988 alargou a possibilidade dos recursos eleitorais, pois mesmo mantendo o princípio da irrecorribilidade das decisões do TSE em seu art. 121, §3º, ampliou sua exceção para incluir o cabimento de recurso das decisões denegatórias de mandado de segurança.[891]

São recursos com aplicação corriqueira no Direito Eleitoral, especificadamente, o recurso eleitoral inominado, recurso ordinário, agravo (contra decisão que denega subida de recurso especial ou

[891] CÂNDIDO, Joel José. *Direito Eleitoral brasileiro*. 12. ed. São Paulo: Edipro, 2008, p. 233.

extraordinário), agravo interno, embargos de declaração, recurso especial, recurso extraordinário e recurso contra expedição de diploma.

13.1 Recurso eleitoral inominado

O recurso inominado apresenta a natureza de um pedido para reexame, pela instância superior, de uma decisão judicial.[892] É interposto contra os atos, resoluções, despachos ou decisões de juízes ou juntas eleitorais que tenham conteúdo decisório e cominatório, causado gravame ao interesse da parte.[893] Não pode ser interposto contra decisões do Tribunal Regional Eleitoral ou do Tribunal Superior Eleitoral. Encontra-se disciplinado no art. 265 do Código Eleitoral. Denomina-se *inominado* porque não há um *nomen juris* para a sua nomeação. Discorda-se de sua denominação como recurso eleitoral porque esse é o gênero do qual o inominado é uma espécie.

Atendendo a um dos princípios basilares do Direito Eleitoral, que é o da celeridade, o prazo para a sua interposição é de três dias, contados da data da publicação do *decisum*. Nas representações fundadas na Lei nº 9.504/1997 (Lei das Eleições), cabe recurso inominado, que deverá ser apresentado no prazo de 1 dia da publicação da decisão.[894] Ademais, a jurisprudência da Colenda Corte Eleitoral é assente quanto ao início do prazo para interposição de recursos a partir das intimações, que podem ser realizadas de forma eletrônica.[895]

---

892 Ac.-TSE, de 17.4.2007, no REspe nº 25756: "Ressalta-se o descabimento de recurso inominado contra decisão interlocutória".

893 São hipóteses de cabimento do recurso inominado: a) decisão que julgar impugnação à designação de escrutinadores e apuradores (art. 39 do CE); b) decisão que julgar pedido de inscrição eleitoral (art. 45, §7º, do CE); c) decisão que julgar pedido de transferência eleitoral (art. 57, §2º, do CE); d) decisão que apreciar o direito de resposta e julgar as representações feitas com base no poder de polícia eleitoral, salvo se houver disposição específica (arts. 243, §3º, e 249 do CE); e) decisão que julgar pedido de cancelamento de inscrição e/ou cancelamento de eleitor (art. 80 do CE); f) decisão que julgar alegação de impedimento de mesário para serviço eleitoral (art. 120, §4º do CE); g) decisão que julgar reclamação à designação de indicação de mesário (art. 121, §1º do CE); h) decisão que julgar reclamação à designação de seções eleitorais (art. 135, §8º, do CE); i) decisão que julgar pedido de inscrição eleitoral derivado da Lei nº 6996/82 (art. 7º, §1º); j) contra sentenças proferidas em ação de investigação judicial eleitoral (art. 258 do Código Eleitoral, e art. 22, XIV, da LC n. 64/90), ação de impugnação de mandato eletivo (art. 14, §10, da CF).

894 O art. 96, §8º, da Lei das Eleições determina o prazo de 24 horas para interposição do recurso. Contudo, o art. 22, *caput* da Resolução nº 23.608.2019, ditou que o referido prazo seria computado em dias, logo, a tempestividade do recurso se daria em 1 dia.

895 Recurso Especial Eleitoral nº 67742, Acórdão, Relator(a) Min. Luiz Fux, Publicação: *DJE – Diário da justiça eletrônica*, Tomo 192, Data 05.10.2016, Página 67-68.

Importante salientar que, passado esse prazo, configura-se a preclusão temporal, podendo o comando judicial objeto de irresignação ser impugnado por outra espécie recursal ou ação específica, se houver. Em decorrência da literalidade do art. 265 do CE, chegou-se a defender a possibilidade de recurso contra decisões interlocutórias na seara do Direito Eleitoral. Todavia, para a consecução de seu desiderato de celeridade, torna-se inviável oportunizar a via recursal contra esse tipo de decisão.

Não por outra razão que o art. 19, *caput*, da Resolução TSE nº 23.478/2016 preceitua que "as decisões interlocutórias ou sem caráter definitivo proferidas nos feitos eleitorais são irrecorríveis de imediato por não estarem sujeitas à preclusão, ficando eventuais inconformismos para posterior manifestação em recurso contra a decisão definitiva de mérito". Essa mesma regra também é aplicada às representações que seguem o rito disposto no art. 22 da LC nº 64/90, nos termos do art. 48 da Resolução TSE nº 23.608/2019.

Cite-se que, recentemente, o TSE entendeu que a regra da irrecorribilidade de imediato de decisões interlocutórias incide quando o TRE afasta a decadência e determina o retorno dos autos ao juízo eleitoral de primeiro grau para regular processamento do feito. Isso porque, não tendo o acórdão, na espécie, caráter de decisão definitiva, não seria recorrível de imediato, não sendo atacável por meio de recurso especial.[896]

Da sentença que denegar o registro de candidatura, cassação de diploma e perda de mandato, cabe a interposição do recurso inominado. A respeito da aplicação do efeito suspensivo, tem-se que o art. 257, §2º, do Código Eleitoral determina que "o recurso ordinário interposto contra decisão proferida por juiz eleitoral ou por Tribunal Eleitoral que resulte em cassação de registro, afastamento do titular ou perda de mandato eletivo será recebido pelo Tribunal competente com efeito suspensivo". O dispositivo legal mencionado prevê a incidência

[896] "(...) A decisão agravada negou seguimento ao agravo em recurso especial dos agravantes pelos seguintes fundamentos: a) o acórdão regional não tem caráter de decisão definitiva e, por conseguinte, não é recorrível de imediato, de modo que não é atacável por meio de recurso especial, na linha da jurisprudência deste Tribunal Superior e nos termos do art. 19, caput, da Res.-TSE 23.478; b) a regra de irrecorribilidade de imediato das decisões interlocutórias ou sem caráter definitivo proferidas em ações eleitorais incide também na hipótese em que o TRE afasta a decadência e determina o retorno dos autos ao juízo de primeiro grau para o regular processamento do feito, tal como ocorreu na espécie.(Agravo Regimental no Agravo em Recurso Especial Eleitoral nº 060079579, Acórdão, Min. Sergio Silveira Banhos, Publicação: DJE – Diário de Justiça Eletrônico, 02.03.2023).

de efeito suspensivo *ope legis* ao recurso eleitoral interposto em face de sentença proferida por juiz eleitoral que resulte em perda de mandato eletivo. Nessa hipótese, que está escrita em claro e bom vernáculo, deve-se emprestar efeito suspensivo ao recurso até o pronunciamento da Corte Regional a respeito das matérias veiculadas em sede recursal.

Suscite-se que o Tribunal Superior Eleitoral tem decidido que o §2º do art. 257 do Código Eleitoral veicula efeito suspensivo recursal que decorre automaticamente da previsão normativa, no que não há, bem por isso, discricionariedade por parte do julgador ou qualquer pressuposto para a concessão do referido efeito. Para tanto, o TSE também entende que a expressão "Recurso Ordinário" foi empregada pelo legislador em acepção genérica e compreende todos os meios aptos a prestigiar o princípio do duplo grau de jurisdição.[897]

No caso de decisões proferidas por juiz auxiliar de Tribunal *ad quem*, estas devem ser atacadas por via de recurso inominado, desde que não se trate de denegação de registro, não se confundindo, assim, com as decisões proferidas pelo relator do recurso, que podem ser atacadas por recursos específicos ou, não havendo recurso, por mandado de segurança se houver teratologia.

É legítima a interposição de recurso inominado por qualquer partido, coligação ou candidato que houver sido prejudicado por atos, resoluções, despachos ou decisões de juízes de primeiro grau ou de juntas eleitorais. O Ministério Público também pode interpor esse recurso quando a matéria versar sobre algumas das prerrogativas que a CF/1988 lhe outorgou, como, por exemplo, para defender o interesse público, a ordem jurídica e o regime democrático.

---

[897] MANDADO DE SEGURANÇA. ELEIÇÕES 2012. PREFEITO. AÇÃO DE INVESTIGAÇÃO JUDICIAL ELEITORAL (AIJE). ABUSO DO PODER ECONÔMICO. USO INDEVIDO DE MEIOS DE COMUNICAÇÃO SOCIAL. ART. 22 DA LC 64/90. EMBARGOS DECLARATÓRIOS. EFEITO SUSPENSIVO. ART. 257, §2º, DO CÓDIGO ELEITORAL. PRECEDENTES. FUMUS BONI IURIS. PERICULUM IN MORA. PRESENÇA. LIMINAR DEFERIDA. [...] 7. A teor do art. 257, §2º do Código Eleitoral, com texto dado pela Lei 13.165/15, o Recurso Ordinário interposto contra decisão proferida por Juiz Eleitoral ou por Tribunal Regional Eleitoral que resulte em cassação de registro, afastamento do titular ou perda de mandato eletivo será recebido pelo Tribunal competente com efeito suspensivo. 8. A expressão Recurso Ordinário foi empregada pelo Legislador em acepção genérica e compreende hipótese de Embargos Declaratórios, conforme voto da e. Ministra LUCIANA LÓSSIO, no REspe 241-96/PR, em 18.10.2016. 9. As sanções de inelegibilidade e de perda de diplomas impostas ou mantidas por Tribunal Regional Eleitoral produzem seus efeitos a partir da publicação do aresto proferido em Embargos [...]. (MS nº 0602320-09/RJ, Rel. Min. Herman Benjamin, decisão monocrática, *DJe* de 10.11.2016).

Importante salientar que os partidos políticos que optaram por disputar o pleito eleitoral em coligação não podem impetrar recurso inominado de forma isolada, necessitando postulá-lo em nome da coligação e nunca em nome próprio, pois, no que se refere ao processo eleitoral, devem funcionar como um só partido político no relacionamento com a Justiça Eleitoral. Excepcionam-se a essa regra as hipóteses de dissidência interna ou quando questionada a validade da própria coligação, situações nas quais o partido poderá agir isoladamente.[898]

Esse recurso permite a realização de uma ampla revisão da decisão de 1º grau, permitindo ampla análise probatória, o que se denomina de efeito devolutivo em profundidade, diante da incidência do princípio do *tantum devolutum quantum appellatum*. Até mesmo questões de fato podem ser suscitadas no tribunal *ad quem*, desde que haja comprovação que não foi suscitado na primeira instância por motivo de força maior (art. 1.014 do CPC). Nesse ponto, é inegável que há uma simetria dessa espécie recursal com o recurso de apelação (art. 1.009 do CPC), pois permite a oportunidade de reapreciação de questões fáticas.

13.1.1 Procedimento

O recurso inominado apenas pode ser interposto contra decisões de juízes singulares ou de juntas eleitorais, não se admitindo sua interposição contra decisões do Tribunal Regional Federal ou contra o Tribunal Superior Eleitoral. Por essa peculiaridade, é um dos principais recursos a ser utilizados nas eleições, sendo o mecanismo de impugnação preponderante e recorrente em relação às decisões de primeiro grau.

As razões recursais devem conter todos os pontos contra os quais pretendem se insurgir. O Recorrente deve, bem por isso, atentar para relatar os fatos devidamente, sobretudo para impugnar, de maneira específica e precisa, os fundamentos da sentença, de modo a demonstrar o seu desacerto, sob pena de violar o princípio da dialeticidade

---

[898] Res. TSE nº 23.609.2019. Art. 4º. §4º somente possui legitimidade para atuar de forma isolada no processo eleitoral quando questionar a validade da própria coligação, durante o período compreendido entre a data da convenção e o termo final do prazo para a impugnação do registro de candidatura (Lei nº 9.504/1997, art. 6º, §4º). §5º O disposto no §4º deste artigo não exclui a legitimidade do partido político ou da federação para, isoladamente, impugnar candidaturas, propor ações e requerer medidas administrativas relativas à eleição proporcional.

(art. 1.010 inciso III, do CPC; c/c Súmula nº 26 do TSE).[899] Para mais, deve apresentar as especificações das provas necessárias para constatação do alegado e as circunstâncias inerentes (art. 266, *caput*, do CE). O espaço para dilação probatória obedece aos ditames das garantias constitucionais, sendo imprescindíveis para a apreciação do feito, não podem ser rejeitadas, sob pena de quebra do princípio da ampla defesa.

Recebidas as razões, o recorrido será intimado para a ciência do recurso, abrindo-lhes vista dos autos a fim de, no prazo de três dias, oferecer suas contrarrazões, acompanhadas ou não de novos documentos (art. 267 do CE). Impende explicitar que a intimação recursal é feita pela publicação no *Diário Oficial* ou por sua fixação no cartório judicial. Durante o período eleitoral, o prazo não se interrompe aos sábados, domingos ou feriados.

Se o recorrido juntar novos documentos, terá o recorrente vista dos autos por 48 horas para falar sobre os mesmos (art. 267, §5º, do CE). Trata-se de verdadeira regra consagrativa dos princípios do contraditório e da ampla defesa, pois propicia que o recorrido tenha ciência dos novos fatos para que, diante desses, possa construir novas argumentações e se defender devidamente no decorrer do processo.

O Juiz Eleitoral fará, dentro de 48 horas, subir os autos para o respectivo Tribunal Regional Eleitoral com a sua resposta e os documentos em que se alicerçar, sujeito à multa de 10% do salário-mínimo por dia de retardamento, salvo se entender de reformar a sua decisão (art. 267, §6º, do CE).

Uma vez interposto o recurso, abre-se oportunidade para que o juiz possa exercer o seu juízo de retratação, fundamentando os motivos que o levaram a tal ato (art. 267, §7º, do CE). Nesse caso, o recorrido, para não ter de interpor recurso, poderá, no prazo de três dias, requerer que o apelo suba ao respectivo Tribunal Regional Eleitoral.

Com a conclusão desse procedimento, o Juiz Eleitoral fará subir os autos ao respectivo Tribunal Regional Eleitoral. Chegando os autos à instância superior, os recursos são distribuídos a um relator em 24

---

[899] RECURSO ELEITORAL. PRESTAÇÃO DE CONTAS. PRINCÍPIO DA DIALETICIDADE. NÃO ATENDIMENTO. NÃO CONHECIMENTO. 1. Não cabe ser conhecido recurso que deixa de impugnar especificamente os fundamentos da sentença atacada, não atendendo ao princípio da dialeticidade, previsto no art. 1.10, III, do Código de Processo Civil, subsidiariamente aplicável aos processos judiciais eleitorais, hipótese que se verifica nestes autos. 2. Recurso não conhecido. (TRE-PE – REL: 06002077420206170063 INAJÁ – PE, Relator: Des. FRANCISCO ROBERTO MACHADO, Data de Julgamento: 13.02.2023, Data de Publicação: DJE – Diário de Justiça Eletrônico, Tomo 32, Data 14.02.2023).

horas e após essa distribuição a secretaria do Tribunal abre vistas dos autos à Procuradoria Regional, que deve emitir o parecer no prazo de cinco dias. Porém, se a Procuradoria não emitir parecer no prazo fixado, pode a parte interessada requerer a inclusão do processo na pauta, devendo o Procurador, nesse caso, proferir o parecer oral na assentada do julgamento (art. 269 do CE).

Após a apreciação dos autos do recurso, o relator deve devolvê-los à Secretaria no prazo de oito dias, para nas 24 horas seguintes ser o caso incluído na pauta de julgamento do Tribunal (art. 271 do CE). Na sessão de julgamento, uma vez feito o relatório, cabe a cada uma das partes sustentar oralmente as suas conclusões no prazo de dez minutos. Por fim, realizado o julgamento, o relator, se vitorioso, ou o relator designado para redigir o acórdão, apresentará a redação desse, o mais tardar, dentro de cinco dias (art. 273 do CE).

Registra-se que nos recursos eleitorais derivados das representações fundadas na Lei nº 9.504/1997 (Lei das Eleições), o prazo para interposição será de 1 (um) dia, devendo ser julgado pelo Plenário do Tribunal. O prazo recursal contará da publicação da decisão, em mural eletrônico ou sessão, garantindo-se ao recorrido o oferecimento de contrarrazões no mesmo elastério, a contar de sua notificação.[900] Em seguida, o *parquet* deverá, no prazo de 1 dia, confeccionar parecer, em ato contínuo, o processo será encaminhado para julgamento, tendo os tribunais o prazo de 2 dias para apresentar o recurso em mesa, independente, de publicação de pauta. Mesmo se não oferecidas as contrarrazões ou o parecer do MP, se decorrido o respectivo prazo de oferta, o recurso deverá ser levado para julgamento em sessão, pelo próprio juiz auxiliar. Se, mesmo assim, o tribunal não se reunir no prazo de 2 dias, o recurso deverá ser julgado na primeira sessão subsequente.

13.2 Recurso ordinário

O recurso ordinário em Direito Eleitoral encontra cabimento nas hipóteses aventadas nos incisos III e V do §4º do art. 121 da CF/1988,

[900] O art. 96, §8º da Lei das Eleições determina o prazo de 24 horas para interposição do recurso. Contudo, o art. 20, *caput* da Resolução nº 23.547.2017, ditou que o referido prazo seria computado em dias, logo, a tempestividade do recurso se daria em 1 dia. Contudo, o art. 22, *caput* da Resolução nº 23.608.2019, ditou que o referido prazo seria computado em dias, logo, a tempestividade do recurso se daria em 1 dia.

e nas alíneas "a" e "b" do inc. II do art. 276 do Código Eleitoral.[901] Pode-se impetrá-lo com direção ao Tribunal Superior Eleitoral contra as decisões terminativas dos Tribunais Regionais Eleitorais que versarem sobre expedição de diplomas nas eleições federais e estaduais ou quando denegarem *habeas corpus* e mandado de segurança.[902] A Lei nº 13.165/15 trouxe nova hipótese de cabimento do recurso ora vergastado, criando o §2º no art. 257 do Código Eleitoral, de modo que poderá ser interposto contra decisão proferida por Juiz Eleitoral ou por Tribunal Regional Eleitoral que resulte em cassação de registro, afastamento do titular ou perda de mandato eletivo, hipóteses em que será recebido pelo órgão competente com efeito suspensivo.

O eleitoralista Joel J. Cândido sintetiza os casos em que o recurso ordinário se configura cabível. São eles:

a) o *habeas corpus*, mandado de segurança, o *habeas data* e o mandado de injunção decididos em única instância pelos Tribunais Regionais Eleitorais e pelos Tribunais Superiores, se denegatória a decisão;
b) decisão que julgar ação de impugnação de mandato eletivo em segundo grau;
c) decisão que julgar ação de investigação judicial eleitoral em segundo grau;[903]
d) decisão que julgar ação de impugnação de pedido de registro de candidatura em segundo grau.[904]

Importante frisar que o fato de se atestar a existência de uma causa de inelegibilidade deságua na conclusão de que o cidadão não possa obter o seu registro, atraindo o disposto no art. 121, §4º, inciso

901 Súmula nº 36 TSE: Cabe recurso ordinário de acórdão de Tribunal Regional Eleitoral que decida sobre inelegibilidade, expedição ou anulação de diploma ou perda de mandato eletivo nas eleições federais ou estaduais (art. 121, §4º, incisos III e IV, da Constituição Federal).

902 "A Súmula 36 desta Corte Superior dispõe que 'cabe recurso ordinário de acórdão de Tribunal Regional Eleitoral que decida sobre inelegibilidade, expedição ou anulação de diploma ou perda de mandato eletivo nas eleições federais ou estaduais (art. 121, §4º, incisos III e IV, da Constituição Federal)', o que elimina qualquer dúvida objetiva a respeito do cabimento do recurso, sobretudo em eleição municipal, razão pela qual não estão preenchidos os requisitos para a aplicação do princípio da fungibilidade, dada a ocorrência de erro grosseiro" (Recurso Ordinário Eleitoral nº 060007693, Acórdão, Relator(a) Min. Sergio Silveira Banhos, Publicação: PSESS – Publicado em Sessão, Data 11.12.2020).

903 Recurso Ordinário Eleitoral nº 318562, Acórdão, Relator(a) Min. Luis Felipe Salomão, Publicação: *DJE – Diário da justiça eletrônica*, Tomo 231, Data 15.12.2021.

904 CÂNDIDO, Joel José. *Direito Eleitoral brasileiro*. 12. ed. São Paulo: Edipro, 2006, p. 251.

III, da Constituição Federal e, portanto, a adequação do recurso ordinário quando a decisão for proferida por Juiz Eleitoral ou por Tribunal Regional Eleitoral.[905]

Ainda é cabível a interposição do recurso ordinário quando determinado feito versar sobre matéria que possa ensejar perda de registro ou de diploma federal ou estadual.[906] Por outro lado, não será admissível contra acórdão regional que denega pedido de registro candidatura nas eleições municipais, haja vista que o recurso adequado é o especial, respeitando-se o princípio da singularidade.[907] No que urge às eleições municipais, o recurso ordinário, consonante a modificação implementada pela Lei nº 13.165/2016, passa a ser o remédio adequado a todas as decisões proferidas a respeito de inelegibilidade, sejam elas constitucionais, infraconstitucionais ou supervenientes.

Igualmente, passa a ser cabível recurso ordinário das decisões proferidas por Juiz Eleitoral que indeferir *habeas corpus, habeas data,* mandado de segurança e mandado de injunção. Nesse ponto, importa ressaltar o cabimento do recurso ordinário para o TSE, quando a denegação ocorrer por decisão, em única instância, proferida pelo Tribunal Regional Eleitoral.

O texto constitucional determina de forma precisa que caberá recurso ordinário para o Supremo Tribunal Federal, quando a mencionada denegação ocorrer por decisão dos Tribunais Superiores (art. 102, II, "a" da CF) ou nos casos relativos a crimes políticos (art. 102, II, "a" da CF). Em composição com a previsão eleitoral, das decisões denegatórias do Tribunal Superior Eleitoral que denegarem caberá, excepcionalmente, recurso ordinário para o Supremo Tribunal Federal, a ser interposto no prazo de três dias (art. 281 do CE). Juntado o presente recurso, nas quarenta e oito horas seguintes, os autos serão conclusos ao Presidente do tribunal, que, no mesmo prazo, proferirá despacho fundamentado, admitindo ou não o recurso ordinário (art. 281, §1º, do

---

905 Recurso Especial Eleitoral nº 336.584, Acórdão de 16.12.2010, Rel. Min. Marco Aurélio Mendes de Farias Mello, Publicação: PSESS – Publicado em Sessão, Data 16.12.2010.

906 Recurso Ordinário Eleitoral nº 060007693, Acórdão, Relator(a) Min. Sergio Silveira Banhos, Publicação: PSESS – Publicado em Sessão, Data 11.12.2020.

907 "O caso versa sobre a expedição de diploma nas eleições estaduais, razão pela qual é cabível a interposição de recurso ordinário. O princípio da fungibilidade recursal autoriza, na espécie, o recebimento do recurso especial como ordinário" (Recurso Ordinário nº 763425, Acórdão, Relator(a) Min. João Otávio de Noronha, Relator(a) designado(a) Min. Tarcisio Vieira de Carvalho Neto, Publicação: *DJE – Diário da justiça eletrônica*, Tomo 92, Data 17.05.2019, Página 16-17).

CE). Uma vez admitido o recurso, será aberta vista dos autos ao recorrido para que, dentro do prazo de três dias, apresente as suas razões (art. 281, §2º, do CE). Findo esse prazo, os autos finalmente serão remetidos ao Supremo Tribunal Federal para conhecimento e apreciação (art. 281, §3º, do CE).

Também se configura como pacífico no Tribunal Superior Eleitoral a admissibilidade de recurso ordinário para atacar decisões em sede de ação de captação ilícita de sufrágio, fundadas no art. 41-A da Lei nº 9.504/1997, proferidas em segunda instância, desde que a decisão guerreada possa atingir o diploma, incidindo, assim, na hipótese prevista no inciso IV do §4º do art. 121 da CF/1988.[908]

Mostra-se cabível o recurso quanto for interposto para discutir o fato de o candidato tentar registrar sua candidatura individualmente, sem ser escolhido em convenção pelo seu respectivo partido, resultando na denegação de seu registro. Tem-se entendimento consolidado pela Colenda Corte Eleitoral de que não existe candidatura avulsa, ou seja, o mandato eletivo é da titularidade do partido e esse disputa a eleição por meio de seu candidato.[909]

Em se tratando de matéria relativa à prestação de contas por via de acórdão de Tribunal Regional Eleitoral, a Colenda Corte Eleitoral assentou o entendimento no qual o recurso a ser utilizado nesse caso é o especial, ou seja, não prevê o cabimento de recurso ordinário em processo de prestação de contas de partido político apreciado originariamente por Tribunal Regional Eleitoral.

O recurso ordinário tem efeito devolutivo e translativo, transferindo a matéria decidida pelo juiz de instância inferior a um órgão de jurisdição superior, dando nova oportunidade de apreciação e julgamento à questão já decidida, podendo a instância *ad quem* analisar questões que não foram apreciadas na instância *a quo*. Sendo assim, insta salientar que, em se tratando de recurso ordinário, é possível a reavaliação do acervo fático-probatório pela Corte *ad quem*, haja vista que sua devolutividade é ampla, bem como a exigência de demonstração de

---

908 Recurso Ordinário Eleitoral nº 060186731, Acórdão, Relator(a) Min. Luis Felipe Salomão, Publicação: *DJE – Diário da justiça eletrônica*, Tomo 230, Data 14.12.2021.

909 Resolução TSE nº 23.609.2019. Art. 9º. §3º É vedado o registro de candidatura avulsa, ainda que o requerente tenha filiação partidária (Lei nº 9.504/1997, art. 11, §14).

divergência jurisprudencial, visto que tal impedimento recai somente em sede de recurso especial.[910]

Em regra, os recursos eleitorais não possuem efeito suspensivo, havendo exceção trazida pela minirreforma eleitoral (Lei nº 13.165/2015) quanto ao recurso ordinário interposto contra decisão proferida por Juiz Eleitoral ou por Tribunal Regional Eleitoral que resulte em: a) cassação de registro; b) afastamento do titular; ou c) perda de mandato eletivo. Nesses casos, o recurso ordinário será recebido pelo Tribunal competente automaticamente com efeito suspensivo. O recurso em espécie terá preferência sobre quaisquer outros processos, salvo o *habeas corpus* e o mandado de segurança (art. 257, §§2º e 3º, do Código Eleitoral).

O prazo para a impetração do recurso ordinário é de três dias, contados da publicação da decisão sobre expedição de diploma ou da decisão que denegar *habeas corpus*, *habeas data*, mandado de injunção ou mandado de segurança (art. 276, §1º, do CE). O prazo para a apresentação das contrarrazões também é de três dias.

Possuem legitimidade para interpô-lo o candidato, o partido político, a coligação e o Ministério Público, exercendo seu papel constitucional de protetor do regime democrático.

Ainda de bom alvitre ressaltar que não há juízo de admissibilidade nesse tipo de recurso, a não ser para verificar a existência dos requisitos básicos dessa modalidade recursal.[911] Parte da doutrina preleciona que o juízo de admissibilidade é privativo do Presidente do TRE e do TSE, sendo exercido, exclusivamente, nas hipóteses de recurso especial e extraordinário.[912] Sendo assim, a atuação do Presidente do TRE se limitaria somente a determinar a subida do recurso ordinário, configurando-se em um óbice intransponível a análise de qualquer

---

910 "Em sede de contrarrazões, o recorrido pugna pelo não conhecimento do recurso, sob o argumento de que houve deficiência de fundamentação, ausência de indicação dos dispositivos legais violados, falta de prequestionamento e não demonstração da divergência jurisprudencial. [...] Tais requisitos devem ser observados no âmbito dos recursos de natureza extraordinária e, portanto, de cognição restrita, e não no caso dos autos, que trata de recurso ordinário, cuja devolutividade é ampla, viabilizando a apreciação pelo Tribunal *ad quem* de todas as questões suscitadas e discutidas no processo, ainda que não tenham sido solucionadas, desde que relativas ao capítulo impugnado da decisão objeto do recurso, por força do efeito devolutivo insculpido no art. 1.013, §1º, do CPC" (Recurso Ordinário Eleitoral nº 060387989, Acórdão, Relator(a) Min. Sergio Silveira Banhos, Publicação: *DJE – Diário da justiça eletrônica*, Tomo 143, Data 04.08.2021).

911 AGRA, Walber de Moura; VELLOSO, Carlos Mário da Silva. *Elementos de Direito Eleitoral*. 6. ed. São Paulo: Saraiva, 2018, p. 465.

912 PINTO, Djalma. *Direito Eleitoral*: improbidade administrativa e responsabilidade fiscal. 5. ed. São Paulo: Atlas, 2010, p. 327.

questão meritória desses recursos. Os requisitos devem ser analisados pela instância *ad quem*.

O recorrente deve direcionar o recurso, acompanhado das devidas razões recursais, para o Juiz Eleitoral ou para o Presidente do respectivo Tribunal Regional Eleitoral, o qual tem a missão de propiciar a sua subida, sem a possibilidade de realizar qualquer tipo de análise meritória, como dito anteriormente. Sendo assim, interposto recurso ordinário contra decisão do Tribunal Regional, o Presidente deve, de forma célere, na própria petição, mandar abrir vista ao recorrido para que, no mesmo prazo, ofereça as suas razões. Juntadas as razões do recorrido, os autos são remetidos ao Tribunal Regional Eleitoral ou ao Tribunal Superior Eleitoral para julgamento (art. 277, *caput* e parágrafo único, do CE).

Insta ressaltar a possibilidade da aplicação do princípio da fungibilidade nessa seara recursal, pois, para Araken de Assis, o manuseio do recurso ordinário acarreta frequentes equívocos acerca da sua especificidade.[913] Nesse sentido, é bem verdade que, por via do princípio da singularidade dos recursos, toda impugnação de ato judicial deve ser realizada por meio da sua respectiva via recursal, sob pena da inadmissibilidade do mesmo. Porém, há certas situações em que há dúvida objetiva acerca do recurso cabível para atacar determinada decisão judicial, admitindo-se o recurso inadequado para não decorrer em prejuízo para a parte recorrente.[914] Não pode ser utilizado o princípio da fungibilidade se houver erro crasso na interposição recursal ou se não houver adequação no procedimento desses recursos.

Exemplo de aceitação do princípio da fungibilidade acontece quando o recurso especial é impetrado em uma questão que versa sobre expedição de diploma de uma eleição federal, quando o recurso cabível seria o ordinário.[915] Uma das principais dificuldades para se aceitar a fungibilidade entre o ordinário e o especial é que aquele permite uma

---

913 DE ASSIS, Araken. *Manual dos recursos*. 2. ed. São Paulo: Revista dos Tribunais, 2008, p. 672.

914 DONIZETTI, Elpídio. *Curso didático de Direito Processual Civil*. 7. ed. Rio de Janeiro: Lumen Juris, 2007, p. 394.

915 "Recurso cabível: No caso vertente, o acórdão objurgado desafia a interposição de recurso especial, pois não se amolda às hipóteses estritas de cabimento do recurso ordinário elencadas no art. 121, §4º, III e IV, da CF, quais sejam: inelegibilidade, expedição ou anulação de diploma ou perda de mandato eletivo nas eleições federais ou estaduais. Aplicáveis, na espécie, as orientações consolidadas nas Súmulas nº 36 e 64 do TSE. [...] Na linha da iterativa jurisprudência deste Tribunal, o princípio da fungibilidade recursal não pode ser aplicado quando não atendidos os pressupostos específicos de admissibilidade do apelo nobre, quais sejam: ofensa a dispositivos legais ou constitucionais ou divergência

reanálise do conteúdo probatório, enquanto este veda essa possibilidade em decorrência da Súmula nº 279 do Supremo Tribunal Federal.

Questão interessante diz respeito ao cabimento do recurso ordinário contra acórdão proferido por Tribunal Regional Eleitoral em julgamento de ação declaratória de justa causa para desfiliação proposta por filiado ou de ação por infidelidade partidária. Atualmente, o Tribunal Superior Eleitoral entende que, na hipótese de detentores de mandatos estaduais e federais, o recurso ordinário é o meio recursal cabível.[916] Caso os autos tratem de ação de decretação de perda de mandato eletivo por infidelidade partidária relativa a mandato de âmbito municipal, o recurso cabível contra aresto do TRE é o recurso especial.[917] Na ocasião dos debates realizados no julgamento do AgR-REspEl 0600286-60/SE, o Ministro Tarcísio Vieira de Carvalho Neto acentuou que "em ambas as demandas a perda de mandato é tema versado – com o emprego do verbo utilizado no art. 276, II, *a*, do CE –, ou seja, as ações decidem sobre esse objeto – utilizando a terminologia da Súmula nº 36/TSE".

13.3 Recurso contra expedição de diploma (RCED)

Configura instrumento hábil à desconstituição do pronunciamento judicial que deferiu a homologação do resultado das eleições, sendo cabível em razão de inelegibilidade constitucional, inelegibilidade superveniente e falta de condição de elegibilidade, hipóteses previstas no art. 262 do CE.[918] O prazo para interposição do recurso é de três dias após o ultimo dia limite fixado para a diplomação, e será suspenso no período compreendido entre os dias 20 de dezembro e 20 de janeiro, a

---

jurisprudencial" (Recurso Ordinário nº 060008718, Acórdão, Relator(a) Min. Tarcisio Vieira de Carvalho Neto, Publicação: PSESS – Publicado em Sessão, Data 29.05.2018).

916 AgR-REspEl 0600286-60/SE, Rel. Min. Tarcisio Vieira de Carvalho Neto, DJE de 11/6.2021. E ainda: (Embargos de Declaração no Recurso Ordinário Eleitoral nº 060003494, Acórdão, Min. Benedito Gonçalves, Publicação: DJE – Diário de Justiça Eletrônico, 29.03.2022); (Agravo Regimental no Recurso Ordinário Eleitoral nº 060021076, Acórdão, Min. Benedito Gonçalves, Publicação: DJE – Diário de Justiça Eletrônico, 20.03.2023).

917 Agravo Regimental no Agravo em Recurso Especial Eleitoral nº 060024119/RJ, Relator(a) Min. André Ramos Tavares, Acórdão de 06.11.2023, Publicado no Diário de Justiça Eletrônico-231, data 23.11.2023. E ainda: "(...) Na hipótese, o *mandamus* é absolutamente inadmissível, pois, contra aresto proferido em sede de ação declaratória de justa causa para desfiliação partidária relativa a mandato de âmbito municipal cabe recurso especial eleitoral. Precedentes (...). 6. Agravo interno a que se nega provimento". (Agravo Regimental em Mandado de Segurança Cível nº 060027318, Acórdão, Min. Benedito Gonçalves, Publicação: DJE – Diário de Justiça Eletrônico, 28.08.2023).

918 Extraído do Glossário Eleitoral do TSE, disponível em: www.tse.jus.br.

partir do qual retomará seu cômputo (art. 262, §3º, do Código Eleitoral, incluído pela Lei nº 13.877/2019).

É bem verdade que a diplomação é vista por parte da doutrina como um ato simplesmente declaratório pelo qual a Justiça Eleitoral atesta quem são, efetivamente, os eleitos e os suplentes, entregando-se o diploma devidamente assinado, sem que seus julgados perfaçam coisa julgada formal ou material. Todavia, o posicionamento adotado, consonante diretriz alhures exposta, é que a diplomação se caracteriza por ostentar uma natureza de jurisdição voluntária, consubstanciando coisa julgada formal. Ela não é um simplório procedimento administrativo, porque seus atos produzem consequências jurídicas que são indeléveis ao pleito eleitoral, chancelando como ato jurídico perfeito todos os atos que afluíram para a sua realização.

Embora o RCED seja denominado e tenha recebido, pelo Código Eleitoral, o tratamento de recurso, parte da doutrina não o vislumbra como instrumento de natureza recursal. Nesse sentido, Adriano Soares da Costa preleciona que a natureza do referido recurso é, no fundo, uma verdadeira ação de cunho impugnativo. Enquanto o recurso volta-se contra decisão judicial, prolongando o estado de litispendência de um processo já existente, o RCED ataca diretamente a diplomação, a qual possui natureza administrativa.[919]

Pede-se vênia para discordar, reafirmando seu caráter recursal. Alegam-se os seguintes argumentos: a) existe a presença da coisa julgada, em seu sentido formal; b) o pedido é para a análise de uma relação jurídica anteriormente formada, nítida, entre o diplomado e aquele que teve seu direito preterido em razão de um dos motivos ensejadores do RCED; c) as provas devem ser pré-constituídas, podendo reanalisar questões fáticas, como no recurso ordinário; d) rediscute questões que já foram ventiladas, ao menos no pedido, durante a fase de registro de candidatura.

Podem propor o referido recurso, segundo a jurisprudência pacificada no Tribunal Superior Eleitoral, o candidato, partido político ou coligação e o Ministério Público, em defesa dos interesses difusos eleitorais.[920]

---

919 COSTA, Adriano Soares. *Instituições de Direito Eleitoral*. 6. ed. Belo Horizonte: Del Rey, 2006, p. 416.

920 RCED nº 674, Rel. Min. José Delgado, 24.04.2009.

Deve ser proposta a demanda em face de candidato diplomado cuja conduta tenha sido tipificada no art. 262 do Código Eleitoral. Nesse caso, cumpre ressaltar que, atualmente, a jurisprudência do TSE é uníssona no que urge à possibilidade da formação de litisconsórcio passivo necessário entre o Prefeito e seu Vice nos processos que poderão acarretar a perda do mandato eletivo, como é o caso do recurso contra expedição de diploma.[921] Sendo assim, a ausência de citação do respectivo Vice em sede de RCED impõe o reconhecimento da anulação do processo e, possivelmente, a impossibilidade de se impetrar novamente a ação pela perda de seu prazo.

A coligação não pode ser considerada litisconsorte passiva necessária no recurso contra a diplomação de candidatos da eleição proporcional. Não se evidencia, em regra, seu interesse jurídico. É recurso a ser impetrado sempre na instância superior àquela que diplomou o candidato. Tendo sido a diplomação realizada pelo juízo eleitoral, a competência é dos Tribunais Regionais Eleitorais; se a diplomação tiver sido realizada pelos Tribunais Regionais Eleitorais, a competência é do Tribunal Superior Eleitoral. Nos casos de eleições para Presidente e Vice-Presidente da República, não cabe impetração de RCED com relação às decisões do TSE, porque a competência de apreciar o mencionado recurso não faz parte das prerrogativas do STF, haja vista não haver tal competência delineada no art. 102 da Constituição, sendo impossível sua outorga por intermédio de legislação infraconstitucional. A opção para garantir o resguardo da prerrogativa constitucional é a impetração de mandado de segurança, constituindo-se no único remédio de

[921] "Verifica-se que o entendimento declarado no acórdão regional está em consonância com a jurisprudência desta Casa no sentido de que, 'nas ações eleitorais em que se cogita de cassação de registro, de diploma ou de mandato, há litisconsórcio passivo necessário entre os integrantes da chapa majoritária, considerada a possibilidade de o vice ser afetado pela eficácia da decisão' (AgR-REspe nº 357-62/SP, Rel. Min. Arnaldo Versiani, DJe de 25.5.2010); 'o atual entendimento do TSE determina o litisconsórcio passivo necessário entre o prefeito e seu vice nos processos que poderão acarretar a perda do mandato eletivo, como é o caso do recurso contra expedição de diploma' (AgR-AI nº 119-63/MG, Rel. Min. Ricardo Lewandowski, DJe de 11.5.2010 – grifei); e 'o vice deve figurar no polo passivo das demandas em que se postula a cassação de registro, diploma ou mandato, uma vez que há litisconsórcio necessário entre os integrantes da chapa majoritária, considerada a possibilidade de o vice ser afetado pela eficácia da decisão' (AgR-REspe nº 359-42/SP, Rel. Min. Arnaldo Versiani, DJe de 10.3.2010). Incide, portanto, no caso o Enunciado Sumular nº 30/TSE" (Recurso Especial Eleitoral nº 060052529, Acórdão, Relator(a) Min. Tarcisio Vieira de Carvalho Neto, Publicação: *DJE – Diário da justiça eletrônica*, Tomo 24, Data 04.02.2020).

tutela. Como não há previsão para RCED para as eleições presidenciais, muitos doutrinadores entendem cabível o mandado de segurança.[922]

Sendo assim, o RCED deve ser interposto junto ao juízo da diplomação, o qual efetua seu procedimento, enviando à instância *ad quem* para que haja o julgamento. Nesse sentido, resta ausente o juízo de retratação, pois o juízo *a quo* não pode mais exercer nenhum tipo de atividade jurisdicional.

13.3.1 Cabimento

A redação originária do Código Eleitoral, em seu art. 262, elencava de forma taxativa as hipóteses para a devida interposição do RCED.[923] Eram elas a inelegibilidade ou incompatibilidade do candidato; a errônea interpretação da lei quanto à aplicação do sistema de representação proporcional; o erro de direito ou de fato na apuração final, quanto à determinação do quociente eleitoral ou partidário, contagem de votos e classificação de candidato, ou sua contemplação sob determinada legenda; e a concessão ou denegação do diploma em manifesta contradição com a prova dos autos, quando houver votação viciada por falsidade, fraude, coação, abuso de poder econômico ou de autoridade ou captação ilícita de sufrágio.

Contudo, a Lei nº 12.891/2013 revogou todos os incisos do artigo 262 do Código Eleitoral, reduzindo o seu alcance para três únicas hipóteses de cabimento, a saber:

a) inelegibilidade superveniente;
b) inelegibilidade constitucional;
c) falta de condição de elegibilidade.

As causas de inelegibilidade a que se refere o respectivo dispositivo circunscrevem aquelas previstas diretamente pelo texto

---

922 Não há previsão de RCED para as eleições presidenciais, mas os doutrinadores entendem ser cabível o mandado de segurança. GOMES, José Jairo. *Direito Eleitoral*. 8. ed. São Paulo: Atlas, 2012, p. 603; RAMAYANA, Marcos. *Direito Eleitoral*. 10. ed. Rio de Janeiro: Impetus, 2010, p. 658; COSTA, Tito. *Recursos em matéria eleitoral*. 8. ed. São Paulo: Revista dos Tribunais, 2004, p. 116.

923 "Não é cabível a propositura de recurso contra expedição de diploma com fundamento no art. 30-A da Lei das Eleições por ausência de previsão legal, uma vez que as hipóteses de cabimento previstas no art. 262 do Código Eleitoral são *numerus clausus*" (Recurso Contra Expedição de Diploma nº 731, Acórdão de 28.10.2009, Rel. Min. Enrique Ricardo Lewandowski, *DJe* 10.12.2009, p. 10).

constitucional, não se podendo estender o mesmo raciocínio para aquelas contidas na Lei Complementar nº 64/90 e na Lei nº 135/2010, ou seja, de natureza infraconstitucional, a não ser que sejam supervenientes. Com relação às condições de elegibilidade, não há problemas, já que estão todas elas delineadas no texto constitucional, não podendo ser confundidas com os requisitos de registrabilidade que estão positivados na Lei nº 9.504/97.

Sabe-se que, pelas dimensões de nossa Carta Magna, configura-se difícil excluir uma matéria que não tenha ao menos sido colocada indiretamente em seu texto. Para efeito de classificar a matéria como constitucional, deve prevalecer o entendimento de que essas matérias são somente aquelas expressamente agasalhadas pela Constituição. Constatada uma inelegibilidade constitucional, ela pode ser combatida pelo recurso contra expedição de diploma.

Quanto às inelegibilidades supervenientes, elas têm fonte na seara jurisprudencial, principalmente do Tribunal Superior Eleitoral, que assentou a sua existência após o prazo para o registro de candidatura. Posteriormente, esse instituto foi agasalhado pela Lei nº 12.034/2009, colocando um ponto-final nas especulações sobre sua existência jurídica. Nesse sentido, cabe trazer à baila o julgamento do Recurso Especial Eleitoral nº 550-80, de relatoria do Ministro Tarcisio Vieira de Carvalho Neto, no qual restou asseverado o cabimento do RCED para a inelegibilidade superveniente de índole constitucional ou, se infraconstitucional, superveniente ao registro de candidatura, que tenha surgido até a data do pleito.[924]

Havendo inelegibilidade decorrente de fato superveniente que produziu seus efeitos após o período de registro de candidatura, seja ela de natureza constitucional ou infraconstitucional, tal fato pode ser alegado por meio de RCED. Assinala o TSE que, para fins de cabimento do RCED, equipara-se à inelegibilidade superveniente a causa supridora de inelegibilidade, ocorrida entre a data do registro e a das eleições,

[924] Recurso Especial Eleitoral nº 550-80, Guaxupé/MG, rel. Min. Tarcisio Vieira de Carvalho Neto, julgado em 17.10.2017. Súmula nº 47: A inelegibilidade superveniente que autoriza a interposição de recurso contra expedição de diploma, fundado no art. 262 do Código Eleitoral, é aquela de índole constitucional ou, se infraconstitucional, superveniente ao registro de candidatura, e que surge até a data do pleito.

como é o caso de decisão judicial que suspendia os efeitos de causa de inelegibilidade preexistente, mas que, posteriormente, foi revogada.[925]

Com apanágio no que fora exposto, percebe-se que as alterações introduzidas redirecionaram o RCED, tornando-o um recurso específico para as questões de registro de candidatura, evitando que tivesse uma extensão mais estendida, no que contribuiu para uma melhor sistematização do Direito Processual Eleitoral, que é um tanto quanto caótica.

Com o advento da Lei nº 13.877/2019 houve a extinção da figura da inelegibilidade superveniente, tendo o legislador limitado o marco temporal para análise de eventual ocorrência à data fixada para que os partidos políticos e coligações apresentassem os seus requerimentos de registro de candidatos. Estabelece o §2º, do art. 262 do Código Eleitoral, incluído pela Lei nº 13.877/2019, que a inelegibilidade superveniente, decorrente de alterações fáticas ou jurídicas, deverá ocorrer até a data fixada para que os partidos políticos e as coligações apresentem os seus requerimentos de registro de candidatos.

Essa alteração de 2019 foi de uma atecnia extremada, pois conseguiu produzir a teratologia de ao mesmo tempo em que permite a inelegibilidade superveniente, do ponto de vista conceitual, impede sua concretização sob um prisma pragmático, em virtude de que como sua data limite é o registro, as alterações fáticas e jurídicas não podem ser utilizadas como fundamentação de RECD.

13.3.2 Rito

O rito procedimental para a devida interposição do recurso contra a expedição de diploma é o previsto no art. 267 do Código Eleitoral. Ele deve ser interposto, através de advogado, mediante petição escrita e fundamentada, acompanhada dos documentos e do conteúdo probatório necessário.[926] Para que a petição seja apta e, consequentemente deferida, é suficiente que descreva os fatos que, em tese, configuram

---

925 "A inelegibilidade apta a embasar o Recurso Contra Expedição de Diploma (RCED), art. 262, I, do Código Eleitoral, é, tão somente, aquela de índole constitucional ou, se infraconstitucional, superveniente ao registro de candidatura" (Recurso Eleitoral nº 0601160-04.2020.6.05.0150, Acórdão de 27.09.2021, Relator(a) Mario Alberto Simoes Hirs, Publicação: *DJE – Diário da Justiça Eletrônico*, Data 06.10.2021).

926 "O recurso contra expedição de diploma comporta dilação probatória, conforme jurisprudência pacificada do TSE. A dilação, para o Recorrente, é condicionada ao protesto por provas feito na petição inicial. A produção de prova por iniciativa do magistrado, todavia, não se condiciona a terem as partes requerido ou não sua produção" (Recurso Contra Expedição

os ilícitos imputados.[927] Recebida a petição, intima-se o recorrido para ciência do recurso, abrindo-se vista dos autos a fim de oferecer sua contrarrazão no prazo de três dias.

Caso seja o caso de indeferimento do recurso monocraticamente, essa decisão pode ser impugnada através de agravo interno.

Posteriormente ao oferecimento das contrarrazões, o relator saneará o processo, no que poderá suprimir alguma irregularidade se houver. Possibilita-se dilação probatória, podendo ser utilizadas provas produzidas em outros processos, mas que guardem relação com o pedido e a causa de pedir discutida.

O pedido para produção de provas que não forem consideradas imprescindíveis deve ser rejeitado. Indeferido o pedido, cabe recurso nas 24 horas seguintes, devendo ser apreciadas imediatamente pelo pleno do Tribunal (art. 270, §2º, do CE). Realizadas as provas requeridas, abrir-se-á vista dos autos, por 24 horas, seguidamente, ao recorrente e ao recorrido para se pronunciarem a respeito, em sede de alegações finais. Ainda cumpre salientar que apesar de existir a possibilidade de dilação probatória no RCED, como admite o TSE, não afasta a possibilidade de o relator indeferir provas que não sejam relevantes ao deslinde da controvérsia.[928]

Concluída a fase probatória, seja no Tribunal Regional Eleitoral respectivo, seja no Tribunal Superior Eleitoral, o relator deve devolver os autos no prazo improrrogável de oito dias, para, nas 24 horas seguintes, ser o caso incluído na pauta de julgamento do Tribunal (art. 271 do CE).[929] O Ministério Público terá vista dos autos pelo prazo de cinco

---

de Diploma nº 14120176010005, Acórdão, Relator(a) Des. Guilherme Michelazzo Bueno, Publicação: *DJE – Diário da Justiça Eletrônico*, Tomo 187, Data 02.10.2017, Página 7/8).

927 "Nos termos da jurisprudência desta Corte, 'a não indicação do valor doado em excesso não acarreta a inépcia da petição inicial da representação por doação acima do limite legal, tendo em vista que, 'para que a petição inicial seja considerada apta, é suficiente que descreva os fatos que, em tese, configuram ilícitos eleitorais, e que haja estrita consonância entre os fatos narrados e o pedido, constituindo este decorrência lógica dos fatos e fundamentos jurídicos e permitindo o exercício pleno do direito de defesa dos representados' (AgR-REspe nº 416-48, Rel. Min. Maria Thereza de Assis Moura, DJe de 7.10.2014)' (AgR-AI nº 132-64/MG, Rel. Min. Admar Gonzaga, DJe de 14.6.2017)" (Recurso Especial Eleitoral nº 5623, Acórdão, Relator(a) Min. Tarcisio Vieira de Carvalho Neto, Publicação: *DJE – Diário da justiça eletrônica*, Tomo 80, Data 30.04.2019, Página 39/42).

928 Recurso contra Expedição de Diploma nº 1343, Acórdão, Relator(a) Des. Orlando Rocha Filho, Publicação: *DEJEAL – Diário Eletrônico da Justiça Eleitoral de Alagoas*, Tomo 90, Data 22.05.2017, Página 4/5.

929 Ac.-TSE, de 5.6.2012, no AgR-REspe nº 392368: a ausência de publicação de pauta de julgamento na imprensa oficial acarreta a nulidade do feito por cerceamento de defesa.

dias. Se a Procuradoria não emitir parecer no prazo fixado, poderá a parte interessada requerer a inclusão do processo na pauta, podendo o Procurador proferir parecer oral no julgamento (art. 269, §§1º e 2º, do CE). Ao contrário dos demais prazos de sustentação oral nos Tribunais, que é de dez minutos, no caso de recurso contra expedição de diploma esse elastério é de vinte minutos (art. 272, parágrafo único).

O art. 216 do Código Eleitoral determina que, enquanto o Tribunal Superior não decidir o recurso interposto contra a expedição do diploma, poderá o diplomado exercer o mandato em toda a sua plenitude, assegurando ao candidato diplomado, de forma clara, a permanência no respectivo mandato eletivo até o resultado final do RCED.[930] Nesse diapasão, não há efeito imediato de decisões desse recurso, não havendo perda de mandato até que ocorra o trânsito em julgado.

Dessa forma, mesmo depois da impetração do recurso contra expedição de diploma, o réu poderá exercer o seu mandato em sua plenitude, sem a possibilidade de nenhum tipo de cautelar que possa obnubilar o resultado das urnas. Deve-se aguardar o trânsito em julgado para, em caso de seu deferimento, decretar-se a cassação do diploma e marca-se uma nova eleição.

13.4 Recurso especial

O recurso especial está previsto nas alíneas "a" e "b" do inciso I do art. 276 do CE e nos incisos I e II do §4º do art. 121 da CF/1988. Tem-se que as decisões dos Tribunais Regionais Eleitorais são terminativas, sendo, por força do princípio da irrecorribilidade, definitivos os acórdãos dos respectivos TREs, ressalvados os casos em que cabe recurso para o Tribunal Superior Eleitoral. Recorríveis os seus posicionamentos, será manuseado o recurso especial quando forem proferidas decisões contra expressa disposição de lei e quando ocorrer divergência na interpretação de lei entre dois ou mais tribunais eleitorais.

O recurso eleitoral também tutela as resoluções eleitorais, resguardando sua força normativa quando forem violadas em decisões dos Tribunais Regionais Eleitorais. Ademais, não cabe recurso especial com fundamento em violação a dispositivo de regimento interno de

---

930 Ac.-TSE, de 28.10.2021, nos ED-RCED nº 060406339 e, de 9.9.2021, no AgR-AREspE nº 060040185: os arestos do TSE que impliquem perda de diploma possuem execução imediata, não estando condicionados seus efeitos à sua publicação.

Tribunal Regional Eleitoral,[931] tampouco por alegada violação à legislação municipal ou estadual ou às normas partidárias (Súmula nº 32 do TSE).

Também é incabível a interposição de recurso especial contra decisão monocrática de juiz membro do TRE,[932] sendo indispensável o esgotamento das instâncias ordinárias, a fim de que seja possível a interposição de recurso dirigido a Tribunal Superior (Súmula nº 25 do TSE).[933] Assim, é inadmissível a interposição de recurso especial eleitoral contra acórdão do TSE que julga agravo regimental.[934] No mesmo sentido, o acórdão que decide sobre pedido de medida liminar não autoriza a interposição de recurso especial por faltar-lhe a qualidade de definitividade (Súmula nº 31 do TSE).[935]

Sendo o motivo propulsor do recurso especial decisão contrária à expressa disposição de lei, insta apontar na norma violada o ato que a maculou e a seara em que ela foi afrontada. Da mesma forma, motivado o referido recurso por divergência na interpretação da lei ou entre dois ou mais tribunais eleitorais, é preciso selecionar os acórdãos em confronto, especificando os pontos antagônicos entre eles, de modo a perfectibilizar o cotejo analítico, nos termos da Súmula nº 28 do TSE.[936] Demais disso, a parte recorrente deve demonstrar a similitude fática entre os acórdãos apontados como paradigma e o caso concreto.[937]

Nesse viés, é importante destacar que, pela inteligência da Súmula nº 30 do Tribunal Superior Eleitoral, não se conhece do recurso especial pela divergência, quando a decisão recorrida estiver em conformidade com a jurisprudência da Corte Superior.[938] O recorrente deve ter o cuidado de impugnar devidamente, de forma tópica, todos os pontos

---

931 AgR-REsp nº 36.151/MG, Rel. Min. Arnaldo Versiani.

932 ARE nº 1000322 AgR/SP, Rel. Min. Edson Fachin, Segunda Turma, *DJe* de 23.5.2017.

933 AI – Agravo de Instrumento nº 3014, Decisão monocrática de 10/3.2020, Relator(a): Min. Geraldo Og Nicéas Marques Fernandes, Publicação: *DJE – Diário de justiça eletrônico* – 13.03.2020 – Página 30-32.

934 Ac. de 19.05.2011 no AgR-AR nº 34.222, Rel. Min. Nancy Andrighi.

935 Ac. de 19.08.2010 no AgR-REspe nº 399.346.555, Rel. Min. Cármen Lúcia.

936 AGRA, Walber de Moura; VELLOSO, Carlos Mário da Silva. *Elementos de Direito Eleitoral*. 6. ed. São Paulo: Saraiva, 2018, p. 473.

937 Agravo Regimental no Agravo em Recurso Especial Eleitoral 060011546/PE, Relator(a) Min. Cármen Lúcia, Acórdão de 30.11.2023, Publicado no Diário de Justiça Eletrônico-248, data 18.12.2023.

938 "Não se conhece de recurso especial por dissídio jurisprudencial quando a decisão recorrida estiver em consonância com a jurisprudência desta Corte Superior, nos termos da Súmula nº 30/TSE, igualmente aplicável aos recursos manejados por afronta a lei (AgR-REspe nº 448-31/PI, Rel. Min. Tarcisio Vieira de Carvalho Neto, DJe de 10.8.2018)" (AgR-REspEl 0602608-98, Rel. Min. Tarcisio Vieira de Carvalho Neto, *DJE* de 19.3.2021).

do aresto regional objeto do Apelo Nobre em que se suscita violação a dispositivo de lei, sob pena de inadmissibilidade, nos termos da Súmula nº 27 do TSE, que tem a seguinte dicção: "É inadmissível recurso cuja deficiência de fundamentação impossibilite a compreensão da controvérsia".[939]

Possuem legitimidade para interpô-lo candidato, partido político ou coligação e o Ministério Público, exercendo as suas funções garantidoras de defensor do regime democrático. De efeito devolutivo, não há empecilho ao ajuizamento da ação cautelar para obtenção de efeito suspensivo ativo ao recurso, desde que atestados cabalmente os requisitos do *fumus bonis juris* e o *periculum in mora*.

Seu prazo, conforme preleciona o art. 276, §1º, do CE, é de três dias, contados da data de publicação da decisão. Idêntico prazo é o das contrarrazões, com a preservação dos princípios constitucionais da igualdade de da ampla defesa.

Exige-se como requisito imprescindível para a sua impetração o prequestionamento, consistindo na necessidade de discussão anterior da matéria do objeto do pedido. Ou seja, o prequestionamento é requisito de admissibilidade do recurso, pois sua ausência significa um impedimento ao seu conhecimento pelo Tribunal Superior Eleitoral. Se o julgado não se tiver manifestado a respeito de determinado fato de forma explícita, antes da interposição do recurso especial devem ser opostos embargos de declaração para o prequestionamento da matéria.

Anteriormente, o TSE ostentava o entendimento de que a oposição de embargos de declaração supria a ausência de discussão anterior da matéria. No entanto, o atual posicionamento da Corte é no sentido de que a mera oposição de embargos não é suficiente para configuração do prequestionamento, pois a modalidade ficta do prequestionamento demanda que a parte tenha, nas razões do recurso especial, apontado violação ao art. 275 do Código Eleitoral ou ao art. 1.022 do CPC.[940]

Ainda é interessante ressaltar que o prequestionamento em sede de recurso especial é pressuposto de admissibilidade indispensável,

---

939 "A alegação de violação a dispositivo de lei de forma genérica, sem apontar especificamente em quais pontos o acórdão teria violado os dispositivos legais, constitui vício grave de fundamentação apto a atrair o óbice do enunciado da Súmula nº 27 do TSE" (AgR-AI 215-63, rel. Min. Edson Fachin, DJE de 25.11.2019). E ainda: (Agravo em Recurso Especial Eleitoral nº 060059096, Acórdão, Min. Floriano de Azevedo Marques, Publicação: DJE – Diário de Justiça Eletrônico, 21.11.2023).

940 Recurso Especial Eleitoral nº 060111210, Acórdão, Relator(a) Min. Mauro Campbell Marques, Publicação: *DJE – Diário da justiça eletrônica*, Tomo 13, Data 03.02.2022.

mesmo quando se tratar de questões de ordem pública.[941] Outrossim, acaso o Tribunal *a quo* não trate de tema constante no recurso especial, não se pode falar em prequestionamento.[942]

A petição do recurso especial deve ser apresentada ao Presidente do respectivo Tribunal Regional, acompanhada das devidas razões recursais, o qual fará a apreciação sobre os pressupostos de admissibilidade recursal. Sendo assim, interposto o recurso especial contra a decisão do Tribunal Regional, a petição será juntada nas 48 horas seguintes e os autos conclusos ao Presidente dentro de 24 horas (art. 278, *caput*, do CE).

Dentro de 48 horas do recebimento dos autos conclusos, o Presidente do Tribunal Regional Eleitoral proferirá o despacho fundamentado, admitindo ou não o recurso (art. 278, §1º, do CE). No entanto, se o recurso for admitido, será aberta vista dos autos para o recorrido, a fim de que, também no prazo de três dias, apresente suas razões (art. 278, §2º, do CE). Em seguida, os autos são remetidos ao Tribunal Superior Eleitoral (art. 278, §3º, do CE).

Por fim, insta salientar que em se tratando de recurso especial é vedado o reexame de fatos e de provas a teor do que dispõem as Súmulas nºs 7, do STJ, 279, do STF, e 24,do TSE. O recurso especial é um remédio específico para a apreciação de *quaestio juris*, nunca de *quaesto facti*.[943] No entanto, admite-se a revaloração de provas, na instância especial, exceto quando há contrariedade a uma regra jurídica ou princípio no campo probatório. Nesse caso, não se trata de um reexame, com novo contraditório e ampla defesa, o que é vedado, mas sim revaloração das provas tão somente quando houver erro na tipificação do conteúdo probante.

---

941 Recurso Especial Eleitoral nº 97229, Acórdão, Relator(a) Min. Luís Roberto Barroso, Publicação: *DJE – Diário da justiça eletrônica*, Data 26.08.2019.

942 "O prequestionamento não resulta da circunstância de a matéria haver sido arguida pela parte recorrente. A configuração do instituto pressupõe debate e decisão prévios pelo Colegiado, ou seja, emissão de entendimento sobre o tema. O procedimento tem como objetivo o cotejo indispensável a que se diga do enquadramento do recurso especial no permissivo constitucional. Se o Tribunal de origem não adotou entendimento explícito a respeito do fato jurídico veiculado nas razões recursais, inviabilizada fica a conclusão sobre a violência ao preceito evocado pelo recorrente" (Recurso Especial Eleitoral nº 060068797, Acórdão, Relator(a) Min. Sergio Silveira Banhos, Publicação: *DJE – Diário da justiça eletrônica*, Tomo 107, Data 14.06.2021, Página 0).

943 AGRA, Walber de Moura; VELLOSO, Carlos Mário da Silva. *Elementos de Direito Eleitoral*. 6. ed. São Paulo: Saraiva, 2018, p. 477.

Dessa forma, para que o Tribunal Superior Eleitoral possa analisar fatos, urge demonstrar, de forma cabal, que não se trata de uma reapreciação de provas, mas que houve um erro no enquadramento normativo, isto é, que a norma não foi bem aplicada ao fato concreto, desde que a análise se restrinja às premissas fáticas consignadas no aresto regional.[944] Exemplo que pode ser mencionado é quando há fotos evidentes de inúmeras feiras alimentícias, apreendidas na casa de candidato, para serem distribuídas aos eleitores, com vários testemunhos de sua intenção de captação ilícita de votos, mas, mesmo depois da condenação em primeiro grau, o Tribunal Regional Eleitoral respectivo decide que não existiu a tipificação no art. 41-A da Lei Eleitoral.

13.5 Recurso extraordinário

O recurso extraordinário é instrumento cabível quando os acórdãos do Tribunal Superior Eleitoral contrariarem os dispositivos da Constituição, declararem a inconstitucionalidade de tratado ou lei federal em última ou única instância, ou julgarem válida lei ou ato de governo local contestado em face da Constituição, ou lei local contestada em face de lei federal, conforme se abstrai dos arts. 121, §3º, e 102, III, "a", "b" e "c", da CR. Assim, no âmbito da Justiça Eleitoral, somente os acórdãos do TSE podem ser impugnados por recurso extraordinário.[945]

É denominado extraordinário não apenas porque está inserido e disciplinado na Constituição, enquanto os demais se encontram disciplinados apenas pela legislação infraconstitucional, excetuando-se o recurso especial, mas porque necessita de mais elementos para a sua aplicação, como o prequestionamento e a repercussão geral, por exemplo.

O prazo para a sua impetração, por força do art. 281 do CE e da Súmula nº 728 do STF, é de três dias da decisão que gerou o gravame ao recorrente. São legítimos à sua interposição o candidato, o partido político, a coligação e também o Ministério Público Eleitoral.

Necessita-se explicitar que o recurso extraordinário somente será interposto ao Supremo Tribunal Federal quando não houver mais

---

944 "Considerada a moldura fática do acórdão regional, é possível o reenquadramento jurídico dos fatos mediante revaloração da prova devidamente emoldurada no acórdão da instância ordinária, o que afasta a incidência da Súmula nº 24/TSE". (Agravo Regimental no Recurso Especial Eleitoral nº 060000357, Acórdão, Min. André Ramos Tavares, Publicação: DJE – Diário de Justiça Eletrônico, 05.09.2023).

945 AI nº 164.491-AgR, Rel. min. Sydney Sanches, julgamento em 18.12.1995, Primeira Turma, *DJ* de 22.03.1996.

possibilidades recursais e vencidas todas as instâncias na esfera da Justiça Eleitoral.[946] Nesse sentido, o Pretório Excelso editou a Súmula nº 281, que preleciona que é inadmissível recurso extraordinário quando couber recurso ordinário da decisão impugnada.

Uma vez tempestivo, deve ser endereçado ao Presidente do Tribunal Superior Eleitoral, dirigindo-se as razões ao Supremo Tribunal Federal. Essas devem indicar o dispositivo que faz cabível o recurso, ou seja, devem indicar a violação expressa ao dispositivo da Constituição, declaração de inconstitucionalidade de tratado ou lei federal ou julgamento de validade de lei ou ato de governo local contestado em face da Constituição ou lei local contestada em face de lei federal.[947]

Juntado o presente recuso, nas 48 horas seguintes, os autos serão conclusos ao Presidente do Tribunal, que, no mesmo prazo, proferirá despacho fundamentado, admitindo ou não o recurso (art. 281, §1º, do CE).

Outra questão importante é a da verificação, em sede de recurso extraordinário, do prequestionamento da matéria. Exigido, assim como no recurso especial, o prequestionamento é requisito insofismável. Ou seja, é necessário a matéria ter sido discutida anteriormente em alguma Corte. Entretanto, caso isso não se configure, o recurso extraordinário não é admitido.

Premente o prequestionamento da matéria no recurso extraordinário, o recorrente deverá também demonstrar a repercussão geral das questões constitucionais discutidas no caso, verificando se houve questão relevante do ponto de vista econômico, político, social ou jurídico que ultrapasse os interesses subjetivos das partes. Nesse caso, se o recurso não oferecer repercussão geral, será recusado pelo Tribunal.[948]

Admitido o recurso, será aberta vista dos autos ao recorrido para que, dentro de três dias, apresente as suas contrarrazões (art. 281, §2º, do CE). Findo esse prazo, os autos finalmente serão remetidos ao Supremo Tribunal Federal para conhecimento e apreciação (art. 281, §3º, do CE).

---

[946] Agravo de Instrumento nº 40091, Acórdão, Relator(a) Min. Napoleão Nunes Maia Filho, Publicação: *DJE – Diário da justiça eletrônica*, Data 14.09.2018.

[947] "É inadmissível o recurso extraordinário, quando a deficiência na sua fundamentação não permitir a exata compreensão da controvérsia" (Agravo Regimental em Recurso Especial Eleitoral nº 315.618, Acórdão de 03.11.2010, Rel. Min. Hamilton Carvalhido, Publicação: PSESS – Publicado em Sessão, Data 03.11.2010).

[948] "Nos termos dos arts. 543-B do CPC e 328-A, §1º, do RISTF, diante do não reconhecimento da repercussão geral, o recurso deve ser julgado prejudicado pelo Tribunal de origem" (Agravo de Instrumento nº 9064, Acórdão, Relator(a) Min. Laurita Vaz, Publicação: *DJE – Diário da justiça eletrônica*, Tomo 23, Página 304).

Não sendo admitido, o recorrente poderá impetrar agravo de instrumento, no mesmo prazo de três dias, para processamento do recurso extraordinário, não podendo o Presidente do Tribunal negar seguimento ao respectivo agravo, ainda que impetrado fora do prazo legal.

Suscite-se que, em face de normas específicas que regem a presente justiça especializada, não se aplica a regra de interposição simultânea de recurso especial e extraordinário, como ocorre na justiça comum, não sendo aplicável o princípio da fungibilidade recursal quando também interposto recurso especial.[949]

13.6 Agravo de instrumento

O agravo de instrumento é o recurso destinado à impugnação das decisões interlocutórias proferidas no curso do processo de conhecimento, com previsão estampada, em rol taxativo, no art. 1.015 do CPC.[950] Todavia, para garantir a celeridade almejada na seara eleitoral, a doutrina e a jurisprudência não permitem a interposição do agravo de instrumento contra decisões interlocutórias. Excepcionalmente, contra decisões interlocutórias, se forem teratológicas, cabe mandado de segurança ou a possibilidade de impugnação dessas decisões, em preliminar, quando for protocolado recurso cabível da decisão definitiva.[951]

---

949 Ac. nº 5.117, de 23.06.2005, Rel. Min. Caputo Bastos.

950 Art. 1.015. Cabe agravo de instrumento contra as decisões interlocutórias que versarem sobre: I – tutelas provisórias; II – mérito do processo; III – rejeição da alegação de convenção de arbitragem; IV – incidente de desconsideração da personalidade jurídica; V – rejeição do pedido de gratuidade da justiça ou acolhimento do pedido de sua revogação; VI – exibição ou posse de documento ou coisa; VII – exclusão de litisconsorte; VIII – rejeição do pedido de limitação do litisconsórcio; IX – admissão ou inadmissão de intervenção de terceiros; X – concessão, modificação ou revogação do efeito suspensivo aos embargos à execução; XI – redistribuição do ônus da prova nos termos do art. 373, §1º; XII – (VETADO); XIII – outros casos expressamente referidos em lei. Parágrafo único. Também caberá agravo de instrumento contra decisões interlocutórias proferidas na fase de liquidação de sentença ou de cumprimento de sentença, no processo de execução e no processo de inventário.

951 "A jurisprudência do TSE é iterativa no sentido de que as decisões interlocutórias ou sem caráter definitivo proferidas em ações eleitorais são irrecorríveis de imediato por não estarem sujeitas a preclusão, de modo que eventuais inconformismos poderão ser suscitados por ocasião do recurso interposto contra a decisão final. Precedentes" (Agravo de Instrumento nº 060183748, Acórdão, Relator(a) Min. Tarcisio Vieira de Carvalho Neto, Publicação: *DJE – Diário da justiça eletrônica*, Tomo 120, Data 19.06.2020).

13.7 Agravo (da decisão que denega subida de recurso especial ou recurso extraordinário)

O Código Eleitoral tinha a previsão de que o recurso de agravo de instrumento era o recurso cabível contra decisão que denegava recurso especial eleitoral, com a finalidade de que este recurso pudesse ser apreciado pela instância *ad quem*. Todavia, o Tribunal Superior Eleitoral, no Processo Administrativo nº 144.683/DF, aproximou o processo eleitoral das previsões estabelecidas no Processo civil,[952] determinando que da decisão que denega a subida de Recurso Especial ou Extraordinário, caberia a interposição, do denominado agravo nos próprios autos.[953] Com efeito, diante do atual Código de Processo Civil houve uma maior acuidade técnica, estabelecendo que cabe agravo contra decisão do Presidente ou do Vice-Presidente do tribunal recorrido que inadmitir recurso extraordinário ou recurso especial, em razão do duplo juízo de admissibilidade dos recursos excepcionais.[954]

O Presidente ou Vice-Presidente do tribunal de origem exercerá o juízo provisório de admissibilidade (art. 1.030, inciso V, do CPC), no que o juízo definitivo será exercido apenas pelo tribunal superior. Importa realçar, nesse estreito, que o juízo de admissibilidade realizado pelo tribunal de origem não vincula o tribunal superior.[955]

Possui legitimidade para interpô-lo o recorrente inconformado com a decisão que inadmitiu o trânsito do seu recurso especial ou extraordinário, podendo ser candidato, partido político ou coligação ou o Ministério Público eleitoral. A interposição do agravo deve ser realizada na instância local, e não diretamente na corte superior, o que, se

---

[952] Lei nº 12.322.2010, alteradora do art. 544 do CPC (Lei nº 5.869/1973): transforma o agravo de instrumento interposto contra decisão que não admite recurso extraordinário ou especial em agravo nos próprios autos; Ac.-TSE, de 20.10.2011, no PA nº 14.4683: incidência da Lei nº 12.322.2010 no processo eleitoral.

[953] Art. 544. Não admitido o recurso extraordinário ou o recurso especial, caberá agravo nos próprios autos, no prazo de dez dias.

[954] Art. 1.042. Cabe agravo contra decisão do Presidente ou do Vice-Presidente do tribunal recorrido que inadmitir recurso extraordinário ou recurso especial, salvo quando fundada na aplicação de entendimento firmado em regime de repercussão geral ou em julgamento de recursos repetitivos.

[955] "Não há usurpação de competência pela decisão regional de inadmissão do recurso especial, porque as decisões deste Tribunal Superior não estão vinculadas ao juízo de admissibilidade recursal feito na origem". (Agravo Regimental no Agravo em Recurso Especial Eleitoral nº 060166565, Acórdão, Min. Cármen Lúcia, Publicação: DJE – Diário de Justiça Eletrônico, 13.06.2023).

porventura acontecer, configura erro grosseiro a afastar a incidência do princípio da fungibilidade.[956]

Ressalta-se que malgrado haja uma simbiose entre as previsões do código de processo civil e as regras do processo eleitoral, o prazo para interposição do mencionado recurso, na seara eleitoral, será de três dias da denegação do recurso especial eleitoral (art. 279 do CE). O recorrido será intimado, no prazo de três dias, para apresentar as suas razões.

O Presidente do Tribunal Regional não pode negar seguimento ao agravo, ainda que interposto fora do prazo legal (art. 279, §5º, do CE). Se o presidente ou vice-presidente do tribunal inadmitir o agravo, estará a usurpar competência de tribunal superior para o qual é dirigido o recurso, a desafiar o ajuizamento de reclamação para preservação de competência, nos termos do art. 988, inciso I, do Código de Processo Civil. Não obstante, para que o agravo obtenha êxito, é necessário que os fundamentos da decisão agravada sejam todos infirmados.[957]

Outrossim, nas razões do agravo, não cabe inovação de teses recursais ante a preclusão consumativa, devendo a matéria impugnada constar anteriormente do recurso especial.[958] O objetivo do mencionado agravo não é rediscutir a questão processual, mas tão somente propiciar a subida dos autos ao Tribunal Superior Eleitoral ou ao Supremo Tribunal Federal.

Por fim, deve-se ter muita atenção para os casos de decisões que inadmitem Recursos Extraordinários. Caso a decisão que inadmita o

---

956 "Conforme a jurisprudência desta Corte, "se, em juízo de admissibilidade, o Presidente do Tribunal Regional Eleitoral entende ser cabível recurso especial e nega trânsito a apelo, cumpre à parte interpor agravo de instrumento naquela instância e não diretamente nesta Corte Superior, o que configura erro grosseiro" (AgR-AI nº 483-75/RJ, rel. Min. Arnaldo Versiani, julgado em 27.4.2010, DJe de 25.5.2010).4. Para este Tribunal, "é inaplicável o princípio da fungibilidade recursal aos erros processuais reputados grosseiros" (AgR-REspEl nº 0600268-11/BA, rel. Min. Tarcisio Vieira de Carvalho Neto, PSESS de 12.11.2020). (Agravo Regimental nos Embargos de Declaração no Agravo em Recurso Especial Eleitoral nº 060169732, Acórdão, Min. Raul Araujo Filho, Publicação: DJE – Diário de Justiça Eletrônico, 31.03.2023).

957 "Como assente na jurisprudência, para se dar trânsito a recurso inadmitido na origem, devem ser infirmados todos os fundamentos utilizados pelo Tribunal a quo, a fim de obstar a subida do apelo especial, porquanto "é inviável o conhecimento de recurso que deixa de apresentar argumentos suficientes para infirmar todos os fundamentos da decisão recorrida e, assim, permitir a sua reforma, nos termos da Súmula 26/TSE" (AgR-REspEl nº 0600450-18/MT, rel. Min. Ricardo Lewandowski, julgado em 12.8.2022, DJe de 29.8.2022).6. Negado provimento ao agravo interno". (Agravo Regimental no Agravo em Recurso Especial Eleitoral nº 060028372, Acórdão, Min. Raul Araujo Filho, Publicação: DJE – Diário de Justiça Eletrônico, 15.12.2023).

958 Agravo de Instrumento nº 3894, Acórdão, Relator(a) Min. Sergio Silveira Banhos, Publicação: *DJE – Diário da justiça eletrônica*, Data 14.08.2020.

Recurso Extraordinário tenha sido fundamentada no art. 1.030, inciso V, do CPC, caberá agravo em recurso extraordinário para o Supremo Tribunal Federal (art. 1.030, §1º, do CPC).[959] Por outro lado, caso a decisão tenha sido proferida nos termos do art. 1.030, incisos I e III, do CPC, caberá agravo interno (art. 1.030, §2º, do CPC).

Se, porventura, a decisão de admissibilidade de Recurso Extraordinário tiver capítulos independentes e autônomos, através da qual o tribunal de origem aplicou precedente formado sob o rito da repercussão geral para algumas questões e óbices de outra natureza para os demais pontos, o recorrente deverá interpor, simultaneamente, agravo interno quanto às matérias decididas com base em precedente de repercussão geral, e o agravo do art. 1.042 do CPC quanto aos outros aspectos. São as chamadas decisões mistas ou complexas.[960]

13.8 Agravo interno

O agravo interno é o recurso cabível em face das decisões monocráticas dos relatores dos recursos eleitorais que causarem prejuízo às

---

959 AGRAVO REGIMENTAL EM RECURSO EXTRAORDINÁRIO. RECURSO ESPECIAL. AÇÕES DE INVESTIGAÇÃO JUDICIAL ELEITORAL. FRAUDE À COTA DE GÊNERO. COMPROVAÇÃO. ERRO GROSSEIRO. NÃO CONHECIMENTO. 1. Trata-se de Agravo Regimental contra decisão que negou seguimento ao seu Recurso Extraordinário com fundamento no art. 1.030, V, do CPC. 2. Nos termos do art. 1.030, §1º, do CPC, "da decisão de inadmissibilidade proferida com fundamento no inciso V caberá agravo ao tribunal superior, nos termos do art. 1.042". 3. A interposição de Agravo Regimental, com fundamento no art. 1.021 do CPC, contra a decisão que inadmitiu o Recurso Extraordinário nos termos do art. 1.030, V, do CPC, evidencia erro grosseiro e afasta a fungibilidade recursal. Precedentes. 4. Agravo Regimental não conhecido. (Agravo Regimental no Recurso Extraordinário no Recurso Especial Eleitoral nº 060155898, Acórdão, Min. Alexandre de Moraes, Publicação: DJE – Diário de Justiça Eletrônico, 19.12.2023).

960 AGRAVO REGIMENTAL NO RECURSO EXTRAORDINÁRIO COM AGRAVO. DECISÃO MISTA DE ADMISSIBILIDADE. CAPÍTULO SOBRE A SISTEMÁTICA DA REPERCUSSÃO GERAL: NÃO CABIMENTO DE RECURSO DIRIGIDO AO STF. AUSÊNCIA DE PREQUESTIONAMENTO. ÓBICES DOS VERBETES Nº 282 E Nº 356 DA SÚMULA DO STF. 1. É pacífica a orientação do Supremo Tribunal Federal no sentido de ser incabível o agravo no recurso extraordinário em que se impugna a aplicação de tema da Repercussão Geral. 2. No caso, o Tribunal de origem, proferiu decisão de admissibilidade mista, negando seguimento ao recurso extraordinário contrário a paradigma formado sob a sistemática da repercussão geral, e inadmitindo-o quanto ao remanescente. 3. Daí o conhecimento do agravo apenas em parte e, nessa parte, foi negado provimento em virtude de o dispositivo indicado nas razões do extraordinário como violado não ter sido prequestionado no acórdão recorrido nem ter havido a oposição de embargos de declaração com a finalidade de buscar a manifestação do Tribunal a quo sobre a matéria. Incidem, portanto, os Enunciados nº 282 e nº 356 da Súmula do STF. 4. Agravo regimental ao qual se nega provimento. (STF – ARE: 1403285 CE, Relator: Min. ANDRÉ MENDONÇA, Data de Julgamento: 02.10.2023, Segunda Turma, Data de Publicação: PROCESSO ELETRÔNICO DJe-s/n DIVULG 17.10.2023 PUBLIC 18.10.2023).

partes. Seu embasamento legal encontra-se disciplinado nos arts. 994, III, e 1.021 do CPC, assim como, no Regimento Interno do TSE e dos demais TREs. Ainda é imperioso ressaltar que, na dicção do enunciado da Súmula nº 622 do STF, não cabe agravo contra decisão do relator que concede ou indefere liminar em mandado de segurança.

O prazo para impetrá-lo é de três dias, lapso temporal, via de regra, exigido aos recursos da seara eleitoralista. (§8º do art. 36 RITSE). Nas representações fundadas no art. 96 da Lei nº 9.504/97, o prazo para interposição de agravo interno é de um dia a contar da publicação da decisão pelo relator (art. 27, §6º, da Resolução TSE nº 23.608/2019).[961] O agravo interno será interposto ao relator e processado nos mesmos autos do processo, tendo o relator a faculdade de reconsiderar o seu ato, o que configura uma prerrogativa sua, ou, acaso mantenha a sua decisão, submeter ao pleno o julgamento do recurso.[962]

No mesmo sentido, tem sido defendida a aplicação do regimento interno do STF no que tange à inviabilidade de sustentação oral em sede de agravo regimental, a teor do disposto no art. 131, §2º, do Regimento Interno do STF.[963] Alerte-se que a parte agravante deve impugnar todos os fundamentos da decisão agravada sob pena de aplicação da Súmula nº 26 do TSE, haja vista a incidência do comando previsto no art. 1.021, §1º, do CPC.[964]

Caso seja evidenciada a presença de conduta abusiva ou protelatória no manejo do agravo interno, especificamente quando o recurso for declarado manifestamente inadmissível ou improvido por votação unânime, o órgão colegiado condenará o agravante a pagar multa ao agravado nos termos do art. 1.021, §4º, do CPC.

13.9 Embargos de declaração

Os embargos declaratórios são tipo de recurso que tem o escopo de esclarecer uma decisão monocrática ou um acórdão do Tribunal que

---

[961] Agravo Regimental no Recurso Especial Eleitoral 060362906/GO, Relator(a) Min. Raul Araujo Filho, Acórdão de 07.12.2023, Publicado no Diário de Justiça Eletrônico-247, data 15.12.2023.

[962] Agravo em Recurso Especial Eleitoral nº 060103492, Acórdão, Relator(a) Min. Sergio Silveira Banhos, Publicação: *DJE – Diário da justiça eletrônica*, Tomo 121, Data 30.06.2021.

[963] Ac. de 19.08.2014 no AgR-REspe nº 49.912, Rel. Min. João Otávio de Noronha.

[964] Agravo Regimental no Agravo em Recurso Especial Eleitoral 060030398/RJ, Relator(a) Min. Cármen Lúcia, Acórdão de 07.12.2023, Publicado no Diário de Justiça Eletrônico-248, data 18.12.2023.

esteja obscuro, contraditório ou omisso (art. 275, *caput*, do CE),[965] podendo ser admitido com fins de prequestionamento, desde que também haja, na decisão embargada, contradição, obscuridade ou omissão.[966] Ou seja, os aclaratórios constituem mecanismo recursal de natureza hermenêutico-integrativa, destinado ao aprimoramento de manifestação judicial de cunho decisório, que, apenas excepcionalmente, e em decorrência do esclarecimento de obscuridade, eliminação de contradição, suprimento de omissão ou correção do erro material, podem ensejar modificações substanciais do julgado.

O magistério jurisprudencial do Superior Tribunal de Justiça firmou-se, inclusive, para somente reputar admissível essa espécie recursal quando destinada a atacar, especificamente, um desses vícios do ato decisório, e não para que se adéque a decisão ao entendimento do embargante, nem para o acolhimento de pretensões que reflitam mero inconformismo, e menos ainda para rediscutir matéria já resolvida.[967]

A jurisprudência pátria também vinha admitindo o referido recurso para sanar erro material, defesa que foi albergada pelo legislador no Código de Processo Civil, no art. 1022, prevendo que cabem embargos de declaração contra qualquer decisão judicial para corrigir erro material.[968] No mesmo sentido, o Tribunal Superior Eleitoral já afirmou que a existência de erro material no julgado pode ser reconhecida de ofício pelo relator por ocasião do julgamento dos declaratórios, situação em que foram rejeitados os embargos, mas corrigido o erro material.[969]

---

[965] "Eventual discordância da parte com o julgado não caracteriza omissão, contradição ou obscuridade ou erro material ensejadores de embargos de declaração, consoante estabelece o art. 275, da Lei Federal nº 4.737/1965 (Código Eleitoral), mas, sim, mera irresignação com a decisão impugnada" (REspe nº 773. Relator(a) Min. João Otávio de Noronha. *DJE – Diário da justiça eletrônica,* Data 02.02.2015, Página 62-64).

[966] Ac. de 21.05.2013 no ED-AgR-AI nº 174.390, Rel. Min. Dias Toffoli.

[967] STJ – EDcl no AgInt no REsp: 1768343 MG 2018.0245605-5, Relator: Ministro MAURO CAMPBELL MARQUES, Data de Julgamento: 11.04.2022, T2 – SEGUNDA TURMA, Data de Publicação: DJe 19.04.2022.

[968] "Os aclaratórios constituem modalidade recursal de integração e têm por objetivo esclarecer obscuridade, eliminar contradição, suprir omissão ou corrigir erro material, consoante estabelece o art. 275 do CE, com redação dada pelo art. 1.067 do CPC" (Embargos de Declaração em Prestação de Contas nº 060185041, Acórdão, Relator(a) Min. Mauro Campbell Marques, Publicação: *DJE – Diário da justiça eletrônica,* Tomo 13, Data 03.02.2022).

[969] "Os embargos de declaração são admitidos para esclarecer obscuridade ou eliminar contradição, corrigir erro material e suprir omissão de ponto ou questão sobre os quais o juiz deveria se pronunciar de ofício ou a requerimento, nos termos do art. 275 do Código Eleitoral, não se prestando a novo julgamento da causa, em razão de decisão contrária aos interesses da parte" (Embargos de Declaração no Agravo Regimental no Recurso Especial

Importa realçar que a ausência de demonstração da existência de vícios do julgado, com mera reiteração das teses recursais já analisadas, não enseja a oposição de embargos declaratórios, ainda que utilizados para fins de prequestionamento.[970] Para mais, o TSE também firmou entendimento no sentido de que a existência de voto divergente não legitima a oposição de embargos de declaração, especificamente quando se tenciona que a Corte reexamine o contexto fático-jurídico contido no voto vencedor a fim de obter conclusão diversa da exarada no acórdão embargado.[971]

Com efeito, tem-se que a "omissão" é substanciada na ausência de abordagem sobre questão debatida nos autos e necessária para a formação de silogismos. Já a "obscuridade" é a qualidade de texto de difícil ou de impossível compreensão. A esse respeito, Fredie Didier Júnior e Leonardo Carneiro da Cunha classificam como obscuro "o texto dúbio, que careça de elementos que o organize e lhe confira harmonia interpretativa". Ainda para os referidos autores, a decisão obscura é aquela que não é precisa e não é fundamentada adequadamente, no que desatende à exigência constitucional da fundamentação.[972]

Noutro quadrante, a contradição que autoriza a oposição dos embargos de declaração é unicamente aquela existente entre os fundamentos do acórdão embargado e a sua conclusão, e não entre julgados distintos ou entre o voto condutor e o vencido. Ademais, se o acórdão

Eleitoral nº 060043919, Acórdão, Relator(a) Min. Sergio Silveira Banhos, Publicação: *DJE – Diário da justiça eletrônica*, Tomo 97, Data 28.05.2021).

970 "A jurisprudência desta Corte Superior é no sentido de que 'a ausência de demonstração da existência de vícios do julgado, com mera reiteração das teses recursais já suficientemente combatidas, traduz inconformismo com o resultado do julgamento, portanto não enseja a oposição de embargos declaratórios, os quais, mesmo para fins de prequestionamento, pressupõem a existência de falha passível de ser sanada na via eleita, de cognição estreita e vinculada, porquanto vocacionada ao aperfeiçoamento do julgado, e não à plena revisitação de matéria regularmente apreciada pelo órgão julgador'" (ED-REspe nº 1-42, Rel. Min. Tarcísio Vieira de Carvalho Neto, *DJE* de 17.6.2020).

971 "É certo que a existência de voto divergente não legitima a oposição de embargos de declaração, bem como o fato de que '[...] o magistrado não está obrigado a se manifestar sobre todos os argumentos trazidos pelas partes, desde que os fundamentos sejam suficientes para firmar a decisão'. Precedentes. 2.3. O embargante tenciona que esta Corte Superior reexamine o contexto fático contido nos votos vencidos a fim de obter conclusão diversa da exarada pela unanimidade dos membros deste Plenário no acórdão embargado. Essa pretensão, contudo, é incabível na via eleita. Precedente. (...)". (RECURSO ESPECIAL ELEITORAL nº 15661, Acórdão, Relator(a) Min. Raul Araujo Filho, Publicação: *DJE – Diário de Justiça Eletrônico*, Tomo 151, Data 07.08.2023).

972 DIDIER JR, Fredie; CUNHA, Leonardo Carneiro. *Curso de direito processual civil:* o processo civil nos tribunais. 13. ed. Salvador: Juspodivm, 2016. V. 3. p. 256.

embargado omitir-se sobre ponto acerca do qual deveria ter se manifestado, é de se acolher os aclaratórios para sanar o referido vício.[973]

Anote-se, por relevante, que, de acordo com a compreensão do TSE sobre o tema, é incabível a oposição de embargos de declaração contra decisão de admissibilidade do recurso especial.[974] Muita atenção para o fato de que não se pode, na ambiência dos aclaratórios, promover a inovação de teses recursais que não foram previamente debatidas, haja vista o TSE ter decidido que esse tipo de expediente é inapto a provocar a reforma de *decisum* embargado pelo acréscimo de fundamentos à causa inicialmente posta e decidida.[975]

O prazo para que o referido recurso seja devidamente impetrado é de 3 (três) dias, a contar da data da publicação do acórdão, sendo a petição dirigida ao juiz ou relator, na qual será indicado o ponto obscuro, contraditório ou omisso (art. 275, §1º).

Não se comunga do entendimento de que os embargos declaratórios não podem ser impetrados em face de decisões de primeiro grau, com fulcro no princípio da celeridade. Muito pelo contrário, para evitar uma multiplicidade de recursos, defende-se sua utilização como forma de aclarar os posicionamentos judiciais. Nesse passo, Marcelo Abelha ensina que há uma relação umbilical entre o recurso de embargos de declaração e o direito fundamental de acesso pleno e efetivo da justiça, uma vez que qualquer limitação ao seu manejo consubstanciaria uma inconstitucional admissão de que pode ser prestada uma tutela jurisdicional falha.[976] Portanto, depreende-se que tal espécie impugnatória pode ser impetrada em face de decisões de primeiro ou de segundo grau, sendo impetrado e julgado na própria instância que proferiu o que se busca aclarar, robustecer ou tornar linear.

Desprovido de efeito devolutivo, efeito que transfere a reanálise a uma instância *ad quem*, a apreciação do recurso cabe ao mesmo órgão que proferiu a decisão. No que tange aos efeitos infringentes, tem-se

---

[973] Ac. de 20.03.2013 no ED-REspe nº 9.664, Rel. Min. Luciana Lóssio.

[974] Agravo Regimental no Agravo em Recurso Especial Eleitoral 060052547/RS, Relator(a) Min. Kassio Nunes Marques, Acórdão de 07.12.2023, Publicado no Diário de Justiça Eletrônico-249, data 19.12.2023.

[975] Embargos de Declaração No Agravo Regimental no Agravo em Recurso Especial Eleitoral 060424082/SP, Relator(a) Min. André Ramos Tavares, Acórdão de 30.11.2023, Publicado no Diário de Justiça Eletrônico-244, data 12.12.2023.

[976] ABELHA, Marcelo. *Manual de direito processual civil.* 6. ed. Rio de Janeiro: Forense, 2016. p. 1445.

que somente são cabíveis se houver alteração quanto à conclusão do julgado, provocado por omissões.[977]

A finalidade básica do recurso é aclarar a decisão proferida. Ao receber os embargos, o relator os colocará na pauta para julgamento, na primeira sessão seguinte, momento em que proferirá o seu voto (art. 275, §2º, do CE). Vencido o voto do relator, outro será designado para lavrar o acórdão (art. 275, §3º, do CE).

Ressalte-se que, a fim de evitar a utilização dos embargos declaratórios para fins meramente procrastinatórios, desencadeando o desvirtuamento da utilização do recurso, o art. 1.026, §§2º ao 4º, do CPC estabelece sanção à reiteração de embargos declaratórios de cunho eminentemente protelatórios, sendo autorizada a fixação de multa não excedente a 2% sobre o valor atualizado da causa, valor elevado a até 10% sobre o valor atualizado da causa. A interposição de qualquer recurso ficará condicionada ao depósito prévio do valor da multa, à exceção da Fazenda Pública e do beneficiário de gratuidade da justiça, que a recolherão ao final. Ademais, enquanto o embargante não quitar a respectiva multa que lhe foi aplicada, ficará impedido de interpor novos recursos no processo, bem como não serão admitidos novos embargos de declaração se os 2 (dois) anteriores houverem sido considerados protelatórios.

Na seara eleitoral, evidenciado o caráter procrastinatório dos embargos de declaração, é de rigor a aplicação do art. 275, §6º, do Código Eleitoral.[978] De acordo com a jurisprudência do TSE, o caráter

---

[977] "Conquanto os embargos consubstanciem instrumento vocacionado, precipuamente, ao aperfeiçoamento da prestação jurisdicional, a atribuição de efeitos infringentes é admitida, excepcionalmente, em nosso sistema processual, pois decorre da própria dicção do arts. 1.023, §2º, e 1.024, §4º, do Código de Processo Civil. Mesmo antes do advento do CPC 2015, já se entendia que "os embargos de declaração não têm caráter infringente" e "só excepcionalmente se lhes pode dar efeito modificativo, quando houver erro material, nulidade manifesta do acórdão ou omissão cuja correção obrigue à alteração do julgado" (REspe nº 247-39/SP, Rel. Min. Peçanha Martins, DJ de 4.2.2005) (Recurso Ordinário nº 060019521, Acórdão, Relator(a) Min. Tarcisio Vieira de Carvalho Neto, Publicação: *DJE – Diário da justiça eletrônica*, Tomo 130, Data 01.07.2020).

[978] EMBARGOS DE DECLARAÇÃO EM EMBARGOS DE DECLARAÇÃO EM AGRAVO INTERNO EM AGRAVO. IMPUGNAÇÃO AO CUMPRIMENTO DE SENTENÇA, DECORRENTE DA DESAPROVAÇÃO DAS CONTAS DO DIRETÓRIO ESTADUAL DE PARTIDO POLÍTICO, REFERENTE AO EXERCÍCIO FINANCEIRO DE 2016. INEXISTÊNCIA DE VÍCIOS NO JULGADO. INTENÇÃO MERAMENTE PROTELATÓRIA. EMBARGOS NÃO CONHECIDOS. MULTA. ART. 275, §6º, DO CE. 1. A intenção meramente protelatória do embargante, ao apontar, em segundos aclaratórios, omissão inexistente, autoriza a aplicação da multa prevista no art. 275, §6º, do CE. Precedentes. 2. Embargos não conhecidos e declarados protelatórios, com a fixação de multa no valor de um salário-mínimo, nos

protelatório dos embargos de declaração é evidenciado quando o embargante limita-se a reproduzir teses que já foram enfrentadas anteriormente pelo órgão julgador.[979]

Não obstante isso, o TSE também já assentou que "o simples fato de inexistir a alegada omissão no acórdão embargado não é suficiente para a aplicação de multa pela oposição do Recurso, primeiros embargos de declaração, sobretudo porque ausente demonstração de intuito protelatório".[980]

Por fim, os embargos de declaração interrompem o prazo para a interposição de outros recursos, salvo se manifestamente protelatórios e assim declarados na decisão que os rejeitar (art. 275, §4º, do CE).[981]

---

termos da nova redação do §6º do art. 275 do CE (Agravo de Instrumento nº 060070283, Acórdão, Relator(a) Min. Mauro Campbell Marques, Publicação: *DJE – Diário da justiça eletrônica*, Tomo 98, Data 31.05.2021).

979 Recurso Especial Eleitoral 49803/ES, Relator(a) Min. Luís Roberto Barroso, Acórdão de 08.08.2019, Publicado no Diário de Justiça Eletrônico, data 22.08.2019, p. 35-36.

980 Agravo Regimental no Agravo em Recurso Especial Eleitoral 060060360/PA, Relator(a) Min. Benedito Gonçalves, Acórdão de 05.05.2023, Publicado no Diário de Justiça Eletrônico-87, data 11.05.2023.

981 AGRAVO REGIMENTAL. AGRAVO DE INSTRUMENTO. ELEIÇÕES 2010. DOAÇÃO ACIMA DO LIMITE LEGAL. EMBARGOS DE DECLARAÇÃO PROTELATÓRIOS. FUNDAMENTO NÃO INFIRMADO. SÚMULA 284/STF. 1. Na espécie, o Tribunal a quo considerou protelatórios os terceiros embargos de declaração com fundamento no art. 275, §4º, do Código Eleitoral e não houve irresignação específica quanto a esse ponto nas razões recursais. Assim, prevalece o disposto no aludido dispositivo legal, que assevera não haver interrupção do prazo para interposição do recurso especial, o qual deve ser considerado intempestivo no caso em exame. Precedentes. 2. Agravo regimental não provido (Agravo de Instrumento nº 51103, Acórdão, Relator(a) Min. João Otávio de Noronha, Publicação: *DJE – Diário da justiça eletrônica*, Tomo 29, Data 11.02.2015, Página 65).

REFERÊNCIAS

ABELHA, Marcelo. *Manual de direito processual civil*. 6. ed. Rio de Janeiro: Forense, 2016.

AGRA, Walber de Moura. A taxionomia das inelegibilidades. *Revista de Estudos Eleitorais*, vol. 6, n. 2, maio/ago. 2011.

AGRA, Walber de Moura. *Curso de Direito Constitucional*. 9. ed. Belo Horizonte: Fórum, 2018.

AGRA, Walber de Moura. *Poder econômico e caixa dois no sistema eleitoral brasileiro*. Belo Horizonte: Fórum, 2019.

AGRA, Walber de Moura. *Comentários sobre a Lei de Improbidade Administrativa*. 2. ed. Belo Horizonte: Fórum, 2019.

AGRA, Walber de Moura. Teratologia da paridade de representação nos mandatos parlamentares. *Revista Brasileira de Estudos Constitucionais – RBEC*, Belo Horizonte, ano 9, n. 32, p. 1083-1095, maio/ago. 2015.

AGRA, Walber de Moura. *Republicanismo*. Porto Alegre: Livraria do Advogado, 2005.

AGRA, Walber de Moura; LUCENA, Alisson Emmanuel de Oliveira. O réquiem conceitual e pragmático da propaganda antecipada e seus desdobramentos. *Estudos Eleitorais*, Brasília, vol. 13, n. 3, p. 128-154, set./dez. 2018.

AGRA, Walber de Moura; LUCENA, Alisson. Sobre o dano moral e material a partido político por infidelidade partidária. *Conjur*, 21 jan. 2022. Disponível em: https://www.conjur.com.br.2022-jan-21/opiniao-dano-partido-politico-infidelidade-partidaria. Acesso em: 9 fev. 2022.

AGRA, Walber de Moura; LUCENA, Alisson Emmanuel de Oliveira. Os influxos da nova lei de improbidade administrativa no arquétipo das inelegibilidades. *In*: MACHADO, Raquel Cavalcanti Ramos; XEREZ, André Garcia (org.). *A lei da ficha limpa*: passada a limpo. 1. ed. Fortaleza: Editora Mucuripe, 2022, p. 116.

AGRA, Walber de Moura; VELLOSO, Carlos Mário da Silva. *Elementos de Direito Eleitoral*. 6. ed. São Paulo: Saraiva, 2018.

ALAMBERT, Zuleika. *Feminismo*. O ponto de vista marxista. São Paulo: Nobel, 1986.

ALMEIDA, Alberto Carlos. *A cabeça do eleitor:* estratégia de campanha, pesquisa e vitória eleitoral. 3. ed. Rio de Janeiro: Record, 2008.

ALMEIDA, Roberto Moreira de. *Direito Eleitoral*. 2. ed. rev., atual. e ampl. Salvador: Juspodivm, 2009.

ALVES, Pollyanna Kelly Maciel Medeiros Martins. *O Superior Tribunal de Justiça e a guarda do Direito Federal Infraconstitucional:* o recurso especial. Disponível em: http://jus2.uol.com.br/DOUTRINA/texto.asp?id=2299. Acesso em: 7 abr. 2010.

ALVIM, Frederico Franco. *Manual de direito eleitoral*. Belo Horizonte: Fórum, 2012.

ALVIM, Frederico Franco; ZÍLIO, Rodrigo López; CARVALHO, Volgane Oliveira. *Guerras cognitivas na arena eleitoral:* o controle judicial da desinformação. Rio de Janeiro: Lumen Juris, 2023.

ALVIM, Teresa Arruda. *Nulidade do processo e da sentença*. 8. ed. São Paulo: Revista dos Tribunais, 2017.

ANDRADE NETO, João; GRESTA, Roberta Maira; SANTOS, Polianna Pereira dos. Fraude à cota de gênero como fraude à lei: os problemas conceituais e procedimentais decorrentes do combate às candidaturas femininas fictícias. *In*: FUX, Luiz; PEREIRA, Luiz Fernando Casagrande; AGRA, Walber de Moura (coord.); PECCININ, Luiz Eduardo (org.). *Abuso de poder e perda de mandato*. Belo Horizonte: Fórum, 2018. p. 239-281.

ARAS, Augusto. *Fidelidade e ditadura intrapartidárias*. Bauru: EDIPRO, 2011.

BANDENI, Gregório. *Tratado de derecho constitucional*. Buenos Aires: La Ley. T. I.

BARBOSA, Beatriz; MARTINS, Helena; VALENTE, Jonas. *Fake News:* como as plataformas enfrentam a desinformação. Rio de Janeiro: Grupo Multifoco, 2021.

BARBOSA, Edmilson. *A Justiça Eleitoral no Brasil*. Fortaleza: Imprensa Universitária, 2010.

BARRETTO, Lauro. *Escrúpulo e poder*: o abuso de poder nas eleições brasileiras. Bauru: Edipro, 1995.

BARRETTO, Lauro. *Representações:* questões processuais relevantes. Rio de Janeiro: Edipro, 2006.

BARROS, Adriano Celestino Ribeiro. *Ação de Impugnação ao Pedido de Registro de Candidatura*. Disponível em: www.adrianocelestinoribeirobarros.blogspot.com. Acesso em: 26 mar. 2010.

BARROS, Ezikelly. *Autonomia partidária:* uma teoria geral. São Paulo: Almedina, 2021.

BARROS, Francisco Dirceu. *Direito Processual Eleitoral*. Rio de Janeiro: Campus, 2010.

BARROS FILHO, Clóvis de; PRAÇA, Sérgio. *Corrupção:* parceria degenerativa. Campinas: Papirus 7 Mares, 2014.

BARROSO, Luís Roberto. *Interpretação e aplicação da Constituição:* fundamentos de uma dogmática constitucional transformadora. 7. ed. São Paulo: Saraiva, 2009.

BASTOS, Celso Ribeiro. *Hermenêutica e interpretação constitucional*. 4. ed. São Paulo: Malheiros, 2014.

BELTRÃO, Silvio Romero. Investigação judicial eleitoral por abuso de poder econômico ou abuso de poder político. *In*: COÊLHO, Marcus Vinícius Furtado; AGRA, Walber de Moura (coord.). *Direito Eleitoral e Democracia*: desafios e perspectivas. Brasília: OAB, Conselho Federal, 2010. p. 269-286.

BORN, Rogério Carlos. *Ação rescisória no Direito Eleitoral*. 3. ed. Curitiba: Juruá, 2010.

BRADY, William; CROCKET, Molly; BAVEL, Jay. *The MAD model of moral contagion*: the role of motivation, attention, and design in the spread of moralized content online. Disponível em: https://journals.sagepub.com/doi/10.1177/1745691620917336. Acesso em: 8 abr. 2024.

BROSSARD, Paulo. *O impeachment*. 3. ed. São Paulo: Saraiva, 1992.

CAMPOS, Antônio; CÂMARA, Diana; PIMENTEL, Virgínia. *Direito Eleitoral*: eleições 2012. Recife: Carpe Diem, 2012.

CANARIS, Claus Wilhelm. *Pensamento sistemático e conceito de sistema na ciência do direito*. Tradução de A. Menezes Cordeiro. 2. ed. Lisboa: Fundação Calouste Gulbenkian, 1996.

CÂNDIDO, Joel José. *Direito Eleitoral brasileiro*. 6. ed. Bauru: Edipro, 1996.

CÂNDIDO, Joel José. *Direito Eleitoral brasileiro*. 10. ed. Bauru: Edipro, 2002.

CÂNDIDO, Joel José. *Direito Eleitoral brasileiro*. 12. ed. São Paulo: Edipro, 2008.

CÂNDIDO, Joel José. *Direito Eleitoral brasileiro*. 14. ed. rev. atual. e ampl. Bauru: Edipro, 2010.

CÂNDIDO, Joel José. *Inelegibilidades no Direito brasileiro*. São Paulo: Edipro, 2002.

CANOTILHO, José Joaquim Gomes. *Direito constitucional e teoria da constituição*. 4. ed. Coimbra: Almedina, 2000.

CARNELUTTI, Francesco. *Instituições de processo civil*. Trad. Adrian Sotero De Witt Batista, São Paulo: Classic Book, 2000, v. II

CASARA, Rubens. *Bolsonaro*: o mito e o sintoma. São Paulo: Contracorrente, 2020. Edição Kindle.

CASTRO, Edson de Resende. *Teoria e prática do Direito Eleitoral*. 3. ed. rev. e atual. Belo Horizonte: Mandamentos, 2006.

CASTRO, Edson de Resende. *Teoria e prática do Direito Eleitoral*. 5. ed., rev. e atual. Belo Horizonte: Del Rey, 2010.

CAVALCANTI, Themístocles. Reflexões sobre o problema ideológico. *Revista de Direito Público e Ciência Política*, Rio de Janeiro, n. 3, v. VIII, p. 84, set./dez. 1965.

CERQUEIRA. Thales Tácito Luz de Pádua. *Direito Eleitoral brasileiro*. 2. ed. Belo Horizonte: Del Rey, 2002.

CERQUEIRA, Thales Tácito; CERQUEIRA, Camila Albuquerque. *Reformas eleitorais comentadas*: Lei nº 12.034/2009. São Paulo: Saraiva.

CINTRA, Antônio Carlos de Araújo; GRINOVER, Ada Pellegrini; DINAMARCO, Cândido Rangel. *Teoria geral do processo*. 19. ed. São Paulo: Malheiros, 2003.

COÊLHO, Marcus Vinícius Furtado. *Direito Eleitoral e processo eleitoral*. 2. ed. Rio de Janeiro: Renovar, 2010.

COÊLHO, Marcus Vinícius Furtado. *Eleições*: abuso de poder: instrumentos processuais eleitorais. Brasília, 2006.

CONEGLIAN, Olivar Augusto Roberti. *Inelegibilidade*: inelegibilidade e proporcionalidade; inelegibilidade e abuso de poder. Curitiba: Juruá, 2009.

CONEGLIAN, Olivar Augusto Roberti. *Lei das eleições comentada*. 5. ed. Curitiba: Juruá, 2008.

CONEGLIAN, Olivar Augusto Roberti. *Propaganda eleitoral*. 8. ed. Curitiba: Juruá, 2008.

CONEGLIAN, Olivar Augusto Roberti. *Propaganda eleitoral*: de acordo com o Código Eleitoral e com a Lei nº 9.504/97 – Modificada pelas Leis 9.840/99, 10.408/02, 10.740/03, 11.300/06, 12.034/09 e Lei Compl. 135/10 (Lei da Ficha Limpa). 11. ed. rev. e atual. Curitiba: Juruá, 2012.

COSTA, Adriano Soares da. *Instituições de Direito Eleitoral*. 6. ed. Belo Horizonte: Del Rey, 2006.

COSTA, Adriano Soares da. *Instituições de Direito Eleitoral*. 8. ed. Rio de Janeiro: Lumen Juris, 2009.

COSTA, Adriano Soares da. *Instituições de Direito Eleitoral*. Teoria da Inelegibilidade. Direito Processual Eleitoral. 10. ed. Belo Horizonte: Fórum, 2016.

COSTA, Daniel Castro Gomes da (org.). *Temas atuais de Direito Eleitoral*: estudos em homenagem ao Ministro José Delgado. São Paulo: Pilares, 2009.

COSTA, Tito. *Recursos em matéria eleitoral*. 8. ed. São Paulo: Revista dos Tribunais, 2004.

DA SILVA, José Afonso. *Curso de direito constitucional positivo*. 36. ed. São Paulo: Malheiros, 2013.

DE ASSIS, Araken. *Manual dos Recursos*. 2. ed. São Paulo: Revista dos Tribunais, 2008.

DECOMAIN, Pedro Roberto. *Elegibilidade e inelegibilidade*. Florianópolis: Obra Jurídica, 2000.

DECOMAIN, Pedro Roberto. *Elegibilidade e inelegibilidade*. 2. ed. São Paulo: Dialética, 2004.

DECOMAIN, Pedro Roberto. *Eleições*: comentários à Lei nº 9.504/97. 2. ed. São Paulo: Dialética, 2004.

DI PIETRO, Maria Sylvia Zanella. *Direito Administrativo*. 14. ed. São Paulo: Atlas, 2002.

DI PIETRO, Maria Sylvia Zanella. *Direito Administrativo*. 24. ed. São Paulo: Atlas, 2011.

DIDIER JR., Fredie; CARNEIRO DA CUNHA, Leonardo. *Curso de Direito Processual Civil*. 9. ed. Salvador: Juspodivm, 2011.

DINAMARCO, Cândido Rangel. *Litisconsórcio*. 8. ed. rev. e atual. São Paulo: Malheiros, 2009.

DONIZETTI, Elpídio. *Curso didático de Direito Processual Civil*. 7. ed. Rio de Janeiro: Lumen Juris, 2007.

DOTTI, René Ariel. O direito ao esquecimento e a proteção do habeas data. *In*: WAMBIER, Teresa Arruda Alvim (coord.). *Habeas Data*. São Paulo: Revista dos Tribunais, 1998.

ECO, Umberto. *Construir o inimigo e outros escritos ocasionais*. Rio de Janeiro: Record. Edição Kindle.

ESMERALDO, Elmana Viana Lucena. *Processo eleitoral*: sistematização das ações eleitorais. 2011.

FERREIRA, Marina Baird; ANJOS, Margarida dos (coord.). *Novo Dicionário Aurélio da Língua Portuguesa*. 4. ed. Curitiba: Positivo, 2009.

FERREIRA, Pinto. *Código Eleitoral comentado*. Rio de Janeiro: Editora Rio, 1976 (Série Legislação Comentada).

FERREIRA FILHO, Manoel Gonçalves. Corrupção e democracia. *In*: ZILVETI, Fernando Aurelio; LOPES, Sílvia. *O regime democrático e a questão da corrupção política*. São Paulo: Atlas, 2004.

FERREIRA PEREGRINO, Marcelo Ramos. *O controle de convencionalidade da Lei da Ficha Limpa*: direitos políticos e inelegibilidades. Rio de Janeiro: Lumen Juris, 2016.

FILGUEIRAS, Fernando. Marcos teóricos da corrupção. *In*: AVRITZER, Leonardo *et al.* (org.). *Corrupção, Ensaios e Críticas*. Belo Horizonte: Editora UFMG, 2008.

FISHER, Max. *A máquina do caos:* como as redes sociais reprogramaram nossa mente e nosso mundo. Tradução de Érico Assis. 1. ed. São Paulo: Todavia, 2023.

FORNASIER, Mateus de Oliveira. *Inteligência artificial como pessoa?* Londrina: Thoth Editora, 2020.

FRANCO, Frederico Alvim. O peso da imprensa na balança eleitoral. Efeitos, estratégias e parâmetros para o exame da gravidade das circunstâncias em hipóteses de uso indevido dos meios de comunicação social. *Resenha Eleitoral*, Florianópolis, v. 20, n. 2, maio 2017.

FREITAS CÂMARA, Alexandre. *Lições de Direito Processual Civil*. 12. ed. Rio de Janeiro: Lumen Juris, 2006. v. 2.

FUX, Luiz. *Curso de Direito Processual Civil*. 4. ed. Rio de Janeiro: Forense, 2008.

GARCIA, Émerson. *Abuso de poder nas eleições*: meios de coibição. Rio de Janeiro: Lumen Juris, 2000.

GELLNER, Ernest. *Condições da liberdade*: a sociedade civil e seus rivais. Tradução de Lucy Magalhães. Rio de Janeiro: Zahar, 1996.

GIANNETTI, D.; LAVER, M. Party cohesion, party factions and legislative party discipline in Italy. *European Consortium for Political Research*, 2005.

GOLTZMAN, Elder Maia. *Liberdade de expressão e desinformação em contextos eleitorais*. Belo Horizonte: Fórum, 2022. p. 60-61.

GOMES, José Jairo. *Direito Eleitoral*. Belo Horizonte: Del Rey, 2008.

GOMES, José Jairo. *Direito Eleitoral*. São Paulo: Atlas, 2016.

GOMES, José Jairo. *Direito Eleitoral*. 6. ed. rev. atual. e ampl. São Paulo: Atlas, 2011.

GOMES, Suzana Camargo. *Crimes eleitorais*. São Paulo: Revista dos Tribunais, 2000.

GOMES, Suzana de Camargo. *Crimes eleitorais*. 3. ed. São Paulo: Revista dos Tribunais, 2008.

GOMES FILHO, Antônio Magalhães; GRINOVER, Ada Pellegrini; FERNANDES, Antônio Scarance. *Recurso no Processo Penal*. São Paulo: Revista dos Tribunais, 1996.

GONÇALVES, Luiz Carlos dos Santos. *Crimes eleitorais e processo penal eleitoral*. 2. ed. São Paulo: Atlas, 2015.

GRAU, Eros Roberto. *Por que tenho medo de juízes:* (a interpretação/aplicação do direito e os seus princípios). 7. ed. São Paulo: Malheiros, 2016.

HABERMAS, Jürgen. *Direito e democracia*. Entre a facticidade e validade. Tradução de Flávio Beno Siebeneichler. Rio de Janeiro: Tempo Brasileiro, 1997. v. I.

HAURIOU, Maurice. *Précis de droit administratif et de droit public general:* à l'usage des étudiants en licence et en doctorat ès-sciences politiques. 4. ed. Paris: Larousse, 1900.

HESSE, Konrad. *Elementos de direito constitucional da República Federativa da Alemanha*. Porto Alegre: Fabris, 1998.

JARDIM, Torquato. *Direito Eleitoral positivo*. 2. ed. Brasília: Brasília Jurídica, 1998.

JOYCE, Kelly *et al.* Toward a Sociology of Artificial Intelligence: a call for research on inequalities and structural change. *Socius: Sociological Research for a Dynamic World*, v.7, p. 2, 2021.

JUSTEN FILHO, Marçal. *Curso de Direito Administrativo*. 11. ed. São Paulo: RT, 2015.

KELSEN, Hans. *Teoria geral do Direito e do Estado*. 3. ed. Tradução de Luís Carlos Borges. São Paulo: Martins Fontes, 1998.

KISSINGER, Henry; SCHMIDT, Eric; HUTTENLOCHER, Daniel. *A Era da Inteligência Artificial e o nosso futuro humano*. Lisboa: D. Quixote, 2021.

LACERDA, Maria Luisa de Medeiros; LUCENA, Alisson Emmanuel de Oliveira. Aportes práticos acerca dos demonstrativos de regularidade dos atos partidários na fase de procedimento de registro de candidatura. *Revista de Estudos Eleitorais*, Recife, v. 2, n. 4, p. 20-30, dez. 2018.

LASCH, Christopher. *The culture of narcissism. American life in age of diminishing expectations.* New York: W.W. Norton & Company, 2018.

LASPRO, Oreste Nestor de Souza. *Duplo grau de jurisdição no direito processual civil*. São Paulo: Revista dos Tribunais, 1995.

LINS, Newton. *Propaganda eleitoral:* comentários jurídicos. 2. ed. Brasília: Brasília Jurídica, 2006.

LOEWENSTEIN, Karl. *Teoría de la Constitución*. Barcelona: Ariel, 1964.

LUCON, Paulo Henrique dos Santos; VIGLIAR, José Marcelo Menezes. *Código eleitoral interpretado*: normas eleitorais complementares. 2. ed. São Paulo: Atlas, 2011.

MARINONI, Luiz Guilherme. Reexame de prova diante dos recursos especial e extraordinário. *Revista Genesis – de Direito Processual Civil*, Curitiba, 2008.

MARINONI, Luiz Guilherme; ARENHART, Sérgio Cruz. *Processo de conhecimento*. 7. ed. São Paulo: Revista dos Tribunais, 2008. v. 2.

MEIRELLES, Hely Lopes. *Direito Municipal brasileiro*. 14. ed. São Paulo: Malheiros, 2006.

MEIRELLES, Hely Lopes. *Mandado de segurança, ação popular, ação civil pública, mandado de injunção,* habeas data. 18. ed. São Paulo: Malheiros, 1997.

MELO, Carlos Ranulfo Félix de. Partidos e migração partidária na Câmara dos Deputados. *Dados*, Rio de Janeiro, v. 43, n. 3, p. 207, 2000.

MELLO, Celso Antônio Bandeira de. *Curso de direito administrativo*. 22. ed. rev. e atual. São Paulo: Malheiros, 2007.

MELLO, Marco Aurélio de Farias. A inconstitucionalidade do financiamento das campanhas eleitorais por pessoas jurídicas. *In*: COSTA, Daniel Castro Gomes *et al*. (coord.). *Direito Eleitoral Comparado*. Belo Horizonte: Fórum, 2018. p. 140.

MENDES, Antônio Carlos. *Introdução à teoria das inelegibilidades*. São Paulo: Malheiros, 1994.

MENDES, Gilmar; BRANCO, Paulo. *Curso de direito constitucional*. 14. ed. São Paulo: SaraivaJur, 2019.

MEZZAROBA, Orides. *Introdução ao direito partidário brasileiro*. 2. ed. Rio de Janeiro: Lumen Juris, 2004.

MIRANDA, Pontes de. *Comentários ao Código de Processo Civil*. 5. ed. Rio de Janeiro: Forense, 1997. t. I – arts. 1º ao 45.

MIRANDA, Sérgia. *Princípios constitucionais do processo eleitoral*. Fortaleza: ABC Editora, 2008.

MONTENEGRO FILHO, Misael. *Curso de Direito Processual Civil*. 6. ed. São Paulo: Atlas, 2010. v. 2.

MORAES, Alexandre de. *Direito Constitucional*. 5. ed. São Paulo: Atlas, 1999.

MOREIRA REIS, Palhares. O partido político e a Lei de 1995. *In*: *Direito eleitoral*. Belo Horizonte: Del Rey, 1996.

MOREIRA REIS, Palhares. *Cinco estudos sobre partidos políticos*. Recife: UFPE, 1999.

NERY JUNIOR, Nelson; NERY, Rosa Maria de Andrade. *Código de Processo Civil Comentado*. 9. ed. São Paulo: Revista dos Tribunais, 2006.

NIESS, Pedro Henrique Távora. *Ação de impugnação de mandato eletivo*. Rio Grande do Sul: Edipro, 1996.

NIESS, Pedro Henrique Távora. *Direitos políticos*: condições de elegibilidade e inelegibilidade. São Paulo: Saraiva, 1994.

NIGRO MAZZILLI, Hugo. *Introdução ao Ministério Público*. São Paulo: Saraiva, 1997.

OLIVEIRA, Marcelo Roseno de. *Controle das eleições*: virtudes e vícios do modelo constitucional brasileiro. Belo Horizonte: Fórum, 2010.

OLIVEIRA, Pedro Miranda de. *Agravo interno e agravo regimental*. Belo Horizonte: Del Rey, 2009.

OLIVEIRA NETO, Olavo de. O perfil jurídico da ação de impugnação de mandato eletivo. *In*: COSTA, Daniel Castro Gomes da (org.). *Temas atuais de Direito Eleitoral*. São Paulo: Pillares, 2009.

ORIONE NETO, Luiz. *Recursos Cíveis*. 3. ed. São Paulo: Saraiva, 2009.

OSNOS, Evan. Can Mark Zuckerberg fix Facebook before it breaks democracy? *The New Yorker*, 10 set. 2018. Disponível em: https://www.newyorker.com/magazine.2018.09/17/can-mark-zuckerberg-fix-facebook-before-it-breaks-democracy. Acesso em: 8 abr. 2024.

OSÓRIO, Aline. *Direito eleitoral e liberdade de expressão*. 2. ed. Belo Horizonte: Fórum, 2022.

PACELLI, Eugênio. *Curso de Processo Penal*. 16. ed. São Paulo: Atlas, 2012.

PELEJA JÚNIOR, Antônio Veloso; BATISTA, Fabrício Napoleão Teixeira. *Direito eleitoral:* aspectos processuais. 3. ed. Curitiba: Juruá, 2014.

PEREIRA, Rodolfo Viana. *Tutela coletiva no Direito Eleitoral*: controle social e fiscalização das eleições. Lumen Juris, 2008.

PERELMAN, Chaim. *Considerações sobre uma lógica jurídica*. Disponível em: http://www.scarpinellabueno.com/images/traducoes/trad-2.pdf. Acesso em: 19 fev. 2022.

PERTENCE, José Paulo Sepúlveda. Uma opinião legal de reiteração de antigas e persistentes convicções. *Revista Brasileira de Direito Eleitoral – RBDE*, Belo Horizonte, ano 2, n. 2 jan./jun. 2011.

PIMENTEL, Alexandre Freire. *Propaganda eleitoral*. 2. ed. Belo Horizonte: Fórum, 2022.

PINTO, Djalma. *Direito Eleitoral*: improbidade administrativa e responsabilidade fiscal: noções gerais. 2. ed. São Paulo: Atlas, 2005.

PINTO, Djalma. *Direito Eleitoral*: improbidade administrativa e responsabilidade fiscal – noções gerais. 3. ed. São Paulo: Atlas, 2006.

PINTO, Djalma. *Direito Eleitoral*: improbidade administrativa e responsabilidade fiscal: noções gerais. 4. ed. São Paulo: Atlas, 2008.

PINTO, Djalma. *Direito Eleitoral*: improbidade administrativa e responsabilidade fiscal. 5. ed. São Paulo: Atlas, 2010.

PINTO, Djalma. *Elegibilidade no direito brasileiro*. Atlas: São Paulo, 2008.

PINTO, Djalma; PETERSEN, Elke Braid. *Comentários à Lei da Ficha Limpa*: São Paulo: Atlas, 2014.

PONTES DE MIRANDA, Francisco Cavalcanti. *Tratado de Direito Privado*. Rio de Janeiro: Borsoi, 1967, t. 53.

PORTANOVA, Rui. *Princípios do processo civil*. Porto Alegre: Livraria do Advogado, 1995.

RAIS, Diogo. *Fake News, deep fakes* e eleições. *In:* RAIS, Diogo (coord.). *Fake news*: a conexão entre a desinformação e o direito. 3. ed. São Paulo: RT, 2022.

RAMAYANA, Marcos. *Direito Eleitoral*. 4. ed. Rio de Janeiro: Impetus, 2005.

RAMAYANA, Marcos. *Direito Eleitoral*. 10. ed. Rio de Janeiro: Impetus, 2010.

REIS, Marlon. *Direito eleitoral brasileiro*. Brasília: Alumnus, 2012.

REZENDE, Solange Oliveira (org.). *Sistemas inteligentes:* fundamentos e aplicações. São Paulo: Manole, 2003.

RIBEIRO, Fávila. *Direito eleitoral*. 4. ed. Rio de Janeiro: Forense, 1996.

RIBEIRO, Fávila. *Abuso de poder no Direito Eleitoral*. 3. ed. Rio de Janeiro: Forense, 2001.

RIBEIRO, Fávila. *Pressupostos constitucionais do direito eleitoral:* no caminho da sociedade participativa. Porto Alegre: Sérgio Antônio Fabris Editor, 1990.

ROLLO, Alberto. *Eleições no direito brasileiro*. São Paulo: Atlas, 2010.

ROLLO, Alberto; BRAGA, Enir. *Comentários à Lei Eleitoral nº 9.504/1997*: atualizado à luz da recente jurisprudência. Estudo comparativo com as leis anteriores. São Paulo: Fiuza, 1998.

RUSSELL, Stuart J.; NORVIG, Peter. *Inteligência artificial*. Rio de Janeiro: Elsevier, 2004.

SADER, Christian de Santana. *Aplicabilidade de medidas cautelares no juízo arbitral*. Disponível em: http://www.direitonet.com.br/textos. Acesso em: 10 mar. 2016.

SALDANHA, Nelson. *O jardim e a praça*. Rio de Janeiro: Atlântica, 2005.

SALGADO, Eneida Desiree. A influência do poder econômico nas eleições e a impugnação de mandato. *Estudos Eleitorais*, n. 4, 2009.

SANSEVERINO, Francisco de Assis Vieira. *O uso da máquina pública nas campanhas eleitorais*. Porto Alegre: Verbo Jurídico, 2008.

SANTANA, Jair Eduardo; GUIMARÃES, Fábio Luís. *Direito Eleitoral*: para compreender a dinâmica do poder político. Belo Horizonte: Fórum, 2006.

SARTRE, Jean-Paul. *Entre quatro paredes*. Tradução de Alcione Araújo e Pedro Hussak. Rio de Janeiro: Civilização Brasileira, 2005.

SCHLICKMANN, Denise Goulart. *Financiamento de campanhas eleitorais*. Curitiba: Juruá, 2009.

SECCHI, Leonardo (org.). *Mandatos coletivos e compartilhados*: inovação na representação legislativa no Brasil e no mundo. São Paulo: RASP, 2019. Disponível em: https://www.raps.org.br.2020/wp-content/uploads.2019/11/mandatos_v5.pdf. Acesso em: 19 fev. 2020. p. 25.

SEGUNDO, Hugo de Brito Machado. *Direito e Inteligência Artificial*. 2. ed. São Paulo: Foco, 2024. Posição Kindle de 17 de 192.

SIDOU, José Maria Othon. *Dicionário Jurídico da Academia Brasileira de Letras Jurídicas*. 6. ed. Rio de Janeiro: Forense.

SILVA, Antônio Hélio. *Considerações sobre o processo eleitoral brasileiro e seus procedimentos*. Belo Horizonte: Tribunal Regional Eleitoral de Minas Gerais, 2004.

SILVA, De Plácido E. *Vocabulário jurídico*. Rio de Janeiro: Forense, 1978. p. 718. Volume II – D-I.

SILVA, José Afonso. *Curso de Direito Constitucional*. 34. ed. São Paulo: Malheiros Editores, 2011.

SILVA, José Afonso da. *Comentário contextual à Constituição*. São Paulo: Malheiros, 2005.

SILVA, José Nepomuceno. *Compêndio das etapas do processo eleitoral*. Del Rey: Belo Horizonte, 2010.

SILVEIRA, José Neri da. *Aspectos do processo eleitoral*. Porto Alegre: Livraria do Advogado, 1998.

SIMONCINI, Andrea. The constitutional dimension of the Internet: Some research paths. European University Institute, Department of Law, *EUI working paper* LAW 16, 2016. Disponível em: https://cadmus.eui.eu/handle/1814/40886. Acesso em: 10 abr. 2024.

SOUSA, Patrícia Brito e. *Inelegibilidade decorrente de contas públicas*. Rio de Janeiro: Forense, 2009.

SOUZA, Bernardo Pimentel. *Introdução aos recursos cíveis e à ação rescisória*. Brasília: Brasília Jurídica, 2000.

SOUZA, Marcos César Minuci de. *Direito Eleitoral Municipal*. São Paulo: Edipro, 2008.

TAVARES, André Ramos. *Curso de Direito Constitucional*. São Paulo: Saraiva, 2010.

TAVARES, André Ramos. *Fronteiras da hermenêutica constitucional*. São Paulo: Método, 2006.

TAVARES, André Ramos. Princípios constitucionais do processo eleitoral. *In*: TAVARES, André Ramos; PEREIRA, Luiz Fernando. *O Direito eleitoral e o novo código de processo civil*. Belo Horizonte: Fórum, 2016.

TEIXEIRA, Sálvio de Figueiredo. *Direito Eleitoral contemporâneo*: doutrina e jurisprudência. Belo Horizonte: Del Rey, 2003.

TELLES JÚNIOR, Goffredo. A democracia participativa. *Revista da Faculdade de Direito*, Universidade de São Paulo, v. 100, p. 117, 2005.

THEODORO JUNIOR, Humberto. *Curso de Direito Processual Civil*. 51. ed. Rio de Janeiro: Forense, 2010. v. 1.

TOZZI, Leonel. *Direito Eleitoral*: ações, impugnações e procedimentos recursais no Direito Eleitoral. 2. ed. Porto Alegre: Verbo Jurídico, 2008.

TRIBUNAL SUPERIOR ELEITORAL. *Código Eleitoral anotado e legislação complementar*. 9. ed. Brasília: Secretaria de Gestão da Informação, 2010.

VELOSO, Zeno. Inelegibilidade e parentesco socioafetivo. *Revista do Tribunal Regional do Pará*, v. 1, n. 2, set./dez. 2009.

WARDLE, Claire; DERAKHSHAN, Hossein. *Information disorder:* toward an interdisciplinary framework for research and policy making. Disponível em: https://rm.coe.int/information-disorder-toward-an-interdisciplinary-framework-for-researc/168076277c. Acesso em: 8 abr. 2024.

WRANGHAM, Richard. *The goodness paradox*: the strange relationship between virtue and violence in human evolution. New York: Vintage, 2019.

ZÍLIO, Rodrigo López. *Direito eleitoral*. Porto Alegre: Verbo Jurídico, 2008.

Esta obra foi composta em fonte Palatino Linotype, corpo 10
e impressa em papel Offset 75g (miolo) e Supremo 250g (capa)
pela Gráfica Formato, em Belo Horizonte/MG.